민주주의적 자본주의의 위기

THE CRISIS OF

OF

민주주의적 위기
자본주의의

마틴 울프 지음 | 고한석 옮김

DEMOCRATIC

CAPITALISM

P page2

지난 70년 동안 대한민국의 경제적·정치적 변화는 그야말로 놀라운 것이었다. 오늘날 대한민국 국민은 1950년보다 평균 32배 더 부유해졌다.[1] 또한 같은 기간 대한민국은 독재에서 민주주의로 변모했다. 오늘날 고소득 서방 국가들이 3세대에 걸쳐 이룩한 경제적·정치적 변화를 한국은 1세대 만에 달성한 것이다. 이런 성과는 매우 이례적인데, 앞으로도 지속될 수 있을까?

어떤 나라에서든 경제의 지속적인 고속 성장은 물론이고 정치적 안정 역시 당연한 것으로 간주할 수 없다.

한국의 시간당 평균 생산량은 2021년에도 여전히 OECD 회원국 평균보다 20% 낮았다.[2] 하지만 한국의 생산성과 가장 생산적인 국가들의 생산성 간 격차는 과거보다 훨씬 줄어들었고, 따라서 상대적으로 빠른 성장의 잠재력도 마찬가지로 줄었다. 게다가 한국은 1980년대부터 출산율이 인구 대체율 이하로 떨어지기 시작해 현재 세계에서 가장 낮은 출산율을 기록하고 있다. 2022년에 이 수치는 0.78로까지 떨어졌다.[3] 빠른 경제 성상을 계속 유지하는 것은 매우 어려운 도전 과제가 될 것이다.

민주주의를 계속 유지하는 것도 마찬가지다. 최근 미국의 권위 있는 싱크탱크인 프리덤하우스가 한국을 '자유로운' 국가로 평가했지만, 점수는 100점 만점에서 83점에 불과했다('정치적 권리'는 40점 만점에 33점, '시민적 권리'는 60점 만점에 50점이었다).[4] 물론 미국과 같은 점수라는 점은 고무적으로 보일 수도 있다. 한국의 세계 순위는 60위로 미국과 동일했는데,[5] 미국의 민주주의는 크게 후퇴하고 있다! 다른 많은 나라는 훨씬 더 잘 작동하는 민주주의를 가지고 있다.

내 책의 핵심 주장은 민주주의와 시장 자본주의는 '상호 보완적인 대립물'이라는 것이다. 이 둘의 결합은 정치적으로나 경제적으로 국가를 조직하는 가장 좋은 방법이라는 점이 입증되었다. 하지만 이 결합은 또한 매우 무너지기 쉽다. 경제가 사회적으로 광범위하게 공유되는 번영을 제공하지 못하면 이 결합은 실패할 것이다. 그러면 국민들은 포퓰리즘 선동가들의 냉소적인 호소에 취약해진다. 현재 한국은 이민자가 상대적으로 적기 때문에 적어도 외국인 혐오나 적대감 문제가 심각하진 않다. 하지만 인구 고령화가 급격히 진행되면 이마저도 지속 가능하지 않을 것이다. 그러면 취약한 노인들은 누가 돌볼까?

민주주의는 실제로 무너질 수 있다. 오늘날 미국을 비롯한 세계 유수의 시장 민주주의 국가들에서 이런 일이 일어나고 있는 것을 볼 수 있다. 민주주의, 자유시장, 자유무역에 점점 더 적대적으로 변해가는 세계에서 한국이 누리고 있는 자유를 지키기 위해서는 국내 민주주의를 강화하고, 같은 생각을 가진 해외 국가들과 더욱 강력한 동맹을 맺어야 한다.

위험한 시대가 도래했다. 나는 이 책에서 왜 그런지, 지금 무엇을 해야 하는지 설명하고자 한다.

Martin Wolf
마틴 울프

1. Max Roser, "Which countries achieved economic growth? And why does it matter?" *Our World in Data*, 25 June 2019, https://ourworldindata.org/economic-growth-since-1950. 같은 기간 이 정도로 놀라운 경제적 성과를 보인 유일한 나라가 타이완이다.
2. See https://www.statista.com/statistics/418789/oecd-members-gdp-per-hour-worked/.
3. FRED Economic Data, https://fred.stlouisfed.org/series/SPDYNTFRTINKOR and Ashley Ahn, "South Korea has the world's lowest fertility rate, a struggle with lessons for us all", National Public Radio, 19 March 2023, https://www.npr.org/2023/03/19/1163341684/south-korea-fertility-rate.
4. Freedom House, Freedom in the World 2023: South Korea, https://freedomhouse.org/country/south-korea/freedom-world/2023.
5. Freedom House, *Countries and Territories*, https://freedomhouse.org/countries/freedom-world/scores?sort=desc&order=Total%20Score%20and%20Status.

사랑하는 손주들인 잭, 레베카, 알렉산더, 애나,
애비게일, 이든을 위해.
그들 세대가 우리보다 더 나은 일을 할 수 있기를 바라며.

ΜΗΔΕΝ ΑΓΑΝ(메덴 아간)

(무엇이든 과해서는 안 된다.)

- 델파이의 아폴로 신전에 새겨진 경구

나는 왜 이 책을 썼는가

역사는 반복되지는 않지만 운율을 가지고 있다.
- 마크 트웨인Mark Twain (미국의 소설가)[1]

"세상이 변함에 따라 내 의견도 바뀌어왔습니다. 나는 이에 대해 사과할 생각이 없습니다. 오히려 평생 자신의 의견을 바꾸지 않는 사람이야말로 생각을 하지 않는 사람이죠. 하지만 내 가치관만큼은 변하지 않았는데, 히틀러가 지배하던 유럽에서 피난 나온 부모님께 물려받은 것입니다. 나는 민주주의, 시민으로서의 의무, 개인의 자유와 의사 표현의 자유, 계몽주의를 믿으며 궁극적으로 진실이 승리하리라고 확신합니다. 내 관점에서 제4의 권력인 언론의 역할은 이런 위대한 대의에 봉사하는 것이며, 내가 그중 한 사람이라는 사실을 자랑스럽게 생각합니다."[2]

2019년 6월 27일, 뉴욕에서 경제 분야 언론인에게 주어지는 제럴드 로브Gerald Loeb 평생공로상을 받을 때 밝힌 수상 소감의 일부다. 이것은 나의 신조다. 이 책은 이런 불변의 가치관과 진화하는 의견이 2020년대 초반에 나를 어떤 생각으로 이끌었는지를 보여주는 증거다.

인생에서 70대 중반에 접어든 나는 내 삶뿐만 아니라 부모님의 삶도 포함하는 긴 역사적 연결고리를 본다. 두 세대에 걸친 이이야기는 1910년 4월 23일, 당시 오스트리아-헝가리 제국의 일부였던 폴란드의 도시 셰슈프에서 나의 아버지 에드먼트 울프Edmund Wolf가 태어나면서 시작됐다. 그 무렵에는 산업화, 도시화, 계급 갈등, 민족주의, 제국주의, 인종주의, 강대국 간 경쟁 등 19세기의 강력한 힘들이 복합적으로 작용하면서 사람들을 압박하고 있었다. 그로부터 4년 후, 유럽의 안정을 무너뜨리는 제1차 세계대전이 발발했다. 러시아 군대가 들이닥칠 것을 두려워한 할아버지 이그나츠Ignatz가 가족을 오스트리아의 빈으로 이주시켰고, 아버지는 그곳에서 자랐다.

어머니 레베카 울프Rebecca Wolf(결혼 전 성은 비인셴크Wijnschenk였다)는 제1차 세계대전이 끝나기 두 달여 전인 1918년 8월 30일에 암스테르담에서 태어났다. 당시 네덜란드는 전쟁에서 중립을 유지하고 있었고, 러시아에서 볼셰비키 혁명이 일어난 지 9개월이 조금 넘은 시점이었다.

군주들은 도망쳐버렸고, 유럽의 제국들은 무너졌다. 새로운 세상이 탄생했다. 그러나 더 나은 세상이 되리라는 희망은 결국 환상이었음이 증명됐다. 전간기戰間期의 혼란이 그 자리를 대신하게 됐다. 1920년대에는 초인플레이션이 발생했고, 경제 회복은 부진한 데다 불균형적이었으며, 민주주의자와 공산주의자와 파시스트 간에 싸움이 벌어졌다. 1930년대에는 대공황이 발생했고 금본위제가 붕괴했으며, 독일에서는 아돌프 히틀러Adolf Hitler가 집권했고 미국에서는 프랭클린 델러노 루스벨트Franklin Delano Roosevelt가 집권했다. 일본은 군국주의화됐고, 이오시프 스탈린Iosif Stalin은 극장식 재판을 벌였으며, 스페인에서는 내전이 일어났고, 독일에 대해서는 유화 조치가 취해졌다. 급기야 1930년대 말에는 제2차 세계대전이 발발했다. 분명히 힘든 시기였다.

히틀러 통치하의 독일이 의도하는 바를 두려워한 아버지는 1937년에 오스트리아를 떠났다. 어머니는 1940년 5월 나치가 침공하자 가족과 함께 네덜란드를 탈출했다. 두 분은 1942년 가을, 전시 상태의 런던에서 만났다. 아버지의 가장 친한 친구가 호주에서 '적성국 외국인'으로 분류되어 억류 상태에 있다가 귀환했는데, 어머니의 네덜란드 유대인 친구들이 이를 축하하기 위해 마련한 파티에서 서로 만나게 된 것이다. 오스트리아 출신인 아버지도 그 전에 마찬가지 이유로 캐나다에서 억류된 적이 있었다. 두 분은 1943년 10월 21일 결혼했고, 1946년 8월 16일에 태어난 나는 영국에서 자라면서 교육받은 남자로서의 삶을 살게 됐다. 내 삶에서 16년을 제외하면 나는 계속 런던 시민으로 살았다.

제2차 세계대전과 제3제국의 반유대주의적 학살이 없었다면 오스트리아-유대인 아버지와 네덜란드-유대인 어머니는 결코 만나지 못했을 것이다. 나와 1948년에 태어난 내 동생은 수백만 명의 다른 사람들과 마찬가지로 이런 대재앙 속에서 자랐다. 부모님과 직계 가족은 이 난파선에서 탈출했다. 내 아버지의 가족(부모님, 누나, 형, 형수와 조카)은 1939년에 어렵게 팔레스타인에 도착했다. 어머니의 가족은 1940년 5월에 트롤 어선을 타고 네덜란드를 탈출해서 영국의 한 작은 고기잡이 항구에 도착했다. 그녀의 이모, 삼촌, 사촌 등 네덜란드에 남아 있던 많은 친척은 대부분 살해당했다. 나의 외할아버지는 네덜란드 암스테르담에서 가난하게 태어난 9남매 중 한 명이었고 자손들이 번창해 대가족을 이루고 있었다. 어머니는 가까운 친척 중 30명 정도가 쇼아Shoah, 즉 홀로코스트 시기에 사망했다고 말씀하셨다. 그녀는 이 재앙에 대해서 거의 언급하지 않았다. 하지만 난민으로서 나의 부모님과 비슷한 경험을 공유한 가장 친한 친구들을 제외하면, 그들이 자라면서 겪은 일들은 내가 아는 대다수 성인과는 매우 다르다는 사실을 나는 어려서부터 알고 있었다.

내 글을 읽거나 내 이야기를 듣는 사람들이 나의 비관주의에 대해 불평하는 것은 그다지 드문 일이 아니다. 이런 비판에 대해 나는 세 가지 대답을 한다. 첫째, 나는 비관주의자였기 때문에 내가 경험한 대부분 놀라움을 즐거운 놀라움으로 여길 수 있었다는 것이다. 둘째, 나의 오류 중 가장 심각한 것들은 항상 지나친 낙관주의에서 비롯됐다는 것이다. 예컨대 가장 최근의 오류는 금융계의 지혜와 유권자의 올바른 감각에 대해 내가 가졌던 낙관주의에서 비롯됐다. 셋째이자 아마도 가장 중요한 대답은 나의 존재가 아버지와 외할아버지라는 비관주의적인 두 남성의 결정으로 만들어졌다는 것이다.

아버지는 빈에서 극작가로서 일찌감치 성공을 거뒀다. 그렇게 벌어들인 인세 수입으로 오스트리아를 탈출할 기회를 얻었고, 런던을 거쳐 미국으로 왔다. 외할아버지는 어렸을 때 암스테르담에서 학교를 그만두고 네덜란드 북부 해안의 에이마워던에서 생선 장사로 성공했는데, 그는 현실적일 뿐만 아니라 의사결정이 빠른 분이었다. 독일군이 조국을 침공하자마자 그는 트롤 어선과 선장을 구했고(외할아버지 자신이 유명한 생선 장사였기 때문에 아마도 그리 어렵지 않았을 것이다), 가족 외에 친척들도 불렀다. 하지만 항구에서 몇 시간이나 기다렸지만 친척들은 아무도 오지 않았다. 결국 선장이 독일군의 진격 속도 때문에 당장 떠나야 한다고 재촉했다. 외할아버지의 비관주의와 재치가 결합해 가족을 구했다. 그러나 남아 있던 친척들은 대부분이 죽었다. 결론적으로, 비관주의가 그를 구한 것이다.

나의 이런 답변이 사실이긴 하지만, 이야기의 전부는 아니다. 나는 가족사를 통해 문명의 취약성을 잘 알게 됐다. 적당히 지식이 있는 유대인이라면 누구나 알 텐데, 홀로코스트를 생각하면 특히 더 그렇다. 호모 사피엔스는 어리석음, 잔인함, 파괴가 뒤엉킨 사태를 일으키기 쉽다. 인간은 자연스럽게 사람들을 '자기' 부족에 속한 사람과 외부인으로 구분하고, 외부인을 기꺼이 학살한다. 항상 그렇게 해왔다. 나는 평화·안정·자유를 당연한 것으로 여기지 않았으며, 당연하게 생각하는 사람들을 바보로 여겼다.

그럼에도 내 어린 시절은 안정적이었다. 나는 부모님을 사랑하고 신뢰했다. 전후 영국은 초라했다. 아직도 나는 런던 시내에 폭탄이 떨어졌던 자리들을 생생히 기억한다. 그럼에도 나는 영국이 안정적이고 평화로우며 민주적이고 자유롭다고 느꼈다. 냉전은 우리에게 어두운 그림자처럼 드리워져 있었고, 1962년 쿠바 미사일 위기가 발생했을 때는 두려움을 느끼기도 했다. 하지만 내가 자라는 동안에는 이 세상이 견고해 보였다.

부모님은 모두 1990년대에 세상을 떠나셨다. 어머니는 1993년에, 아버지는 1997년에 돌아가셨다. 그 후 세상은 나의 어린 시절이나 성년기의 세상보다 훨씬 나아졌다. 민주주의적이고 대체로 평화로운 세상에 대한 부모님의 신념이 입증된 것처럼 보였다. 유럽을 뒤덮었던 전체주의의 그림자는 사라졌다. 민주주의가 승리했다. 공산주의 치하의 동유럽과 중부 유럽이 철의 장막 뒤에서 모습을 드러냈다. 유럽은 재통일을 향해 나아가고 있었다. 심지어 러시아조차 민주주의와 개인의 자유가 보장되는 세계로 통합하기 위해 나아가는 것처럼 보였다. 20세기, 그리고 사실상 프랑스 혁명으로까지 거슬러 올라가는 이념적·정치적·경제적인 거대한 분열은 끝난 것처럼 보였다.

하지만 그 후의 사건들은 이런 자신감이 사실은 취약한 토대 위에 세워진 것임을 보여줬다. 자유화된 금융은 불안정한 것으로 판명됐다. 내 저서 『세계화는 왜 작동하는가Why Globalization Works』에서 설명했듯이, 아시아 금융위기를 겪으면서 이런 사실을 깨달았다.[3] 후속작인 『변화와 충격The Shifts and the Shocks』의 주제였던 글로벌 금융위기와 2007~2009년의 글로벌 경기 침체가 발생한 이후 이런 우려는 더욱 설득력을 얻게 됐다. 게다가 당시 세계 경제는 불안정한 거시경제적 불균형을 초래하고 있었다. 이는『변화와 충격』이전에 내가 저술한『금융공황의 시대』의 주제이기도 했다.[4] 우리가 목격하고 있는 금융 불안정은 국제 통화 시스템이 대규모의 국경 간 순자본흐름(그리고 총자본흐름)을 합리적으로 안전하게 처리하지 못하기 때문에 발생한다고 나는 주장했다. 게다가 금융 불안정은 서구 경제의 여러 가지 실패 요인 중 하나에 불과했다. 특히 글로벌 경기 침체 이후 불평등이 심화되고, 개인적 불안감이 증가하고, 경제 성장이 둔화한 것 또한 중요한 문제였다. 마지막으로, 이런 모든 재앙의 결과이자 부분적으로는 자신들의 도덕적·지적 실패 탓에 (상업, 문화, 지식, 정치, 행정 분야의) 엘리트 지배층은 대중의 신뢰를 잃었다.

정치에서도 마찬가지로 큰 변화가 일어났다. 첫 번째 충격은 2001년 9월 11일 미국이 공격받은 사건이었으며, 그 후 이라크와 아프가니스탄에서 전쟁이 이어졌다. 가장 큰 변화는 세계화가 경제적으로 성공하면서 중국과 인도가 부상하게 된 것이다. 이에 따라 글로벌 경제적 힘의 균형이 미국과 자유주의 서방에서 중국과 관료적 절대주의 체제로 옮겨 갔고, 정치적 힘의 균형 역시 변화했다.

하지만 그것이 세계 정치의 유일한 변화는 아니었다. 21세기에 들어서면서 우리는 자유주의적 민주주의liberal democracy로부터 '비자유주의적 민주주의illiberal democracy'라고 부르지만 더 정확하게는 '선동적 독재demagogic autocracy'라고 할 만한 체제로 전환되는 것을 목격했다. 러시아 경제학자 세르게이 구리예프Sergei Guriev와 미국 정치학자 대니얼 트레이즈먼Daniel Treisman은 최근 저서에서 이런 체제를 과거의 '공포 독재fear dictatorships'와 구별하기 위해 '스핀 독재spin dictatorships'라고 불렀다.[5]

안타깝게도 선동적 또는 스핀 독재 체제로의 전환은 신생 민주주의 국가뿐만 아니라 세계에서 가장 확고한 민주주의 국가들에서도 (비록 초기 형태이기는 하지만) 나타나고 있다. 특히 도널드 트럼프Donald Trump가 2020년 대선에서 패배한 이후에도 독단적 권력에 대한 열망의 화신으로 남아 있는 미국이 그러하다.[6] 트럼프의 부상은 영국의 보리스 존슨Boris Johnson과 함께 두 나라의 국제적 신뢰도를 침식했고 서구의 결속력을 약화했다. 무엇보다 정치에 대한 선동적인 접근 방식은 자유주의적 민주주의의 기본 토대인 법치, 진실 수호, 국제 협약의 신뢰성을 훼손했다. 그 종착점은 노골적인 전제주의가 될 가능성이 크다.

오늘날의 도전 과제는 20세기 전반의 도전 과제만큼이나 중요해 보인다. 우선, 글로벌 파워에 근본적인 변화가 일어나고 있다. 20세기 전반 당시에는 영국과 프랑스에서 독일과 미국으로 옮겨갔다면, 이제는 미국에서 중국으로 이전하고 있다. 그리고 거대한 위기들이 닥치고 있다. 당시에는 세계대전, 스페인 독감, 1920년대 초 중부 유럽의 극단적 인플레이션, 1930년대 대공황이 발생했고 현재는 글로벌 경기 침체, 코로나19, 2022년 2월 러시아의 우크라이나 침공과 같은 위기들이 닥쳤다. 또한 민주주의가 붕괴하고 권위주의가 부상했다.

당시에는 독일, 이탈리아, 스페인 그리고 기타 대륙 국가에서 그런 일이 발생했다. 그런데 지금은 (러시아를 포함한) 동유럽, 중부

유럽의 개발도상국, 탈공산주의 국가들의 취약한 민주주의가 붕괴하고 있다. 심지어 트럼프와 브렉시트Brexit가 보여주듯이, 20세기 내내 자유주의적 민주주의의 기치를 높게 내걸었던 미국과 영국에서조차 자유주의적 민주주의가 흔들리고 있다.[7] 무엇보다 우리는 1940년대 이전에는 거의 상상하지 못했던 위험인 핵전쟁과 1980년대 이전에는 거의 고려하지 않았던 걷잡을 수 없는 기후변화의 위험에 직면해 있다.

앞으로 인류는 20세기 전반기에 저질렀던 것과 같은 실수는 피할 수 있을지도 모른다. 하지만 내 부모님이 살아 계셨더라면 분명히 과거에 들었던 것과 비슷한 소리가 사방에서 크게 메아리친다고 말씀하셨을 것이다. 그중에서도 특히 무력으로 러시아 제국을 재건하겠다는 블라디미르 푸틴Vladimir Putin의 결심은 히틀러가 독일어권 유럽 민족을 전체주의 통치 아래에 하나로 묶으려던 열망을 떠올리게 할 정도로 고통스럽다. 러시아와 북대서양조약기구NATO 간의 전쟁조차 더는 상상 불가능한 것이 아니게 됐다.

이 책은 새롭고 문제로 가득한 이 시대에 대한 응답이다. 이 책의 핵심 주장은 단순하다. 우리의 경제와 정치에서 일어나고 있는 일들을 면밀하게 살펴볼 때 자유, 민주주의, 계몽주의라는 서구의 핵심 가치가 살아남기 위해서는 실질적인 변화가 필요하다는 사실을 인식해야 한다는 것이다.

하지만 개혁은 혁명이 아니라 그 반대라는 사실도 기억해야 한다. 마치 지나온 역사에 아무런 의미가 없기라도 하다는 듯, 사회를 처음부터 다시 만들려고 하는 것은 불가능할 뿐만 아니라 잘못된 것이다. 그런 시도는 항상 파괴와 독재로 치달았다. 무소불위의 권력만이 기존 질서를 혁명적으로 전복할 수 있는데, 무소불위의 권력은 본질적으로 파괴적이다. 생산적인 인간관계와 품위 있는 삶의 기반이 되는 안정성을 무너뜨리기 때문이다. 에드먼드 버크Edmund Berke가 『프랑스 혁명에 관한 성찰』에서 밝혔듯이, 사회는 "살아 있는 사람들 사이의 파트너십일 뿐만 아니라, 살아 있는 사람과 이미 죽은 사람과 앞으로 태어날 사람 사이의 파트너십"이기도 하다.[8] 국내외를 막론하고 변화는 필수적이지만, 변화는 현재를 기반으로 이루어져야 한다. 사실 누구든 현재가 아닌 다른 곳에서 시작하는 것은 불가능하다.

이 책의 모토는 고대 그리스인들이 말했듯이 "무엇이든 과도해서는 안 된다"는 것이다.[9] 우리 사회의 건강은 경제와 정치, 개인과 집단, 국가와 글로벌 간의 미묘한 균형을 유지하는 데 달려 있다. 그런데 그 균형이 깨져버렸다. 경제가 정치를 불안정하게 했고, 그 반대도 마찬가지다. 우리는 더 이상 시장경제의 운영을 안정적인 자유주의적 민주주의와 결합할 수 없다. 그 이유 중 큰 부분은 경제가 우리 사회의 많은 부분이 기대하는 안전과 폭넓은 번영을 제공하지 못한다는 데서 기인한다. 이런 실망감의 한 가지 증상은 엘리트에 대한 광범위한 신뢰 상실이다. 둘째는 포퓰리즘과 권위주의의 부상이며, 셋째는 진실이라는 개념에 대한 신뢰를 상실한 것이다. 그리고 마지막 증상은 민주주의의 근간인, 시민들 사이에서 정보에 기반한 합리적 토론의 가능성이 사라진 것이다. 프리드리히 하이에크Friedrich Hayek의 『노예의 길』은 1944년에 쓰였다. 그런

데 같은 해에 출간된『거대한 전환』에서 칼 폴라니Karl Polanyi는 인간이 진정한 자유시장 체제하에 오래 머무르지 못하리라고 주장했다.[10] 그리고 실제로 지난 40년간 일어난 일들은 칼 폴라니의 관점이 옳았음을 입증해줬다.

민주정치와 시장경제의 관계를 개혁해야 한다는 필요성이 순전히 국내적 긴장으로만 주도되는 것은 아니다. 전 세계적으로 독재정권들이 부상하고 있고, 무엇보다 중국의 독재적 자본주의가 명백한 성공을 거두면서 그 필요성은 더욱 절실해졌다. 서방 국가들은 이에 대응하여 경제적·사회적·정치적 성과를 개선해야 한다.

국내적 개혁이 핵심적이기는 하지만, 모든 사회의 건강성이 달려 있는 국제적 연대를 강화하려면 개혁을 국내로만 국한해선 안된다. 어떤 나라도 고립된 섬과 같은 존재가 아니다. 사실 취약해진 지구에서 우리가 공동의 운명을 역사상 지금만큼이나 명백하게 함께 짊어진 적은 없었다. 우리라는 부족적 종species은 여러 가지 문제를 만들어냈는데, 만약 우리가 부족주의적 태도를 취한다면 그런 문제들은 더 악화될 것이다. 민주주의적이든 아니든, 편협하고 배타적인 국가 주권을 고집한다면 시민을 보호하는 데 실패할 것이다. 코로나19가 이를 증명했다. 예컨대 도널드 트럼프는 '미국 우선주의'를 선언했지만, 미국처럼 강력한 국가도 혼자서는 문제를 해결할 수 없다는 사실을 팬데믹이 여실히 보여줬다. 기후 문제도 마찬가지다.

우리는 새로운 시대에도 민주주의, 시장경제, 자유로운 탐구정신이 번성하기를 원한다. 하지만 지금 세상은 그렇지 못하다. 우리가 무엇을 해야 하는지를 결정할 때 지금까지의 생애와 그 이전의 사건들로부터 교훈을 얻을 수 있을 뿐이다. 하지만 목표는 분명하다. 우리는 에이브러햄 링컨Abraham Lincoln이 게티즈버그 연설에서 강조했듯이 "국민의, 국민에 의한, 국민을 위한 정부는 이 땅에서 결코 사라지지 않을 것"이라는 결의를 다져야 한다. 민주주의는 항상 불완전하다. 그렇다고 해서 폭정이 그에 대한 해답이 될 수는 없다. 그 유혹의 노랫소리에 저항하는 것은 각 세대의 몫이다. 예전에는 저항하는 것이 당연하게 여겨졌지만, 안타깝게도 지금은 많은 사람이 그 유혹에 굴복하고 있다.

이 책을 여섯 명의 손주인 잭, 레베카, 알렉산더, 애나, 애비게일, 이든에게 바친다. 이제 일흔여섯 살이 된 나에게는 남은 시간이 많지 않다. 하지만 아이들은 22세기를 기대할 수 있다. 그때의 세상이 어떤 모습일지 두렵다. 나는 환경 재앙과 핵전쟁의 위험성을 잘 알고 있다. 하지만 그 못지않게 거짓과 억압이 난무하는, 조지 오웰George Orwell이 묘사한 세상이 될까 봐 두려움을 느낀다. 이런 모습이 중국을 비롯한 많은 나라에서, 심지어 주요 민주주의 국가에서도 나타나고 있다.

20세기는 괴물 같은 독재자들의 세기였다. 비록 지난 세기 최악의 독재자만큼 끔찍한 자들은 아니더라도, 독재자들이 돌아온 것만큼은 분명하다. 시진핑習近平이 그렇고 블라디미르 푸틴도 마찬가지다. 도널드 트럼프, 인도의 나렌드라 모디Narendra Modi, 브라질의 자이르 보우소나루Jair Bolsonaro도 독재자가 될 가능성이 크다. 인구와 경제 규모를 고려할 때 이들은 세계에서 가장 중요한 5개국에 속한다. 그들의 목표가 무소불위의 힘인 만큼, 이런 지도자들이 부상하면서 세상은 황혼을 맞이하게 될 수도 있다. 힘만을 섬기는 국가는 가망이 없다. 인류는 20세기에 이런 운명에서 벗어났지만, 겨우 간발의 차이로 빠져나왔을 뿐이다. 21세기에는 그런 운명에서 다시 한번 벗어날 수 있을까?

CHAPTER 01 다음번이 아니라 지금 불이 났다[1]

우리가 목격하고 있는 것은 냉전의 종식이나 전후 역사의 특정 시기를 통과하는 것이 아니라, 인류의 이념적 진화의 종착점이자 인류가 만든 정부의 최종 형태인 서구의 자유주의적 민주주의가 보편화되는, 역사의 종말 자체일지도 모른다.

- 프랜시스 후쿠야마Francis Fukuyama(미국의 정치경제학자)[2]

냉전이 종식된 1989년 프랜시스 후쿠야마가 『역사의 종말』을 썼을 때, 자유시장과 자유주의적 민주주의의 서구적 결합이 이념의 적을 상대로 결정적인 승리를 거뒀다는 그의 주장에 많은 사람이 동의했다. 마지막 전체주의 이데올로기의 종말은 많은 이들에게 특별하고 경이로운 사건이었을 뿐만 아니라 인류에게 더 나은 미래를 약속하는 사건으로 보였다. 전체주의적 억압과 대량 학살의 시대는 끝났다. 정치든 경제든, 자유가 승리했다.

하지만 지금에 와서 보면 자유주의적 민주주의와 자유시장 자본주의 중 어느 쪽도 승리를 거둔 것 같아 보이지 않는다. 개발도 상국, 신흥국, 구공산권 국가뿐만 아니라 서구의 선진 민주주의 국 가에서도 마찬가지다. 경제적 실패는 글로벌 자본주의에 대한 믿 음을 흔들어놓았고, 정치적 실패는 자유주의적 민주주의에 대한 신뢰를 약화시켰다. 집권 공산당이 자본주의와 민주주의의 연관 성을 거부하는 중국이 부상한 것도 서구'의' 확신과 서방'에 대한' 확신을 흔들어놓았다.

자유주의적 민주주의와 자유시장 자본주의는 이제 둘 다 의 심을 받고 있다. 미국의 도널드 트럼프, 영국의 나이절 패라지Nigel Farage, 프랑스의 마린 르펜Marine Le Pen, 이탈리아의 마테오 살비니 Matteo Salvini, 네덜란드의 헤이르트 빌더르스Geert Wilders, 오스트리아의 하인츠크리스티안 스트라체Heinz-Christian Strache 등 민족주의적 우파 는 야당인데도 정치적 논쟁을 주도하고 있거나 주도한 바 있다. 소 련의 몰락과 유럽연합EU 가입의 기회로 혜택을 본 헝가리와 폴란 드에서는 자칭 '비자유주의적 민주주의자'(이는 권위주의자를 완곡 하게 표현한 것이다)가 집권했다.[3] 헝가리의 빅토르 오르반Viktor Orban 과 폴란드의 야로슬라프 카친스키Jaroslaw Kaczynski는 러시아의 블라 디미르 푸틴이라는 정치적 모범을 따라 궁지에 몰린 자신들의 국 가를 세계에 맞서게 하고 이른바 '인민의 의지'를 내세워 개인의 권리에 반대하고 있다. 이들은 또한 자유무역, 자본의 자유로운 흐 름, 사람들의 상대적으로 자유로운 이동 등 현대 글로벌 자본주의 가 가지는 특징 중에서 적어도 한 가지(종종 두 가지 이상) 측면에 반대한다. 이런 것들에 대한 반대는 필연적으로 EU에 대한 의심으로 이어졌다.

결정적인 사건은 미국이 도널드 트럼프를 대통령으로 선택한 것이다. '스트롱맨'과 스트롱맨 정치를 동경하고, 자유언론을 혐오하며, 서방 동맹의 생존에 무관심하고, EU를 극도로 싫어하고, 지독한 보호무역주의자이며, 개별 기업의 결정에 자의적으로 개입하는 것을 즐기는 인물이다.[4] 그는 자유주의적 민주주의나 자유시장 자본주의에 이념적 애착을 가지고 있지 않으며, 포퓰리스트이자 본능적인 권위주의자이자 민족주의자다. 무엇보다 그는 2020년 11월 대통령 선거에서 큰 표차로 패배하고서도 자신이 선거에서 이겼다는 '큰 거짓말'을 공표하여 미국 민주주의의 근간을 훼손했다.

미국은 단순한 하나의 국가가 아니라 제2차 세계대전 이후 자유주의 세계질서를 창시한 나라다. 트럼프는 위대한 민주공화국의 대통령이 되는 데 필요한 인격, 지성, 지식이 부족했다. 그가 2016년에 집권한 것과 2020년 선거 패배 이후에도 공화당에 지속적인 영향력을 행사하는 것은 세계에서 가장 중요한 민주주의 국가의 우려스러운 실패였고, 지금도 여전히 그러하다.

나는 경제적 실망이 고소득 민주주의 국가에서 좌파 및 우파 포퓰리즘이 부상하는 주요 원인 중 하나라고 주장한다.[5] 사회적 지위에 대한 불안, 종교적인 신념, 노골적인 인종차별과 같은 문화적 요인을 지적하는 사람도 많다. 물론 이런 요인들 역시 실제로 중요한 배경 조건이다. 하지만 경제가 더 잘 돌아갔다면 이런 요인들이 사회에 그처럼 큰 영향을 미치지는 않았을 것이다. 또한 문화적 변화라고 추정되는 이런 많은 일은 사실 경제적으로 발생하는 일들과 깊은 관련이 있다. 탈산업화가 노동력에 미치는 영향, 그리고 경제적 이주민들이 기존 인구에 가하는 압력은 그중에서도 중요한 사례들이다. 사람들은 경제가 자신과 자녀에게 합리적인 수준의 번영과 기회를 제공할 것으로 기대한다. 하지만 현실이 기대에 미치지 못하면 좌절과 분노를 느끼게 된다.

실제로 그런 일이 벌어지고 있다. 고소득 국가에서 많은 사람은 이런 실망스러운 결과에 대해 지난 30~40년에 걸쳐 진행된 글로벌 자본주의를 비난한다. 자본주의는 번영과 꾸준한 발전을 가져다주는 대신 치솟는 불평등, 막다른 골목에 처한 일자리, 거시경제의 불안정성을 초래했다. 쉽게 예상할 수 있듯이 그들은 종종 이런 실망을 외부인, 즉 국내의 소수민족과 외국인 탓으로 돌린다. 그래서 좌파와 우파 포퓰리스트들은 국제무역을 제한해야 한다는 데 모두 동의한다. 또한 많은 사람이 자본과 노동의 이동을 제한해야 한다고 생각한다.

요컨대, 30년 전 승리했던 자유주의적 민주주의와 글로벌 자본주의는 이제 정당성을 잃었다. 이 둘은 오늘날 서구에서 정치 및 경제의 운영체제이기 때문에 이 문제는 매우 중요하다. 민주주의는 시민권에 따라 정의된 유권자에게 주권을 부여하고, 자본주의는 글로벌 경쟁에 참여하는 민간 기업의 소유주와 경영진에게 의사결정권을 부여한다. 민주주의 정치는 일국적이지만 시장경제는 전 세계적이라는 점, 민주주의 정치는 1인 1표라는 평등주의 사상에 기반하지만 시장경제는 경쟁에서 성공한 자가 보상을 받는다는 비평등주의 사상에 기반한다는 점에서 이런 정치 및 경제 시스템 간의 갈등은 불가피하다.

오늘날 민주주의와 자본주의의 합성어인 '민주주의적 자본주의'는 위기에 처해 있다.[6] 이런 위기의 본질, 그리고 이런 위기에 대응하기 위해 무엇을 해야 하는지가 이 책의 중심 주제다. 이 논의는 서구 민주주의적 자본주의의 운명에 초점을 맞추고 있지만, 서구에만 국한되지 않는다. 서구의 미래는 세계의 다른 곳들에서 일어나고 있는 일과 분리될 수 없기 때문이다. 그렇더라도 서구는 민주주의적 자본주의의 중심지다. 반면, 세계 초강대국으로 부상하고 있는 중국은 정치권력과 부의 창출 간 연결고리를 관리하는 데 매우 다른 방식인 '권위주의적 자본주의' 또는 '관료주의적 자본주의'라고 부를 만한 방식을 대표한다. 그 밖의 나라, 예컨대 브라질, 인도, 튀르키예, 심지어 러시아 같은 곳에서는 '선동적 자본주의' 또는 '선동적 독재 자본주의'라고 부를 만한 체제가 등장하고 있다.

어쨌든 서구의 민주주의적 자본주의 체제는 번영과 자유, 균형 잡힌 행복을 창출하는 능력이 입증됐다는 점에서 여전히 세계에서 가장 성공적인 정치·경제체제로 남아 있다. 그리고 이 체제는 과거 1930년대와 1940년대, 그리고 냉전 시기에도 큰 도전을 이겨냈다. 하지만 이제 다시 변화해야 한다. 무엇보다 시장경제와 민주주의 정치 간에 새로운 균형점을 찾아야 한다. 그러지 않으면 자유주의적 민주주의는 무너질 수 있다.

'민주주의'와 '자본주의'라는 용어는 무엇을 의미할까? '민주주의'란 현시대에 지배적 형태인 보편적 참정권, 대의제 민주주의를 의미한다.[7] 따라서 참정권을 제한하거나 좁히려는 사람들은 반민주적으로 행동하는 것이다.

좀 더 정확히 말하자면, 나는 후쿠야마가 '자유주의적 민주주의'라고 불렀던 '민주주의'에 대해 이야기하고 있다. 후버연구소Hoover Institution의 저명한 정치학자 래리 다이아몬드Larry Diamond는 자유롭고 공정한 선거, 시민으로서 시민활동에 적극 참여, 모든 시민의 시민적 권리와 인권의 동등한 보호, 모든 시민에게 동등하게 적용되는 법치라는 네 가지 요소가 자유주의적 민주주의에서 개별적으로 필요조건인 동시에 집합적으로 충분조건이라고 주장했다.[8]

이 모든 요소는 민주주의를 자유주의적인 것으로 만드는 데 필수적이며, 이것들이 결합하면 충족된다는 주장이다. 여기서 '시민'을 강조한 것에 주목해야 한다. 자유주의적 민주주의는 배타적이다. 자유주의적 민주주의는 시민을 포함하지만 시민이 아닌 사람은 배제한다. 그렇다고 해서 비시민권자(외국인, 이민자)에게는 어떤 권리도 없다는 뜻이 아니다. 이들에게는 단지 시민으로서의 정치적 권리만 주어지지 않는다는 뜻이다.

결정적으로, 자유주의적 민주주의는 누가 국가를 운영할 것인지를 결정하는 방식이기는 하지만 단순히 그것만은 '아니며' 그 국가가 어떤 국가인지를 정의하는 용어이기도 하다. 존 스튜어트 밀John Stuart Mill이 『대의정부론』에서 주장했듯이, 민주주의는 "토론의 자유를 통해 소수의 세습적 개인만이 아니라 전체 대중이 어느 정도는 정부에 참여하고 정부로부터 파생되는 교육 및 정신적 활동의 공유자가 되는 것"[9]을 특징으로 한다. 따라서 자유주의적 민주주의가 작동하려면 시민에겐 자신의 의견을 표현할 권리가 있어야 하고, 동료 시민이 자신과 다른 의견을 가질 수 있다는 점을 용인할 준비가 되어 있어야 한다. 이사야 벌린Isaiah Berlin의 용어를 빌리자면, 시민으로서 사람들은 '소극적 자유(억압에서 벗어나 스스로 결정을 내릴 권리)'와 '적극적 자유(투표를 포함하여 공공적 생활에 참여할 권리)'를 누린다.[10] 이런 정치체제는 본질적으로 다원주의적이다.[11] 이런 체제는 '모든' 시민의 정치적 권리에 관심이 있기 때문에 소수 집단의 정치적 권리에도 관심을 가진다.

본질적으로 자유주의적 민주주의는 패배의 정당성을 인정하는 정당들 간의 권력 경쟁이다. 이는 '문명화된 내전'이지만, 무력은 허용되지 않는다. 다시 말해 승자가 패자를 파괴하려고 하지 않는다. 한 무리의 조직폭력배가 상대를 죽이고, 개인의 권리를 짓밟고, 자유언론을 억압하고, 공직을 통해 금전적 이익을 얻으면서도 조작된 선거를 치르는 체제는 자유주의적 민주주의가 '아니다.' 또한 '비자유주의적 민주주의' 역시 민주주의가 아니다.[12] 이런 체제는 기껏해야 다수결 독재이며 최악의 경우 '대의적 독재'라고 불러야 마땅하다. 푸틴이 러시아를 통치하는 방식은 튀르키예의 레제프 타이이프 에르도안Recep Tayyip Erdogan이나 헝가리의 오르반과 마찬가지로 대의제 독재다. 사실 이들은 점점 더 독재자 자체가 되어가고 있다.

'자본주의'란 시장, 경쟁, 사적 경제 행위, 사유재산이 중심적 역할을 하는 경제를 의미한다. 이런 체제를 '시장 자본주의'라고 한다. 같은 자본주의라고 하더라도 규제 개입, 과세, 공공 지출과 관련하여 정부의 규모, 범위, 성격은 국가마다 각기 다르다. 또한 사회가 민주화되면서 정부의 개입은 시간이 지날수록 강화되는 경향이 있다. 이는 상당한 정도의 자산이 없는 사람들도 포함되도록 유권자 기반이 확대됐기 때문에 불가피한 현상이다. 그러면서도 한편으로는 경제생활이 점점 더 복잡해지고 경제학자들이 '시장 불완전성'이라고 부르는 상황, 즉 시장 인센티브가 사회적 또는 경제적으로 해로운 결과를 초래할 수 있는 상황이 만연해 있음을 반영하는 것이기도 하다.

그러나 '자유주의적 민주주의'와 마찬가지로 국가는 규모가 크든 작든, 상대적으로 더 개입적이든 아니든 간에 법의 지배를 받아야 한다. 법치주의가 없다면 시장 자본주의는 존재할 수 없고 도둑질만 있을 뿐이다. 또한 이렇게 정의된 자본주의 경제는 적어도 어느 정도는 글로벌 무역과 자본흐름에 개방되어 있으며, 항상 그래왔다. 더 넓은 세계가 수익성 있는 교환을 위한 수많은 기회를 제공하기 때문에 자본주의는 결코 완벽하게 일국적이지 않다.

좀 더 좁은 의미의 시장 자본주의는 지난 70년 동안, 특히 지난 40년 동안 등장한 시장경제의 형태를 의미하며, '세계화'라는 단어가 이를 축약하여 설명해준다.[13] 정치적 삶과 마찬가지로 경제적 삶에서도 사람들은 특히 국가(및 기타)의 강제'로부터의 자유freedom from'와 자신의 노동력을 포함해 합법적으로 소유할 수 있는 모든 것을 거래'할 수 있는 자유freedom to'를 보유하고 있어야 한다. 다시 말하지만, 정치적 삶에서와 마찬가지로 이런 자유는 절대적인 것이 아니며 규제, 입법, 헌법상의 한계로 제한되어야 한다.

법치주의는 민주주의와 자본주의에 필수적인 자유를 보호하기 때문에 이 둘의 필수적인 공통 기반이다. 이는 "공적이든 사적이든 국가 내의 모든 개인과 기관은, 공적으로 만들어져 미래에 (일반적으로) 효력을 발휘하고 법원에서 공적으로 집행되는 법률에 따른 구속과 혜택을 받을 자격이 있어야 한다"[14]는 것을 의미한다. 일부 개인이나 기관이 법 위에 있다면 동일한 특권을 가지고 있지 못한 사람은 자유를 행사할 때 안전할 수 없다. 자유주의적 민주주의와 시장 자본주의가 번성하려면 법은 보편적인 구속력과 보호력을 가져야 한다.

자유주의적 민주주의와 시장 자본주의는 핵심 가치를 공유한다. 즉, 정치적·경제적 삶에서 인간의 주체적 행위가 가지는 가치와 정당성에 대한 믿음이다. 이런 점에서 이 두 체제는 모두 '자유주의적' 사고에 기반을 두고 있다. 그러나 민주주의적 자본주의의 작동 가능성은 인구 전체, 그중에서도 특히 엘리트층이 특정한 미덕을 가지고 있느냐 아니냐에 달려 있다. 정치나 경제 모두 상당한 수준의 정직성, 신뢰성, 자제력, 진실성, 그리고 공유하는 정치적·법률적 제도에 대한 충성심 없이는 제대로 작동할 수 없다. 이런 덕목이 부재한다면 불신의 악순환이 사회적·정치적·경제적 관계를 부식시킬 것이다.

요컨대 정치 및 경제체제는 근본적인 행동규범, 즉 '사회적 자본'이 얼마나 확산되어 있는지에 따라 성패가 결정된다. 그러나 오늘날 자유주의적 민주주의와 시장 자본주의는 모두 병들어 있으며 그 둘 사이의 균형도 깨져버렸다. 글로벌 금융위기를 다룬 나의 이전 저서 『변화와 충격』에서 마지막 장의 제목은 '다음번에는 반드시 불이 난다'였다.[15] 그 책의 말미에서 나는 다음과 같이 주장했다.

> 엘리트의 능력과 그 타당성에 대한 신뢰 상실은 필연적으로 민주적 정당성에 대한 신뢰를 떨어뜨린다. 사람들은 더 이상 국가가 자신들을 위해 통치된다고 생각하지 않는다. 서로 잘 연결된 소수의 내부자가 대부분의 이득을 취하고, 그러다가 문제가 생기면 그 손실을 회피할 뿐만 아니라 다른 모든 사람에게 막대한 대가를 치르게 한다는 것을 이전보다 훨씬 더 강하게 느낀다. 이로 인해 좌파와 우파 모두에서 분노의 포퓰리즘이 생겨난다. 그러나 공동의 희생을 기꺼이 받아들이려는 의지는 현재의 위기 이전보다 앞으로 몇 년 동안 더욱 중요해질 것이다. 서방 세계의 경제는 10년 전에 상상했던 것보다 더 열악해졌다. 이런 나라들에서는 오랜 기간에 걸친 긴축이 예상된다. 이런 부담을 공평하게 분담하고 또 그렇게 보이게 하는 것이 중요하다.[16]

하지만 내가 틀렸다. 다음번이 아니라, 바로 지금 불이 났다. 게다가 코로나19와 러시아의 우크라이나 침공의 영향으로 불은 더욱 뜨겁게 타오르고 있다. 이 불은 상당 부분 지난번 금융 및 경제 위기가 남긴 느리게 타들어 가던 분노가 발화한 것이며, 서방 국가에서 오랜 기간에 걸친 그저 그런 수준의 성과와 고통스러운 사회적 변화를 겪은 후에 찾아왔다.

트럼프는 이 과정의 산물이다. 그는 늪을 메우겠다고 약속했지만, 많은 사람이 예상했던 대로 더 끔찍한 수렁으로 만들어버렸다. 그는 자신의 행동으로 자신의 냉소주의를 정당화했다. 물론 금융위기와 팬데믹에서 경제가 회복되면 불이 꺼질 것으로 생각할 수도 있다. 하지만 지금 시점에서 보면 그것은 거의 상상할 수 없는 일이다. 민주주의적 글로벌 자본주의는 불만족스러운 현재와 보호무역주의, 포퓰리즘, 금권정치라는 더 불만족스러운 미래 사이에 갇혀 있다. 아마도 조만간 미국이 독재정치로 치달으며 절정에 달할 것이다.

서구 시스템의 건강성을 회복하는 것은 우리의 커다란 과제 중 하나다. 물론 성공하지 못할 수도 있다. 하지만 아무것도 시도하지 않는다면 결코 좋은 결과를 얻을 수 없다.

이 책의 나머지 부분에서는 이런 나의 주장을 자세하게 설명한다. 1부에서는 정치와 경제, 특히 내가 정의한 대로 민주주의와 자본주의의 관계를 이론과 역사 측면에서 분석한다. 2부에서는 약탈적 자본주의와 선동적 정치가 밀접하게 연결된 결과, 자본주의 경제와 민주주의 정치에서 무엇이 잘못됐는지를 살펴본다. 3부에서는 보다 포용적이고 성공적인 경제와 더 건강한 민주주의를 만들기 위해 필요한 개혁 과제들을 분석한다. 이어 4부에서는 민주주의적 자본주의 국가들의 재활성화된 동맹이 자신을 방어하고 핵심 가치를 높이며 글로벌 평화와 번영, 지구 보호를 위해서 어떻게 세계와 함께 나서야 하는지를 살펴본다. 그런 다음 '결론'에서는 민주주의적 자본주의의 취약한 성과가 포퓰리즘과 폭정의 물결 속에서 사라지기 전에 보호하는 것이 엘리트들의 책임이라는 핵심 문제로 돌아갈 것이다.

THE CRISIS
OF
DEMOCRATIC
CAPITALISM

PART

1

/

자본주의와
민주주의에 대하여

민주주의와 시장은 지위의 평등이라는 근본적인 공통점을 가지고 있다. 민주주의에서는 모든 사람이 공공 문제에 대해 발언할 권리를 가지고 있으며, 자유시장에서는 모든 사람이 자신이 소유한 것을 사고팔 권리가 있다. 시장경제는 정부의 지원 아래 엄청난 부와 경제적 기회를 창출했다. 또한 경제 및 정치체제도 변화시켰다.

전근대적인 농업 경제에서는 정치를 이끄는 역할에서 인구의 대다수를 배제하는 것이 대체로 간단했다. 오히려 그렇지 않은 상황을 상상하기가 어려웠다. 그런데 현대의 시장경제하에서는 그 반대가 됐다. 권력을 공유하는 것은 필요한 일 또는 적어도 매우 권장되는 일로 여겨진다. 이에 따라 부유한 시장경제는 비록 느리고 고통스럽기는 했지만 정치적 포용을 점점 더 확대하며 보편적 성인 참정권이라는 정점에 도달했다.

지난 40년 동안 민주주의는 전 세계로 확산됐다. 이전 어느 때보다 민주주의 국가가 많아졌고, 특히 2000년대 초반에는 세계적으로 민주주의 국가의 비율이 역사상 최고치를 보였다. 하지만 안타깝게도 이런 진전은 이후 '민주주의의 침체'라고 불릴 정도로 정체됐고, 부분적으로는 역전되기도 했다.

2장에서는 민주주의와 시장경제의 근본적인 관계를 살펴보기로 한다. 이어 3장에서는 지난 2세기 동안 실제로 어떤 일들이 일어났는지 짚어보겠다.

CHAPTER 02 공생하는 쌍둥이: 인류 역사에서 정치와 경제의 관계

> 인간은 벌을 비롯해 군집적인 동물들과 달리 본질적으로 정치적 동물이다.
>
> - 아리스토텔레스_{Aristotele}(고대 그리스의 철학자)[1]

경제학은 인간이 서로 협력하는 데 주요한 근거를 제공하고, 정치는 그런 협력이 작동하는 틀을 제공한다. 경제와 정치는 필연적으로 공생 관계다. 그렇다면 시장 자본주의와 자유주의적 민주주의의 관계는 무엇일까? 정답은 자본주의는 민주주의적 정치 없이는 장기적으로 생존할 수 없고, 민주주의 역시 시장경제 없이는 장기적으로 생존할 수 없다는 것이다. 따라서 시장 자본주의와 자유주의적 민주주의는 시장경제와 현대 과학기술이 만들어낸 세상의 '음과 양'으로, '상호 보완적인 대립물'이라고 생각할 수 있다. 그 둘은 결혼했지만, 결혼 생활이 순탄치만은 않다. 이 생산적이면서도 어려운 관계를 관리하려면 현실을 인식해야 한다. 다시 말해 왜 그런지 그리고 어떻게 해서 그렇게 되는지를 알아야 하는데, 이 장의 주제가 바로 그것이다.

경제와 정치는
어떻게 얽혀 있는가

인류가 만들어낸 경제는 복잡하고, 적응력이 뛰어나며, 혁신적이다. 하지만 기본적으로는 사람들이 번창하는 데 필요한 자원을 제공하는 단순한 일을 하기 위해 존재한다. 우리가 '생계를 유지한다'라고 말하는 데는 그럴 만한 이유가 있다. 인간은 상상력이 풍부하기 때문에 그 표현에 대해서도 끊임없이 재정의한다. 생계는 자신이 속한 사회 안에서 번창하는 것을 의미하는데, 오늘날에는 충분한 의식주나 난방만으로는 족하지 않다. 오늘날의 고소득 경제에서는 2세기 전에는 상상할 수도 없었던 다양한 재화와 서비스가 포함된다. 한 추정치에 따르면, 오늘날 우리는 100억 개에 달하는 무궁무진한 재화와 서비스를 이용할 수 있다.[2]

인류 경제가 의존하는 모든 자원은 지구와 태양에서 비롯된다. 경제는 자연의 품 안에서 존재하며, 이는 경제학자들이 어리석게도 잊고 있었던 진실이다. 경제는 또한 인간 사회 안에서 존재한다. 인간은 협동을 통해 혼자서 할 수 있는 것보다 훨씬 더 나은 방식으로 자신과 가족을 부양할 수 있다. 이는 수렵·채집을 하던 조상 때부터 이어져 내려온 사실이다. 인간은 협동과 복잡한 분업 체계를 통해 훨씬 더 강하고 빨라짐으로써 다른 동물들과 경쟁할 수 있었다.

스탠퍼드대학교의 역사학자 이안 모리스Ian Morris는 선진 사회의 1인당 '에너지 포획량'을 추정했다.[3] 그의 데이터에 따르면 약 20만~30만 년 전 아프리카에서 호모 사피엔스가 출현한 이래 두 번의 경제 혁명이 일어났다.[4] 첫 번째는 수렵·채집에서 농업 경제로 서서히 전환한 것이고, 두 번째는 주로 농업이 중심이던 경제에서 산업 경제로 훨씬 더 빠르게 전환한 것이었다. 농업 혁명 이후

그림 1 · 1인당 일간 에너지 포집량

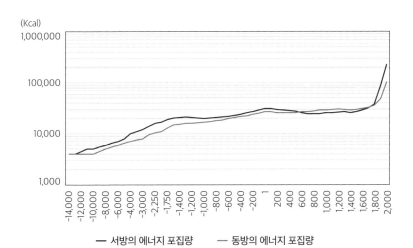

출처: 이안 모리스

정점에 이르렀을 때 1인당 에너지 포집량은 이전과 대비하여 약 7배가 증가했다. 그리고 산업 혁명을 거쳐 2000년에 이르렀을 때 1인당 에너지 포집량은 농경 사회에 비해 다시 7배 더 증가했다 (그림 1 참조). 1만 년 전 농업 혁명이 시작됐을 때 인류 경제는 400만 명을 부양하는 데 불과했지만, 산업 혁명의 여명기인 1800년경에는 그 숫자가 약 10억 명으로 늘어났다. 그리고 2022년 현재는 79억 명(지금도 계속 증가하고 있다)을 부양할 수 있게 됐다. 또한 산업화 이전의 농업 경제에서는 우연에 맡기는 일조량에 의존했지만, 이후 화석화된 탄소를 추출하는 산업으로 변화하면서 에너지 포집량이 증가했다. 이는 동시에 현재 우리가 왜 기후 문제를 겪게 됐는지를 설명해준다.

인간은 엄청나게 번성했지만, 나머지 영장류는 그러지 못했다. 지구상에는 침팬지 30만 마리, 서부고릴라 20만 마리, 오랑우탄 7만 마리 미만의 영장류가 살고 있을 뿐이다.[5] 인간, 그리고 인간이 기르는 가축은 지구상에 존재하는 모든 포유류의 96%를 차지한다.[6] 지구상의 생명체는 이제 지난 수천만 년 동안의 멸종률보다 100~1,000배 높은 것으로 추정되는 '여섯 번째 멸종' 단계에 접어들었다는 주장도 있다.[7] 인류 경제는 기후변화를 통해서 자신들의 둥지 자체를 오염시키는 동시에 다른 많은 종을 지구라는 둥지에서 몰아내는 거대한 뻐꾸기의 새끼라고 생각할 수도 있다.

현대의 인류 경제는 자체적인 기준으로 볼 때도 놀라운 성공을 거뒀다. 경제는 계속 증가하는 인구를 지탱했을 뿐만 아니라(그림 2 참조), 개인에게 그 이전보다 훨씬 높은 평균적 생활 수준을 제

그림 2 · 세계 인구

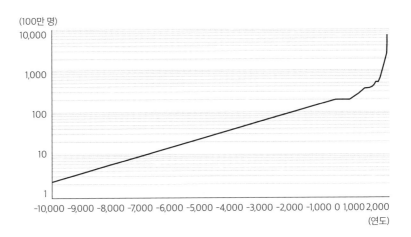

(100만 명)

※ 1950년까지 스플라인 보간spline interpolation(전체 데이터를 구간별로 나누어 저차수의 다항식을 통해
   매끄러운 함수를 구하는 방법-옮긴이)
출처: 데이터로보는우리세계Our World in Data

공했다(그림 3 참조).[8] 1820년부터 2008년 사이에 인류 경제는 실
질소득 기준으로 70배 이상 확장됐다.[9] 이는 국가 간 불평등도 크
게 증가시켜 일부 국가는 번영했지만 나머지 국가들은 그러지 못
했다. 1820년 세계에서 가장 부유한 나라의 평균 실질소득은 가장
가난한 나라의 약 5배에 달했다. 2017년에 가장 부유한 대국(미
국)과 가장 가난한 나라(콩고민주공화국)의 평균 실질소득 비율은
70:1로 나타났다.[10]

인류 경제의 세 가지 시대에는 각기 뚜렷하게 구별되는 형태의
사회 조직이 존재했다. 고대 수렵·채집 무리의 본질적인 특징은
관습과 개인적 관계를 통한 협력이었고, 가장 강력한 농경 국가의

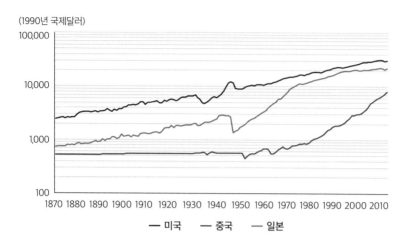

그림 3 · 1인당 GDP(구매력평가 기준)

(1990년 국제달러)

— 미국 — 중국 — 일본

출처: 매디슨프로젝트Maddison Project, 콘퍼런스보드Conference Board

특징은 강제와 위계를 통한 협력이었으며, 가장 성공적인 현대 경제의 특징은 분권화된 경쟁과 민주적 동의를 통한 협력이다.

수렵·채집 무리에서는 정치와 경제가 융합됐다. 그것은 하나의 대가족이었다. 이 세계에서는 영토를 쉽게 구할 수 있었고, 영토에 대한 접근은 통제되지 않거나 성스러운 관습에 따라 관리됐다. 영구적이거나 고정된 재산은 거의 존재하지 않았고 도구, 무기, 의복, 장신구 등 개인적 소유물이 재산의 대부분이었다. 의사결정은 비공식적이었고 유동적이었지만, 현명하고 똑똑하고 용감하고 숙련된 일부가 다른 사람들보다 더 많은 권한과 영향력을 가졌다. 이런 무리는 모든 사람이 자기의 소속을 알고 있고 보호받을 자격이 있으며 신뢰할 수 있었기 때문에 작동할 수 있었다. 주요 그룹은 결혼을 통해 데려온 사람들을 포함한 대가족이었다. 무리의 규칙과 관습을 어기면 추방이라는 끔찍한 제재를 받을 수 있었다.

인류의 가장 놀라운 특징은 신, 부족, 국가, 화폐, 기업 등 자신이 상상한 것을 사회적 현실로 만들어내는 능력이다.[11] 우리의 세계는 실재하면서도 보이지 않는 존재들로 가득하다. 예컨대 '프랑스'는 하나의 관념, 더 정확하게는 수많은 관념이다. '하나님', '신', '법', '달러', '대통령', '엑손모빌', '로마 조약'도 마찬가지다. 인간은 다른 동물들과 마찬가지로 물리적 세계에서 살고 있지만, 인간의 상상력은 인간과 물리적 세계 사이의 상호작용을 통제하는 사회적 세계에 형태와 움직임을 부여한다. 최초로 상상된 사회적·정치적 실체는 수렵·채집 무리가 합쳐진 부족이었다. 부족은 하나의 거대한 가족으로 생각됐다. 부족에 현실성을 부여하기 위해서 사람들은 오래전에 죽은 조상의 존재를 상상했다.[12] 부족은 인류 최초의 '상상된 공동체'였다. 민족 국가는 오늘날 그것을 대표하는 사례다.[13]

농업은 훨씬 더 복잡한 분업과 더 정교한 아이디어, 역할, 제도를 가져왔다. 물론 그 세부 사항은 기술, 지형, 무역에 대한 의존도, 전쟁의 성격, 종교적 사상에 따라 달라졌다. 그러나 다양성의 이면에서는 냉혹한 논리가 이런 새로운 국가들의 발전을 추동했다. 즉 노동력, 토지, 농작물, 관개 시스템, 식량 저장고 등 상대적으로 움직이지 않는 귀중한 자원을 외부 및 내부의 도적으로부터 보호해야 한다는 것이었다. 농업은 또한 이런 안전을 보장하는 사람들을 지탱하는 데 필요한 자원을 창출했으며, 이들은 필연적으로 보호자이자 약탈자가 됐다.[14] 그들이 만든 국가가 더 크고 부유할수록 이런 약탈적 보호자들의 권력, 부, 영광은 더 커졌다. 설사 어떤 한 국가가 확장에 대한 욕망이 없다고 하더라도 확장의 욕망이 있는 다른 국가의 공격에 취약했다. 전쟁은 농경 국가의 반영구적인 활동이 됐으며, 당연히 농경 국가의 지도자들도 대개는 전사였다.

* * * * *

S. E. 파이너s. E. Finer는 국내적 권력 게임에는 '궁정(왕실과 그 신하들)', '귀족(일반적으로 지주와 전사들)', 어떤 형태로든 '교회(종교적 정당성의 원천)', 마지막으로 '포럼forum(시민 전체)'이라는 4개의 잠재적 참여자가 있다고 제시했다.[15] 과거에는 궁정 정치가 지배적인 형태였으며, 페르시아·중국·로마 등 대제국이 군주제 권력의 정점이었다. 농업 국가들은 대부분 '세습적'이었고, 국가는 통치자와 그 가족의 소유물로 간주됐다.[16] 부는 왕실에 집중됐지만 고위 관리, 사제, 군인, 신분 높은 지주들이 종종 전리품을 공유했다. 귀족 중 가장 중요한 이들은 종종 군주의 가까운 친척이기도 했다.

인간과 동물의 노동력은 경제의 원동력이었다. 사회 최상층에 있는 사람들은 무거운 세금을 내는 농민, 토지에 묶여 있는 농노, 노예 등 자신들보다 아래에 있는 사람들의 강제 노동을 통해서 생활을 영위했다. 노예제는 일부 사람들이 생각하는 것처럼 유럽 식민지 개척자들의 발명품이 아니라 거의 보편적인 제도였다. 스탠퍼드대학교의 발터 샤이델Walter Scheidel은 "근대 이전의 국가는 정치권력의 행사와 가장 밀접한 관련이 있는 사람들에게 새로운 개인적 이득의 원천을 열어주고 상업 활동에 대한 보호 수단을 제공함으로써 소수의 손에 물질적 자원이 축적되고 집중될 수 있는 전례 없는 기회를 창출했다"[17]라고 썼다. 불평등의 수준은 자주 한계선까지 도달했다. 이런 한계선은 노동 빈곤층이 간신히 생계를 유지할 정도의 수입을 얻게 하는 수준에서 설정됐다.[18]

따라서 이런 사회는 대개 최대한 불평등했다. 수렵·채집 사회에서 농경 국가로 전환된 후 아마도 이런 불평등 탓에 대다수 사람의 생활 수준은 더 낮아지고 삶이 더 비참한 지경으로 몰렸을 것이다. 그래도 농경 국가로 전환됨으로써 훨씬 더 많은 사람이 생존해나갈 수 있게 됐다. 일단 농업 혁명이 일어난 후에는 이전으로 다시 돌아갈 수 없었다. 전통적인 수렵·채집인들은 변방으로 밀려나거나 정복당하거나 전멸했다. 반면 기마 유목민은 농경 사회를 효과적으로 약탈할 방법을 개발해냈다. 유라시아 초원에서 말을 타고 내려와 남쪽과 서쪽의 정착민들을 침략했던 스키타이족, 훈족, 몽골족을 생각해보라.

파이너가 지적했듯이 농경 사회의 국가들은 서로 같지 않았다. 고대 그리스와 공화정 로마 시대의 일부 도시국가처럼 군대가 자유민 성인 전체로 구성되는 곳도 있었다. 이런 군대는 적어도 한동안은 권력의 중앙집중화를 제한할 수 있었기 때문에 '포럼 정치'를 만들 수 있었다. 또한 (특히 이탈리아와 북유럽의 번영한 '자유도시'에서) 상인 계급이 권력 집중을 제한하는 또 다른 잠재적 요인으로 작용했는데, 국가가 이처럼 부를 창출하는 사람들에게 징수하는 세금에 의존하며 이들이 국경을 넘어 활동하는 경우에 더더욱 그러했다. 로마 가톨릭교회와 같은 종교적 권위는 특히 성직자가 군주의 정당성을 결정하는 경우 절대권력에 대한 또 다른 장벽이 될 수 있었다. 우연히도 서구의 민주주의는 궁정·교회·귀족·자유도시 간의 복잡한 권력 균형을 특징으로 하는 중세 정치에서 비롯됐으며, 옛 로마 제국과 같은 중앙집권적 제국을 다시 수립할 수 있는 통치자는 존재하지 않았다.[19]

왕에게 부과된 모든 법적 제약은 귀족뿐만 아니라 (원칙적으로 그리고 어느 정도는 실제로도) 일반 평민들에게 혜택을 줄 수 있다. (전형적인 포럼 정치체제였던) 로마 공화정에서는 전권을 가진 '독재자'가 선택되는 극단적인 위기 상황을 제외하고는 선출된 관료들이 있었고, 각기 통치권을 가진 두 명의 통치자를 두어서 정확한 권력 분점을 이뤘다. 대의제 개념의 또 다른 버전은 영국 왕 헨리 3세Henry III에 맞서 시몽 드 몽포르Simon de Montfort가 주도한 반란에서 나타났다. 그 결과 1264년에 귀족뿐만 아니라 '평민'의 대표(각 군shire에서 두 명의 기사와 각 도시 자치구에서 두 명의 시민burgess)를 포함하는 의회가 소집됐다.[20] 이 의회는 17세기에 내전이 발생했을 때 군주제를 물리치고 왕을 처형할 수 있을 만큼 강력하고 합법적인 힘을 발휘했다. 대의제 의회는 궁극적으로 현대 대의제 민주주의의 토대를 구축했다.

유라시아 서쪽 끝의 작은 섬에서 일어난 이런 발전은 이후 영국이 세계를 주름잡는 제국이자 최초의 산업 국가로서 역할을 하게 되면서 전 세계적으로 중요한 사건으로 바뀌었다. 나아가 이는 현대적 형태의 민주적 거버넌스가 탄생하는 데 기여했다. 의회와 그에 수반되는 정당은 정치를 전문화했으며, 인구가 많은 대규모 국가에서 민주적 통치의 출현을 촉진했다. 전문성 있는 정부, 법치주의, 선거 정치라는 토대 위에 오늘날의 자유주의적 민주주의가 궁극적으로 싹을 틔웠다.

시장 자본주의는 어떻게 성공했는가

지난 2세기 동안 번영을 이끈 원동력은 사람들이 서로 경쟁하며 새로운 상업적 아이디어를 개발하는 데 보상을 주는 형태의 경제였다. 이것이 바로 오스트리아 경제학자 조지프 슘페터Joseph Schumpeter가 말한 '창조적 파괴creative destruction' 시스템이다.[21] 결정적인 요소는 바로 완전히 상업화된 경제의 등장이었다. 최근에는 산업 혁명 이전에 '근면 혁명industrious revolution'이 있었다는 주장도 대두했는데, 돈을 받고 노동력을 판매하는 시장 거래에 점점 더 많은 가계가 참여하게 됐고 그 소득으로 필요한 상품을 구매할 수 있었다는 생각을 바탕으로 한다. 이런 시장의 존재는 가계의 자급자족을 가능하게 했고, 전문화를 장려하여 더 큰 시장 수요를 창출했다.[22] 정책 입안자들은 특히 중요한 시장, 즉 토지와 노동을 거래하는 시장을 의식적으로 만들어냈다.[23]

이런 시장이 발달함에 따라 강제 노동이라는 오래된 관행은 점점 더 불필요한 잉여가 됐다. 오랜 투쟁 끝에 농노제와 노예제는 모두 폐지됐다. 인간의 자유라는 측면에서는 부인할 수 없는 거대한 진전이지만, 노예제도가 신분 차별로 이어진 미국 남부의 주들처럼 노예제도와 인종차별이 공존하는 곳에서는 불완전한 해방으로 남게 됐다. 시간이 지나면서 여성들이 경제적 독립과 정치적 권리를 얻게 됨에 따라 여성들의 오랜 종속적 지위도 개선되기 시작했다.

근대에 급속한 성장이 시작된 원인에 대한 논쟁 대부분은 '핀 머리 위에서 얼마나 많은 천사가 춤출 수 있는가?'를 따지는 것(실용적 가치가 없는 주제에 대한 토론으로 시간을 낭비하는 일-옮긴이)에 불과하다. 예를 들어 어떤 사람들은 자원의 가용성을 강조하고,[24] 어떤 사람들은 제도를 강조한다.[25] 어떤 이들은 사람들에게 어떤 권리가 주어졌고 무엇이 효과적이었는지에 대한 아이디어를 강조한다.[26] 또 다른 사람들은 생산요소들의 가격 변화, 특히 노동의 가격 변화를 강조한다.[27] 하나의 제도이자 극단적인 형태의 착취인 인종화된 노예제도를 재차 지적하는 이들도 있다. 그러나 원인이 하나만 있어야 한다는 생각은 터무니없어 보인다. 아이디어는 제도에 활기를 불어넣을 뿐 아니라 사람들에게 인적 자원을 포함한 자원들을 어떻게 활용하는지도 알려준다. 그렇기에 시장과 기술의 결합은 매우 중요했으며, 그에 따라 발생한 산업의 변화는 인류 경제사에서 커다란 전환점이 됐다.

사회적·경제적으로 불안정을 야기하는 시장경제가 부상하자, 그 반작용으로 사회주의 계획경제라는 대안의 이데올로기가 등장했다. 그리고 20세기는 계획이라는 사회주의적 대안에 비추어 시장경제가 가지는 장점을 드러낼 결정적인 시험의 장을 제공했다. 다만, 계획이라는 대안에 맞서는 어떤 형태의 '순수한' 시장 자본주의에 대한 시험이 아니었다. 오히려 복지국가와 적극적인 개발국가가 등장하면서 자본주의는 그 자체로 진화했다. 특히 서독과 동독, 남한과 북한, 서유럽과 동유럽, 타이완과 마오주의Maoist 중국 사이에 두드러지는 경제적 성과의 차이가 결정적이었다. 심지어 소련과 중국 공산주의자들도 설득됐다. 미하일 고르바초프Mikhail Gorbachev의 '페레스트로이카'와 덩샤오핑鄧小平의 '개혁·개방'이 그 결과다. 덩샤오핑은 자신이 무엇을, 왜 하는지 잘 알고 있었다. 그는 홍콩, 싱가포르, 한국, 타이완을 바라보면서 이것이 바로 중국이 가야 할 길임을 깨달았다.

역사는 그의 판단이 놀랍도록 옳았음을 증명했다. 시장이 없으면 경제가 역동적으로 움직이는 데 필요한 정보나 인센티브가 생성되지 않는다. 실제로 덩샤오핑의 개혁 이후 중국은 비약적인 경제 발전을 이뤘다(그림 3 참조). 인도에서 일어난 1980년대의 느린 개혁과 1990년대의 훨씬 빠른 개혁도 마찬가지였다. 이들 개혁 이전에는 경쟁력 있는 국내 경제가 존재하지 않았다. 중국에서는 전혀 없었던 반면, 인도에서는 기업 활동에 대한 엄격한 규제, 이른바 '허가 라즈Permit Raj'나 '면허 라즈License Raj' 형식으로 제한적으로만 존재했다.[28] 갈수록 전 세계에 더 개방적이 되는 역동적인 시장경제는 지속적인 발전을 위한 놀라운 원동력이었다.

요컨대, 경제 성장을 주도한 힘이 시장 자본주의였다. 시장 자본주의는 이런 혁명을 위한 기본 전제 조건인 안정적 재산권, 과학기술의 진전에 대한 확고한 태도, 모든 사람(처음에는 백인 남성에 국한됐지만 궁극적으로는 모든 사람)이 자신의 능력을 이용하여 세상에서 성공할 권리가 있다는 믿음을 충분히 갖춘 국가에서 시작됐다.[29] 그 후 1인당 생산량이 증가하는 과정으로 돌입했고, 이 과정은 불평등하긴 했지만 그래도 상당히 널리 공유됐다. 경제적·사회적 혁명은 이후 여러 세기에 걸쳐서 진행됐고 다른 곳으로도 확산됐다. 혁명은 잔인하고 착취적인 한편, 변혁적이었다.

시장 자본주의는 자유주의적 민주주의와 어떻게 결합했는가

경제적으로 성공한 국가들에서 시장경제가 부상하면서 보편적 참정권 민주주의에 대한 압력이 증가했다. 18세기의 군주와 귀족이 지배하던 사회에서 20세기의 보편적 참정권 민주주의로 전환된 이 엄청난 정치적 변화가 단순한 우연이라고 보기는 어렵다. 그렇다면 왜 이런 일이 일어났을까? 그 해답은 이념, 열망, 권한 부여empowerment, 엘리트의 이기심, 그리고 마지막으로 대외적 영향력에서 찾을 수 있다.

첫째, '이념'이다. 서로 다른 것처럼 보이지만 시장 자본주의와 자유주의적 민주주의는 동일한 철학적 가치에 기반을 두고 있다. 래리 시든탑Larry Siedentop은 "서구의 신념은 세속 국가와 기본적 또는 '자연적' 권리 개념을 뒷받침하는 평등 개념에 특별한 우선순위를 둔다. 이러한 평등 개념은 국가들 간의 영구적 불평등을 부정하며, 특정 개인이나 집단의 의견 표명이 가지는 권위를 배제하는 것을 전제로 한다. 따라서 자유주의 전통에서 인정하는 유일한 천부적 권리는 개인의 자유"라고 주장했다.[30] 시장경제를 뒷받침하는 핵심 신념은 개인이 직업을 바꾸고, 사업을 하고, 돈을 빌리거나 빌려주며, 원하는 장소에서 원하는 방식으로 소비할 권리다. 이는 개인주의적인 신조들이다.

역사적으로 대부분의 문명권 국가에서는 이런 신분 평등이라는 개념을 거부했다. 남부 백인들은 자신들이 노예로 삼은 아프리카인과의 관계에서 권력을 가진 사람이 그렇지 않은 사람보다 본질적으로 우월하다고 믿었다. 또한 권력을 쥐면 부를 얻을 수 있지만, 권력이 없으면 빈곤할 수밖에 없었다. 간혹 정치적 권력이 없는 사람들이 상인으로서 부를 얻더라도 언제든 군주나 영주에게 빼앗길 위험이 있었다. 권력과 부는 밀접하게 연결되어 있었으며, 둘 다 노력으로 얻은 것이 아니라 타고난 지위의 결과물인 경우가 많았다. 특히 토지의 소유권(나아가 그 토지를 경작하는 사람들에 대한 통제권)이 권력의 핵심적 결과물인 동시에 부의 주요 원천이었던 시절에는 더욱 그러했다. 그러다가 현대에 들어 사회와 경제에서 신분이라는 개념이 약화되면서 이 모든 것이 바뀌었다. 그 변화가 명백해지기까지는 너무 오랜 시간이 걸렸지만, 어쨌든 결국에는 그렇게 됐다.

결정적으로, 법적 지위의 평등이라는 개념이 상속된 지위의 신성함이라는 기존의 개념을 대체하자 정치적 권리를 제한하기는 훨씬 더 어려워졌다. 모든 성인 남성(나중에는 모든 성인 남성 및 여성)이 읽고 배우고 사고팔고 혁신하고 번영할 권리를 동등하게 가지고 있다면, 어떻게 그들이 정치적으로 대표될 평등한 권리 또한 가지지 않을 수 있겠는가?[31] 재산, 인종 또는 성별을 이유로 참정권을 제한하려는 시도는 오랫동안 계속됐다. 그러나 이런 모든 구별 짓기는 자의적으로 보이기 시작했다. 모든 사람은 정치적 결정에 영향을 받을 뿐 아니라 보호받아야 할 이해관계가 있기 때문에 정치에서 목소리를 낼 권리 또한 있어야 한다.

제한적인 투표권은 항상 자의적이고 억압적으로 보일 것이다. 자신이 최고라고 생각하는 사람의 편향된 관점을 보통 사람들이 기꺼이 받아들이지 않는 한, 보통 사람들은 자신들이 '최고'라고 간주하는 자가 아닌 가장 부유하거나 가장 강력한 자의 통치를 받게 될 것이다. 따라서 자의적이고 불공정한 투표권은 피지배자의 동의를 얻지 못할 것이다. 예를 들어 교육받지 못한 남성에게는 투표권을 부여하는 반면, 교육받은 여성에게는 부여하지 않는 것을 어떻게 정당화할 수 있겠는가? 마찬가지로 어떻게 특정한 피부색을 가진 사람들에게만 그런 권리를 자의적으로 부여할 수 있겠는가? 그것은 명백하게 우스꽝스러운 일이다. 주권은 명백하게 '성인 인구 전체'에 속하며, 그 권한은 직접투표 또는 (대의제 의회를 통한) 간접투표 또는 제비뽑기(추첨) 등의 방식으로 행사된다.[32]

시장과 민주주의의 근간을 이루는 공통된 아이디어는 사람들이 개별적으로나 집단적으로 선택해야 할 때마다 자신의 삶을 스스로 형성해갈 권리가 있다는 것이다. 그렇다고 성취나 결과에서 평등이 보장되는 것은 아니다. 민주적 정치체제에서 권력은 평등하게 분배되지 않으며, 시장경제에서의 부 역시 절대로 평등하게 분배되지 않는다. 그러나 정치권력을 가진 사람은 (중국공산당과 그 이전 중국의 제국적 국가가 믿었던 것처럼) 시민을 위해서 일해야 한다는 '책임성responsible'을 가질 뿐만 아니라 일의 결과에 대한 '책임accountable'도 져야 한다('responsible'은 시민의 요구에 '반응'할 책임을 말하고, 'accountable'은 실행의 결과가 잘못되었을 경우 그에 대한 '책임'을 지는 것을 말한다−옮긴이). 마찬가지로 시장에 참여하는 사람들은 고객의 결정에 반응해야 한다. 따라서 시장과 민주주의는 모두 사람들의 선택에 내재적 가치가 있다는 명제에 기반을 두고 있다. 모든 성인 시민의 지위 평등이라는 이상은 근대 민주주의가 이룩한 위대한 도덕적·실천적 성과 중 하나다.

둘째, '열망'이다. 하버드대학교의 벤저민 프리드먼Benjamin Friedman은 "생활 수준이 높아지면 개방성, 관용, 민주주의가 촉진된다"라고 주장했다.[33] 대부분의 육체노동이 기계로 대체되면서 다른 사람의 고된 노동을 착취하는 오래된 관행은 점점 사라졌다. 농노제와 노예제는 경제적으로도 더는 필요하지 않을 뿐만 아니라 혐오스러운 것으로 인식돼 결국 폐지됐다. 또한 전반적인 번영은 자신감 있고 더 나은 교육을 받은 사람들을 만들어냈으며, 이들은 더 높은 지위나 더 많은 부를 가진 사람들의 정치적 변덕에 휘둘리기를 원하지 않는다. 예를 들어 영국에서는 중산층이 의회의 대표성을 요구하는 정치적 변화가 일어났고, 1832년 '대개혁법Great

Reform Act'으로 대부분 달성됐다.[34] 그리고 미국에서는 백인 남성의 투표권에 대한 재산 자격 조항이 일찌감치 폐기됐다.[35] 사람들이 더 잘살게 되면서 그들의 목표도 바뀌었다. 단순히 생존을 넘어 자신과 가족을 위해 더 보람 있는 삶을 확보하는 데 점점 더 관심을 갖게 됐다. 이런 열망에는 자연스럽게 사회 활동과 정치 활동에서 목소리를 내고자 하는 열망도 포함됐다. 이와 관련해서 사람들이 더 많은 시간을 할애하여 참여할 수 있는 사회 집단이 형성되면서 이런 욕망의 정치적 중요성도 커졌다.

셋째, '권한 부여'다. 시장의 혁명과 관련된 사회적 격변에는 대규모 도시화, 공장의 확산, 조직화된 노동자 계급의 부상이 포함됐다. 격변 속에서 등장한 제도들 중에서도 특히 노동조합은 매우 중요한 정치적 역할을 했다. 그 옛날 각기 흩어져 있으면서 지주 전사 계급landowning warrior class과 그 기생적 후손들에게 끊임없이 잔인하게 탄압받던 농민들에게는 불가능했던 일이다. 이 새로운 집단은 또한 자본주의 경제의 부상과 관련된 불의와 불안으로부터 스스로를 보호하기 위해서 행동했는데, 민주주의 정치를 통해서 그런 보호 장치를 대부분 확보했다.[36]

넷째, '엘리트 이기주의'다. 산업 혁명의 또 다른 결과물로 산업화된 전쟁이 있다. 국가에는 의욕이 넘치고 글을 읽을 줄 아는 병사들이 필요했고, 두 차례의 세계대전에서 '후방 지원'에 투입될 여성 노동력도 필요했다. 인구의 완전한 동원의 필요성과 가능성은 보편적 성인 참정권으로의 전환을 극적으로 가속화했다. 우연이 아니더라도 많은 국가에서 여성에게 참정권을 부여한 일은 제

1차 세계대전 직후에 이루어졌다. 새로운 경제 역시 교육받은 노동력을 요구했는데, 단순한 교육이 아니라 '국가의 가치관'에 대한 교육이 필요했다. 이처럼 민족주의는 근대 국가와 경제를 만드는 데 중요한 역할을 했다. 시간이 지남에 따라 교육이 확산되면서 신문이 광범위하게 보급됐고, 정치에 참여하는 대중이 탄생하게 됐다. 교육의 확대는 정치적으로도 정당화될 수 있었다. 19세기 영국의 귀족 정치가인 셔브룩 경Lord Sherbrooke은 1867년에 선거권을 크게 확대한 개혁법이 통과된 것에 대해 "우리가 승리하기 위해서는 우리 미래의 주인[새로 권리를 부여받은 사람들]이 자신들의 글자를 배우는 것이 절대적으로 필요할 것"이라고 주장했다.[37] 이 개념은 '우리는 우리의 주인을 교육해야 한다'로 널리 요약됐다. 이런 이유로 추진된 교육은 영국이 번영하는 데 필수적인 역할을 했다.

그러나 엘리트 이기주는 양날의 검이기도 했다. 물론 19세기와 20세기 초의 산업화된 경제에서 민주화를 위해 노력하는 강력한 세력이 존재하기는 했지만, 민주화는 보편적인 결과가 아니었으며 아직 한참 부족한 상태였다. 영국과 독일의 차이가 특히 두드러지며, 북유럽과 남유럽 사이에도 비슷한 차이가 존재했다. 하버드대학교의 대니얼 지블라트Daniel Ziblatt는 『보수 정당들과 민주주의의 탄생Conservative Parties and the Birth of Democracy』에서 "기존에 존재하던 사회적 권력의 집중 상태와 이런 포용적인 정치적 민주주의 사이의 관계는 본질적으로 갈등을 동반한다"라고 지적했다. 성공적인 정권 교체와 실패한 정권 교체의 차이점은 "구체제 엘리트들이 새로운 정치체제에서 자신들의 이익을 대변하는 강력한 '보수 정당'을 만들 수 있느냐 아니냐"에 있다는 것이다. 그는 이것이 "민주주의 발전에 필수적인 요소"라고 결론지었다.[38] 이 책에서 다루는 핵심은 과두 지배계급이 진정한 민주주의를 용인하면서 효과적인 정치연합을 만들고 유지하는 능력과 의지다. 이것은 낡은 이야기가 아니며, 오히려 오늘날의 이야기와 매우 흡사하다.

마지막으로 '영향력'이다. 19세기의 강대국은 영국이었고, 20세기의 강대국은 미국이었다. 두 나라 모두 적어도 원칙적으로는 경제적으로나 정치적으로 자유주의 사회였다. 이들 강대국이 보편적 참정권을 가진 자유주의적 민주주의를 향해 나아가는 건, 비록 더디고 어려웠지만(그리고 아프리카계 미국인들에게는 매우 불명예스러웠지만), 대부분 그 사회 내부에서 주도적으로 이루어졌다. 두 차례의 세계대전과 냉전의 결과를 결정지은 건 미국의 군사력이었다. 미국은 독일과 일본에는 급진적인 정치적 변화를 강요할 수 있었다. 하지만 아쉽게도 소련 이후 러시아에서는 실패했다. 소련의 몰락은 평화적이었고 국가가 점령당한 것이 아니었기 때문에 제2차 세계대전 이후의 독일과 일본에 비해 변화가 크지 않았다.

시장이 주도하는 경제 발전이 민주적인 정치적 권리의 출현을 지지하는 강력한 세력을 만들어냈지만, 이런 결과가 필연적인 것은 아니었을 수도 있다. 제1차 세계대전이 없었다면 권위주의적인 독일 제국이 경제 발전을 계속할 수 있지 않았을까? 그리고 이런 지속적 경제 발전이 민주화로 이어지지 않았을까? 후자는 적어도 꽤 그럴듯한 이야기다. 최근 타이완과 한국을 보면 권위주의에서 벗어나 (상당히) 자유주의적인 민주주의가 출현했으며, 두 나라 모두 경제적으로도 큰 성공을 거뒀다. 그러나 중국공산당은 그 반대로 시장 주도의 번영이 독재 정당의 통치를 약화하기는커녕 오히려 강화하리라는 데 베팅하고 있다. 이것이 사실일지 아닐지를 말하기는 아직 이르다. 시진핑 정권의 억압이 심해지면서 경제가 침체된다면, 장기적으로 중국 내에서도 성공한 자본가들이 법적· 시민적 권리를 위해 어느 정도 영향력을 행사할 수도 있다. 아니면 자의적인 국가권력의 행사로 시장 자본주의가 망가질 수도 있다.

시장과 민주주의의 결혼: 좋은 경우와 나쁜 경우

시장경제가 보편적 참정권 민주주의를 낳은 것이 우연이 아닌 것처럼, 고소득 민주주의 국가에서 시장경제가 존재하는 것은 결코 우연이 아니다. 그러나 경쟁 시장의 자기 이익 추구와 민주주의의 집단적 의사결정이라는, 상호 보완적이지만 대립적인 요소들의 결합은 항상 취약할 수밖에 없다. 무엇보다 자유주의적 민주주의의 생존 여부는 경제적 자원에 대한 통제권을 정치권력으로부터 분리할 수 있느냐 아니냐에 달려 있다. 막대한 부자가 되는 것이 정치권력을 잡기 위한 필요조건도 충분조건도 아니며, 마찬가지로 정치권력을 잡는 것이 경쟁적인 시장경제에서 부를 획득하기 위한 필요조건도 충분조건도 될 수 없다. 이렇게 표현하는 것만으로도 이런 시스템이 얼마나 취약한지를 알 수 있다. 그러나 이는 또한 이런 관계가 과거에 부와 권력이 동전의 양면과 같았던 위계적 사회와 얼마나 다른지를 보여준다.

부와 권력의 분리가 왜 유지되어야 하는지는 그 반대의 가능성을 생각해보면 쉽게 알 수 있다. 우선 정치권력을 직접 얻는 것을 통해서만, 또는 권력을 가진 사람들의 호의에 의해서만 부를 얻을 수 있다고 가정해보자. 그렇다면 더는 고객을 유치하고 서비스를 제공함으로써 부를 얻는 경쟁적 시장경제가 존재할 수 없다. 그 대신 스스로 권력자가 되거나 권력자에게 봉사함으로써 부를 얻게 될 것이다. 이는 권력자와 그 친인척, 측근, 지지자들의 개인적 이익을 위해 정치 시스템이 악용되는 '정실 자본주의' 또는 '인맥 자본주의'가 될 것이다. 이제 반대로 부를 이용하여 공직에 오르거나, 공직에 있는 사람들의 후원을 받는다고 가정해보자. 그러면 그 정치체제는 민주주의가 아니라 금권정치가 될 것이다. 이런 금권정치는 경쟁적 시장경제도 파괴할 것이 분명하다. 그들은 결코 신생 경쟁자를 용납하지 않는다. 따라서 민주주의적 자본주의는 권력과 부, 정치와 경제를 분리할 것을 요구한다. 많은 신흥국과 개발도상국에서 볼 수 있듯이, 이런 분리가 제대로 이루어지지 않는 곳에서는 민주정치와 시장경제가 번성하지 못하는 경향이 있다. 이들이 너무 밀접하게 얽혀 있어서 정치와 경제 시스템이 서로의 목을 조르기 때문이다.

국가가 경제를 통제하는 극단적인 형태는 사회주의이며, 여기서 사회주의는 국가가 주요한 생산 수단을 소유하고 정부가 통제하는 체제로 정의된다. 정부를 통제하는 사람들은 경제적으로 가치 있는 '모든' 자원도 통제하게 된다. 이런 사회에서는 여러 세력이 경쟁하는 정치가 불가능하다. 사람들이 정치적으로 행동하려면 개인적 또는 집단적으로 자체적인 자원이 필요하며, 여론에 영향을 미칠 정보 제공 능력도 필요하다. 그러려면 독립적인 미디어 조직이 있어야 한다. 이런 경쟁적 민주주의의 전제 조건이 내포하는 정부 통제로부터의 독립은 법적으로 보호되는 사유재산과 함께 다원주의적 시장경제를 요구한다.[39]

사회주의는 이를 불가능하게 한다. 국가를 통제하는 사람들이 경제도 통제하며, 따라서 정치를 통제하기 때문이다. 그러면 정치권력이나 경제활동에서 공정한 경쟁은 존재할 수 없다. 그러니 사회주의적 민주주의라는 개념은 허울뿐인 키메라chimera(서로 다른 동물이 한 몸으로 결합되어 있는, 그리스 신화에 나오는 괴물-옮긴이)에 불과하다. 경제권력과 정치권력의 결합은 조만간 소비에트 국가 또는 우고 차베스Hugo Chávez와 니콜라스 마두로Nicolás Maduro가 통치하는 베네수엘라 같은 나라로 이끌 것이다. 중국에서조차 자의적인 국가권력은 모든 사유재산을 불안정하게 하고 시장경제를 위협한다.

권력을 가진 사람들의 동기 또한 중요하다. 시장경제에서는 권력을 잃는다고 해서 반드시 부나 소득을 잃는 것은 아니며, 언제든지 민간 부문에서 더 높은 임금을 받고 일할 수 있다. 그러나 국가가 부를 통제하는 경우 권력을 잃으면 민간 부문으로 갈 수 없기 때문에 권력자는 여유를 가질 수 없다. 정치와 독립된 큰 경제 영역이 없다면 민주정치의 위험은 너무 커진다. 그러면 정치는 문명화된 내전이 아니라 생존을 위한 전쟁이 된다. 사회주의 국가의 권력 보유자는 경제의 모든 측면을 통제하기 때문에 권력 상실을 비교적 쉽게 방지할 수 있다. 완전한 사회주의는 본질적으로 반민주적이고 반경쟁적이다. 근본적으로 정치권력과 가치 있는 자원에 대한 통제가 융합된 또 다른 체제이기 때문이다.

사회주의는 국가 통제의 극단적인 예다. 그러나 설사 투표로 지도자를 선출하는 나라라고 하더라도 그 지도자가 정치와 경제의 경계선을 유지하는 법적 제도와 규제 기관을 전복할 수 있다면, 국가의 부를 효과적으로 통제할 수 있을 뿐만 아니라 개념적으로 민간 부문인 영역의 부 또한 효과적으로 통제할 수 있다. 이는 푸틴의 러시아와 오르반의 헝가리에서 볼 수 있는 정실 자본주의로 이어진다. 이런 시스템에서는 통치자가 정치 시스템과 국가의 부를 통제하기 때문에 쿠데타나 퇴위 없이는 권력을 잃을 위험도 없고 권력을 박탈당할 가능성도 없다. 이런 시스템에서 민간 경제는 국가의 묵인하에서만 존재할 뿐이며, 독립적인 존재가 아니다.

재앙으로 가는 두 번째 경로는 국가를 통제하는 사람들이 경제를 장악하는 것이 아니라 경제를 통제하는 사람들이 국가를 장악하는 것이다. 이 경우에도 경제권력과 정치권력의 융합이 일어나지만, 이번에는 후자에서 전자로 향하는 것이 아니라 전자에서 후자로 향한다. 금권정치는 소득과 부의 엄청난 불평등을 초래하는 약탈적 자본주의의 자연스러운 결과다. 부와 경제력이 점점 더 집중될수록 자유주의적 민주주의는 필연적으로 위협받게 되는데, 특히 오늘날 가장 중요한 민주주의 국가인 미국에서 이런 현상이 나타나고 있다. 아이러니하게도, 금권정치가 심화될수록 국민들은 더 탐욕스럽고 잔인한 독재자를 선출할 가능성이 커진다. 그 결과 금권정치가 독재정치로 이어질 수 있다. 현대에서도 그런 예를 많이 찾아볼 수 있다. 자본주의는 앞서 주장한 것처럼 민주주의로 이어질 수도 있지만, 역으로 민주주의를 파괴할 수도 있다.

요약하자면, 경쟁 시장은 실제로 민주주의 정치를 보호한다. 그렇다고 해서 경제적 자유와 정치적 자유가 동일하다는 의미는 아니다. 거래의 자유는 정치적 행동의 자유와 다르다. 사람들이 시장에 참여하거나 참여하지 않음으로써 앞으로 일어나는 일에 영향을 미칠 권리(이를 '이탈exit'이라고 한다)와 사람들이 자신의 의견을 표현함으로써 앞으로 일어나는 일에 영향을 미칠 권리(이를 '항의voice'라고 한다)의 차이다.[40] 이는 자유의 두 가지 측면, 즉 경제에서 선택할 자유와 정치에서 행동할 자유의 차이이며 서로 연결되어 있다. 사적 경제활동이 법적으로 보호되는 국가에서만 경쟁적인 선거 정치가 발생하는 것은 우연이 아니다. 민주주의적 자본주의는 항상 취약하지만, 그래도 우리가 경험할 수 있는 유일한 형태의 민주주의다.

경제와 정치의 시스템을 어느 정도 분리해놓고 독립적인 제도, 인정된 규범, 구속력 있는 규칙을 통해 서로를 보호하는 것은 이두 시스템이 제대로 작동하는 데 필수 조건이다. 따라서 자본주의와 민주주의의 결혼에서 두 파트너는 서로를 필요로 한다. 하지만 서로가 독립적인 존재가 될 수 있도록 적절히 허용해야 한다. 둘다 번창하려면, 또한 그들의 융합인 민주주의적 자본주의가 살아남으려면, 이 깨지기 쉬운 균형을 잘 유지해야 한다.

힘겨운 결혼 생활 유지하기

대런 아세모글루Daron Acemoglu와 제임스 로빈슨 James Robinson은 자신들의 저서 『좁은 회랑』에서 자유로운 사회를 작동하게 하는 취약한 균형에 대해 보완적인 관점을 제시했다.[41] 이들은 (17세기 정치철학자 토머스 홉스Thomas Hobbes의 용어로 '리바이어던 Leviathan'이라고 불리는) 국가가 국민에게 안전과 보호를 제공할 만큼 강력해야 하지만 자유를 박탈할 만큼 강하지는 않아야 한다는 필요성 때문에 이 문제가 발생한다고 주장한다. 양극단 사이에는 국가와 시민사회 간의 상호작용이 작동하는 좁은 회랑이 있는데, 이 회랑은 "족쇄가 채워져 있지만 강력한" 리바이어던과 참여적인 시민사회가 나란히 존재하는 곳이다.[42] 다시 말해, 앞서 언급한 자유주의적 민주주의가 바로 그곳이다.

사회가 이 회랑에서 어떻게 벗어나게 되는지 생각해보자. 극단적인 경우, 모든 것을 통제하고 시민사회를 짓밟는 더 '독재적인 리바이어던despotic Leviathan'으로 향할 수 있다. 이런 정치에서는 개념적으로는 사기업이 존재할 수 있지만, 리바이어던이 아무런 권리도 부여하지 않고 자신들이 마음대로 철회할 수 있는 특혜만 부여하기 때문에 사기업은 국가의 묵인 아래에서만 존재한다. 오늘날 이런 국가의 가장 두드러진 예는 중국이다. 다른 극단에는 아세모글루와 로빈슨이 '종이 리바이어던paper Leviathan'이라고 부르는 국가가 있다. 종이 리바이어던은 비효율적이고 억압적이다. 이런 국가는 대중이 필요로 하는 필수 서비스를 제공하지 못하면서, 국가의 역량을 약탈적인 엘리트를 위해서 사용한다. 라틴아메리카의 많은 국가가 이 범주에 속한다.

종이 리바이어던은 정치권력이 경제에서 발생하는 대부분 잉여를 통제하는 '신가부장제neopatrimonial' 국가와 매우 유사하다. 푸틴의 러시아가 대표적인 예다.[43] 또한 많은 탈식민지 국가, 특히 석유와 가스 같은 '특정한 자원'(따라서 상대적으로 통제 가능한) 상품을 보유한 국가들 역시 마찬가지다. 이런 나라에서는 정치권력이 소수의 특권층에게 국가의 잉여적 부 대부분에 대한 접근 권한을 부여했다. 앙골라나 나이지리아를 떠올려보라. 그 결과로 경제적 성과는 부진해졌고 불평등은 극심해졌으며, 정치가 불안정해져 독재정권이 탄생했다. 다시 말하지만, 그런 경제하에서 권력자들은 권력을 유지하는 것이 생존의 문제이기 때문에 선거에서 패배해도 괜찮다는 여유가 없다. 이는 불안정하고 폭력적인 정치를 위한 레시피이며, 이들에게 다른 형태의 정치는 너무 위험한 것이다.

현대에 들어서는 공산주의 국가가 독재적인 리바이어던의 주요 사례였다. 중앙집권적인 소련은 실패했고 결국 붕괴했다. 그러나 중국의 해답, 즉 오래된 관료주의 정치의 업데이트 버전과 시장 자본주의가 결합한 형태는 적어도 현재로서는 번창하는 것처럼 보인다. 그래서 민주주의적 자본주의에 대한 가장 신뢰할 만한 대안을 제시하는 것처럼 보일 수도 있다. 하지만 두 가지 필수 조건이 충족되어야 한다. 중국이라는 나라는 독특한 역사를 가지고 있고 경제는 여전히 상당히 열악하다. 베트남을 제외하면 중국 모델이 다른 나라에 적용될 가능성은 거의 없다.

이런 관점에서 민주주의적 자본주의의 취약성에 대한 몇 가지 중요한 측면이 드러난다. 첫 번째이자 가장 분명한 것은 민주주의와 역동적인 시장경제는 족쇄가 채워진 리바이어던, 즉 법에 따라 통치되고 효과적으로 작동하는 국가의 존재에 의존한다는 것이다. 두 번째는 시민사회가 국가에 참여하는 정치적 (민주주의) 측면과 경제적 (시장) 측면 간의 균형이 없이는 리바이어던에 족쇄를 채울 수 없다는 것이다. 세 번째는 족쇄가 채워진 리바이어던이라는 정치 및 경제를 만들고 유지하는 것은 어렵고 드문 일이기 때문에 선거를 실시하거나 경제를 자유화하는 것만으로는 충분하지 않다는 것이다. 실제로도 민주주의를 향한 많은 시도가 실패했다. 마지막으로, 한 사회가 이런 좁은 통로를 벗어나게 되는 가장 그럴듯한 경로는 국가·시민·경제 간의 균형이 무너지는 것이라는 점이다. 권력과 부를 분리하는 벽이 무너지면서 금권정치, 선동정치, 독재정치가 등장해 좁은 회랑에서 벗어나게 된다.

실제로 나라들은 어떻게 이 좁은 회랑에 머물 수 있었을까? 그 해답은 민주주의적 자본주의의 사회적·경제적·정치적 주체들 간의 타협과 협력에 있다. 타협과 협력의 과정에는 다음과 같은 네 가지 측면이 중요하다.

첫째, 자본주의 경쟁은 무조건적 자유가 결코 '아니다.' 무조건적 자유는 조직폭력배 정치와 동의어다. 예를 들어 보리스 옐친

Boris Yeltsin의 러시아가 그러했다. 적절한 시장 경쟁을 위해서는 게임의 규칙에 동의하는 적극적인 협력이 필요한데, 정치만이 이런 규칙을 정할 수 있는 유일한 방법은 아니다. 시민운동가, 직원들의 노동조합, 주주 또는 언론의 압력 등 시민사회의 여러 주체가 다양한 규칙을 설정한다. 그러나 복잡한 현대 경제의 많은 규칙은 국가가 설정한다. 따라서 가장 강력한 경제적 주체들에게 포획되지 않은 국가가 이런 규칙들을 설정해야 한다고 결론 내릴 수 있다.

둘째, 게임의 규칙은 필연적으로 복잡하고 시간의 흐름과 함께 진화한다. 여기에는 현대적 시장경제에서 가장 중요한 행위자인 기업을 탄생시키고 관리하는 규칙이 포함된다. 또한 지식재산권을 포함한 재산권, 노동 시장, 자본 시장, 경쟁과 독점, 환경 보호, 국제무역 등 시장 운영을 관리하는 규칙도 포함된다. 게다가 이 중 상당수는 독립적인 관료 조직이 만들고 운영한다. 경제가 더욱 복잡해지고 간섭이 많아지고 정치가 더욱 민주적이고 까다로워짐에 따라 규칙과 규정 역시 필연적으로 더욱 부담스러워졌다. 그 때문에 과도한 비용이 발생할 수도 있는데, 이들 사이에서 적절한 균형을 이루는 것이 현대 정치의 필수적인 부분이다.

셋째, 이런 규칙들의 상당수는 국경을 넘나드는 시장경제의 특성을 반영하여 국제적으로 합의됐다. 경쟁 자본주의는 글로벌 자본주의다. 국제적 합의의 필요성은 19세기에 이미 받아들여졌으며, 오늘날에는 경제활동이 국제적으로 미치는 무수히 많은 영향을 반영하여 국제적으로 합의된 수많은 규칙이 존재한다. 예를 들어 영국은 1만 4,000개 이상의 조약에 서명했는데, 그중 상당수가 경제에 영향을 미친다.[44] 국제적으로 합의된 규칙은 무역, 은행 및 금융, 지식재산권, 제품 표준, 여행, 운송, 통신, 우편, 인터넷, 기타 여러 활동을 관리한다. 비록 민주적 책임성은 필수적이지만, 주권이 곧 절대적인 통제를 의미하지는 않는다. 초강대국이라고 할지라도 주권은 자국의 국경 안에서만 행사될 수 있기 때문이다.

　마지막이자 아마도 가장 중요한 것으로, 민주적인 유권자는 어느 정도의 경제적 안전을 요구하게 된다. 보편적 참정권 민주주의에서는 대중이 경제적 결과에 대해 무관심할 것이라고 생각하기 어렵다. 사람들은 실업, 건강 악화, 노령에 대비한 보험을 요구한다. 국가가 자녀 교육을 도와주기를 기대하며, 착취로부터 자신을 보호해주는 법을 요구한다. 또한 거시경제의 불안정성을 제한하는 조치를 기대하며, 국가가 결과의 불평등에 일정한 제한을 두기를 원한다. 무엇보다 경제적으로 성공하고 부유한 사람들이 상당한 정도의 세금을 납부하기를 기대한다. 보편적 참정권 민주주의는 19세기의 기준으로 보면 큰 정부라고 할 수 있는 것으로 이어진다. 이런 정부는 경쟁적 자본주의의 생존과 일치한다. 그러나 자유지상주의적libertarian 버전의 자본주의는 보편적 참정권 민주주의와 양립할 수 없다. 전자를 원하는 사람들은 후자를 반대한다는 것을 공개적으로 인정해야 한다.

민주주의의 취약성에 대해서
고대인에게 얻는 교훈

민주주의의 취약성에 대해서 고대 그리스인들에게 배울 점이 있다. 가장 유명한 고대 그리스 철학자 중 일부는 교육을 받지 못한 대중이 통치한다는 생각에 적대적이었다. 이것이 플라톤Plato의 『국가론The Republic』이 주장하는 바다.[45]

플라톤의 보수적인 관점이나 철학자 왕에 대한 (유교와 매우 유사한) 그의 믿음에는 동의하지 않더라도 과두 정치, 민주주의, 선동, 폭정에 대한 그의 경고가 당시와는 매우 다른 오늘날의 세상에서도 유의미하다는 것을 깨닫게 된다. 플라톤은 특정한 종류의 과두 부유층(금권정치)에 대한 반작용이 민주주의를 폭정으로 바뀌게 할 위험이 있다고 주장했다. 우리는 도널드 트럼프가 집권한 미국에서 이런 일을 목격했으며,[46] 다른 나라들에서도 비슷한 일이 벌어지고 있다.

더 정확하게 말하자면, 플라톤은 평범한 사람들이 부유층에 대항할 보호자를 찾을 것이라고 주장했다. 그런 '보호자'는 어떻게 행동할까? "부채의 탕감과 토지 분배를 암시하는 동시에, 폭도들을 전적으로 마음대로 조종하여 동족을 공격하는 데 거리낌이 없고, 가장 좋아하는 거짓 고발의 방법으로 그들을 법정에 데려와 살해하고, … 일부는 죽이고 일부는 추방한다. 그렇다면 그 후에 그의 운명은 어떻게 될까? 반드시 그는 원수들에게 멸망당하거나 아니면 사람에서 늑대로, 즉 폭군이 되지 않을까?"[47]

플라톤의 주장은 (예상대로) 보수적이다.[48] 그러나 그의 반민주적 편견 아래에는 옳은 점도 있다. 미래의 폭군은 종종 자신을 적에 대항하는 인민의 보호자로 제시한다. 군부독재자 율리우스 카이사르Julius Caesar는 평민을 옹호한다고 알려진 민중파('포풀라레스 populares')의 지도자였고, 그의 상속자(옥타비아누스, 즉 훗날의 아우구스투스Augustus)는 로마 공화정을 끝장냈다. 플라톤이 경고했듯이, 민중의 '보호자'가 (실제로는 그의 상속자가) 늑대가 된 것이다.

불안과 공포가 폭정으로 가는 관문이라는 플라톤의 생각은 옳다. 안정적이고 번영하는 사회는 외부에 정복당할 수는 있어도 내부의 독재에 굴복할 가능성은 거의 없다. 그러나 내부 갈등으로 분열된 사회는 독재자에게 무너질 가능성이 크다. 플라톤도 지적했듯이 실제로 사람들의 두려움은 국내 엘리트, 적어도 그 엘리트의 일부를 대상으로 하는 경우가 많다. 사람들은 자신을 보호자로 내세우는 자에게 의지하지만, 이 보호자는 대부분 야망에 사로잡힌 공허한 인간일 뿐이다.[49] 민중에게서 권력을 부여받은 그는 스스로 독재자로 변한다. 역사적으로 이런 '보호자'는 종종 전쟁 지도자 또는 적어도 장군, 즉 '백마를 탄 왕자'였다. 예컨대 카이사르를 비롯해 나폴레옹 보나파르트Napoléon Bonaparte, 프란시스코 프랑코 Francisco Franco 등이 그렇다.[50]

나는 트럼프가 집권하게 한 정치적 접근 방식을 '금권정치적 포퓰리즘'이라고 명명했는데, 금권정치적 목적을 위해 포퓰리즘적 주제를 악용한다는 의미다.[51] 트럼프는 공화당이 가지고 있는 금권정치적 포퓰리즘의 논리적 결과물이다. 그는 민중의 이름으로 공화당을 장악했다. 그러나 금권정치의 하수인으로 시작했든 금권정치의 반대자로 시작했든(사실 그는 둘 다였다), 그의 핵심 특징은 제약받는 것을 일절 거부한다는 것이다. 그런 지도자의 사례는 민주주의 자체만큼이나 오래됐다. 플라톤이 살아 있었다면 트럼프가 '보호자'이자 폭군이 될 수 있는 선동가의 또 다른 예임을 단번에 알아봤을 것이다.

아리스토텔레스 역시 민주주의를 의심했다.[52] 여기서 그가 말하는 민주주의란 민중의 의지가 제약받지 않는 체제를 의미한다. 이를 '선동정치', '비자유주의적 민주주의' 또는 '다수에 의한 폭정'이라고 부를 수 있다. 대의제 선거, 헌법적 보호, 개인의 권리를 보장하는 지금의 시스템은 그가 말한 민주주의에 포함되지 않을 것이다. 그러나 자유주의적 민주주의를 지지하는 사람이라면, 특정 날짜에 투표하는 것으로 표현되는 '민중의 의지'가 영원히 최고의 의사결정 수단이 되는 제도는 자유주의적 민주주의가 아니라는 아리스토텔레스의 주장에 동의해야 한다.[53] 그것은 오히려 폭정으로 가는 길이며, 더 정확히 말하면 국민투표제 독재주의에 가깝다. 일시적 다수에 대한 헌법적 제약(국민투표나 의회 다수파에 의해서 특정한 법률이나 정책이 채택되더라도 그것이 기존 헌법에 어긋날 경우 대법원이나 헌법재판소가 위헌 판결을 내려서 무효화하는 것-옮긴이)은 반민주적인 것이 아니라 민주주의를 보호하기 위한 필수적 장치다.

플라톤과 아리스토텔레스가 지적했듯이, 심각한 불평등은 민주적 정부의 평등주의적 전제와 상충한다. 따라서 두 철학자 모두 선호하지 않았던 금권정치 체제는 민주주의에 위협이 된다. 그러나 (개념적 정의상 글을 읽을 줄 아는 엘리트 집단에 속하는) 고대 철학자들은 일반 대중이 선호하는 선동가들의 무책임에 대해서도 불평했다. 오늘날 보수주의자들은 '사회복지 보조금 수급 자격자에 대한 과도한 지출'의 무책임성, 과도한 세금, 국가의 파산 가능성에 대해 항의할 때 그와 비슷한 언사를 사용한다. 이는 민주적 헌법을 채택한 나라 중 소득 분배가 매우 불평등한 곳들에서 오랫동안 이어져온 갈등의 골이다.

민주주의적 자본주의와 국가 정체성

(자유주의적 민주주의와 시장 자본주의의 결합인) 민주주의적 자본주의는 개인의 자유와 정치적 권리가 보호되는, 신뢰에 기반한 경제와 정치를 만들어야 한다는 과제의 해답이며 실제로도 고무적인 해답임이 입증됐다. 이 시스템에서는 선거, 부패, 국가의 역할을 규율하는 규범, 독립적 기관, 법률 등으로 둘러쳐진 울타리를 통해 정치가 경제로부터 보호된다. 또한 소유권과 거래권을 보호하는 규범, 독립적 기관, 법률 등을 통해 경제가 정치로부터 보호된다. 시장경제와 민주정치 사이의 이 복잡한 관계는 앞서 살펴본 바와 같이 무너지기 쉽다.

정치 공동체의 특정한 정파에 대한 충성심보다 정치 공동체 자체에 대한 충성심이 민주적 정치 시스템의 건강성을 위한 필수 조건이다. 이는 자신을 시민으로 생각하느냐 아니냐에 달려 있다. 민주주의에서는 선거에 패배했을 때 기꺼이 승복하는 것이 필수 조건이기 때문에 이는 매우 중요하다. 나를 이긴 사람들이 내가 신뢰하는 사람들일 때만 패배를 견딜 수 있다. 그렇지 않으면 내전이 일어날 수 있다. 수천만 또는 수억 명에 달하는 사람들이 서로 전혀 알지 못하는 사이지만 하나의 가상 가족을 이루는 국가는 이런 정체성을 형성하는 강력한 방법이다. 이런 상호 소속감이 '데모스demos'라는 국민을 형성하며, 수천만 명의 사람들이 이런 상상의 공동체를 위해 싸우고 죽어갔다.

현대 사회에서 우리는 긴장감을 느낀다. 오늘날의 경제 제도는 우리가 자국뿐만 아니라 전 세계의 낯선 사람들과도 안심하고 자유롭게 거래할 수 있도록 설계되어 있다. 현대 경제에서는 법치를 비롯한 믿을 수 있는 제도들이 신뢰를 뒷받침한다. 현대 정치에서도 법치를 비롯한 믿을 수 있는 제도와 함께 국가 공동체, 즉 '데모스'라는 개념이 신뢰를 뒷받침한다. 경제의 발전이 이런 국가 정체성을 뒤흔들수록 정치와 경제는 더욱 혼란스러워지고, 시장 자본주의와 민주주의의 관계를 유지하기가 더욱 어려워질 것이다.

이런 위험은 현재 전 세계 곳곳에서 나타나고 있다. 종류를 막론하고 권위주의가 자유주의적 민주주의를 대체하게 된다면, 경쟁적 시장 자본주의는 살아남기 어려울 것이다. 부패한 형태의 신가부장제 정치가 등장할 가능성이 훨씬 더 커질 것이다. 이는 멀리 있는 위험이 아니다. 트럼프와 그 일파가 상징하는 것이 바로 그것이다.

민주주의적 자본주의의 위대한 이야기, 즉 경쟁적 시장 자본주의와 자유주의적 민주주의의 취약한 결합은 어쩌면 곧 끝날지도 모른다. 안일하게도, 그렇지 않으리라고 가정해서는 안 된다. 이 책의 3부에서는 이 다가오는 위험에 어떻게 대처할 수 있을지를 다룬다.

CHAPTER 03　민주주의적 자본주의의 진화

> 우리 사회가 민주주의라고 불리는 것은 소수가 아닌 다수의 손에 행정이 맡겨져 있기 때문이다. 그러나 사적 분쟁에서는 모든 사람에게 평등한 정의가 존재하는 동시에 우수성에 대한 주장도 인정된다. 그리고 어떤 방면에서든 특별히 출중한 사람이 공직자로 선호되는데, 그것은 특권의 문제가 아니라 업적에 대한 보상이어야 한다. 가난도 이런 업적을 이루는 데 장애물이 되지 않으며, 잘 알려지지 않은 사람이라도 조국에 보탬이 될 수 있다.
>
> — 투키디데스Thucydides(고대 그리스의 역사학자)[1]

보통선거권에 기반한 대의제 민주주의는 지난 2세기에 걸쳐 발전해왔다. 이런 형태의 민주주의는 오랜 투쟁의 산물이다. 시장 자본주의는 보다 평등주의적인 정치를 요구했다. 신분 평등이라는 평등주의 사상의 힘이 사회 전반에 퍼지면서 계급과 성별, 궁극적으로 인종은 정치적·사회적 권리를 결정하는 범주로서의 정당성을 잃었다. 그 결과 민주주의 국가의 모든 성인 시민에게 평등한 정치적 권리가 보장됐다.

이전 장에서는 시장 자본주의와 자유주의적 민주주의가 우리

세계의 '음과 양'처럼 '상호 보완적인 대립물'이라고 주장했다. 그러나 상호 보완적인 이 두 가지가 균형을 유지하지 못하면 상호 파괴적인 관계가 될 수도 있다. 이 장에서는 지난 2세기에 걸친 민주주의와 자본주의의 발전, 그리고 이 둘의 관계를 개괄적으로 살펴본다. 항상 어렵게만 느껴졌던 이 둘의 관계가 지난 40년 동안 실제로 얼마나 위험할 정도로 불균형해졌는지는 이어지는 2부에서 논하겠다.

자유주의적 민주주의의 간략한 역사

민주주의는 새로운 개념이 아니다. 2장에서 언급했듯이, 통치받는 계층의 상당 부분에 대해서 책임을 지거나 심지어 그들의 지시를 받드는 정부는 과거에도 존재했다. 가장 유명한 사례는 2,500년 전의 아테네다. 필립 2세Philip II의 마케도니아에 정복된 아테네의 예처럼 군주제가 일부 민주주의 사회를 파괴했다. 로마 공화정이 군부독재, 즉 로마 제국으로 종말을 맞은 것처럼 내전으로 일부 민주주의 사회가 파괴되기도 했다. 아테네와 로마는 참정권에서 여성과 노예를 제외했기 때문에 제한적이었고, 로마 공화정 역시 매우 과두적이었다. 그럼에도 이들의 제도는 페리클레스Pericles가 (투키디데스의 입을 빌려서) 주장했듯이, 통치자에게 책임을 지게 하고 평범한 시민들에게도 국정에 참여할 기회를 제공했다. 이 체제는 지난 수천 년 동안 대부분의 조직화된 국가를 운영해온 독재, 신정, 귀족 체제와는 다른 점이 있었다. 그런 체제들은 모두 멸망했다.

지난 2세기 이전까지만 해도 대중 상당수에게 지시를 받거나 그들에 대해 책임을 지는 정부라는 개념은 거의 현실화되지 않았다.[2] 이전 장에서 언급했듯이, 산업 혁명 이후의 혁명적인 변화 중 하나가 바로 이런 정치체제가 전 세계적으로 중요하게 부상했다는 것이다. 그보다 다소 이른 변화는 글로벌 자본주의 경제의 출현이었다. 둘 다 직선적으로 나아가지는 않았다. 이 장의 목적은 이런 역사적 연관성을 실증적으로 보여줌으로써 2장의 이론적 논의를 보완하는 것이다.

현재 서구에서 민주주의가 의미하는 바인 보편적 참정권, 대의제, 자유주의적 민주주의가 존재한 기간은 기록된 문명 속에서 인류가 겪은 짧은 경험에 비추어 보더라도 정치적 하루살이에 불과하다. 민주주의는 1893년 뉴질랜드가 여성에게도 완전한 참정권을 부여하면서 처음으로 빛을 보게 됐다. 핀란드는 1906년, 노르웨이는 1913년, 덴마크는 1915년, 독일·네덜란드·스웨덴은 1919년(이 중 독일은 1933년에서 1945년 사이에 민주주의를 잃은 것으로 악명이 높지만), 아일랜드는 1923년, 영국은 1928년(비록 독특한 대학 선거구는 1950년까지 존속했지만)에 보편적 선거권을 부여했다. 스페인은 1933년(그러나 1937년 프랑코 정권이 여성 참정권을 박탈했고, 그의 사후인 1977년에야 복원됐다), 오스트리아·프랑스·이탈리아는 1945년, 일본은 1947년, 호주는 (호주 원주민이 투표권을 획득한 시기인) 1962년, 미국은 1965년(남부 전역의 아프리카계 미국인에게까지 투표권이 확대됐지만, 일부 주에서 결정한 전과자의 투표 제한은 인종 차별적 효과가 강했고 유권자 억압과 인종에 기반한 자의적 선거구 획정이 여전히 만연했다), 포르투갈은 1974년, 스위스는 1990년(1971년 연방 차원에서 완전한 참정권이 부여됐지만 마지막까지 그것을 보류한 주에서는 1990년에야 여성에게 투표권을 부여하도록 강제됐다), 타이완은 1996년에 선거권이 보편화됐다.[3] 보다시피, 정말 놀랍도록 최근에 와서야 이루어진 발전이다.

위의 국가들과 연도의 목록은 너무 원칙주의적인 것일 수도 있다. 후버연구소의 래리 다이아몬드가 "민주주의는 여러 면에서 연속적인 변수"라고 정확히 지적했듯이 말이다.[4] 민주주의는 참정권뿐만 아니라 야당에 대한 제도적 보호, 언론의 자유 같은 측면에서도 살펴볼 수 있다. 참정권만 놓고 보면, 1928년 전면적인 성인 참정권이 실시되기 전인 19세기와 20세기 초에 걸쳐서 일련의 입법 조치를 통해 종교, 재산, 성별에 따른 투표 제한이 철폐됐다. 영국에서 민주주의가 부상하는 과정으로 간주될 수 있는 시간적 범위는 한 세기 이상에 걸치는 것으로 늘어난다. 18세 이상으로 선거권이 확대된 것은 1970년에 이르러서인데, 성인 남성 전체로 참정권이 확대된 것은 극히 일부의 재산 보유자에게만 투표권을 부여했던 것보다는 더 민주적이다. 또한 인종적 소수 집단이 여전히 배제되긴 했지만 남성 및 여성 성인 전체로 참정권이 확대된 것은 남성에게만 참정권이 부여된 경우보다 더 민주적이다. 이처럼 참정권의 확대는 단계적으로 진행됐다.

현실적으로 민주주의는 복합적인 척도로 정의되어야 한다. 이것이 바로 1800년 이후 민주주의의 부상을 측정하는 '체제적평화를위한센터Center for Systemic Peace'의 폴리티 IV 데이터베이스Polity IV database가 하는 일이다.[5] 이 데이터베이스는 1800년대 초기에는 민주주의가 없었다고 판단한다. 선거가 실시된 국가에서도 유권자는 전체 인구의 극히 일부에 불과했는데, 예를 들어 공화국으로 건립된 미국에서도 투표권은 백인 남성 중 토지 소유자에게만 주어졌다. 따라서 조지 워싱턴George Washington이 대통령에 당선됐을 때 미국 인구의 6%만이 투표할 수 있었다.[6]

폴리티 IV 데이터베이스에 따르면, 합리적인 민주주의 체제를 갖춘 국가의 수는 1800년 0개에서 1900년 12개(그중 뉴질랜드만이 유일하게 보통선거권을 가진 국가였다)로 증가했고, 1922년에는 24개국으로 늘어났다. 그 후 1940년에는 그 수가 9개로 줄었다. 같은 기간 독재 국가의 수는 1922년 10개에서 1929년 19개, 1940년 27개로 급증했다. 민주주의 국가의 수는 1946년 18개, 1950년 23개로 다시 증가했다. 1989년에는 48개에 이르렀다. 그 후 1994년 갑자기 76개국으로 급증한 후 계속 늘어나서 2016년에는 97개국이 됐다(그림 4 참조).

1977년 89개로 정점을 찍었던 독재 국가의 수가 그 후 1989년 62개, 1994년 35개, 2016년 21개로 40년 동안 계속 감소한 것도 주목할 만한 변화다. 독재 국가의 수가 감소한 것은 환영할 만한 일이지만, 폴리티 IV에서 '아노크라시anocracy(독재와 민주주의의 중간에 해당하며 무질서한 상태를 특징으로 하는 정치체제-옮긴이)라고

그림 4 · 거버넌스의 글로벌 트렌드(국가의 수)

출처: 체제적평화를위한센터, 폴리티 IV 데이터세트

부르는, 일관성 없고 불안정하며 비효율적인 정부를 가진 국가의 수가 증가한 것은 그다지 반갑지 않은 일이다. 아노크라시 국가의 수는 1984년 21개, 1989년 39개에서 2016년 49개로 증가했다. 예컨대 리비아를 비롯한 많은 국가에서 독재정권의 몰락은 민주주의가 아니라 무질서 상태를 초래했다. 독재의 반대가 민주주의가 아니라 잔혹한 무정부 상태인 경우가 너무 많았다.

하지만 식민지 제국이 사라지고 수많은 신생 국가가 탄생한 결과, 한 세기 전보다 훨씬 더 많은 국가가 존재하게 됐다. 1800년 폴리티 IV 데이터베이스에는 22개국만 등장한다. 1945년에는 67개로 늘어났고, 2016년에는 167개가 됐다. 따라서 민주주의 국

가가 차지하는 '비율'을 고려하는 것이 중요하다. 이 비율은 1800
년 0%에서 1900년 22%, 1922년 36%로 증가했다가 1940년에
14%로 감소했다. 그 후 다시 증가하여 1989년에 33%, 1994년에
47%, 2016년에 58%가 됐다. 노골적인 독재 국가의 비율은 1989
년에는 43%였지만(1940년과 거의 같지만 1977년의 63%에 비해서는
크게 감소했다), 2016년에는 13%에 불과했다. 하지만 아노크라시
국가의 비율은 여전히 높은 수준을 유지하고 있다. 이제는 독재보
다 혼돈이 민주주의의 더 큰 적이 될 수 있다(그림 5 참조).

그림 5 · 거버넌스의 글로벌 동향(국가의 비율)

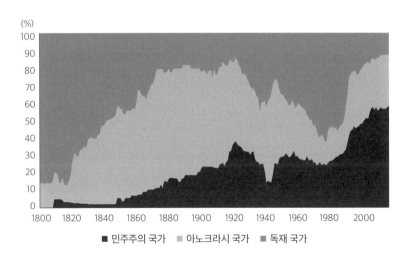

■ 민주주의 국가   ■ 아노크라시 국가   ■ 독재 국가

출처: 체제적평화를위한센터, 폴리티 IV 데이터베이스

그렇다면 어떻게 해서 이렇게 됐을까?

산업 혁명은 독재 국가 또는 소수 과두 정치의 세계에서 시작됐다. 19세기에는 인구 중 일정 규모의 층이 선거권을 가진 국가의 수가 증가했다. 제1차 세계대전에서 서방 동맹국이 승리한 이후 패배한 독재 국가들이 붕괴하면서 민주주의 국가의 수가 급증했다. 당시 많은 국가에서는 특히 성인 여성에게까지 참정권을 확대했는데, 이는 부분적으로 전쟁에서 여성들이 큰 역할을 했기 때문이다. 그러나 제1차 세계대전과 대공황이 낳은 혼란스러운 정치적 유산은 취약한 신생 민주주의 국가들에 치명적이었다. 이들의 수는 절반 이상 감소했고 독재정권이 그 자리를 차지했다. 제2차 세계대전이 끝난 후, 연합국이 서유럽을 나치로부터 해방하고 식민지 제국이 사라지면서 민주주의 국가의 수는 꾸준히 증가세를 보였다. 1947년 인도의 독립은 그 분수령이 된 순간이었다. 그러나 민주주의 국가의 수가 가장 빠르게 증가한 것은 소련이 무너진 이후였다. 이 시기에 비로소 진정한 민주주의적 전환의 시대가 열렸다.

2007~2012년 대서양 양안에서 금융위기가 발생한 이후 이어진 경기 침체는 관리가 잘됐기 때문인지 대공황처럼 민주주의에 큰 피해를 주지는 않았다(이 글을 쓰는 시점인 2022년 중반 현재 코로나19가 정치에 장기적으로 어떤 영향을 미칠지 아는 사람은 거의 없다. 하지만 몇 가지 예외를 제외하면 각국에서 정부 당국에 대한 신뢰도는 하락했다). 글로벌 금융위기에 대한 (적어도 1930년대의 처참한 실패에 비추어) 비교적 성공적인 정책적 대응은 어느 정도 공을 인정해주어야 한다. 그럼에도 민주주의 국가 수의 증가세는 멈췄고, 오랫동

안 전 세계 민주주의의 선봉에 섰던 미국을 포함하여 많은 국가에서 질적 수준이 악화되고 있다. 사실 문제는 조금 더 일찍 시작됐을 수도 있다. 2015년에 이미 래리 다이아몬드는 "세계는 2006년부터 완만하지만 장기적인 민주주의의 후퇴 과정에 빠져 있다"라고 말했다.[7] 게다가 이런 민주주의의 후퇴는 다차원적이다. 여기에는 "민주주의의 불안정성과 침체뿐만 아니라 (민주주의인지 아닌지 분류하기가 쉽지 않은) '회색 지대' 국가에서 민주주의가 점진적으로 쇠퇴하고, 비민주주의 국가에서 권위주의가 심화되고, 세계적으로 기존의 부유한 민주주의 국가의 기능과 자신감이 감소하는 것도 포함된다."[8]

비슷한 맥락에서 정치 과정에 개인의 자유라는 지수를 추가한 프리덤하우스Freedom House도 우려를 표했다. 예를 들어, 2021년 보고서에서는 다음과 같이 언급했다.

2020년에 치명적인 팬데믹, 경제적·물리적 불안정, 폭력적 분쟁이 전 세계를 황폐화하면서 민주주의의 수호자들은 권위주의적 적들과의 투쟁에서 막대한 손실을 봤고, 국제적 균형이 폭정에 유리하게 기울었다. 현직 지도자들은 공중보건을 명분으로 반대자들을 짓밟고 보복하기 위해 점점 더 완력을 사용했으며, 포위당한 시민운동가들은 효과적인 국제적 지원을 받지 못한 채 많은 곳에서 중형을 선고받거나 고문을 당하거나 살해당하는 상황에 직면했다.

이런 악재 탓에 세계 자유지수는 15년 동안 연속해서 하락했다. 2006년 마이너스 추세가 시작된 이래 악화된 국가가 개선된 국가보다 훨씬 큰 폭으로 늘어났다. 민주주의의 장기적 후퇴가 심화되고 있다.[9]

실제로 2020년 미국 대통령 선거에서 트럼프가 쿠데타를 시도한 이후, 그리고 더 중요하게는 공화당이 증거도 없이 대선 결과를 불법이라고 비난하며 트럼프를 지지하기로 한 이후, '민주주의의 침체'는 더 이상 적절한 표현이 아니게 됐다. 오히려 '민주주의의 대공황 전야'라는 표현이 2021년 미국과 전 세계 민주주의의 상황을 더 잘 설명하는 것 같다.[10] 무엇보다 2016년에 미국은, 자유주의적 민주주의가 무엇인지 전혀 모를 뿐만 아니라 그 개념 자체를 경멸하는 사람을 대통령으로 선출했다. 그에게는 선거에서 이기고 권력을 장악하는 것만이 중요했다. 그에게 투표한 사람들도 그의 견해에 동의했다고 가정해야 한다. 2020년에 이런 반대 세력에 맞서서 민주주의 원칙에 대한 미국의 명성을 되살리려는 조 바이든Joe Biden의 시도는 실패할 가능성이 매우 커 보였다.

로베르토 포아Roberto Foa와 야샤 몽크Yascha Mounk는 2016년에 발표한 중요한 논문에서 민주주의의 핵심 제도에 대한 신뢰가 침식된 데 대해 다음과 같이 무서울 정도로 명료하게 설명했다.

지난 30년 동안 북미와 서유럽의 기존 민주주의 국가에서 의회나 법원과 같은 정치 기관에 대한 신뢰는 급격히 하락했다. 투표율도 마찬가지다. 정당 일체감이 약화되고 정당 참여가 감소함에 따라 시민들은 기존 정당을 지지하지 않게 됐다. 대신 유권자들은 단일 이슈 운동을 지지하거나, 포퓰리스트 후보에게 투표하거나, 현상 유지에 반대하는 '반체제anti-system' 정당을 지지하는 경우가 점점 더 많아지고 있다. 세계에서 가장 부유하고 정치적으로 안정된 일부 지역에서도 민주주의가 심각하게 훼손되고 있는 것으로 보인다.[11]

특정 정당이나 정부에 대한 불만의 문제가 아니라 민주주의 체제 자체에 대한 불만이 증가했다는 얘기다. 월드밸류서베이World Values Survey의 5차 및 6차 조사(2005~2014) 결과에 따르면 민주주의 국가에서 사는 것이 필수적이라고 생각하는 사람들의 비율이 급격히 감소했다. 1940년대에 태어난 사람 중 민주주의 국가에서 사는 것이 필수적이라고 생각하는 사람의 비중이 유럽은 60%에 살짝 못 미쳤고, 미국은 60%를 살짝 넘었다. 1980년대에 태어난 사람들의 경우 그 비율은 유럽 45%, 미국 약 30%로 낮아졌다. 이는 노령화 효과가 아닌 세대 효과로, 최근 출생한 세대일수록 민주주의에 매료되지도 않고 관심도 없는 것으로 나타났다. 놀랍게도 2011년 조사에서는 미국 '밀레니얼 세대'(당시 10대 후반 또는 20대 초반)의 24%가 민주주의는 국가를 운영하는 방식으로 '안 좋다' 또는 '매우 안 좋다'라고 생각한다고 답했다.[12]

젊은 세대일수록 민주주의에 대한 충성도가 낮을 뿐만 아니라 정치에 대한 관심도 현저히 떨어졌다. 무엇보다 권위주의에 대한 지지가 증가하고 있다는 증거도 있다. 예를 들어, 미국에서는 군대가 통치하는 것이 '좋다' 또는 '매우 좋다'라고 생각하는 시민이 1995년 16명 중 1명에서 2014년에는 6명 중 1명으로 급증했다. 군부 통치에 대해서는 상대적으로 부유한 계층의 지지가 크게 증가한 것으로 나타났다. 1990년대 중반에는 고소득층의 5%만이 군부 통치가 '좋다' 또는 '매우 좋다'라고 생각했는데, 2014년에는 그 비율이 16%로 증가했다.

전반적으로 보면 '강력한 지도자'라는 고대의 키메라에 대한 믿음을 향한 뚜렷한 변화를 보였으며, 그런 경향은 젊은 집단과 부유층에서 두드러졌다. 특히 많은 부자가 '자신들'의 돈에 '호이 폴로이hoi polloi(군중)'의 더러운 손이 닿지 못하도록 하기를 원한다는 걸 드러냈다. 이전 장에서 살펴본 바와 같이, 불평등이 충분히 커지면 부유한 소수가 가난한 다수의 민주적 대표성을 억압하기 위해 애쓰게 될 가능성이 더 커진다.

후속 연구에서도 이런 끔찍한 그림이 확인됐다. 예를 들어 2020년에 발표된 한 연구에 따르면, 총 19억 명에 달하는 전 세계 '민주주의 국가의 국민들' 중에서 국민 중 75% 이상이 자신들의 민주주의에 만족한다고 답한 나라에 사는 사람들은 겨우 2%가 조금 넘는 것으로 나타났다. 국민 중 50~75% 정도가 만족한다고 답한 나라에 사는 사람들의 비중은 21%였고, 국민 중 25~50% 정도가 만족한다고 답한 나라에 사는 사람들의 비중은 57%였는데 여기에는 프랑스, 일본, 스페인, 영국, 미국 등이 포함됐다. 마지막으로 국민 중 25% 미만이 만족한다고 답한 나라에 사는 사람들의 비중도 20%나 됐다. 이는 암울한 현실을 보여주는 그림이다.[13]

이 모든 것은 민주주의가 취약해졌음을 시사한다. 단지 사하라 사막 이남의 아프리카처럼 상대적으로 가난한 민주주의 국가, 브라질·인도·필리핀·튀르키예처럼 사회적·문화적·인종적 분열이 큰 중간소득 민주주의 국가 또는 헝가리·폴란드처럼 비교적 최근에야 권위주의에서 민주주의로 전환한 국가들에서뿐만 아니라, 잘 확립되고 번영하는 서구 민주주의 국가에서도 마찬가지다. 게다가 래리 다이아몬드가 썼듯이, "제2차 세계대전 이후 자유주의 국제질서의 상당 부분이 미국의 리더십에 뿌리를 두고 있는 것처럼 전 세계 민주주의도 미국의 민주주의에 기반을 두고 있다."[14] 도널드 트럼프가 보여준 민주주의 수호 거부, 민주주의 동맹국과 민주주의 규범에 대한 적대감, 자유주의 세계경제 질서에 경멸은 잠재적으로 변혁적인 사건이다.

역사적으로 민주주의가 사라진 시기가 있었다. 다시는 그렇게 되지 않으리라고 가정하는 것은 어리석은 일이다. 만약 그렇게 된다면 우리는 자의적인 독재, 무분별한 부패와 내부자 거래, 협박, 국가가 만들어낸 끝없는 거짓말이 난무하는 세상에서 살게 될 것이다. 우리는 어떤 깡패들thugs이 정권을 잡든 국민을 영원히 어린아이로 취급하는 세상에서 살게 될 것이다.

시장 자본주의의 간략한 역사[15]

자유주의적 민주주의는 지난 2세기 동안 전 세

계를 휩쓸었는데, 그 과정에서 발전과 후퇴를 거듭했다. 오늘날 자유주의적 민주주의는 후퇴하고 있다. 그렇다면 오늘날 특히 고소득 국가에서 시장 자본주의의 진화는 어떻게 이루어졌을까?[16] 대답은 좀 더 복잡하지만 큰 틀에서 보면 별반 다를 게 없다.

지금부터는 국내 자본주의와 글로벌 자본주의를 구분하여 논의하고자 한다. 일반적으로 자본주의는 일관된 방향으로 진화해왔지만, 정부의 개입이 많아지거나 줄어드는 주기를 겪기도 했다. 오늘날 우리는 (특히 글로벌 통합에 대해서) 정부의 개입이 더 커지는 시대로 나아가고 있다. 이 때문에 글로벌 자본주의의 확산세가 둔화되고 심지어 역전되기까지 했으며, 코로나19와 미·중 관계의 붕괴로 더 후퇴할 가능성이 커 보인다. 민주주의라는 주제 역시 마찬가지다. 지금은 두 시스템 모두에 어려운 시대다.

자본주의의 주기적 변화

자본주의는 정적인 것이 아니라 역동적이고 심지어 변화무쌍한 시스템으로 시장과 기술적 기회, 정치적·사회적 압력에 대한 반응 속에서 진화한다. 역사적으로 항상 그래왔다. 경쟁 시장과 사유재산 보호라는 핵심 속성이 유지되더라도 제도적 틀, 시민사회와의 관계, 정부 정책을 바탕으로 정의되는 시스템 자체는 크게 다를 수 있다.

자본주의의 가장 중요한 역사적 변화는 소유주인 경영자가 무한책임을 지는 소기업에서 전문 경영진이 있는 유한책임회사Limited Liability Corporation, LLC(미국식 표현) 또는 회사company(영국식 표현)로 전환한 것이다. 이처럼 매우 중요한 제도적 혁신의 목적은 거대한 규모의 경제, 그리고 그에 따른 막대한 자본의 필요를 특징으로 하는 새로운 경제활동에 자금을 조달하고 관리할 수 있는 사업체를 만드는 것이었다. 이런 방식으로 자본과 신용이 결합하여 법인격을 가진 영속적 실체, 즉 독자적으로 경제생활을 영위할 수 있는 존재가 됐다. 19세기 중반, 영국은 간단한 등록 행위로 이런 회사를 설립할 수 있도록 허용했다. 그리고 다른 많은 국가가 이런 사회적·법적 혁신을 모방했다.[17]

회사라는 존재는 놀라울 정도로 성공적인 혁신이었다. 하지만 동시에 파우스트적 거래Faustian bargain(악마에게 영혼을 판다는 의미-옮긴이)와 같은 것으로 밝혀졌다.

긍정적인 측면에서 기업은 현대 경제의 핵심이 됐다. 예를 들어, 미국에서는 2021년 1분기에 국내총생산GDP의 56%를 기업이 창출했다.[18] 개념적으로 기업은 경쟁 시장 내에 존재하는 명령 및 통제 시스템이다.[19] 기업의 성공은 전 세계 차원에서 자원을 조정하고 시장에 서비스를 제공하는 능력에 달렸다. 그 과정에서 기업은 엄청나게 복잡한 글로벌 분업 체계를 만들어내고 관리해왔다. 기업의 탄생은 또한 교육을 잘 받은 유능한 관리자로 구성된 간부들을 창출했다.[20] 기업은 우리 경제에서 혁신의 대부분을 만들어낸다.[21] 기업은 보호해야 할 소중한 브랜드와 평판을 가지고 있으며, 이는 기업이 책임감 있게 행동하도록 장려한다. 요약하자면 기업은 번영의 원동력이다.

그러나 부정적인 측면을 보면 기업은 막대한 경제적·정치적 힘을 가지고 있으며, 이를 남용할 수도 있다. 애덤 스미스Adam Smith 도 경영자가 소유주의 이익을 무시할 수 있다고 우려했다. 더 중요한 것은 기업이 가지는 규모와 이동성 덕에 상당한 시장 지배력을 확보하게 된다는 점이다. 또한 기업은 인격체personhood로서 시민으로서의 정치적 권리를 포함하여 특별한 권리를 부여받았다.[22] 그러나 기업은 이동성과 유연성이 뛰어나기 때문에 노동자나 자신이 속한 국가의 운명에 무관심할 수 있으며, 세금과 규제를 교묘하게 회피할 수 있다.[23] 게다가 중대한 부정행위가 발생하더라도 사법 시스템상으로는 기업이나 경영진에게 형사적 책임을 묻는 것이 거의 불가능하다. 경영진의 실수로 발생하는 벌금을 주주가 부담하는데도, 경영진을 통제하는 주주의 능력은 제한적인 경우가 많다. 또한 기업의 목표에 대한 밀턴 프리드먼Milton Friedman의 견해가 강력한 영향력을 행사함으로써, 오랫동안 기업의 주된 목적은 주주 가치를 극대화하는 것이라고 여겨져 왔다.[24] 이는 소시오패스에 가까운 행동을 조장할 수 있다.

회사가 발명된 이후 제도적 발전이 뒤따랐다. 루카 파치올리 Luca Pacioli는 15세기 후반에 복식부기를 발명했다. 그러나 회계사에 대한 교육과 인증은 19세기에 와서야 등장했다.[25] 20세기에는 미국에서 '일반적으로 인정된 회계원칙GAAP'과 '국제회계기준IFRS' 같은 공식 회계 표준이 도입됐다. 이 두 가지 제도의 주요 목표는 기업을 점점 더 많은 외부 주주가 소유하는 상황에서 기업의 실적을 명확히 하는 것이었다.

금융도 극적으로 발전했다. 19세기에 유한책임주식회사 형태의 은행이 설립되면서 회사채 시장이 그랬던 것처럼 기업의 자금 조달 방식도 바뀌었다. 단위신탁(미국의 뮤추얼 펀드), 투자신탁, 연기금, 최근에는 상장지수펀드ETF 등을 통해 기관이 주식을 소유함으로써 소유의 의미를 바꿔놓았다. '소유권'이라는 타이틀은 특정 기업의 장기적 건전성에 대한 헌신을 의미했지만 이제는 그저 유동적인 금융자산에 지나지 않게 됐다. 위험을 분산하고 특정 기업에 대한 노출과 관심을 제한하는 인덱스펀드가 등장하면서 소유권에서 더 큰 수준의 분리가 이루어졌다. 그 결과 '분리된 자본주의detached capitalism'가 탄생했다. 사모펀드와 벤처캐피털은 이런 발전에 대한 부분적인 대응책으로 볼 수 있다. 제도적 발전은 또한 합병과 (종종 적대적인) 인수를 통한 활발한 기업 지배권 시장에 의해서 기업의 끊임없는 재편을 야기했다.

자본주의의 부상은 강력한 대항 세력도 만들어냈다. 그중 가장 중요한 것은 노동조합이다. 19세기와 20세기 초에 농업 생산성의 향상으로 농촌에서 풀려난 노동력의 상당 부분이 대규모 제조업과 광업에 취업했다. 소유주가 원하는 수익을 얻으려면 이런 귀중한 물적 자본을 지속적으로 사용해야 했다. 이렇게 거대하고 집중된 노동력은 조직화하기도 비교적 쉬웠으며, 오랜 투쟁 끝에 노동조합은 노동력의 상당 부분을 조직화했다. 파업은 막대한 손실을 초래할 수 있었기 때문에 노동조합은 고용주에게 영향력을 행사할 수 있었다.[26] 결국, 노동조합은 회사를 압박하여 이 생산적인 새로운 경제 조직이 창출한 전례 없는 이익을 노동자와 공유하게 했다.[27]

노동조합은 또한 중도좌파 및 좌파 정당을 (영국 노동당의 경우처럼) 만들거나 (미국 민주당의 경우처럼) 지지했다. 이런 정당들은 선거권 확대와 보편적 참정권이라는 새로운 시대의 정치를 형성했다. 또한 새로운 노동조합은 자금을 조달하고 정치 활동을 조직할 수 있었다. 이 새로운 정치 세력은 기업주들을 압박하여 그들의 소득과 부에 세금을 부과함으로써 이익을 사회와 공유하게 했다. 이런 발전은 결국 고임금 산업 노동자 계급(미국인들은 이를 '중산층'이라고 부른다)을 탄생시켰다.

그러나 가장 강력한 대항 세력은 바로 국가였다. 오랫동안 국가의 역할은 자본주의 경제가 작동할 수 있는 법적·규제적 환경을 조성하는 것이었다. 법치주의가 없었다면 시장 자본주의도 없었을 것이다. 생활 수준이 전례 없는 수준으로 높아지면서 국가가 사용할 수 있는 자원도 늘어났다. 국가의 공급 능력이 확대됨에 따라 새로운 대중적 노동조합과 정당의 영향력을 점점 더 많이 받게 된 유권자들은 더 많은 것을 요구하게 됐다. (기업과 마찬가지로) 유권자들은 정부가 교육에 지출할 것을 요구했다. 또한 실업, 노령연금, 건강 악화에 대비한 보험에 대한 지출도 요구했다. 나아가 현대적 인프라와 완전고용을 요구했으며 환경, 노동 시장, 근로자 안전, 금융기관의 건전성, 반경쟁적 행위, 제품 안전, 국제 상거래에 대한 규제를 요구했다.

정부는 유권자가 요구한 것을 실현했다. 표 1에서 볼 수 있듯이, 민주주의적 자본주의 시대가 시작된 1870년 이후 GDP에서 정부지출이 차지하는 비중이 엄청나게 증가했다. 예를 들어 미국의 경우 이 비율은 1870년 약 7%에서 1960년에는 27%로, 2019

표 1 · GDP에서 일반 정부지출이 차지하는 비중

(단위: %)

	1870	1913	1937	1960	1980	2001	2019
호주	18.3	16.5	14.8	21.2	31.6	35.8	38.3
벨기에	-	13.8	21.8	30.3	58.6	49.4	52.1
프랑스	12.6	17.0	29.0	34.6	46.1	51.7	55.5
독일	-	14.8	34.1	32.4	47.9	47.4	45.2
이탈리아	11.9	11.1	24.5	30.1	41.9	47.3	48.6
일본	-	8.3	25.4	17.5	32.0	35.5	37.2
네덜란드	9.1	9.0	19.0	33.7	55.2	42.1	41.3
노르웨이	5.9	9.3	11.8	29.9	37.5	43.3	51.6
스웨덴	5.7	10.4	16.5	31.0	60.1	51.7	48.3
영국	9.4	12.7	30.0	32.2	43.0	34.8	38.9
미국	7.3	7.5	19.7	27.0	31.8	32.8	35.7

출처: WP/00/44, IMF 「세계경제전망World Economic Outlook」 데이터베이스

년에는 약 36%로 증가했다. 하지만 미국의 비율은 이들 국가 중 가장 낮았다. 이들 중 일부는 코로나19 팬데믹 직전인 2019년에 정부지출이 GDP의 절반에 가까웠다. 이런 정부지출 증가분 중 대부분은 교육, 보건, 사회보장(특히 연금)에 쓰였다. 공공 지출이 크게 증가한 시기는 제1차 세계대전, 대공황, 제2차 세계대전, 전후 등이다. 1980년 이후에는 대부분 정부의 지출이 GDP에 비해 크게 증가하지 않았다. 심지어 지출 비중이 약간 줄어든 정부도 많다(표 2 참조). 오늘날 큰 정부들은 정치적으로 또는 경제적으로, 아니면 두 가지 모두에서 한계에 도달한 것으로 보인다. 특히 네덜란드와 스웨덴에서 정부지출의 규모가 축소된 것이 눈에 띈다.

개인의 선택, 자유로운 추구, 타인에 대한 관용의 원칙을 소중

표 2 · GDP에서 정부지출이 차지하는 비중의 증가

(단위: %)

	1913~1980	1980~2019	1913~2019
호주	15.1	6.7	21.8
벨기에	44.8	-6.5	38.3
프랑스	29.1	9.4	38.5
독일	33.1	-2.7	30.4
이탈리아	30.8	6.7	37.5
일본	23.7	5.2	28.9
네덜란드	46.2	-13.9	32.3
노르웨이	28.2	14.1	42.3
스웨덴	49.7	-11.8	37.9
영국	30.3	-4.1	26.2
미국	24.3	3.9	28.2

출처: 표 1을 위해 수집된 IMF 「세계경제전망」 데이터베이스의 데이터

히 여기는 광범위한 자유주의 사회에서 자본주의와 민주주의의 출현은 당연하게도 열정적인 토론을 자극했다. 애덤 스미스, 카를 마르크스Karl Marx부터 존 메이너드 케인스John Maynard Keynes, 아마르티아 센Amartya Sen에 이르기까지 사상가, 역사가, 논변가들이 논쟁에 참여했다. 그러나 고소득 국가에서는 적어도 지금까지는 극좌파와 권위주의 우파의 반자본주의적이고 반민주주의적인 사상이 지속적으로 자리 잡는 데 실패했다. 이들 민주주의 국가에서는 주로 좌파의 '자본주의 회의론자'와 우파의 '자본주의 지지자'가 논쟁을 벌여왔으며, 양쪽 모두 민주주의를 지지한다. 그 결과 자본주의의 역동성과 국가의 개입이 균형을 이루는 타협이 이루어졌다.

이념들과 사건들의 상호작용은 지난 1세기 반 동안 자유방임

주의에서 평등주의와 개입주의가 혼합된 것으로 이동했다가, 더 자유로운 시장(이에 대한 반대론자들은 이를 '신자유주의'라고 부른다)으로 옮겨 갔다가, 마지막으로 다소 더 큰 개입주의로 움직이는 등 시장과 정부 사이의 균형이 시계추처럼 오갔다.

이 이야기는 19세기 중후반 자유시장경제가 지배적이었던 시기부터 시작된다(미국, 이후 독일과 일본 등 추격 강대국catch-up power에는 그 전부터 산업 정책이라는 개념이 존재했지만 말이다). 당시 이미 비판적인 목소리가 점점 더 커지고 있었다. 제1차 세계대전은 러시아에서 공산주의 혁명을, 그리고 참전국들에서는 국가가 경제의 상당 부분을 장악하는 결과를 가져왔다. '전시 사회주의'의 성공은 경제 계획을 정당화하는 것으로 널리 여겨졌지만, 이후 스탈린은 이 아이디어를 극한까지 밀어붙였다. 스탈린의 첫 5개년 계획은 1928~1932년에 걸쳐 진행됐다. 목표는 전적으로 국유화된 경제에 대한 중앙 계획을 통해서 강제로 산업화를 달성하는 것이었다.[28] 이런 접근 방식은 제2차 세계대전 이후 소련 제국이 확장되고 1945년 이후 식민지 제국에서 해방된 개발도상국 대부분이 표면적으로 유사한 5개년 경제개발계획을 채택함에 따라 전 세계에 (어느 정도 희석된 형태로) 큰 영향력을 미쳤다.

제1차 세계대전의 고통은 유럽의 극좌파와 권위주의 우파 진영에서 사회주의와 민족주의 사상의 지배력을 강화했다. 제1차 세계대전 이후 안정적인 세계 경제를 회복하지 못하고 1930년대 초에 경제가 붕괴하면서, 이기심으로 움직이는 자본주의 경제가 자기균형적 회복력이라는 속성을 가지고 있다는 믿음이 심각하게 손상됐다. 그 후 대공황이 닥쳐 1931년 영국을 비롯한 많은 국가에서 자체 조정 시스템의 신성한 일부였던 금본위제를 포기했다. 이는 미국에서는 뉴딜 정책을, 독일에서는 나치의 경제 통제를 낳았으며, 그리고 마침내는 제2차 세계대전으로 이어졌다. 전쟁을 치르느라 자원을 총동원하는 과정에서 고소득 국가들은(특히 영국) 경제에 대한 국가의 통제를 더욱 강화했다.

1940년대 후반까지 거시경제 안정화에 대한 케인스의 아이디어는 비록 보편적으로 받아들여지지는 않았지만 미국과 전후 독일에서는 특히 큰 영향력을 발휘했다. 이런 아이디어는 1944년 7월 뉴햄프셔 브레턴우즈에서 합의된 국제통화기금IMF의 설립 목표와 정책에서 확인할 수 있다.[29] 철도, 탄광, 주요 공공 서비스 등 많은 필수 산업이 (미국에서는 그렇지 않지만) 국유화됐다. 정부지출은 엄청나게, 그리고 돌이킬 수 없을 정도로 증가했다. 고소득과 부유층에 대한 세율도 징벌적 수준에 이르렀다. "1930년대에 미국의 정책 입안자들은 최고 소득자에게 90%의 세율을 부과하는 최고 한계소득세율을 도입했으며, 이후 거의 반세기 동안 적용했다. 기업 이익에 대해서는 50%, 고액 자산가에 대해서는 80%에 가까운 세율을 적용했다."[30] 영국에서는 제2차 세계대전 당시 소득세 최고 세율이 99.25%에 달했고 1950~1960년대에는 약 90%였다.[31]

이런 경제는 대부분 사회화된 경제가 아니라 기껏해야 '혼합경제'였다. 하지만 전반적으로 볼 때, 시장경제에 대한 기존의 자유방임주의적 접근 방식은 대체로 불신을 받았다. 프랑스는 '지침 계획indicative planning'이라는 시스템을 폭넓은 지지 속에서 채택하기도 했다. 유럽에서 과거의 이념들에 가장 근접한 아이디어로는 독일에서 도입된 사회적 시장경제가 있었다. 이는 사유재산, 경쟁, 통화 안정성이라는 오래된 원칙들을 수용하면서도 사회적 보호라는 원칙도 받아들였다. 독일의 경제학자 루트비히 에르하르트Ludwig Erhard는 서구 열강이 점령한 독일 일부 지역에 이 정책 체계를 도입하는 데 앞장섰으며, 이후 서독의 재무장관이 되어서 전국적으로 도입했다. 이 정책은 엄청난 영향력을 발휘하며 큰 성공을 거뒀다.

케인스주의적 혼합경제의 시대는 1970년대까지 지속됐다. 1970년대에 높은 인플레이션과 높은 실업률이 결합되면서 케인스주의 거시경제학은 신뢰를 잃었다. 자의적인 가격 통제와 기업의 수익성 악화, 생산성 증가의 둔화, 국유화된 산업의 실적 부진 등이 결합되면서 경제에 대한 개입주의적 접근 방식에 대한 불신은 점점 더 커져만 갔다. 그 결과 1980년 미국 대통령에 당선된 로널드 레이건Ronald Reagan과 1979년 영국 총리에 당선된 마거릿 대처Margaret Thatcher가 선도한 '레이건-대처 반혁명'이 탄생했다. 개발경제학 분야에서도 이와 다르지 않은 일련의 아이디어가 (다소 오해의 소지가 있는) '워싱턴 컨센서스Washington Consensus'로 알려지게 됐다.[32] 이 반혁명의 핵심 아이디어는 통화 총량의 통제를 통한 인플레이션 통제, 인플레이션 목표 설정, (특히 상품, 노동, 금융 시장의) 규제 완화, 한계 세율 인하, 국유화 기업의 민영화 등이었다. 이는 바로 부분적인 자유방임주의로의 전환을 의미했다. 하지만 정부는 여전히 모든 측면에서 매우 큰 규모를 유지했고, 복지국가는 크게 후퇴하지 않았으며, 환경과 같은 일부 중요한 영역에 대한 규제는 오히려 증가하는 경향을 보였다. 그럼에도 1950년대, 1960년대, 1970년대의 혼합경제 시대는 1980년대, 1990년대, 2000년대 초반의 더 자유로운 시장의 시대로 바뀌었다. 1989년과 1991년 사이 소련과 그 제국의 놀라운 붕괴는 이런 변화를 전 세계적으로 더욱 강화했다.

신흥 경제국에서 발생한 (특히 1997~1999년 아시아 위기와 같은) 일련의 금융위기는 규제가 완화된 금융 시장에 대한 신뢰를 뒤흔들었다. 이런 위기는 제대로 작동하지 않는 고정환율제와 정실 자본주의의 탓으로 돌릴 수도 있을 것이다. 그러나 2007~2012년 대서양 양안에서 발생한 금융위기는 글로벌 금융 시스템의 핵심에서 발생했다. 이는 쉽게 설명할 수 없는 문제였다. 이에 대한 대응은 대규모 구제 금융과 금융 시스템의 대대적인 규제 강화로 이어졌다. 기업 그룹들은 그동안 고수해오던 '주주 가치 극대화'라는 모토에서 벗어나기 시작했다. 특히 세계 최대 다국적 기업 181개사를 대표하는 비즈니스라운드테이블Business Roundtable은 2019년에 "개별 기업은 각자의 고유한 기업 목적을 추구하는 동시에, 우리는 모든 이해관계자에 대한 근본적인 약속을 공유한다"라고 선언했다.[33] 그리고 마침내 코로나19가 또 한 번의 정부 개입을 가져왔다. 적극적 국가가 되돌아온 것이다.

장기적으로 우리는 자본주의의 추세와 주기, 그리고 자본주의가 더 광범위한 사회에서 차지하는 위치를 모두 파악할 수 있다. 다국적 기업과 규제를 받는 금융 시장, 그리고 더 커지고 더 많은 개입을 하는 국가의 출현과 함께 탈인격화되고 제도화된 자본주의로 향하는 추세다. 이런 추세의 이면에는 사회를 어떻게 조직해야 하는지에 대해서, 특히 시장과 정부 간의 관계, 기업과 나머지 시민사회 간의 관계에 대해서 끊임없는 논쟁이 이뤄졌다. 자유시장에 대한 의존과 정부의 적극적 개입 사이에서 순환이 계속되어 왔다. 현재 우리는 후자로 돌아가고 있는 것처럼 보이지만, 1930년대와 같은 이전 시기의 기준으로 보면 그 변화는 느리고 완만하다. 코로나19, 러시아-우크라이나 전쟁, 미국과 중국 사이의 근본적인 관계 붕괴로 인한 혼란은 이런 지속적인 변화를 가속화할 것으로 보인다.

세계화의 주기적 변화

국가는 본질적으로 경제적 실체라기보다는 정치적 실체다. 그렇다고 해서 국가가 경제적으로 중요하지 않다는 얘기는 아니다. 이는 사실과 거리가 먼 이야기이며, 오히려 시장경제가 순수하게 일국적이지는 않다는 것을 의미한다. 자본주의는 새로운 자원과 새로운 시장의 개척을 자본가들 간 경쟁의 장으로 만들고, 종종 정부 간에도 경쟁의 장으로 만들면서 이런 현실을 더욱더 강화했다.

카를 마르크스와 프리드리히 엥겔스Friedrich Engels도 이를 이해했다. 19세기의 매우 중요한 문서 중 하나인 『공산당 선언』에서 그들은 신흥 자본주의 경제를 다음과 같이 훌륭하게 설명했다.

> 부르주아지는 세계 시장의 착취를 통하여 모든 나라의 생산과 소비에 범세계적인 성격을 부여했다. 복고주의자들에게는 매

우 비통한 일이지만, 부르주아지는 산업의 일국적 지반을 발밑에서부터 허물어버렸다. 예로부터 내려오던 일국적 산업은 이미 파멸했거나 나날이 파멸해가고 있다. 모든 문명국가가 사활을 걸고 도입하려 하는 새로운 산업, 즉 이제 더는 현지의 원료를 가공하지 않고 지구상의 가장 먼 지역에서 운반되어 오는 원료를 가공해 자국 내에서만이 아니라 세계 각지에서 소비되는 공산품을 만드는 산업이 낡은 산업을 몰아내고 있다. 자국의 생산물로 채워지던 낡은 욕구 대신 아주 멀리 떨어져 있으며 풍토도 아주 다른 여러 나라에서 온 생산물이 아니면 채워질 수 없는 새로운 수요가 생겨난다. 낡은 지역적·민족적 단절과 자급자족 대신 민족들의 전면적인 교류와 전면적인 의존이 나타난다. 물질적 생산만이 아니라 정신적 생산에서도 마찬가지다. 각 민족의 지적 창조물은 공동의 재산이 된다. 민족적 편향성과 편협성은 점차 불가능해지며, 수많은 민족적·지방적 문학으로부터 하나의 세계 문학이 형성된다.[34]

자본주의는 본질적으로 글로벌하다. 이윤을 추구하는 자본가들은 해외야말로 좋은 기회가 많은 곳이기 때문에 할 수만 있다면 해외에서 목표를 추구할 것이다. 근대 이전에도 민주주의와 공화정이 존재했던 것처럼 국제적 상업 또한 이미 존재했다. 15~16세기 유럽의 대항해 시대 이전에도 "영국과 스페인의 양모, 플랑드르와 이탈리아의 모직물, 동유럽의 모피, 서아프리카의 금, 인도의 면직물과 후추, 동남아시아의 정향과 육두구 같은 고급 향신료, 중국의 비단과 도자기 등 적어도 1,000년 전부터 복잡한 연결 패턴이 존재했다."[35] 당시 세계 경제에서 가장 발전한 지역은 중국과 이슬람 세계였다. 중국으로부터의 비단길은 최초의 장거리 무역 시스템으로 기원전 2세기경 한漢 제국에서 시작됐다.[36]

다른 세계로부터의 수입이 거의 필요하지 않다고 느꼈던 중국인과 동양 상품을 원했던 유럽인은 그 동기에서 차이가 있었다. 이런 차이는 왜 15세기 초 명나라 제독 정화鄭和의 함대가 아니라 15세기 후반에 (인도로 간) 바스쿠 다가마Vasco de Gama와 (인도 항로를 모색하기 위해서 아메리카로 향한) 크리스토포로 콜롬보Cristoforo Colombo의 함대가 최초의 글로벌 경제 네트워크를 만들었는지를 설명해 준다.[37] 그 뒤로 이어지는 1500~1800년의 기간은 때로는 중상주의의 시대로 간주된다. 수출을 촉진하고 무역 독점을 창출하고 보호하기 위한 유럽 국가들 간 경쟁의 시대였다. 17세기와 18세기에 네덜란드와 영국의 동인도회사는 세계 무역뿐만 아니라 국내와 인도양 주변의 정치에서 강력한 역할을 했다. 애덤 스미스는 이런 중상주의 체제를 공격하기 위해서 『국부론』을 저술했다.[38]

유럽의 탐험가들이 지금까지 분리되어 있던 북미와 남미 대륙을 세계 경제와 정치 시스템으로 끌어들이긴 했지만, 중상주의 시대에도 유럽의 상업이 세계를 지배하지는 못했다. 중국, 인도, 튀르키예 제국은 계속해서 중요한 역할을 했다. 실제로 유럽인들에게 아메리카 대륙이 지닌 가치 중 가장 큰 부분은 아시아에서 상품을 구매할 수 있는 은銀을 제공한다는 것이었으며, 경제가 발전한 아시아를 상대로 유럽이 제공할 수 있는 다른 가치는 거의 없었다.

1500년에서 1800년 사이에 무역 교역량은 세계 생산량보다 더 빠르게 성장했다.[39] 그럼에도 생산량 대비 교역량의 비율은 1820년에 2~10% 사이로 추정되는데, 이는 오늘날과 비교해서는 물론이고 19세기 말과 20세기 초에 도달한 수준과 비교해도 훨씬 낮다(그림 6 참조).[40] 유럽인들은 도자기와 직물 분야에서 수입 대체 산업을 발전시켰지만 무역은 주로 비경쟁 상품에 집중되어 있었다.

미국 남부의 아프리카 노예들이 일하던 면화 농장이 성공함으로써 탄생한 영국의 섬유 산업은 산업 혁명의 초기 산물이다. 이는 화석 연료의 개발과 기술의 발전이 경제·사회·정치를 연속적으로 변화시킨 '프로메테우스적 성장Promethean growth' 시대의 시작이

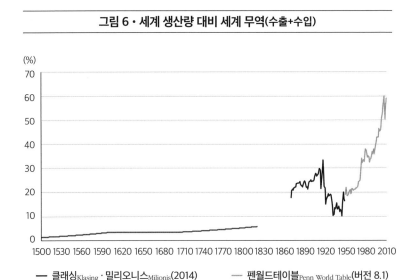

그림 6 · 세계 생산량 대비 세계 무역(수출+수입)

— 클래싱Klasing · 밀리오니스Milionis(2014)   — 펜월드테이블Penn World Table(버전 8.1)
— 상한 및 하한 추정치의 중간점(에스타바에오르달Estavadeordal · 프란츠Frantz · 테일러Taylor, 2003)

었다.[41] 또한 마르크와 엥겔스가 "그들[부르주아지]이야말로 인간의 활동이 무엇을 이룩할 수 있는가를 처음으로 보여줬다. 그들은 경탄할 만한 예술을 창조했다. 그러나 이집트의 피라미드나 로마의 수로水路, 고딕식 성당과는 완전히 다른 기적이었다. 그들은 과거 여러 민족의 대이동이나 십자군과는 완전히 다른 원정을 이루어냈다"[42]라고 서술했듯이, 자본주의 혁명의 시대이기도 했다.

이와 같은 19세기의 글로벌 자본주의를 1980년대, 1990년대, 2000년대 초반의 '제2차 세계화'와 구별하기 위해 (제1차 세계대전으로 끝을 맺게 된) '제1차 세계화'라고도 부른다. 특히 철도, 증기선, 대륙횡단 케이블 등 교통·통신 분야의 기술이 발전하면서 19세기 후반에 중상주의 시대의 정책이 해체되고 무역 장벽이 해소됐다. 결정적인 자극은 1846년 영국이 일방적인 자유무역을 채택한 것과 유럽 열강들 간에 무역자유화를 위한 후속 조약이 맺어진 것이었다.[43] 그 세기에 글로벌 경쟁의 힘으로 상품들의 가격이 수렴함에 따라 세계 상품 시장이 처음으로 통합됐다.[44] 그러나 19세기의 마지막 20년 동안에는 보호무역주의로 완만히 반전했다.

세계 무역량은 세계 생산량보다 더 빠르게 증가했으며, 세계의 산업화된 지역들에서는 역사상 처음으로 1인당 실질소득이 꾸준하게 증가했다. (구매력으로 측정한) 세계 생산량 대비 무역량의 비율은 1870년 20%에서 제1차 세계대전이 끝날 무렵에는 30%로 늘어났으며, 1970년대 후반이 되기 전까지 최고치였다(그림 6 참조). 두 명의 전문가가 썼듯이, "1913년에 이르러서는 국제 상품 시장이 1750년보다 훨씬 더 통합됐고, 세계 무역이 세계 생산량에서 차지하는 비중이 훨씬 높아졌으며, 가치에 비해 부피가 매우 큰 상품을 포함해서 훨씬 더 광범위한 종류의 상품들이 국가 간에 운송됐다."[45] 더 나아가 이들은 "19세기 후반에 이르러서는 산업화된 경제와 1차 상품 생산 경제 사이에 극명한 차이가 존재하게 됐다"[46]라고 썼다. 이는 서유럽과 북미의 급속한 산업화 국가와 상대적으로 정체된 나머지 세계(19세기 후반의 일본을 제외하고 아시아 대부분 지역)의 경제 사이에 존재하게 된 '거대한 분기the great divergence'의 일부였다.[47]

* * * * *

민족주의·보호무역주의·군국주의·제국주의·사회주의·공산주의는 일찍이 19세기 후반부터 서로 경쟁했지만, 자유주의를 공격하는 데서는 서로 협력했다.[48] 19세기 후반 경제 시스템의 본질적인 특징인 금본위제와 자유화된 무역(영국의 자유무역 포함)은 제1차 세계대전 직전까지 살아남았으나, 결국 전쟁 탓에 사라졌고 다시는 돌아오지 못했다. 여러 가지 시도가 있었지만 19세기 체제의 시체는 되살아나지 못했다. 전간기에는 보호무역주의와 대공황, 그리고 제1차 세계대전 이후 정치적 취약성이 맞물리면서 세계 GDP 대비 무역량이 절대적·상대적으로 급격히 감소했다. 새로운 글로벌 경제 패권국이 되기를 꺼리던 미국은 1930년 고도로 보호무역주의적인 스무트-홀리Smoot-Hawley 관세를 도입했다. 영국은 1931년 오랫동안 유지해온 일방적 자유무역 정책과 금본위제를 완전히 포기했다. 1933년 이후 나치 독일은 무역에 대한 포괄적인 양적 통제를 도입했고, 이에 따라 한 경제학자가 '악의적 쌍방주의pernicious bilateralism'라고 부르는 상태가 만들어졌다.[49]

제2차 세계대전 이후 세계 무역은 활기를 되찾아 전례 없이 높은 수준에 도달했다. 그러나 19세기와 중요한 면에서 달랐다. 모두의 이익을 위해서 국내적 정책 결정을 억제하고 관리하기 위한 국제기구가 만들어졌다. 1944년 브레턴우즈 회의에서 IMF와 세계은행World Bank 설립, 1947년 관세 및 무역에 관한 일반 협정GATT 체결(1994년에 완료된 8차 우루과이 라운드Uruguay Round로 정점을 찍은 일련의 글로벌 무역 라운드로 이어짐), 1948년에 마셜 플랜Marshall Plan을 관리하기 위한 유럽경제협력기구OEEC(이후 경제협력개발기구OECD로 이어짐)의 설립, 1958년 유럽경제공동체EEC의 설립, 1995년 세계무역기구WTO의 설립, 2001년 중국의 WTO 가입과 같은 중요한 일들이 이루어졌다.

각성한 미국이 의식적으로 장려한 이런 발전의 초기 추진력은 서유럽 경제를 먼저 서로에게 개방한 다음 더 넓은 세계로 개방하는 것이었다. 1980년대와 1990년대에 무역자유화를 위한 노력은 많은 개발도상국과 신흥 경제국으로 확대됐으며, 그들 또한 이를 열렬히 받아들였다. 여기에는 1978년 덩샤오핑의 집권 이후 '개혁·개방' 정책을 추진한 중국과 1991년 외환위기의 여파를 겪은 인도가 포함됐다. 이런 정책은 '제2차 세계화'로 가는 중요한 발판이 됐으며, 대서양 양안의 금융위기가 발생한 2008년에 이르러서는 세계 무역이 세계 생산량의 60%라는 정점에 도달할 만큼 폭발

적으로 성장했다.[50]

교통 분야의 기술 혁명은 제1차 세계화에서 큰 역할을 했다. 제2차 세계화에서는 교통의 변화가 덜 중요했다. 이 시기에 발생한 운송의 주요한 변화는 1950년대에 발명된 컨테이너 선박과 상업용 제트 항공기였다. 중요한 발전이긴 하지만 19세기에 철도와 증기선이 발명된 것에는 비할 바가 아니었다. 세계 무역이 폭발적으로 성장한 원동력은 그보다는 무역 장벽의 완화와 통신 및 데이터 처리 비용의 하락으로 전 세계 생산이 전례 없이 통합될 수 있었다는 점이다.

도널드 트럼프 대통령이 집권하기 전까지는 고소득 국가에서 가시적인 무역 장벽이 매우 낮은 수준으로 떨어졌다.[51] 대부분 신흥국과 개발도상국은 여전히 고소득 국가보다 무역 장벽이 상당히 높았는데, 부분적인 이유는 이들이 20세기 후반까지 자유화를 미뤄왔기 때문이다. 2010년 제조업 수입에 대한 가중치 없는 평균 관세는 고소득 국가에서는 2.6%에 불과했지만, 세계 전체적으로는 6.1%, 동아시아 및 태평양 지역 개발도상국에서는 6.8%, 중간소득 개발도상국에서는 7.2%, 라틴아메리카 및 카리브해 개발도상국에서는 8.7%, 남아시아에서는 9.7%, 저소득 개발도상국에서는 11.6%에 달했다.[52]

세계 무역의 폭발적인 성장은 2007~2012년 대서양 양안의 금융위기 때문에 중단됐다. 이후 무역은 1930년대처럼 붕괴하지는 않았지만 상당히 침체됐다. 2016년 IMF는 "1985년부터 2007년까지 세계 실질무역은 세계 GDP보다 평균 2배 빠르게 성장했지만, 지난 4년 동안은 세계 GDP의 속도를 거의 따라잡지 못했다"[53]라고 보고했다. 세계 무역의 연평균 성장률은 1965년과 2011년 사이에는 6.5%였는데 2012년과 2019년 사이에는 3.3%로 떨어졌다. 후자의 기간에 세계 GDP의 평균 성장률은 3.5%였다.[54] 따라서 코로나19가 세계 경제를 강타하기 전부터 세계 무역 성장률은 급격히 떨어졌을 뿐만 아니라 무역과 생산량의 증가율 격차도 급격히 좁혀졌다. 물론 적어도 무역에서는 탈세계화까지는 아니었지만, 세계화는 급격히 둔화됐다.[55]

이에 대한 한 가지 설명은 자유화의 동력이 떨어졌다는 것이다. 마지막으로 글로벌 무역이 자유화된 것은 1990년대 중반에 완료된 우루과이 라운드였다. 이후 유일하게 중요한 자유화 관련 사건은 2001년 중국이 WTO에 가입한 것이다. 그 후 다자간 무역 협상을 위한 도하 라운드Doha Round, (2017년 초 트럼프가 거부한) 환태평양 경제동반자 협정TPP, (미국과 EU 간) 범대서양 무역투자 동반자 협정TTIP과 같은 일련의 중요한 시도들이 실패하거나 거부되거나 시들해졌다.[56] 트럼프가 TPP를 거부한 것은 그다지 놀랄 만한 일이 아니었다. 2017년 1월 20일 대통령 취임 연설에서 "보호무역주의가 위대한 번영과 강력함으로 이어질 것"이라고 주장한 트럼프는 확신에 찬 보호무역주의자였다.[57] 트럼프의 후속 조치들, 특히 중국과의 무역 전쟁은 실제로 보호무역주의적이고 WTO 규칙을 위반했으며 무엇보다 경제적으로 어리석은 일이었다.[58]

바이든 정부하에서도 트럼프의 보호주의 무역 정책을 조기에 뒤집는 일은 일어나지 않았다.[59] 물론 다자간 무역자유화를 위한 두 가지 성공적인 노력이 있었던 것은 사실이다. 2018년 1월에 체결된, 미국을 제외한 11개 회원국을 모두 포함한 '포괄적-점진적 환태평양 경제동반자 협정CPTPP'[60]과 2020년 11월에 합의된 '역내 포괄적 경제동반자 협정RCEP'[61]이 그것이다. CPTPP의 주인공은 일본이었고, RCEP의 주인공은 중국이었지만 일본과 한국도 포함됐다. 하지만 두 협정 모두 무역에 큰 영향을 미치지는 않을 것으로 보인다.

무역 둔화의 원인에 대한 또 다른 설명은 기회의 고갈이다. 1990년대부터 세계 무역의 중요한 동인은 글로벌 가치사슬의 분산, 즉 생산의 분업이 여러 국가에 걸쳐 여러 단계의 과정으로 나뉜 것이었다. 이는 한 국가의 수출 상품에서 수입 부품이 차지하는 금액과 그 나라가 무역 파트너들에게 수출한 부품이 해당 수입 국가의 수출 상품에 사용된 금액을 모두 총수출로 나눈 값으로 측정할 수 있다. 이 비율은 2008년까지 급격히 상승했지만, 이후에는 정체됐다.

브렉시트 역시 무역의 탈세계화를 상징한다.[62] 영국과 EU(그리고 유럽경제지역EEA) 파트너 국가들 간의 무역 장벽은 영국이 회원국일 때보다 높아졌다. 국민투표 당시인 2016년 영국 수출의 43%가 EU 시장으로 향했다는 사실을 고려할 때, 시장 접근성에 대한 이런 손실을 과연 또 다른 형태의 자유화가 중기적으로라도 상쇄할 수 있을지는 생각조차 할 수 없었다.[63]

무역의 성격도 시간이 지남에 따라 변했다. 대부분 한 국가에 속하는 기업들이 주도하던 시대는 지나가고, 글로벌 기업들이 등장했다. 관련 지식재산과 글로벌 차원의 생산 및 유통을 조직하는 능력을 모두 소유한 소수의 글로벌 기업, 주로 서구에 기반을 둔 '시스템 통합자'가 세계 무역의 대부분을 지배하고 많은 이익을 얻게 됐다.[64]

　제1차 세계화 시기인 19세기 후반에는 상품 운송 비용의 하락으로 세계 무역이 전례 없이 빠르게 성장했다.[65] 이는 공산품과 천연자원·농산물 간의 글로벌 교환을 촉진했는데, 후자는 주로 미주 대륙과 오세아니아뿐만 아니라 식민 제국에 편입된 가난한 국가에서도 생산됐다. 그 시대에는 제조업을 분리하는 것이 불가능했다. 특정 산업에서 경쟁하려면 필요한 모든 기술을 한 국가가 전부 습득해야 했다. 그 결과 제조업과 그에 따른 규모의 경제에서 얻는 이득, 그리고 경험을 통한 학습에서 얻는 이득이 고소득 국가에 집중됐다. 이들 국가의 적당히 숙련된 노동자들은 자국 경제에서 개발된 지식의 결실에 접근하는 특권을 누렸고, 이런 이득의 상당 부분을 공유했다. 이로써 그들의 실질소득이 증가하고 정치적 영향력도 커졌다.[66]

　수십 년 전까지만 해도 이 매력적인 서클에 진입하는 유일한 방법은 자체적으로 경쟁력 있는 산업을 개발하는 것이었다. 일본이 이에 성공했고 이후 타이완과 한국도 성공했는데, 이들은 예외적인 사례였다. 그러나 제2차 세계화에서는 글로벌 통신이 매우 안정적이고 저렴해지면서 생산 공정을 먼 거리에 걸쳐서 하나로 묶을 수 있게 됐다. 이를 통해 부품 생산과 최종 조립은 관련 지식을 갖춘 제조 업체(또는 구매 업체)의 통제하에 전 세계로 분산될 수 있었다. 한 영향력 있는 학자의 말처럼, 미국 노동자들은 "1970년 대처럼 멕시코 노동력, 멕시코 자본, 멕시코 기술과 경쟁하지 않는다. 그들은 미국 노하우와 멕시코 임금이 합쳐진, 거의 무적의 조합과 경쟁한다."[67] 이런 변화를 보여주는 한 가지 지표는 세계화가 절정에 달했던 시기에 각국의 총수출에서 해외 부가가치가 차지하는 비중이 상승한 것이다(그림 7 참조). 중간재 무역이 더욱 치열해지면서 수출품의 원산지를 파악하는 것은 훨씬 더 어려워졌다. 보다 글로벌한 형태의 시장 자본주의가 과거의 일국적 자본주의를 대체한 것이다.

그림 7 · 총수출에서 해외 부가가치가 차지하는 비중

■ 1995   ■ 2011   ■ 1995년과 2011년의 차이

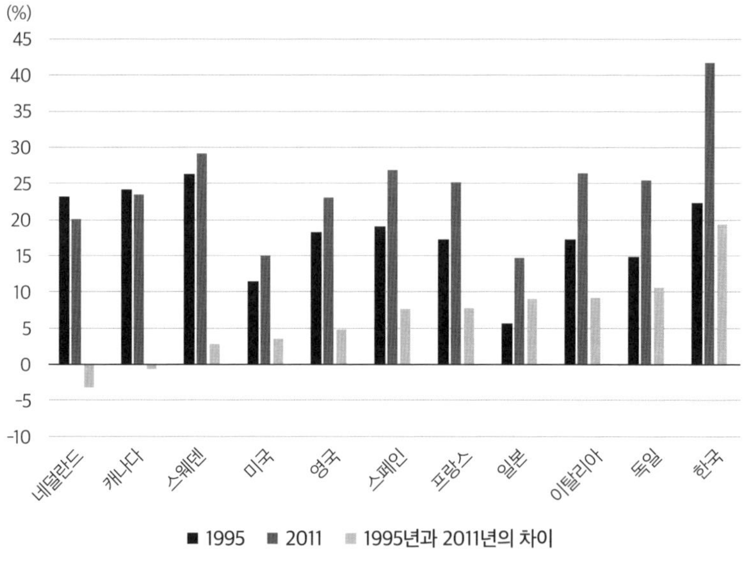

출처: OECD

110

이런 발전은 상품에만 국한되지 않았다. 금융처럼 활동이 전 세계로 쉽게 분산될 수 있는 서비스에도 적용됐다. 그로 인한 중요한 결과는 한 나라에 국한된 노동자와 글로벌한 기업 사이에 이해관계의 격차가 확대됐다는 점이다. 제1차 세계화와 제2차 세계대전 이후에도 한 나라의 노동자와 기업은 다른 나라의 노동자와 기업에 대항하여 이해관계를 공유했다. 하지만 제2차 세계화에서는 그렇지 않았다. 급속한 생산성 증가 및 노동조합의 쇠퇴로 제조업 고용이 감소하면서 상대적으로 임금이 높고 주로 남성인 오래된 노동자 계층의 상당수가 표류하게 됐고, 이는 엄청난 정치적 결과를 초래했다.[68]

상대적으로 소수의 개발도상국만이 이런 새로운 기회를 최대한 활용했다. 큰 성공은 모두 아시아에서 이루어졌다. 지도자들이 경제 개방을 결정한 후 가장 큰 성공을 거둔 나라는 중국이다. 중국의 부상은 세계 무역의 새로운 한 축을 만들었을 뿐만 아니라 새로운 초강대국을 탄생시켰다. 하지만 이런 변화는 반드시 적절한 비례를 유지해야 한다. 시장 가격 기준으로 전 세계 GDP에서 중국이 차지하는 비중을 살펴보면, 1990년 2%에서 2019년 16%로 급증했다. 반면 고소득 국가의 비중은 1990년 78%에서 2019년 60%로 감소했으며, 미국과 EU(영국 제외)가 각각 25%와 18%를 차지했다.[69] 마찬가지로 빠르게 성장했음에도 중국의 세계 상품 수입 비중은 2019년 13%에 불과했으며, 미국과 EU(EU 역내 무역과 영국 제외)가 여전히 세계 수입의 30%를 차지했다.[70]

그럼에도 중국의 세계 경제 진입은 미국의 제조업 고용에 예상치 못한 큰 부정적 영향을 미쳤다. 1999년부터 2011년까지 중국과의 수입 경쟁으로 200만~240만 개의 일자리가 사라진 것으로 추정된다.[71] 이는 같은 기간 제조업에서 실제로 사라진 일자리의 절반 정도에 해당하는 것으로, 상당하긴 하지만 압도적인 양은 아니다. 게다가 이후 제조업의 일자리는 안정세를 보였다. 그러나 미국에서 일자리 손실의 지역적 영향은 예상했던 것보다 더 오래 지속됐고 더 부정적이었다. 이에 또 다른 연구에서는 "중국발 무역 충격이 시작된 후 현지 노동 시장의 조정은 상당히 느렸기에 최소 10년 동안 임금과 노동력 참여율이 하락하고 실업률이 상승했다. 여기에 노출된 노동자들은 더 많은 일자리 상실과 평생 소득의 감소를 경험했다"[72]라고 결론지었다. 이런 '중국 쇼크'는 정치적으로 영향을 미쳤는데, 일자리를 잃은 사람들과 그들의 가족, 그들이 살고 있는 지역 사회에 대한 효과적인 지원과 적응 지원을 제공하지 않는 미국의 상황에서는 불가피하고도 당연한 일이었다. 따라서 세계 무역의 새로운 역학 관계가 트럼프의 집권을 가져왔거나, 적어도 그의 집권에 도움을 준 것은 놀라운 일이 아니다. 트럼프의 보호무역주의가 인기를 끈 것 역시 놀라운 일이 아니다. 수입품에 맞선 보호 조치는 미국인들이 일반적으로 합법적인 것으로 간주해온 유일한 형태의 산업 지원이다. 또한 주로 국내 정책의 실패에 대한 책임을 외국인에게 전가함으로써 '황인종의 위험yellow peril'이라는 최악의 상황까지 초래했다.

이제 금융 이야기로 넘어가 보자. 지난 2세기 동안 금융은 세계 무역을 따라서 상승, 하락, 상승을 반복했다. 특히 대서양 양안의

금융위기 이후에는 단순히 정체된 것이 아니라 급격히 하락했다.[73]

19세기에는 국경을 넘나드는 자본흐름에 대한 장벽이 급격히 낮아져 규모가 엄청나게 커졌다. 그 배경에는 통신에서의 커다란 개선, 특히 해저 케이블의 개발이 있었다. 또한 금본위제, 영국의 자본 시장, 영국의 권력이 결합하여 투자자 보호가 크게 개선된 점도 있었다. 외국인의 금융자산 보유는 1870년에는 전 세계 생산량의 7%에 불과했지만, 1900년에는 19%에 이르러 1914년까지 거의 비슷한 수준을 유지했다. 그 후 1930년에는 세계 생산량의 8%로 감소했고, 1945년에는 5%까지 떨어졌다. 1930년대에 많은 국가에서 환율 통제를 도입했다. 영국은 제2차 세계대전 중에 이를 채택했으며 1951년까지 경상거래에, 1979년까지 자본거래에 적용했다.[74] 제2차 세계대전 후 자본흐름이 다시 증가했다. 1980년까지 외국인 보유 자산의 재고는 세계 생산량의 25%에 도달하여 1900년의 수준을 넘어섰다. 그리고 2000년에는 세계 생산량의 110%, 대서양 양안 금융위기가 발생한 2007년에는 무려 185%에 달했다.[75] 이후 2016년에는 183%로 소폭 하락했다.[76]

자본 시장의 통합을 바라보는 또 다른 방법은 (국가별 자본의 순 유출입을 의미하기도 하는) 경상수지 흑자 및 적자를 살펴보는 것이다. 1870~1889년 당시 역동적인 신흥 경제국이었던 아르헨티나는 경상수지 적자(자본 순유입)가 GDP의 평균 19%에 달했는데, 놀라울 정도로 높은 비율이었다. 그 후 1890년부터 1913년 사이에는 GDP의 평균 6.2%에 달했다. 당시 호주와 캐나다도 막대한 자본 수입국이었다. 한편, 영국의 경상수지 흑자는 1870년에서 1913년 사이에 GDP의 평균 4.6%에 달했다.[77] 전성기 영국의 해외 순투자는 GDP의 9%로 당시 자본 축적의 절반을 훨씬 웃돌았으며, 전 세계에 대한 영국의 청구권claims은 GDP의 2배에 달했다.[78] 경제 대비 자본의 대외 순소유 비중이 이렇게 높은 수준을 보인 경제 대국은 일찍이 없었다.

경상수지 흑자와 적자는 제2차 세계화 기간에 다시 크게 증가했다. 예를 들어 1997년부터 2007년까지 중국의 GDP는 매우 빠르게 성장했는데, 중국의 경상수지 흑자는 GDP의 평균 4%, 독일은 GDP의 평균 3%에 달했다. 중국의 경상수지 흑자는 지속적으로 증가세를 보여 2006년에 GDP의 8%, 2007년에는 10%, 2008년에는 9%에 달했다. 2008년부터 2017년까지 중국의 경상수지 흑자는 GDP의 평균 3%, 독일은 GDP의 평균 7%로 제1차 세계화가 최고조에 달했던 시절의 영국보다도 더 큰 규모였다. 독일의 경상수지 흑자는 2015년, 2016년, 2017년에도 GDP의 8%를 넘었다.[79]

20세기 초와 21세기 초의 가장 큰 차이점은 누가 순차입자였는가 하는 점이다. 19세기 후반에는 금융의 순유입이 당시 신흥국의 인프라나 광산 등 실물자산 소유로 흘렀는데, 아르헨티나·호주·캐나다·미국과 같이 잉여 토지가 많은 나라들이 주요 대상이었다. 하지만 이번에는 주로 (부채에 힘입은) 소비, 지속 불가능한 주택 건설 붐 또는 이 두 가지 모두에 자금을 조달하기 위해 고소득 국가로 순유입됐다. 오늘날 가장 좋은 투자 기회를 가진 곳은 값싸고 근면한 노동력이 주요 자원인, 빠르게 성장하는 아시아 국가들이다. 1997~1998년 아시아 금융위기의 충격 이후 중국을 포함한 이들 국가는 경상수지 흑자를 선택했고, 부분적으로는 달러 기반 글로벌 금융 시스템에서 발생하는 충격에 대비하기 위해 외환보유고를 축적하기 위해 자본 순수출국이 됐다.[80]

이에 따라 가장 큰 적자는 제한된 수의 고소득 국가로 옮겨졌다. 절대적인 측면에서 미국은 지금까지 가장 큰 순차입국이었다. 이는 트럼프 행정부가 불만에 차서 강조한 문제이기도 하다.[81] 1997년과 2007년 사이에 미국의 경상수지 적자는 GDP의 평균 4%였으며, 2008년과 2017년 사이에도 여전히 GDP의 평균 3%에 가깝다. 스페인도 금융위기 이전에 대규모의 지속적인 경상수지 적자를 기록했으며, 1997년과 2007년 사이에 영국 역시 마찬가지였다. 고소득 국가들은 1997년부터 2007년까지 평균적으로 전 세계 GDP의 0.5% 수준에서 경상수지 적자를 기록했고, 이후 2008년부터 2017년까지는 평균적으로 균형을 이뤘다. 반면 동아시아 및 태평양의 신흥국과 개발도상국은 지속적으로 흑자를 기록했다. 1997년부터 2007년 사이에는 전 세계 GDP의 평균 0.2%, 2008년부터 2017년 사이에는 전 세계 GDP의 평균 0.3%를 차지했다.[82]

요약하자면, 금융은 부유한 국가들 간에 또는 가난한 국가에서 부유한 국가로 자원 순유출을 증가시켜 세계 경제에서 매우 취약한 요소로 자리 잡았다. 실제로 이 문제는 거대한 금융위기가 발생하면서 절정에 달했다.

이제 이민 문제를 얘기해보자. 이주는 19세기 말과 20세기 초에 급증한 무역 및 금융과 거의 동일한 패턴을 보였다. 인구 이동이 가장 활발했던 1890년대의 10년 동안 미국으로 유입된 인구는 원래 인구의 9%에 달했는데, 오늘날로 치면 10년 동안 2,900만 명이 이주한 것이나 마찬가지였다. 같은 시기 아르헨티나에서는 26%, 호주에서는 17%였다. 반면에 같은 기간 영국은 원래 인구의 5%, 스페인은 6%, 스웨덴은 7%가 유출됐다.

이민을 통제하는 정책은 19세기와 20세기에 도입되기 시작했으며, 특히 절대적인 측면에서 가장 큰 순수용자였던 미국이 그러했다.[83] 1914년과 1945년 사이에 이주는 엄격하게 제한됐다. 제2차 세계대전 후 고소득 국가로의 인구 유입이 자유화되면서 대부분의 고소득 국가에서 외국 태생 인구의 비율이 크게 증가했다. 그럼에도 사람의 이동에 대한 통제는 상품, (서비스 제공자의 이동이 필요한 경우를 제외한) 여러 가지 서비스, 자본의 이동에 비해 훨씬 더 엄격하게 유지됐다. 더욱이 정치적 압력은 일반적으로 이민을 더 제한하는 데 찬성하는 방향이었다.[84]

19세기 이주의 영향에 대한 한 권위 있는 분석에 따르면, "제1차 세계대전 이전에 실질임금의 격차가 줄어든 것은 전부 이주로 인한 것으로, 노동자 1인당 GDP의 격차가 줄어든 것의 약 3분의 2, 그리고 1인당 GDP 격차가 줄어든 것의 2분의 1이 이주로 인한 것이었다."[85] 이후로는 지역 내 노동의 자유로운 이동이 설립 조약에서 보장하는 4대 자유 중 하나인 EU 내 이주를 제외하면 이와 비교할 만한 일은 일어나지 않았다. 안타깝게도 이 원칙은 영국이 2016년 6월 국민투표를 통해서 EU를 탈퇴하기로 결정한 이유 중 하나가 되기도 했다. 다른 지역에서는 (그리고 다른 출신 지역에서 EU로 들어오는 경우에도) 고소득 국가로의 이민이 엄격하게 통제됐다.

그럼에도 고소득 국가의 이민 유입은 19세기 당시의 기준으로 볼 때도 다시 높은 수준을 기록했다. 1911년 외국 태생은 미국 인구의 14.7%, 캐나다 인구의 22%였다.[86] 유럽 국가들은 이민 순유입국이 아니라 순유출국이었다. 2019년 인구에서 외국 태생의 비중이 가장 높은 고소득 민주주의 국가는 호주, 스위스, 뉴질랜드, 캐나다, 스웨덴, 오스트리아, 아일랜드였다(그림 8 참조). 이들 국가 중 이민자에 대한 반발이 큰 나라는 오스트리아뿐이다. 한편,

그림 8 · 총인구 대비 외국 태생의 비율

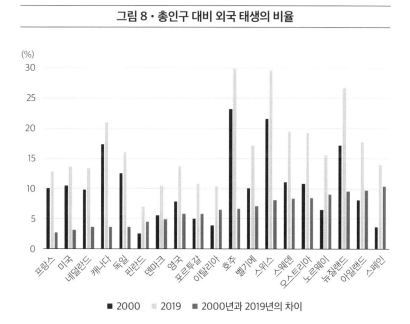

출처: OECD

2000년과 2019년 사이에 외국 태생의 비율이 가장 크게 늘어난 국가는 스페인, 아일랜드, 뉴질랜드, 노르웨이, 오스트리아, 스웨덴, 스위스, 벨기에, 호주, 이탈리아였다. 이 중 오스트리아와 이탈리아에서만 반발이 컸다. 외국 태생의 비율 증가는 분명 사회적으로나 정치적으로 중요한 의미를 지닌다.[87] 그런데 놀랍게도 2000년부터 2016년까지 미국의 외국 태생 비율은 고소득 국가 중에서 증가율이 현저히 '낮았으며' 밑에서 두 번째였다. 이민이 정치적으로 매우 중요한 이슈였던 프랑스만 미국보다 아래에 있었다.

이민의 정도와 대중의 적대감 간 연관성은 복잡하다. 이민 수용국의 문화, 내재된 인종주의, 이민자의 문화와 민족성, 수용국의 경제 상황, 그리고 무엇보다 정치인의 행동이 반영되기 때문이다. 이민의 경제학은 복잡하고 논란의 여지가 있다.[88] 그러나 문화적·사회적·경제적으로 혼합된 이유로 높은 수준의 이민자 비율에 분개하는 사람이 많다는 건 분명하다. 또한 높은 수준의 이민자 비율이 고소득 사회의 많은 시민이 가지고 있는 가장 소중한 자산인 시민권의 가치를 약화시킨다고 생각하는 사람도 많다.

하지만 전 세계적으로 볼 때 인구 이동은 완만하고 놀라울 정도로 안정적이다. 1960년대에는 전 세계 인구의 2.6%가 자신이 태어난 나라가 아닌 곳에서 살았다. 1990년에는 2.9%, 2010년에도 3.1%에 불과했다. 물론 일부 개발도상국에 난민이 대량으로 유입되긴 했지만, 최근 들어 이민자가 지속적으로 대량으로 유입되는 곳은 고소득 국가들이다. 따라서 무역 및 금융에서와 마찬가지로 20세기 말과 21세기 초에 고소득 민주주의 국가에서 세계화의 영향이 급증했고, 그 결과 미국과 영국에서 특히 눈에 띄는 반발이 일어났다.

자본주의 자체가 그렇듯이, 전반적으로 국경을 넘는 상품·서비스·자본·사람의 이동인 세계화는 장기적인 추세 내에서 주기적 변화를 보인다. 먼저 이 경우의 추세는 기술 혁명과 조직의 변화, 특히 글로벌 기업과 자본 시장의 부상이 주도했다. 그리고 주기적 변화는 국내에서와 마찬가지로 정치, 경제, 이데올로기적 변화에 따라 결정된다. 경기 침체, 국가 간 경쟁, 전쟁, 그리고 사회주의·민족주의·국가주의적 태도 및 사상의 확산 또는 위축은 각국이 경제를 개방할 준비가 어느 정도 됐는지를 설명하는 데 도움이 된다.

민주주의와 세계화의 연관성

시장 자본주의, 특히 세계화의 '상승, 하락, 상승, 하락'이라는 패턴은 민주화의 패턴과 놀라울 정도로 일치한다(그림 9 참조). 세계화와 민주화는 제1차 세계대전 이전인 19세기 말과 20세기 초에 함께 진행됐다. 제1차 세계대전이 끝나면서 민주주의 국가의 비율이 급증했다. 그 후 세계 경제는 전간기에 급격하게 탈세계화됐다. 민주화는 당연히 세계화의 뒤를 따랐고, 무역이 붕괴하자 민주주의 국가의 비율이 급락했다. 무역과 민주화는 제2차 세계대전 중에 최저점에 달했다. 그리고 전후 민주화를 향한 전환이 시작됐다. 이후 세계 경제의 개방성이 강하게 회복됐다.

그림 9 · 세계화와 민주주의

출처: 데이터로보는우리세계, 체제적평화를위한센터

1960년대가 되자 민주화는 안정화됐고, 1970년대에는 세계화가 이어졌다. 1980년대와 1990년대 초에 민주화가 급격히 진행됐고, 세계화는 그 뒤를 바짝 뒤따랐다. 2000년대 초반의 글로벌 금융위기 이후 마침내 두 가지 모두 안정화(또는 일부 측면에서는 감소)됐다.

이것은 세계화와 민주주의의 관계에 대해서 단순한 원인과 결과를 제시하려는 것이 아니다. 이전 장에서 설명한 것처럼 그 관계는 너무 복잡하기 때문이다. 그러나 시장자유화와 세계화가 확대되던 시기는 낙관론이 팽배하던 시기이기도 했다. 따라서 민주주의 국가들도 덜 갈등적이었다. 경제, 정치 또는 기타 혼란과 맞물려 인구 중 상당수가 공포와 분노를 느끼던 시기에는 경제에 대한 규제가 강화되는 경향이 있었는데, 이 역시 자유주의적 민주주의에 부정적인 영향을 미쳤다. 마지막으로, 제1차 세계대전, 제2차 세계대전, 냉전 시대와 같이 결과적으로 민주 세력의 승리는 민주주의와 세계화 모두에 좋은 결과를 가져왔다.

자본주의와 민주주의의 상관관계를 살펴보는 또 다른 방법은 국가별로 '경제적 자유' 순위와 '정치적 자유' 순위의 관계를 살펴보는 것이다.[89] 카토연구소Cato Institute에서 조사한 경제적 자유의 척도는 정부 규모, 법률 체계, 통화 시스템, 무역의 자유, 규제의 정도와 성격 등을 포함한다. 프리덤하우스에서 제공하는 정치적 자유지수는 (선거 등) 정치적 권리와 (표현 및 결사의 자유 등) 시민의 자유를 포함한다.

2014년에 세계 159개국 중에서 베네수엘라는 경제적 자유 순위가 최하위였다. 경제적으로 가장 자유로운 30개국 중 홍콩, 싱가포르, 아랍에미리트, 카타르, 아르메니아, 바레인을 제외한 24개국은 동시에 정치적으로 가장 자유로운 60개국 목록에도 포함됐다. 앞서 언급한 6개국은 소규모 독재 국가 또는 유사 독재 국가로, 특별한 정치적 특성을 지니고 있다. 경제적으로 가장 자유로운 30개국 목록에는 중요한 민주주의 국가가 대부분 포함되어 있다. 이탈리아(69위)는 서구 민주주의 국가 중 유일하게 경제 자유도 순위에서 상위 60개국에 포함되지 않았다. 따라서 경제적으로 자유로운 국가들은 몇 가지 (사소한) 예외를 제외하면 전반적으로 민주주의를 선도하는 국가들이다. 한편, (204개국 중) 정치적으로 가장 자유로운 30개국 목록에는 모든 서구 민주주의 국가(미국은 28위에 불과하다)와 일본이 포함되어 있다. 경제적으로 가장 자유로운 60개국에 포함되지 않은 국가는 단 한 곳뿐이다. 놀랍지 않게도, 정치적으로 가장 자유로운 국가 순위에서 29위를 차지한 이탈리아다. 간단히 말해서, 경제적으로 자유로운 국가는 민주주의 국가인 경향이 있으며 반대도 마찬가지다. 자유주의적 자본주의는 이론적으로뿐만 아니라 실제적으로도 자유주의적 민주주의와 함께한다.

결론

현대 대의제 민주주의는 역사가 짧고, 글로벌 자본주의 경제의 역사 또한 그리 오래되지 않았다. 그러나 앞서의 논의는 몇 가지 중요한 점을 강조한다.

첫째, 지난 2세기 동안 민주주의와 자본주의는 모두 크게 발전했다. 민주주의는 극적으로 확장됐고 자본주의는 제도적으로 훨씬 더 복잡해졌다. 가장 중요한 것은 민주주의 정부와 시장 자본주의의 상호작용이 양자를 형성했다는 점이다.

둘째, 시장 자본주의는 국경을 넘나든다. 운송 및 통신의 비용이 급감함에 따라 시간이 갈수록 국경을 초월한 경제활동의 기회가 증가했다.

셋째, 글로벌 자본주의의 호황과 민주화의 시기가 일치했다. 마찬가지로 글로벌 자본주의의 붕괴는 민주주의가 후퇴하는 시기와 일치했다.

넷째, 경제만이 민주화를 촉진한 유일한 요인은 아니었다. 제1차 세계대전, 제2차 세계대전, 냉전 또한 중요한 요인으로 작용했다. 세 가지 경우 모두 서구의 승전국들은 패전국의 민주화를 추진했다. 제1차 세계대전 이후에는 세계 자본주의의 재건과 민주화를 위한 노력이 결국 실패로 돌아갔지만, 제2차 세계대전 이후에는 패자의 민주화에 성공했다.[90] 냉전 이후에는 결과가 매우 엇갈렸다.

다섯째, 글로벌 자본주의는 엄청난 경제적·사회적 혼란을 가져왔다. 이런 영향 중 가장 중요한 것은 글로벌 금융위기다.[91]

여섯째, 자유시장경제는 민주주의와 함께 가야 한다. 경쟁적인 시장경제 없이는 활기찬 민주주의를 이룰 수 없음을 역사가 증명한다. 마찬가지로, 민주주의 없이 자본주의 경제가 번창한 사례 역시 존재하지 않는다.

마지막으로, 서구의 자유주의적 민주주의의 현재 상황은 매우 우려스럽다. 이는 부분적으로는 저성장, 불평등의 심화, 좋은 일자리의 상실 등 경제적 실패가 원인이다. 다시 한번 자유주의적 민주주의와 글로벌 자본주의를 함께 구해내야 한다.

THE CRISIS
OF
DEMOCRATIC
CAPITALISM

PART

2

/

무엇이
잘못됐는가

1부에서 주장했듯이 우리는 지금 '민주주의의 침체기'에 처해 있다. 여기서 '우리'란 서구의 핵심 국가들, 특히 미국을 가리킨다. 문제는 왜 침체하게 됐느냐다. 1부에서 나는 민주주의적 자본주의 국가는 시장과 민주주의라는 상호 보완적인 대립물 사이의 미묘한 균형을 유지하는 데 의존한다고 주장했다. 복잡한 사회에서 이런 정치적·경제적 영역들은 상호 보완적일 수도 있고 상호 파괴적일 수도 있다. 2부에서는 정치와 경제, 시장과 국가, 국내와 글로벌, 승자와 패자, 기술 변화와 이에 대한 적응 능력 사이의 균형이 불안정해졌다고 주장하고자 한다. 그 결과 단순한 포퓰리즘이 아니라 반민주적 포퓰리즘이 등장했다. 잃어버린 균형은 반드시 회복되어야 한다. 3부에서는 그 방법을 집중적으로 다룰 것이다.

모든 제도의 정당성은 항상 성과에 달려 있다. 결국 사람들은 자신에게 도움이 되지 않는 시스템을 더는 신뢰하지 않을 것이다. 그러나 시스템의 정당성은 소속 구성원 중 경제적으로 성공한 사람들과 그렇지 않은 나머지 사람들 사이의 관계에 따라 달라진다. 시스템이 총체적으로 그리 나쁘지 않게 작동하더라도 부와 권력의 격차가 지나치게 커지면 민주주의가 취약해질 수 있다. 민주주의가 노골적인 금권정치로 나아갈 수도 있고, 선동정치로 나아갈 수도 있다. 아니면 내가 금권정치적 포퓰리즘이라고 부르는 혼합물로 나아갈 수도 있다.

4장은 고소득 국가들에서 국내적으로 어떤 일들이 일어났는지에 대한 논의로 시작하고, 5장에서는 이런 변화의 원인을 분석한다. 6장에서는 정치가 변화한 방식, 특히 반다원주의적 포퓰리즘의 위험한 부상을 살펴볼 것이다.

CHAPTER 04   **바보야, 문제는 경제야**

> 행운, 힘, 재물, 친구 등이 매우 풍부한 사람들은 통치에 복종하기를
> 원하지도 않고 복종하는 방법을 이해하지도 못한다. 반면에 이런 자
> 질이 크게 부족한 사람들은 너무 복종적이다. … 그 결과 자유인이
> 아닌 노예 또는 주인의 상태가 되는데, 전자는 질투로 가득 차게 되
> 고 후자는 경멸로 가득 차게 된다. 한 국가 내에서 필요한 우정이나
> 파트너십에서 이보다 더 멀어지게 하는 것도 없을 것이다. 그러므로
> 한 국가에서 가장 좋은 파트너십은 중간층을 통해 작동하는 것이다.
> 또한 중간층이 두터운 국가, 가능하면 중간층이 다른 두 부류를 합친
> 것보다 더 강하거나 적어도 둘 중 한 부류보다 조금이라도 더 강한
> 국가가 더 잘 운영되는 헌법을 가질 가능성이 크다.
>
> — 아리스토텔레스[1]

> 정부에 필요한 세 가지 요소는 무기, 식량, 신뢰다. 통치자가 이 세 가
> 지를 모두 가질 수 없다면 무기를 먼저 포기하고 그다음으로 식량을
> 포기해야 한다. 신뢰는 끝까지 지켜야 한다. 신뢰가 없다면 버틸 수
> 가 없다.
>
> — 공자

민주적 제도, 글로벌 시장경제, 정치 및 경제 엘리트에 대한 신뢰는 최근 수십 년 동안 특히 기존 고소득 국가에서 약화됐다. 이는 보호무역주의, 이민에 대한 적대감, 그리고 무엇보다 권위주의적 포퓰리즘으로 기울어지는 경향으로 나타났다.

그렇다면 이런 현상의 근본적인 원인은 무엇일까? 가장 큰 원인은 약 2,500년 전 아리스토텔레스가 입헌 민주주의의 핵심 구성원으로 지목한 중산층의 공동화空洞化 현상이다. 로마 공화정의 붕괴를 가져온 것은 이와 유사하게 자영농 계층의 공동화와 막대한

부를 가진 장군 및 자본가 계층의 출현이었다. 소득 분배의 중간 수준에 있는 사람들의 사회적·경제적 지위 하락은 지난 40년 동안 고소득 국가, 특히 미국 내에서 정치적으로 중요한 경제적 변화였다. 2007~2012년 대서양 양안 금융위기의 충격으로 이런 침식의 영향은 훨씬 더 심화됐다. 코로나19가 상황을 더 악화시킬 것으로 보이지만, 이 글을 쓰는 2022년 중반 현재로서는 아직 확실하지 않다. 그 결과 정치 및 헌법 시스템이 전보다 훨씬 더 취약해졌다.[2]

정치 시스템이 이런 식으로 취약해지면 예상치 못한 일을 포함하여 '무슨 일이든' 발생할 수 있다. 2016년 영국의 브렉시트 투표와 도널드 트럼프가 미국 대통령으로 당선된 것이 대표적인 예다. 이는 또 다른 '끔찍한 해annus horribilis'[3]였다. 하지만 EU조차 여기에 취약한 상태라고 할 수 있다. 결국 "경제적 어려움, 불평등, 이민이 포퓰리즘의 주요 촉발 요인이라면 EU도 이 세 가지에 모두 연루되어 있기 때문이다."[4]

'지위 불안'의 경제학

'지위 불안Status anxiety'은 포퓰리즘, 특히 민족주의적인 정치인(예: 트럼프)과 목표(예: 브렉시트)에 대한 지지가 증가하는 근본 원인을 파악하는 데 가장 도움이 되는 사고의 틀이다.[5] 누가 이런 불안에 가장 취약할까? 정답은 이것이다. "불안에 가장 취약한 사람들은 계층 구조상 밑바닥에서 몇 단계 위쪽에 있는 사람들, 즉 사회적 지위가 우려를 불러일으킬 만큼 낮지만 방어해야 할 지위가 그래도 상당한 수준에 있는 사람들일 가능성이 크다. 여러 연구에 따르면 이런 그룹에 속하는 사람들은 사회적 경계선을 지키는 데 특별한 관심을 보이는 경향이 있다. 특히 꼴찌 혐오, 즉 위계질서에서 최하위로 떨어질까 봐 걱정하는 경향이 있다."[6] 서구 국가에서는 상대적으로 교육 수준이 낮은 '백인'이 소수 인종과 이민자에게 위협을 느끼고, 백인이든 소수 인종이든 남성이 여성의 지위 상승에 위협을 느낀다.

『근원적 불확실성Radical Uncertainty』에서 존 케이John Kay와 머빈 킹Mervyn King은 '우리의 현실적인 기대치'에 대한 이야기인 '참조 내러티브reference narratives'[7]를 언급했다. 이 경우 중요한 참조 내러티브가 실현되지 않음으로써 실망, 두려움, 분노를 불러일으켰다. 따라서 트럼프의 "미국을 '다시' 위대하게"(필자 강조)라는 슬로건은 훌륭하게 타기팅된 슬로건이다. "통제권을 되찾자"라는 브렉시트 슬로건도 생계, 지위, 심지어 국가에 대한 통제력을 상실했다고 느끼는 사람들을 겨냥한 것이다. "정치권이 자신들을 실망시켰다는 느낌에 좌절한 많은 일반 시민은 분노를 표출할 기회를 잡았다."[8] 그러니 당연하게도, "출구조사에 따르면 육체노동자의 64%가 브렉시트 찬성에 투표한 반면, 관리자나 전문가는 43%만 찬성했다. 2017년 프랑스 대선 1차 투표에서 유권자의 37%가 마린 르펜에게 투표한 반면 관리자나 전문가는 14%에 불과했으며, 2016년 대학 학위가 없는 미국 백인들이 힐러리 클린턴Hillary Clinton보다 도널드 트럼프에게 20% 가까이 더 많이 투표했다."[9]

프린스턴대학교의 앤 케이스Anne Case와 앵거스 디턴Angus Deaton 이 지적한, 저학력 백인들의 '절망사deaths of despair'가 증가하고 있는 것도 미국 내에서 계층 이동성이 낮은 사람들의 비애를 잘 보여준 다. 케이스와 디턴은 "인종과 학력에 따라 사망률에 현저한 차이 가 있으며, 비히스패닉계 백인(남성과 여성)의 경우 대학 학위가 없 으면 사망률이 증가하고 대학 학위가 있으면 사망률이 감소하는 것으로 나타났다. 반면에 흑인과 히스패닉계의 사망률은 학력과 관계없이 계속 하락하고 있다"[10]라고 지적했다. 한편, 다른 부유한 국가에서의 사망률은 한때 미국을 특징짓던 비율로 계속 하락하 고 있다. 이에 대한 '기초적이지만 그럴듯한' 설명은 교육 수준이 낮은 사람들이 노동 시장, 결혼, 자녀 출산, 건강 측면에서 여러 세 대에 걸쳐 누적된 불이익을 겪으면서 기회가 더욱더 적어진다는 것이다. 저학력 백인의 기대 수명을 떨어뜨리는 가장 직접적인 원 인은 오피오이드 성분의 마약성 진통제 과다 처방이며, 이는 낭비 적이고 비열한 미국 의료 시스템의 추악한 실패 중 하나다.[11] 그러 나 프랑스의 위대한 사회학자 에밀 뒤르켐Émile Durkheim이 예측했듯 이 이런 약물에 대한 수요는 절망에서 비롯된다.[12]

경제적 요인이 빈곤의 수준을 통해서 정치적 성향에 직접적인 영향을 미치는지, 또는 지위 불안을 통해 간접적으로 영향을 미치 는지는 불분명하다. 답은 두 가지 모두일 것이다. 사람들은 좋은 일자리가 주는 경제적 안정과 사회적 지위를 상실했다고 느끼고 있다. 어쨌든 분명한 사실은 경제적 상황이 정치적 견해와 행동에 영향을 미친다는 것이다. 상대적 소득과 부는 항상 사회적 지위를 결정하고 반영해왔다. 현대의 시장 중심 사회에서도 이는 여전히 결정적 사실이다. 게다가 오늘날의 고소득 국가들은 과거에 생활 수준이 크게 향상됐다. 실제로 여러 면에서 대를 이어가며 전반적인 번영을 누리는 것이 심지어 이런 사회의 '존재 이유raison d'être'가 됐다. 미국에서는 이를 아메리칸드림이라고 불렀다.¹³ 세대를 거듭하며 생활 수준을 향상시키지 못하면 미국은 사회로서 실패하는 것이다. 생활 수준에서 가족의 세대 간 개선을 이루지 못하면 개인으로서도 실패한 것이다. 소속감의 원천이 약해지고 사회가 더욱 원자화될수록 이런 실패는 더욱 큰 상처가 될 것이다.¹⁴

또한, 많은 문화적·사회적 변화는 경제적 뿌리를 가지고 있다. 이는 경제활동이 사회적·정치적 제도를 형성하고, 실제로 그것들을 정당화하는 데 중심적인 역할을 한다는 점을 고려할 때 그다지 놀라운 일이 아니다. 20세기 중반 고소득 국가의 경제는 특정한 경제 발전 단계, 즉 노조에 가입된, 심리적으로 안정적이며 상대적으로 높은 임금을 받는, 대다수가 남성인 산업 노동자가 많았던 시기의 산물이다. 이는 전후 완전고용에 대한 약속으로 뒷받침됐다. 하지만 이런 사회적·문화적 패턴은 그 경제적 기반이 무너지면서 함께 사라졌다. 마찬가지로 출산율의 감소(이는 부분적으로는 유아 사망률의 감소로 인한 결과이기도 하지만), 가정을 돌보는 데 필요한 노력과 시간의 대폭적 감소, 생산요소로서 체력이 가지는 중요성의 감소, 서비스 경제의 부상은 여성의 경제적·사회적·정치적 역할의 변화를 적어도 부분적으로(내 생각에는 대부분을) 설명한다. 다시 말하지만, 부유한 사회와 가난한 사회 간 엄청난 부의 격차와 교통 및 정보 비용의 감소는 최근 가난한 국가에서 부유한 국가로의 이주가 급증하는 것을 설명하는 데 도움이 된다. 이런 경제적 변화는 필연적으로 사회적·문화적 변화도 함께 가져왔다. 무엇보다 저학력 '백인' 남성은 자신이 자국에서 이방인이라고 느끼며, 소수 인종·이민자·여성에 비해 상대적으로 지위를 잃고 있다고 느끼게 됐다.

지나치게 단순화할 필요는 없지만, 경제적 지위가 위협받는 상황에서는 국적, 민족, 종교, 기타 좁은 의미의 가치관을 포함한 문화적 표식이 더 중요해진다고 볼 수 있다. 2008년 대통령 선거 캠페인에서 버락 오바마Barack Obama는 경제적 변화로 큰 타격을 입은 중서부 소도시 주민들에 대해서 "그들이 고통을 받으면서 총이나 종교에 집착하거나 자신과는 다른 사람들을 좌절감의 원인이라고 간주하여 반감, 반이민 정서, 반무역 정서에 집착하는 것은 놀라운 일이 아니다"[15]라고 발언해 논란이 된 바 있다. 하지만 이 말은 적어도 부분적으로는 사실이다. 백인 노동자 계급은 트럼프의 어떤 점을 좋아할까? 다른 모든 사람은 자신들을 무시하는 것처럼 보이는 반면, 그는 자신들을 존중한다는 것(또는 적어도 존중하는 척하는 데 성공했다는 것)이다.[16]

경제는 어떻게
저학력층에 불리한 방향으로 변했는가

1980년대 초반 이후 이 시기의 지배적인 특징

은 부와 (세전 및 세후) 소득 모두에서 '불평등'이 증가하고 있다는 것이다.[17] OECD는 "OECD 국가들의 소득 불평등이 지난 반세기 동안 가장 높은 수준"이며, 더 나아가 "많은 나라에서 불확실성과 사회적 쇠퇴 및 배제에 대한 두려움이 중산층에 도달했다"라고 지적했다.[18] 가계 처분가능소득(세후 및 보조금 지급 이후)의 경우 영국과 미국이 고소득 국가 중 가장 불평등하지만, 뉴질랜드와 한국도 상당히 불평등하다(그림 10 참조).[19]

세후 불평등과 정부지출의 국가 간 차이는 세전 불평등과 정부 정책 모두로부터 큰 영향을 받는다(그림 11 참조). 2010년 노르웨이의 불평등 수준이 낮았던 것은 가계 처분가능소득의 세전 불평

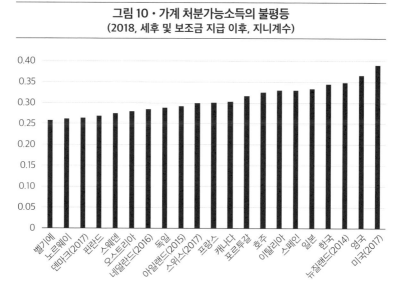

그림 10 · 가계 처분가능소득의 불평등
(2018, 세후 및 보조금 지급 이후, 지니계수)

출처: OECD

등 정도가 낮았을 뿐만 아니라 재정 시스템을 통한 재분배가 컸기 때문이다. 2010년 영국 가계의 세전 처분가능소득의 불평등 수준이 미국보다 더 높았음에도 세후 처분가능소득의 불평등 수준은 오히려 미국보다 덜했다. 이는 영국의 재분배 노력이 미국보다 훨씬 더 컸기 때문이라고 설명할 수 있다.

시간에 따른 변화를 보여주는 또 다른 방법은 1980년대 초와 대서양 양안 금융위기가 발생한 2008년에 상위 10%의 (세전) 소득 수령자 비중을 살펴보는 것이다. 눈에 띄는 특징은 2008년 세전 국민소득에서 상위 10%가 차지하는 비중이 가장 큰 국가(미국, 일본, 독일, 영국)는 1981년과 2008년 사이에 이 비중이 가장 크게 증가한 국가이기도 하다는 점이다(그림 12 참조). 미국은 1981년

그림 11 · 세금, 보조금, 가계 소득 불평등
(2010, 세금 및 보조금의 영향에 따른 순위, 지니계수)

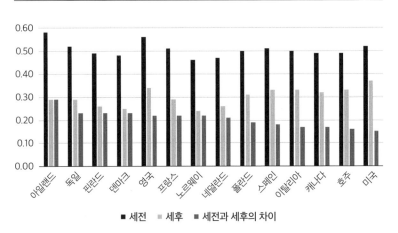

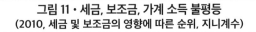

출처: 재닛 C. 고르니크Janet C. Gornick · 브란코 밀라노비치Branko Milanovic, LIS센터 연구 요약(2015년 1월)

과 2008년 사이에 세전 국민소득에서 상위 10%가 차지하는 비중이 9%p 증가했다. 2008년에는 상위 10%가 미국 세전 국민소득의 44%를 차지했다. 스페인, 네덜란드, 프랑스 등 일부 다른 국가에서는 세전 소득 상위 10%의 비중이 거의 변하지 않았다.

불평등 증가에서 두드러지는 측면 중 하나는 임원 보수의 급격한 상승과 이에 따른 최상위 계층의 소득 증가다. 고임금연구센터 High Pay Center의 데버라 하그리브스Deborah Hargreaves에 따르면 "영국의 최고경영자 평균 임금 대 직원 임금의 비율은 1998년 48:1에서 2016년에는 129:1로 증가했다."[20] 미국의 경우 해당 비율이 1980년 42:1에서 2016년 347:1로 증가했다.[21] "이 수치는 30년 전 중

그림 12 · 세전 국민소득에서 소득 상위 10%가 차지하는 비중

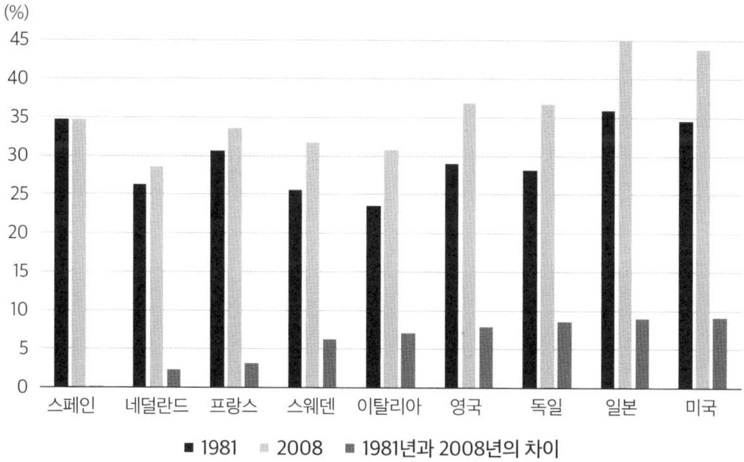

출처: 세계불평등데이터베이스World Inequality Database

산층 수준의 급여였던 임원 보수가 어마어마한 부로 바뀌었음을 분명히 보여준다."[22] 사실상 이런 새로운 수준의 보수는 임원들이 단 몇 년 만에 왕조와 같은 부를 축적할 수 있게 해준다. 더 큰 문제는 이런 막대한 수입을 창출하는 '보너스 문화'가 자신의 임기가 짧을 것으로 예상하는 경영진이 장기적으로 회사에 이익을 가져다주는 투자를 희생하면서까지 단기적으로 회사의 주가를 끌어올릴 목적으로 기업을 운영하려는 동기를 부여한다는 점이다. 그 때문에 궁극적으로 많은 것에 영향을 미치는 생산성 증가율을 낮추는 결과를 초래한다(이 점은 뒤에서 다시 논의하겠다).[23] 마찬가지로 자사주 매입, 특히 부채로 자금을 조달한 자사주 매입은 기업 투자를 감소시키고 기업 재무제표를 약화시키는 것으로 나타났다.[24]

특히 미국에서의 불평등 증가가 가지는 함의는 충격적이다. 1993년부터 2015년까지 상위 1% 계층의 누적 실질소득 증가율은 95%인 데 반해 나머지 99% 사람들의 소득 증가율은 14%에 불과했다. 그 결과 "상위 1%가 세전 실질소득 증가의 52%를 차지했다." 이런 수치가 시사하는 사실 중 하나는 GDP 성장 자체만으로는 인구 전체의 복지에서 발생하는 변화를 거의 파악할 수 없다는 것이다. 성장의 혜택이 어떻게 분배되는지도 매우 중요하다. 입헌(또는 자유주의적) 민주주의를 안정시키는 데 번성하는 중산층의 역할이 중요하다는 아리스토텔레스적 관점을 취하는 사람이라면 이런 극단적인 전개에 불안감을 느낄 것이다.[25]

또한 부는 권력의 원천이기도 하다. 주주가 기업을 통제하면 직접적인 경제력을 갖게 된다. 부자들은 자선활동, 미디어 소유 등을 통해 영향력을 행사한다. 게다가 부자들은 정당에 자금을 지원하고, 후보를 지지하고, 정치 광고를 위해 돈을 쓰고, 정치적 대의를 홍보하고, 로비 비용을 지불하는 등 정치에도 강력하고 직접적인 영향력을 행사한다. 따라서 아리스토텔레스가 경고했듯이, 높은 수준의 부의 불평등은 민주적 정치를 부식시킬 것이다. 프랑스와 영국에서는 상위 10%가 소유한 개인 자산이 전체 개인 자산에서 차지하는 비중이 20세기 초에 비해서는 상당히 낮아졌지만, 여전히 50%를 약간 웃돈다. 그러나 미국에서는 2014년이 되자 상위 10%의 비중이 70%를 넘었다. 이는 제2차 세계대전 이전 수준으로 되돌아갔음을 의미한다(그림 13 참조). 놀랍게도 1980년대 초

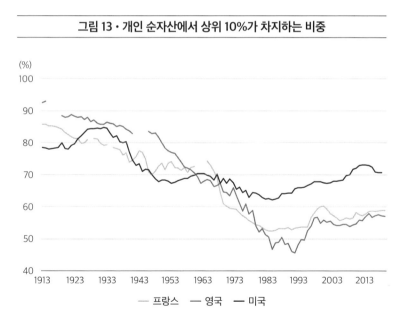

그림 13 · 개인 순자산에서 상위 10%가 차지하는 비중

출처: 세계불평등데이터베이스

에 미국의 부의 불평등은 다른 두 나라보다 훨씬 더 심해졌다. 부와 소득에서의 불평등 증가를 고려할 때, 미국 정치에서 돈이 큰 역할을 한다는 사실은 전혀 놀랄 만한 일이 아니다.[26] 민주주의가 돈으로 살 수 있는 물건이 된 것이다.

OECD의 국가 간 연구에서는 다음과 같은 결론을 내렸다. "소득 불평등은 성장에 통계적으로 유의미하게 부정적인 영향을 미치며, 처분가능소득의 평등성을 높이는 재분배 정책은 성장에 부정적인 영향을 미치지 않는다. 더 나아가 … 성장을 저해하는 것은 분배의 밑바닥에 있는 불평등이다."[27] 불평등과 저성장이 동시에 발생하는 국가에서는 패자가 상대적으로도 절대적으로도 뒤처지게 된다. 그런데 불행히도 불평등의 증가는 매우 일반적인 현상이었다.[28] 실제로 벨기에와 프랑스만이 1980년대 중반부터 2000년대 초반까지 소득 불평등에 거의 변화가 없는 고소득 국가였다.[29]

이상의 증거는 불평등 증가와 실질소득의 완만한 실질적 성장이 합쳐지면 실제로 인구의 대다수가 실질소득의 정체를 겪는다는 것을 보여준다. 특히 미국은 2019년(팬데믹 직전) 중위 가구의 실질 처분가능소득은 20년 전에 비해 10% 증가에 그친 반면, (상위 계층의 소득 증가에 큰 영향을 받는) 평균 실질 처분가능소득은 같은 기간 21% 증가했다. 1984년부터 2019년까지 미국의 평균 가구 실질소득에 대한 중위 가구 실질소득 비율은 72% 대 59%로 하락했는데, 하락 대부분이 2000년대에 발생했다(그림 14 참조).[30]

불평등과 사회적 이동성 사이에 역관계가 성립한다는 증거도 있다. 소득 불평등이 높을수록 소득 분포에서 아들의 위치가 아버

그림 14 · 미국 가계의 실질 처분가능소득(2020)

출처: 미 연준 제공 경제 데이터FRED

지의 위치와 상관관계가 높다(경제적 '고착성'이 높다).[31] 오바마 정부에서 미국 경제자문위원회 의장을 지낸 앨런 크루거Alan Krueger는 이를 '위대한 개츠비 곡선Great Gatsby Curve'이라고 불렀다(그림 15 참조).[32] 아버지의 상대적 소득이 아들의 소득에 미치는 영향은 실제로 불평등이 클수록 더 크다.[33] 따라서 미국이나 영국처럼 불평등이 높은 국가는 세대 간 경제적 이동성이 낮다. 중간 수준의 불평등 국가(이탈리아, 스위스, 프랑스, 캐나다, 독일)는 다양한 수준의 경제적 이동성을 보여주며, 불평등이 낮은 국가(북유럽)는 경제적 이동성이 높다. 그러나 상대적 소득의 세대 간 변화로 측정된 이동성은 직업적 계급으로 정의된 이동성과는 다르다는 점에 유의해야

그림 15 · '위대한 개츠비 곡선'

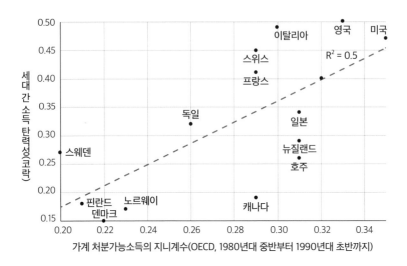

출처: 코락Corak(2012), OECD

한다. 후자의 경우 이동성의 가장 중요한 결정 요인은 경제구조의 변화이며, 이런 변화는 경제구조가 창출하고 파괴하는 일자리의 종류를 결정한다.[34]

장기적으로 매우 중요한 또 다른 추세는 탈산업화, 더 정확하게는 제조업 고용 비중이 급격히 감소한 것이다. 이런 현상은 모든 주요 고소득 국가에서 발생했다(그림 16 참조). 독일, 일본, 이탈리아처럼 제조업 수출이 많고 서비스업이 상대적으로 취약한 국가는 당연히 제조업 고용 비중이 상대적으로 높다. 그러나 독일도 고용에서 제조업이 차지하는 비중이 매우 크게 줄어들었다. 고용에서 제조업의 비중이 감소한 주된 원인은 무역이 아닌 생산성 향상으로,

140

독일은 오히려 제조업에서 지속적으로 막대한 무역 흑자를 기록해 왔다.[35] 트럼프가 '미국을 다시 위대하게'라는 슬로건으로 무엇을 제안했든지 간에, 과거에 대한 향수는 실행 가능한 경제 정책이 될 수 없다. 제조업 고용을 반세기 전 수준으로 되돌리겠다는 약속은 실현될 수 없다. 낡은 제조업 방식은 생산성은 매우 높고 고용은 낮은, 농업과 같은 길에 접어들었기 때문이다(그림 16 참조).

제조업은 저학력 남성에게 상대적으로 높은 임금과 안정된 일 자리를 많이 창출했다. 상대적으로 높은 임금을 받을 수 있었던 이 유 중 하나는 노동조합이 있었기 때문이다. 이는 대규모 공장에서

그림 16 · 민간 고용에서 제조업이 차지하는 비중의 감소율 순위(1970~2019)

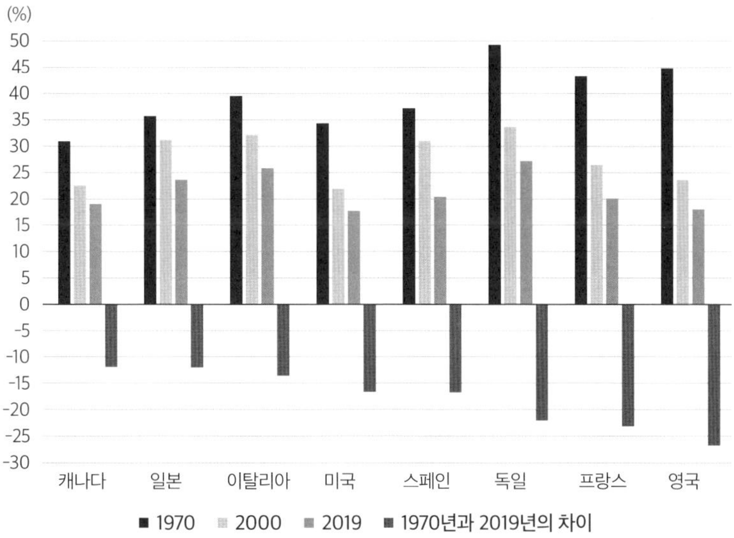

■ 1970　▨ 2000　▨ 2019　■ 1970년과 2019년의 차이

출처: OECD

대규모 인력을 조직하는 것이 상대적으로 더 쉬웠기 때문에 가능했다. 결과적으로 노동자들은 이런 자본 집약적 기업의 수익성에 타격을 입힐 역량을 갖추게 됐고, 이를 통해 고용주를 상대로 협상력을 가지게 됐다. 제조업 일자리를 잃는다는 것은 삶의 방식을 잃는다는 것을 의미하기도 했다. 게다가 제조업은 특정 지역에 모여 있었고, 대체할 만한 좋은 일자리가 거의 없는 지역에 집중된 경우가 많았다. 석탄, 철 등 특정 자원을 보유하고 있어 산업 혁명의 선봉에 섰던 지역이 장기적인 쇠퇴에 빠지면서 탈산업화는 지역 경제 간의 불평등을 일으키는 주요 원인이 됐다. 이 문제는 19세기와 20세기 초 산업 혁명 과정에서 제조업이 중요한 역할을 한 모든 국가에 영향을 미쳤다.

장기적으로 부정적인 구조적 변화를 나타내는 또 다른 중요한 지표는 주요 연령대(25~55세) 남성의 노동 참여율 하락이다. 이 비율은 1980년대 이후 모든 주요 고소득 국가에서 감소했는데, 특히 이탈리아와 미국에서 큰 폭으로 감소했다. 이 연령대는 사람들이 가족을 형성하는 시기다. 이 연령대의 대부분 남성은 자신에 대해 일을 통해 사랑하는 가족을 부양하고 성공적인 결혼 생활을 유지할 수 있는, 가치 있고 생산적인 사회 구성원이라고 느낀다. 이 연령대의 많은 남성이 구직 활동을 하지 않는다는 것은 실망의 정도가 어느 정도인지를 보여준다. 예를 들어, 미국에서는 지난 10년간 경제가 회복됐음에도 2019년 25~55세 남성의 9명 중 1명은 구직 활동을 하지 않았다. 미국 주요 연령대 남성의 경제활동 참여율은 금융위기 직후인 2010년보다 약간 더 낮아졌다. 또한 2019

년에는 조사 대상 국가 중 끝에서 두 번째라는 낮은 수치를 기록했다(그림 17 참조).

주요 연령대 여성의 노동 참여는 언뜻 보기에 훨씬 더 고무적인 상황으로, 대부분의 고소득 국가에서 참여율이 증가했다. 눈에 띄는 예외는 다시 한번 미국이다. 주요 연령대 여성의 경제활동 참여율은 2019년이 2000년보다 더 낮았다. 1985년 이후 전체적인 증가 폭은 다른 어떤 국가보다 훨씬 작았다. 그 결과, 1985년 이들 국가 중 가장 높은 수준이었던 미국의 주요 연령대 여성의 경제활동 참여율은 2019년 최하위인 이탈리아보다 불과 한 단계 위인

그림 17 · 22~55세 남성의 노동 참여율

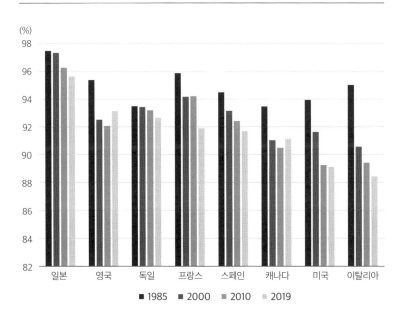

출처: OECD

밑바닥에서 두 번째 순위로 하락했다. 이는 미국이 경제적 기회를 확대하는 데 실패했음을 보여주는 또 다른 지표다(그림 18 참조).

지난 40년간 노동 시장의 변화, 즉 탈산업화, 탈노조화, 노동 참여율 감소, 자유화, '긱gig 경제'의 등장은 '불안정한precarious' 고용의 증가와 밀접한 관련이 있다.[36] 영국의 경제학자 가이 스탠딩Guy Standing은 새로운 사회 계층인 '프레카리아트precariat'('불안정한'이라는 의미의 'precarious'와 프롤레타리아트proletariat의 합성어-옮긴이)의 출현이라는 측면에서 이런 변화를 요약했다. 스탠딩에 따르면 "정확한 수치를 제시할 수는 없지만 현재 많은 국가에서 성인 인구의 최소 4분의 1이

그림 18 · 22~55세 여성의 노동 참여율

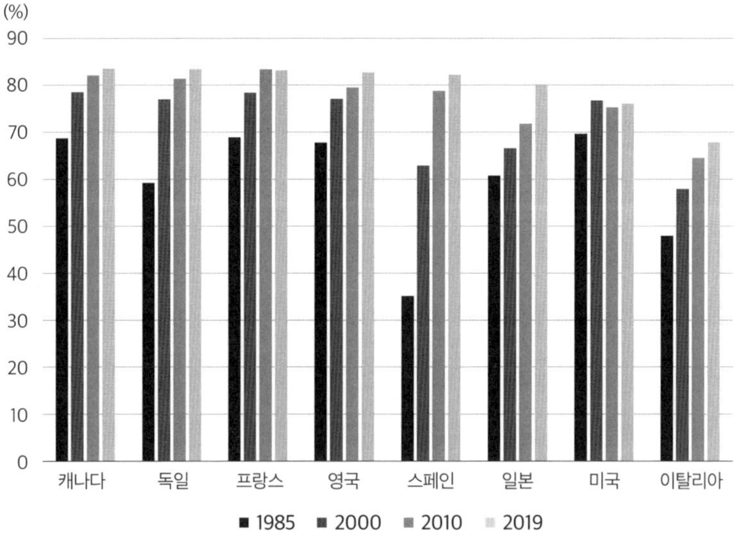

출처: OECD

144

프레카리아트에 속한다고 추측할 수 있다. 단순히 고용이 불안정하고, 고용 기간이 제한적이며, 최소한의 노동 보호만 받는 일자리에 종사하는 것만이 문제가 아니다. 직업에 대한 느낌도 없고, 직업적 정체성에 대한 안정감도 없으며, 과거에 산업 프롤레타리아트나 샐러리맨에 속했던 여러 세대의 사람들이 당연히 받을 것으로 여겼던 국가 및 기업으로부터의 혜택을 거의 받을 수 없는 상태다."[37]

장기적으로 번영을 결정하는 가장 중요한 요인은 생산성의 수준과 성장성이다. 생산성이 빠르게 향상되는 국가에서는 불평등이 매우 빠르게 증가하지 않는 한 모든 사람이 더 잘살게 될 수 있다. 그러나 생산성이 정체된 국가(예: 지난 20년간의 이탈리아나 지난 5년간의 영국)에서는 다른 사람들의 생활 수준이 하락해야만 일부 사람들의 생활 수준이 상승할 수 있다. 그러면 제로섬 경제가 되어 누군가가 이기면 나머지 모든 사람은 반드시 손해를 보게 된다.

1950년대와 1960년대에는 (시간당 생산량의 증가로 측정되는) 생산성 향상이 오늘날의 고소득 국가에서 상대적으로 빠르게 증가했다. 당시는 유럽 대륙과 특히 일본이 미국의 생산성 수준을 빠르게 따라잡던 시기였다. 1970년대와 1980년대에는 모든 주요 고소득 국가에서 생산성 증가율이 현저하게 둔화했는데, 미국과 영국의 둔화 폭은 상대적으로 작았다. 따라서 생산성 향상의 격차는 줄어들었다. 1990년대에는 정보 기술 혁명의 결과로 미국에서 생산성 향상이 다소 가속화됐다. 2000년대 들어서 미국의 생산성 증가율은 8대 고소득 경제 대국 중 가장 빠른 속도를 보였다. 영국 역시 1990년대에는 생산성 향상이 비교적 양호했다.

2010년대(2010~2019)의 평균 생산성 증가율은 모든 고소득 국가에서 저조했다. 이는 매우 중요하고 우울한 사실이다. 2010년 이후 생산성 증가율 최하위 국가는 영국과 이탈리아였다. 최근의 생산성 증가율 둔화에 대한 한 가지 설명은 금융위기 이전 생산성 증가의 상당 부분이 착각이었다는 것이다(그림 19 참조). 특히 금융 부문에서 그럴 가능성이 크다. 금융 부문은 신용과 부채의 지속 불가능한 급증으로 발생한 소득, 또는 다른 형태의 지대 수취로 발생한 소득과 진정한 생산성 향상을 따로 구별하기가 매우 어렵기 때문이다.[38]

그림 19 · 시간당 생산량의 10년간 평균 증가율

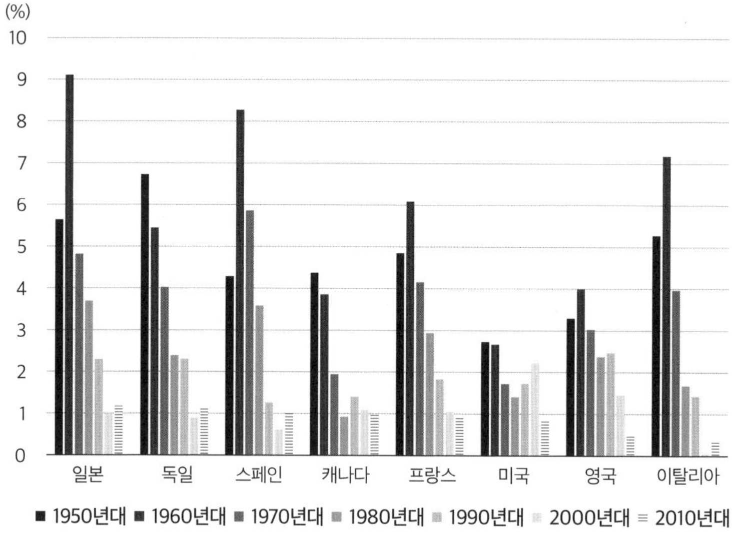

출처: 콘퍼런스보드

위기는 어떻게 경제를
불안정하게 했는가

　　　　요약하자면, 강력한 장기적 추세가 고소득 민주주의 국가에 심각한 경제적 문제를 야기했다. 2007년과 2008년에 글로벌 금융 시스템의 핵심에서 발발하여 세계 경제의 많은 부분에 치명적인 영향을 미친 위기가 훨씬 더 큰 피해를 줬다.

　위기의 직접적인 원인은 부채의 폭발적인 증가였으며, 그 대부분은 부동산 실질 가격의 급격한 상승과 관련이 있다. 이처럼 부채가 폭증한 원인의 상당 부분은 많은 사람의 실질소득이 정체되어 있었기 때문에(특히 미국에서) 소비를 유지하기 위해 가계부채에 의존한 데 있다.[39] 그 뒤에는 중국의 세계 경제 진입, 금융 시스템의 자유화, 인플레이션만을 타깃으로 하는 통화 정책에 대한 과도한 의존 등 훨씬 더 심각한 변화가 있었다. 궁극적으로 금융위기는 세계 경제의 거대한(그리고 충분히 이해되지 않은) 변화가 자기자본이 턱없이 부족하며 규제가 미흡한 금융 시스템을 통해 전달된 결과였다.[40] 특히 미국을 비롯한 주요 경제에서 부동산 가격이 하락하자 금융 사이클의 방향이 바뀌면서 거대한 금융위기가 발생했다. 그 후 성숙한 시장경제 국가에서 GDP 대비 가계 및 금융 부문의 부채가 수축됐다(금융기관이 상환을 압박하여 부채 총량이 줄어들었다는 의미-옮긴이). 이는 위기 이후 경제의 취약성을 설명하는 데 도움이 된다. 그리고 두 번째 위기인 코로나19 팬데믹으로 부채가 다시 한번 폭발적으로 증가했으며, 그 결과는 아직 알려지지 않았다(그림 20 참조).

위기의 가장 명백한 유산은 실질소득에 미친 영향이었다. 스페인을 포함한 주요 고소득 7개국 중 독일만 (1990~2007년에 1인당 실질 GDP 변화 추세가 지속됐다고 가정했을 때와 비교하여) 1인당 GDP가 크게 감소하지 않았다. 하지만 이는 부분적으로는 위기 이전의 성장이 더뎠기 때문이다. 일본의 1인당 GDP는 2018년까지 7% 감소했는데, 1990~2007년의 추세에 따른 이미 미약했던 연간 성장률 1.8%와 비교할 때 감소 폭이 크다. 캐나다와 미국의 1인당 GDP는 17% 감소했는데, 마찬가지로 1990~2007년의 추세에 따른 연간

그림 20 · 성숙한 경제를 가진 국가들의 GDP 대비 민간부채의 비율

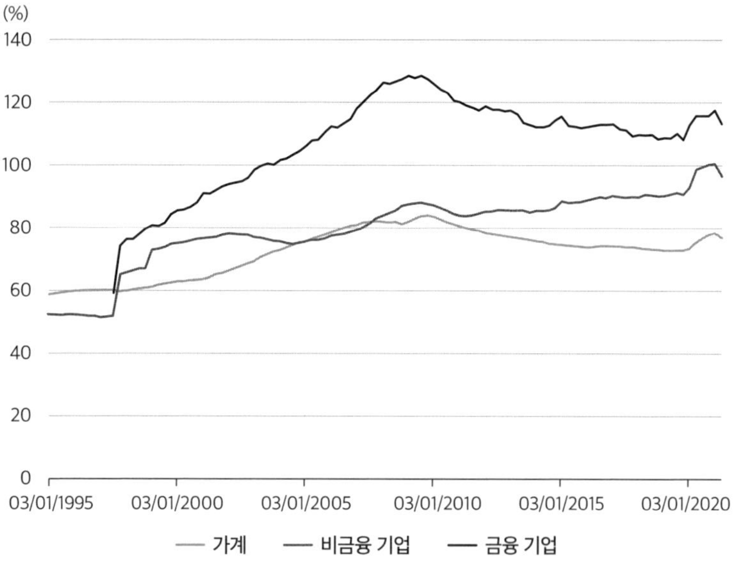

출처: 국제금융협회IIF

성장률 2.1%와 2.6%에 비해 크게 감소한 것이다. 영국과 이탈리아의 1인당 GDP는 22% 감소했다. 전자는 1990~2007년의 추세에 따른 연평균 성장률 2.5%에 비해서, 그리고 후자는 1.4%에 불과한 부진한 추세적 성장률에 비해서 크게 감소한 것이다. 스페인의 1인당 GDP는 24% 감소했는데, 이 역시 1990~2007년의 추세선에 따른 연평균 성장률 2.6%에 비해 크게 감소한 것이다(그림 21 참조).[41]

영국의 경우, 이번 금융위기 이후에 1인당 실질 GDP가 급락한 것은 두 차례의 세계대전 또는 대공황으로 인한 손실보다 훨씬 더 크고 영구적인 손실이다(실제로 제2차 세계대전 이후 실질소득은 전간기에 비해서 급격하게 증가했다). 그리고 코로나19라는 두 번째

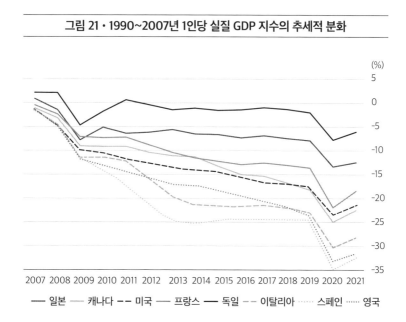

그림 21 · 1990~2007년 1인당 실질 GDP 지수의 추세적 분화

출처: 콘퍼런스보드

큰 충격이 찾아왔다. 2020년에는 1인당 실질 GDP가 크게 감소했다. 2021년에도 1인당 GDP는 1990~2007년 추세보다 스페인은 33%, 영국은 32%, 이탈리아는 28% 더 낮은 수준을 유지할 것으로 예상된다. 그리고 미국에서는 이전 추세보다 21% 더 낮을 것으로 예측된다. 이런 손실은 시간이 지남에 따라 누적되면서 엄청난 손실이 된다.

금융위기 이후 1인당 실질 GDP의 정체는 '가계 실질소득'에도 커다란 부정적 영향을 미쳤다. 매킨지글로벌연구소McKinsey Global Institute의 연구에 따르면 고소득 국가의 전체 가구 중 평균 65~70%가 2005~2014년 정부 재분배 이전의 임금소득과 자본소득에서 제자리걸음을 하거나 오히려 감소했다.[42] 심각한 타격을 입은 이탈리아의 경우 이런 가구의 비율이 97%였고 미국은 81%, 영국은 70%에 달했다(그림 22 참조).

금융위기는 때로는 일시적으로, 때로는 장기적으로 '실업률'에도 상당한 영향을 미쳤다. 예를 들어 미국의 실업률은 2007년 4.6%에서 2010년 9.6%로 급격히 늘어났다. 유로존은 2007년 7.6%였는데, 미국보다 훨씬 더 긴 위기를 겪은 후 2013년 12.1%로 정점을 찍었다. 이후 영국과 미국에서는 실업률이 매우 빠르게 낮은 수준으로 떨어졌고, 일본과 독일에서는 전반적으로 낮은 수준을 유지했다. 그러나 일부 다른 큰 국가에서는 실업률이 높거나 매우 높은 수준에 도달한 후 지속됐다. 예를 들어 이탈리아의 실업률은 금융위기 이전 최저치인 2007년 6.2%에서부터 증가하여 2014년에 12.8%로 정점을 찍었으며, 2019년에도 여전히 10%를 기록

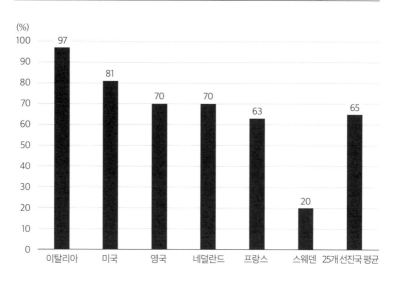

그림 22 · 임금 및 자본의 실질소득이 정체하거나 감소한 가구의 비율
(2005~2014)

출처: 매킨지글로벌연구소

했다. 스페인의 실업률은 금융위기 이전 최저치인 2007년 8.2% 에서부터 증가하여 2013년 26.1%로 정점을 찍었다. 그 후 코로나 19 위기 직전인 2019년에도 여전히 14.1%였다(그림 23 참조).

위기의 또 다른 중요한 경제적 영향은 피해 국가의 '재정 상태' 였다. 경기 침체와 그에 뒤따른 미약한 회복으로 정부지출이 증가 했고, 위기 이전 기대치에 비해서 정부 수입이 영구적으로 감소했 다. 특히 영국에서는 이전에 호황을 누리던 금융 부문에서 거둬들 이던 수입이 줄어든 것도 중요했다. 7대 고소득 그룹에 속하는 국 가들을 살펴보면, 이들 모두 위기의 정점에서 위기 이후 최저점에

그림 23 · 주요 고소득 국가의 실업률 변화

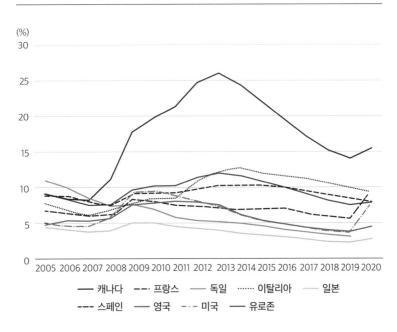

출처: IMF

이르기까지 상당한 수준의 구조적 재정 긴축을 시행한 것으로 나타났다. 그러나 구조적 긴축(이는 '긴축'의 한 척도다)은 미국과 영국에서 가장 컸다. 유로존 위기로 큰 타격을 입은 국가들(특히 그리스)만이 그보다 더 큰 구조적 재정 긴축을 경험했다(그림 24 참조).

'금융위기'의 예상치 못한 충격은 피해 국가의 금융, 경제, 정치 시스템을 운영하는 사람들의 지혜와 정직성에 대한 신뢰를 흔들었다. 경제에서 발생하는 대부분의 정책적 실수는 투표권을 가진 대중의 눈에 보이지 않는다. 그러나 관련 책임자들이 금융 부분의 위험을 인식하지 못했다는 사실을 유권자들이 깨닫지 못할 리는 없다. 결국 임금님은 벌거벗은 것으로 밝혀졌다. 많은 대중은 이런 실패가 단순히 어리석음 때문이 아니라 금융 부문, 규제 기관, 학계, 언론, 정치권 등 모든 수준의 의사결정자들과 여론 주도층의 지적·도덕적 부패의 결과라고 믿게 됐다. 또한 대중은 국가의 자원이 재앙의 설계자인 은행과 은행가들을 구제하는 데 사용되는 동안 자신과 사랑하는 사람들이 차압, 실업, 장기간의 실질임금 정체 또는 하락, 재정 긴축에 따른 큰 손실을 겪었음을 알게 됐다. 또한 금융기관들이 막대한 벌금을 내야 했지만 본질적으로 누구도(또는 어떤

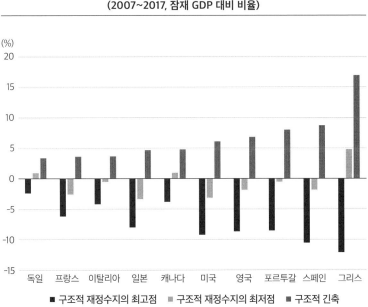

그림 24 · 금융위기 이후 구조적 재정수지의 최고점과 최저점 비교
(2007~2017, 잠재 GDP 대비 비율)

(%)

■ 구조적 재정수지의 최고점　■ 구조적 재정수지의 최저점　■ 구조적 긴축

출처: IMF

중요한 사람도) 처벌을 받지 않았다는 사실 역시 알게 됐다.[43]

이 글을 쓰는 2022년 시점에서는 발생한 지 1년 반도 채 되지 않은 예기치 못한 두 번째 위기인 코로나19 팬데믹이 장기적으로 어떤 영향을 미칠지 확신하기 어렵다. 금융위기와 비교할 때 가장 큰 차이점은 대부분 사람이 이번 사태를 천재지변으로 여겼다는 점이다. 또 다른 차이점은 정부들이, 또는 적어도 재정 및 금융 자원을 갖춘 정부들이 한꺼번에 엄청난 규모로 대응했다는 점이다. 과거에 로널드 레이건은 "영어에서 가장 무서운 문장은 이것이다. '저는 정부에서 파견됐고 당신을 도와주고자 합니다'"[44]라고 말했다. 하지만 정부 개입에 대한 이런 경계심은 2008년에 일어났던 일보다 훨씬 더 까맣게 잊혔다. 정부는 확실히 복귀했다. 또 다른 차이점은 이번에는 중앙은행과 정부가 고소득 국가의 경제에 돈을 쏟아부으면서 금융 부문이 거의 처음부터 호황을 누렸다는 것이다. 실제로 디플레이션보다는 인플레이션에 대한 우려가 훨씬 더 컸다.

그러나 이런 차이가 있음에도 코로나19는 위기 이후의 많은 도전 과제를 증폭시켰다. 새로운 기술의 도입이 가속화됐다. 그 결과 업무 패턴이 변화했고, 이런 현상은 지속될 가능성이 크다. 도심은 텅 비고, 공공 재정은 악화됐으며, 교육은 훼손됐다. 국내의 불평등이 악화됐고, 전 세계적으로 극빈층 인구가 급격히 증가했다. 특히 백신 접종에 대한 글로벌 협력이 너무 약했다.[45] 코로나19가 미래에 어떤 영향을 미칠지는 아직 제대로 알려지지 않았지만, 그 여파는 오래 지속될 가능성이 크다.[46]

우크라이나 전쟁의 결과는 훨씬 더 불확실하다. 게다가 에너지와 식량 분야에서 코로나19가 이미 만들어낸 공급 충격을 한층 더 악화시켰다. 다시 한번 사람들은 정부의 도움을 기대했다. 하지만 이번에도 정부가 할 수 있는 일은 많지 않았다. 어쨌든 전쟁 초기부터 분명했던 사실은 팬데믹과 마찬가지로 정부의 무관심에서 해답을 찾을 수는 없다는 것이었다.

경제, 문화, 이주

"어떻게 해서 파산하게 됐어?"라고 빌이 물었다. "두 가지였어." 마이크가 말했다. "서서히 그리고 갑자기."[47]

어니스트 헤밍웨이Ernest Hemingway의 이 문장들은 고소득 국가에서 일어난 일을 완벽하게 포착해낸다. 이야기는 불평등이 오랫동안 계속 증가하고, 소득 분배의 중하위권에 속하는 많은 사람의 실질소득 증가세가 약화되고, 상대적으로 불평등이 높은 국가에서 사회적 이동성이 줄어들고, 탈산업화되고, 주요 연령대 남성의 노동 참여율이 감소하고, 생산성 향상이 약화되고, 가계부채가 증가하고, 외국 태생 인구의 비율이 대폭 증가하는 것에서 시작됐다. 그런 다음 예상치 못한 금융위기가 닥치고, 절박한 금융 시스템을 구제하고, 가계의 신용 가용성이 감소하고, (적어도 단기적으로는) 주택 가격이 폭락하고, 실업률이 치솟고, 경기 회복이 미약하고, 역사적 추세에 비해 1인당 GDP가 크게 부족하고, 많은 가구의 실질소득이 정체되거나 하락하는 기간이 장기화되는데 재정 긴축 탓에 상황은 한층 더 악화됐다. 이로 인해 필연적으로 정치, 기술, 비즈니스 분야의 엘리트들에 대한 신뢰가 무너졌다.[48] 그 와중에 코로나19와 우크라이나 전쟁이 발생하여 혼란이 더욱 가중됐는데, 궁극적인 결과는 여전히 불확실하다.

오늘날 정치적 위기의 핵심인 고소득 민주주의 국가에서 선동적인 민족주의와 권위주의가 부상한 것은 상당 부분 이런 경제적 실패에 기인한 것으로 볼 수 있다. 문제는 경제적 실패 자체뿐만 아니라, 그것이 자신과 자녀들이 열망할 수 있는 미래에 대한 기대를 훼손했으며, 또한 자신이 속한 사회에서 자신이 어떻게 평가되는지에 대한 기대를 훼손했다는 것이다. 특히 중요한 것은 삶의 조건에서 불평등이 크게 증가했다는 점이다.[49] 이런 불평등이 특정 수준을 넘어서면 대중은 점점 더 자신이 민주주의라는 공동의 정치적 프로젝트에 속하는 일부가 아니라고 느끼게 된다. 현재 일어나고 있는 일은 그들에게 그런 소속감과 반대되는 현상을 보여주고 있다. 즉 엘리트들은 보통 사람들을 경멸하며, 보통 사람들은 점점 더 모멸감을 느낀다. 그 대응이 도널드 트럼프나 보리스 존슨처럼 악의적인 데다 무책임하기까지 한 지도자에 대한 지지로 옮겨 가고 있다는 것은 아이러니한 일이다. 악의적인 정치 세력은 굴욕감을 쉽게 분노로 전환시킬 수 있다. 그렇다고 이것이 새로운 발견은 아니다.

정치를 변화시키는 데 경제적 변화의 역할을 강조하는 것과 관련해서 2016년에 포퓰리즘의 부상에 대해 연구한 로널드 잉글하트Ronald Inglehart와 피파 노리스Pippa Norris는 다른 의견을 제시했다. 그들은 이렇게 주장한다.

> 포퓰리즘의 부상을 경제적 불평등에서만 기인한다고 간주하는 것은 실수다. 심리적 요인이 더 중요한 역할을 하는 것으로 보인다. 연령이 높고 교육 수준이 낮은 집단은 포퓰리스트 정당과 지도자를 지지한다. 이런 정당과 지도자는 전통적인 문화적 가치를 옹호하고, 민족주의 및 외국인 혐오를 호소하며, 외부인을 거부하고, 구시대적인 젠더 역할의 유지를 강조한다. 포퓰리스트는 카리스마 넘치는 지도자를 지지하며, 이는 오늘날 도덕적 문제에 대해 진보적인 문화적 관점을 가진 교육받은 엘리트들이 이끄는 '기득권' 및 주류 정당에 대한 깊은 불신을 반영한다.[50]

정치적 반발의 문화적 기원과 관련해서 이보다 더 좁은 관점은 잉글하트와 노리스가 열거한 이유 중에서 단 한 가지 요소, 즉 외부인에 대한 민족주의적이고 외국인 혐오적인 반응만을 강조한다. 즉 이민이 단지 경제적 차원 또는 문화적 차원과 같은 여러 가지 변화 중 하나에 불과한 것이 아니라 그 자체로 매우 중요한 문제라는 것이다. 에릭 코프먼Eric Kaufmann은 영향력 있는 저서인 『백인 교체Whiteshift』에서 다음과 같이 주장했다.

> 우파 포퓰리즘은 경제와는 거의 관련이 없으며, 주로 이민으

로 인한 인종적 변화에서 비롯된다. 이는 보수적이고 질서를 추구하는 백인들의 실존적 안정을 불안하게 한다. 무슬림 이민자 이슈는 문제를 증폭하는 역할을 하지만 결코 주요한 동인은 아니며, 트럼프와 브렉시트 투표에서는 보조적인 역할만 했고 2004년 이전에는 유럽에서 문제의 작은 일부분에 불과했다.[51]

문화적 요인을 우선시하는 설명에서 결정적인 문제점은 '왜 지금인가'라는 명백한 질문에 제대로 답을 주지 못한다는 것이다.[52] 여성의 경제적·사회적·정치적 역할의 변화, 동성애에 대한 사회적 수용성의 증가, 트랜스젠더의 권리, 그리고 무엇보다 무슬림과 '유색인종'을 포함한 대량 이민은 적어도 1960년대부터, 그리고 일부 국가에서는 그보다 더 오래전부터 지속되어왔다(그림 25 참조). 왜 이 모든 것이 지금에 와서 그토록 부각된 것일까?

명백한 답은 금융위기와 그 여파라는 큰 사건이 일어났다는 것이다. 이것이 정치적으로 큰 변화를 불러왔다는 것은 금융위기들이 미치는 정치적 영향에 대한 역사적 연구와도 일치한다. 즉 "19세기와 20세기에 걸쳐서 금융위기들이 발생한 이후 정치적 양극화가 심화됐다. 또한 극우 정당은 금융위기의 가장 큰 정치적 수혜자인 것으로 나타났다. 평균적으로 극우 정당은 체제적 금융위기 이후 5년 동안에 해당 위기 이전의 수준에 비해서 득표율이 30% 정도 증가했다." 이 문장의 저자들은 "금융위기 이후에는 어느 정당이 집권하든 상관없이 통치하기가 더 어려워진다"라고 덧붙였다. 마지막으로, 이런 모든 영향은 다른 경기 침체보다 "금융위기

그림 25 · 서유럽 포퓰리즘 정당의 득표 점유율(인구 가중치 부여)

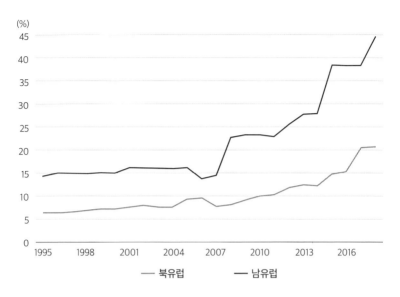

출처: 로베르토 포아

에서 훨씬 더 두드러진다."[53] 금융위기들은 경제적으로뿐만 아니라 정치적으로도 전환점이 된다. 금융위기는 대중에게 가시적으로 드러나고, 특정 엘리트 기관과 사람들이 잘못한 것임을 분명하게 드러내 주기 때문이다.

　　수십 년에 걸쳐서 외국 태생의 인구가 증가했음에도 이민 역시 금융위기 이후에야 몇몇 국가에서 정치적으로 훨씬 더 두드러졌다. 예를 들어 영국에서는 1950년대에 '신영연방New Commonwealth' 국가들로부터 이민이 시작됐다. 그 후 1964년 총선 때 스메딕 지역에서 인종 문제가 끓어올랐고, 1964년 4월 20일 에녹 파월Enoch

Powell의 '피의 강Rivers of Blood' 연설로 인종 문제가 다시 불거졌다.[54] 하지만 열기는 이내 식었다. 그렇다면 브렉시트 투표에서 인종 문제가 다시 끓어오른 이유는 무엇일까? 반이민을 내세워 집권에 성공한 열렬한 외국인 혐오주의자인 트럼프가 공화당에 커다란 영향력을 행사하게 된 미국을 다시 한번 생각해보라. 그러나 2000년 이후 미국에서는 총인구 대비 외국 태생 인구의 증가율이 현저히 낮았으며, 호주·캐나다·뉴질랜드처럼 겉보기에 비슷한 다른 국가들보다 비중 자체도 크지 않았다.

세계에서 가장 중요한 글로벌 금융 중심지인 런던과 뉴욕에서 발생한 금융위기 때문에 이민이 정치적으로 크게 부각됐다는 것은 그럴듯해 보인다. 이 충격과 함께 위기를 초래한 사람들에 대한 대규모 구제 금융은 매우 불공정한 것으로, 많은 미국인은 워싱턴이라는 곳이 오직 도널드 트럼프만이 해결할 수 있는 '수렁'이라고 생각하게 됐다(이는 분명히 진실과는 반대다). 금융위기와 그 여파에 대한 탁월한 설명서인 『붕괴』에서 저자 애덤 투즈Adam Tooze는 미국과 영국뿐만 아니라 유로존과 중부 유럽 및 동유럽을 대상으로 금융위기와 이후 정치적 변화 간 연관성에 대해서 설득력 있는 역사적 개요를 제시했다.[55] 예를 들어 애덤 투즈는 금융위기가 헝가리에 끼친 피해를 지적했는데, 2010년 빅토르 오르반을 (명백히 영구적인) 집권자로 만드는 데 도움을 줬다는 것이다.[56] 금융 및 경제위기는 지난 수십 년간 발생한 (종종 서로 연결된) 경제적·문화적 변화에 대해 쌓여온 분노와 불신을 명백하게 가시화했다.

이 과정의 가장 좋은 예는 아돌프 히틀러라는 유례없는 우익 선동가가 민주적 과정을 통해 집권한 악명 높은 사례다. 독일에는 예전부터 오랫동안 지속적이고 뿌리 깊은 반유대주의 흐름이 존재했다. 제1차 세계대전의 비극적인 패배와 전후의 정치적 불안정, 그리고 1923년의 극심한 인플레이션이 독일 사회의 안정을 뒤흔들었다. 게다가 정치적·문화적·사회적으로 보수적인 독일 중산층·중하층·하류층과 보다 자유롭고 진취적인 바이마르공화국의 문화 및 지식 계층 사이에 커다란 문화적 격차가 생겼다. 이 모든 것은 불이 붙기만을 기다리는 마른 장작이 됐다.

여기에 불을 지핀 것은 대공황이었다. "1932년 독일의 산업 생산은 1928년 수준의 58%에 불과했다. 1929년 말에는 약 150만 명의 독일인이 일자리를 잃었고, 1년 만에 이 수치는 2배 이상 증가했으며, 1933년 초에 이르러서는 무려 600만 명(26%)이 실직했다."[57] 1928년 연방 선거에서 나치는 2.6%의 득표율을 얻는 데 불과했다. 그런데 금융위기가 시작되고 생명줄과도 같았던 미국으로부터의 차입금이 중단된 후인 1930년 9월에 나치의 득표율은 18.3%로 급증했다. 1932년 7월에는 37.3%에 이르렀다.[58] 1933년 3월 독일 의회 의사당에서 화재가 발생한 이후에는 43.9%에 이르게 됐다.[59] 나치로의 입장 전환은 거의 전적으로 개신교 보수주의자들로부터 나왔다. 대공황에 따른 절망감으로 많은 유권자가 나치 쪽으로 이동했지만, 그들은 이전부터 보수적이었고 민족주의적인 대의에 동조해왔다.[60] 사회주의자들과 공산주의자들은 다른 곳에서 구원을 찾았다. 이런 의미에서 문화도 큰 영향을 미쳤다. 그러나 문화적 요인은 대공황의 불길이 타오를 때까지 잠자고 있었다.

1931년 당시 독일에서 두 번째로 큰 은행이던 다나트방크Danatbank가 파산했는데, 그 사건이 정치에 미친 영향에 대한 주목할 만한 연구는 경제적 고통과 문화적 성향의 상호작용이 우파의 정치적 극단주의를 낳았다는 사실을 강력하게 뒷받침한다. 저자들은 "이 은행의 파산으로 더 큰 영향을 받은 지역일수록 나치의 득표율이 급증했다. 반유대주의 역사가 있는 도시에서는 충격에 따른 급진화가 더욱 심해졌다. 나치가 정권을 장악한 후, 은행 위기의 영향을 받은 지역에서는 대학살과 추방이 더 빈번하게 발생했다. 우리의 연구 결과는 재정적 고통과 문화적 성향 간에 중요한 시너지 효과가 있다는 것을 시사하며, 이는 광범위한 영역에 걸친 결과를 초래한다"[61]라고 결론지었다.

이 이야기는 2016년 대선에서 공화당원들이 젭 부시Jeb Bush와 같은 기성 정치권의 공화당 후보를 제치고 트럼프를 대선 후보로 선택한 것과도 비슷해 보인다. 역사는 반복되지 않지만 운율을 가지고 있다. 따라서 "국내의 적을 찾아낼 수 있고 합법성을 지나치게 걱정하지 않고 이들에 대해 무언가를 하겠다고 약속하는 강력한 지도자에 대한 열망, 즉 특정 지역의 하위문화에 맞게 변이된 병균은 모든 민주적 유권자에게 잠재되어 있으며 폭발적인 확산의 조건을 제공해줄 충분히 광범위한 인간적 고통을 기다리고 있다."[62] 고통은 필수적이다. 이 사건은 2012년 밋 롬니Mitt Romney로부터 2016년 트럼프에 이르면서 '존경할 만한' 리더십에서 '존경할 만하지 않은' 리더십으로의 변화를 불러왔다. 그것은 정말 "문제는 경제야, 이 바보야"라는 말로 표현될 수 있다.

경제 실패의 문화적·정치적 영향을 보여주는 또 다른 사례는 현대의 이탈리아다. 이탈리아의 생산성은 정체되어 있다(그림 19 참조). 2018년 1인당 GDP는 20년 전과 거의 비슷한 수준이었다. 그리고 2010년대에는 엄청난 경제위기를 겪었다(그림 21 참조). 이런 맥락에서 포퓰리즘 정치인이 집권하게 된 것과 북부동맹의 마테오 살비니Matteo Salvini가 이민 이슈를 집결의 나팔 소리로 사용한 것을 이해할 수 있다. 싱크탱크인 유럽외교협회ECFR에 따르면, 이 모든 것의 결과로 그리스를 제외한 EU 회원국 중 2007~2017년에 EU에 대한 개인의 '소속감'이 이탈리아보다 더 급격히 하락한 나라는 없다. 2017년 말에는 28개 회원국 중 23위로 떨어졌다.[63]

유권자의 지지가 '존경할 만한 정치인'으로부터 급진적 아웃사이더, 특히 우파 포퓰리스트로 이동한 것을 살펴보면 그 방아쇠가 종종 경제적 실패, 특히 엄청난 금융 쇼크였음을 알 수 있다. 주변부 유권자에 초점을 맞춰야 한다. 헌신적인 사람들은 당의 지도자를 지지하는 선택을 하겠지만, 그의 당락은 주변부 유권자들이 결정한다. 강력한 친EU 정치인 토니 블레어Tony Blair를 한때 지지했던 노동당 유권자들이 브렉시트와 보리스 존슨에게 투표한 이유는 무엇일까? 버락 오바마에게 투표했던 사람들이 도널드 트럼프에게 투표한 이유는 무엇일까? 그 사람들이 매우 불만에 차게 됐기 때문이다. 선거 결과를 결정짓는 것은 마음을 바꿀 준비가 되어 있는 주변부 유권자들이다.

많은 미국 백인은 수십 년 동안 트럼프와 같은 민족주의적 지도자를 원했다. 많은 남부 백인은 1964년 민권법이 통과되자마자 민주당 지지에서 공화당 지지로 돌아섰는데, 그들은 원래 인종차별주의자였다. 민주당원으로서 조지 월리스George Wallace 후보를 지지했던 사람들은 기꺼이 공화당원이 되어 트럼프를 지지할 것이다. 다시 말하지만, 상당수의 영국 중산층과 중하층 보수주의자들은 EU 가입, 자유주의적 이민 정책, 현대 문화적 변화에 한결같이 반대해왔다. 하지만 트럼프나 브렉시트가 승리하려면 상당수의 사람이 이런 대의를 지지하기 위해서 입장을 '전환'해야 했다. 한 연구에서는 경제 침체가 실제로 미국의 인종적 편견을 심화한 것으로 나타났다.[64] 따라서 "자국민 실업률과 편견지수 사이에는 견고한 관계가 있다. 또한 미국 전역에서 지역별 편견의 차이도 상당히 크다."[65] 이는 문화적 관점과 일치하지만 "편견은 또한 경제적 불안과 함께 증가한다." 인종차별은 고정된 양이 아니라 경제 상황에 따라 움직이는 변수다. 특정 인종의 구성원이 다른 인종에 더 적대적일수록 노동 시장에서의 적대감은 더욱 커진다.

영국에 대한 연구에서도 마찬가지로 "재정 긴축이 브렉시트를 초래했다"라는 주장이 제기됐다. 금융위기 이후 재정 긴축은 영국에서 공공 지출에 더 많이 의존하는 '낙후된' 지역을 표적으로 삼았으며, 이는 효과가 있었다. 복지 및 사회적 보호에 대한 정부의 총실질지출은 보수당인 토리 정부하에서 1인당 약 16% 감소했다. 그러나 가장 큰 타격을 입은 가장 가난한 지역에서는 정부의 1인당 실질지출이 46%나 감소했다. 이런 지역들에 긴축을 가한 장본인이 브렉시트와 토리당이었음에도, 역설적으로 이 지역들은 브렉시트와 토리당을 지지하는 방향으로 전환했다.[66] 따라서 재정 긴축은 "지역, 전국, 유럽의 선거에서 영국독립당UKIP에 대한 지지를 증가시켜 시기적절하게 상당한 규모의 효과를 가져왔다. 긴축이 아니었다면 국민투표에서 EU 잔류 입장이 승리했을 수도 있다는 추정이 나온다."[67]

또 다른 흥미로운 예는 스웨덴이다. 우파 포퓰리즘에 대한 문화적 가설을 지지하는 피파 노리스는 2016년에 "스웨덴과 덴마크처럼 세계에서 가장 교육을 잘 받고 가장 안전한 인구가 살고 있는, 요람에서 무덤까지 보장하는 복지국가에서, 그리고 외국인 혐오적 호소 대신 사회적 관용과 자유주의적 태도를 기대할 수 있는 몇몇 부유한 탈산업화 '지식' 사회에서 포퓰리즘적 권위주의 지도자들이 생겨났다. … 왜 그럴까? 장기적이고 지속적인 사회 변화에 대한 서구 사회의 문화적 반발이 포퓰리즘적 권위주의의 원인이기 때문"[68]이라고 썼다.

하지만 스웨덴도 경제 쇼크와 재정 긴축을 경험했다. 따라서 "인구 상당수의 경제적 지위를 상대적으로 악화시킨 두 가지 사건이 발생한 이후 [우익] 스웨덴 민주당의 급부상이 뒤따랐다. 2006년 중도우파 정당연합이 집권하여 '근로를 통한 소득'을 장려하기 위해 감세와 사회보장 축소라는 광범위한 개혁 의제를 시행했다. 불과 6년 만에 이런 개혁은 불평등 상황에 큰 변화를 불러왔다. 근로장려세제EITC 덕분에 고용이 안정된 노동 시장 '내부자'의 소득은 계속 증가한 반면, 일자리가 불안정하거나 일자리가 없는 노동 시장 '외부자'의 처분가능소득은 정체됐다. 두 번째 주요 사건은

2008년 금융위기로, 스웨덴의 GDP는 1년 만에 5% 하락했다. 이 극심한 불황은 '안전한' 내부자에 비해 '취약한' 내부자(고용은 안정적이지만 자동화 등에 따라 대체될 위험이 높은 일자리)의 고용 불안을 크게 증가시켰다."[69]

스웨덴에서 극우파 정치인들은 상대적 소득이 낮고 고용 불안정이 큰 집단 출신인 경향이 있다. 또한, 우익 스웨덴 민주당이 선거에서 성공한 것은 지자체 및 선거구 전반에 걸친 경제 개혁, 그리고 금융위기의 영향과 밀접한 상관관계가 있다.[70] 사람들이 극우파 정치인에게 투표한 이유는 무엇일까? 답은 전통적 좌파는 내부자이자 정치적으로 대변되는 내부자였다는 점이다. 그들은 지배적 기득권 내의 다수파를 형성했다. "따라서 신뢰가 약화된 환경에서 불만을 품은 유권자들은 자신과 경제적 특성 및 운명을 공유하는 후보에게 표를 던졌다."[71] 마지막으로 "분석 결과 이민자들을 직접적으로 접촉하게 되는 것과 극우파에 대한 지지 사이에는 연관성을 찾아볼 수 없었다."[72] 그 대신, "연구 결과는 불안감을 조성하는 경제 쇼크가 일부 유권자의 기존 잠재적 특성과 상호작용하면서 정치적 충성도를 바꿀 수 있다는 생각과 잘 들어맞는다."[73]

「파이낸셜타임스」의 마틴 샌드부Martin Sandbu는 여러 가지 증거를 제시하면서 다음과 같이 결론을 내렸다. "스웨덴과 다른 나라에서 실제로 일어난 일은 경제적 불안감의 증가 탓에 반이민적이고 비자유주의적인 정서가 정치권으로 유입됐다는 것이다. 과거에도 이런 태도가 잠재적으로 존재했겠지만, 이를 하나의 정치적 세력으로 전환시킨 것은 경제적 변화였다."[74]

그러나 유권자들이 포퓰리즘 정당과 지도자를 지지하는 쪽으로 입장을 전환하는 데 경제적 요인들이 중요한 역할을 한 것은 맞지만, 환멸에 찬 과거 노동자 계급의 지지를 끌어내는 데 왜 우파 포퓰리스트가 좌파 정당보다 더 성공적이었는지는 설명해주지 못한다. 이에 대해 세 가지 그럴듯한 해석이 있다. 첫째, 기존의 중도 좌파 정당들은 경제 의제에 대한 기대에 부응하지 못했으며 금융위기에 일정한 책임이 있었다. 또한 기존 정당들과 근본적으로 다른 공약을 제시하지도 않았다. 둘째, 제러미 코빈Jeremy Corbyn의 영국 노동당 지도부처럼 기존 체제를 더 혁명적인 것으로 전복하고자 하는 경우 구식 사회주의와 매우 흡사한 것으로 비쳤다. 대체로 오늘날의 노동자 계급은 기업의 보스들을 공공 부문의 관료로 대체하는 데 그칠 것으로 비치는 혼란을 지켜보면서 자신들이 얻을 수 있는 건 별로 없다고 생각한다. 실제로 이들 중 급진적인 형태의 사회주의를 믿는 사람들은 거의 없다. 마지막으로, 중도좌파 정당에서 문화적으로 지배적인 요소는 점점 더 고학력자, 학자, 공공 부문 종사자, 언론인 등 창의적인 노동자, 젊은 층, 소수 인종으로 구성되고 있다. 나이가 많고 사회적으로 보수적이며 애국심이 강하고 점점 더 불이익을 받는 노동자 계층은 이런 정당에 매력을 느끼지 못한다.

공중보건과 관련된 충격 또한 정치적 극단주의를 촉발할 수 있다. 최근 한 연구에서 1920년대 초 스페인 독감이 이탈리아 정치에 미친 영향을 살펴본 결과, 410만 명의 이탈리아인이 이 질병에 감염되어 그중 약 50만 명이 사망한 것으로 드러났다. 이 연구는

1918년 독감의 대유행으로 인한 사망자가 이탈리아에서 파시즘이 부상하는 데 기여했다는 가설을 따져봤다. "우리의 관찰은 높은 사망률이 급진적 정치를 부추길 수 있다는 다른 맥락에서 나온 증거와 일치했다. 팬데믹으로 인한 영향이 불평등하게 작용한다는 것은 정치적 양극화에 기여할 수 있다"라고 연구팀은 밝혔다.[75] 코로나19 팬데믹은 실제로 여러 측면에서 분열을 야기했다. 예를 들면 사회적 거리 두기, 봉쇄, 마스크 착용, 백신 접종 등을 둘러싸고 극심한 정치적 분열이 발생했다. 공포, 불안, 스트레스가 가득한 환경에서 정치적 극단주의에 대한 지지는 다시 증가할 가능성이 커 보인다.

결론

장기적인 경제 변화는 고소득 국가의 정치체제에서 중요한 구성 부분들, 특히 저학력 (남성) 노동자들의 사회경제적 위치를 약화시켰다.[76] 지위 불안은 실제로 이에 대해서 고찰할 수 있는 좋은 방법이다. 이런 장기적 추세는 이미 정치적 충성도를 약화시켰다. 하지만 결정적인 사건은 금융위기였다. 금융위기는 역사적으로 형성된 정치적 유착 관계에서 급격히 벗어나는 계기를 마련했다. 이는 두 가지 상호 보완적인 방식으로 진행됐다. 첫째, 과거에 위기들이 자주 그랬던 것처럼 기득권층에 대한 대부분 사람의 신뢰를 갉아먹었다. 둘째, 재정 긴축을 통해서 직간접적으로 취약 계층의 실제적(또는 인지된) 안전에 큰 타격을 입혔다. 사람들이 더 불안해했기 때문에 정치권 또한 더 불안해졌다. 이런 경험의 결과로 로널드 레이건의 "미국에 다시 찾아온 아침"[77]은 도 널드 트럼프의 "미국의 대학살"[78]로 전환됐다. 1970년대의 혼란은 기존의 성공이 잠시 중단된 것으로 볼 수 있다. 2016년에는 그런 자신감을 믿기에는 너무 오랫동안 상황이 지나치게 나빠지고 있 었다. 진보적 혁명에 대한 확신이 없는 상황에서 반동적 향수의 정 치가 도래했다.[79]

정치적 충성도가 너무 극적으로 변한 상황에서 경제적이든 문 화적이든 오래전부터 존재해온 불만을 하나의 설명 요인으로 보 는 것은 적절하지 않다. 게다가 지속적인 변화를 살펴볼 때 경제 적 변화를 무시하는 것 역시 적절하지 않다. 불평등의 증가, 탈산 업화, 저숙련 남성의 경제적 지위의 상대적 변화, 세계화가 없었 고 가정해보자. 그렇다면 문화적 변화가 지금과 같은 분노를 일으 켰을 것이라고 가정하는 것이 타당할까? 이민도 마찬가지다. 임금 불평등과 고용 불안정, 금융위기로 인한 충격이 없었다면 이민 문 제가 지금과 같은 분노를 불러일으켰을까? 아니다. 인간은 두려움 과 불안에 휩싸이면 분노의 종족이 된다. 두려움과 불안은 그만큼 단순하면서도 위험하다.

신뢰는 성공적인 정부, 무엇보다 동의에 기반한 정부에 필수적 이다.[80] 19세기 말과 20세기 초에 영국의 가톨릭 작가인 G. K. 체 스터턴G. K. Chesterton은 "사람들이 신을 믿지 않으면 아무것도 믿지 않게 되고, 아무것이나 믿게 된다"[81]라고 말했다. 마찬가지로 사람들이 책임 있는 위치에 있는 이들을 거부하면, 아무도 믿지 않게 되는 동시에 아무나 믿게 된다. 안타깝게도 그들이 찾아낸 사람은 사기꾼, 갱스터, 광신주의자 또는 이 세 가지가 모두 섞인 치명적인 인물인 경우가 많다. 그러면 제도는 파괴되고 부패가 만연해지며 합리적인 정책을 만들 역량이 사라지게 된다. 심지어 국가가 개혁 불가능한 상태로 치달을 수도 있다. 국가를 쇄신하는 데 필요한 사회적·제도적 자본이 사라지고 실패한 국가가 되는 것이다. 이것이 아르헨티나의 역사이며, 최근에는 베네수엘라의 역사이기도 하다.

아리스토텔레스가 오래전에 예견한 이 정치 과정이 고소득 국가에서 어떻게 작동하는지를 6장에서 논할 것이다. 하지만 먼저 5장에서 경제적 실패의 근본적인 뿌리를 살펴보자. 세계화 탓일까, 아니면 다른 원인일까? 원인을 모르면 해결책을 찾을 수 없다.

지대 추구 자본주의의 부상

우리를 착하다고 여기든 아니든, 다른 나라들은 우리를 이용해 먹고 있다. 그들은 아주 오랫동안 그렇게 해왔고 우리는 이제 그것을 끝내고자 한다. 이 중 다수는 우방이다. 이 중 다수는 동맹국이다. 하지만 때로는 동맹국이 비동맹국보다 더 많이 우리를 이용해 먹는다.

전 세계적으로 다른 나라들은 우리 제품에 막대한 관세를 부과하는 반면에 우리는 그들의 제품에 관세를 거의 부과하지 않는다. 그래서 우리는 왜 우리가 해야 할 일을 하지 않는지 궁금해한다. 그리고 가장 중요하게도, 왜 작년에 우리의 무역적자가 800조 달러, 아니, 8,000억 달러가 넘었는지 궁금해한다. 8,000억 달러와 같은 숫자가 나오면 당신은 "누군가가 손해 보는 거래를 많이 했구나"라고 생각하게 된다. 그런데 그것은 오랫동안 그래왔다.

- 도널드 트럼프[1]

3장에서는 민주주의가 튼튼하다고 믿었던 고소득 국가에서도 민주주의에 대한 신뢰 상실이 확산되고 있다고 지적했다. 4장에서는 이런 현상이 특히 이들 사회의 중산층과 중하위 계층에 만연한 불안과 관련이 있다고 주장했다. 이런 불안은 저성장, 불평등 심화, 탈산업화, 그리고 최근에는 경제 쇼크 등에 대한 경제적 좌절감에 크게 영향을 받는다. 이런 상황은 엘리트들의 능력과 가능성에 대한 신뢰를 약화시켰고, 사회의 많은 구성원이 게임이 자신에게 불리하도록 왜곡됐다고 확신하게 함과 동시에 포퓰리스트, 특히 민족주의적 포퓰리스트들이 외쳐대는 소리를 수용하게 했다.

'원인'을 먼저 이해하지 않은 채 '문제'를 고칠 방법을 논할 수는 없다. 이것이 이 장의 초점이다. 결론부터 말하자면, 왜 문제가 발생했는지는 많은 사람이 생각하는 것만큼 간단하지가 않다. 생산성의 둔화와 중국의 부상 같은 일부 상황은 피할 수 없는 것이었다. 어떤 일은 정책적 실수의 결과이며, 어떤 일은 불리한 경제적 변화로 타격을 입은 사람들에 대한 지원을 거부한 결과다. 예를 들어 비난받는 대상 중 일부(예를 들면, 글로벌 무역)는 대체로 죄가 없다. 애덤 스미스가 경고한 것처럼, 문제의 상당 부분은 힘 있는 자들이 사회의 나머지 사람들에게 불리하도록 경제와 정치 시스템을 왜곡하려는 경향 때문에 일어난다. 이런 복잡성을 이해해야만 우리의 좌절감을 해소할 방법을 모색할 수 있다.

과거는 먼 나라 이야기

제2차 세계대전 이후 서방 세계는 전성기를 경험했다. 특히 영국을 제외한 서유럽과 일본의 빠른 생산성 향상 덕분에 소득이 엄청난 속도로 증가했다(4장 그림 19 참조). 이런 혜택은 또한 널리 공유됐다. (미국인들은 '리버럴liberal'이라고 부르는) 사회민주주의적 좌파의 많은 사람은 당시의 개입주의적 국가를 버리고 자유시장경제로 전환한 것이 큰 실수였다고 생각한다.[2]

안타깝게도 1950년대와 1960년대, 프랑스인들이 '영광의 시대les trente glorieuses'라고 불렀던 1945년부터 1975년까지의 기간에 고소득 국가들이 가졌던 급속하고 공평한 성장 기회는 더 이상 지속 가능하지 않았다. 당시에 이들 국가는 여전히 산업적 노하우를 독점하고 있었다. 이들 국가는 젊었고 인구가 증가했다. 이들은 전간기와 제2차 세계대전 기간에 이루어진 혁신을 활용할 수 있었고, 그 기회를 활용해 강력한 투자와 활발한 소비를 창출할 수 있었다. 실제로 많은 사람의 예상과 달리, 가장 큰 과제는 수요를 촉진하는 것이 아니라 억제하는 것이었다. 전후에 특히 전쟁으로 인한 물리적 피해를 복구하고 미국을 따라 대중 소비 시장을 발전시킬 필요가 있었던 유럽 대륙과 일본에 이런 기회가 많았다. 제2차 세계대전 이전의 케인스주의적 개념인 '장기 침체secular stagnation(1930년대 후반에 처음 시작된 만성적인 수요 부족)'는 금세 묻혔다가 70여 년이 지난 2010년대에 들어서서 다시 등장했다.[3]

이 시기는 좌파의 많은 사람이 주장하는 것처럼 단순히 정부 개입의 시기가 아니었다. 마셜 플랜(1948년에 도입), OEEC(1948년에 설립), 그 후신인 OECD(1961년에 설립), GATT(1947년에 합의), EEC(1957년에 설립)의 도움 아래 경제자유화, 특히 무역자유화가 이루어진 시대이기도 했다. 따라서 고소득 국가에서는 1980년대와 1990년대의 시장 개방과 무역자유화가 전후 시기와의 단절이 아니라 어느 정도는 전후 시기의 연속이었다. 실제로 고소득 국가들에서 대부분 무역자유화 조치는 1980년 이전에 이미 이루어졌다. 변화한 것은 다른 나라들에서 이뤄진 무역 및 시장의 자유화이며, 이것은 다시 그 나라들을 변화시켰고 글로벌 경쟁을 급격히 심화시켰다.

1970년대의 인플레이션은 1950년대와 1960년대의 케인스주의적 합의를 전복했다. 1973년과 1979년의 오일 쇼크도 물가 급등 요인의 일부이기는 했지만 그것은 사실이었다. 이런 스태그플레이션stagflation(불황 속의 물가 상승-옮긴이)은 정책 입안자들이 활용할 수 있는, 실업률과 인플레이션 간의 안정적인 균형(이른바 '필립스 곡선Phillips Curve')에 대한 믿음을 무너뜨렸다.[4] 그 결과 케인스주의적 거시경제학에서 통화주의와 인플레이션 목표치 관리로 전환하게 됐다. 1960년대의 적극적인 거시경제 관리에 대한 반작용이었으나, 불가피한 데다 필요한 것이기도 했다.

중국의 개방(1978), 소련 제국의 붕괴(1989~1991), 인도의 개방(1991)에 따른 세계 경제의 변화는 피할 수 없는 것이었다. 더 이상 세계 경제는 개방된 서구 경제와 폐쇄된 개발도상국 경제로 이루어진 것이 아니게 됐으며 서구가 산업 노하우를 독점하는 세상도 아니게 됐다. 지식의 확산이라는 점에서 후자의 변화는 자연스러운 변화일 뿐만 아니라 서양인들이 권력과 부를 영원히 독점할 자격을 가지고 있는 것은 아니었기 때문에 당연한 변화이기도 했다.

적당히 숙련된 노동력과 강력한 노동조합을 갖춘 거대 공장이 지배하던 과거의 '포드주의Fordist' 경제는 거의 완전히 사라졌다. 그 결과 대학을 졸업한 사람들이 과거 어느 때보다 많이 배출돼 중도좌파 정당의 가장 영향력 있는 지지자가 됐다. 이런 사실은 이 정당들이 왜 '진보적' 급진주의의 대의를 더 강조하게 됐는지를 이해하는 데 도움을 준다. 오래된 노동자 계급의 구성원들은 대체로 정당의 대의명분(예: 정체성 정치 또는 기후변화에 대응하는 신속한 탈탄소화)과 이를 옹호하는 사람들(대학 교육을 받은 젊은이들)을 적대시하게 됐다. 한편, 노동조합은 크게 약화됐고 조직화됐던 노동자 계급은 원자화됐다. 그 결과, 과거에 이 계급에 속했던 많은 사람이 이제는 브렉시트와 같은 민족주의적 대의명분과 트럼프 같은 우파 선동가를 지지하고 있다.

그러나 수입품에 대한 보호 관세를 통해서 막대한 대가를 치르며 일부 산업 생산을 국내로 가져온다고 해도, 로봇의 사용은 계속될 것이며 아마도 더욱 가속화될 것이다.[5] 고임금 경제가 첨단 산업 노하우의 독점을 상실하는 것도 마찬가지로 돌이킬 수 없는 상황이다. 이런 힘은 특히 남성의 고임금, 저숙련 및 중숙련 고용 가능성을 영구적으로 감소시켰다. 또한 여성은 점점 더 고용 시장을 지배하는 많은 서비스직, 특히 어린이와 노인을 돌보는 직종에서 더 많은 신뢰를 받고 있다.

한때 산업 노하우를 독점했던 국가들의 오래된 제조업 기업들이 누리던 지대 공유rent-sharing는 사라졌지만 네트워크 외부 효과, 특히 지역적 네트워크 외부 효과에서 새롭고 중요한 형태의 지대 공유가 등장했다. 런던, 뉴욕, 상하이, 실리콘밸리 등은 엄청난 생산성을 자랑하는 비즈니스들의 허브가 됐다.[6] 오래된 산업 지역에서 공장이 사라지면서 공장이 창출하던 소득도, 많은 취업자가 의존하던 지역 내 서비스에 대한 수요도 함께 사라졌다. 일부 지역에서는 이런 현상이 네트워크 외부 효과와 결합되거나 탈산업화와 결합돼 지역 간 불평등이 급격히 증가했다. "OECD의 새로운 분석에 따르면, 지난 20년간 고소득 국가에서 상위 지역과 나머지 대다수 지역 간의 생산성 격차가 60%까지 커졌다."[7]

20세기 중반 복지국가의 탄생은 당시의 환경 조건에서만 가능한 것이었다. 유달리 미국에서 복지국가는 (특히 보건 분야에서) 여전히 근본적으로 불완전하다.[8] 오늘날 시민 복지에 대한 국가 지출을 극적으로 늘릴 여지는 제2차 세계대전 이후보다 훨씬 작다. 하지만 복지국가가 이미 확립됐다고 하더라도, 모든 종류의 원인에 대해서 종종 주먹구구식으로 국가 지출을 늘리려는 끊임없는 압력을 막을 수 있는 것은 아니다.

요컨대, 우리는 과거로 되돌아갈 수 없다. 그것은 참으로 먼 나라 이야기가 됐다. "미국을 다시 위대하게" 만들겠다던 도널드 트럼프의 당선은 그런 모토가 좋은 정치적 수단이 될 수 있음을 보여줬지만, 과거로 돌아가려는 시도는 좋은 정책이 될 수 없다. 생산성 증가율의 둔화, 인적 자본의 성장 둔화, 생산성 정체 산업 부문으로의 전환, 노동 시장의 변화, 구노동자 계급의 쇠퇴, 그리고 이와 관련된 모든 사회적 변화는 여러 가지 측면에서 볼 때 성공의 결과다. 그러나 이런 변화는 현재 기대할 수 있는 것에 대한 제약요인이기도 하다. 뒤에서 자세히 설명하겠지만, 고소득 경제의 성장 잠재력은 둔화되고 있다. 우리의 미래는 예전과 같지 않다.

혁신 및 생산성 향상의 부침

지난 2세기 동안 경제는 혁신을 기반으로 구축됐다. 혁신이 없다면 자본의 축적은 "기존의 나무 쟁기 위에 또 다른 나무 쟁기를 계속 쌓아 올리는 것"[9]에 불과할 것이다. 그러나 기술이 우리가 원하는 모든 것을 언제든 원할 때 제공할 수는 없다. 1900년에 오늘날의 정보통신 기술 세상에 도달할 수 없었던 것처럼, 1800년 당시에는 전기와 내연기관의 세상을 상상할 수 없었다. 아마도 2100년경의 사람들은 지금 우리가 상상할 수 없는 경이로움을 당연한 것으로 여길 것이다.

이는 생산성 향상의 부침을 설명하는 데 도움이 된다. 지난 2세기 동안의 기술 혁신 중 상당수는 일회적인 것이었다. 특히 1870년경부터 20세기 중반까지의 제2차 산업 혁명은 실로 많은 것을 바꿔놓았다.[10] 전기는 냉장고, 전화, 엘리베이터, 초고층 빌딩, 에어컨, 초기의 컴퓨터 등을 가져왔다. 석유는 내연기관을 가져왔고, 자동차와 항공기를 탄생시켰다. 화학 물질과 의약품, 그리고 가장 평범한 기적이라고 할 수 있는 무한정 흐르는 깨끗한 상수도와 하수도는 건강에 혁명적인 개선을 가져왔다. 이런 혁신은 사람들이 사는 장소와 방식, 일하는 장소와 방식, 이동하는 장소와 방식을 변화시켰다. 또한 사람들의 수명에도 변화를 불러왔는데, 아마도 가장 중요한 변화일 것이다. 당신의 아이폰과 당신 아기의 사망 가능성 감소(영유아 사망률은 1886~1890년에 7명 중 1명이었는데 2015~2020년에는 250명 중 1명으로 감소했다) 중에서 하나를 포기하라면 어느 것을 택하겠는가?¹¹ 그러나 이런 변화 중 상당수는 일회적인 것일 수밖에 없었다. 이동 속도는 말의 속도에서 제트 비행기의 속도로 바뀌었다. 그러다가 약 50년 전에 이동 속도의 증가세가 멈췄다. 도시화도 한 번으로 끝났다. 아동 사망률의 감소, 기대수명의 3배 증가, 실내 온도의 조절 능력, (대부분 여성의) 가사 노동에서의 해방 등도 마찬가지다.[12]

따라서 세계 경제의 최전선에 있는 미국의 기술 혁신이 그 이전 반세기보다 지난 반세기 동안 더디게 발전한 것은 당연한 일이다(그림 26 참조). 이는 부분적으로 지난 반세기 동안의 경제가 하나의 큰 혁신 엔진, 즉 정보통신 기술을 기반으로 운영되어왔기 때문이다. 정보통신 기술은 강력한 엔진이다. 앞으로는 강력한 인공지능의 등장으로 그 중요성이 더욱 커질 수 있다. 시간이 지나면

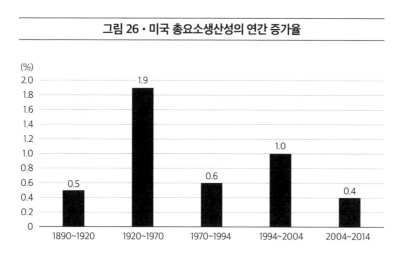

그림 26 · 미국 총요소생산성의 연간 증가율

출처: 로버트 고든Robert Gordon

재생에너지로 전환함으로써 정보통신 기술이 생명과학, 재료, 에너지 시스템의 변화와도 결합할 수 있겠지만 아직 그런 일은 일어나지 않았다. 인터넷이 도입된 1990년대 미국에서 총요소생산성이 잠시(그리고 완만하게) 상승한 적이 있다. 그러나 이후 그것은 지나가 버렸다. 코로나19로 원격 근무와 온라인 쇼핑을 용이하게 하는 기술의 사용이 가속화됐다. 그러나 10년은 걸릴 변화들이 매우 짧은 기간에 집중된 것이었기 때문에 이 역시 일회적인 사례에 불과한 것으로 입증될 가능성이 크다.

기술의 무한한 잠재력에 대한 믿음은 거의 세속적인 종교에 가깝다.[13] 혁신이 예전과 같지 않다는 견해에 대한 기술 신봉자들의 반응 중 하나는 우리가 GDP를 잘못 측정하고 있기 때문에 경기 둔화 현상은 하나의 착시에 불과하다는 것이다. 물론 GDP를 잘못 측정한다는 점에는 의심의 여지가 없다. 특히 질적 개선을 정량화하기가 매우 어렵기 때문에 그렇기도 하다. 그러나 측정에서의 잘못이 수십 년 전보다 지금 갑자기 더 심해졌다고 믿기는 어렵다. 그 반대의 가능성이 훨씬 더 크다. 예컨대 1940년 이전의 GDP를 측정하는 데 사용한 통계는 나중에 작성된 것이기 때문이다. 다시 말하지만, 오늘날의 디지털 서비스와 마찬가지로 과거에 신기술이 가져다준 많은 혜택도 GDP 측정에서 제외됐다. GDP를 측정할 때 가사 노동이 제외됐기 때문에 세탁기나 식기세척기의 생산성은 포함되지 않았다는 점을 고려해보라. 결국 측정이 잘못됐다는 건 생산성 둔화에 대한 신뢰할 만한 해석이 아니다.[14]

또 다른 해석은 경제 내의 경쟁 부족으로 선두 기업과 후발 기업 간의 생산성 격차가 커지고 있다는 것이다.[15] OECD 연구에 따르면 "[총요소생산성에서] 이런 패턴의 격차는 제품 시장에서 경쟁친화적 개혁이 가장 적게 이루어진 부문들에서 훨씬 더 극단적으로 나타났다."[16] 이런 해석은 일리 있어 보이며 매력적인 정책적 함의를 가지고 있다. 즉 경쟁을 하도록 더 강하게 밀어붙여야 한다는 것이다.

그러나 두 가지 다른 변화, 즉 1인당 '인적 자본'의 성장이 둔화했다는 것과 부유해짐에 따라 재화 생산에서 서비스 생산으로 전환됐다는 것이 성장의 둔화를 더욱 강력하게 설명해준다.[17] 이 중 첫 번째는 출산율 감소와 수명 증가, 그리고 인구 다수가 대학 교육을 이수하게 된 이후 교육 수준 향상 속도가 불가피하게 둔화한 것으로 설명할 수 있다. 두 번째이자 아마도 더 중요한 해석은 생산성이 엄청나게 향상돼 제품들의 상대적인 가격이, 그리고 이들의 생산에 투입되는 자원의 비중이 작아졌다는 것이다. 따라서 상대적으로 생산성을 높이기 어려운 부문들의 경제 비중이 점점 더 커질 수밖에 없었다. 물론 우리는 '비트$_{bit}$'로 전환될 수 있는 서비스들에서 생산성을 극적으로 높일 수 있다. 하지만 대면 상호작용에 의존하는 서비스에서는 그렇게 할 수 없다. 수천 년 동안 어린아이들을 돌보는 데 필요한 어른의 수는 변하지 않았다. 하지만 실제로 아이들을 현대적 기준에 맞게 교육하는 데 필요한 인원은 오히려 엄청나게 늘어났다.

로버트 고든이 지적했듯이, 정보통신 혁명의 영향이 "혁명적이기는 하지만, 모든 것을 변화시킨 19세기 말과 20세기 초의 제2차

산업 혁명과는 달리 인간 활동 중 제한적인 영역에서만 그 효과를 느낄 수 있었다. 집 안팎에서 소비하는 음식, 의류 및 신발, 이동을 위한 자동차 및 연료, 가구, 가정용품 및 가전제품 등의 구매와 같은 개인 소비 지출 항목은 정보통신 혁명의 영향을 거의 받지 않았다. 2014년에는 소비 지출의 3분의 2가 임대료, 의료, 교육, 개인 관리 등 서비스에 사용됐다.[18] 결정적으로 인적 자본의 성장이 둔화되고 생산성 향상이 어려운 활동 쪽으로 경제구조가 전환된 것은 성공에 따른 결과라는 점에 주목해야 한다. 과거에 역동적이었던 자본주의 경제는 이제 늙어가고 있다.

그뿐 아니라 특히 저숙련자를 위한 고임금의 지대 공유적 일자리를 폭발적으로 늘어나게 하는 혁신은 거의 눈에 띄지 않는다. 생산성이 치솟고 컴퓨터와 로봇이 경제 전반에 확산되면서 창출되는 새로운 일자리 대부분은 오히려 저숙련 서비스 분야다. 이런 종류의 일을 하는 사람들의 생산성을 높이는 것은 어려운 일이다. 예를 들면 택배 기사가 그렇다. 택배 일을 조금이라도 바꾸기 위해서 할 수 있는 것이라고는 배송을 위한 조직과 패키지의 수를 조정하는 것이다. 요양원의 간병인, 택시 기사, 청소부, 식당의 서빙 직원도 마찬가지다. 게다가 이런 많은 활동에서 노동은 쉽게 '비정규직화casualized'될 수 있으며, 여기에 종사하는 많은 노동자는 이민자이거나 사회적 주변부에 속한다. 이런 노동자들을 노동조합으로 조직하는 것은 어려운 일이다. 이는 노동 시장의 자유화, 그리고 기존 제조업 노동력의 감소와 함께 영국 경제학자 가이 스탠딩이 프레카리아트라고 부르는 계층이 왜 증가하게 됐는지를 이해하는

데 도움이 된다.[19]

간단히 말해서 생산성 증가율의 감소는 심층적이고 구조적이다.[20] 이 추세가 곧 끝나리라고 가정할 만한 근거는 없다. 그런 가정의 전제 조건은 (어쩌면 핵융합 에너지를 포함한) 값싼 재생에너지의 무한한 공급을 통한 에너지 혁명의 가능성, 인공지능의 발전, 재료 및 생명과학 혁명의 가능성이다. 그러나 생산성 향상이 전반적으로 낮게 유지되더라도 오늘날의 불균형적인 혁신은 파괴적일 수 있다. 이는 정보통신 기술을 바탕으로 한 최근 혁신에서 이미 발생한 진실이다. 생산의 통합, 서비스업의 해외 이전, 금융 시장의 복잡성 증가, 글로벌 데이터 흐름의 폭발적 증가를 통해서 세계화를 더욱 가속화했으며 숙련 (대졸) 노동자가 얻게 되는 상대적 이익을 높여줬다.[21]

인구 구성의 변화와 세계 경제

인구 구성은 경제, 사회, 정치를 형성하는 또 다른 원동력이다. 그런데 한편으로는 이것이 성장을 둔화시키고 있다. 여기서 두 가지 중요한(그리고 서로 연결된) 사실이 중요하게 작용한다. 세계 인구의 구조 및 증가에서 발생하는 변화, 그리고 고령화다.

1960년만 해도 오늘날 고소득 국가의 인구는 전 세계 인구 30

억 명 중 4분의 1을 차지했다. 2018년에는 76억 명 중 16%로 감소했다. 개발도상국의 비중은 그에 상응하여 9%p가 증가했다. 증가한 개발도상국 비중의 4분의 3이 사하라사막 이남의 아프리카에서 발생했으며, 이 지역의 인구는 1960년 전체 고소득 국가 인구 대비 30%에서 2018년에는 89%로 늘어났다. 즉, 2억 3,000만 명에서 11억 명이 됐다. 개발도상국인 동아시아와 남아시아의 인구는 1948년 48%에서 2018년 51%로 늘어났다. 중국과 인도의 인구는 모든 고소득 국가의 인구를 합친 것보다 많다. 또한 인도의 인구는 이제 중국을 따라잡았다(그림 27 참조).

국제연합UN의 중위 출산율 시나리오에 따르면, 2050년 세계

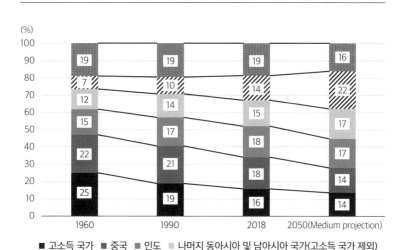

그림 27 · 세계 인구의 변화(전체 인구 대비 비중)

출처: 세계은행과 UN의 중위 출산율 예측

인구는 97억 명에 달할 것으로 전망된다. 그때까지 사하라사막 이남 아프리카가 전 세계 인구의 22%, 중국 및 인도가 31%, 개발도상국 동아시아와 남아시아가 48%를 차지하게 될 것이며 오늘날의 고소득 국가는 14%에 불과할 것이다. 2018년부터 2050년까지 UN 인구학자들은 전 세계 인구 증가분 19억 명 중 53%는 사하라사막 이남 아프리카에서, 나머지 29%는 동아시아 및 남아시아에서 증가할 것으로 예상한다. 이 증가분에서 고소득 국가들이 차지하는 비중은 3%에 불과할 것이다. 한 가지 시사점은 1인당 생산량 격차가 더 줄어들 것이라는 타당한 가정하에 전 세계 GDP에서 고소득 국가가 차지하는 비중도 더 줄어들 것이라는 점이다. 다른 한 가지 시사점은 특히 사하라사막 이남 아프리카에서 유럽으로 향하는 이주 압력이 급격히 증가할 가능성이 크다는 것이다.

이런 구조적 변화는 세계가 마주한 첫 번째로 두드러지는 인구학적 특징이다. 두 번째로 두드러지는 특징은 고령화다. 고령화는 성인기 생존율이 높아지고 성인기 수명이 길어진다는 것을 의미한다. 또한 고령화는 더 길고 다양한 직업 생애와 함께 노년층의 지혜와 경험을 젊은이들에게 전수해줄, 아직 개발되지 않은 기회를 만들어낸다. 또한 아동 사망률이 낮아짐에 따라 출산율도 낮아져서 부모가 각 자녀에게 더 많은 노력과 자원을 투자하고, 자녀와 부모 모두 각자의 커리어를 추구할 수 있게 된다. 분명 이 모든 것은 좋은 일이다. 그러나 고령화는 노인 부양 비율의 증가, 공공 지출 부담의 증가, 그리고 일부 주장에 따르면 이민자 필요성의 증가 등 몇 가지 부담 또한 안겨준다(특히 일본과 서유럽의 노인 부양 비율

그림 28 · 노인 부양 비율(15~64세 인구 대비 65세 이상 인구의 비율)

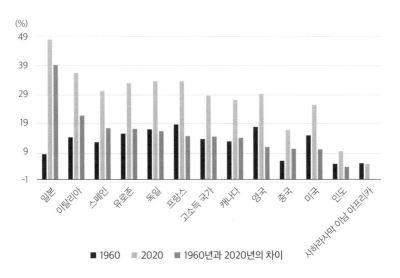

(%)

■ 1960   ■ 2020   ■ 1960년과 2020년의 차이

출처: 세계은행

상승에 대한 그림 28을 참조하라. 이 현상은 현재 중국에서도 볼 수 있다).

고령화의 재정적 영향은 유효 은퇴 연령을 높임으로써 완화될 수 있지만, 고령화는 여전히 보건 및 연금 지출 비중의 증가, 경제 유연성의 감소, 경제 역동성의 약화로 이어질 것이다. 이는 수명 연장 문제에서 동전의 뒷면과도 같다. 널리 알려진 해결책인 이민은 이민자들 역시 나이가 들기 때문에 일시적인 해결책일 뿐이다. 기대 수명이 증가하고 출산율이 낮은 사회에서 노인 부양 비율을 안정화하기 위해 필요한 이민의 양은 엄청나다.[22] UN이 2000년에 발표한 연구에 따르면, 이민으로 노인 부양 비율을 안정화하기 위해서는 EU의 인구가 (당시 기준) 4억 명에서 2050년까지 12억 명으로 증가해야 한다. 미국은 인구가 10억 명 이상으로 증가해야 한다. 하지만 이런 수준의 이민은 정치적으로나 현실적으로나 불가능하다.[23]

글로벌 차원의 친시장적 전환

3장에서 언급했듯이 1980년부터 2010년까지 수십 년 동안은 자유화라는 이상이 지배했다. 덩샤오핑이 1978년 '개혁·개방'을 통해 중국판 자유화 이념을 받아들였고, 고소득 국가에서는 마거릿 대처와 로널드 레이건이 이런 변화를 주도했다. 개별 국가가 이 방향으로 나아가는 정도는 각기 달랐지만 목적지는 널리 합의됐다. 1980년대 초 프랑스의 프랑수아 미테랑François Mitterrand 대통령이 '일국적 사회주의'를 포기한 것, 그리고 1990년대와 2000년대 초 미국의 빌 클린턴Bill Clinton과 영국의 토니 블레어가 '제3의 길'을 택한 것이 그 증거다.[24] 1980년대 EU의 '단일 시장' 프로그램도 이런 관점에서 바라볼 수 있다. 이 같은 아이디어는 1989년 이후 구소련 제국의 국가들과 1991년 이후 (일시적이기는 하지만) 소련 자체에서도 받아들여졌다. 인도는 1991년 이후 이런 방향으로 나아갔고, 다른 많은 신흥국과 개발도상국도 같은 시도를 했다.

그러나 고소득 국가의 무역가중평균 적용 관세는 우루과이 라운드 무역 협상이 완료되기 전인 1989년에 이미 5%로 낮아졌다

(그림 29 참조).[25] 1980년 이후 고소득 국가들의 가장 중요한 자유화는 금융(특히 외환 규제의 자유화), 노동, 상품, 서비스 시장 분야였다. 또한 기업에 대한 개념이 이익 극대화 또는 주주 가치 극대화 모델로 변화한 것도 결정적이었다.

그러나 신흥국과 개발도상국의 경우 1980년대, 1990년대, 2000년대 초반에 무역 개방으로 전환하면서 대부분의 이들 국가가 이전에 취했던 내향적이고 수입 대체 지향적인 정책에서 거대한 전환점을 이뤘다. 이에 따라 수입과 수출이 크게 증가했고, 이는 이미 개방된 고소득 국가에도 큰 영향을 미쳤다. 이들 국가의

그림 29 · 무역가중평균 적용 관세율

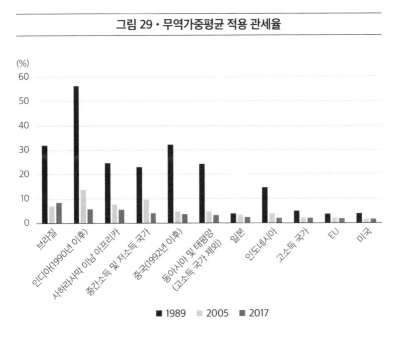

출처: 세계은행

무역가중평균 적용 관세율의 하락은 상당히 두드러졌다. 인도는 1990년 56%에서 2017년 6%로, 중국은 1989년 32%에서 2017년 4%로, 브라질은 1989년 32%에서 2017년 9%로 떨어졌다.

신흥국과 개발도상국의 무역자유화와 함께 국내 외국인직접투자FDI 자유화가 강화되면서 이들 국가의 글로벌 공산품 수출 비중이 폭발적으로 증가했다. EU의 역내 무역을 포함하면 세계 공산품 수출액에서 고소득 국가가 차지하는 비중은 1980년 80%에서 2019년 66%로 감소했다. 신흥국과 개발도상국의 비중은 그사이에 14%p 증가했지만 중국의 상승세가 두드러져 세계 공산품

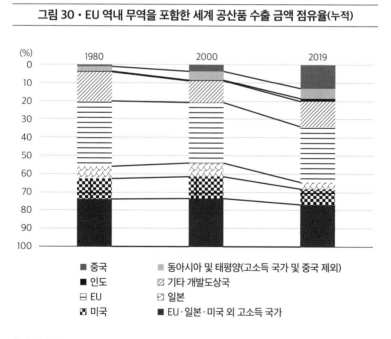

그림 30 · EU 역내 무역을 포함한 세계 공산품 수출 금액 점유율(누적)

출처: 세계은행

188

수출에서 차지하는 비중이 12%p 증가했다(그림 30 참조).[26]

글로벌 차원에서 볼 때 신흥국과 개발도상국은 글로벌 시장에 진출하기 위해 중요한 발걸음을 내디뎠다. 이 획기적인 변화에서 주목할 만한 점은 세 가지다. 하나는 그것이 서방 국가와 기관들이 오랜 기간에 걸쳐 주장한 것에 대한 응답이었다는 점이고, 또 하나는 제한된 수의 동아시아 경제 국가들(대략적인 시간 순서대로 일본, 홍콩, 타이완, 싱가포르, 한국)이 괄목할 만한 성공을 거둔 이후에 이뤄졌다는 점이다. 그리고 마지막으로, 중국이 작은 이웃 국가들을 따라가기로 한 것이 친시장적 전환에서 가장 중요한 사건이었다는 점이다. 그러나 중국은 독점적 정치를 유지하면서 경쟁적 경제로 전환한 것이었다. 실제로 중국이 소련에서 얻은 교훈 중 하나는 정치적 자유화를 '해서는 안 되며' 지속적인 경제자유화와 중국공산당의 정치적 통제 강화를 결합해야 한다는 것이었다. 장기적으로 볼 때 이는 공산주의적 자본주의라는 역설적인 결과를 낳았다.

그러나 소련 제국의 붕괴에 이어 1991년에는 소련 자체가 붕괴하면서 전 세계적으로 시장과 민주주의를 향한 움직임이 더욱 강화됐다. 이후부터 2007~2012년에 금융위기가 오기 전까지 글로벌 시장이라는 이데올로기는 의심의 여지 없이 지배적인 것이 됐다.

글로벌 시장은 어떻게
세계 경제를 변화시켰는가

1980년 이후 가장 중요한 변화는 전 세계의 '다수' 중 매우 큰 부분, 즉 인류의 약 절반을 차지하는 동아시아 및 남아시아 신흥국 국민들이 경제의 날개를 펼쳤다는 점이다(그림 27 참조). 수십억 명의 근면한 인구와 새로운 기술의 결합, 그리고 경제 개방이 세계를 변화시켰다.

그 결과 신흥 경제국의 생산은 이제 많은 산업 부문에서 고소득 경제국의 생산과 직접적으로 경쟁하고 있다. 설사 신흥국에 기반을 둔 기업이 고소득 국가의 기업과 직접 경쟁하지는 않더라도, 신흥국은 고소득 국가의 기업이 보유한 자본과 노하우를 활용할 수 있는 장소로서 고소득 국가와 경쟁하고 있다. 신흥 경제국은 모든 종류의 상품과 서비스를 위한 크고 빠르게 성장하는 시장을 보유하고 있다. 또한 방대한 양의 고급 인적 자본을 보유하고 있어 생산 및 연구를 위한 장소로서의 매력이 더욱 커지고 있다. 신흥 경제국이 보유한 이런 자산은 고소득 국가의 기업들이 직면한 인센티브를 변화시켰다. 이 모든 것은 앞으로도 사라지지 않을 것이며, 오히려 신흥 경제국의 매력은 갈수록 더해질 것이다.

2013년 크리스토프 라크너Christoph Lakner와 브란코 밀라노비치가 고안한 '코끼리 곡선elephant curve'(처음 그린 그래프의 곡선이 마치 코를 들어 올린 코끼리 머리처럼 보였기 때문에 이렇게 불렸다)은 이런 상황을 잘 보여주는 한 가지 방법이다.[27] 이 그래프의 다소 최근 버전

은 그림 31에 나와 있다.²⁸ 이 버전에서는 상위 1%가 급격하게 늘
어났기 때문에 코끼리 모양을 덜 닮아 보인다.

새로운 그래프는 이제 네 가지 주요 사항을 보여준다. 첫째,
1980년부터 2016년까지 세전 실질소득은 글로벌 소득 분포 전반
에서 증가했다. 둘째, 글로벌 중하위 소득 계층(15~45분위)의 실질
소득은 75% 이상 증가했다. 이들 대부분은 아시아, 특히 중국에
거주하고 있다. 셋째, 글로벌 중상위 소득 계층(60~95분위)의 실질
소득 증가율은 50%를 약간 밑돈다. 마지막으로, 상위 1분위는 놀
랍도록 좋은 성과를 거뒀으며, 이 작은 구간 내에서도 점점 더 작
은 구간에 있는 사람들이 더 좋은 성과를 거뒀다. 즉 글로벌 상위

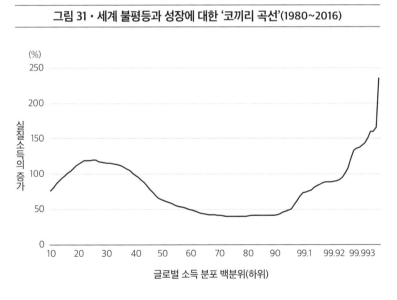

그림 31 · 세계 불평등과 성장에 대한 '코끼리 곡선'(1980~2016)

출처: 세계불평등데이터베이스

0.1분위의 실질소득은 235% 증가한 반면, 그들 바로 아래 0.1분위의 소득은 '고작' 166% 증가에 그쳤다. 글로벌 소득 분포의 다른 분위들보다는 높았지만 최고 분위보다는 훨씬 적은 것으로 나타났다. 글로벌 소득 분포의 상위 1%가 글로벌 세전 실질소득 증가분의 27%를 차지한 반면, 하위 50%는 12%만 차지했다.[29]

그럼에도 기존 고소득 국가들이 세계 GDP에서 가장 큰 비중을 차지하고 있다. 시장 가격 기준으로 세계 GDP에서 고소득 국가가 차지하는 비중은 2019년에도 여전히 59%였다(그림 32 참조). 저임금을 고려할 때 개발도상국의 비중이 크게 증가하는 구매력 평가PPP 기준으로는 2019년 기존 고소득 국가들의 비중이 40%였다. 이들 국가가 세계 인구에서 차지하는 비중이 약 16%(그림 27 참조)였기 때문에, 1인당 GDP는 개발도상국보다 훨씬 높았다. 그러나 2000년과 2019년 사이에는 상당한 변화가 있었다. 시장 가격 기준으로는 기존 고소득 국가의 비중이 20%p 하락했고, PPP 기준으로는 17%p 하락했다. 같은 기간 세계 GDP에서 신흥국과 개발도상국이 차지하는 비중은 시장 가격 기준으로 글로벌 합계의 21%에서 41%로, 2배 가까이 증가했다. 놀랍게도 이 증가분의 66%를 중국이 차지했다. 이 아시아의 거대 국가가 (시장 가격 기준) 세계 GDP 합계에서 차지하는 비중은 19년 동안 4%에서 16%로 급증했다. 새로운 경제 초강대국이 탄생한 것이다. 중국의 경제 규모는 시장 가격 기준으로는 여전히 미국이나 EU에 못 미치지만, PPP 기준으로는 2015년에 이미 미국이나 EU보다 더 커졌다.[30]

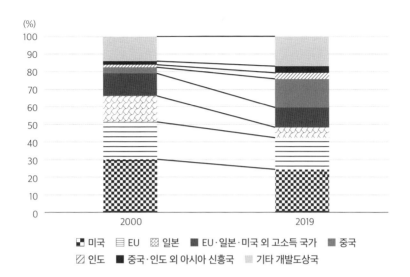

그림 32 · 시장 가격 기준 세계 GDP에서 차지하는 비중

출처: IMF

이는 상당히 간단하지만 일부 사람들에게는 매우 곤혹스러운 사실이다. 오늘날 고소득 국가와 최대 신흥국인 중국 간의 1인당 GDP, 생활 수준, 경제적·군사적·정치적 파워에서 오랜 기간 지속돼 온 격차 확대 추세가 역전됐다는 의미이기 때문이다. 게다가 그 속도도 매우 빠르다. 기존 고소득 국가들의 상대적 위치는 점점 하락하고 있다. 이는 매우 자연스러운 현상이지만, 상처를 준 것도 사실이다.

그러나 이런 수렴은 또한 매우 불완전했다. PPP 기준으로 7대 신흥 경제국을 선두 국가인 미국과 비교해보면, 브라질·멕시코· 러시아 등 3개국의 2019년 생산성은 1992년과 거의 비슷하거나

심지어 더 낮은 것으로 나타났다. 그러나 중국·인도·인도네시아·
튀르키예 등 4개국은 미국보다 생산성이 훨씬 높았다. 가장 주목
할 만한 사례는 중국이다. 1992년 중국의 PPP 기준 1인당 GDP는
5%에 불과했는데 2019년에는 25%로 증가했다(그림 33 참조). 중
국은 앞으로도 더 증가할 잠재력을 가지고 있지만, 그 잠재력이 제
대로 활용될지 어떨지는 알 수 없다. 많은 도전 과제를 앞에 두고
있기 때문이다. 하지만 PPP 기준 1인당 GDP가 25년 안에 미국의
50% 수준이 된다면 중국 경제는 미국과 EU를 합친 것과 거의 비
슷한 규모가 될 것이다. 그러면 정말 획기적인 일이 될 것이다.

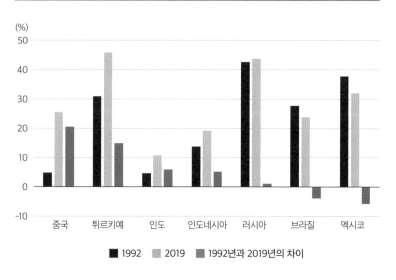

그림 33 · 미국 대비 현재 PPP 기준 1인당 GDP 비중(%p 변화율에 따른 순위)

출처: IMF

기술, 세계화, 이민

지금까지 이야기한 내용은 4장에서 논의한 고소득 국가의 부정적인 경제 변화에 대한 전반적인 이야기, 특히 중산층의 공동화와 어떤 점에서 관련이 있을까? 충성도, 비즈니스 자본, 금융, 무역, 기술, 이주, 아이디어 등 세계화의 일곱 가지 측면을 고려해보자.

세계화는 기업이 설립 당시에 속해 있던 국가에 대한 충성도를 약화시킨다. 새뮤얼 헌팅턴Samuel Huntington이 '다보스맨Davos man'이라고 불렀던,[31] 여러 나라에 법인이 등록되어 있고 여러 나라에서 직원들을 고용하고 여러 나라에 있는 소비자를 위해 여러 나라에서 생산하는 다국적 기업은 비록 대부분 기업이 여전히 일국적 성격을 지니고 있기는 하지만 적어도 준글로벌 기업이다. 특히 고소득 경제 대국에 뿌리를 둔 기업들은 더욱 그렇다. 이들은 생산지와 세금 납부 지역 등을 결정할 때도 글로벌한 관점을 보여준다. 그 결과 고소득 국가에서는 기업으로부터 버림받았다고 느끼는 사람들이 많아지면서 글로벌 자본주의에 반대하는 것이 정치적으로 인기를 얻고 있다. 도널드 트럼프는 이런 정치적 흐름을 정확하게 읽었으며, 보리스 존슨도 "기업들은 엿 먹어라"라는 발언을 했다. 그가 사적인 행사에서 한 말일 수도 있지만, 어쨌든 분명히 진심이었을 것이다.[32]

자본과 노하우를 국경을 넘어 이동시키는 다국적 기업의 능력과 의지, 특히 국경을 넘어 공급망을 통합하는 능력은 세계화에 핵심적인 기여를 해왔다. 이는 분명히 기업(및 자본)에는 결정적인 이점이고 고소득 국가의 노동자에게는 불리한 점이다. 앞서 언급했듯이, 후자는 자신들의 기업이라고 생각했던 기업에 내재된 노하우와 자본에 대한 특권적 접근 권한을 상실했다. 이는 필연적으로 그들의 협상 지위와 일자리에 영향을 미쳤다.

기업 자본의 이동은 금융자유화라는 훨씬 더 큰 변화의 한 측면이었다. 금융자유화는 지난 40여 년 동안 규모가 폭발적으로 증가했다. 그러면서 1997~1998년의 아시아 외환위기와 2007~2012년의 대서양 양안 금융위기 등 많은 위기를 초래했다. 또한 금융자유화 때문에 많은 국가가 고정환율을 포기해야 했다. 금융자유화는 금융 불안정 외에도 법인세 인하 경쟁, 조세회피, 탈세, 부정부패 등 많은 우려를 불러일으켰다. IMF의 전 수석 경제학자인 모리스 옵스트펠드Maurice Obstfeld는 특히 미국에서 자본 통제나 국경 간 흐름에 대해 또 다른 규제를 부과할 가능성이 수입품에 맞선 보호 조치만큼 심각하게 고려되지 않았다는 것은 금융 부문이 지니고 있는 로비의 힘을 보여주는 것이라고 지적한다.[33]

비교우위에 따른 무역의 확대는 아이디어와 자본의 이동으로 더욱 촉진되며 혜택(경쟁 심화와 가격 하락에 따른 관련 기술 보유자들의 소득 증가)을 제공하는 동시에 비용(변화 적응, 일부의 경우 소득 및 고용의 영구적 상실)도 부과한다. 물론 모든 경제 변화에는 적응 비용이 뒤따르며, 때로는 영구적인 손실을 초래하기도 한다. 이 점에서는 무역도 예외가 아니다. 그러나 경제 변화에 적응하는 문제에는 관리가 필요하며 손실을 본 사람들은 도움을 받아야 한다. 비단

무역으로 인한 변화에만 국한되는 것이 아니라 매우 일반적인 사실이다. 불리한 경제 변화로 큰 타격을 입은 지역이 새로운 경제활동을 창출하기 위해서는 도움이 필요하다. 또한 무역이 노동자나 환경을 희생양으로 삼지 않도록 글로벌 기준이 필요한 이유이기도 하다.

특히 운송 및 통신 분야의 기술 변화는 수익성 있는 거래의 주요 원동력이다. 증기선과 냉장 기술이 등장하기 전까지는 부피가 큰 상품을 저렴하게 대량으로 운송할 수 없었다. 트럭과 밴이 등장하기 전까지는 도시나 이웃 마을까지 상품을 빠르게 옮길 수 없었다. 상업용 항공기가 등장하기 전까지는 하룻밤 사이에 사람과 고가의 물품을 전 세계로 이동시킬 수 없었다. 현대적 정보통신 기술이 발달하기 전까지는 먼 거리에 걸쳐 생산을 원활하게 통합할 수 없었다. 세계화는 기술 혁신의 산물이며 앞으로도 계속 그럴 것이다. 동시에 기술은 농업에서 그랬던 것처럼 제조업 고용에서도 생산성을 획기적으로 높여 일자리를 없애는 등 영향을 미치고 있다. 1800년에는 프랑스 노동자의 59%가 농업에 종사했는데, 2012년에는 그 비율이 3% 미만으로 떨어졌다.[34] 다른 곳에서도 거의 같은 일이 벌어졌다. 로봇과 기타 기계들이 제조업 노동자를 대체함에 따라 고소득 국가와 많은 신흥국 및 개발도상국에서 제조업 고용이 계속 감소할 것이 거의 확실시되고 있다. 지금부터 반세기 후에는 제조업 고용 비중이 불과 몇 퍼센트 수준으로 줄어들 수도 있다. 무역 전쟁을 한다고 해서 이를 막을 수는 없다.

노동은 생산요소 중 하나다. 다른 생산요소와 마찬가지로 노동의 '소유자'는 노동에 따른 수익을 높이고 싶어 한다. 그 방법 중 하나는 임금이 더 높은 다른 나라로 노동, 즉 자신을 옮기는 것이다. 이 역시 '자본(이 경우 인적 자본)'을 더 나은 관할권 지역jurisdiction, 즉 경제적·사회적·정치적 자본이 더 상호 보완적인 관할권 지역으로 이동시키는 것으로 볼 수 있다. 자본의 소유자가 자본의 이동(또는 자본이 생산할 수 있는 재화와 서비스의 이동)을 통해 최고의 수익을 추구하는 것과 마찬가지로, 사람들이 이렇게 하는 것은 매우 합리적이다. 또한 이주는 경제적인 이유도 있지만 사람에 관한 문제이기 때문에 가족 재결합에 대한 욕구나 안전에 대한 욕구 등 다른 동기도 존재한다.

아이디어, 재화 및 서비스, 자본의 글로벌 이동이라는 맥락에서 볼 때 사람들의 이동은 그다지 크지 않다. 2017년 UN의 보고에 따르면 2억 5,800만 명(전 세계 인구의 3.4%)이 국제 이주자(외국으로 이주한 사람)였다. 이 중 1억 600만 명은 아시아에서, 6,100만 명은 유럽에서, 3,800만 명은 라틴아메리카와 카리브해에서, 3,600만 명은 아프리카에서 태어났다. 2017년에는 국제 이주자의 64%가 고소득 국가에서 사는 것으로 나타났다. 난민은 국제 이주자의 10%(2016년 2,590만 명)에 불과했다. 난민에 대한 공포는 과장되어 있고 이를 조장하는 것은 비열한 짓이다.[35]

최근 수준에서 이민이 경제에 미치는 영향은 크지 않다. 증거들에 따르면, 그 영향은 균형적이다. 이민이 이미 국내에 거주하고 있는 사람들의 소득과 고용 기회에 미치는 영향은 약간 부정적이었을 수 있지만, 고소득 국가의 공공 재정에 미치는 영향은 오히려 약간 유익한 것으로 나타났다. 한 설문조사 연구는 "대다수의 연구에 따르면 이민이 기존 거주자의 노동 시장 결과에 큰 영향을 미치지 않는 것으로 나타났다. 이민자가 갑자기 대량으로 유입되더라도 이들이 노동 시장에서 기존 거주자의 임금이나 고용을 크게 감소시키지 않는 것으로 밝혀졌다"[36]라고 결론지었다. 주된 이유는 이민자가 노동 시장에서 기존 거주자나 시민을 대체하기보다는 보완하는 역할을 할 가능성이 더 크기 때문이다. 이는 그들이 할 준비가 된 일, 그리고 그들이 보유한 기능(예: 언어) 모두에 해당한다. 마찬가지로 이민자들로 인한 순재정비용은 적어도 미국에서는 매우 적은 것으로 보인다. 혜택이 더 관대한 EU에서는 나이가 많고 숙련도가 낮은 이민자로 인한 순재정비용이 더 클 수 있다.[37] 사회의 나머지 부분에 대한 순비용이 적기는 하지만, 어쨌든 이주에 따른 이득 대부분은 예상한 대로 이민자에게 돌아간다.

이런 총론적 연구에는 두 가지 단점이 있다. 첫 번째는 이주민의 동기, 기술, 문화, 연령, 재이주 가능성 등이 이질적이라는 점이다. 이상적으로는 모든 차원에서 연구를 차별화해야 하지만, 이는 어려운 일이다. 그러나 예를 들어 가족 재결합이나 난민으로 온 사람들, 일자리를 찾아 중동부 유럽에서 영국으로 이주한 젊은이들, 높은 수준의 기술력을 가지고 인도에서 미국으로 이주한 젊은이들의 특성은 확실히 다를 가능성이 크다. 두 번째 단점은 이런 연구 중 어느 것도 도시 혼잡에 따른 비용을 조사하지는 않았다는 점이다. 인구 증가와 관련된 인프라 비용은 공공 부문의 추가적 투자로 처리할 수 있다. 그러나 인구 증가와 관련된 비용은 이보다 더 크며, 특히 인구 밀도가 높은 국가에서는 더욱 그렇다.

마지막으로, 아이디어는 항상 옮겨 다닌다. 첨단 정보통신 기술, 수많은 유학생, 셀 수 없는 협업, 저렴한 교통수단 등을 갖춘 현대의 조건에서는 과거 같으면 수십 년 또는 수백 년이 걸렸을 아이디어의 확산이 몇 초 만에 이뤄진다. 그것도 전 세계로 말이다. 소련은 전 세계의 아이디어에 대한 접근을 통제하기 위해 많은 노력을 기울였다. 하지만 실패했다. 오늘날 북한만이 고립되어 있으며 그 대가를 톡톡히 치르고 있다. 중국에는 '만리방화벽Great Firewall of China'이라는 인터넷 통제 체계가 있다. 하지만 아이디어, 특히 지도부가 원하는 아이디어(과학과 기술의 이해에 영향을 미치는 아이디어)는 그 벽을 넘어서 흘러간다. 혁신적인 아이디어의 흐름은 필연적으로 고소득층이 보호하고자 하는 지식재산권을 비롯해 지식의 장벽을 약화시킨다. 장기적으로 볼 때 이런 통제는 항상 실패했다. 중국은 한때 비단 제조법에 대한 지식의 유출을 막으려고 시도한 적이 있다. 영국은 한때 방직 기계 제조법에 대한 지식의 유출을 막으려고 시도했다. 그들은 결국 실패했다. 아이디어는 흐르기 때문이다. 아이디어 자체보다 더 가치 있는 것은 아이디어를 창출하는 능력이다. 게다가 아이디어의 확산이 가치를 창출한다. 그렇다. 다른 사람의 혁신에 무임승차하면 혁신에 따르는 인센티브를 감소시킬 수 있지만, 그 아이디어를 활용하고 더 빠르게 발전시킬 기회 또한 창출한다.[38]

이렇게 다양한 세계화의 힘이 고소득 국가에 미치는 영향이 긍정적인지 부정적인지에 대해서는 관련 과정이 매우 복잡하고 서로 연결돼 있기 때문에 우리가 원하는 만큼 많이 알지는 못한다. 그럼에도 몇 가지 분명한 결론이 있다.

첫째, 글로벌 무역이 불평등과 고용에 미치는 영향이 크지 않다는 것은 응용경제학에서 잘 알려진 사실이다. 이는 다양한 연구자의 실증적 연구들을 통해 이루어진 광범위한 합의다. 즉 "대외 무역과 오프쇼어링offshoring(생산 시설을 임금 등이 낮은 해외로 이전하는 것-옮긴이) 형태의 세계화는 불평등 증가에 크게 기여하지 않았다. 전 세계의 다양한 사례에 대한 다수의 연구가 이런 결론을 내렸다."[39]

둘째, 21세기의 첫 10년 동안 미국에는 실제로 '차이나 쇼크'가 있었다. 전반적으로 1999년부터 2011년까지 중국 수입품과의 경쟁으로 200만~240만 개의 일자리가 사라졌는데, 이는 같은 기간 제조업에서 실제로 사라진 일자리의 약 절반에 해당한다.[40] 게다가 "중국 수입품과의 경쟁은 미국에서 총체적인 효과는 크지 않았지만 … 고용에 미치는 영향은 근무 지역에 따라서 상당히 달랐다."[41] 또한 "중국발 무역 쇼크가 시작된 후 최소 10년 동안 임금 및 노동 참여율이 하락했고 실업률이 상승하는 등 현지 노동 시장의 적응은 현저히 느렸다. 여기에 노출된 노동자들은 더 많은 일자리 상실과 평생 소득의 감소를 경험했다."[42] 차이나 쇼크는 정치에도 뚜렷한 영향을 미쳤다. 일자리를 잃은 사람들, 그들의 가족, 그들이 살고 있는 지역 사회에 효과적인 지원과 적응을 위한 도움을 제공하지 않는 미국의 상황을 고려할 때 이는 피할 수 없는 일이었다. 따라서 세계 무역의 새로운 역학 관계가 트럼프의 집권을 도와

준 것은 놀랄 만한 일이 아니었다. 그리고 트럼프가 시행한 보호무역주의 조치가 인기를 끈 것 또한 놀랄 일이 아니었다.

셋째, 기술 변화의 영향은 숙련된 인력, 특히 대학 졸업자에 대한 수요를 증가시켰다. 대졸 노동자에 대한 수요를 상쇄하는 요인인 대졸 노동자의 공급이 크게 증가했음에도 대졸 노동자의 상대적 임금이 상승했다는 사실에서 알 수 있다. 숙련된 노동자가 부족한 국가와의 무역이 노동 시장 변화의 주요 요인일 때 일어나는 현상과는 정반대의 현상이다. 이런 경우에도 고소득 숙련 노동자의 상대적 소득은 증가하는 경향이 있지만, 고용주들이 값싼 저숙련 노동자를 값비싼 숙련 노동자로 대체한 것이기 때문에 모든 부문에서 숙련 노동자의 고용 비중은 작아질 것이다. 이런 증거들은 기술이 노동 시장에 미치는 영향이 무역에 미치는 영향보다 더 크다는 것을 강력하게 시사한다. 무역이라면 불공정한 외국인의 탓으로 돌릴 수 있지만, 기술은 자본과 노동이 정면으로 충돌한다는 점에서 차이가 있다. 특히 개방된 세계 경제에서는 일반적으로 자본이 승리한다.

넷째, 세전 및 세후 불평등의 정도(이는 측정 방식에 따라 다르다), 그리고 세전 불평등을 완화하기 위해 각국이 기울이는 노력의 정도는 고소득 국가 간에 상당한 차이가 있다(그림 10, 11, 12, 13, 15 참조). 무역과 세계화의 다른 측면에 대한 정책은 (이민을 강력하게 거부하는 한국과 일본을 제외하면) 고소득 국가들 간에 비슷하기 때문에 세계화는 불평등의 수준이나 그 변화의 주범이 될 수 없다. 이는 특히 소득 분포의 최상위 계층에서 두드러진다. 세전 및 세후 측면에서 고소득 국가 간에 나타나는 경험의 차이는 글로벌 차원의 경제 제도 및 경제 발전이 중요한 것이 아니라 경쟁력 변화에 대한 정부 대응의 효율성, 경제 변화로 불리한 영향을 받는 사람들에 대한 사회보험, 기타 형태의 지원 효과 등 국내의 경제 제도 및 경제 발전이 가장 중요하다는 것을 시사한다. 미국에서는 쇠퇴하는 지역에 사는 사람들과 일자리나 기술이 없는 사람들이 스스로 알아서 자신을 보호하도록 방치되고 있다. 이는 정치적 선택의 결과다. (보호받는 기업을 위해 소비자가 부담해야 하는 세금인) 보호무역주의적 관세는 가장 인기 있는 지원책이라는 것이 입증되고 있으며, 바이든이 트럼프의 관세를 철회하지 못한 것만 봐도 알 수 있다. 다른 고소득 국가에서는 잠재적인 정책 수단의 범위가 더 폭넓고 효과적이다. 국제적으로 유발된 변화 자체가 아니라 이에 대응할 수 있는 효과적인 정책 수단의 부족이 미국에서 매우 두드러지게 나타나고 있는 것이다.

거시경제적 불안정성

나는 『변화와 충격』에서 고소득 국가들을 괴롭히는 거시경제의 취약성이 (래리 서머스Larry Summers가 '장기 침체'라고 부른) 세계 경제의 변화가 발생하던 시기에 수요를 창출하기 위해 금융 시스템에 의존했기 때문이라고 주장했다.[43] 이 현상의 가장 간단한 지표는 10년 만기 실질금리의 엄청난 지속적 하락이다(그림 34 참조).[44] 1990년대 후반 아시아 금융위기 이후 장기 실질금리가 급격히 하락했고, 2007~2012년 글로벌 및 유로존 금융위기 이후 또다시 급격히 하락했으며, 코로나19 위기 동안에도 지속적으로 낮아졌다. 실질금리는 2011년 여름부터 마이너스를 기록했으며 2020년과 2021년에는 평균 -2.9%를 기록했다.

총수요에 대해서 생각할 때 우리는 원하는 저축 수준에 영향을 미치는 변화와 투자에 영향을 미치는 변화를 구분해볼 수 있다. 이 두 가지 변화가 상호작용하여 기존 생산 능력을 최대한 활용하는 데 필요한 이자율이 결정되기 때문이다.

저축 측면에서는 GDP 대비 기업 이익의 증가, 개인 소득의 불

그림 34 · 영국의 실질금리(10년물 지수 연동 국채 수익률)

출처: 런던증권거래소그룹LSEG

204

평등 증가, 독일·일본 등 고소득 국가와 중국 등 일부 신흥 경제의 매우 높은 총저축률 등이 중요한 요인으로 작용하고 있다. 미국에서는 불평등이 증가하면서 소득 분포 상위 1%의 저축이 크게 증가했다(이 계산에는 기업 이익을 부유층이 점하는 것도 포함된다).[45] 비슷한 불평등 증가로 다른 곳, 특히 중국과 독일에서도 저축 성향이 높아졌다.[46] 한편 이미 언급한 고소득 국가의 고령화와 이에 따른 인프라 수요 감소, 탈산업화, 투자재, 특히 정보 기술 제품의 급격한 비용 하락 등 구조적인 투자 감소 요인이 투자에 악영향을 미치고 있다.

이 이야기에서 중요한 요소는 중국이 역대 가장 높은 투자 비율을 기록했음에도 막대한 흑자 저축국으로 부상했다는 점이다. 자본이 고소득 국가로부터 막대한 투자 수요가 있는 이 거대한 신흥 경제로 유입되는 것은 자연스러운 현상일 것이다. 그러나 실제로는 그 반대의 현상이 일어났다. 중국에서 거꾸로 고소득 국가, 특히 미국으로 자본이 순유입됐다.[47]

19세기 후반 영국은 이와 유사한 국내 상황에서 자국 부자들의 초과 저축을 수출함으로써 경상수지 흑자를 기록했지만, 미국은 중국과 일부 국가 등 해외의 상황 때문에 영국처럼 할 수 없었다. 오히려 그 반대의 상황이 발생했다. 다른 나라의 부유층과 각국 정부는 안전한 미국 자산을 축적하려고 했고, 그 결과 미국은 지속적으로 경상수지 적자가 발생했다. 이는 필연적으로 미국 부자들의 저축이 미국 정부를 포함하여 미국 내 모든 사람의 저축 부족을 상쇄하고도 남는다는 의미다. 따라서 1982년 이후 부유층의 순부채 감소는 하위 90% 사람들의 부채 증가와 일치했다. 이것은 또한 저금리가 저소득층에 피해를 준다는 일반적인 주장이 터무니없는 이유다. 저소득층은 대규모 순채권자가 아니다. 부자들은 은행 예금과 기타 금융자산을 보유함으로써 직접적으로 덜 부유한 사람들이 진 빚에 대한 채권을 보유할 뿐만 아니라, 그런 채권을 소유한 기업의 지분을 통해서도 덜 부유한 사람들이 진 빚에 대한 채권을 보유한다.

아시아 금융위기와 글로벌 금융위기 사이에 미국과 서유럽, 남유럽, 동유럽의 가계를 중심으로 부동산 대출과 관련된 거대한 신용 붐이 일어나면서 구조적으로 부족한 수요 문제를 일시적으로 해결했다. 이에 따라 금융 시스템은 부동산에 대한 투자와 가계의 차입 및 지출을 지속 불가능할 정도로 급증시켰다. 거품이 터진 이후 이런 수요의 원천은 재정 적자와 중앙은행이 지원하는 자산 가격 상승에 따른 지출로 대체됐고, 통화 정책은 더욱 초확장적으로 변했다. 모든 국가가 1990년대 일본 중앙은행이 처음 사용하기 시작한 통화 정책의 자국 버전을 채택했다(그림 35 참조). 또한 다행스럽게도 중국은 글로벌 금융위기 이후 (독일과 달리) 막대한 경상수지 흑자를 없애기로 했다. 그러나 부채에 의존하는 투자를 GDP의 절반 가까이로 늘리면서 과도한 투자 및 부채의 급증으로 자국 경제에 새로운 불균형을 초래했다. 가장 큰 문제는 중국 GDP에서 소비가 차지하는 비중이 작다는 점인데, 이는 국내 소득 분배가 매우 불평등한 결과다. 유럽에도 비슷한 문제가 존재하는데, 독일과 일부 북유럽 국가의 막대한 잉여 저축이 유럽 내 주변 국가들의 과

그림 35 · 각국 중앙은행의 금리

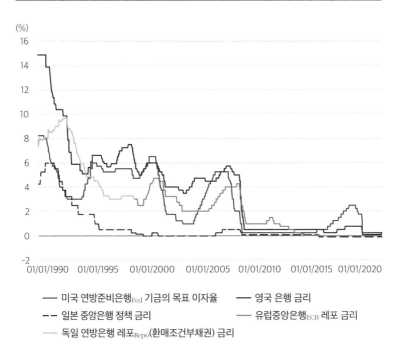

출처: LSEG

잉 지출로는 더 이상 상쇄되지 않게 됐다. 그 결과 유로존은 상당한 경상수지 흑자를 기록하고 있으며, 이는 세계 경제의 다른 곳에서 흡수되어야만 한다.[48]

　구조적으로 부족한 글로벌 수요에 대한 이런 다양한 대응책은 장기 침체라는 대안보다 낫다는 점에서 지금까지는 '효과가 있었다'고 할 수 있다. 그러나 이런 대응책이 사용되어야 했다는 사실은 근본적인 수요가 얼마나 취약했는지를 보여준다. 코로나19

의 갑작스러운 충격이 사라진 후에도 이런 상황이 지속될지 어떨지는 매우 불확실하다. 실제로 구조적으로 수요가 부족한 상황에서 수요를 관리하려는 초기 노력 때문에 발생한 과도한 부채 부담은 근본적인 문제를 더욱 악화시켰다.[49] 과도한 부채 부담은 잠재적 차입자가 대출을 받으려는 의지와 능력을 약화시켜 결국 수요를 감소시킨다. 따라서 시간이 지남에 따라 근본적인 문제가 개선되는 것이 아니라 악화되는 경향이 있다. 이런 문제는 세계 경제의 통합, 중국의 부상, 세계화된 형태의 지대 추구rentier(불로소득을 얻기 위해 비생산적이고 부당한 활동에 경쟁적으로 자원을 낭비하는 행위-옮긴이) 자본주의의 출현, 소득 불평등의 증가에 따른 거시경제적 불균형을 반영하는 뿌리 깊은 문제다(그림 31 참조). 이런 근본적인 조건에 대해 무언가 조치를 취해야 한다(8장 참조).

이 분석에 따르면, 글로벌 불균형은 우리에게 중요한 사실을 말해준다. 안타깝게도 양자 간 무역 불균형은 문제의 한 증상일 뿐이다. 문제는 앞에서 설명한 구조적인 힘이다. 그 1차적 증상이 글로벌 불균형이다. 2차적 증상은 도널드 트럼프가 초점을 맞춘 양자 간 무역 흑자와 무역 적자다. 트럼프가 보기에 이는 과거에 이루어진 나쁜 거래를 반영한다. 이런 주장이 암묵적으로 가정하는 것은, 특정 국가가 특정 상대국으로부터 사들이는 것보다 더 많이 팔아야 좋은 거래이고, 그 반대는 그렇지 않다는 것이다. 참으로 어리석은 생각이다.

첫째, 차입 비용이 저렴하다면 국가가 전체적으로 무역 적자를 보는 것은 지극히 합리적이다. 둘째, 차입을 감당할 수 없는 수준이라면 이를 해결할 유일한 방법은 적자국과 흑자국이 생산과 지출을 조정하는 것이다. 하지만 이는 무역 정책이 아닌 거시경제적 문제이며, 특히 그것이 미국과 관련된 것이라면 글로벌 거시경제의 문제가 된다. 셋째, 전반적인 무역 정책은 수십억 명의 사람과 수만 개의 기업이 소득을 어디서 어떻게 벌고 소비할지 결정할 수 있도록 시장 시그널을 설정하는 것이다. 한 나라의 국민들이 어디에 얼마를 소비할지 결정하는 것을 목표로 거래를 하는 것이 아니다. 만약 그렇게 한다면 그것은 시장경제가 아니라 계획경제다. 그것은 작동할 수 없다. 미국이 제2차 세계대전 이후 유럽에서 양자 간 협정들을 없애기 위해 많은 노력을 기울인 것도 이 때문이다.[50] 마지막으로, 전반적인 거시경제 상황을 고려할 때 양자 간 균형에 초점을 맞춘다고 해서 전체 균형이 바뀌지는 않는다. 예를 들어 미국이 중국으로부터 어떤 제품의 구매를 중단한다면 다른 나라에서 같은 제품을 구매할 가능성이 크고, 미국이 국내에서 해당 제품을 생산한다면 이전에 수출하던 다른 제품을 생산하지 않게 될 것이다. 근본적인 문제가 글로벌 거시경제의 불균형인데 양자 간 불균형에 초점을 맞추는 것은 풍선의 한쪽을 누르는 것과 같아서 아무런 효과가 없다.

왜곡된 자본주의로 나아가다

지금까지의 논의는 기술, 세계화, 인구학, 소득 분배, 거시경제의 불안정성과 같은 큰 그림에 초점을 맞췄다. 하지만 그 못지않게 중요하고 어쩌면 훨씬 더 위험한 것이 있으니, 바로 시장과 정치권력의 악용이다. 우리는 이를 '지대 추구 경제'의 부상이라고 생각해야 한다. 여기에는 '금융화', 기업의 (잘못된) 지배구조, 승자독식 시장, 집적 효과로 인한 지대 이익, 경쟁의 약화, 조세회피 및 탈세, 지대 추구, 윤리적 기준의 약화 등 여러 측면이 있다.[51] 이는 주로 자유화의 실패, 무엇보다 시장의 제도적 맥락을 고려하지 못한 데서 비롯된다. 이기심을 자유롭게 추구하는 것만으로도 충분하다는 가정이 지배적이었지만, 틀린 생각이다.

'금융화'(금융의 영향력이 커지는 것을 가리키는, 끔찍하지만 피할 수 없는 용어다)는 지난 40년간, 특히 미국과 영국에서 경제의 특징이었다. 그 이면에는 경제를 거래 가능한 계약의 묶음으로 보는 관념이 자리 잡고 있다. 정보통신 기술의 발달로 강화된 금융의 급속한 자유화는 경제의 변화를 촉진했다. 금융화는 금융 부문이 엄청나게 확대되고, 금융 상품의 복잡성이 증가하고, 이와 함께 금융 부문의 활동에 따른 수익이 확대되고, 기업 활동을 통제하는 금융의 역할이 혁신적으로 변화하는 것을 의미했다.[52] 이 모든 것이 경제 성과에 의심스러운 이점을 가져다줬다. 앞으로 살펴보겠지만, 금융 활동의 엄청난 성장은 생산성 향상을 위한 수단이라기보다는 지대 취득을 위한 수단으로 보인다. 실제로 이는 2007~2012년의 금융위기로 직결됐다.

　2007~2012년 금융위기 직전 몇 년 동안 글로벌 민간부채, 특히 금융 부문의 부채가 엄청나게 증가했는데, 이는 금융 부문의 레버리지가 폭발적으로 불어나 대차대조표상의 수치를 늘렸음을 의미한다.[53] 이후에도 이런 추세는 역전되지 않았다. 비록 코로나19 팬데믹 전까지 글로벌 GDP 대비 금융 부문의 부채가 약간 줄어들어 금융 부문의 구성비가 바뀌기는 했지만 말이다. 비금융 부문 기업의 부채는 특히 팬데믹 기간에 큰 폭으로 증가했다. 가계부채는 금융위기 이후 안정세를 보이다가 팬데믹 기간에 급증했다(그림 20, 36 참조). 부채는 금융 부문의 산물인 동시에 연료이기도 하다. 전체 부채의 폭발적인 증가는 국가 간 금융 거래의 폭발적인 증가와 맞물렸다. 1995년 글로벌 차원에서 국경 간 외국인직접투자, 포트폴리오 주식 지분, 부채 증권, 기타 대출의 총액은 15조 달러(글로벌 GDP의 51%)였다. 2007년에는 103조 달러(글로벌 GDP의 185%)로 증가했다. 그 후 적어도 2016년까지는 글로벌 GDP의 183%로 제자리걸음을 했다.[54]

　복잡성 증가의 간단한 지표는 (외환, 금리, 주식 등과 연계된) 장외 파생상품의 명목가치와 총시장가치가 폭발적으로 증가한 것이다.[55] 1998년 6월 명목가치는 72조 달러에서 10년 후에는 653조 달러로, 총시장가치는 2조 6,000억 달러에서 2008년 말에 35조 달러로 급증했다. 그 후 글로벌 위기로 금융 시스템과 세계 경제가 붕괴했다. 그 후 부채 확장과 같이 파생상품을 노래하는 소리는 더 이상 들려오지 않게 됐다. 그러나 2021년 1분기 말의 총시장가치

그림 36 · 글로벌 GDP 대비 글로벌 민간부채

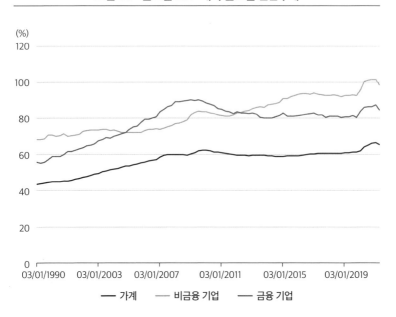

출처: IIF

는 12조 6,000억 달러에 달할 정도로 그 시장은 여전히 거대하다 (그림 37 참조).

기업 이익에서 금융 부문이 차지하는 비중이 높다는 점도 중요 하다. 이 중 얼마나 많은 부분이 경제에 부가가치를 창출하고 얼마 나 많은 부분이 부의 이전, 즉 지대 취득을 나타내는지 궁금할 것 이다. 은행업의 특징은 이런 기관의 부채가 지불 수단으로 받아들 여진다는 점, 즉 그것들도 돈이라는 점이다. 이는 금융 부문이 자 체적으로 '연료'를 창출한다는 것을 의미한다. 금융 부문은 대출을 실행할 때 자신에게 수수료와 심지어 이자를 지불할 수 있는 돈을

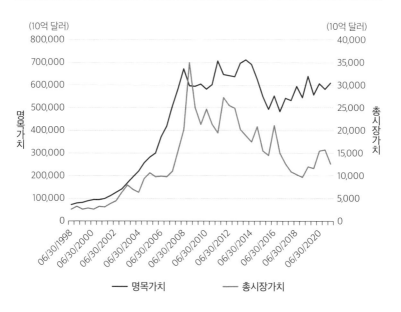

그림 37 · 장외 파생상품 거래 잔액의 명목가치 및 총시장가치

(10억 달러) / (10억 달러)

— 명목가치   — 총시장가치

출처: 국제결제은행BIS

창출한다.[56] 따라서 호황기에 금융 부문의 이익은 적어도 부분적으로는 전체 대출의 허구적 산물일 가능성이 크다. 이것이 바로 그림 36이 시사하는 바다. 호황 이전 미국 전체 기업 이익에서 금융이 차지하는 비중은 약 15%였다. 이 수준이 부가가치를 대표하는 것일 수도 있고 아닐 수도 있는데, 파악하기는 어렵다. 그러나 그 후 이익이 전체의 4분의 1 이상으로 폭발적으로 증가한 것은 놀라운 일이었고, 여러 사건으로 증명됐듯이 그것은 허구였다(그림 38 참조). 위기 이후에도 수익이 이렇게 높은 수준을 유지할 수 있었던 것은 당국의 막대한 자원, 특히 상당 기간 시행된 거의 제로에

그림 38 · 미국 전체 기업 이익에서 금융 부문이 차지하는 비중

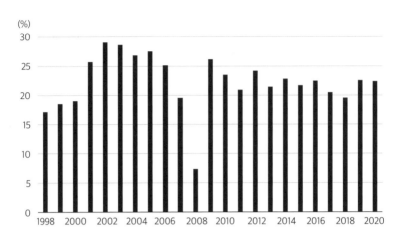

출처: 미국 상무부 경제분석국BEA

가까운 금리 정책과 여전히 막대한 금융 기관의 대차대조표 덕분이었을 것이다.

이는 금융업에 종사하는 사람들에게는 놀랍도록 좋은 일이었다. 한 연구에서 금융 전문직의 상대적 소득 추이를 분석했는데,[57] 이들의 상대적 소득은 지난 세기 초에 정점에 달했다가 1930년대에 추락했다. 1980년대 금융 규제 완화와 함께 이들의 상대적 소득은 다시 빠르게 상승하기 시작했다. 또한 기업공개IPO나 신용위험 관리와 같은 복잡한 활동도 금융 분야의 숙련 기능에 대한 수요를 증가시키는 데 중요한 역할을 했다. 이 연구에 따르면, 금융업계로 사람들을 끌어들이는 데 필요한 것 이상의 수입인 지대가나머지 민간 부문과 금융 전문직 간에 발생하는 수입의 차이 중

30~50%를 차지했다.

금융 활동의 폭발적인 증가는 1970년대 이후, 특히 금융위기 이후 상당히 저조한 생산성의 향상에는 별다른 도움이 되지 못했다(그림 19, 26 참조). 이는 놀라운 일이 아니다. 금융 부문의 대차대조표는 확장됐지만 새로운 생산적 투자를 위한 자금 조달에 쓰인 것은 거의 없었기 때문이다. 대부분은 가계, 비금융 기업 부문, 그리고 물론 금융 부문 자체의 대차대조표를 레버리지하는 데 사용됐다. 대차대조표를 레버리지한다는 것은 더 많은 부채와 더 적은 자기자본으로 기존 자산에 자금을 조달한다는 것을 의미한다. 예컨대 자산의 가치가 상승하거나 하락하면 그에 비례하여 주식의 가치가 더 많이 상승하거나 더 많이 하락하므로, 주식 소유자에게는 자산 소유권을 '레버리지'하는 것과 같은 효과가 나타나기 때문이다. 또한 금융 부문에서 가장 높은 보상을 받는 활동의 대부분은 금융 부문의 활동 자체에서 발생하는 변동성에 대한 헤지, 내재된 위험을 은폐하는 복잡한 파생상품의 개발, 노골적인 도박 등 전체적 또는 부분적으로 제로섬 활동으로 구성된다.[58] 영국 금융서비스청FSA의 전 청장인 어데어 터너Adair Turner는 이런 활동의 대부분이 "사회적으로 쓸모없다"라고 말했다.[59] 이 말에 동의하지 않을 수 없다.[60]

금융 활동과 경제 성과 사이에 긍정적인 연관성이 없다는 점은 주목할 만하다. 2014년에 발표된 국제결제은행BIS의 한 보고서는 "금융 발전의 수준은 일정한 정도까지만 좋은 것이며, 이후에는 성장에 걸림돌이 되고 빠르게 성장하는 금융 부문은 총생산성 향상에 해롭다"[61]라고 썼다. 긍정적인 영향이 없는 이유에 대해서는 금융 부문이 빠르게 성장하면 재능 있는 사람들을 고용하여 대출자를 위한 담보를 잡을 수 있는 프로젝트들, 대개는 부동산 관련 대출을 관리하기 때문이라고 설명했다. 그러나 부동산 부문에 대한 대출은 생산성에 도움이 되지 않으며, 대도시 중심부에 있는 사무실이나 고급 주택과 같은 '위치적 재화'를 창출할 뿐이다.[62] 이 숙련된 사람들이 금융 부문에서 일하지 않았다면 경제에 훨씬 더 높은 수익률을 제공하는 투자를 창출하고 관리할 수 있었을 것이다. 이들은 대부분 수학을 잘하고 과학이나 공학의 배경지식이 있는 사람들이기 때문이다. 또한 다른 사람들보다 1만분의 1초 앞선 거래에 투입되는 자원, 즉 마이너스섬 활동을 생각해보라.[63] 금융 부문은 인적 자원과 실물 자원을 모두 낭비한다. 금융은 대체로 지대 추구 장치다.

금융의 부상과 함께 기업의 목표가 이익 극대화, 즉 '주주 가치'로 크게 바뀌었다.[64] 이런 변화는 여러 차원에 걸쳐서 영향을 미쳤다. 특히 중요한 것은 기업이 금융 시장의 부속물이어야 한다는 생각이었다. 금융의 역할은 더 이상 단순히 투자를 촉진하는 것이 아니었다. 재무적 고려 사항은 기업의 목표, 내부 인센티브, 책임자의 정체성 등 기업 행동의 모든 측면이었다. 재무는 더 이상 기업의 시녀가 아니라 기업의 안주인이 됐다.

1970년 밀턴 프리드먼은 "기업의 사회적 책임은 단 하나, 즉 속임수나 사기 없이 공개적이고 자유로운 경쟁을 한다는 게임의 규칙을 준수하는 한 기업의 자원을 사용하고 이윤을 늘리기 위한

216

활동에 참여하는 것"[65]이라는 유명한 선언을 했다. 주식 시장이 효율적이라면 시가총액을 극대화하는 것은 이익의 현재 가치를 극대화하는 것과 동일하다. 또한 '시장 실패(불완전한 정보, 독점, 환경 및 사회에 대한 파급효과 등)'가 없는 경우 주주 가치를 극대화하는 것은 사회에 대한 기업의 가치를 극대화하는 것과 같은 것으로 간주되어야 한다.[66]

이런 식으로 주식 시장은 기업의 가치를 평가하는 장치가 된다. 이런 생각을 받아들인다면, 임원에 대한 보상과 기업의 시장가치 사이에 직접적인 연결고리를 만들고 기업 통제에 적극적인 시장을 만들고 주인(주주)이 대리인(기업 경영진)에게 자신의 이익을 위해 봉사하도록 강제하는 것은 합리적이다.

이런 명제들은 "모든 인간 문제에는 항상 잘 알려진 해결책이 있다"[67]라는 미국 유머 작가 H. L. 멩켄H. L. Mencken의 발언을 떠올리게 한다. 이런 아이디어는 기업의 목표·인센티브·통제를 결정하는 데 비교적 간단한 방법을 제공하지만, 큰 문제를 야기하기도 한다.

그런 문제 중 하나는 이윤이 조직에 동기를 부여하는 좋은 목표가 아니라는 것이다. 이윤은 훌륭한 자동차를 만들거나 신뢰할 수 있는 조언을 제공하는 것과 같은 목표를 추구할 때 발생하는 부산물이어야 한다. 기업의 목표가 나한테서 돈을 벌어가는 것이라고 한다면, 나는 그 기업을 불신하게 될 것이다. 나는 그 기업이 자신의 고객을 돌보기 위해 노력한다고 믿고 싶다. 특히 금융 분야에서처럼 기업이 제공하는 서비스의 품질을 모니터링하기 어려울 때는 더더욱 그렇다.

더 심각한 문제는 1937년 로널드 코스Ronald Coase가 주장한 것처럼 기업이 존재하는 것은 바로 시장이 불완전하기 '때문'이다.[68] 우리는 시장 대신 기업의 특징인 '관계적 계약'에 의존한다. 이런 계약은 신뢰를 기반으로 한다. 부부가 결혼 생활에서 일어날 수 있는 모든 일을 포함하는 계약서를 작성할 수는 없다. 회사도 마찬가지다. 그러나 기업을 지배하는 관계적(또는 암묵적) 계약이 모든 계약 당사자의 신뢰를 기반으로 하는 경우, 한 당사자에게만 통제권을 부여하면 잠재적으로 가치 있는 많은 계약을 달성할 수 없다.[69] 통제 당사자의 기회주의적 행동이 가져올 수 있는 위험이 너무 커서 필수적 합의를 이룰 수 없게 된다.

더욱이 성공적인 기업은 투입된 생산요소의 기회비용을 초과하는 지대 수입을 창출한다. 이 지대가 주주와 최고경영자에게 귀속되어야 할 명백한 이유는 없다. 게다가 이런 지대의 존재는 협소한 통제권 및 다양한 주인-대리인 문제들과 결합하여 지대 추구 행동을 위한 동기와 기회를 모두 제공한다. 그리고 이것이 바로 우리가 현재 목격하고 있는 현실이다.

회사의 운영에 관여하지 않는 주주가 회사를 지배하게 되면 거대한 집단행동 문제도 발생한다. 회사의 지분을 일부만 소유한 주주들은 (특히 그들이 유한책임의 특권을 누릴 때) 회사를 감독하는 데 필요한 지식에 투자할 인센티브가 없다. 또한 주주는 포트폴리오를 다각화하여 개별 기업의 실패에 대비할 수 있다. 실제로 주주들은 이런 방식으로 근로자, 심지어 기업이 운영되는 지역 사회보다 훨씬 더 자신들을 위한 보험 수단을 활용할 수 있다. 주주 입장에서는 '이탈(주식을 매각하는 것)'이 '항의(참여적 주주가 되는 것)'에 따른 비용을 부담하는 것보다 거의 항상 더 합리적인 선택이다. 이는 대부분의 펀드 매니저에게도 마찬가지다. 회사 운영에 관여하는 데 드는 비용이 자신에게 돌아오는 이익보다 크기 때문이다. 더 큰 문제는 펀드 운용사 자체가 기업 경영진과 이해관계가 상충하는 대리인이라는 점이다. 그들은 주식을 소유한 기업의 실적을 개선하려는 동기도 있지만, 경영진으로부터 회사의 연기금을 관리할 권한 등을 위임받아 이익을 얻을 수도 있다. 사모펀드, 행동주의 주주, 적대적 인수합병은 이런 문제의 부분적인 해결책으로 보일 수 있다. 하지만 모두 무딘 도구에 불과하다. 예를 들어 사모펀드를 운영하는 투자자는 주인이 아니라 대리인이다. 또한 이들은 높은 레버리지로 거래 자금을 조달하는 경향이 있으며, 이는 특히 기업이 파산에 가까워질 때 거버넌스 문제를 야기한다. 이 시점에서 회생을 위해 도박을 하는 것은 당연한 일이며, 그로 인해 발생하는 손실은 채권자에게 돌아간다.

실제로 주주 가치 극대화를 추구하는 기업은 항상 강력한 내부자들이 기회주의적으로 행동하게 한다. 이는 새로운 불만이 아니다. 애덤 스미스는 "그러므로 그런 회사[주식회사]의 업무 관리에는 항상 과실과 낭비가 어느 정도는 만연할 수밖에 없다"[70]라고 말했다. 마찬가지로 존 스튜어트 밀은 "우리는 경험을 통해서 우리가 고용한 하인의 자질이 그 일에 스스로 관심이 있는 사람과 비교할 때 얼마나 열등한 것인지 알고 있으며, 많은 사람이 이를 경험하고 표현한 것인 속담이 이러한 사실을 증명해준다"[71]라고 주장했다.

경영진은 자신의 이익에 도움이 되도록 인센티브를 왜곡할 강력한 동기가 있다. 가장 명백한 메커니즘은 자신들의 보수를 주식시장에서의 성과와 연계하는 것인데, 그 성과가 경영진의 행동과 거의 관련이 없더라도 마찬가지다. 경영진의 예상 재임 기간이 짧을수록, 그리고 외부 주주들이 크고 복잡한 비즈니스에서 일어나는 일을 판단하기 어려울수록 경영진의 인센티브는 더 커진다. 돈을 빌려 자기 회사의 주식을 매입하거나, 장기 투자를 위한 자금을 자사주 매입으로 전용하거나, 경영진의 기여도와 상관없이 상승장에서 막대한 보상을 보장하는 주식 인센티브 플랜을 만드는 등 보상을 왜곡하는 방법에는 여러 가지가 있다.

4장에서 설명한 것처럼 경영자 보상의 엄청난 증가가 기업의 실적과 거의 관련이 없다는 증거는 압도적으로 많다. 영국의 경제학자 앤드루 스미더스Andrew Smithers가 주장한 것처럼, 이런 엄청난 보상을 창출하는 인센티브 제도는 단순한 지대 추구보다 더 나쁘다(물론 그것이 곧 지대 추구이기는 하지만 말이다). 경영진이 레버리지를 늘리도록 부추겨 기업과 전반적인 경제적 성과를 더 위험하게 하고 고정 투자와 연구개발에 대한 지출을 줄임으로써 인센티브를 왜곡하기 때문이다.[72] 한 가지 양상은 장기적인 기업 가치보다는 당장 주가를 올리려는 단기주의를 부추긴다는 것이다.[73]

기업 최고 경영진의 임금 인상과 금융 부문의 엄청난 보상 증가도 여러 국가에서 최고 소득의 놀라운 증가를 설명하는 데 도움이 된다.[74] 이런 결론을 내리게 하는 한 가지 이유는 세전 소득에서 상위 1%가 차지하는 비중과 1980년 이후 그 비중의 증가에서 선진 자본주의 국가들 간에 차이가 있다는 것이다. 주주 가치 혁명을 극단까지 밀어붙인 곳은 당연히 영어권 국가인 캐나다, 영국, 미국이다. 미국의 경우 2019년 상위 1%의 비중은 18.8%로 1981년 대비 8.3%p가 상승했다(그림 39 참조). 네덜란드에서는 2019년 상위 1%의 비중이 6.9%에 불과해 1981년보다 1%p 증가한 데 그쳤다. 미국의 상위 1%가 차지하는 비중을 전체 맥락에서 설명하자면, 2019년 상위 1%의 비중은 하위 50% 전체의 비중보다 41%나 더 컸다.

　중요한 시장 실패는 기업의 지배구조에만 해당하는 것이 아니다. 기업과 외부 세계의 관계에서 발생한 실패도 마찬가지로 중요

그림 39 · 세전 소득에서 상위 1%가 차지하는 비중

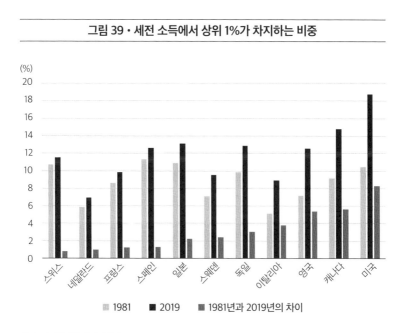

출처: 세계불평등데이터베이스

하다. 모든 비즈니스에서 기업은 환경이나 사회적 피해와 같은 외부 효과를 무시하고자 하는 인센티브를 가지고 있다. 하지만 기업이 폐수를 무단 방류하면 그 피해는 고스란히 가정, 지역 사회, 국가 등 다른 이들이 떠안게 된다. 그러나 법인이 탄생하게 된 데에는 독점력이라는 내재적 요소가 있다. 법인이 발명된 것은 초대형 회사가 필요하다는 요구에 대한 반응이었다. 규모가 크면 시장 지배력이 생긴다. 따라서 기업이 다른 이들의 희생을 바탕으로 주주 가치를 높일 가능성이 더 커진다. 점점 더 널리 받아들여지고 있는 견해는 상당히 작은 기업도 노동 시장에서 어느 정도의 독점력을 가지고 있다는 것이다.[75] 기업은 또한 공급자와 소비자에 대해서도 어느 정도의 독점력을 가질 수 있다.

특정 정책은 시장 지배력을 높이기 위한 것이기도 하다. 가장 중요한 것은 (특히 저작권과 특허를 통한) 지식재산권 보호다. 물론 지식재산권을 보호해야 한다는 필요성은 인정되지만, 독점을 초래할 수 있다. 게다가 기업은 강력한 기관이다. 예를 들어, 기업은 저작권을 무기한 연장하게 하는 등 지식재산을 관장하는 법률에 영향을 미칠 수 있다. 이런 일에 강력한 영향력을 행사한 기업 중 하나가 바로 '디즈니Disney'다.[76] 이는 다시 독점 지대monopoly rents를 창출하는 것으로 귀결된다.

또 다른 어려움은 기업이 비용을 외부화하면서 이익을 내부화하는 데 큰 관심을 가지고 있다는 것이다. 피해자는 전체 사회 구성원이다. 외부화는 여러 가지 중요한 방식으로 발생할 수 있다. 지역 및 글로벌 오염은 아마도 가장 명백하고 위협적인 예일 것이다. 그러나 노동 시장에서의 기업 행동도 중요하다. 예를 들어 노동자 간의 차별은 사회적 비용을 초래한다. 불안정성에 따른 모든 리스크를 노동자에게 전가하거나 성인(특히 여성)이 부모로서의 역할 또는 노인 간병인으로서의 역할을 하기 어렵게 하는 것도 마찬가지다. 이런 리스크 전가의 가장 명백한 예는 금융 부문으로, 호황기에는 레버리지를 늘려 리스크를 초래하고 위기 발생 시에는 중앙은행과 정부의 지원을 받아 구제된다.

이런 주장에 대한 일반적인 반론은 민주적 정치 과정을 통해 규제, 세금, 보조금 등으로 비용의 외부화를 상쇄할 수 있다는 것이다. 그러나 이는 선의의 입법자들이 충분한 정보를 가진 유권자들의 선택에 응답하는 중립적인 정치 과정을 전제로 한다. 당연하게도, 현실과는 거리가 먼 이야기다. 동기가 강하고 정보가 풍부하며 강력하고 집중된 이익 집단은, 규모는 비록 크지만 힘이 약한 여러 집단의 분산된 이익보다 민주주의적 과정 전반에 더 큰 영향력을 행사한다.[77] 많은 분야에서 풍부한 자원을 가지고 로비를 합법적으로 지배하는 기업의 이익보다 더 집중되고 더 강력한 사적 이익은 없다.

디지털 혁신과 함께 부분적으로 주도된 시장경제의 최근 변화는 승자독식 시장의 출현이다.[78] 한계 비용 제로, 플랫폼 경제, 빅데이터 등의 특징을 지니는 디지털 세계는 가장 성공적인 기업이 글로벌 시장을 지배할 수 있게 해준다. 이제 고객으로부터 얻은 정보를 광고주에게 판매할 기회가 널려 있다. 전 세계 모든 사람이 가장 인기 있는 블루스 가수의 공연을 쉽게 접할 수 있는 시대에 세계에서 스무 번째로 인기 있는 블루스 가수라는 건 별 의미가 없어진다.

승자독식 시장의 원동력에는 규모와 범위의 경제, (직간접적) 네트워크 효과, 빅데이터와 머신 러닝, 브랜드 충성도, 높은 전환 비용, 특정 고용주가 재능 있는 근로자를 흡인하는 것, 창업자의 평판, 그리고 말 그대로 집적의 경제성 등이 포함된다.[79] 그 결과 이들 기업은 비즈니스에 투입된 생산요소(토지, 자본, 노동)의 기회비용보다 훨씬 더 큰 독점 지대를 차지할 수 있다.[80] 2022년 초 세계에서 가장 가치 있는 12개 기업에는 미국 기업 6개, 중국 기업 1개, 타이완 기업 1개 등 총 8개의 테크 기업(애플Apple, 마이크로소프트Microsoft, 알파벳Alphabet, 아마존Amazon, 메타플랫폼스Meta platforms, 엔비디아Nvidia, TSMC, 텐센트Tencent)이 포함됐다. 모두 독점이거나 독점에 가까운 기업이다. 나머지 중 하나는 시장 지배력('해자')을 시장가치의 근간으로 보는 워런 버핏Warren Buffett이 지배하는 지주회사 버크셔해서웨이Berkshire Hathaway다.[81] 다른 하나는 고전적인 의미에서 순수한 지대 수취 기업인 사우디아라비안오일Saudi Arabian Oil이고, 나머지 두 기업은 테슬라Tesla와 JP모건JP Morgan이다. 이들은 거대한 규모의 경제성과 모든 대형 은행에 사실상 제공되는 규제를 통한 보호조치로부터 혜택을 받았다. 테슬라가 지속적으로 독점력을 유지할 수 있을지는 아직 미지수다. 간단히 말해서 강력한 독점적 지위를 가진 소수의 승자가 현재와 미래를 모두 좌우할 수 있는 것처럼 보였다. 이런 기업 중 다수는 거대 테크 기업의 경제적 지배력을 더욱 공고히 한 코로나19 위기의 큰 승자이기도 하다(그림 40 참조).

그림 40 · 세계 12대 기업의 2020년과 2022년 시장가치 비교

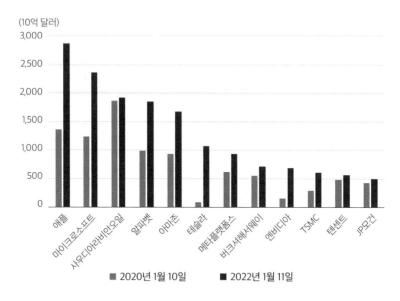

(10억 달러)

범례: ■ 2020년 1월 10일 ■ 2022년 1월 11일

출처: 레피니티브Refinitiv

　　앞서 간략히 언급했듯이, 지난 40년간 승자독식 시장에서 중요한 점은 성공적인 대도시 클러스터와 쇠퇴하는 지방 도시 간에 격차가 발생했다는 것이다.[82] 런던, 뉴욕, 로스앤젤레스, 도쿄, 파리, 밀라노, 상하이, 베이징, 뭄바이 등 많은 대도시가 번성하고 있다.[83] 시카고글로벌문제위원회Chicago Council on Global Affairs는 세계 100대 경제 주체 중 42개가 글로벌 도시라고 지적했다.[84] 한편 한때 번영했던 공업 도시들은 무너지고 있다. 런던과 얼마 전까지만 해도 세계 최고의 특수강 생산지였던 셰필드를 비교해보라. OECD에서는 다음과 같은 간략한 개요를 제공했다. "OECD 국가 중 상

위 10%(프런티어) 지역과 하위 76% 지역 간의 근로자 1인당 평균 GDP 격차는 1만 5,200달러에서 2만 4,000달러로 거의 60%나 증가했다. 그 결과 OECD 인구 4명 중 1명은 자국에서 생산성이 높은 지역보다 뒤처지는 지역에 살고 있다."[85]

산업화 이전에도 그랬고, 산업화 시대에도 그랬으며, 오늘날의 탈산업화 경제에서는 더더욱 그렇다.[86] 하지만 성공한 도시들은 달라졌다. 오늘날 도시들은 글로벌 교류에 참여하고 있으며 글로벌 경쟁에 노출되어 있다. 이는 전문화를 강제하고 보상하는 동시에, 전문화에 실패하면 불이익을 주기도 한다. 도시가 더 크고 다양한 기술을 보유할수록 한 전문 분야에서 다른 전문 분야로 이동하거나 여러 분야를 동시에 결합할 가능성이 커진다. '지식 경제'의 폭발적인 성장은 기술과 경험의 집중을 통해 대도시에 더 큰 보상을 주고 있다.

반면 글로벌 경쟁에서 밀려난 지방 도시와 마을은 유능한 젊은 이들이 떠나고 필요한 기능인을 구할 수 없어 새로운 기업이 진입하지 않으며, 집값이 저렴해 복지 혜택에 의존하는 사람들이 유입되는 등 누적적인 쇠퇴에 빠질 위험이 있다. 외부 효과가 너무 많기 때문에 시장은 이를 극복하지 못할 것이다. 한 기업이 실패하는 곳에 10개의 기업이 번창할 수도 있지만, 그 10개의 기업이 들어오게 하려면 어떻게 조정해야 할까? 이것은 정부 개입을 필요로 하는 전형적인 사례다.

집적화로 인한 이득은 막대한 지대를 발생시킨다. 헨리 조지 Henry George가 주장했듯이, 이런 지대의 상당 부분은 토지 소유자에게 귀속된다.[87] 이것이 바로 (토지 소유자는 부를 얻기 위해 아무것도 하지 않았기 때문에) 토지세가 공정하고, (노력, 독창성, 저축과는 달리 토지의 존재 자체로는 세금을 부과할 수 없기 때문에) 효율적인 이유다. 토지세에 대한 주장은 여전히 매우 설득력 있다. 그러나 오늘날 집적으로 인한 지대의 대부분은 성공한 도시 근로자에게 귀속된다. 생산적인 대도시에서 그들은 그 일을 하도록 유인하는 데 필요한 것보다 더 많은 수입을 얻는다. 지대는 궁극적으로 사회 전체가 만들어낸 사회적 자본(특히 법치주의)의 산물이다. 따라서 이런 지대를 공유해야 할 충분한 이유가 있다. 런던의 성공에 대한 질투가 브렉시트 투표에 영향을 미쳤는데, 이는 영국인 대다수의 형편을 더 악화시킬 것이다.[88]

　최근 연구들에서 매우 흥미로운 결과 중 하나는 특히 미국에서 경쟁이 감소하고 있다는 점이다.[89] 이는 부분적으로는 승자독식이라는 현상 때문이다. 동시에 반독점 정책에 대한 태도 변화와도 관련이 있다. 이런 변화의 핵심은 소비자에게 직접적인 해를 끼치지 않는다면 경제력의 집중을 무시해도 좋다는 것이다. 영향력 있는 분석가 중 한 명인 예일대의 로버트 보크Robert Bork는 규모가 크다는 것 자체가 본질적으로 나쁜 것은 아니라고 주장했다.[90] 이 원칙이 널리 받아들여지면서 실리콘 밸리의 거대 기업들(그림 40 참조)이 많은 잠재적 경쟁자를 인수할 수 있게 되는 등의 결과가 발생했다. 이 원칙을 지지하는 사람들은 이것이 혁신에 대한 더 많은 투자로 이어졌다고 주장한다. 하지만 과도한 시장(및 기타 경제적 형태의) 권력을 창출했을 가능성이 더 크다.

미국 경제에서 일어나고 있는 일들은 시장 지배력의 증가라는 가설을 더 광범위하게 뒷받침한다. 경쟁 압력이 약해졌음을 나타내는 다음과 같은 일곱 가지 추세를 확인할 수 있다. 우선 신규 사업의 창출 속도가 뚜렷하게 둔화했고, 이에 따라 상위 기업의 시장 점유율이 증가했다. 관련된 모든 측면에서 일자리의 이동성이 현저히 줄어들어 노동 시장의 유동성이 감소했다. 소득에서 자본이 차지하는 비중이 증가했다. 안전자산 수익률 대비 자본 수익률이 상승했다. 수익률이 높은데도 기업의 투자가 감소했으며, 기업 간 수익률 격차가 확대됐다. 비슷한 기능을 가진 근로자 간 임금 격차가 커졌다.

이런 현상을 발생시킨 중요한 원인으로는 지식재산의 과도한 보호, 노동 시장에서 기업의 과도한 독점력, 과보호적인 직업 라이선스, 지나치게 제한적인 토지 이용 규제 등을 들 수 있다.[91] 그러나 이보다 더 중요한 것은 디지털 경제에서 경쟁을 가로막는 장애물일 것이다. 영국 정부를 위해 디지털 경제에서의 경쟁을 분석한 한 보고서에서는 디지털 시장은 승자가 실제로 시장의 전부 또는 대부분을 가져가는 '임계점tipping'의 영향을 받는다고 결론지었다.[92] 물론 이것이 모든 디지털 시장에 해당하는 것은 아니며, 택시 서비스처럼 특히 현실 세계와 상호작용하는 경우가 그렇다. 하지만 다른 많은 경우에는 맞는 말이다.

이와 비슷한 맥락에서, 토머스 필리폰Thomas Philippon도 『거대한 역전The Great Reversal』에서 다음과 같이 주장했다.

첫째, 미국 시장은 경쟁이 약해졌다. 많은 산업에서 집중도가 높아졌고, 선두 기업이 굳건히 자리 잡고 있으며, 수익률이 과도하게 높다. 둘째, 이런 경쟁 부족은 미국 소비자와 근로자에게 피해를 줬으며 물가 상승, 투자 감소, 생산성 증가율의 저하로 이어졌다. 셋째, 일반적인 통념과 달리 경쟁 감소의 주된 원인은 기술적인 것이 아니라 정치적인 것이다. 경쟁 감소의 원인을 추적한 결과, 막대한 로비와 선거 자금으로 유지되는 진입 장벽의 증가와 약한 반독점법 집행으로 인한 것이었음이 드러났다.[93]

금융, 의료, '빅 테크'라는 세 가지 중요한 산업에서 일어난 일들이 이런 주장을 뒷받침한다.[94] 금융에서 놀라운 사실은 중개 비용(은행가와 중개인이 예금을 받아서 최종 사용자에게 이전하는 데 드는 비용)이 한 세기 동안 약 2%p에 머물러 있다는 점이다. 또한 미국은 다른 고소득 국가보다 훨씬 더 많은 의료비(GDP의 거의 5분의 1)를 지출하지만 건강상의 결과는 훨씬 더 나쁘다. 미국의 의료 시스템이 의사, 병원, 보험회사, 제약회사 등 지대 수취 독점자들에게 자양분을 공급하기 때문이다. 다시 말하지만 아마존, 애플, 구글Google, 페이스북Facebook, 마이크로소프트와 같은 대형 테크 기업의 수익은 대부분 독점적 지대 덕분이다. 예컨대 애플 앱스토어에 있는 상품들의 가격을 생각해보라.[95]

미국에서 지대 추구 자본주의가 출현한 데 대한 논쟁을 평가하려면 EU와 비교해야 한다. 많은 사람이 이런 비교를 비웃을 것이다. 결국 EU는 경제적 재앙을 맞고 있지 않은가? 하지만 1인당 실질 GDP의 변화를 비교해보면 그 대답은 '아니요'다. 1999년부터 2017년까지 금융위기에 부적절하게 대처하면서 피해가 발생하긴 했지만 1인당 실질 GDP는 미국에서 21%, EU에서 25%, 유로존에서도 19% 증가했다.[96] 앞서 언급했듯이 불평등 수준과 소득 분배 추세 역시 EU는 미국보다 덜 부정적이며 소득 증가분도 더 고르게 공유됐다.

또한 이익률이나 시장의 집중도 역시 EU는 미국만큼 급증하지 않은 것으로 나타났다. 2000년과 2015년 사이에 기업 부가가치 창출 대비 임금과 급여가 차지하는 비중이 미국에서는 6%p 가까이 감소했지만 유로존에서는 전혀 감소하지 않았다.[97] 이는 기술이 노동소득 비중의 하락을 주도했다는 가설을 약화시킨다. 기술(그리고 국제무역)이 대서양 양안 모두에 거의 동등하게 영향을 미쳤음에도 그러하다.

EU의 경제가 모든 면에서 더 강한 것은 분명 아니다. 오히려 "미국은 더 나은 대학과 벤처캐피털에서 기술 전문성에 이르기까지 혁신을 위한 더 강력한 생태계를 보유하고 있다."[98] 그럼에도 지난 20~30년 동안 EU에서는 제품 시장에서의 경쟁이 더 효과적으로 이루어졌다. 마거릿 대처까지 거슬러 올라갈 수 있는 영국 중심의 정책 혁신인 브렉시트를 고려할 때 역설적이기는 하지만, 단일 시장 내에서의 규제 완화와 보다 적극적이고 독립적인 경쟁 강화 정책이 반영된 것이다. 바이든 행정부는 그것을 바꾸겠다는 의사를 밝혔지만, 경쟁을 보존하고 촉진해야 한다는 필요성이 대서양 양안에서 대두했다.

흥미로운 점은 EU가 개별 회원국이나 미국보다 더 많은 독립적 규제 기관을 설립했다는 것이다. 이는 상호 불신을 반영한다. 개별 국가는 동료 회원국의 변덕에 휘둘리는 것보다 강력한 독립적 기관을 선호하는데, 특히 국가 규제 기관이 약한 국가에 유리하다. 1998년 당시 제품 시장에 대한 규제가 더 강했던 EU 회원국일수록 이후 규제 완화의 폭이 더 컸다.[99]

미국과 EU의 이런 차이는 로비에 대한 보상에도 영향을 미친다. 규제 기관의 독립성이 강한 EU에서는 로비의 보상이 상대적으로 낮다. 규제 완화와 유리한 규제를 위한 로비는 미국에서 더 치열하게 이루어지고 있으며, 효과도 크다. 그렇지 않다면 사람들이 왜 로비를 위해 돈을 지불하겠는가.[100]

요약하자면, 현대의 주요 경제들은 독점적 지대로 가득 차 있는 것처럼 보인다. 글로벌 무역이 경쟁을 유발하는 곳에서는 덜하지만, 경제에서 더 보호받는 부분과 자연 독점이 지배하는 부분에서는 매우 그렇다. 애덤 스미스가 경고했듯이, 기존 기업들은 경쟁을 제한하기 위해 열성적으로 노력한다. 문제는 기존 기업이 원하는 정치적·규제적 보호를 얻기가 너무나 쉬워졌다는 점이다. 그 결과가 바로 지대 추구 자본주의다.

세금의 허점을 악용하는 것도 지대 취득의 중요한 부분이다. 여기에는 여러 가지 측면이 있다. 가장 중요한 것은 법인세의 심각한 허점을 악용하고 부유한 개인이 조세회피처를 이용하는 것이다.

가장 큰 문제는 기업의 조세회피다. 기업(그리고 그 주주들)은 세계에서 가장 중요한 자유주의적 민주주의 국가가 제공하는 다양한 재화(안보, 법률 시스템, 인프라, 교육받은 노동력, 정치적·사회적 안정성 등)의 혜택을 누리고 있다. 그러나 기업들은 또한 기업 과세의 허점을 악용할 수 있는 완벽한 위치에 있다. 이는 주주들에게 큰 혜택을 가져다준다. 즉 가볍게 과세된(또는 심지어 비과세된) 기업의 이익을 주주에게 배당금으로 분배하지 않으면, 일반적으로 매우 가볍게 과세되는 자본이익으로 전환된다. 이는 당연히 불공정한 것으로 간주된다. 이는 조세 제도의 정당성, 더 나아가 시장경제의 정당성을 약화시킨다. 이런 시스템이 고의로 왜곡된 것으로 여겨지면서 기업이 의존하는 사법 관할권의 질이 침식되고 있다. 기업들은 자신의 둥지를 제 손으로 더럽히고 있다.

법인세 제도 내에서 가장 큰 도전 과제는 세수 기반의 침식과 이익 이전, 조세 경쟁이다. 세수 기반의 침식과 이익 이전은 기업이 세율이 낮은 관할지역에 자신의 이익을 신고하는 것을 말한다. 이를 위한 중요한 도구로는 지식재산을 조세회피처로 이전하는 것, 세율이 높은 관할지역에서 발생한 이익에 대해 세금 공제 대상인 부채를 발생시키는 것, 기업 내에서 이전 가격을 조작하여 세율이 낮은 관할지역으로 이익을 이전하는 것 등이 있다.[101] 디지털 기업은 수익 창출 활동의 지리적 위치를 파악하기 어렵기 때문에 세율이 낮은 관할지역으로 이익을 이전하는 데 특히 유리하다. 또한 이 전략의 주요 사용자는 지식재산이 주요 자산인 생명과학 기업이다. 이 외에도 관할권 간에 법인세율 인하 경쟁이 벌어지고 있다. 트럼프 행정부의 미국 법인세율 인하는 국가 간 경쟁의 결과였고, 바이든 행정부는 2021년 말 최저 법인세에 대한 글로벌 합의

에 도달했다. 이것이 얼마나 효과적일지는 아직 불분명한데, 아마도 그다지 효과적이지 않을 것이다.[102]

이 모든 것에 따라 좌우되는 금액은 상당하다. 2015년에 발표된 IMF의 연구에서는 세수 기반의 침식과 이익 이전 때문에 OECD 회원국의 장기적인 연간 수입이 약 4,500억 달러(GDP의 1%) 감소했고, 비OECD 국가에서는 2,000억 달러(GDP의 1.3%)가 약간 넘게 감소한 것으로 계산됐다. 2016년 OECD 회원국의 평균 세수 증가율이 GDP의 2.9%(미국은 2%)에 불과하다는 점을 고려할 때 상당한 수치라고 할 수 있다.[103] 이 연구는 또한 예상대로 OECD 국가의 법인세율 인하가 다른 국가의 세율에 강력한 하향 효과를 가져왔다고 결론지었다.[104] 실제로 지난 40년 동안 세율이 급격히 하락했다. 법인세 수입은 다른 세금 수입원에 비해서 상대적으로 일관된 편이지만, OECD의 GDP에서 기업 이익이 차지하는 비중은 증가해왔다. 따라서 평균 실효세율은 하락했다고 볼 수 있다.[105]

세수 기반의 침식과 이익 이전에 대한 주목할 만한 지표 중 하나는 미국 기업이 (중요도 순으로) 싱가포르, 영국령 카리브해, 스위스, 룩셈부르크, 버뮤다, 아일랜드, 네덜란드에서 신고한 이익이 1995년에는 미국 GDP의 약 0.3%였던 것이 2015년에는 1.4%가 됐다는 점이다. 반면 중국, 프랑스, 독일, 인도, 이탈리아, 일본 등 거대 해외 경제권에서 창출된 이익의 비중은 GDP의 0.2% 정도에 대체로 고정되어 있다.[106] 최근의 또 다른 연구에 따르면 "석유 이외의 부문에서 미국 다국적 기업의 해외 유효세율이 1990년대 중반 이후 급감했다"라고 결론지었다. "일부 이유는 해외 법인세율이 하락했다는 것이지만, 우리의 추정에 따르면 거의 절반은 조세회피처로 이전하는 이익이 증가한 데 기인한다. 2015년 미국의 비석유 부문 다국적 기업의 해외 이익 중 약 절반은 27%의 실효세율을 적용받는 조세회피처 외의 국가에서 신고됐고, 나머지 절반은 7%의 실효세율을 적용받는 조세회피처에서 신고됐다."[107] 대기업이 원하는 곳으로 이익을 이전하여 세금을 회피하는 것은 단순한 지대 수취보다 더 심각한 문제다. 경쟁을 왜곡하기 때문이다. 세금을 납부하는 국내의 소규모 기업들은 그렇지 않은 기업과의 경쟁에서 큰 불이익을 받는다.

최근의 중요한 연구 중 하나는 2007년에 전 세계 가계 금융자산의 8%(전 세계 GDP의 10%)가 역외에서 보유됐다고 지적했다. 이 연구에 따르면 예상대로 부패한 독재 국가(러시아, 사우디아라비아)나 최근에 독재 통치의 역사가 있는 국가(아르헨티나, 그리스)에서 역외 자산을 보유하는 경향이 가장 큰 것으로 나타났다. 하지만 이런 국가에만 국한된 것은 아니다. 국가 GDP에서 역외 자산이 차지하는 비중이 전 세계 평균치에 비해 높은 국가로는 (내림차순으로) 포르투갈, 벨기에, 영국, 독일, 프랑스가 있다. 이런 역외 자산의 대부분은 부의 상위 0.01%(1만 분위의 최상위)가 보유하고 있다. 이런 데이터를 포함하면 전체 자산 분포에서 상위 0.1%가 차지하는 비중이 달라진다. 예를 들어, 2007년에 영국에서는 이 극소수 그룹이 보유한 자산의 약 3분의 1이 역외에 보관되어 있었다. 물론 이런 해외 자산에 대해서도 어느 정도 세금을 납부한다. 하지만 얼마

나 될까? '거의 내지 않는다'가 합리적인 추측일 것이다.[108]

이 모든 것 외에도 세금 항목의 일부 기능은 위험한 왜곡과 불평등을 초래한다. 가장 중요한 예 중 하나는 부채의 이자를 내는데 대한 세금 공제가 널리 퍼져 있다는 것이다. 이는 가계와 기업이 자기자본이 아닌 부채를 통해 자금을 조달하도록 강력한 동기를 부여한다. 이보다 덜 중요하지만 또 다른 예로는 소득세에서 '성과 보수'를 면제해주는 것이다. 성과 보수에는 사모펀드와 헤지펀드 매니저(무한책임 파트너)의 보상이 포함되는데, 현행 세금 제도하에서는 소득이 아닌 자본이득으로 과세된다. 이 때문에 세계에서 가장 높은 보수를 받는 일부 사업가는 자신들만의 (훨씬 낮은) 세율을 적용받는다. 그러나 성과 보수가 자본이득이 아니라는 점은 분명하다. 성과 보수는 작가의 소득처럼 리스크가 있는 소득이다. 자본이득이라면 자본 손실의 가능성이 있어야 하는데, 손실 가능성의 하방이 0으로 제한된다. 따라서 소득이다. 물론 가변적이고 불확실한 소득에 대한 처우를 변경해야 할 수도 있겠지만, 이는 모든 소득에 적용되어야 한다.[109]

치열한 경쟁이 몰리는 것과는 거리가 먼 우리의 경제는 지대 수취를 위한 모든 종류의 기회를 창출해왔다. 이는 언제나 그래왔다. 강자들은 항상 지대 취득자들이었다. 물론 그 대가로 어느 정도의 사회보장이나 안정과 같은 가치 있는 것을 제공하거나 경제의 역동성에 기여하기도 했다. 그럼에도 지대 수취의 기회는 40년 전에 예상했던 것보다 훨씬 더 큰 것으로 밝혀졌다. 성장에 따른 이익이 비정상적으로 불균형하게 분배돼 많은 사람이 혼란과 좌절, 분노를 느꼈다.

　게다가 그들은 단순히 지대 수취를 위한 기회를 악용하는 데 그치지 않았다. 여기에는 적극적인 지대 창출과 로비를 통한 지대 추구도 포함된다. 가장 중요한 예로 부유층에 유리하게 세제를 변경하기 위해 행해지는 적극적인 로비를 들 수 있다. 또 다른 예는 불안정성을 야기하는 금융 부문의 지대 수취 및 지대 추구를 통제하려는 시도에 맞서는 로비 행위다. 그리고 또 다른 예는 미약한 경쟁 촉진 정책이다. 무엇보다 부유층이 공공 정책을 형성하는 데 지배적인 역할을 하고 있다. 이에 최근 미국의 한 학자가 행한 연구에서는 "적어도 정책적 결과를 실제로 결정짓는 인과적 의미로 보자면 다수결의 원칙이 지배하지 않는다"라고 결론을 내렸다. "대다수의 시민이 경제 엘리트나 조직화된 이해관계 집단과 의견이 다를 경우 일반적으로 패배한다."[110] 이 견해는 물론 논란의 여지가 있지만,[111] 상당한 타당성을 가지고 있다.

　미국 정치에서 돈의 역할에 대한 데이터는 실제로 드라마틱하다. 놀랍게도 국회의원들은 일주일에 약 30시간을 모금 활동에 쓴다. 이는 미국이 금권정치로 향하는 여정에서 큰 발걸음을 내디딘 것으로 입증됐다. 믹 멀베이니Mick Mulvaney 전 하원의원은 2018년 4월에 "만약 당신이 우리에게 돈을 준 적이 없는 로비스트라면, 나는 당신과 이야기하지 않을 것이다. 만약 당신이 우리에게 돈을 준 로비스트라면 당신과 이야기할 것이다"[112]라고 말했다. 미국은 EU보다 기업 로비 금액이 2~3배 더 많고, 선거운동 기부금 액수는 50배나 더 많다.[113]

특별한 기회는 특별한 유혹을 낳는다. 탐욕에 기반한 사회는 지속될 수 없다.[114] 성공적인 사회에는 의무, 공정성, 책임, 품위와 같은 도덕적 가치가 스며들어 있어야 한다. 이런 가치가 시장경제 밖에서만 존재해서는 안 되고, 시장경제 자체에 스며들어야 한다. 외부 규제는 필수적이다. 그러나 시장 권력을 가진 사람들이 탐욕 이외의 원칙을 가지고 있지 않다고 해서 그것으로 충분하다고 할 수는 없다. 사기적인 등급 매기기, 이해할 수 없는 금융 상품, 심각한 이해상충, 기괴한 무책임 등 온갖 종류의 나쁜 행동이 만연해 있는 은행업에 대해서 생생하게 묘사한 책이 있다. 그 책에서는 다음과 같이 요약한다. "가장 의욕이 넘치는 은행원들은 자신의 직업을 지위 상승 게임이라고 생각한다. 이 게임은 돈을 빌려주고, 채권을 묶어서 팔고, 민영화하는 것으로 구성된다. 더 많은 비즈니스를 할수록 은행원들은 자신의 정체성을 구축하는 데 기반이 되는 리그에서 더 높은 순위에 오르게 된다."[115]

다시 한번 말하지만, 이것은 지대 수취일 뿐만 아니라 지대 창출이기도 하다. 금융의 연료는 부채, 더 정확히 말하면 레버리지다. 레버리지가 높을수록 자기자본에 대한 기대 수익이 더 커지지만 실패 리스크도 커진다. 사회적 관점에서 볼 때, 자기자본 대비 부채의 비율이 매우 낮으면 이에 따른 비용이 들지 않는다. 다만, 이럴 경우 호황기에 자기자본수익률이 낮아져서 금융 전문가와 재무 관리자에게 주어지는 보상이 줄어들 수 있다.[116] 자기자본 대비 부채의 비율이 낮으면 위기가 발생할 가능성도 크게 줄어들지만, 상대적으로 드문 경우다. 위기가 발생하면 은행 업계는 예측

할 수 없는 일이었다고 주장할 것이다. 게다가 금융 붕괴에 따른 사회적·경제적 대가가 너무 커서 정부가 구제책을 마련하려고 노력할 것이 분명하다는 사실도 알고 있을 것이다. 따라서 은행 업계에서 높은 레버리지는 '앞면이 나오면 내가 이기고 뒷면이 나오면 네가 진다'라는 명제다. 위기 이후 많은 경제학자가 금융 레버리지를 훨씬 낮춰야 한다고 주장했다. 결국 레버리지 비율이 소폭 하락해서 오늘날 글로벌 은행의 자산 대비 자기자본의 비율은 대부분 5~6%를 보인다. 위기 이전의 약 2배 수준인데, 이 정도면 안전할까? 그렇지 않다. 이런 은행은 대차대조표의 가치가 5%만 손실을 봐도 파산할 수 있다. 무책임한 금융은 지대를 창출한다. (하락에 따르는 비용은 궁극적으로 다른 사람들이 치르게 되는) 리스크를 감수하는 대가로 금융업은 오히려 더 잘살게 된다.[117] '파산하거나 감옥에 가기에는 너무 큰' 은행을 없애거나 묶어두어야 한다는 것은 의심의 여지가 없다.

새로운 도전 과제

이미 우리는 인공지능, 기후변화, 팬데믹이라는 적어도 세 가지의 거대한 경제적 도전 과제에 직면해 있다. 이런 도전 과제들 때문에 아마도 미래는 더 힘겨울 것이다.

앞으로 10년은 전 지구적 환경문제에 대해 마침내 무언가 조치를 취해야 하는 시기다. 기후변화의 우선순위가 가장 높지만, 육지와 바다 모두에서 생물 다양성을 비롯한 다른 문제들도 있다. 여기에는 특히 막대한 투자가 이뤄져야 한다는 점을 고려할 때, 적어도 단기적·중기적으로 경제적 비용을 초래할 가능성이 크다.[118] 이 과제를 해결하고자 할 때 적어도 세 가지 차원에서 어려움을 겪을 것이다. 첫째, 모든 주요 정치 행위자(국가들, EU 전체, 때에 따라 주 또는 도시)는 앞으로 10년 내에 에너지 생산 및 사용에서 변화를 불러올 효과적인 계획과 정책을 마련해야 한다. 둘째, 그 계획을 실행하는 데 필요한 정치적 지지를 확보해야 한다. 셋째, 이 문제를 어느 한 나라가 단독으로 해결할 수 없음을 인정해야 한다. 그리고 각국의 계획에는 근본적으로 서로 다른 제약과 기회가 있겠지만, 전 세계 많은 국가의 계획과 맞물려야 한다. 무엇보다 2020년 전 세계 탄소 배출량의 약 30%만을 배출한 고소득 국가들만으로는 이 문제를 해결할 수 없다. 이미 탄소 배출량의 70%를 배출하고 있으며 앞으로 모든 그럴듯한 시나리오에서 탄소 배출량 증가의 대부분을 차지할 신흥국과 개발도상국이 주축이 되어야 한다(그림 41 참조).

필연적으로 이 모든 작업을 하려면 방대한 양의 정책적·정치적 자원을 소모해야 할 것이다. 실제로 오늘날의 상황으로 볼 때 이런 일이 일어날 가능성은 거의 없어 보인다. 하지만 10년 안에 별다른 조치가 취해지지 않는다면 기후변화로 인한 피해를 억제하는 일은 절망적인 일이 될 수도 있다. 이 모든 문제를 해결하려면 무엇보다 2020년에 전 세계 이산화탄소 배출량의 44%를 차지한 중국과 미국의 긴밀한 협력이 필요하다. 아쉽게도 이런 협력은

그림 41 · 전 세계 이산화탄소 배출량에서 주요국이 차지하는 비중

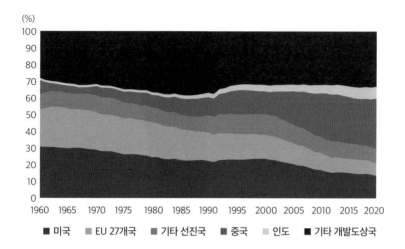

출처: 글로벌탄소프로젝트Global Carbon Project

루이스 캐럴Lewis Carroll의 스나크Snark(어떻게 생겼는지를 누구도 알지 못하는 상상의 동물-옮긴이)를 사냥하는 것처럼 쉽지 않아 보인다.[119] 그 대신 우리는 사람들에게 자전거를 타거나 쓰레기를 재활용하도록 강제하거나 원자력을 금지하는 등 각종 '기후 쇼'를 보게 될 가능성이 크다. 2021년 UN 기후변화 회의의 결과에서 알 수 있듯이, 모든 것을 고려할 때 실행 가능한 글로벌 해결책을 도출하기까지는 아직 갈 길이 멀기 때문이다.[120]

인공지능의 영향은 매우 다른 방식으로 기후변화만큼이나 논란의 여지가 많다. 이런 새로운 기술은 인간이란 무엇인가에 대한 우리의 깊은 감각을 불안정하게 할 것으로 여겨진다. 컴퓨팅, 통

신, 로봇공학의 결합을 통해 "두뇌와 손으로by brain and by hand 일하는 노동자"의 역할을 변화시킴으로써 우리 경제 및 사회의 작동 방식에 큰 변화를 불러오리라는 주장은 매우 그럴듯해 보인다.[121] 시간이 지나면서 이 혁명은 노동 시장에서 결정되는 (교육받은 노동자를 포함하여) 노동자 상당수의 소득을 붕괴시키고 그에 따라 관련 자본의 소유자에게 엄청난 이득이 돌아가게 할 가능성도 있다. 그러면 우리 사회는 더욱더 불평등한 지대 추구 경제가 될 것이다. 그 노하우와 기계로부터 나오는 수익은 로봇 노예 군대의 보살핌과 보호를 받는, 상상을 초월하는 극소수의 부자들이 소유하게 될 것이다. 그러면 대부분의 인간은 경제적으로 잉여의 존재가 될 수 있다.

최악의 경우 대부분의 인간은 한때 보편적인 교통수단이었지만 철도와 내연기관이 발명된 후 쓸모가 없어진 말처럼 경제적으로 무의미한 존재가 될 수도 있다. 하지만 일부 연구자는 비교적 낙관적인 전망을 내놓기도 한다. 결국 지난 2세기 동안 끝없이 이어진 적응의 추가적 사례를 경험하는 것에 지나지 않게 된다는 것이다. 반면 또 다른 사람들은 훨씬 더 혁명적이고 암울한, '일이 없는 세상'을 예측한다.[122] 현 단계에서 말할 수 있는 것은, 우리는 알지 못한다는 것이다. 하지만 기후변화에 대한 계획을 수립해야 하는 것과 마찬가지로, 우리는 그런 혁명을 관리할 수 있어야 한다.

마지막으로, 코로나19의 발병은 대부분 국가에 막대한 재정 적자를 초래했으며, 특히 고소득 국가에는 공공부채의 증가라는 후유증을 남겨놓았다. 그것은 일시적이거나 영구적으로 높은 실업률을 초래했다. 해고된 사람 중 일부는 너무 늙거나 유연성이 떨어져 새로운 일자리를 찾기 어렵기 때문이다. 젊은이, 여성(특히 어린 자녀를 둔 어머니), 저학력자, 소수자 커뮤니티 구성원에게 경제적 피해를 줬으며, 결정적으로 어린이와 청소년의 교육에 해를 끼쳤다. 기업에도 여러 측면에서 피해를 줬는데, 이는 생산량 수준과 성장에 영구적인 손실을 가할 수도 있다. 또한 민간부채를 증가시키고 금융 부문의 대량 파산 및 부실 가능성을 높였다. 신흥국과 개발도상국의 경제에 타격을 입혔고, 부분적으로는 전 세계적으로 백신의 보급이 더뎌짐으로써 극심한 빈곤과의 싸움이 수년 동안 지연됐다. 이에 따라 경제구조가 대면 접촉과 밀접한 접촉에 의존하는 운영에서 벗어나 상품의 생산 및 소비에서 가상의 관계로 급속히 변화했다. 이는 일하고 구매하고 생활하는 패턴에 영구적인 변화를 불러올 수 있다. 예컨대 재화의 탈세계화가 가속화되는 한편, 비트 단위로 전환될 수 있는 서비스의 세계화 역시 가속화되고 있다. 마지막으로, 미국과 중국 간의 관계 단절을 크게 가속화했는데 이것이 경제적·정치적 협력에 어떤 영향을 미칠지 현재로선 알 수 없다.[123]

요컨대 코로나19는 해결하기 쉽지 않은 후유증을 남길 것이고, 한편에서 누군가는 기회라고 주장할 수도 있다. 하지만 우리가 팬데믹 이후라는 행복한 상황에 도달하면 또는 도달할 수 있다면, 경제는 2019년에 예상했던 것과는 상당히 다를 것이고 헤쳐 나가기가 더 어려울 것이라는 점만큼은 확실해 보인다.

결론

이 장에서는 4장에서 논의한 경제적 침체의 배후에 무엇이 있는지, 그리고 앞으로 해결해야 할 과제가 무엇인지 분석했다. 그리고 이런 침체가 특히 생산성 향상의 둔화, 신기술의 불균형적인 영향, 인구 구조의 변화, 신흥국 특히 중국의 부상과 같은 의미심장하고 피할 수 없는 힘들의 산물이라고 주장했다. 또한 국제무역은 거대한 문제라기보다는 오히려 희생양에 가깝다는 점을 밝혔다. 그러나 상대적으로 소수의 인구가 경제에서 성공적으로 지대를 장악하고, 이를 통해 얻은 자원으로 정치 및 법률 시스템을 통제하는 데 사용하는 지대 추구 자본주의가 부상했다. 이는 특히 세계에서 가장 중요한 민주주의의 기준이 되는 미국에서 문제가 되고 있다.

높은 불평등, 경제적 불안, 느린 경제 성장, 거대한 금융위기 탓에 주요 고소득 사회의 엘리트에 대한 신뢰가 약화됐다. 결국 포퓰리스트의 당선과 포퓰리즘적 대의명분의 승리로 이어졌고, 이는 대개 나쁜 정책으로 이어진다. 나쁜 경제가 나쁜 정책을 낳고 다시 나쁜 경제로 이어지는 악순환의 고리를 형성할 위험이 있다. 안타깝게도 라틴아메리카의 높은 불평등과 저조한 경제적 성과가 라틴아메리카의 상황을 낳고 있는 것이다.

중요한 것은 이런 힘들이 자유로운 사회를 약화시키고 있다는 점이다. 예를 들어, 트럼프가 미국 기업들을 향해 중국을 떠나라고 '명령'한 것은 독재적 권력을 행사한 것이다.[124] 그러나 많은 사람이 이 말을 듣기 좋아한 이유는 대통령이 '미국의' 기업들은 '미국의'(사실은 자신의) 정치적 우선순위에 책임을 져야 한다고 말하는 것이었기 때문이다. 포퓰리즘이 다시 한번 민족주의와 결합했다. 이에 우리는 민주주의의 심장부에서 자유주의적 민주주의에 대한 위협이 급증하는 것을 목격하고 있다. 6장에서는 이런 정치적 변화의 본질과 중요성에 대해 논의하고자 한다.

한 파벌이 다른 파벌을 번갈아 지배하는 것은 당파적 불화의 본질적 측면인 복수의 정신으로 날카로워졌으며, 다양한 시대와 나라에서 가장 끔찍하고 극악무도한 행위를 자행하게 했다. 이는 그 자체로도 무서운 전제정치이지만, 결국 더 공식적이고 영구적인 전제주의로 이어진다. 그 결과 초래되는 무질서와 비참함은 점차 사람들의 마음이 한 인물의 절대적인 권력에서 안전과 안식을 추구하도록 기울게 한다. 그리고 조만간 경쟁자보다 더 유능하거나 운이 좋은 일부 지배세력의 우두머리가 공공적 자유의 폐허 위에서 자신의 출세라는 목적을 위해 이런 성향을 사용한다.

- 조지 워싱턴[1]

민주주의가 완성될수록 대통령직은 국민의 내적 영혼을 점점 더 대변하게 된다. 우리는 높은 이상을 향해 나아간다. 위대하고 영광스러운 어느 날, 이 땅의 평범한 사람들은 마침내 마음의 소망을 이루게 될 것이고 백악관은 완전히 멍청한 사람으로 장식될 것이다.

- H. L. 멩켄[2]

트럼프가 공화당 후보로 지명되기 전까지 미국 정치 시스템 자체를 파괴하려는 강력한 정치 행위자는 없었다. 그는 아마도 독재자 후보로 출마한 최초의 주요 정당 후보일 것이다. 그리고 그가 이겼다.

- 마샤 게센Masha Gessen(러시아 출신의 미국 저널리스트)[3]

민주주의적 자본주의는 이제 권위주의적 자본주의에 맞서고 있다. 권위주의는 매우 다른 두 가지 형태를 취한다. 하나는 '선동적 권위주의적 자본주의'이고 다른 하나는 '관료적 권위주의적 자본주의'다. 전자는 고소득 자유주의적 민주주의 국가들에 대한 내부적 위협으로, 이 국가들은 결국 그런 형태로 변질될 수 있다. 후자는 고소득 자유주의적 민주주의 국가들에 대한 외부적 위협으로, 자유주의적 민주주의를 무너뜨릴 수 있는 요인이다. 예컨대 가장 강력한 라이벌인 중국이 운영하는 시스템이다.

첫 번째 버전은 로드리고 두테르테Rodrigo Duterte의 필리핀, 레제프 타이이프 에르도안의 튀르키예, 야로슬라프 카친스키의 폴란드, 빅토르 오르반의 헝가리, 블라디미르 푸틴의 러시아에서 볼 수 있다. 머잖아 자이르 보우소나루의 브라질과 나렌드라 모디의 인도에서도 등장할 수 있다. 두 번째 버전은 중국과 베트남에서 찾아볼 수 있다. 이들 정권은 유교적 전통의 능력주의, 그리고 민심에 반응하는 관료제를 공산당 국가의 시장 중심 경제에 결합했다. 권위주의적 자본주의의 선동적 버전과는 상당히 다르며, 고소득 자유주의적 민주주의 국가에 다른 차원의 도전을 제기한다.

권위주의의 선동적 변형은 파괴적인 한계에 도달한 선거 다수결주의에서 비롯된다.[4] 정부 지도자는 에르도안, 오르반, 푸틴이 그랬던 것처럼 (일시적인) 권력을 이용해서 독립적 기관들과 야당을 억압한 다음 절대적인 통치자로 부상한다. 이런 식으로 자유주의적 민주주의가 비자유주의적 민주주의로 변질된 후 노골적인 독재로 이어진다. 이는 권위주의 정권이 출현하는 가장 일반적인 방법이 됐다. 쿠데타나 혁명을 일으키기보다는 말벌 애벌레가 숙주를 잡아먹듯이, 독재자가 되려는 사람이 내부에서 민주주의를 먹어 치운다.[5] 그 결과는 과거에 존재했던 파시즘이나 공산주의의 기준으로 볼 때 다소 부드러운 독재자가 되는 경향이 있다. 유권자들에게 혐오감을 덜 줄 수는 있지만 독재라는 점은 동일하다.

이런 정권은 정치를 탈제도화하여 정치를 개인화한다.[6] 자의적인 통치자와 그 휘하에 있는 법원을 기반으로 운영되는 정부다. 신뢰할 수 있는 가신들로 이루어진 좁은 서클, 가족 구성원의 승진,

더 큰 권력을 정당화하기 위한 국민투표 활용, '위대한 지도자'에게 개인적으로 충성하는 친위대의 창설 등이 공통적인 특징이다. S. E. 파이너가 '포럼 정부'라고 불렀던 궁정식 정부는 단순한 궁정식 정부가 아니라 맥베스Macbeth의 궁정과 매우 흡사한 정부로 전환된다.[7] 새로운 독재 국가의 궁정 관리들은 전문 공직자로서 더 높은 자리를 향한 야망이 좌절되는 경우가 드물지 않은데, 그들이 평범한 계층 출신이기 때문이다.[8]

이런 시스템에서는 포퓰리즘의 악덕과 전제주의의 악덕이 결합한다. 포퓰리즘의 악덕은 단기주의, 전문성에 대한 무관심, 장기적인 고려보다 당장 정치적인 것을 우선시하는 것 등이다. 전제주의의 악덕은 부패와 자의성이다. 이 두 가지는 경제적 비효율성과 장기적인 실패를 초래한다. 이런 정권은 큰 규모로 도둑질하는 경향이 있다. 도둑질 정치는 모든 독재자가 좋아하는 어둠 속에서 번식한다. 이들의 정치는 국민에 대한 사랑이라는 외피 아래 숨겨진 거짓, 억압, 도둑질의 정치다.[9] 궁극적으로 이런 형태의 권위주의는 악랄한 갱스터 국가를 만들어낸다. 푸틴의 러시아가 가장 중요한 현대적 예다.

이반 크라스테프Ivan Krastev와 스티븐 홈스Stephen Holmes는 현재 러시아를 포함하여 중부 유럽과 동유럽에 만연한 이런 권위주의는 냉전 이후에 당시 승리했던 서구를 모방하기 위해 서두르다가 역전된 것으로 보아야 한다고 주장한다. 모방이 실패한 데 대한 반작용으로 보수적이고 민족주의적인 선동가들이 인기를 얻게 됐다는 것이다.[10] 이 우울한 견해가 맞을 수도 있다. 그러나 서방조차 그런 이상한 세상으로 나아가야 한다고 주장하는 것은 분명히 터무니없는 일이다. 서방이 스스로를 부정하게 되는 것이기 때문이다.

이처럼 파괴적인 결과를 초래하는 것은 인간의 모든 동기 중 가장 중요한, 권력에 대한 의지다. 민주정치는 한 사회의 미래에 대한 토론의 장일 뿐만 아니라 명성과 권력을 획득하는 것이기도 하다. 권력에 대한 의지가 확고한 사람들에게는 위기가 곧 기회다. 이 장에서는 고소득이며 '굳건하다'라고 간주되는 북미와 서유럽의 민주주의 국가에서도 이런 현상이 어떻게 그리고 왜 발생했는지에 초점을 맞춘다. 만약 여기서 민주주의적 자본주의가 사라진다면, 과연 어디에서 살아남을 수 있을까? 마샤 게센의 주장처럼 선동적인 독재자 도널드 트럼프의 당선으로 이 질문이 더 중요해졌다. 새로운 상황이 벌어진 것이다. 2020년 대선을 뒤엎으려는 트럼프의 시도와 이후 '도둑맞은 선거'라는 커다란 거짓말에 대해 공화당이 지지를 표명하면서 위험은 더욱 분명해졌다. 2024년은 미국의 자유주의적 민주주의가 종말을 맞이하는 해가 될 수도 있다.

고소득 민주주의 국가에서의 포퓰리즘

기존 민주주의 국가에서 선동적인 형태의 권위주의적 자본주의를 선택하는 것은 상상할 수 없는 패배로 간주되어야 한다. 그럼에도 정책 실패, 특히 거대한 금융위기 및 그 여파,

그리고 코로나19로 인한 격변은 고소득 서구 국가에서도 이런 위험을 초래했다. 이런 요인들이 상당수 유권자의 자신과 자녀의 미래에 대한 믿음, 그리고 엘리트들의 청렴함과 지혜에 대한 믿음을 약화시켰기 때문이다. 또한 지난 수십 년 동안 쌓여온 분노와 불안감을 자극했다. 믿음을 약화시킨 원인이 경제적 실패만은 아니다. 하지만 오랫동안 민주주의가 확립된 고소득 국가에서도 자유주의적 민주주의의 정당성이 쇠퇴하게 된 주요한 원인임은 분명하다.[11] 이는 능력주의 경쟁에서 성공한 사람들이 다른 사람들을 무시한다는 (지극히 현실적인) 믿음으로 강화된다.[12] 기대했던 것보다 가난하다는 것은 나쁜 일이다. 게다가 멸시까지 받는 것은 더욱 나쁜 일이다.

마른 장작은 불똥이 튀기만을 기다리고 있지만, 결국 정치적 야심가들이 불을 지펴야 불길이 타오른다. 평상시에 정치는 관습과 규범에 얽매여 있다. 하지만 위기 상황에서는 그렇지 않을 수 있다. 격변으로 정치 시스템이 취약해지면 이전에는 상상할 수 없었던 일이 발생하기도 한다. 굳건한 민주주의 국가는 합리적으로 유능한 정책 입안자, 합법적인 행동의 경계선에 대한 (특히 엘리트층의) 상식, 상대방을 수용하는 것에 대한 강한 의지가 있기 때문에 독재자가 되려는 자를 거부할 가능성이 크다. 그 한 예가 1930년대 영국이 오즈월드 모즐리Oswald Mosley(1932년에 파시즘 정당인 영국파시스트연합BUF을 창당하여 총재로서 활동했으나, 1940년에 체포·수감됐고 BUF는 불법화됐다-옮긴이)를 거부한 것이다. 그러나 민주주의의 정당성이 약하고 분노가 큰 곳에서는 당시 독일처럼 독재자가 되려는 사람이 권력을 잡을 수도 있다. 이런 인물은 공정한 관료제, 법, 언론과 같은 제도를 자신의 부속물로 만들거나 아예 폐지해버림으로써 자유주의적 민주주의 '그리고' 자유시장경제의 목을 조른다.[13] 결국 자유시장경제는 경쟁과 재산권을 보호하는 중립적인 법치주의에 달려 있다. 독재자가 되려는 사람과 그의 부하들에게는 이 두 가지가 다 혐오스러운 것이다.[14]

'포퓰리즘'은 논란의 여지가 있는 용어다. 어떤 이들은 이 용어를 폐기해야 한다고 주장하는데, 그러기는 어렵다. 다만, 더 정확하게 정의할 필요는 있다. 포퓰리즘에는 엘리트에 대한 적대감과 다원주의에 대한 거부라는 두 가지 측면이 있다. 반엘리트적 측면에서 포퓰리즘은 고결하고 억압받는 '진짜' 국민과 억압적인 엘리트를 대비한다. 반다원주의적 측면에서는 "간단히 말해, 포퓰리스트는 '우리가 99%'라고 주장하지 않는다. 대신 '우리만이 진짜'라고 암시한다. … 포퓰리즘을 배타적인 형태의 정체성 정치로 이해하면 포퓰리즘이 민주주의에 위험을 초래하는 경향이 있다는 것을 알 수 있다. 민주주의는 다원주의와 함께 자유롭고 평등하지만 어느 하나로 환원할 수 없을 만큼 다양한 시민으로서 함께 살아가는 공정한 조건을 만들어야 한다는 인식을 필요로 하기 때문이다. 단일하고 동질적이며 진정한 국민이라는 생각은 환상이다."[15]

반엘리트적 포퓰리스트는 반다원주의자가 아닐 수도 있다. 그러나 반다원주의적 포퓰리스트에게는 단 하나의 국민, 즉 '진짜' 국민만이 존재하며 자신들이 그리고 오직 자신들만이 그것을 대표하거나 더 야심 차게 구현할 수 있다고 믿는다. 따라서 "브렉시트 투표가 '진짜 국민의 승리'라고 주장하며 이를 축하하면서, 영국이 EU에서 탈퇴하는 것에 반대했던 영국 유권자의 48%를 '진짜 국민'이 아니라며 정치 공동체의 정당한 구성원으로서의 지위에 의문을 제기한 나이절 패라지를 생각해보라."[16] 같은 맥락에서 2016년 5월 선거 유세 당시 트럼프는 "오직 중요한 것은 국민의 통합뿐이며 국민이 아닌 이들은 의미 없는 존재"[17]라고 말했다. 이는 파시즘적이다.

반엘리트주의와 반다원주의라는 두 가지 신념이 결합하면 정치적 반대자, (자기 당을 제외한) 정당들, 독립적 법원 특히 독립적 헌법재판소, 독립적 관료제, 독립적 언론의 정당성을 부정하는 정권이 들어서게 된다. 이런 포퓰리스트들에게 "'국민 자신'은 기존의 민주적 절차 밖에 있는 가상의 존재로, 민주주의에서 실제 선거 결과를 부정하면서까지 자신의 의지를 관철하려는 동질적이고 도덕적으로 통일된 집단이다."[18] 이런 입장을 가진 지도자는 법 위에 군림하고 영원히 집권하기를 바라며 독재자가 되기를 원한다.

포퓰리즘 운동은 특히 상황이 어려운 시기에는 민주주의의 피할 수 없는 특징이다. 그렇다고 포퓰리스트가 반드시 인기가 있다는 의미는 아니며, 인기가 없는 경우가 많다. 하지만 그렇다고 해서 그중 일부가 자신이 '진짜' 국민을 대표한다고 주장하는 것을 막지는 못한다. 엘리트에 대한 적대감도 종종 정당화될 수 있다. 민주주의는 무엇보다 평범한 사람들이 국가의 운명에 대해 발언권을 갖게 하기 위한 제도다. 게다가 엘리트들은 종종 도덕적 측면 또는 실천적 측면에서, 아니면 두 가지 측면 모두에서 실패하여 교체되거나 개혁되어야 한다. 그러나 엘리트에 맞서서 싸우자는 대중적 호소를 통해 권력을 획득한 경우에도 리스크가 따른다. 승자는 유능한 사람을 거부할 자격, 심지어 사실까지도 거부할 자격이 있다고 느낄 수 있으며, 이로 인해 정부의 효과적 운영을 파괴할 수 있다. 더 나쁜 것은 그들이 엘리트들에 의해 운영되는 의회, 법원, 관료 조직이 부과하는 모든 제약을 없애려고 할 수도 있다는 것이다. 그러면 반엘리트 정치는 다수의 횡포, 더 나아가 다수를 대변한다고 주장하는 정치 야심가의 폭정으로 변할 수 있다.

그러나 반다원주의는 엘리트에 대한 단순한 적대감보다 더 큰 위험이다. "Le peuple, c'est moi(내가 곧 국민이다)."[19] 이것이 바로 미국의 트럼프, 헝가리의 오르반, 인도의 모디, 튀르키예의 에르도안, 베네수엘라의 차베스가 믿고 있는 (또는 믿었던) 것이 아닐까? 정치인이 자신만이 국민의 뜻을 구현한다고 주장하게 되면, 제약을 가하는 모든 제도와 개인들인 국민이 정치적으로(또한 다른 방식으로) 조직하고 행동할 권리가 위험에 처하게 된다.

권력을 장악한 사람이 이런 독재자인지 아닌지를 어떻게 알 수 있을까? 네 가지 징후가 있다. 즉 그들은 민주적 게임 규칙을 거부하거나 지킬 의지가 매우 약하고, 정치적 반대자의 정당성을 부정하며, 폭력을 용인하고 조장하며, 언론을 포함한 반대파의 시민적 자유를 축소하려는 의지를 가지고 있다.[20]

그렇다면 선출된 권위주의자는 어떻게 무소불위의 절대 권력을 추구할까? 첫째, 심판자, 특히 검찰, 사법부, 선거 관리 기구, 세무 공무원들을 전복한다. 그는 이런 공직자들이 소속 기관, 정부,

헌법, 국가에 충성하는 것이 아니라 자신에게 개인적으로 충성해야 한다고 주장한다. 둘째, 자신의 반대자들 그리고 잠재적으로 독립적인 인물들을 괴롭힌다. 여기서 중요한 부분은 언론에 대한 통제다. 물론 독재자가 되고자 하는 사람은 그냥 반대자들을 과장된 혐의로 감옥에 집어넣을 수도 있다. 또한 세금 제도나 명예훼손법과 같은 제도를 이용해 독립적인 사업가나 문화계 또는 지식인들을 공격할 수도 있다. 셋째, 독재자가 되려는 사람은 헌법이나 선거법을 변경하여 선거를 통해 도전하는 것을 불가능하게 하려고 할 것이다. 이를 위해 꼭 지도자가 필요한 것은 아닐 수도 있다. 미국 남부는 짐 크로 법Jim Crow Law(미국 남부의 주들에 존재했던 인종차별법의 통칭-옮긴이) 아래에서 그렇게 했고, 오늘날 다시 한번 그렇게 하려고 하고 있다. 마지막으로, 지도자는 자신에게 비상 권한을 부여해주는 위기를 이용하거나 심지어 만들어낼 것이다. 안보 위기는 적법한 절차를 어기는 것에 대한 일반적인 우려를 감소시키는 데 특히 효과적인 방법이다. 비상사태를 악용한(또는 조성한) 가장 잘 알려진 사례는 히틀러가 전권을 장악할 수 있게 해준 1933년 독일 국회의사당 화재다. 1999년 9월에 발생한 모스크바 폭탄 테러 역시 독재자에게 편의를 제공한 안보 위기의 또 다른 예다.[21]

포퓰리스트는 또한 엘리트에 대한 감정을 자극하는 선동적인 정치 스타일을 취하는 경향이 있다. 포퓰리스트의 거친 말투와 욕설은 지도자가 엘리트에 대항하여 '민중을' 대변할 뿐만 아니라 '민중의' 한 사람이라는 것을 보여주는 방법이다.[22] 그러나 부패한 엘리트에 대해 선동적인 비유를 사용하는 정치인이 반드시 독재자가 되려는 것은 아니다. 질서 있는 정부, 법치, 언론의 자유, 정치적·시민적 권리를 보호한다면 그들의 활동은 민주주의와 일치할 뿐만 아니라 민주주의를 보호하고 증진할 수도 있다. 20세기 건설적인 지도자의 가장 중요한 예는 아마도 프랭클린 델러노 루스벨트일 것이다. 1936년 제2차 뉴딜 정책을 발표할 때 그는 다음과 같은 명연설을 했다.

> 우리는 평화의 오랜 적들, 즉 기업, 금융 독점, 투기, 무모한 금융권, 계급적 적대감, 분파주의, 전쟁으로 이윤을 추구하는 집단 등과 싸워야 했습니다.
>
> 그들은 예전부터 미국 정부를 자신의 관심에 대한 단순한 부속물로 간주했습니다. 이제 우리는 조직화된 돈에 의한 정부란 조직화된 폭도에 의한 정부만큼이나 위험하다는 것을 알고 있습니다.
>
> 우리 역사상 오늘날처럼 한 후보를 반대하는 세력들이 이렇게 단결한 적이 없었습니다. 그들은 만장일치로 저를 증오하며, 저는 그들의 증오를 환영합니다.[23]

이 연설은 선동적인 스타일과 포퓰리즘적인 내용을 담고 있다. 그러나 루스벨트는 20세기 민주주의 역사상 가장 중요한 개혁적 정부를 이끌었고, 연이은 거대한 위기들 속에서 유능한 엘리트들로 구성된 정부를 이끌었다. 그는 민주주의를 위협하기는커녕 오히려 민주주의를 구해냈다. 그를 포퓰리스트라고 할 수 있지만, 통치의 핵심 과제에 관심이 있었고 또한 유능했다.

포퓰리즘을 좌파, 중도, 우파의 형태로 구분하면 더 명확하게 이해할 수 있다. 또한 유능한 정부를 지향하는 포퓰리스트와 그렇지 않은 포퓰리스트로 구분할 수도 있다.

좌파 포퓰리스트는 착취적인 기업 및 금융 엘리트에 대항하여 평범한 사람들을 대변한다고 주장한다. 또한 기존 정치인, 관료, 법률 시스템이 기꺼이 경제 엘리트의 노예가 됐다고 주장하는 경향이 있다. 이들의 정치는 "상층에 대항하는 하층 및 중층이라는 수직적 정치다."[24] 우리는 최근 미국의 민주당, 영국의 노동당, 스페인의 포데모스Podemos, 그리스의 시리자Syriza에서 이런 형태를 띤 포퓰리즘의 한 측면을 봤다. 이런 좌파 포퓰리즘은 제도화된 민주적 사회주의와 혁명적 사회주의의 경계선에 서 있다. 이런 정당이나 운동이 어떤 정부를 만들지는 불확실하다. 시리자의 사례는 다소 충격적이다. 2015년 1월에 집권했을 때 시리자 자신을 포함해 누구도 이 정당이 어떤 일을 하게 될지 예상하지 못했다. 그러나 결국 알렉시스 치프라스Alexis Tsipras는 (비록 특유의 이익집단 대변자 행태를 보이기는 했지만) 전통적인 유럽 중도좌파 정치를 선택했으며, 재무장관 야니스 바루파키스Yanis Varoufakis가 강력히 반대했음에도 자신의 급진적인 아이디어를 대부분 포기했다.

중도파 포퓰리스트는 더더욱 찾아내기가 어렵다. 이탈리아의 오성운동Cinque Stelle이 대표적인 현대적 사례다. 이 정당은 모든 형태의 기존 정치에 반대하면서 전통적인 좌우 정당을 포함하여 기성 정치에 반대하는 프레임을 사용했다. 이 정당의 강령은 포퓰리즘의 기준에서 볼 때도 예외적으로 잘못 정의됐다. 코미디언이 설립한 이 당은 순진한 무정부주의적 태도를 구현했다. 이 정당은 연립정부에 참여하면서 마테오 살비니의 우익 포퓰리스트 정당인 북부동맹과의 동맹을 포기하고 기성 정치권의 주축인 중도좌파의 민주당PD을 선택했는데, 이로써 상당히 전통적인 정치 행위를 하는 것으로 판명됐다.²⁵ 결국 포퓰리스트적인 선거운동 태도는 시리자와 마찬가지로 정부 운영을 경험하는 과정에서 살아남지 못했다.

우파 포퓰리스트는 좌파 포퓰리스트와 마찬가지로 엘리트에 반대하지만, 이들은 일반적으로 경제계 및 금융계 엘리트가 아니라 학계, 관료, 문화 엘리트를 적으로 삼는다. 그러나 우파 포퓰리스트는 엘리트만 반대하는 것이 아니라 일반적으로 외국인 혐오증과 소수 인종에 대한 적대감을 갖고 있다. "우파 포퓰리스트들은 엘리트들이 제3의 집단(예를 들어 이민자, 이슬람주의자, 아프리카계 미국인 무장 세력 등으로 구성된)을 옹호한다고 비난하면서 그들에 맞서 국민을 대변한다고 주장한다. 좌파 포퓰리즘이 양극화된 정치라면 우파 포퓰리즘은 삼극화된 정치다. 위를 바라보는 동시에 소외된 집단을 내려다보기도 한다."²⁶ 이런 말들조차 종종 노골적인 인종주의자인 우익 포퓰리스트에 대한 너무 점잖은 설명일 수 있다. 미국 남부에서의 인종 통합에 노골적으로 반대하는 것으로 정치 경력을 시작한 조지 월리스 전 앨라배마 주지사와 도널드 트럼프도 이 범주에 속한다.²⁷ 프랑스의 국민전선 창립자 장마리 르펜Jean-Marie Le Pen, 네덜란드의 헤이르트 빌더르스, 이탈리아의 마테오 살비니도 마찬가지다.

우파 포퓰리스트들은 이런 태도를 공유한다. 그러나 자유방임과 국가에 대한 최소한의 지지로부터 국가에 대한 크고 관대한 지지까지 그들의 정책은 크게 다르다. 따라서 한쪽의 극단에 있는 우파 포퓰리스트는 (적어도 자국 내에서는) 자유시장을 선호한다. 도널드 트럼프가 대표적인 예다. 그는 집권 후 부유층에 대한 대폭적인 감세와 규제 완화, 특히 환경 보호에 대한 규제 완화를 단행했다. 그러나 이런 자유시장적 지향은 이민과 무역이라는 두 가지 측면에는 전혀 적용되지 않았는데 이 둘에 대해서는 모두 외국인 혐오와 공격적 태도를 유지하고 있다. 이 두 가지 중요한 측면에서는 민족주의와 민족 정체성에 대한 호소가 자유시장의 본능을 압도했다. 그 외에는 전통적인 공화당 정책을 고수했다.[28] 그러나 자유시장 자본주의의 번영에 필요한 환경을 제공하는 우파 포퓰리스트의 능력은 제도, 특히 독립적인 법원, 중앙은행, 규제 기관에 대한 적대감 때문에 제한되는 경향이 있다. 우파 스펙트럼의 반대편 끝에 있는 민족주의적 포퓰리스트는 복지 프로그램에 대한 지출을 늘리고 경제에 대한 실질적인 개입을 선호한다. 최근의 예로는 야로슬라프 카친스키가 이끄는 폴란드의 법과정의당PiS 정부가 있다.[29] 그러나 도널드 트럼프도 사회보장을 옹호하며 버락 오바마의 의료보험법보다 더 나은 의료보장 플랜을 제공하고 미국의 인프라를 재건하겠다는 공약을 내세워 집권에 성공했다. 많은 트럼프 지지자는 그가 이런 것들을 제공할 것이라고 기대했다. 그러나 이런 일들은 대부분 일어나지 않았다.

좌파, 중도, 우파 포퓰리스트들 간의 차이가 중요하긴 하지만 과장해서는 안 된다. 궁극적으로 포퓰리즘은 권력을 얻기 위한 수단일 뿐이다. 포퓰리스트들은 서로 다른 무늬의 엘리트를 공격하면서 '국민'을 위해 엘리트에 반대한다고 선언한다. 특히 상황이 어려운 시기에는 이 전략이 매우 성공적일 수 있다. 그러나 상대적으로 덜 해로운 종류의 반엘리트 포퓰리즘조차 악순환의 소용돌이를 일으킬 위험이 있다. 사람들은 엘리트 '전문가'를 무시하면 모든 것이 더 나은 방향으로 바뀔 것이라고 주장하는 포퓰리스트 정치인에게 투표하거나 적어도 지지를 표명한다. 그들의 약속은 대개 지켜지지 않는다. 그럼에도 포퓰리즘 지지자 중 상당수는 그런 결과를 '배신자'의 탓으로 돌린다. 제도가 효과적으로 작동하는지에 대한 믿음이 줄어들고, 포퓰리즘 이후 경기 침체 탓에 사기가 저하되면 또다시 포퓰리즘이 기승을 부리게 된다. 일부 국가(아르헨티나가 대표적인 예다)는 이런 불신과 실패, 그리고 또 다른 불신으로 이어지는 소용돌이에서 벗어나지 못하는 것처럼 보인다.

피해자 관점에서 볼 때, 우파 포퓰리즘 독재정권과 좌파 포퓰리즘 독재정권은 크게 다르지 않다. 반다원주의적 포퓰리즘은 이데올로기가 무엇이든 독재로 향하는 경향이 있다. 베네수엘라의 니콜라스 마두로는 오랜 역사를 가진 좌파 대량 학살자의 현대판 아바타라고 할 수 있다. 좌파든 우파든, 포퓰리즘 독재정권의 정책 결정은 자의적이고 억압적이며 무법적일 가능성이 크다. 모든 포퓰리스트가 독재자가 되려는 것은 아니며 모든 독재가 포퓰리즘인 것도 아니다. 하지만 포퓰리스트든 아니든 개인의 권리와 법치를 경시하는 태도를 보인다는 점에서는 모든 독재정권이 비슷하다.

포퓰리즘의 이데올로기적 뉘앙스와 무관하게 그것을 구분 짓는 지점은 책임자가 실제로 통치하고자 하는 의지가 있느냐 없느냐. 코로나19 비상사태에 대한 대응에서 브라질의 보우소나루와 미국의 트럼프는 실제로 통치할 생각이 없다는 것을 보여준 반면, 헝가리의 오르반과 인도의 모디는 비록 비합리적이고 자신에 대한 비판에 적대적이며 그다지 효과적이지는 않았지만 통치하려고 노력한다는 것을 보여줬다.[30] 분명히 엘리트에 대한 적대감은 효율성에 반하는 결과를 낳게 된다. 포퓰리스트 지도자들은 그럼에도 합리적으로 규율되고 효과적으로 작동하는 정부를 수립하려고 노력할 수 있다. 또는 포퓰리스트 지도자는 자신이 무엇을 해야 하는지, (보스를 제외한) 누구에게 책임이 있는지 아무도 알 수 없는 혼란을 즐길 수 있다. 다행히도 코로나19에 대한 실패 경험으로 무능한 포퓰리스트의 매력은 줄어든 것 같다.[31]

반다원주의적 포퓰리즘은 반대자를 반역자로, 공정한 선거를 불법적인 것으로, 법치를 불쾌한 제약으로, 자유언론을 위협으로, 의회를 무례한 것으로 간주한다. 또한 지도자가 자신이 옳다고 생각하는 것은 무엇이든 실행하고자 할 때 자신의 역량을 제약하는 모든 것을 참지 못한다. 따라서 그는 자유주의적 민주주의의 위험한 적이다. 반엘리트적 포퓰리즘은 그 자체로 위험이라기보다는 경고로 간주해야 한다. 그것은 대중의 상당 부분이 실망에 차 있다는 것을 말해준다. 민주주의는 동의를 기반으로 하는 통치다. 대중의 상당수가 기존 통치자들, 즉 집권 정당뿐만 아니라 정치, 경제,

관료, 사법, 지식인, 사회 영역의 엘리트 상당수에 대한 동의를 철회했다면 대중은 이 엘리트들을 쓸어버리겠다고 약속하는 사람에게로 돌아설 수 있다.

정치적 변화의 바람

지난 수십 년 동안 일어난 중요한 정치적 변화 중 하나는 대기업과 중소기업, 전문직 중산층, 자영업자에 뿌리

표 3 · 현대 영국 정치의 일곱 가지 부족(유권자 분류)

부족 이름	경제적 관점	민족적 관점	사회적 관점	설명	유권자 비중(%)
강경 좌파	매우 좌파적	매우 글로벌주의적	매우 자유주의적	좌파 지식인	4
전통주의자	일정하게 좌파적	중도적	중도적	전통적 노동자 계급	10
진보주의자	온건한 좌파적	상당히 글로벌주의적	자유주의적	블레어주의자	11
중도파	평균적	평균적	평균적	평균적 남녀	24
현지인	약간 좌파적	매우 민족주의적	매우 보수주의적	보수적 노동자 계급	12
친절한 젊은 자본주의자	상당히 우파적	온건한 글로벌주의적	약간 자유주의적	현대적 여피족	24
강경 우파	매우 우파적	민족주의적	보수적	보수적 내륙인 (영국 내륙의 쇠락한 공업 지대 주민-옮긴이)	15

를 둔 지배적인 중도우파 정당과 19세기 및 20세기 초의 산업 노동자 계급 및 노동운동에 뿌리를 두며 한때 상대적으로 소수였던 '진보적' 지식인의 지지를 받은 중도좌파 정당이라는 오래된 이분법적 정치 구분이 무너졌다는 점이다. 이런 정치 영역에서 중요한 논쟁은 경제에 관한 것이었는데 우파는 더 작은 국가와 더 자유로운 기업을, 좌파는 더 큰 국가와 더 관리되는 경제를 지향했다. 게다가 19세기와 20세기 초의 거대한 격변을 겪은 후에는 이런 차이조차 상대적으로 사소한 것이 됐다. 1950년대와 1960년대에는 국가와 경제의 역할에 대해서 광범위한 합의가 존재했으며, 냉전이라는 이념적 갈등 때문에 서구에서는 이런 합의가 더욱 강화됐다. 공산주의의 도전에 직면한 주류 정당들은 민주주의의 생존이 거대하고 조직적이며 정치적으로 강력한 산업 노동자 계급의 충

표 4 · 영국인 정치적 충성도의 세 가지 차원(유권자 분류)

	좌파	우파
경제적	- 좌파 - 더 높은 세금과 지출, 기업에 대한 정부 규제 강화, 국유화	- 우파 - 낮은 세금과 지출, 가벼운 규제, 민간 산업, 경쟁 및 자유시장
민족적	- 글로벌주의자 - 친EU, 다른 나라들과 협력, 주권 공유, 국익보다 글로벌 이익 우선시	- 민족주의자 - EU 회의론자, 영국 우선주의, 영국 주권 옹호, 이민 통제, 국제법보다 영국법 우선시
사회적	- 사회적 자유주의 - 관용적, 사람들이 '자신이 원하는 것'을 하도록 허용, 소수자 권리 수용, 다문화주의	- 사회적 보수주의 - 전통적, 가치관의 권위 강조, 지배적 문화 및 '도덕적 다수파' 지지

성도를 유지하는 데 달려 있다는 사실을 깨달았다. 특히 서유럽에서 두드러졌지만 미국에서도 마찬가지였다.

이제는 그런 이분법적 구분이 약화됐으며, 더 복잡하고 혼란스러운 정치가 만들어졌다. 1위 당선제 또는 단순다수대표제에서는 정당 내 세력 연합이 더욱 복잡해졌다. 연동형 비례대표제에서는 더 많은 정당이 존재하기 때문에 정당 간 연합이 더 복잡해지는 경향이 있다. 예를 들어, 최근의 한 분석에서는 군집 분석(큰 데이터세트에서 요소들 간의 유사성을 식별하는 방법)을 사용하여 현대 영국 정치에 존재하는 '일곱 가지 부족tribe'을 식별했다(표 3 참조). 다른 선진 민주주의 국가에서도 이와 그리 다르지 않은 부족들을 발견할 수 있다.[32]

본질적인 아이디어는 과거에는 유권자들 간의 차이가 경제라는 한 가지 차원에 불과했지만 이제는 민족적 정체성과 사회적 가치라는 두 가지 차원이 더 있다는 것이다. 표 4는 그에 따른 태도를 여섯 가지로 구분해서 보여준다. 좌파는 여전히 높은 공공 지출과 더 많은 규제를 받는 경제를 더 선호하지만, (특히 사람들의 자유로운 이동과 국제 협력이라는 측면에서) 글로벌주의자이며 사회적으로는 자유주의적이다.[33] 반대로 우파는 작은 국가와 자유로운 기업, 국가 주권, 이민에 대한 엄격한 통제에 찬성하며 사회적으로는 보수적이다.

그러나 이처럼 깔끔한 구분법은 단지 하나의 가능한 결과일 뿐이다. 실제로 표 4에서 좌파와 우파라고 불리는 집합 내에서의 태도들이 일치해야 할 명백한 이유는 없다. 때로는 자유시장을 믿는 사람들이 글로벌주의적이고 사회적 자유주의적일 것이라고 예상할 수도 있다. 마찬가지로, 국가 경제에 대한 규제와 재분배에 찬성하는 사람들 역시 민족주의적이고 사회적으로 보수적일 것이라고 예상할 수도 있다. 가장 최근에 치러진 영국 총선(2017, 2019)만 보더라도 노동당은 대체로 표 4에서 왼쪽 열에 있고 보수당은 (적어도 노동당에 비해서는) 오른쪽 열에 있지만, 많은 유권자가 서로 매우 다른 태도와 가치관을 가지고 있다.

이는 총선에서 승리하기 위해서 세력 연합을 구축하려는 정당들에 명백한 딜레마를 안긴다. 예를 들어, 보수당은 민족주의적이면서 사회적으로 보수적인 노동자 계급과 중하위 중산층인 '현지인somewheres'(글로벌주의자인 'anywheres'에 대응하는 개념 - 옮긴이)의 지지를 얻고자 한다(표 3 참조).[34] 그러나 '현지인'의 경제관은 다소 왼쪽에 있으며 관대한 복지국가, 그리고 경제에 대한 정부의 개입에 찬성한다. 보수당이 민족 및 사회문제에서 '현지인'의 입장에 가까워질수록 상대적으로 교육을 잘 받고 자유시장, 글로벌주의 및 사회적 자유주의에 찬성하는 친절한 젊은 자본주의자들이 소외될 위험이 있다. 보수당이 경제 문제에서 '현지인'의 입장에 가까워질수록 가장 충성스러운 지지자인 강한 우파를 소외시킬 위험이 커진다. 보수당이 중도파를 끌어들이기 위해 세 가지 측면 모두에서 온건한 입장(이를 '중위 유권자median voter'라고 부르기도 한다)에 가까워질수록 나이절 패라지(전 영국독립당 대표)나 브렉시트당Brexit Party(2019년 나이절 패라지가 설립한 당으로 2021년에 영국개혁당Reform UK으로 당명을 바꿨다 - 옮긴이)과 같은 민족주의적이고 사회적으로 보수주의적인 정치인들의 공격에 더 많이 노출될 수 있다. 그런 정치인들은 강한 우파와 '현지인'에서 보수당의 표를 뺏어 올 수 있다. 이런 두려움은 정말 중요하다. 데이비드 캐머런David Cameron 총리가 2015년 총선에서 EU 탈퇴 여부를 묻는 국민투표의 시행을 지지하기로 한 것도 바로 이 때문이다. 2019년 총선에서는 브렉시트라는 가장 중요한 이슈가 이 중 많은 그룹을 하나로 묶어 준 것으로 보인다. 하지만 오래갈 것 같지 않았다. 확실히 존슨 행정부는 자신의 새로운 '현지인' 지지자들과 더 전통적이고 더 번영하는 친시장 지지자들의 열망을 모두 만족시키는 정책을 만드는 데 어려움을 겪었다.

노동당의 딜레마는 더욱 심각해 보인다. 이념적으로 헌신적인 좌파 유권자는 전체 유권자 중 4%에 불과하고, 일반적으로 헌신적인 지지자는 14%에 불과하다. 노동당은 블레어주의자들과 중도파 및 현지파에 속하는 사람들도 상당수 필요로 한다. 그러나 후자의 애국적이고 사회적으로 보수주의적인 견해는 극좌파에게는 혐오의 대상이고 블레어주의자들에게도 입맛에 맞지 않는다. 2010년 선거에서 이민 문제에 대해 이의를 제기한 여성을 "편협한 사람"이라고 묘사한 고든 브라운Gordon Brown의 악명 높은 발언이 이를 매우 잘 보여준다.[35] 게다가 유권자의 약 절반은 시장경제를 선호한다. 따라서 노동당은 경제에 대해 보다 비판적인 시각을 가진 대부분 사람이 노동당을 지지해야 승리할 수 있다. 하지만 노동자 계급 대부분이 경제 문제에 대해서는 여전히 노동당의 입장으로 기울어져 있지만, 국가 및 사회문제에 대한 좌파 활동가들의 견해는 노동자 계급의 상당 부분과 일치하지 않는다. 예전에는 경제 문제가 지배적이었기 때문에 이런 문제가 덜 중요했지만, 이제 더는 그렇지 않다.

2019년 총선에서 노동당은 경제적 급진주의를 채택함으로써 시장경제를 지지하는 사람들을 겁먹게 했고, 브렉시트에 대한 혼란스러운 태도와 이민에 대한 글로벌주의적 입장 탓에 애국적이고 사회적으로 보수주의적인 노동자 계급의 상당수를 실망시켰다. 그래서 2017년에 비해 2019년에는 노동당의 전통적인 노동자 계급 기반(표 3의 전통주의자)이 노동당에서 대거 이탈했다.[36] 이 그룹에서 노동당의 득표율은 20%p 가까이 하락했다. 강경 좌파, 진보주의자, 중도파 중에서도 이탈자가 있었지만 전통주의자보다는 규모가 작았다. 이 세 그룹(강경 좌파, 진보주의자, 중도파)에서 노동당의 득표율은 각각 약 10%p씩 하락했다. 그 결과 보수당은 44%를 득표한 반면 노동당은 33%에 불과해 선거에 참패했다. 만약 이런 변화가 확고하게 자리 잡는다면, 이는 전통적인 노동당 지지층의 정치적 정체성이 크게 바뀌었기 때문일 것이다.

프랜시스 후쿠야마는 정치적 의견 불일치와 관련된 추가적 차원들이 가지는 더 넓은 의미에 대해서 다음과 같이 자세히 설명했다. "20세기 정치는 경제적 문제로 정의되는 좌우 스펙트럼을 따라서 조직됐다. 좌파는 더 많은 평등을 원했고 우파는 더 큰 자유를 요구했다. ⋯ 21세기의 두 번째 10년 동안, 많은 지역에서 이런 스펙트럼이 정체성으로 정의되는 스펙트럼으로 바뀌고 있는 듯하다. 좌파는 광범위한 경제적 평등보다는 흑인, 이민자, 여성, 히스패닉, 성소수자 커뮤니티, 난민 등 소외된 것으로 인식되는 다양한 집단의 이익을 증진하는 데 더 중점을 두고 있다. 한편 우파는 스스로를 인종, 민족 또는 종교와 명시적으로 연결된 전통적인 민족 정체성을 보호하려는 애국자로 재정의하고 있다."[37]

토마 피케티Thomas Piketty는 선거 후 설문조사를 통해 1948년 이후 프랑스, 영국, 미국에서 일어난 정치적 충성도의 변천에 대해 흥미로운 분석을 제공했다.[38] 가장 중요한 것은 1950년대와 1960년대에 "좌파(사회주의-노동자-민주주의) 정당에 대한 투표는 저학력 및 저소득 유권자와 관련이 있었다는 점이다. 하지만 이 정당들은 점차 고학력 유권자들과 더 연관됐다."[39] 또한 그는 미국에 대해 "대학 시스템이 고도로 계층화되어 있고 불평등하며 취약 계층이 최고 명문 대학들에 입학할 기회가 거의 없는 나라인데 민주당은 교육받은 사람들의 정당이 되어버렸다"[40]라고 지적했다. 프랑스와 영국의 중도좌파 정당들의 지지 기반에서도 비슷한 변화가 일어났다.

그 결과 2000년대부터 2010년대까지 '다차원적 엘리트' 정당 체제, 더 정확하게 말하자면 '이원적 엘리트' 정당 체제가 형성됐다. 즉 "고소득층 유권자들은 계속해서 우파에 투표하는 한편, 고학력 유권자들은 좌파를 지지하는 쪽으로 이동했다."[41] '상인 우파'와 '브라만 좌파'의 이런 분열은 현대 정치의 많은 것을 설명해준다. 브라만 계급은 예전과 마찬가지로 상업 엘리트의 착취적인 행동과 그들이 운영하는 시스템을 비판하면서 유권자의 지지를 추구한다. 그러나 오늘날 브라만 계급은 주로 인종, 민족, 성별, 성적

취향에 대한 불공정을 바로잡는 것과 자신들의 완벽한 지혜에 반하는 의견을 억압하는 데 관심이 있다고 후쿠야마는 주장한다. 과거 중도좌파 정당을 지지했던 많은 사람에게 그들의 우월적 태도는 자국의 역사, 전통, 가치관, 심지어 많은 국민들에 대한 혐오로 비친다. 한편 상인 엘리트는 브라만 엘리트의 지적·문화적 오만함, 애국심 부족, 전통적 가치관에 대한 적대감, 기존 민족에 대한 충성심 부족, 경제에 대한 무시를 강조함으로써 저학력층과 빈곤층 유권자의 지지를 얻는 데 성공했다.

상인 계급은 교육받은 좌파 지식인 계급과 조직된 노동자 사이의 오래된 연합을 분열시키는 데 매우 능숙하다. 교육이 확산되고 공공 부문의 고용이 증가함에 따라 좌파 지식인 계급이 훨씬 더 커졌고, 탈산업화가 진행됨에 따라 조직된 노동자가 훨씬 더 약해진 것은 의심의 여지가 없다. 노동자 계급의 강력한 목소리인 노동조합의 약화는 노동자 계급을 정치적으로 무력화했을 뿐만 아니라 사회적으로도 원자화하여 비극적인 사회적·정치적 결과를 초래했다. 상대적으로 덜 부유한 계층의 표는 이제 인종에 따라, 일부 국가에서는 종교적 노선에 따라 나뉘고 있다. 불리한 경제적 변화의 희생자 중 상당수는 경제보다 민족적·문화적 정체성을 강조하는 정치인을 지지하기도 한다. 2019년 총선에서 보리스 존슨 총리가 과거 노동당의 텃밭에서 표심을 끌어모으는 데 성공한 것이 이런 변화가 가져온 기회를 보여준다.

이런 분열의 결과로 경제적 재분배와 자본주의의 개혁을 위해 헌신했던 과거의 세력 연합은 더 이상 존재하지 않게 됐다. 과거

중도좌파 연합의 경제 문제에 대한 견해 또한 다양해졌다. 브렉시트 국민투표에서 EU 잔류에 투표한 사람들은 대체로 부, 교육, 소득에 대해서 양의 상관관계를 보였다.[42] 따라서 EU 탈퇴에 투표한 사람들은 부분적으로 EU가 지향하는, 브라만 엘리트층을 포함해 교육 수준이 높고 부유한 계층이 수용하는 자유주의 경제학에 반대해서 투표한 것으로 볼 수도 있다. 또한 그들은 '낙후된' 도시와 마을, 특히 전통 제조업의 붕괴로 피해를 본 도시에 갇혀 있었기 때문에 경제적으로 활기찬 대도시의 번영, 그리고 그것의 상이한 문화적 규범에 대해서 분개했다. 따라서 트럼프 지지 투표가 미국의 번영하는 해안 도시에 맞선 투표였던 것처럼, 브렉시트 찬성투표는 적어도 부분적으로는 런던에 맞선 투표였다. 더 길게 보면 시장경제를 제거하려는 가장 급진적인 시도였던 공산주의가 붕괴한 것도 극단적인 좌파 경제사상의 신뢰성을 떨어뜨린 것이 분명하다.

전통적인 중도좌파 정당으로부터 버림받았다고 생각하는 저학력층과 빈곤층은 포퓰리즘적 반엘리트주의와 카리스마 넘치는 포퓰리스트 지도자에게 호의적이다. 이들은 엘리트, 특히 지식 엘리트가 자신들의 이익뿐만 아니라 자신들의 가치관과 인종적·민족적 정체성에도 적대적이라고 믿는다. 자신들도 어려운 상황에 있다고 느끼는 사람들은 상대적으로 최근에 정착한 이들을 포함해 소수 인종의 자녀를 자신들의 자녀보다 더 우대하는 어퍼머티브 액션Affirmative action(대입이나 취업, 진급 등에서 소수 인종을 우대하는 정책-옮긴이)을 불공정하다고 여긴다. 그렇다고 이들이 대기업의 전통적인 상인 엘리트에게 호의적인 것도 아니다. 그래서 이들은

268

'모든' 엘리트에 반대한다고 (사기를 치는 것이든 아니든) 선언하는 리더에게 매력을 느낄 수 있다.

그런 리더에게 매력을 느끼는 사람들이 단지 다수파 커뮤니티에 속하는 덜 부유한 구성원들만은 아니다. 상대적으로 부유하지만 교육 수준이 낮은 사람들도 트럼프의 강력한 지지층 중 하나였다.[43] 실제로 이들은 중소기업 소유주, 성공한 자영업자, 숙련된 장인 등 모든 곳에서 핵심적인 보수적 유권자다. 점점 더 학력이 좌파와 우파를 가르는 경계선이 되고 있으며, 정체성 문제가 양쪽 모두에게 더 중요해지고 있다. 하지만 지금도 대학 교육을 받은 성인은 전 세계 어디에서나 소수에 불과하다. 2014년 고소득 국가 중 대학 교육을 이수한 25~64세 성인의 비율이 50%를 넘은 나라는 캐나다뿐이었다. 하지만 캐나다조차 전체 성인 인구에서는 여전히 50%에 한참 못 미친다. 25~34세로 범위를 좁혔을 때도 대학 졸업자 비율이 인구의 절반 이상인 나라는 한국, 일본, 캐나다, 러시아, 룩셈부르크, 리투아니아, 아일랜드 등 7개국에 불과하다.

도널드 트럼프는 2016년 2월 네바다주에서 열린 예비선거 승리 축하 행사에서 "나는 학력이 낮은 사람들을 사랑한다"라고 말했다.[44] 트럼프 및 그와 유사한 정치인들에게는 다행스럽게도, (아마도 그가 의미했던 것과 같은) 학력이 낮은 사람들이 여전히 많으며 앞으로도 오랫동안 그럴 것이다.[45] 학력이 낮은 사람들이 기존 정치권과 정당에 애착을 덜 느낄수록 성공적인 선동가에게 사로잡힐 가능성이 더 커진다. 이는 기존 정당들의 구조를 더욱 약화시킬 것이다. 그런 일이 한계에 도달하면 정당은 카리스마 넘치는 지도자를 위한 수단에 지나지 않게 될 수 있으며, 제도적으로는 속이 텅 비게 될 것이다. 오늘날 미국 공화당이 바로 그런 상황에 처해 있는 것 같다. 공화당의 핵심 교리는 독일인들이 총통의 뜻에 대한 복종, 즉 퓌러프린지프Führerprinzip(나치의 정치적 원칙인 총통 전권주의로, '지도자의 말이 모든 성문법에 우선한다'라는 원리-옮긴이)라고 부르던 것과 같은 것이다.[46] 물론 트럼프가 공화당의 기반을 계속 통제할 수 있을지 의문이 들 것이다. 어쩌면 다른 누군가가 그들의 충성심을 제때 획득할 수도 있다. 그럼에도 트럼프가 대통령 선거를 도둑질당했다는 엄청난 거짓말을 공화당이 믿도록 완벽하게 설득했다는 것은 놀라운 일이다. 이는 공화당 엘리트들의 도덕적 파산을 보여주는 놀라운 증거다. 하지만 전통적인 정당 제도와 위계질서가 무너지는 현상은 미국에만 국한된 것이 아니다. 프랑스에서도 에마뉘엘 마크롱Emmanuel Macron의 집권과 함께, 그리고 그 이전에는 이탈리아에서 실비오 베를루스코니Silvio Berlusconi의 집권과 함께 그런 일이 일어났다.

지식인과 상인이라는 두 엘리트 간의 갈등에 대한 피케티의 개념은 조지프 슘페터가 1942년에 발표한 고전적 저서인『자본주의·사회주의·민주주의』에서 이미 제기한 바 있다.[47] 슘페터는 자본주의의 성공으로 반자본주의적 태도 및 가치관을 가진 지식 엘리트가 더욱 많이 배출됐다고 생각했다. 그는 시간이 지남에 따라 이 새로운 인텔리의 의견이 지배적인 것으로 되면서 자유시장 자본주의의 종말로 이어질 것이며, 이는 조합주의coportatism 또는 노골적인 사회주의로 대체될 것이라고 말했다. 그러나 1980년대 후반에 붕괴한 것은 사회주의였다. 게다가 오늘날 좌파 정당은 실제로 지식인들이 지배하고 있으며, 전통적인 노동자 계급의 지지를 잃고 있다. 새로운 엘리트에 대한 슘페터의 생각은 옳았지만, 현실은 그가 상상했던 것과는 달랐다.

포퓰리즘의 부상은 정치적 극단을 향한 움직임을 나타낸다. 이는 부분적으로는 오랫동안 정통적인 정책들이 대다수 국민에게 안정적인 번영을 제공하지 못한 채 실패했고 금융위기로 충격이 발생한 데 따른 결과다. 그러나 한편으로는 새로운 차원에서 드러난 정치적 분쟁의 표현이기도 하다. 정체성은 경제 정책에 비해서 정상적인 정치적 거래가 쉽지 않다. 정체성과 주권은 실존적 문제다. 영국의 브렉시트 문제, 미국의 이민 및 시민권 문제, 유럽의 이민 문제가 첨예하게 대립하는 것도 이 때문이다.

영국의 예를 보면, 실질적으로 민족 정체성의 문제(영국이 EU에 잔류해야 하는지 아닌지)였던 것이 정당에 대한 정치적 충성도를 결정하는 주요 요인이 되어버렸다. 미국에서는 극단주의가 더 심해졌다. 2012년 두 중도파 학자의 말을 빌리자면, "공화당은 미국 정치에서 반란을 일으킬 정도로 극단적인 존재가 됐다. 이념적으로 극단적이고 타협을 경멸하며, 사실·증거·과학에 대한 전통적인 이해에 영향을 받지 않으며, 정치적 반대파의 정당성을 무시한다."[48] 그 후 이런 극단적인 의견은 카리스마적 지도자에 대한 충성심이라는 훨씬 더 교활하고 위험한 것으로 변모했다. 트럼프는 무오류無誤謬의 왕으로 여겨졌다.[49] 이성을 거부하고 의견의 차이를 용인하지 않는 것은 자유주의적 민주주의와 양립할 수 없다. 진보적 좌파에서 캔슬 컬처cancel culture(자신들의 견해에 반하는 인물의 강연이나 영화 상영 등을 '취소'하도록 압력을 가하는 풍조-옮긴이)가 부상하는 것은, 트럼프적 우파가 법 위에 대통령직을 만들려는 시도만큼 위험하지는 않지만, 자기 부족의 가치관에 대한 반대는 용납할 수 없다는 오만과 편협함이 거의 동일하게 혼합되어 나타난다. 이는 지극히 반민주적 태도다.

이민 문제

이민은 우파의 포퓰리즘적 반발과 좌파의 정체성 정치에서 중심적인 역할을 한다. 이민은 세계화의 여타 측면과도 분명히 다르다. 이민자는 사람이기 때문에 이민은 특별한 주제다. 이민자는 문화, 가족, 애착, 충성심, 정신, 기술, 희망, 두려움 등 인간을 구성하는 모든 것을 가지고 있다. 이민은 특별한 가능성과 도전 과제를 가져온다. 많은 사람이 이 명백한 사실을 부정한다는 것은 놀라운 일이다.

일부 경제학자는 노동의 자유로운 이동의 경제학이 무역의 경제학과 동일하다고 주장한다.[50] 하지만 그렇지 않다. 무역의 경제학은 한 국가가 토지, 노동, 때로는 자본과 같은 생산요소를 특정한 형태로 가지고 있다고 정의된다는 가정에서 출발한다. 그런 다음에 해당 국가가 비교우위에 따라 전문화되면, 생산요소의 소유자들에게 발생하는 총실질소득이 증가한다는 것을 보여준다(물론

272

이것은 무역에 따른 이익이 어떻게 분배되는지를 무시한 것이다). 그러나 통제되지 않은 이민 때문에 이전부터 그 나라에 살던 사람들(그리고 그 후손들)의 복지가 상승할 것이라고 선험적으로 가정할 이유는 없다(통제되지 않은 자본흐름도 마찬가지지만, 이는 정치적으로 덜 논쟁적이었다). 그렇게 될 수도 있지만 하락할 수도 있다. 인구가 더 많아지기 때문에 총 GDP는 증가할 것이다. 그러나 이는 사람들이 평균적으로 더 잘살게 될지 어떨지에 대해서는 아무것도 말해주지 않는다. 우리는 인구 규모가 한 국가의 평균 번영을 결정짓지는 않는다는 것을 알고 있다. 결국 인구가 적은 국가 중 상당수는 1인당 평균소득이 높으며, 인구가 많은 국가 중 상당수는 1인당 소득이 낮다. 인구의 큰 변화는 또한 혼잡 비용을 발생시키고, 이와 관련하여 돈이 많이 드는 투자가 필요해진다.

게다가 민주주의 국가들의 시민은 인류 전체보다 자국민과 합법적 거주자에 대한 관심이 훨씬 더 크다는 것은 분명하다. 영국이 GDP의 0.75%라는 비교적 높은 비율로 해외 원조를 제공했을 때도 영국 시민들이 관심을 가지는 분야에 대한 공공 지출은 그 50배에 달했다. 많은 유권자는 (영국 기준으로 빈곤을 측정한) 극빈층 외국인의 수가 영국 시민의 수보다 최소 50:1 이상으로 많음에도 이마저도 외국인에게 과도한 가중치를 두는 것으로 생각하는 것 같다. 따라서 그들의 정치적 선택은 영국 시민들이 동료 시민의 가치를 가난한 외국인의 약 2,500배로 간주한다는 것을 시사한다! 시민들 간의 상호 유대감은 유권자들에게 매우 중요한 의미를 지닌다. 이처럼 시민권이 매우 중요하기 때문에 특히 시민권으로 이어질 가능성이 있는 거주권을 부여하는 것 또한 매우 중요하다. 정치적으로나 사회적으로 수용 가능한 방식으로 이민을 통제하지 못하는 국가는 심각한 반발에 직면할 위험이 있다.

이것은 단순한 '인종차별'이 아니다. 정치 공동체의 다양성이 클수록, 번성하고 안정적인 민주주의의 필수 전제 조건인 깊은 신뢰를 유지하기가 더 어려워진다고 믿는 데에는 충분한 이유가 있다. 레바논과 벨기에의 사례는 인종, 종교 또는 기타 형태의 다양성 탓에 발생하는 어려움을 매우 다른 방식으로 보여준다. 때로는 이런 도전 과제가 성공적으로 관리되기도 한다. 그러나 이런 어려움이 존재하지 않는 것처럼 행동하는 것은 어리석은 일이다. 민주적인 정치 공동체가 번영하려면 모든 사람을 하나로 묶어주는 정체성이 있어야 한다.[51]

'비민주주의적 자유주의'의 위협

이민은 양측의 엘리트들(브라만 엘리트와 상인 엘리트)이 서로 이유가 달랐음에도 한목소리로 반발하는 중요한 문제다. 하지만 이것은 비자유주의적 민주주의의 정반대로 간주할 수 있는 '비민주주의적 자유주의'라는 더 큰 문제의 한 가지 측면에 불과하다. 존스홉킨스대학교 국제대학원의 야샤 뭉크는 비민주주의적 자유주의를 다음과 같이 설명한다.

점점 더 많은 국가에서 광범위한 정책이 민주주의적 경쟁으로부터 차단되고 있다. 거시경제적 결정은 독립적인 중앙은행에 의해 이루어진다. 무역 정책은 멀리 떨어져 있는 국제기구 내에서 비밀리에 진행되는 협상의 결과로 국제 협정에 명시된다. 사회문제에 대한 많은 논쟁은 헌법재판소가 해결한다. 선출된 대표자가 형식적 자율성을 유지하는 조세와 같은 드문 영역에서는 세계화의 압력으로 기존 중도좌파 정당과 중도우파 정당 간의 이념적 차이가 약화됐다.

따라서 대서양 양안의 시민들이 스스로를 더 이상 자기 정치적 운명의 주인이 아니라고 느끼는 것은 놀라운 일이 아니다. 수많은 의도와 목적을 위해서 그들은 이제 비록 자유주의적이지만 비민주주의적인 체제, 즉 권리는 대부분 존중되지만 정치적 선호는 일상적으로 무시되는 체제 아래에서 살고 있다.[52]

옥스퍼드대학교의 얀 지엘론카Jan Zielonka도 비슷한 비판을 제기했는데, 한발 더 나아가 EU에 초점을 맞췄다. 그는 반혁명이 유럽의 자유주의를 위협한다고 주장한다. "EU뿐만 아니라 자유주의적 민주주의와 신자유주의 경제, 이민과 다문화 사회, 역사적 '진실'과 정치적 올바름, 온건 정당과 주류 언론, 문화적 관용과 종교적 중립성 등 현존 질서의 다른 상징들도 공격받고 있다." 그는 "규제 완화, 시장화, 민영화"라는 "자유주의 프로젝트"가 반혁명의 원인이라고 비난한다. 또한 "비다수결 기관인 중앙은행, 헌법재판소, 규제 기관"에 더 많은 권한이 위임되면서 민주주의가 기능관료주의로 변질되고 있다고 비난한다. 그는 특히 계몽된 전문가들이 주도하는 비다수결 기관인 EU에 대해서 비판적이다.[53] 무엇보다 큰 문제는 유로화가 채무국에 대한 채권국의 지배 수단으로 변질됐다는 점이다. 특히 금융위기 동안 유로존은 주권 민주주의 국가 간의 협력 관계라기보다는 하나의 제국처럼 보이게 됐다.

두 저자 모두 중요한 점을 지적했다. 모든 자유주의적 민주주의 국가에는 일시적이든 아니든 다수파 권력을 제약하기 위해 고안된 헌법적 규칙이나 확립된 규범이, 또는 두 가지가 모두 존재한다. 그중 일부는 개인의 자유를 보호하기 위해 고안됐고, 일부는 민주적 절차의 규칙을 보호하기 위해 고안됐다. 그리고 또 일부는 무책임한 정치인으로부터 경제적 안정성 또는 시장 경쟁을 보호하거나, 심지어 정치인 자신을 보호하기 위한 것이다. 일부는 경제 교류를 보호하거나 글로벌 공공재의 공급을 보장하기 위해 국제 협력과 관례의 원칙을 확립하기 위한 것이다. 이런 제약은 민주주의에 대한 제약이며 앞으로도 그럴 것이다. 고삐 풀린 민주주의가 민주주의 자체를 불가능하게 만드는 것을 방지하려면 이런 제약이 필요하다. 민주주의는 일시적 다수의 절대주의적인 폭정을 의미할 수 없다. 민주주의는 규칙과 제약의 시스템이다.

그러나 불가피하게 그런 제약은 지나치게 부담스럽고, 최악의 경우 주권에 대한 견딜 수 없는 제약으로 여겨질 수 있다. EU 내에서는 사람들의 자유로운 이동을 제한할 수 없다는 점이 영국의 브렉시트 국민투표에서 '탈퇴'에 찬성하는 쪽으로 결론이 난 중요한 이유였다. 유로존 중 남유럽과 이탈리아에서 포퓰리즘이 부상한 것은 무엇보다 이탈리아 정부가 유로존 규칙과 가장 강력한 회원국(독일을 의미한다-옮긴이)이 허용하는 일만 자유롭게 할 수 있었다는 지극히 정확한 관찰과 관련이 있다. 미국에서는 낙태와 결혼 권리에 대한 법원의 판결이 대규모의 비자유주의적 반발을 불러 일으켰으며, 이는 금권정치적 포퓰리즘의 두드러진 특징이 됐다. 미국이 세계 무역 시스템을 만드는 데 어떤 나라보다 훨씬 큰 역할을 했음에도 WTO 규칙의 정당성 역시 트럼프 정부하에서 공격을 받았다. 파리 기후 협약 또한 트럼프와 그의 지지자들에게는 불쾌감을 주는 것이었다.

'금권정치적 포퓰리즘'과 '남부 전략'

많은 압력이 있었음에도 대부분의 고소득 서방 국가들은 광범위한 자본주의 경제를 가진 자유주의적 민주주의 국가로 남아 있다. 이는 브렉시트를 한 영국도 마찬가지다. 적어도 현재는 여전히 중심을 유지하고 있다. 그러나 미국은 독재적 야망을 가진 민족주의적 포퓰리스트가 대통령에 당선됐기에 다소 다른 상황이었다. 미국의 이야기는 독특하며, 미국의 규모와 역사적 역할을 고려할 때 중요성 또한 매우 크다.

인종 정체성, 민족주의, 문화 전쟁(낙태, 총기, 젠더 권리 등)에 대한 강조로 전환한 것은 트럼프의 당선으로 이어졌다. 이는 비민주주의적 자유주의, 엘리트들의 경제 정책 실패, 탈산업화와 같은 불편한 경제적 변화와 문화적 변화의 결과만이 아니다. 특정한 엘리트 정치 전략의 결과이기도 하다.

결국 소득분포 상위 0.1%의 물질적 이익을 위해 헌신하는 정당이 어떻게 보편적 참정권 민주주의에서 승리하고 정권을 잡을 수 있었을까?[54] 그 답은 금권정치적 포퓰리즘이다.[55] 금권정치적 포퓰리즘은 2016년 대통령직과 상하 양원을 모두 장악한 정당이 경제적 자원을 미국 소득 분포의 하위, 중위, 심지어 중상위층으로부터 최상위층으로 명백하게 이동시키는 세금 법안을 통과시킬 수 있게 해줬다. 그리고 그 때문에 대다수 사람의 경제적 불안정성이 크게 높아졌다.[56]

이 전략에는 세 가지 요소가 있다. 첫 번째는 이런 정책이 대중에게 부의 '낙수효과'를 가져올 것이라고 주장하는 지식인을 활용하는 것이다. '공급 측면 경제학'이 이를 주장하는 방식이었다.[57] 두 번째 요소는 대중 사이에서 인종적·문화적 분열을 조장하는 것이다. 가장 중요한 예를 들면 사람들이 우선 자신을 '백인', '동성애 반대자' 또는 '기독교인'으로 인식하게 하고 상대적으로 불리한 위치에 처한 구성원을 두 번째나 세 번째 순위로 고려하도록, 또는 전혀 고려의 대상으로 삼지 않도록 장려하는 것이다. 세 번째 요소는 투표 참여 억제, 자의적 선거구 획정, 그리고 무엇보다 정치에서 돈 사용의 제한을 없애는 등 선거 시스템을 왜곡하는 것이다. 이 중 마지막 두 요소는 두 가지 의미에서 '남부 전략'이라고 할 수 있다. 첫째는 엘리트층이 역사적으로 남부에서 권력을 장악해온 방식이고, 둘째는 1960년대 민주당이 민권법을 통과시킨 직후 공화당이 의도적으로 착수한 전략이기도 하다. 이 전략은 완벽하지

는 않지만 충분히 효과가 있었다.[58]

공급 측면 경제학은 훌륭한 정치적 슬로건임이 입증됐다. 그러나 실제로는 한계세율과 경제 성장률 사이에는 그런 상관관계가 없다. 이는 놀라운 일이 아니다. 1950년대와 1960년대는 고소득 민주주의 국가들이 가장 빠르게 성장하던 시기였기 때문에 최고 한계세율이 훨씬 더 높았다. 레이건 시대의 감세 정책도 미국 경제의 급격한 성장을 가져오지는 못했다. 이런 단순한 낙수효과는 정치적으로는 효과적이지만 경제학적으로는 의문의 여지가 있다.[59] 트럼프의 법인세 인하와 관련된 경험도 이와 일치한다. 법인세 인하는 실제로 주거용 부동산을 제외한 민간투자를 크게 증가시키지 못했다. 법인세율 인하는 주로 주주들에게 횡재였으며, 상속세 인하는 대규모 유산 상속인에게 횡재였다.

남부 전략은 공급 측면 경제학의 수사보다 정치적으로 훨씬 더 효과적임이 입증됐다. 남부에서는 민권법이 제정된 후 민주당에서 공화당으로 권력 교체가 이루어졌다. 그 과정에서 공화당은 1933년부터 1995년까지 미국 하원에서 반영구적인 소수당이었던 자신의 입지를 이후 민주당과 동등한 수준으로 끌어올렸다.[60] 예를 들어, 2019년 공화당은 구남부동맹 13개 주 중 9개 주지사직과 상원 26석 중 23석, 하원 146석 중 101석의 의석을 차지했다. 민주당이 남부를 지배하던 시절을 생각하면 거의 혁명이라고 할 만했다.

그러나 이는 놀랍도록 성공적인 지역 점령 이상이었다. 그렇다, 미국 연방에서 남부의 정치는 일관되게 인종 억압과 착취 시스템을 유지하는 데 중심을 뒀다. 남부는 노예제 위에 세워졌다. 북부는 남부의 탈퇴를 용인하지 않음으로써 이 '희한한 제도'를 무너뜨렸다. 남부는 패배하자 인종 탄압적인 짐 크로 제도로 대응했다.[61] 남북전쟁 이후 한 세기가 지난 후, 북부는 대법원 판결의 도움과 함께 남부 출신의 린든 베인스 존슨Lyndon Baines Johnson이 입법한 시민권을 사용하여 짐 크로 제도를 무너뜨렸다.[62] 그 후 남부는 아이러니하게도 에이브러햄 링컨의 정당이자 남북전쟁에서 북부의 승리를 이끈 공화당을 수용하여(그리고 변화시켜) 자신의 제도가 가졌던 여러 특징을 국가 전체에 이식해나갔다. 오늘날 공화당은 대법원에서 지속적인 다수를 차지하고 의회에서도 강력한 입지를 확보하면서 이 목표를 달성하기 위해 순조롭게 나아가고 있다.[63]

이는 다른 많은 민주주의 국가에서 볼 수 있는 전략, 즉 인종, 민족 또는 문화적 정체성에 따라 덜 잘사는 사람들을 분열시키는 전략의 매우 성공적인 버전이다. 그러나 가장 순수한 형태는 남북전쟁 이전 남부에서 이루어진 것으로, 이후에도 그 근본적인 특성은 계속 유지됐다. 남북전쟁 이전의 남부는 노예를 포함한 전체 주민들 사이에서뿐만 아니라 자유로운 백인들 사이에서도 경제적으로 극도의 불평등이 존재했다. 백인들 사이에서 불평등의 표준적수치는 1774년부터 1860년까지 70%나 급증했다. "구남부에서 가난한 백인 하층민의 증가를 찾는 역사가라면 이 증거에서 찾을수 있다."[64] 놀랍게도 1860년 인구조사에 따르면 남부 주민 중 상위 1%의 평균 재산은 북부 주민 중 상위 1%의 3배가 넘었다. 노예를 소유한, 귀족을 사칭하는 상업 농장주들이 통치하던 남부는 경제적으로도 북부보다 훨씬 덜 역동적이었다. 남부의 엘리트들은 노예 노동력과 토지 임대료를 착취해 생계를 유지하는 지대 추구 업자들이었다.

이 '농장주 지배plantocracy'는 가난한 백인들 사이에서 인종 우월주의 교리를 확산하는 데 매우 성공적이었기 때문에 남부동맹을 위해 목숨 바친 이들의 숫자가 엄청났다.[65] 노예제도의 방어를 목표로 했던 (일부에서는 이 명백한 사실을 부인하지만) 남북전쟁에서 최소 26만 명(전투 중 9만 5,000명, 질병·사고·기타 원인으로 16만 5,000명)의 남부군 병사가 사망했다.[66] 이 수치는 남부군에서 복무한 전체 남성의 20~35%에 해당한다.[67] 그러나 이 중 상당수는 노예를 소유하지 않은 사람이었다. 인종적 우월감과 인종적 지위 역전에 대한 두려움에서 비롯된 정체성은 그들의 엄청난 희생을 정당화하기에 충분했다.[68] 결국 전쟁은 그들 모두에게 죽음 또는 패배를 안겼다. 인종적 정체성의 정치적 힘을 이보다 더 잘 드러내는 사례는 없다. 물론 그 후 인종주의 이데올로기는 우리의 불행한 세계에 나치즘을, 그리고 비교 불가능한 재앙인 제2차 세계대전의 대학살을 가져왔다. 인종주의는 잘 먹혀든다. 인종주의는 인간 성격의 어두운 측면, 즉 타인을 '타자화'함으로써 자신의 정체성을 찾고 그들을 지배하려는 욕구와 연결된다. 유전적으로 명백히 사소한 차이인 피부색과 같이 눈에 보이는 차이보다 더 쉽게 그렇게 할 수 있는 것이 어디에 있겠는가.

인종과 민족에 따라 상대적으로 덜 부유한 계층을 정치적으로 분열시키는 남부적 제도는 좀 더 희석된 형태로 미국의 나머지 지역으로 확산됐다. 사실 남북전쟁 이전부터 이미 존재하고 있었으나, 20세기 들어서 가난하고 학대받던 아프리카계 미국인들이 남부에서 북부의 도시로 대거 이주하면서 더욱 심각해졌다. 더 최근의 이유는 히스패닉계의 대규모 이민이다.

여기에도 남부의 전제주의적 통치 체제가 반영되어 있다. 히스패닉 인구가 증가한 이유 중 하나는 최근 1,050만에서 1,200만 명으로 추산되는 미등록 이민자의 수다(미등록 이민자가 미국에서 낳은 자녀는 출생지주의에 따라 미국인이 된다).[69] 분명한 질문은 왜 이런 유입을 통제하지 않았는가, 무엇보다 기업이 미등록 이민 노동자를 고용하지 않도록 왜 더 많은 노력을 기울이지 않았는가 하는 것이다. 그 답은 공화당의 자연스러운 지지자인 기업들이 값싼 불법체류 노동자를 고용하면 수익성이 높기 때문에 이런 적극적 단속에 반대한다는 것이다. 따라서 공화당의 재계(대부분은 중소기업)는 미국 전역에 인종적 불안을 확산시킨 불법 이민에 기여하고 정치적으로 이득을 취해왔다. 미국 인구조사에 따르면, 2025년까지 미국은 '백인 소수(히스패닉은 비백인으로 간주)' 사회가 될 것이라고 한다.[70] '백인'들은 그것을 알고 있다. 이런 불안감은 포퓰리즘 선동가 도널드 트럼프가 멕시코와의 국경에 (주로 상징적인) 장벽을 건설하겠다는 약속으로 공화당을 장악하는 데 도움이 됐다.

투표 억압과 극단적인 자의적 선거구 획정은 남북전쟁 이후 남부 체제에서 중요한 부분을 차지했다. 이런 전략은 아프리카계 미국인들이 정상적인 민주주의 국가에서 그들의 숫자에 걸맞은 정치적 힘을 얻지 못하도록 하겠다는 결의를 반영한 것이다. 공화당에 우호적인 대법관들이 임명되면서 이런 전략은 예상한 대로 다시 살아나고 있다.[71] 미국의 저명한 두 정치학자의 말에 따르면 "오늘날 우리 민주주의에 가장 큰 위협은 승리를 위해 더러운 게임을 하는 공화당이다."[72] 우파의 관점에서는 게임의 규칙을 지키는 것보다 승리하는 것이 우선이다. 이런 관점은 민주주의에 치명적이다.

금권정치적 포퓰리즘 체제에는 이를 정당화하고 옹호하고 홍보하는 여론 형성자와 선전가가 필요하다. 남북전쟁 이전 남부에서는 신이 노예제도를 제정했다고 주장하는 기독교 교회가 매우 중요한 역할을 했다.[73] 백인 기독교인들은 다시 공화당을, 그리고 최근에는 도널드 트럼프를 지지하는 데 중요한 역할을 하고 있다. 공화당에 대한 기독교 우파의 오랜 지지는 인종차별적인 은밀한 메시지 외에도 낙태, 동성애자 권리 등을 둘러싼 '문화 전쟁'이 가지는 정치적 중요성과 유용성을 반영한다. 이런 충성심이 성적인 방탕함과 강박적인 거짓말을 일삼는 것으로 알려진 트럼프에게 옮겨 간 것은, 놀랍지는 않더라도 흥미로운 일이다.[74] 특히 백인 복음주의자들은 '내 적의 적은 친구'라는 원칙에 따라 자신들이 트럼프의 열렬한 지지자임을 입증했다.[75]

미디어도 중요하다. 대부분의 초점은 '뉴미디어'의 영향력에 맞춰져 있는데(이에 대해서는 뒤에서 더 자세히 다룬다), 오래된 미디어 특히 텔레비전과 라디오도 중요하다. 루퍼트 머독Rupert Murdoch의 제국은 금권정치적 포퓰리즘 테마를 지속적으로 홍보해왔다. 미국에서는 트럼프에게 영향력을 행사하는 것으로 유명한 「폭스 뉴스Fox News」가 루퍼트 머독의 주요 매체였다.[76] 머독은 다수의 편견을 이용하여 소수의 번영을 촉진하는 데 천재적인 재능이 있었으며, 자신을 위해 이런 일을 할 줄 아는 사람들을 찾아내는 데 탁월한 능력을 갖추고 있었다. 그는 1996년 로저 에일스Roger Ailes를 「폭스 뉴스」의 책임자로 임명했다.[77] 라디오 책임자 중에는 미국의 대표적인 우파 인사 러시 림보Rush Limbaugh가 있었다. 림보는 직설적인 인종차별 발언을 서슴지 않았다.[78] 그는 또한 금권정치적 포퓰리즘의 대의를 지지하는 매우 영향력 있는 인물이었다.[79] 이 사람들이 자유주의적 민주주의의 대의에 끼친 피해를 강조하는 것은 결코 과장이 아니며, 그 피해는 아직도 지속되고 있다.

금권정치의 영향력을 더욱 잘 보여주는 것은 정치에서 돈의 역할이다. 2010년 대법원은 '시민 연합Citizens United'(미국의 보수적 시민단체-옮긴이) 소송 판결에서 기업은 인격체이고 돈은 의사 표현으로 볼 수 있다는 잘못된 판결을 했다. 미국에서 가장 큰 정치 자금 기부는 기업의 로비로 이뤄진다. 하지만 부유한 개인도 중요하다. 개인 기부자 중 상위 0.01%가 전체 기부금의 40%를 차지한다. 정치에는 돈이 많이 든다. 대기업과 초부유층 개인들이 정치 자금을 압도적으로 많이 기부하는 상황에서 이런 자금을 필요로 하는 정치인들이 누구의 말에 귀를 기울일까?[80]

본질적으로 금권정치적 포퓰리즘과 구남부 정치 간의 결합은 중산층과 가난한 백인을 상업 엘리트 중 상당한 부분의 이익과 결합시키는 성공적인 프로그램이다. 공화당에 그렇게 큰 변화를 요구하지도 않았다. 조지프 매카시Joseph McCarthy의 빨갱이 사냥이 상원을 장악하고, 존버치협회John Birch Society(공산주의 세력과 투쟁하고 극단적인 보수주의적 주장을 확산시키고자 하는 사조직-옮긴이)가 설립된 1950년대에도 공화당에는 편집증적 보수주의가 넘쳐났다.[81] 그러나 더 야심 찬 보수주의 프로그램은 과반수 동의가 필요했고, 결국 앞서 사용한 두 가지 의미의 남부 전략이 필요해졌다. 즉 남부를 공화당 지지로 만들고 인종 분열의 정치를 더 광범위하게 전국에 확산시킨다는 전략이었다. 미국 정부('그림자 정부the deep state')가 반역자들로 가득 차 있다는 매카시의 핵심 주제를 트럼프와 그의 지지자들이 채택한 것은 우연이 아니다. 이는 당시와 마찬가지로 오늘날에도 우익 음모론의 주제다. 결정적 차이점은 트럼프와 달리 명예로운 애국자였던 드와이트 D. 아이젠하워Dwight D. Eisenhower 대통령은 이런 음모론을 부추기지 않았다는 것이다.

좌파 논객으로 구성된 브라만 엘리트들 역시 백인 중산층이 공화당으로 향하는 움직임을 촉발했다. '백인 특권'에 대해 이야기하는 것은 많은 백인, 특히 자신이 소외되고 무시당한다고 느끼는 백인들에게는 불쾌감을 준다. 또한 남성들은 항상 생계부양자의 역할을 해왔는데 이는 결혼 관계를 지탱하는 받침대였다. 고용 안정성 및 임금 측면에서 열악해진 지위 때문에 더는 이런 역할을 해내기 어려워진 남성들에게 '남성 특권'에 대한 유사한 담론도 물론 불쾌감을 줄 수 있다. 2015년 데이터에 따르면, 미국 빈곤층 여성의 아기 중 64%가 혼외 출생으로 밝혀졌다. 그에 비해 노동자 계급 여성의 아기는 36%, 중상류층 여성의 아기는 13%만이 혼외 출생이었다.[82] 다시 말하지만 젠더 포용성과 관련된 새로운 언어의 대부분은 오늘날 경제적으로 더 어려운 환경에서 자존감을 지키기 위해 고군분투하는 전통적 사고를 가진 상당수의 사람에게 불쾌감을 준다. '개탄스러운 사람들'(2016년 대통령 선거 캠페인 과정에서 힐러리 클린턴 후보가 트럼프 지지자 일부에 대해 이런 표현을 사용했다-옮긴이)로 분류된 사람들은 '개탄스럽게' 투표하려는 동기가 더욱 강해졌다.[83] 브라만들에게 반발하고 금권정치자들의 유혹을 받은 많은 백인 노동자 또는 중산층은 분노한 포퓰리스트 우파로 옮겨 갔다. 이런 일은 서구의 많은 지역에서 일어났는데, 특히 미국에서는 기질·성격·지성 면에서 부적합한 인물이 대통령으로 선출되면서 엄청난 영향을 미쳤다.

그러나 금권정치로 이루어진 거래는 파우스트적이다. 매우 부유하고 경제적으로 강력한 자들의 선호가 미국 법률에서 엄청난 비중을 차지한다는 점에서 이 제도는 나름대로 큰 성공을 거뒀다. 하지만 여기에는 함정이 있다. 만약 어떤 정치인이 유권자들에게 민족주의·인종주의·문화적 보수주의와 함께 더 많은 공공 지출과 무분별한 재정을 지지하고, 세계화에 적대감을 내세우면서 무엇보다 자유주의적 민주주의, 법치주의, 제2차 세계대전 이후 미국이 주도한 질서에 대한 적대감도 함께 내세운다면? 더 이상 가설이 아니게 된 이 질문의 답을 우리는 알고 있다. 공화당 컨설턴트인 스튜어트 스티븐스Stuart Stevens는 이런 말을 한 적이 있다. "공화당은 재정 건전성, 자유무역, 러시아에 대한 강경한 태도, 인격과 개인적 책임성 등 몇 가지 기본 원칙을 지지한다고 주장했다. 하지만 오늘날 공화당은 이런 문제와 가치를 잊은 정도가 아니라 이 모든 것에 적극적으로 반대하고 있다."[84] 공화당은 이념적으로나 제도적으로나 껍데기만 남은 채 유권자들의 두려움과 분노를 대변할 수 있는 지도자가 집권하기만을 기다리는 것으로 판명됐다. 부자들은 자신들이 원하던 세금 감면을 받았지만, 감세안을 실현한 사람이나 세력을 통제할 수 없었다.

이런 공화당 기반의 변화는 노동조합의 역할이 감소하고 금융 및 테크 부문에서 큰 비중을 차지하는 브라만 엘리트의 역할이 증가하면서 민주당에서도 거울 이미지와 같은 변화를 불러왔다. 쇠퇴하는 노조는 중요한 자금원으로서도 쇠퇴했고, 공화당이 재계와 보수적 귀족들로부터 재정 지원을 끌어낼 수 있게 되자 민주당은 새로운 기업과 보다 (미국적인 의미에서) 리버럴한 귀족들로부터 자금을 확보해야 했다. 이를 성공적으로 해내는 방법은 경제적 이익보다는 문화적·인종적 정체성을 바탕으로 표를 얻는 것이었다. 결국 깨어 있는woke(미국에서 과도한 정치적 올바름에 빠진 사람들을 비꼬아 일컫는 말-옮긴이) 억만장자들 역시 높은 세금은 싫어한다. 따라서 실제로는 돈의 정치적 역할이 민주당이 인종과 관계없이 가난한 사람들을 효과적으로 대변하는 일을 어렵게 했다. 경제적으로 더 급진적인 강령(예: 보편적 의료 서비스)이 채택되지 않은 것은 그다지 놀랄 일이 아니다.

세계에서 가장 중요한 민주주의 국가인 미국은 다른 어떤 고소득 국가보다 포퓰리즘의 영향을 많이 받았다. 그러나 그 그림자는 다른 나라들에서도 찾아볼 수 있다. 예를 들어 영국에서 2010년 보수당-자유민주당 연립정부는 자신이 물려받은 거대한 규모의 재정 적자가 금융위기 때문이 아니라 전임 노동당 정부의 무책임한 공공 지출 때문에 발생한 것이라는 거짓 주장을 펼쳤다. 그런 다음 정부 적자를 줄이겠다는 계획으로 대응했다. 더 나아가 이후 재정 조정의 압도적인 부분(국내 총생산의 10%에 근접)은 세금 인상이 아닌 지출 삭감을 통해서 이루어졌다.[85] 이런 삭감은 불가피하게도 취약한 사람들과 지역에 특히 큰 타격을 입혔으며 지방 정부의 재정이 특히 심각한 영향을 받았다.

브렉시트는 높은 불평등, 금융위기, 위기 이후의 불균형한 재정 조정이라는 현실에서 벗어날 수 있는 훌륭한 전환점이었다. 브렉시트를 통해 브렉시트 지지자들은 일반 대중이 입은 피해에 대한 책임을 국내 엘리트와 정부에서 외국인에게로 전가할 수 있었다. 긴축을 시행한 정당과 긴축으로 가장 큰 피해를 본 사람들이 국가 주권이라는 기준 아래 하나로 합쳐졌다. 평범한 사람들을 분노하게 한 다음에 그들의 고통을 외국인이나 소수자의 탓으로 돌리는 것이 바로 의식적이든 아니든 금권정치적 포퓰리즘이 하는 일이다. 도널드 트럼프는 무역과 이민을, 보리스 존슨은 EU와 이민을 이용했다. 이 전략은 놀랍도록 잘 작동한다. 보리스 존슨은 자신의 (과거) 유권자를 더는 이해하지 못하는 노동당의 무능력으로 도움을 받았다. 그럼에도 브렉시트 찬성파는 표면적으로는 반엘리트 포퓰리스트이지만 반다원주의자는 아니다. 보리스 존슨 정부가 외국인, 사법부 재검토, 인권에 대한 자신의 약속을 지키려는 태도는 분명 우려스럽지만 자유주의적 민주주의의 근간을 파괴하려고 하지는 않았다.

유해한 개인주의와
권위주의적 포퓰리즘

특히 미국에서 포퓰리즘적 권위주의가 부상하는 데 크게 기여한 것은 그 정반대의 지나친 개인주의다. 이런 이데올로기는 팬데믹 기간에 특히 팬데믹이 쉽게 확산될 수 있는 혼잡스러운 장소에 입장하기 위한 조건으로 '마스크 착용 의무화'나 '백신 여권' 제시 요구에 대해서 많은 우파가 저항한 것에서 가장 분명하게 드러났다. 이런 극도의 개인주의, 즉 자신이 원하는 것은 무엇이든 할 수 있다는 믿음은 새로운 것이 아니다. 예를 들어, 미국에서는 이런 태도가 건국의 토대가 된 개척 정신의 한 측면이다. 그러나 이런 태도는 사회적 유대감과 사회 질서를 파괴하여 토머스 홉스가 묘사한 '만인에 대한 만인의 전쟁bellum omnium contra omnes'을 초래하는 독이 될 수도 있다.

고대 로마인들의 관점에서 이런 반사회적 버전의 자유는 '리센티아licentia(방종)'와 '리베르타스libertas(자유)'를 혼동한 것이다. 따라서 "진정한 리베르타스는 … 자신이 좋아하는 것은 무엇이든 할 수 있는, 제한 없는 권력이 아니다. 그런 권력은 그것이 동의받은 것이든 당연한 것이든 리베르타스가 아니라 리센티아다. 리베르타스의 필수 전제 조건은 자의적 행동의 포기이며, 따라서 진정한 리베르타스는 법에 따라서만 누릴 수 있다."[86] 방종은 자유가 아니라 폭정으로 가는 길이다. 조만간 플라톤이 말하는 '보호자'가 등장하여 '질서'와 '안전'을 약속할 가능성이 크다. 팬데믹 상황에서 자신이 원하는 대로 할 권리를 주장하는 많은 사람이 트럼프와 같은 독재자의 헌신적인 추종자라는 것은 우연이 아니다. 이들은 서로 반대되는 것이 아니라 동전의 양면과도 같다. 방종은 폭정을 낳는다. 무질서했던 후기 로마 공화정은 군부독재 체제로 변모했으며 이는 로마 제국이라고 알려지게 됐다. 이 공생 관계는 역사의 강력한 교훈 중 하나다. 민주공화국은 법에 대한 존중, 더 나아가 사회적 가치관에 뿌리를 둔 질서 있는 자유에 의존한다.

정당과 미디어의 역할 변화

선동적 포퓰리즘은 고대 아테네 이래 민주주의 정치체제의 특징이다. 고소득 국가에서는 반다원주의적 포퓰리스트가 권력을 장악하는 일은 다행히도 드물었다. 가장 중요한 선례는 1920년대와 1930년대 유럽의 무솔리니Mussolini와 히틀러였다. 그 시대와 오늘날에는 정치조직과 미디어 기술이라는 두 가지 중요한 측면에서 큰 차이가 있다. 정당과 표준적인 미디어 조직은 약해지고 소셜 네트워크는 강해졌다.

1920년대와 1930년대는 머신 정치machine politics(정당의 지역 조직이 지역 보스에게 장악되어 부패와 부정을 일삼는 것-옮긴이)의 시대였다. 포퓰리즘 선동가들의 집권은 조직화된 정당을 통해 이루어졌다. 이탈리아와 독일 모두 정당이 준군사 조직이었다. 무솔리니에게는 검은 셔츠 행동대가, 히틀러에게는 갈색 셔츠 행동대가 있었다.[87] 물론 정당이라는 구조는 19세기에 이미 등장했다. 오늘날 선진 민주주의 정치에는 이와 비교할 수 있는 조직이 존재하지 않는다. 지도자들은 기존 정당에 대한 통제권을 획득하거나 상대적으로 정상적인 독자 정당을 가지고 있거나 마크롱처럼 독자적으로 정당을 설립하기도 한다. 그 결과 현대의 포퓰리즘은 이전의 포퓰리즘보다 훨씬 덜 규율적이다. 노동당 내의 '모멘텀Momentum'(제3의 길과 우경화 노선에 반대하여 2015년에 결성된 영국 노동당 내 좌파 활동가 조직-옮긴이)처럼 정당 내에서 비교적 잘 조직된 그룹이 있기는 하지만, 포퓰리즘은 상향식이고 무정부적이며 심지어 허무주의적이기까지 하다.

두 번째로는 미디어의 본질이 변화한 것, 무엇보다 소셜 미디어가 부상한 것이다. 파시스트와 나치의 부상은 신문과 라디오의 영역에서 일어났다. 이들은 일방향 미디어였다. 일단 권력을 잡은 권위주의 정부는 정보의 흐름을 고도로 통제할 수 있었다. 히틀러의 선전 책임자였던 요제프 괴벨스Joseph Goebbels는 내러티브 통제의 달인이었다. 반면 오늘날의 소셜 미디어는 탈중앙화되어 있어 동급자들 사이의peer-to-peer 네트워크에서 거짓말, 음모론, 의견, 진실이 매우 쉽게 확산될 수 있다. 이런 시스템에서는 내러티브를 통제하기가 훨씬 더 어렵다. 하지만 중국의 사례에서 알 수 있듯이, 결단력 있는 독재자에게는 결코 불가능한 것이 아니다. 중국의 만리방화벽과 이를 통한 내러티브 통제는 효과가 있는 것으로 보인다.

새로운 미디어의 중요한 측면은 새로운 시대의 근간이 되는 정보경제학에서 비롯된다. 정보를 수집하는 데는 여전히 비용이 많이 들지만, 전파하는 데는 비용이 들지 않는다. 예전에는 뉴스를 광고와 묶어 판매하거나 BBC와 유사한 기관처럼 국가 보조금으로 정보 수집에 필요한 자금을 조달할 수 있었다. 그러나 새로운 기술이 등장하면서 뉴스 수집과 광고가 분리됐고, 광고는 게시하는 정보를 검증할 책임이 거의 없는 테크놀로지 플랫폼으로 옮겨가고 있다. 미국에서는 "디지털 광고 수익이 기하급수적으로 증가했지만, 대부분 언론사보다는 페이스북과 구글에 돌아간다."[88] 예컨대 2018년 전체 디스플레이 광고 수익의 절반이 페이스북(40%)과 구글(12%)에 돌아갔다. 한편 신문사의 광고 수익은 계속 감소하고 있다. 그 결과 뉴스 수집의 경제성이 붕괴했다. 제품의 품질과 독자의 경제적 지위 등의 이유로 유료 모델이 작동하는 주요 예외가 있기는 하다. 하지만 유료 모델은 고품질의 검증된 정보에 대한 접근을 제한하는 불가피한 결과를 초래한다. 트럼프가 '가짜'라고 불렀던 뉴스가 바로 이런 종류다. 영국에서 「가디언」은 자발적인 기부금으로 자립을 시도하고 있다. 그러나 전반적으로 정확한 정보를 생성하고 게시하는 데 드는 막대한 비용과 그 대가를 받기 어려운 오늘날의 현실을 고려할 때 정보 혁명의 효과는 의미 없는 정보, 허위 정보, 선전, 광적인 음모론 등을 전혀 비용을 들이지 않으면서 광범위하게 유포하는 것이 됐다.

새로운 소셜 미디어에 대해서 말하자면, 그것은 이전보다 '루머(로마인들은 이를 'fama'라고 불렀다)'를 훨씬 쉽게 퍼뜨릴 수 있게 됐다. 그 결과 수준 미달의 비도덕적인 사람들이 여론에 영향을 미치기가 어느 때보다 쉬워졌다. 그로 인해서 다른 사람의 말, 특히 권위 있는 인물의 말에 대한 냉소주의가 만연하고 인터넷의 여기저기 구석에서 특정 의견에 대한 열정적 추종자들이 등장하고 있다. 하지만 정치 지도자가 자신의 의도를 효과적으로 선전하는 것이 여전히 가능하다는 점은 변하지 않았다. 트럼프는 트위터Twitter를 잘 활용했다. 그러나 오늘날에는 중국공산당과 같은 자원과 결단력이 없이는 정보를 독점하기가 예전보다 더 어려워졌다.

사려 깊은 관찰자인 야샤 몽크는 "최근 몇 년 동안 자유주의적 민주주의의 기본 요소를 훼손하기 위해서 신기술을 가장 효과적으로 악용한 것은 포퓰리스트들이었다"라고 주장했다. 그에 따르면 "기존 미디어 시스템의 제약에 얽매이지 않고 자신이 당선되기 위해서라면 거짓말, 모호한 표현, 동료 시민들에 대한 증오를 선동하는 등 무엇이든 할 수 있었다."[89]

마찬가지로 새로운 소셜 미디어는 분노를 무기화하여 주목을 받는다.[90] 오늘날의 기술 기반 허무주의에 대한 통찰력 있는 분석가인 마틴 구리Martin Gurri의 견해에 따르면, "대중은 … 엘리트들을 높은 자리에서 떨어뜨리기 위해 … 노력한다. 국가 기관을 통치하고 그것을 대변하는 계층이 권위를 박탈당하고 설득의 영향력을 잃는 것은 충격적이고 끔찍한 사건이다."[91] 많은 사람이 트럼프를 좋아하는 이유 중 하나는 단순히 그가 기존 제도권에 속하지 않았다는 점 때문이었다. 그들은 통치자들에 대한 경멸을 드러낸 것이었다.

결론적으로 새로운 미디어가 얼마나 많은 변화를 불러왔는지

정확히 따지기는 어렵다. 소셜 미디어가 분노를 무기화하여 온갖 종류의 환상과 사기를 퍼뜨린 것은 사실이다. 민주주의 국가들의 개방적이고 글로벌한 인터넷이 사적·공적인 적대 세력, 그리고 국내 및 해외 적대 세력의 의도적인 조작에 노출되어 있는 것도 사실이다. 백신 접종을 반대하는 운동이 부상한 것에서도 알 수 있듯이 위험한 헛소문이라는 바이러스의 확산에 대한 보호 장치가 거의 없는 것도 사실이다.[92] 그러나 이런 형태의 지적 오염이 오늘날 우리가 처한 상황에 대한 주된 요인인지는 분명하지 않다. 적절한 (이라기보다는 차라리 잘못된) 상황에서 독극물은 신문, 책, 라디오와 같은 오래된 기술을 통해 완벽하게 잘 퍼진다. 그것은 전간기가 우리에게 준 교훈이었다. 예를 들어 휴이 롱Huey Long(1920~1930년대에 미국 루이지애나 주지사와 상원의원을 지낸 포퓰리즘 정치인-옮긴이)의 경력을 생각해보라. 오늘날과 같은 경제적·문화적 조건에서 소셜 미디어가 없었다면 트럼프가 공화당 후보로 지명되지 못했을까? 나는 아니라고 생각한다.

그러나 분명한 것은 그가 기존의 위계적 정당 내에서 성공하기는 어려웠으리라는 점이다. 이는 참으로 큰 변화다. 뉴미디어가 포퓰리즘 메시지를 전파했지만, 신문·라디오·텔레비전 등 기존의 미디어도 마찬가지였다. 마셜 매클루언Marshall McLuhan의 견해와는 달리, 미디어는 메시지가 아니다.[93] 그것은 단지 메시지를 형성할 뿐이다. 메시지 자체는 고통, 두려움 분노다. 뉴미디어가 없었더라도 정치적 폭발을 일으킬 수 있었을 것이다. 1848년 혁명은 들불처럼 유럽 전역으로 퍼져나갔다. 당시에 이 혁명은 아랍의 봄과 비슷한 양상을 보였고, 결말도 거의 비슷했다. 분명한 점은 당시에는 지금과 같은 뉴미디어가 없었다는 것이다.

민주주의의 보루를 지켜낼 수 있을까?

팬데믹이 시작되고 2년이 지난 지금, 코로나19가 이런 광범위한 이야기를 어떻게 변화시켰는지 말하기에는 너무 이르다. 사람들이 비교적 심각한 위협을 경험하면서, 포퓰리스트의 신뢰도는 약화되고 정부에 대한 신뢰도는 높아진 것으로 보인다. 코로나19가 민주주의에 대한 신뢰도를 높인 것은 아니다. 전체적으로 볼 때, 사람들은 유능한 권위주의적 정부를 열망하는 쪽으로 옮겨 간 것으로 보인다. 유능한 권위주의자들은 대체로 드물다. 하지만 그들은 무능한 독재자보다 자유주의적 민주주의의 미래에 더 위험할 수 있다.[94]

일부 관찰자는 솔직히 절망한다. 캘리포니아대학교 어바인 캠퍼스의 숀 로젠버그Shawn Rosenberg는 사람들을 양심적이고 정보에 기반한 시민으로서 생각하고 행동하게 하는 일이 절망적이라고 주장한다. 간단히 말해서, "미국을 비롯한 각국의 민주적 거버넌스는 그에 필요한 시민을 만들어내는 데 성공하지 못했다. 따라서 그것은 문화적 정의와 규범에 동화되고 제도적 조직에서 기능하며 공공 영역에 참여하는 데 필요한 인지적·정서적 역량이 부족한 시민들의 손에 넘겨졌다."**95** 그는 역사적으로 이런 약점은 문화와 사회 및 정치 제도에 대한 엘리트의 통제로 상쇄됐다고 주장한다. 그러나 기술, 경제, 문화의 발전으로 게이트키퍼나 정치 과정을 보호하는 그들의 역할이 무너져버렸다. 미디어의 변화도 하나의 요소이지만, 권위와 영향력 위계의 붕괴는 그보다 더 광범위한 차원에서 발생했다.

이제 국민은 스스로의 힘으로 정치를 해야 하지만, 국민은 이를 싫어한다. 타고난 지도자를 찾을 수 없으면 사람들은 기존 엘리트들 대신 자신감 넘치는 우파 포퓰리스트들을 선택한다. 따라서 로젠버그는 "자본주의 시장, 민주주의 정치, 세계화의 힘이 일상생활에 점점 더 구조적으로 침투하면서 사회생활을 복잡하게 만들었으며, 개인이 그런 복잡성에 대처할 때 자기 자신에게 의존해야 할 필요성이 점점 더 분명해졌다"라고 말한다. 하지만 "여기에 요구되는 방식으로 참여할 수 있는 인지적·정서적 능력이 그들에게 부족하다는 점을 고려할 때, 더 자유롭고 평등하며 문화적으로 다양한 세상에 사는 사람들은 더 혼란스럽고 방향 감각이 없으며 외롭고 불안한 상태에 놓이게 된다"라고 본다. 따라서 "그들은 이런 상황에 대응하기 위해서 세상과 자신에 대한 권위 있는 정의定義, 그리고 그 세상에서 개인과 국민으로서 자신의 입지를 확보하기 위해 어떻게 행동해야 하는지에 대한 권위 있는 방침을 점점 더 필요로 한다고 느끼고 있다."**96**

그 대답은 일종의 '파시즘의 빛'이다. 로젠버그는 이상화된 국가와 '위대한 지도자'에 대한 헌신을 말하는 우파 포퓰리즘의 호소는 민주주의가 제공하지 못하는 것, 즉 지도자에 대한 절대적 충성의 대가로 스스로 생각해야 하는 부담에서 벗어나는 것을 많은 대중에게 제공한다고 주장한다. 이런 태도는 자유주의적 민주주의와 양립할 수 없다. 하지만 로젠버그는 우파 포퓰리즘이 승리할 것이라고 주장한다. 그것은 좌파 포퓰리즘보다 훨씬 더 성공적이다. 좌파 포퓰리즘은 (물론 비현실적이고 궁극적으로는 독이 될 수 있는) 희망을 약속하지만, 우파 포퓰리즘은 두려움과 분노를 먹고 살기 때문이다. 희망은 신뢰를 필요로 한다. 두려움은 그렇지 않다. 단지 적이 필요할 뿐이다.

　로젠버그는 끔찍하지만 있을 법한 디스토피아적 비전을 제시한다. 코로나19가 어리석은 권위주의적 포퓰리즘에 대한 불신을 초래했다고 하더라도, 민주주의로부터 이런 방향으로의 변화를 가속화했을 수도 있다. 분명히 핵심적 민주주의 제도들은 스스로를 보호하지 못한다. 그런 제도들은 그 제도가 수호하는 가치를 이해하고 소중히 여기는 사람들, 특히 상업적·정치적·지적 엘리트들에 의해서 보호되어야 한다. 정치권은 포퓰리스트들이 집권하게 한 데 대한 두려움과 분노에 반드시 반응해야 한다. 하지만 그것들에 굴복해서는 안 된다.[97] 자유주의적 민주주의를 구하려면 경제 개혁과 정치 개혁이 필요하다. 이 책의 다음 부분에서 다루는 주제가 바로 개혁이다.

THE CRISIS
OF
DEMOCRATIC
CAPITALISM

/

민주주의적
자본주의의 쇄신

세계은행에서 근무했고 현재 뉴욕시립대학교에 재직 중인 브란코 밀라노
비치는 자본주의가 '홀로' 서게 됐다고 주장한다. 바로, 승리했기 때문이다.[1]
복잡한 현대 경제에서 자본주의가 아닌, 생산과 교환을 조직하는 신뢰할 수
있는 다른 시스템은 존재하지 않는다. 맞는 말이다. 시장의 힘과 생산적 자산
의 사적 소유에 어느 정도 의존하지 않고 중앙집중식 계획경제를 찬성하는 사
람은 거의 없다.

그렇다면 어떤 자본주의가 승리했을까? 이 질문은 두 가지 차원에서 제기
된다. 첫째, 밀라노비치가 '자유주의적 자본주의'라고 부르고 내가 '민주주의
적 자본주의'라고 부르는 자본주의인가, 아니면 그가 '정치적 자본주의'라고
부르고 내가 '권위주의적 자본주의'라고 부르는 자본주의인가?[2] 둘째, 경쟁적
이고 역동적인 자본주의인가, 아니면 지대를 착취하는 왜곡된 자본주의인가?
이런 질문이 이 책의 3부를 구성한다.

민주주의는 권위주의적 대안의 도전을 받고 있으며, 시장 자본주의는 국
가 주도적 대안의 도전을 받고 있다. 금융위기, 그 뒤를 이은 정치적 리더십의
질적 저하, 코로나19에 대한 많은 서구 민주주의 국가의 부적절한 대응은 이
런 경쟁을 더욱 첨예하게 했다. 현대 서구 사회의 기반이 되는, 상호 보완적인
대립물의 결합인 민주주의적 자본주의가 번영할 것이라고 당연시해서는 안
된다. 오히려 살아남지 못할 수도 있다.

'민주주의의 침체'는 2부에서 논의한 사회적·문화적·경제적 변화의 산물
이다. 무엇보다 경제적 실패는 인구 중 상당 부분에서 불안, 걱정, 분노, 불신
을 심화하는 데 중요한 역할을 했다. 그 결과 포퓰리즘 선동가들이 등장했고,
이들은 우리 시대의 민주주의 침체를 더욱 가속화하고 있다. 물론 선동적 포

폴리즘의 부상이 더 나은 정책을 위한 경각심을 불러일으킬 수도 있다. 하지만 그것은 건전한 정책을, 나아가 자유주의적 민주주의 자체를 파괴할 수도 있다. 실제로 후자와 같은 결과가 그리 멀리 있어 보이지 않는다. 특히 미국에서 그러하다.

그러나 보편적 참정권 민주주의가 지난 세기 동안 많은 도전을 거쳐왔다는 사실을 기억해야 한다. 시장경제도 마찬가지다. 유럽에서는 1940년 당시 상황이 지금보다 훨씬 더 절망적으로 보였다. 당시 영국의 집권당 지도자들은 히틀러와의 평화를 선호했다. 그러나 그들은 논쟁에서 이기지 못했다. 결과적으로 자유라는 대의명분은 부분적으로는 영국의 대항과 소련의 저항, 그리고 무엇보다 미국의 존재와 노력 덕분에 상실되지 않았다.

우리는 또 한 번 성공적인 쇄신을 할 수 있다. 과거에도 했으니 말이다. 이를 위해서는 상상력이 풍부하고 훌륭한 리더십이 있어야 한다. 하지만 아이디어도 있어야 한다. 이 책의 3부에서는 바로 그런 아이디어를 제공하고자 한다.

기본 명제는 만약 보편적 참정권 민주주의가 국민 전체로부터 괴리되어 있고 시장경제가 국민 전체의 이익에 봉사하지 않는다면, 이 둘을 결합하기란 불가능하다는 것이다. 이 두 가지가 가장 성공적으로 달성된 민주주의 사회는 내가 '복지 자본주의'라고 부르는 사회다. 유럽에서는 '사회 민주주의'와 '사회적 시장경제'가 이런 체제를 가리키지만, 기독교민주당 역시 이런 복지 자본주의를 수용했다. 미국에서는 '자유주의' 또는 (지금은 아쉽게도 거의 사라졌지만) 온건한 형태의 보수주의라고 할 수 있다. 결정적으로, 이런 유형의 합의는 보편적 참정권 민주주의의 장기적 생존에 필수 조건인 것으로 드러났다. 자산이 거의 없고, 예기치 않은 실업이나 정상적 생활을 할 수 없게 하는 질병 같은 불행한 일들로부터 자신을 보호할 수 없거나, 안정성을 보장받지 못하는 대다수의 사람에게 자유방임 자본주의가 야기하는 불안은 궁극적으로 민주주의와 양립할 수 없다. 이것이 20세기 초중반에 서구 국가들이 깨달은 교훈이다. 그리고 지난 40년을 거치면서 서방 국가들은 다시 한번 이를 깨달았다. 이런 불안을 야기하는 경제와 이에 무관심한 정치에서는 오로지 독재, 전제주의 또는 이 둘의 조합만이 번성하게 될 가능성이 크다.

하버드대학교의 토번 아이버슨Torben Iversen과 런던정경대학교의 데이비드 소스키스David Soskice의 연구는 경제 및 정치의 개혁에 필요한 논의의 틀을 제공한다.[3] 어떻게 하면 진취적인 형태의 민주주의적 자본주의가 여전히 번영할 수 있는지에 대한 그들의 논문에서는 세 가지 핵심 요소를 제시한다.

첫째, 고소득 민주주의 국가에서는 정부가 중심적인 역할을 한다. 정부는 기업이 서로 경쟁할 수 있게 하고, 국민에게 충분한 교육과 훈련을 제공하며, 경제가 의존하는 인프라를 최고 수준으로 유지하고, 기술 발전을 주도하는 연구에 적절한 자금을 지원해야 한다. 사실 많은 사람이 생각하는 것처럼 시장과 국가는 '대립'하는 것이 아니다. 오히려 시장과 국가는 '함께'하는 것이다. 정도의 차이는 있지만, 성공적인 경제를 이룬 모든 나라에서 공통으로 나타나는 현상이다.

둘째, 안정된 고소득 민주주의 국가에서는 교육을 많이 받고 진취적인 사람들이 정치에 참여하는 비중이 높다. 이런 사람들은 유능하다고 생각되는 정당과 인물에게 투표하는 경향이 있다. 이들이 민주정치가 구축되는 견고한 토대를 제공한다.

마지막으로, 정교한 비즈니스가 필요로 하는 기술은 특정 지역에 거주하는 사람들의 네트워크에 내재되어 있다. 결과적으로 기업의 핵심 역량은 많은 이들이 생각하는 것보다 훨씬 덜 유동적이다. 기업 운영에서 상대적으로 덜 숙련된 인력들만 진정으로 이동성이 높다.[4] 실제로 기업의 이동성이라고 추정되는 것의 상당 부분은 값싼 노동력, 낮은 세금, 최소한의 규제를 제공하는 국가로 기업 활동의 전체 범위를 옮기는 것보다는 주로 세제상의 허점이나 값싼 비숙련 노동력을 악용하는 것과 관련이 있다.

그러나 정치, 기업, 대중 간의 경제적 상호의존과 상호헌신에 대한 이런 비전은 현대 민주주의적 자본주의의 취약성을 드러내기도 한다. 설사 핵심 역량이 한곳에 머무르는 경향이 강하다고 하더라도 경제에서 이동성이 높은 분야는 인구의 상당 부분, 특히 저숙련 및 고령 근로자의 전망을 황폐화할 만큼 비중이 충분히 클 수 있다. 다시 말하지만 안전하고 좋은 일자리를 갖고 있다고 생각했던 사람들에게 경제적 불안이 영향을 미치기 시작하면, 그들의 절망감은 더 커질 가능성이 크다. 정부가 글로벌 경제위기, 성장의 둔화, 코로나19와 같은 예상치 못한 충격에 대응하기 위해 무엇을 할지 모른다면 신뢰가 무너질 수 있다. 마지막으로, 기업의 이익과 금권주의가 압도적으로 강력해지면 민주주의적 자본주의가 무너지고 금권주의적 또는 독재적 버전으로 대체될 수 있다.

민주주의의 강점은 대표성과 정당성인 반면, 약점은 무지와 무책임이다. 자본주의의 강점은 역동성과 유연성인 반면, 약점은 불안정과 불평등이다. 모든 결혼이 그렇듯이 자유주의적 민주주의와 시장 자본주의 사이의 관계도 파탄 날 수 있다. 정치나 경제에서 필수적인 것, 즉 정치의 경우 정치적 대표성과 유능한 정부, 경제의 경우 매력적인 기회와 폭넓게 공유되는 번영을 정치와 경제가 제공하지 못한다면 파탄으로 치달을 수밖에 없다.

좋은 결혼 생활에서는 각 파트너의 강점이 상대방의 약점을 상쇄한다. 나쁜 결혼 생활에서는 각 파트너의 약점이 상대방의 강점을 압도한다. 어떻게 이 두 시스템을 개선하고 둘 사이의 균형을 맞춰야 하는지가 3부의 주제다. 우선 경제적 문제부터 논의를 시작해 7장에서는 자본주의의 쇄신을 위한 요건들을 살펴본다. 8장에서는 새로운 뉴딜이 무엇을 의미하는지 자세히 짚어보고, 9장에서는 민주주의의 쇄신에 초점을 맞출 것이다.

자본주의의 쇄신

> 시장경제에는 찬성한다. 그러나 시장사회에는 찬성하지 않는다.
> - 리오넬 조스팽Lionel Jospin(프랑스의 정치가)[1]

> 나는 돌고 도는 순환소수처럼 재무부로 다시 돌아왔지만, 과거와 큰 차
> 이점이 한 가지 있다. 1918년에 대부분 사람은 1914년 이전으로 돌아
> 가고 싶다는 생각뿐이었다. 오늘날에는 1939년에 대해서 누구도 그렇
> 게 생각하지 않는다. 하지만 우리가 그 시절로 돌아간다면 엄청난 성
> 과를 낼 수 있을 것이다.
> - 존 메이너드 케인스[2]

1942년에 케인스가 지적했듯이, 1918년의 승자들은 제1차 세계대전 이전의 경제를 상당 부분 재현하려고 했다. 하지만 실패했다. 그의 예측대로, 제2차 세계대전이 끝난 후에는 매우 다른 접근 방식을 취했다. 그들이 만든 새로운 세상은 1980년대까지 지속됐고, 19세기 자유시장의 일부가 복원된 것은 어쩌면 당연한 일이었다. 2007~2009년 글로벌 금융위기 이후에도 (약간의 개혁이 이루어지긴 했지만) 위기 이전의 세계 경제를 회복하려는 노력이 또다시 이어졌다. 제2차 세계대전 이후와 마찬가

지로 코로나19 이후에도 변화에 대한 요구가 더욱 강력해졌다. 기후 비상사태의 현실화는 이런 변화의 요구를 더욱 절실하게 했다. 가장 큰 문제는 20세기 중반처럼 결정적으로 변화할 수 있을 것이냐, 아니면 낡고 대체로 실패한 질서가 우파 포퓰리즘적 왜곡과 함께 계속될 것이냐 하는 것이다. 후자의 가능성이 더 큰 부분적인 이유는 제2차 세계대전 이후보다 사회가 훨씬 더 분열되어 있고, (4장과 5장에서 논의한 바와 같이) 경제적 기회가 훨씬 더 제한되어 있기 때문이다.

이 장의 초점은 개혁의 철학에 있다. 그것을 인도하는 등대는 카를 포퍼Karl Popper의 '단편적 사회공학piecemeal social engineering'이라는 개념으로, 특정 병폐를 해결하는 데 목적을 둔 변화를 의미한다. 이 철학은 현상 유지와 혁명적 격변을 모두 거부한다(8장 참조).[3]

혁명이 아닌 개혁

어떤 이들은 단순한 개혁보다 훨씬 더 극적인 것, 즉 반자본주의적 혁명을 열망한다. 불과 12년 사이에 대서양 양안의 금융위기와 코로나19라는 두 번의 큰 경제위기를 겪은 데 이어 러시아-우크라이나 전쟁으로 인한 충격, 높은 불평등, 성장의 둔화, 권위주의의 확산, 그리고 무엇보다 환경의 제약 요인에 대한 우려 증가 등의 상황에서 이런 주장은 그다지 놀랄 만한 일이 아니다. 이런 혁명가 중 일부는 자본주의는 암적 존재이며 경제 성장을 멈춰야 하고 인류는 산업화 이전, 심지어 농경 사회 이전의 생활 방식을 받아들여야 한다고 주장한다.[4] 경제인류학자인 제이슨 히켈Jason Hickel은 『적을수록 풍요롭다』에서 다음과 같이 썼다. "고소득 국가들이 과도한 에너지와 물질의 사용을 줄이고 재생에너지로 빠르게 전환해야 하며, 지속적인 성장보다는 인간의 복지와 생태적 안정을 중점에 둔 포스트 자본주의 경제로 전환해야 한다. 하지만 이보다 더 필요한 것은 우리와 살아 있는 세계의 관계에 대한 새로운 사고방식이다."[5] 히켈을 비롯해 그와 유사한 견해를 가진 사람들은 우리의 경제 시스템을 전복하기를 원한다. 그러나 이런 목표를 가진 정당은 집권할 가능성이 거의 없다. 그가 원하는 변화는 독재정권, 그것도 글로벌 독재정권에 의해서만 구현될 수 있다. (다행히도) 그런 정권은 없을 것으로 예상된다. 그것은 기껏해야 비현실적인 유토피아주의일 뿐이다. 최악의 경우에는 폭정을 향한 '진보적' 요구들의 긴 연장선에서 등장하는 또 하나의 것이다.

경제 성장이 진정으로 끝난다고 해도 문제가 해결되지는 않을 것이다. 세계 경제의 성장이 멈추고 생산단위당 탄소 배출량이 1990년부터 2018년까지와 동일한 비율, 즉 연간 약 1.8%로 줄어든다고 가정해보자. 2050년까지 전 세계 연간 탄소 배출량은 여전히 40% 정도만 감소할 것이다. 이는 기후 문제를 해결하는 것이 아니라 단지 더 천천히 악화된다는 의미일 뿐이다. 탄소 배출량 제로를 달성하는 최선의 방법은 생산을 탄소 배출에서 분리하거나, 상업용 에너지 투입에 의존하는 '모든' 생산을 없애는 것이다. 만약 전자가 가능하다면 성장을 중단한다거나 산업 혁명 이후 전 세계 생산량 증가를 모두 제거하자는 훨씬 더 급진적인 대안 등이 모두 불필요해질 것이다. 후자는 확실히 정치적으로 불가능한데, 도덕적으로도 용납할 수 없다. 사실상 지난 2세기 동안 이룩한 모든 경제적 생활 향상을 되돌리자는 것으로, 개인의 행복과 정치적·사회적 안정에 치명적인 결과를 초래할 수 있다.

산업화 이전의 세계가 어땠는지 파악하는 것은 필수적이다. 200년 전만 해도 대부분 사람이 생계형 농부였고, 전 세계 인구의 80% 이상이 생존의 경계선에서 살았다. 영양실조가 만연했고 기아는 상존하는 위협이었다. 하지만 코로나19 이전 시점에 이르러서는 전 세계 인구 중 절박한 빈곤층의 비율이 10% 미만으로 떨어졌다. 여전히 너무 높은 수치이기는 하지만 산업화 이전 인류의 상황보다는 극적으로 개선된 것이다. 더욱이 이런 절망 속에서 살아가는 사람들의 비율이 감소한 성과 중 거의 절반이 1980년 이후 세계화의 황금기에 이루어졌다(그림 42 참조).

이 두 세기 동안 "세계 인구가 6배 이상 증가했음에도" 극빈층 인구의 비율은 80%에서 10%로 감소했다. 세계 인구의 평균 수명을 보면 1800년에 출생한 사람들은 30세였지만 1950년에는 46세, 2015년에는 71세로 증가했다. 이런 수명 증가의 상당 부분은 아동 사망률의 감소에 따른 것이다.[6] 기대 수명의 변화는 지난 2세기 동안 일어난 가장 심오한 변화이며 여성을 위한 기회, 가족의 규모, 교육에 대한 투자, 사회의 고령화뿐만 아니라 인간의 삶에 대한 가치와 우리 사회의 다른 많은 가치 있는 측면에도 혁명적인

그림 42 · 전 세계 극빈층 인구의 비율

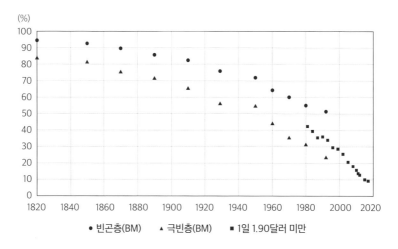

출처: 부르기뇽Bourguignon · 모리슨Morrison(2002), 세계은행(2015)

결과를 가져왔다. 이는 분명히 매우 환영할 만한 변화다. 성인이

될 때까지 생존하는 어린이가 점점 더 많아지고 있다는 사실을 반

기지 않을 사람이 있을까? 역사적 기준으로 볼 때 코로나19는 매

우 가벼운 팬데믹에 불과하다. 코로나19가 우리를 그토록 당황하

게 했다는 사실은 질병을 통제하고 죽음을 지연시키는 능력을 우

리가 얼마나 당연하게 여기고 있는지를 보여준다.[7] 우리 조상들은

그런 재난, 실제로는 훨씬 더 심각한 재난을 당연하게 받아들였다.

요컨대, 산업화를 실제로 되돌린다는 훨씬 더 급진적인 대안은

말할 것도 없고 '탈성장de-growth'은 우리가 실제로 직면한 문제를 해

결하기보다는 수천 년, 또는 적어도 수백 년의 인류 역사를 되돌리

는 데 더 관심이 있는 사람들이 우리에게 강요하는 유토피아적(또

는 디스토피아적) 환상이다.[8] 실용적이고 수용 가능한 해결책은 경제에서 온실가스 배출을 없애는 기술 혁신에서만 나올 수 있다.[9] 필요한 것은 탈성장이 아니라 '탈배출de-emissioning' 성장이어야 한다.

역동적인 시장경제의 가치는 그것이 창출한 번영과 수명 연장에만 있는 것이 아니다. 사람들이 어떤 삶을 영위할 수 있게 해줬는지도 중요하다. 시장은 사람들이 상위 기관의 승인 없이도 자신의 상상력, 기술, 노력으로 더 나은 삶을 살 수 있게 해준다. 자신이 만든 것에 대해서 돈을 지불할 의향이 있는 사람만 찾으면 된다. 이런 점에서 시장은 평등하다. 시장에서의 결과는 평등하지 않지만, 시장에 참여하는 능력은 사회적 지위로 결정되지 않는다. 비록 상속받은 능력과 획득한 자원에 따라 달라지기는 하지만 말이다. 누구나 도전할 수 있다. 아무도 일론 머스크Elon Musk나 빌 게이츠Bill Gates를 그들의 사회적 지위에 임명하지 않았다. 법치주의가 확립되어 있고 부패가 없거나 제한적인 국가에서 이런 사실은 엄청난 기회를 열어준다. 이 역시 소중히 여기고 지켜야 할 가치다.

또한 시장은 정보를 전달한다. 시장의 인센티브는 참여하는 모든 사람에게 영향을 미친다. 그 대안은 일종의 하향식 명령과 통제다. 강압이 필요한 것과 별개로, 중앙의 계획자는 독립적으로 운영하는 사람들과 마찬가지로 모든 가능성을 알 수는 없다. 무엇보다 모든 사람의 머릿속에 무슨 생각이 들어 있는지 알 수 없다. 심지어 빅데이터 시대에도 시장은 다른 사회적 메커니즘이 하지 못하는 방식으로 지식을 활용하고 인센티브를 조정한다. 물론 이것이 시장이 완벽하다는 것을 의미하지는 않는다. 오히려 불확실한 환경하에서 시장이 독립적인 시행착오를 장려한다는 점이 시장의 가장 강력한 정당성을 뒷받침한다. 시장은 다원적이다. 미래에 대한 완벽한 정보가 있다면 무엇을 해야 할지 훨씬 더 많이 알 수 있기 때문에 시장의 가치는 훨씬 떨어질 것이다. 시장이 경제적으로나 사회적으로 잘 작동하려면 신중한 설계와 규제가 필요하며, 소수의 과두 세력이 시장을 지배해서는 안 된다. 그럼에도 시장은 여전히 핵심적인 사회적 수단이다.

게다가 에드먼드 버크가 『프랑스 혁명에 관한 성찰』에서 주장했듯이, 새로운 사회를 처음부터 다시 건설하는 것은 불가능할 뿐만 아니라, 시도하는 것조차 비인간적인 일이다.[10] 우리는 항상 우리가 가지고 있고 알고 있는 것을 바탕으로 사회를 구축해야 한다. 러시아 혁명은, 개혁의 희망이 조금 있기는 했지만, 매우 불평등하고 약탈적인 차르Tsar 국가로부터 민주적 개혁의 희망이 더욱 희박하고 훨씬 더 불평등하며 약탈적인 국가로 이어지는 74년에 걸친 여정이었음이 밝혀졌다. 그동안 소련에서는 수천만 명이 죽었고, 전 세계적으로는 같은 이데올로기 아래 수천만 명이 더 죽었다.[11] 게다가 유토피아주의자들이 해방적인 개혁의 가능성을 완전히 짓밟아 버렸기 때문에 1990년대에 다시 한번 주어진 개혁의 기회는 이내 사라지고 말았다. 유토피아주의는 절대적으로 파괴적이다.

그 고통스러운 역사에서 특히 관련 있는 부분은 의도적인 '새로운 공산주의적 인간'의 창조였다. 레온 트로츠키Leon Trotsky는 이렇게 썼다. "인간은 자신의 감정을 지배하고, 본능을 의식의 높이로 끌어올리고, 그런 본능을 투명하게 하고, 의지의 전선을 숨겨진

움푹 들어간 곳까지 확장하는 것을 목표로 삼을 것이다. 그리하여 자신을 새로운 높은 차원으로 고양하고, 새로운 생물학적 유형을, 당신이 그것을 슈퍼맨이라고 부르길 원한다면 그런 사람을 만들어낼 것이다."[12] 하지만 현실에서 새로운 공산주의적 인간은 비도덕적인 포식자였다. 결점과 미덕을 모두 가진 실제 인간이 '생태적ecological' 인간으로 변신하는 것은 그와 마찬가지로 믿을 수 없는 일이다. 우리는 탐욕과 이타심이 뒤섞인, 있는 그대로의 인간들과 함께 최선을 다해야 한다. 완벽한 생태적 인간에 대한 생각은 트로츠키의 공산주의자 슈퍼맨만큼이나 망상적이다. 선사 시대에 인류가 유라시아와 아메리카 대륙에 처음 도착한 후 발생한 대량 멸종을 생각해보라.[13]

'단편적 사회공학'을 찬양하며

요컨대 1930년대와 1940년대에 요구됐던 것처럼 자본주의 경제의 좋은 점은 보존하고 나쁜 점은 개선하는, 근본적이면서도 용기 있는 개혁이 필요하다. 기후 문제 등 상황과 도전 과제가 달라졌기 때문에 지금 우리에게 필요한 개혁은 그때와 같지 않다. 게다가 당시에 이루어졌던 개혁 대부분이 오늘날까지 이어지고 있다. 하지만 근본적인 것은 동일하다. 시민권자들 간의 경제적 유대를 강화하는 동시에 국제 협력을 심화해야 한다. 우리는 근본적이면서도 점진적으로 행동해야 하며 경험을 통해 배워야 한다. 이런 방식으로 행동하는 것이 변화를 성공으로 이끄는 유일한 방법이다. 카를 포퍼는 이런 접근 방식을 사회 전체를 위로부터 아래로 혁명적으로 변화시키는 것과는 대조적으로 '단편적 사회공학'이라고 부르며 "단편적 사회공학자나 단편적 정치인은 사회의 궁극적 선을 추구하며 싸우기보다는 사회의 가장 크고 시급한 악을 찾아 싸우는 방법을 채택해야 한다"라고 말했다.[14]

이런 종류의 사회공학은 전문 지식에 의존하지만, 그것만으로는 충분하지 않다. 바람직한 목표를 수립하고, 그 결과에 동의하는 대중의 참여 또한 필요하다. 우리에게 필요한 에너지 전환을 달성하기 위해서는 인센티브가 뒷받침되는 광범위한 전문성, 혁신, 계획, 글로벌 협력이 필요하다. 궁극적으로 우리가 기후변화의 위험을 관리하기 위해서는, 그리고 이 장의 다음 부분과 8장에서 논의할 그 밖의 가치 있는 정책 목표를 달성하기 위해서는 권한과 사회적 책임감을 동시에 가진 기능적 관료주의에 의존해야 한다. 그러나 기능적 관료들은 사회가 필요로 하는 급진적 방향 전환을 자신들만의 힘으로 이루어낼 수 없으며, 그렇게 해서도 안 된다는 점 또한 분명하다. 그들은 세부 사항만 제공할 수 있다. 한 사회의 방향을 바꾸려면 정치적 리더십이 필요하다. 민주주의 사회에서는 사람들이 대의명분을 받아들이도록 설득하기 위해 이들에게 말을 해야만 한다. 프랭클린 델러노 루스벨트와 윈스턴 처칠Winston Churchill은 위기가 닥친 1930년대와 1940년대에 이런 언어 예술의 달인이었다. 오늘날에도 이와 유사한 리더십이 절실히 필요하다.

결정적으로 포퍼는 악을 제거하는 데 집중할 것을 권장했다.

이런 접근 방식의 좋은 예 중 하나는 자유주의자 윌리엄 베버리지William Beveridge가 1942년에 발표한 영국의 「베버리지 보고서」다. 보고서에서는 '5대 해결 과제'로 결핍, 질병, 무지, 불결, 나태를 꼽았다.[15] 이 보고서는 전후 영국 복지국가의 초석이 됐다.

일부 선의의 사람들은 우리가 더 야심 찬 목표, 즉 모두를 위한 행복 또는 '웰빙well-being'을 달성할 수 있다고 믿는다. 내 생각에 이것은 지나친 야망이다. 자유롭고 행복한 사람들로 가득 찬 사회를 만들 수 있는 정부는 존재하지 않는다. 또한 올더스 헉슬리Aldous Huxley가 『멋진 신세계』에서 설명한 바와 같이 그것은 바람직하지도 않다. 불행은 피할 수 없는 삶의 일부다. 삶을 온전히 느끼고 경험하는 능력이 사라지지 않는 한 영구적인 행복은 얻을 수 없다. 의사가 질병을 치료하기 위해 노력하는 것처럼 정부도 시민들의 불행을 없애기 위해 노력해야 한다. 이것이 바로 정책의 근본적인 목표다. 사실 정부의 첫 번째 의무는 시민들에게 해로움을 '끼치지 않는 것'이고, 두 번째 의무는 시민들이 겪는 해로운 일들을 '제거하는 것'이라고 주장할 수도 있다. 따라서 의심의 여지 없이 큰 불행의 원인인 정신건강 문제를 해결하는 것 또한 옳은 일이다.[16]

경제 정책의 긍정적인 목표 리스트를 찾는 사람들에게 나는 안전, 기회, 번영, 존엄성 등 네 가지를 제안하고 싶다.[17] 사람들은 안전하지 못하면 삶이 끔찍해지기 때문에 안전을 필요로 한다. 기회가 없으면 무력화되기 때문에 기회가 필요하다. 번영하지 못하면 삶이 가혹해지기 때문에 번영이 필요하다. 존엄성이 없으면 부패하기 때문에 존엄성이 필요하다. 인간은 이런 것들이 부족해지면 좌절하고 두려워하고 분노하게 된다. 사람들이 이런 목표를 '행복'으로 가는 디딤돌로 간주하고 싶어 한다면 그것은 좋은 일이다.

그렇다면 성공은 어떻게 측정해야 할까? 너무 오랫동안 GDP가 지배적인 측정 방법이었다. GDP는 특히 빈곤한 사회를 살펴볼 때 가치가 있다. 마찬가지로 가난한 사람의 물질적 소득을 2배로 늘리는 것은 매우 중요한 일이다. 그럼에도 GDP에는 결함이 있다. 안전, 기회, 존엄성에 대해서 아무것도 말해주지 않는다. 번영이 폭넓게 공유되는지 또는 지속 가능한지에 대해서도 마찬가지다. 단지 특정 기간의 시장 가격으로 국내(또는 국민의) 생산물의 총가치를 측정할 뿐이다. 물론 일정한 가치가 있긴 하지만, 유일한 평가 방법이 되기에는 너무 많은 것이 생략되어 있다.

따라서 현실의 다양한 측면에 초점을 맞춘 측정 방법이 필요하다. 실제로 많은 측정 방법이 제안됐고, 그중 일부는 흥미롭고 유용하다. 하지만 단일한 측정 방법을 구축하는 것은 불가능하다. 대신 다양한 측정 방법을 사용하면서 각각의 가치와 의미, 한계를 이해해야 한다. 이 문제와 관련해 노벨 경제학상 수상자인 컬럼비아대학교의 조지프 스티글리츠Joseph Stiglitz와 하버드대학교의 아마르티아 센, 그리고 장폴 피투시Jean-Paul Fitoussi가 참여한 한 위원회는 적절한 측정 방법은 물질적 생활 수준, 건강, 교육, 일을 포함한 개인활동, 정치적 영향력과 거버넌스, 사회적 연결과 관계, 환경, 안전등 여덟 가지 차원을 포괄해야 한다고 제안했다.[18] 우리에겐 이처럼 현실의 모든 측면에 대한 측정이 필요하다. 하지만 이런 요소들을 하나의 종합적인 웰빙 척도로 합산할 수 있는 간단한 방법은 없다. 우리는 복잡성의 한계를 인정하고 받아들여야 한다.

'그럼에도 폭넓게 공유되는 번영과 민주주의의 결합이 사회적 웰빙에 중요하다는 단순한 생각을 강력하게 뒷받침하는 증거가 있다.'「세계 행복 보고서 2021」에 따르면 가장 행복한 10개국은 핀란드, 아이슬란드, 덴마크, 스위스, 네덜란드, 스웨덴, 독일, 노르웨이, 뉴질랜드, 오스트리아다. 다음 9개국은 이스라엘, 호주, 미국, 캐나다, 체코, 벨기에, 타이완, 프랑스다.[19] 모두 번영과 민주주의를 이룬 국가들이다. 이 중 많은 국가가 규모가 작은데, 작은 국가는 무역 없이는 높은 수준의 번영을 달성할 수 없다. 따라서 이들이 행복한 국가 리스트에 포함됐다는 사실은 무역이 중요하다는 점을 말해준다. 무엇보다 가장 성공한 국가들은 개방적이고 민주적인 정부와 함께 국민에게 기회와 안전을 제공한다. 이 장과 다음 두 장에서는 이것이 무엇을 의미하는지 구체적으로 논하고자 한다.

'뉴' 뉴딜을 향해

안전, 기회, 번영, 존엄성이라는 목표는 보다 구체적인 것으로 전환되어야 한다. 프랭클린 델러노 루스벨트는 1941년 1월, 당시는 물론 오늘날에도 여전히 유효한 말로 이런 목표를 설명했다.[20] 그는 이미 미국에 큰 전쟁이 임박했음에도 다음과 같이 말했다.

확실히 지금은 우리 중 누구도 오늘날 세계에서 가장 중요한 요인이 된 사회 혁명의 근본 원인인 사회적·경제적 문제에 대해서 생각을 멈춰야 할 때가 아닙니다. 건강하고 강력한 민주주의의 토대는 그다지 신비로운 것이 아닙니다.

우리 국민들이 정치 및 경제 시스템에 기대하는 기본적인 사항들은 간단합니다. 다음과 같은 것들입니다.

기회의 평등.

일할 수 있는 사람들을 위한 일자리.

도움이 필요한 사람들을 위한 안전망.

소수를 위한 특권을 종식하는 것.

모두를 위한 시민 권리를 보호하는 것.

더 넓고 지속적으로 향상되는 생활 수준을 통해서 과학적 진보의 결실을 누리는 것.

루스벨트는 이 목록이 함축하고 있는 몇 가지 내용을 설명했다.

더 많은 시민이 노령연금과 실업보험의 혜택을 받을 수 있게 해야 합니다.

적절한 의료 서비스를 받을 기회를 넓혀야 합니다.

일자리를 가질 자격이 있거나 필요로 하는 사람들이 일자리를 얻을 수 있는 더 나은 시스템으로 개혁해야 합니다.

이 연설은 오늘날까지도 현명한 민주주의 국가들의 정책 목표에 대한 설득력 있는 서술이며, 국내는 물론 해외에서도 여전히 유효하다. 우리 시대는 1941년보다 자유주의적 민주주의의 상실에 대한 두려움이 덜하지만, 2부에서도 주장했듯이 당시와 유사한 '사회적·경제적 문제들'이 오늘날 많은 정치적 격변의 '근본 원인'이 되고 있다. 우리는 정말 '과거와 같은 미래로 복귀back to the future' 한 것이다.

루스벨트의 목록에서 변경해야 할 사항이 있을까? 그렇다. 오늘날 우리는 인종, 민족, 성별에 따른 차별을 없애는 것을 목표로 삼아 루스벨트보다 더 명시적으로 시민들 간의 '지위와 평등'을 강조할 것이다. 우리는 "더 넓고 지속적으로 향상되는 생활 수준을 통해서 과학적 진보의 결실을 누리는 것"에 대해서 그것이 "향상되는, '지속 가능한' 생활 수준"이어야 한다고 주장함으로써 그런 주장을 더 명확하게 할 것이다. 우리는 '일자리'를 '좋은 일자리', 즉 근로자에게 존엄성을 부여하고 사회생활에 충분히 참여할 수 있는 일자리로 더 명확하게 할 것이다. 이런 수정을 거치더라도 그것은 여전히 훌륭한 목록이다.

공산주의가 실패한 후에도 여전히 결과의 평등을 별도의 목표로 삼는 사람들이 있을 수 있다. 하지만 복잡한 사회는 언제나 불평등하다. 역동적인 시장경제에서 어떤 사람들은 많은 돈을 벌게 될 것이다. 그 돈이 부를 창출하는 활동으로 벌어들인 것이고 우리 사회가 현대 민주주의의 더 넓은 목표를 달성하는 데 방해를 하는 것이 아니라면, 나는 전혀 문제가 없다고 생각한다. 하지만 모든 사람이 사회에 참여할 수 있게 하고 합리적인 수준으로 기회의 균등을 보장해주기에 충분한 평등이 있어야 한다.

내가 수정한, 그리고 순서도 재조정한 목록은 다음과 같다(시민 권리 항목은 9장에서 다룬다).

1. 향상되고 폭넓게 공유되며 지속 가능한 생활 수준
2. 일할 수 있고 일하고자 하는 사람들을 위한 좋은 일자리
3. 기회의 평등
4. 도움이 필요한 사람들을 위한 안전망
5. 소수를 위한 특권의 종식

이 목록은 허용되는 불평등의 정도에 대한 의미도 담고 있다. 경제적으로 가장 성공한 사람들이 정치 시스템을 통제하거나, 시장을 왜곡하거나, (환경 파괴와 같은) 피해를 주거나, 세습적 과두 체제를 구축하거나, 위에서 열거한 그 밖의 목표들을 달성하는 데 필요한 세금을 납부하지 않는 것을 허용해서는 안 된다(2장 참조). 위의 목표들을 달성하려면 상당한 세금을 부과해야 할 것이다. 또한 이런 목표들을 어떻게 하면 가장 잘 정의하고 달성할지에 대해서 온건 우파, 중도파, 온건 좌파가 서로 의견이 다르더라도 이런 목표들 자체에 동의하지 않을 이유는 없다고 생각한다. 항상 그렇듯이 성공은 궁극적으로 다양한 요소 간의 적절한 균형에 달려 있다.

이 목록은 앞서 열거한 안전, 기회, 번영, 존엄성이라는 목표의 경제적 측면에 해당한다. 물론 경제만 중요하다고 주장하는 것은 아니다. 그러나 대부분의 사회적 재화는 또한 폭넓게 공유되는 번

영에 의존한다. 마이클 샌델Michael Sandel은 능력주의에 대한 비판에서 경제적 재화는 그 자체로 중요할 뿐만 아니라 사회적 인정의 신호이기도 하므로 분배가 보다 평등해야 한다고 요구한다.[21] 다시 말하지만 많은 사람이 범죄 그리고 가족의 건강을 우려하고 있다. 하지만 이 두 가지 모두 경제적 기회 및 경제적 지위와 직접적인 관련이 있다. 사람들이 적절한 수입을 올릴 희망이 거의 없다면 범죄자로 전락할 가능성이 더 커지고, 가족 간 유대를 안정적으로 형성할 가능성이 더 작아진다. 그들의 자녀들이 가질 기회도 박탈되어 경제적·사회적으로 더 나쁜 결과를 초래할 것이다. 미국 모델에 따라 범죄자들을 대량으로 수감하는 것은 상황을 훨씬 더 악화시킬 뿐 해법이 될 수 없다. 사람들은 평화로운 세상에서 살기를 원한다. 하지만 이를 보장하는 가장 좋은 방법은 국내외에서 경제적 기회를 확대하는 것이다.

요약하자면, 경제가 전부는 아니지만 거의 모든 것의 기초가 된다. 이런 점에서 '우리 국민이 정치 및 경제 시스템에 기대하는 기본적인 것들'에 대한 루스벨트의 목록은 올바른 의제들이다.

경제적 재도약의 장애물

8장에서 세부적인 정책 옵션들을 살펴보기 전에 더 강한 민주주의의 토대로서 고소득 국가들의 경제가 성공적으로 도약하기 위한 일반적인 조건을 고려하는 것이 도움이 될 것이다. 이런 조건들은 다음 장에서 논의할 여러 구체적인 정책 영역에 걸쳐 있다.

영국의 경제학자 존 케이와 전 영란은행 총재 머빈 킹은『근원적 불확실성』에서 '불확실성'이란 우리의 존재 어디에나 적용되는 특징이라고 지적했다.[22] 그렇다고 해서 세상이 완전히 예측 불가능하다는 의미는 아니다. 오히려 어떤 사건은 다른 사건보다 일어날 가능성이 분명히 더 크다. 그러나 확률 자체는 대개 알려져 있지 않으며 또한 알 수도 없다. 우리는 역사를 여러 번 되풀이할 수 없기 때문에 희귀한 사건이 발생할 확률을 계산해낼 수 없다. 그럼에도 아무도 경험하거나 상상하지 못한 진정한 '검은 백조Black Swan' 또한 거의 없다. 그 대신 알려져 있긴 하지만 희귀한 백조, 즉 상상할 순 있지만 실제로 발생하면 매우 놀라게 되는 사건들이 많이 존재한다.[23] 희귀한 백조와 같은 사건들은 분명히 존재하는데 앞으로 10년 동안 최소한 그중 하나가 발생할 가능성이 있다고 간주해야한다. 희귀한 백조 몇 가지를 (집단적으로가 아니라 개별적으로 발생할 가능성을) 고려해보자. 코로나19 팬데믹의 격화, 새롭고 더 심각한 팬데믹의 출현, (예를 들어 방사능 폭탄을 여러 개 사용하는) 거대한 테러리스트 공격, 주식 시장의 붕괴, 또 한 차례의 금융위기, 극단적 인플레이션, 쿠데타, 정권의 붕괴나 이념의 붕괴 또는 두 가지 모두, 혁명, 반혁명, 내전, (우크라이나에서 발생한 것과 같은) 대규모 지역 전쟁, 핵전쟁, 글로벌 핵전쟁, 파괴적인 사이버 공격, 기후 재앙, 심지어 소행성이나 혜성의 지구 충돌 등이 있을 수 있다. 모두 상상할 수 있는 일들이며, 앞으로 10년 내에 적어도 하나 이상은 일어날 가능성이 크다. 우리는 이런 사건의 발생 가능성을 대략 추측할 수는 있지만 그 이상은 알 수 없다. 사건은 일어나고, 게다가 예측할 수 없는 상태에서 일어난다. '혼란은 정상이다.'

불확실성이라는 도전 과제와 별개이면서도 밀접히 관련된 것이 '시스템적으로' 사고하는 것이다. 경제적 도전 과제에 대해서이 새로운 접근법을 택한 OECD는 자기 조직과 회원국들, 그 밖의 더 많은 관계자에게 이런 사고방식을 심어주려고 노력했지만 인식은 여전히 부족하다.[24] 정부는 내부 업무에서 시스템적 취약성에 초점을 맞춰야 한다. 또한 다른 자금 제공자들과 함께 각국 정부는 복잡한 현실의 다양한 측면을 통합하려는 국제기구의 활동을 지원해야 한다. 근본적인 핵심은 세계가 복잡한 방식으로 연결되어 있다는 것이다. 사람들이 사건에 대응할 역량을 개발할 수 있게 하려면 이런 식으로 생각해야 한다.

물론 우리 인간은 거의 확실하게 그런 노력에서 실패할 것이다. 복잡한 시스템은 결국 그 자체로 복잡하기 때문이다. 지난 15년 동안 우리는 금융위기, 코로나19 팬데믹, 러시아의 우크라이나 침공 등 복잡한 시스템의 취약성을 보여주는 세 가지 큰 사건을 경험했다. 이 사건들은 질병, 경제, 사회, 정부, 정치, 전쟁이 한 국가 내에서뿐만 아니라 전 세계적으로 어떻게 서로 연결되어 있는지를 보여줬다. 특히 편협한 전문화 시대에는 체계적으로 사고하기가 어렵다. 하지만 전문가들은 격리된 자기들만의 영역에서 벗어나야 한다. 또한 체계적으로 사고하는 것과 잘 정의되고 경험적으로 검증된 세계의 모델을 가지는 것은 다르다는 점을 인식해야 한

다. 이것이 순진한 합리주의, 즉 프리드리히 하이에크가 말한 '과학주의scientism'다.[25]

불확실한 세상에서 좋은 시스템이 가져야 하는 필수적인 특성은 '강건성robustness', 즉 예기치 않은 비상 상황에서도 계속 작동하는 능력이다.[26] 우리는 일부 핵심 시스템이 강건하지 않다는 것을 발견했다. 이는 글로벌 금융위기에서 가장 큰 충격이었다. 금융 시스템은 파편화됐을 뿐만 아니라 정부와 중앙은행의 지원 없이는 스스로를 재건할 수 없었다. 그러나 코로나19는 위기 상황에서 많은 시스템이 놀라울 정도로 강건하다는 것을 보여줬다. 식량과 의료용품 같은 필수 제품을 생산하고 유통하는 시스템이 대표적인 예다. 의료용품의 경우에는 약간의 혼란이 있었지만, 초기에 발생한 혼란의 크기를 고려하면 그런 기간은 짧았다고 할 수 있다. 새로운 백신을 개발하고 생산하고 배포하는 능력은 놀라웠다. 그럼에도 2021년 예상치 못한 강력한 회복 과정에서 드러난 원자재 공급 병목 현상은 강건성이 항상 존재하는 것은 아니라는 것을 보여줬다.

강건성을 당연시해서는 안 된다. 강건한 시스템은 종종 예비적 역량을 필요로 한다. 하지만 예비적 역량을 갖추는 데는 비용이 많이 든다. 예를 들어 금융 부문에서 강건성의 일부분은 금융기관이 경영자와 주주가 원하는 것보다 더 많은 자기자본과 더 적은 부채로 자금을 조달하는 것이다. 이 경우 실제로 자기자본 요건이 높아지는 데 따른 전반적인 비용은 없지만, 급여가 주식 수익률에 연동되는 경영자에게는 비용이 발생하게 된다. 이런 경영자는 자신이 책임자로 있는 동안에는 아무 일도 일어나지 않을 것이라는 데 암묵적으로 베팅한다. 이런 베팅이 성공하면 레버리지를 높여서 큰 이익을 얻을 수 있다. 비록 기업의 강건성은 약화되더라도 말이다.

대부분 사람과 기업은 자신의 생존과 관련된 문제라면 튼튼한 교량을 건설하고 장비를 비축하고 필요한 것 이상으로 역량을 보유해야 할 필요성을 대부분 이해한다. 하지만 기업과 국가가 '모든 사람이 동시에 그것들을 필요로 할 경우' 작동하지 못하는 백업 시스템에 의존할 때 문제가 발생한다. 이는 일종의 '외부성'으로, 개인에게 합당한 것이 모든 사람에게 반드시 합당한 것은 아니다. 이것은 (적어도 모든 사람이 갑자기 마스크 등을 원했던 팬데믹 초기에) 코로나19에서 우리가 얻은 교훈이다. 부분적으로나마 시스템적으로 생각한다는 것은 이런 상황에서 시스템이 강건해지기 위해서는 얼마를 지불할 의향이 있는지 묻는 것이다. 또한 이에 대해 생각하는 것은 부분적으로는 정부의 기능이어야 한다. 왜냐하면 개별 기업에는 시스템이 강건하지 않은 것이 합리적일 수도 있는데, 위기 상황에서는 사회에 큰 비용을 초래할 수 있기 때문이다.

중요한 시스템이 강건하지 않다면 최소한 '복원력resilience', 즉 붕괴 후 신속하게 재구성하거나 재구축할 수 있는 역량이 있어야 한다. 복원력은 시장 시스템, 특히 글로벌 시장의 커다란 장점 중 하나다. 일반적으로 글로벌 시장은 잠재적인 생산 및 유통의 여러 채널을 형성하게 된다. 코로나19의 초기 충격 이후, 절실히 필요했던 의료용품의 사례에서 이것이 사실임이 입증됐다. 시장에 물품을 공급할 방법을 찾는, 수익으로 추동되는 기업들의 역량을 과

소평가해서는 안 된다. 그러나 강건성과 마찬가지로, 유능한 정부는 예외적인 압력하에서 필수적 시스템들이 얼마나 복원력을 갖추고 있는지, 그리고 그것이 부족해 보이는 경우 어떻게 해야 할지를 묻는 것이 합리적이다.[27]

민주주의적 자본주의의 중요한 측면은 '책임성accountability'이다. 그 밑에 깔린 기본 원칙은 분명하다. 법보다 위에 있는 사람은 없다. 시장보다 위에 있는 기업은 없다. 유권자보다 위에 있는 정치인은 없다. 대중의 비판보다 위에 있는 개인이나 단체는 없다. 이런 원칙은 독재 국가의 시스템과는 정반대이며, 민주주의적 자본주의의 위대하고 변함없는 가치와 덕목 중 하나여야 한다. 이런 모든 시스템은 소중히 보호되어야 한다. 하지만 그렇다고 해서 고도로 발달한 민주주의 국가에서도 책임을 지게 하는 것이 쉬운 일은 아니다. 누구도 책임을 지기를 원하지 않는다. 고통스럽기 때문이다. 정부, 정치인, 기업인, 전문직 종사자들은 이를 피하기 위해서 최대의 노력을 기울인다. 책임 소재를 파악하기 어렵게 하는 데는 매우 많은 방법이 있다. 불필요하게 복잡하게 만들기, 고의적인 혼란 야기하기, 책임 떠넘기기, 감독과 명확성 및 투명성을 결여하게 만들기 등이 그런 것들이다. 끊임없는 경계심은 책임성을 위해서 치러야 하는 대가다.

앞서 언급한 것들은 넓은 의미에서의 책임성이다. 하지만 구체적인 책임성도 있다. 다음은 세 가지 예다.

첫째, 측정되지 않은 것은 의미가 없다. 공공 및 민간 회계는 의사결정과 관련하여 측정 가능한 모든 것을 포함해야 한다. 예를 들어, 공공 부문의 현금흐름 계정은 뉴질랜드처럼 공공 부문의 대차대조표와 발생주의적 회계 방식(현금의 지급 또는 수취와 무관하게 기업의 거래를 발생 시점에 기록하는 방식-옮긴이)으로 보완되어야 한다.[28] 대부분의 공공 회계 시스템이 GDP 대비 단기 현금흐름과 부채 총량에만 초점을 맞추는 것은 논리적 측면에서 비판을 면할 수 없다. 다시 말하지만 국민소득계정에는 앞서 설명한 것처럼 시장에서의 생산과 지출을 넘어서는 것들에 대한 추정치가 포함되어야 한다. 마찬가지로 기업회계에는 환경·사회·거버넌스$_{ESG}$와 관련된 비즈니스의 더 넓은 측면에 대한 추정치가 포함되어야 한다. 최소한 이런 위험에 기업이 얼마나 노출되어 있는지를 보여주어야 한다.

둘째, 공공 및 민간의 회계를 감사하는 것은 독립적이어야 한다. 영국 공공 부문의 경우 그 자체로 책임성 측면에서 탁월한 혁신을 이룬 예산책임처$_{OBR}$에 기관들의 대차대조표를 마련할 수 있는 자원이 주어져야 한다. 또한 공공 부문이 대차대조표 방식을 사용하게 되면 자신들이 자산과 부채를 보다 전문적으로 관리하도록 장려하게 될 것이다.[29] 민간 부문의 감사 기능은 두 가지 이해상충 때문에 오랫동안 구름에 가려져 있었다. 고객과의 다른 사업적 관계를 고려해야 하는 감사회사 내부에서의 이해상충과 감사 대상 기업이 감사회사에 의뢰를 하고 보수를 주어야 하는 기업 내부의 이해상충이다. 한 가지 해결책은 감사 비용이 기업이 주식 시장에 상장된 상태를 유지하기 위해 지불해야 하는 수수료의 일부가 되어야 한다는 것이다. 이 경우 회계감사의 품질에 가장 관심이 많은 투자자를 대신하여 증권거래소가 감사회사에 비용을 지불하게 된다.

마지막으로, 실패에 대한 책임을 지게 해야 한다. 사람을 처벌하는 것이 아니라 미래를 위한 교훈을 얻는다는 관점에서 모든 중대한 재난에 대해 반드시 조사가 이루어져야 한다. 코로나19가 대표적인 사례다. 질병을 관리하는 데 크게 실패한 서구 국가들은 자신들이 무엇을 잘못했는지, 다른 국가들은 무엇을 잘했는지 배워야 한다.

결론

우리의 경제와 사회가 더 나은 방향으로 나아가기 위해 바로잡아야 할 몇 가지 큰 사항들을 앞서 설명했다. 그러나 근본적으로 요구되는 것은 대부분 사람의 삶을 실질적으로 개선하는 것을 목표로 하는, 신중하고 지능적인 개혁이다. 이것이 다음 장의 초점이다.

CHAPTER 08 　'뉴' 뉴딜을 향해서

계급 전쟁이 벌어지고 있다. 그런데 그 전쟁을 도발하는 것은 우리 계급, 즉 부유한 계급이며 우리는 승리하고 있다.

- 워런 버핏[1]

세금은 문명화된 사회를 위해 우리가 지불하는 대가다.

- 올리버 웬들 홈스Oliver Wendell Holmes(미국의 전 연방대법관)[2]

때로는 단순하고 대담한 아이디어가 미묘한 접근이 필요한 복잡한 현실을 더 명확하게 꿰뚫어 보는 데 도움이 된다. 나는 글로벌 경제에 대한 '불가능성 정리impossibility theorem'를 주장한다. 이는 민주주의, 국가 주권, 글로벌 경제통합은 서로 양립할 수 없는 것으로 이 세 가지 중 두 가지를 결합할 수는 있지만 세 가지를 동시에 온전하게 가질 수는 없음을 뜻한다.

- 대니 로드릭Dani Rodnik(하버드대학교 케네디스쿨 경제학 교수)[3]

이전 장에서는 현대 자본주의의 개혁에 대한 이 책의 접근 방식을 개괄적으로 설명했다. 이 장에서는 '뉴' 뉴딜의 세부적인 내용을 살펴볼 것이다. 필연적으로 어떤 이들에게는 이 중 특정한 아이디어가 다른 아이디어보다 더 잘 맞을 것이다. 그러나 이 장(그리고 이 책)을 읽는 모든 사람은 법으로 지배되는 자유주의적 민주주의와 '사회적' 시장경제의 원칙에 대해서는 확고한 태도를 공유할 것이다.

나의 분석은 이전 장에서 설명한, 루스벨트의 열망을 업데이트

한 버전의 개요를 따른다. 다시 한번 정리하면 다음과 같다.

> 1. 향상되고 폭넓게 공유되며 지속 가능한 생활 수준
>
> 2. 일할 수 있고 일하고자 하는 사람들을 위한 좋은 일자리
>
> 3. 기회의 평등
>
> 4. 도움이 필요한 사람들을 위한 안전망
>
> 5. 소수를 위한 특권의 종식

향상되고 폭넓게 공유되며 지속 가능한 생활 수준

2장에서 주장했듯이, 보편적 참정권 민주주의라는 이상은 경제 발전의 산물이다. 번영의 감소로 인한 손실을 분담하는 것보다 평균적 번영의 증가에 따른 혜택을 공유하는 것이 훨씬 더 쉽다. 실제로 탄탄한 자유주의적 민주주의 국가로 보였던 나라들에서조차 정치가 혼란스러워진 이유 중 하나는 금융위기로 인한 손실을 사회가 (적어도 이전에 예상한 것보다 더 많이) 분담하고 있기 때문이다. 금융위기 이후를 특징짓는 재정 긴축은 이처럼 손실을 분담하게 한, 특히 중요한 원인이었다. 상대적으로 낮은 생산성 향상이 장기화되고(4장의 그림 19 참조), 무역 및 기술 발전으로 발생한 부정적인 충격에 대응하는 데 (특히 미국에서) 장기간에 걸쳐서 실패한 것도 마찬가지로 중요한 원인이다. 특히 코로나19

로 인한 피해와 경기 회복 이후 인플레이션 급등이라는 상황에서 2020년대에는 그런 실망스러운 경험을 반복하지 않는 것이 매우 중요하다. 그렇다면 우리 경제가 상승하고, 지속 가능하며, 폭넓게 공유되는 생활 수준을 누리려면 어떻게 해야 할까?

극적인 조치를 취해야 한다는 수많은 의견이 있으며 그중 상당수는 지속 가능한 번영을 가져올 마법의 지팡이를 찾을 수 있다고 제안한다. 하지만 실제로 그럴 가능성은 작다. 5장에서 논의한 역풍은 이것이 얼마나 어려운 일인지 보여준다. 게다가 무역 개방이나 보편적 중등 교육, 폭넓은 고등 교육과 같은 간단한 개혁은 이미 대부분 이루어졌다. 또한 안타깝게도 우리가 경제 성장에 대해 이해하고 있는 것이 많지 않다. 경제는 이미 기술의 최전선에 서 있거나 그런 수준에 근접해 있다. 그렇기에 성장을 가속화하는 것이 쉬운 일이라고 주장하는 것은 사람들을 오도하는 것이다. 그럼에도 2020년대 이후에 지속 가능한 번영을 하기 위해서는 거시경제의 안정성, 혁신과 투자, 지속 가능성, 세계화 등 비교적 명확한 네 가지 요건이 필요하다.

거시경제의 안정성

코로나19는 하버드대학교의 래리 서머스가 '장기 침체'(5장 참조)라고 부르는 오랜 기간에 걸친 침체, 즉 구조적으로 취약한 수요의 끝자락에서 찾아왔다. 수요 약화에 대응하는 방법의 일부인 민간부채 증가는 한편으로는 그것이 촉발한 금융위기, 또 한편으로는 기존 부채가 신규 차입에 미치는 부정적 영향, 그리고 부채가 많은 경제는 약간의 금리 상승에도 취약하기 때문에 문제를 더욱 악화시켰다.

글로벌 금융위기 직후 채택된 긴축 정책은 필수가 아니라 잘못된 선택이었다.[4] (특히 영국과 같은 일부 국가에서는) 위기의 책임을 무분별한 재정 지출에 의한 방만한 재정 운영 탓으로 돌리려는 시도였다.[5] 이는 엄격한 재정 규율이라는 정치적으로 편리한 대응을 정당화했다.[6] 이런 정책은 경기 회복을 약화시켜 국민의 복리와 민주주의 체제의 정당성에도 해로운 결과를 가져왔다. 무엇보다 서투른 긴축 조치는 브렉시트와 도널드 트럼프의 당선으로 이어졌다.

따라서 시기상조이거나 과도하거나 잘못된 방향의 긴축은 재앙적인 정책이 될 수 있다. 하지만 늘어지거나 과도하거나 잘못된 방향의 경기 부양도 마찬가지다. 항상 상황에 맞는 방향과 수단을 선택하는 것이 중요하다.

우리는 2008~2009년 위기, 유로존 위기, 그리고 최근에는 코로나19 위기에 대응하는 과정에서 (양적 완화 등) 통화 정책에 지나치게 의존했다.[7] 극단적인 통화 정책은 위험한 부작용을 초래할 수 있다.[8] 통화 정책은 신용 및 부채의 무분별한 창출과 자산 가격의 상승에 의존하기 때문에 통화 정책과 경기 부양책의 조합은 위험한 결과를 초래한다. 이런 조합은 금융 시스템을 더욱 취약하게 하고 경제를 더욱 불안정하게 하는 경향이 있다. 때때로 어떤 환자들은 위험한 약을 먹어야 할 수도 있다. 하지만 수십 년 동안 사용하면 부작용이 발생할 수 있다. 마찬가지로, 특히 저금리를 비롯한 통화 정책 수단은 위험할 뿐만 아니라 효과도 없을 수 있다. '장기 침체'와 신뢰도 하락의 시대에는 저금리가 민간 지출, 특히 투자를 적절하게 촉진하지 못할 수도 있다.[9] 이는 '장기 침체'라는 표현이 처음 등장한 1930년대의 '케인스주의 경제학'과 일맥상통한다.

오늘날에도 많은 사람은, 마치 산불이 하는 역할처럼, 불황이 낡은 성장을 제거하고 새로운 성장을 위한 공간을 만들어낸다는 이유로 불황을 막으려는 일을 거의 또는 전혀 하지 말아야 한다고 주장한다.[10] 때때로 사람들은 공격적인 통화 정책이 부의 불평등을 더 심화시킨다는 이유로 위선적인 악어의 눈물을 흘리기도 한다. 그러나 확장적 정책이 없었을 경우 그들이 걱정하는 대다수 사람의 일자리에 어떤 일이 일어났을지를 생각해본 사람이라면 이런 항의를 하지 않을 것이다. 게다가 인구의 상당수가 자산이 거의 없다는 사실을 기억하라. 미국 통계국US Census Bureau에 따르면 2019년 미국 가구 중 최하위 20%의 순자산 중앙값은 6,030달러에 불과했고, 차상위 20%의 순자산 중앙값은 4만 3,760달러에 불과했으며, 중간층인 20%의 순자산 중앙값 역시 10만 4,700달러에 불과했다.[11] 억만장자의 재산이 2배로 늘어난다고 하더라도 아무것도 소유하지 못한 사람들에게는 별 의미가 없다.[12] 그들에게 중요한 것은 자신이 얼마나 더 잘살게 되는가이며, 이는 대부분 합리적인 급여를 받는 직업을 가질 수 있느냐에 달려 있다.[13]

그렇다면 장기적인 수요 약세에 대처할 수 있는 대안은 무엇일까? 하나는 구조적 정책, 특히 저축보다는 소비를 하는 사람들에게 소득을 재분배하고 민간투자에 대한 인센티브를 훨씬 더 강화하는 것이다. 또 다른 하나는 지금까지보다 훨씬 더 파격적인 통화 정책을 실행하는 것이다. 그런 옵션 중 하나가 예금 및 대출의 마이너스 금리다. 그러나 이는 인기가 없고 효과적이지 않을 가능성이 크다. 또 다른 방법은 '헬리콥터로 돈 뿌리기', 즉 중앙은행에서 대중에게 직접 자금을 이체하는 것이다. 그 외의 방법으로는 중앙은행이 마이너스 스프레드로 대출해주는 것이다. 즉 중앙은행이 제로 또는 그 수준으로 유지되고 있는 자신의 예금 금리보다 더 '낮은' 금리로 대출해주어서 민간 부문으로 중앙은행의 수입을 이전해주고 자신은 손실을 보는 것이다.[14]

또 다른 옵션은 훨씬 더 공격적인 재정 정책, 즉 감세와 지출 증가, 특히 에너지 전환에 대한 대규모 공공 투자를 실행하여 재정 적자를 발생시키는 것이다. 이런 재정 정책에서는 일반 대중에게 채권을 판매하거나 직접 화폐를 발행하는 전통적인 방식으로 자금을 조달할 수 있다. 후자는 코로나19 위기 동안 (적어도 원칙적으로는) 그랬던 것처럼 일시적일 수도 있고, 영구적일 수도 있다. 또한 재정 지출을 위한 자금 조달은 중앙은행을 통해 비교적 투명하게 이루어지거나, 민간 금융기관의 대출에 대한 공적 보증을 통해서 이루어질 수 있다. 후자의 경우 개념상 민간 대출의 일부는 사후에 재정 정책으로 판명될 것이다.

그렇다면 이 모든 대안 중 어떤 것이, 또는 어떤 조합이 합리적일까? 정답은 어느 것이든 합리적일 수 있다는 것이다. 하지만 동시에 모두 위험할 수도 있다. 2021년과 2022년의 폭발적인 인플레이션은 이런 대안들이 얼마나 위험할 수 있는지를 잘 보여준다. 문제는 이 중 어떤 것이 (경제적 위험뿐만 아니라 제도적·정치적 위험도 포함하여) 위험 대비 효과가 가장 좋을까 하는 것이다. 이 문제에 대한 답은 부분적으로 경제적 기회 요인과 경제적·정치적 제약 요인에 따라 달라진다.

영국이나 일본처럼 중앙집권화된 의회제 국가에서는 금융적 또는 경제적 위험으로 인한 제약을 받기는 하지만 재정 정책과 통화 정책을 둘 다 자유롭게 사용할 수 있다. 주권 국가들의 연합체인 유로존은 이런 유연성의 반대쪽 극단에 있다. 복잡한 권력 균형을 가진 미국 연방 시스템은 이 둘의 중간 지점에 속한다. 미국 연방 정부는 재정 정책을 사용할 수 있다. 그러나 행정부와 상하 양원의 합의를 도출하는 것은 번거로운 일이며, 일반적으로 강력한 특수 이해관계 집단에 호의를 베푸는 것을 고려하지 못하는 졸속 합의를 초래한다. 의회는 코로나19 기간에 재정 정책이 실행되도록 상당히 효과적으로 움직였으며, 2021년에도 바이든 행정부하에서 계속 그렇게 했다. 하지만 그렇게 한 건 국가적 비상사태 시기였기 때문이다.

재정 정책을 사용하는 데에는 정당한 이유가 있을 수 있다. 금리가 낮을 때 재정 정책이 상대적으로 효과적이라는 점 외에도, 정상적인 통화 정책으로는 불가능한 목표를 설정할 수 있다. 예를 들어 특정한 취약 계층을 지원한다거나 투자를 늘리는 것을 목표로 삼을 수 있다. 더 나아가 실질금리가 마이너스일 때 정부가 초장기 차입이라는 기회를 활용한다면 재정 적자는 거의 위험을 수반하지 않는다. 심지어 조지 소로스George Soros가 제안한 것처럼 만기가 없는 차입을 고려할 수도 있다.[15] 실제로 재정 확대가 경기 침체기에 시행된다면 공공부채보다 GDP를 비례적으로 확장해서 장기적으로 재정의 지속 가능성을 '개선'해줄 수도 있다.[16] 물론 2021년 초 바이든 행정부가 시행한 1조 9,000억 달러 규모의 경기 부양책에 대해 래리 서머스가 경고한 것처럼, 재정 적자는 경제 과열을 초래할 수 있다.[17] 그러나 이 주장은 적극적인 재정 정책을 반대하는 것이 아니라 잘못된 재정 정책을 반대하는 것이다.

이는 재정 정책과 통화 정책의 관계에 대한 점점 더 영향력이 커지는 접근 방식인 '현대적 통화 이론MMT'에 대한 논의로 이어진다. 이 이론은 다음과 같이 간단하다.[18] 정부는 금과 같은 특정한 자산이 뒷받침되지 않는 화폐, 즉 주권 화폐를 마음대로 찍어낼 수 있다. 시민들은 법에 따라 이 화폐를 서비스의 대가로 받아들여야 한다. 따라서 정부는 자신에 대한 청구서를 지불하기 위해 돈을 빌릴 필요가 없으며 채무 불이행 위험에 처하지도 않는다. 유일한 제약 조건은 인플레이션뿐이다. 따라서 정부는 인플레이션이 심각한 위험이 되는 시점까지는 재정 적자를 운영할 수 있고 또 그렇게 해야 한다.[19]

이를 비판하는 사람들은 '현대적 통화 이론'이 현대적이지도 않고, 통화에 관한 것도 아니며, 이론도 아니라고 주장한다. 낡은, 재정에 관한, 대부분 단순한 회계라고 주장한다.[20] 현대적 통화 이론의 문제는 틀렸다는 것보다 매우 위험하다는 것이다. 그 관점이 가지는 세 가지 주요 리스크를 들 수 있다.

첫 번째 리스크는 정책 입안자들의 무지와 희망적 사고다. 선출직 정치인들뿐만 아니라 정책 입안자들도 경제가 완전고용에 가까워져 높은 인플레이션과 함께 폭발적으로 상승하려는 시점인지 아닌지를 파악하지 못한다. 사실 경제 전체에 잘 정의되고 안정적인 생산 역량 여력이 존재한다는 생각조차 잘못된 것이다. 이것이 1970년대가 준 교훈 중 하나다. 라틴아메리카에서 수십 년에 걸쳐 이루어진 포퓰리즘적 정책 의사결정의 경험에 비추어 볼 때, 거시경제에 대해서 순진한 기대를 가진 사람들의 희망적 사고가 경제를 주도하게 되면 높은 인플레이션에 빠질 가능성이 크다. 경제가 그런 지경에 도달하는 데는 시간이 걸릴 수 있지만, 결국에는 그렇게 될 가능성이 크다. 수요가 증가함에 따라 불가피하게 인플레이션이 상승하기 때문이 아니다. 그보다는 현대적 통화 이론의 기본적 권고 사항이 경제가 전반적으로 생산 역량 여력을 가지고 있다고 생각되는 한 제한 없이 돈을 찍어내도 좋다는 것이기 때문이다. 2020년, 2021년, 2022년의 경험은 이런 순진함이 결코 먼 곳에 있는 위험이 아니라 중앙은행과 재무부 내에서도 발견될 수 있음을 시사한다.

두 번째 리스크는 통화 시스템에 대한 통제력 상실이다. 중앙은행이 정부에 자금을 지원하기 위해 화폐를 발행할 경우, 그것은 동시에 은행 시스템에 지급준비금을 조성해주는 것이다. 지급준비율을 상향 조정하지 않는 한, 무제한적인 재정 적자를 위해서 통화가 제한 없이 공급돼 호황이 발생하고 이에 따라 은행 대출도 폭발적으로 증가할 위험이 크다. 대신 이런 인플레이션에 따른 은행 대출의 확대를 억제하기 위해 지급준비율을 인상한다고 가정해보자. 또한 중앙은행이 인플레이션 압력을 억제하기 위해 기준금리를 인상하더라도 중앙은행이 지급준비금에 대한 이자를 지급하지 않는다고 가정해보자. 중앙은행에 대해서 강제로 무상 대출을 해준 셈이 되는데, 이는 세금을 내는 것이나 마찬가지다. 이럴 경우 은행에 예치한 예금도 이자를 받지 못하게 될 수 있다. 이 역시 세금을 부과하는 것이나 마찬가지인데, 이 경우에는 예금자에게 그렇게 하는 것이다. 이런 상황은 라틴아메리카의 통화 정책사에서 익숙한 '금융 억압financial repression'의 예다.[21]

세 번째 리스크는 자금이 상품, 서비스, 자산(해외자산 포함)으로 이동하여 자산 가격의 거품을 형성하거나 인플레이션을 발생시키거나 아니면 둘 다를 유발할 수 있다는 것이다. 예를 들어 인플레이션 환경에서 은행 예금에 대한 이자를 제대로 받지 못한다면 자금이 이탈할 것은 거의 확실하다. 칠레 출신인 UCLA의 서배스천 에드워즈Sebastian Edwards가 지적했듯이, 이런 통화 정책에 대한 라틴아메리카의 많은 실험은 "폭주하는 인플레이션, 엄청난 통화 평가절하, 실질임금의 급격한 하락으로 이어졌다."[22] 사람들이 정부가 발행한 돈을 계속 보유하도록 설득하는 것은 법이 아니라 신뢰다. 이런 신뢰를 상실해 국민들이 화폐 보유를 거부한다면 한때는 번영했지만 경제가 피폐해지고 시민과 국가 간의 관계가 망가진 아르헨티나 같은 나라가 될 것이다.

현대의 화폐 경제를 관리할 때는 두 가지 오류를 피해야 한다. 첫 번째 오류는 신용에 기반한 민간 수요에 지나치게 의존하는 것인데, 이는 금융의 과도한 팽창과 급격한 위축을 초래할 가능성이 크다. 두 번째 오류는 중앙은행이 자금을 지원하는 정부 측 수요에 지나치게 의존하는 것인데, 이는 인플레이션의 과도한 팽창과 급격한 위축을 초래할 가능성이 크다. 해결책은 독립적인 중앙은행과 금융 규제 당국에 필요한 재량권을 위임하는 것이다. 정부가 중앙은행으로부터 자금을 지원받는 것이 합리적이라고 판단되더라도 전쟁·팬데믹·금융위기 등 국가 비상사태를 선포해야 한다고 믿을 수 있는 경우를 제외하면, 그 결정은 중앙은행에 맡겨야 한다. 평상시에는 재정의 우월적 지위, 즉 재정 정책이 통화 정책을 결정하는 상황을 피해야 한다.

하지만 수요 부족만이 장기적인 리스크는 아니다. 2021년과 같이 통화 및 재정을 통한 부양책이 과도하게 시행되어 수요가 과도해질 수도 있다.[23] 만성적으로 취약한 수요를 중앙은행과 정부가 지원해주는 것은 옳다. 그러나 이 때문에 인플레이션의 장기화, 갑작스러운 통화 및 재정의 긴축, 깊고 치명적인 경기 침체가 발생할 수도 있으므로 과도하게 사용하지 않는 것이 중요하다. 인플레이션에 대한 예상이 혼란스러워지거나 반영구적으로 상승세로 전환된다면 상황은 특히 악화될 것이다.

그럼에도 세계 경제의 구조적 조건이 총수요가 취약한 상태로 유지되고 중앙은행들이 본연의 임무를 잊지 않는 한 2021년과 2022년의 인플레이션 확대는 일시적인 것으로 판명될 수 있으며, 지속적으로 높은 인플레이션으로 돌아갈 위험은 크지 않을 수 있다.[24] 이런 안일한 기대와는 달리 5장에서 논의한 인구학적 이유 때문에 만성적으로 약한 수요 조건이 곧 바뀔 수도 있다.[25] 특히 고령화는 노동 공급을 축소하고 저축을 감소시킬 것이다. 전자의 효과는 매우 명확하다. 그 대신 고령화 인구는 저축뿐만 아니라 투자도 덜 하게 될 가능성이 크기 때문에 저축과 투자 간의 균형에 미치는 영향은 덜하다. 만성적인 인플레이션이라는 미래는 가능한 전망이다. 다만 확실하지는 않다.

마지막으로 중요한 점은 금융 시스템의 취약성, 특히 민간 부문의 과도한 부채로 인한 취약성을 시급히 줄여야 한다는 점이다. 이런 위험의 원인 중 하나는 대부분 법인 및 개인에게 부과되는 현행 세금 시스템에서 자본보다 부채가 선호된다는 점이다. 이는 기업 및 가계의 재무제표에서 취약성을 증가시켜 경기 침체 시 대량 파산의 위험을 높인다. 따라서 정책 입안자, 특히 중앙은행은 위기 상황에서 부채 시장을 구제해야 한다. 특히 중요한 측면은 자신이 소유한 기업의 부채를 극대화하는 것을 비즈니스 모델로 삼는 사모펀드의 성장이다. 차입에 대한 인센티브를 줄일 필요가 있다.[26]

장기적으로는 중앙은행 디지털 화폐CBDC의 발전으로 이런 문제 중 일부가 줄어들 수 있다. CBDC는 이제 점점 철 지난 기술이 되어가는 현금을 대체하는 것 이상의 의미를 지닐 수 있다.[27] 또한 이론적으로 은행 예금을 대체할 수 있는, 믿을 수 없을 정도로 안전한 구매력 예비 수단이 될 수 있다. 현재 금융 시스템이 가지고 있는 취약성을 크게 줄일 수 있으며, 특히 정부가 사실상 무제한적으로 보험을 제공해야만 하는 파괴적인 공황에 대한 취약성을 크게 줄일 수 있다. 은행은 지금처럼 대출이라는 형태를 통해서 정부의 지원하에 돈을 찍어내는 면허를 발급받은 것과 같은 혜택을 보는 대신, 순수하게 금융 중개자 역할을 하게 될 것이다. CBDC를 사용하면 모든 시민에게 동일한 금액의 현금을 지급하는 것도 더 쉬워질 것이다. 그러나 CBDC로의 전환은 금융 및 결제 분야의 경쟁을 유지하고 새로운 시스템으로의 불안정한 전환을 관리해야 하는 과제를 야기할 수도 있다. 통화 및 결제 기술의 혁명적인 변화가 실제로 다가오고 있다. 장기적으로 큰 혜택을 가져올 것이다. 하지만 신중하게 고려해야 할 사항도 있다.[28]

혁신과 투자

다른 나라에서 이미 개발된 기술을 곧바로 채택할 수 있는 추격 경제를 제외한다면, 기존 기술에 더 많이 투자하는 것은 지속적인 성장의 원동력이 될 수 없다. 경제의 최전선에 있는 나라에서 성장의 근본적인 동력은 혁신이며, 오스트리아 경제학자 조지프 슘페터가 창안한 용어인 '창조적 파괴'를 통해서 이루어진다. 혁신가들은 낡은 것들을 파괴하고 일시적인 독점을 창출한 후에는 새로운 진입자의 공격을 받는다. 이런 메커니즘을 작동시키는 것이 경쟁인데 경쟁의 보조 동력은 기업가의 활력, 과학자들의 연구, 기업에서의 연구개발이다.[29]

이 새로운 아이디어는 대부분 유형 및 무형의 자본으로 구체화되어야 한다.[30] 성공적인 경제는 주택, 병원, 학교와 같은 기타 자본재뿐만 아니라 도로에서 초고속 인터넷망에 이르는 고품질 인프라도 필요로 한다. 무엇보다 번영은 교육과 훈련의 결과물인 양질의 인적 자본 공급, 그리고 이민의 규모 및 성격에 달려 있다. 요컨대 번영하는 사회에는 높은 수준의 고품질 투자가 필요하다.

이런 투자는 대부분 민간 부문에서 이루어진다. 그러나 공공 정책은 과학과 혁신을 직접 지원하고, 인프라 공급과 토지 사용에 자금을 지원하거나 규제하며, 지식재산의 창출을 촉진하고 보호하며, 교육에 재정을 지원하고 관리하는 등 필수적인 역할을 해야 한다. 또한 지식재산의 보호, 조세, 규제, 계획 등 다양한 정부 정책은 혁신과 기타 여러 가지 형태의 가치 있는 자본에 대한 민간투자를 때로는 장려하기도 하고 때로는 억제하기도 한다.

'역동적 역량을 통한 성장 이론dynamic capability theory of growth'은 19세기 독일과 미국, 20세기 일본과 한국, 그리고 최근에는 중국에 이르기까지 지난 2세기 동안 추격형 성장 사례의 성공을 명확하게 설명해준다.[31] 이들이 성공한 것은 같은 일을 더 많이 하는 것이 아니라 새로운 역량을 개발했기 때문이다.[32] 위험을 감수하는 자본 시장이 지원하는 민간 기업가 정신은 역동적이고 혁신적인 시장경제의 원동력이다. 그러나 지금까지는 정부가 오랫동안 중심적인 역할을 해왔다. 이런 인식은 적어도 17세기와 18세기의 중상주의자들에게까지 거슬러 올라간다. 알렉산더 해밀턴Alexander Hamilton과 독일 경제학자 프리드리히 리스트Friedrich List는 18세기 후반과 19세기에 초기 단계 산업에 대한 보호를 주장했다.[33] 리스트는 19세기 독일의 사고에 큰 영향을 미쳤고, 19세기 가장 중요한 추격 경제였던 미국에서 해밀턴은 하나의 강력한 지적 세력을 이뤘다.

1958년 미국 정부가 설립한 국방고등연구계획국DARPA은 혁신가로서 탁월한 기록을 보유하고 있다.[34] 애플과 같은 혁신 기업이 사용하는 많은 기술의 기초가 정부의 지원으로 개발됐다.[35] 새로운 치료법에 대한 기초 연구도 종종 미국의 국립보건원NIH이나 영국의 의학연구위원회MRC 같은 정부 기관에서 자금을 지원하거나 직접 수행하기도 했다.[36] 국가는 또한 혁신으로 시작된 금융 열풍이 금융위기로 끝날 경우 거시경제의 안정성을 제공하는 역할을 한다.[37]

그러나 정부는 성공적인 경제에서 긍정적인 역할을 하기도 하지만 '실패한' 경제에서도 대체로 큰 (때로는 더 큰) 역할을 한다. 그렇다면 무엇이 성공과 실패로 나뉘게 할까? 실패한 경제에서 정부는 효과적인 정부, 법적 예측 가능성, 필요한 물리적·사회적 인프라 등을 제공하지 못한다.[38] 게다가 마구잡이로 간섭한다. 반면, 성공한 경제의 정부는 필요한 것을 제공하되 개입 방식에도 신중을 기한다. 후자의 측면에서 정부는 크게 네 가지 선택지를 가지고 있다. 첫째 모든 것을 시장에 맡기는 것, 둘째 관련된 생산요소(특히 과학과 기술)의 공급을 지원하는 것, 셋째 특정한 광의의 산업과 기술을 지원하는 것, 넷째 특정한 기업·기술·제품을 선택하는 것이다. 정부는 이 중 처음 세 가지는 조심스럽게 시도해야 한다. 그러나 마지막의 것은 하지 말아야 한다. 이 일은 은행, 벤처 자본가와 기타 투자자, 대출 기관에 맡겨야 한다. 정부는 승자를 선택하고자 하겠지만, 대개는 패자들이 정부를 선택한다는 사실을 알게 된다.

중요한 질문은 지대 수익의 중요한 원천이 되는 지식재산권 법을 어떻게 발전시킬 것인가 하는 것이다(5장 참조). 저작권에는 문제가 많으며, 특히 저작권이 계속 연장되는 경향은 문제가 많다. 무엇이 특허의 대상이 될 수 있는지, 그리고 '특허 괴물들patent trolls'

이 특허를 강탈의 도구로 사용하는 것과 관련해서 적지 않은 어려움이 있다.[39] 보다 근본적으로는 지식재산권 제도의 영향이 결과적으로 현실 세계에서 (보상을 통해) 혁신을 가속화하는 것인지, 아니면 (적용을 방해함으로써) 혁신을 지연시키는 것인지 아무도 모른다는 점이다. 예를 들어 발명가에게 상금이나 기타 직접적인 보상을 제공하는 등 다양한 방식으로 혁신을 위해 자금을 지원할 수 있다. 이런 메커니즘을 사용하면 발명과 혁신의 적용을 가속화할 수도 있다. 또한 정부가 상을 수여함으로써 연구 자체에 자금을 지원하지 않고도 가장 중요하다고 생각하는 방향으로 혁신을 추진할수 있다.[40] 이 경우에 상은 특허를 대체하는 것이 아니라 보완하는 것으로 간주되어야 한다.

요약하자면 정부에는 과학 분야의 연구 및 혁신을 촉진하고 새로운 분야의 역량을 개발하는 것을 목표로 하는 정책이 필요하다. 이런 분야에 대한 정부지출은 시장에서 공급이 부족하거나 전혀 제공하지 못했던 필수적 공공재를 제공한다.[41] 이때 제기해야 하는 질문은 개별 기업을 훨씬 뛰어넘는 가치 있는 역량을 새롭게 창출할 가능성이 있느냐다.

더 넓게 보면 혁신은 새로운 상품과 프로세스뿐만 아니라 새로운 '관계', 특히 경쟁을 통해서 제공되는 사적 재화와 협력적으로 제공되는 공공재 사이의 새로운 관계에 관한 것이기도 하다. 따라서 현대 은행업의 출현은 은행 간 새로운 관계의 진화는 물론 중앙은행과 금융 규제라는 공공재의 진화도 필요로 했다. 마찬가지로 인터넷은 패킷 스위칭packet switching이라는 기술 혁신과 서비스 제공업체 간의 경쟁을 기반으로 구축된 것일 뿐만 아니라, 협력적으로 관리되는 공공재인 표준에도 기반을 두고 있다. 경제학자들은 공공재를 집단적 기관, 특히 정부가 제공하는 것으로 생각하지만, 인터넷은 민간의 공공재 제공을 급증시켰다. 펀딩 모델에는 (구글, 페이스북, 트위터처럼) 영리적인 것도 있고, (위키피디아Wikipedia처럼) 비영리적인 것도 있으며, (오픈 소스open-source 소프트웨어처럼) 공유 목적을 위한 코드 기부도 포함된다. 호주의 경제학자 니컬러스 그루엔Nicholas Gruen은 민간의 개발 비용이나 민간 협력의 장애물 때문에 민간이 제공할 방법이 가로막혀 아직 구축되지 않은 잠재적 디지털 공공재의 문제를 지적한다. 이런 공공재가 민관 디지털 파트너십으로 구축된다면 경제적·사회적으로 큰 이득을 창출할 수 있다.[42]

이제 투자로 넘어가 보자. 투자와 혁신 사이의 관계는 복잡하다. 하지만 이 두 가지는 매우 보완적인 관계에 있다. 투자 규모가 클수록 최신 기술이 자본재에 더 빨리 편입되고, 연구개발과 기타 아이디어에 대한 투자가 클수록 혁신도 더 빨라진다. 따라서 공공 및 민간의 투자를 늘리는 것은 성장률을 높이고 주변 환경의 요구를 충족하기 위해 자본재를 개선하는 데 필수적이다. 물론 성장의 필수 요소인 노동력 절감 기술에 대한 투자 때문에 근로자가 일자리를 잃지 않도록 하는 것도 중요하다. 이 지점에서 적극적인 노동시장 정책이 필요하다. 이 이슈는 뒤에서 다시 다루고자 한다.

투자, 특히 인프라에 대한 자금 제공자로서 정부의 역할은 그 자체로 장기적인 성장에 중요한 의미를 갖는다. 다행히도 2020년대 초반의 실질금리는 2008년 금융위기 이후 적용되던 금리 수준에서 유지되고 있었고, 시장은 투자를 위해 정부에 자금을 요청했다. 하지만 많은 나라들, 그중 특히 영국은 재정 적자를 줄이기 위해서 공공 투자를 삭감하기로 했다. 이는 어리석은 소탐대실의 선택이었다. 운 좋게도 2020년대 초반에는 실질금리가 낮았기 때문에 기회가 훨씬 더 많았다. 게다가 투자 프로젝트에 대한 공공 지출의 가장 큰 장점은 조성된 고정자본을 유지하고 사용하는 것 외에는 지속적인 지출이 필요 없다는 것이다. 정부는 관련 고정자본을 구축하기 위해 차입을 할 수 있으며, 투자가 완료된 후에는 더 이상 차입할 필요가 없다.

정부는 또한 투자에서 가장 중요한 부분인 민간투자를 촉진하기 위해 노력해야 한다(그림 43 참조). 강력한 수요를 지원하는 것 외에도 정부에는 두 가지 또 다른 옵션이 있다. 하나는 투자에 대한 인센티브를 개선하는 것이다. 가장 간단한 방법은 고정자본 투자에 대해서 100% 비용 처리를 허용하거나, 더 나아가 기업 소득 대비 고정자본 투자에 대해서 100% 세액 공제를 허용하는 것이다. 이는 광범위한 세제 개혁의 일부가 되어야 한다. (보완적인) 두 번째 옵션은 기업 지배구조를 변경하는 것이다. 주가와 직접적으로 연계하여 경영진에게 보상을 지급하는 '보너스 문화'는 큰 문제이며, 특히 미국과 영국에서 그렇다. 이는 종종 잉여 현금흐름과 심지어 차입금을 투자가 아닌 이른바 자사주 매입에 사용하는 것을 의미한다.[43] 이런 행태는 생산적인 사업을 금융 투기 수단으로 변질시킨다.

몇몇 주요 고소득 국가에서 고정자본에 대한 공공투자는 GDP

에서 차지하는 비중이 현저히 낮다(그림 43 참조). 2010년부터 2018년까지 독일, 이탈리아, 스페인, 영국의 평균 공공투자 비율은 특히 낮았다. 독일의 낮은 공공투자 비율은 균형 예산에 집착한 대가이고, 이탈리아와 스페인은 불필요하게 심각했던 유로존 위기의 대가를 치렀다. 또한 영국은 금융위기에 대응하기 위해 공공투자를 삭감하는 어리석은 결정을 내렸다. 하지만 민간투자가 더 중요하다. 한국의 민간투자는 놀라울 정도로 높은 반면, 영국은 최하위권이다. 영국과 미국의 평균 민간투자율이 낮다는 것은 이들 국가의 기업들이 투자를 꺼린다는 사실을 의미한다. 이는 상당한 핸디캡이다.

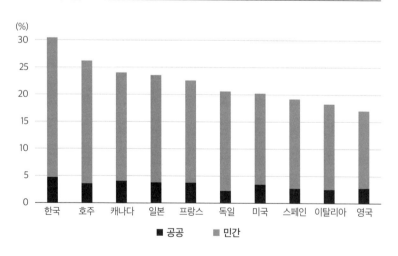

그림 43 · GDP에서 총고정자본 형성이 차지하는 비중(2010~2018년 평균)

출처: OECD

지속 가능성

투자를 늘리고 혁신의 속도를 높이는 것은 번영을 위한 필수적이고도 중요한 조건이다. 하지만 번영은 지속 가능해야 한다. 환경 문제, 특히 기후변화 문제는 매우 중요하다.

이전 장에서 논의한 경제 불황은 기후변화나 기후 관련 조치 때문이 아니다. 그렇지만 후자는 눈에 잘 띄지 않게 서서히 커지는 위협이다. 1990년대, 2000년대, 2010년대에는 점점 커지는 위협에 대해 논의하는 연구와 콘퍼런스가 많았는데 그에 대한 효과적인 조치는 전혀 없었다. 온실가스 농도와 평균 기온은 과학자들의 경고와 거의 일치하는 수준으로 상승했다. 결국 상당한 논쟁이 진행됐지만 거의 아무것도 이루어지지 않았다. 트럼프가 2015년 파리 기후 협약에서 미국을 탈퇴시킨 것은 문제였지만, 그렇게 하지 않았더라도 특히 중국의 석탄 기반 전기화가 급속히 확대되는 상황에서 큰 변화를 불러오지는 못했을 것이다.

전문가들의 압도적인 합의는 그나마 덜 위험한 1.5℃ 상승은 차치하고, 산업화 이전 평균 기온과 대비하여 2℃ 상승 이하로 억제하려면 2020년대에는 이런 추세가 결정적으로 바뀌어야 한다는 것이다. 그러지 않으면 우리는 결국 리스크가 많고 논란이 되는 지구공학Geoengineering('기후공'학이라고도 불리며 지구 온난화를 막기 위해 기후 시스템을 인위적으로 조절하고 통제하는 것을 목표로 하는 과학기술-옮긴이)에 의지할 수밖에 없다. 또한 고소득 국가들은 비록 독자적으로 해결책을 제시할 수 없더라도 주도적인 역할을 해야 한다(5장의 그림 41 참조). 그 이유는 네 가지다. 첫째, 1인당 탄소 배출량이 상대적으로 높다(그림 44 참조). 둘째, 경제 성장률 추세가 상대적으로 낮아 극적인 탄소 배출량 감소를 추진하기 쉽다. 셋째, 다른 국가들이 따를 수 있는 에너지 전환을 제공하는 데 필요한 기술 자원을 보유하고 있다. 마지막으로, 고소득 국가들은 역사적으로 탄소 배출량의 대부분에 대해서 책임이 있다.[44] 조 바이든이 미국 대통령으로 당선되면서 미국이 더 빠르게 진전할 가능성이 열렸다. 만약 미국이 계속해서 글로벌 논의의 바깥에 머물러 있었다면 이런 진전에 압도적인 장애물이 됐을 것이다. 미국은 그 자체로 온실가스 배출량이 많을 뿐만 아니라 배출량을 급격히 줄이려는 다른 국가들의 노력을 훨씬 덜 중요시하게 됐을 것이기 때문이다.

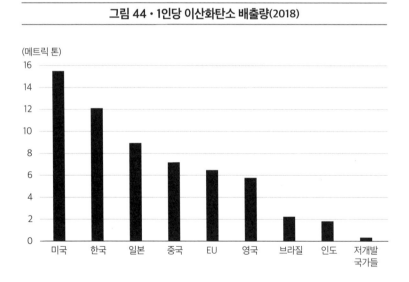

그림 44 · 1인당 이산화탄소 배출량(2018)

출처: 세계은행

지난 10여 년 동안 재생에너지 기술의 발전과 함께 비용도 변화했기에 2050년까지 전 세계적으로 순배출량 제로를 달성하는 것은 놀라울 만큼 적은 비용으로도 실현 가능한 것으로 보인다. IMF는 이 목표를 달성할 경우 온실가스 배출로 피해를 입지 않게 되는 이득을 고려할 때 (변경되지 않은 정책하에서의) '기준선'에 비해서 세계 생산량은 단 1%만 낮아질 것으로 추정한다.[45] 그러나 실질적이고 신속한 정책적 변화가 없이는 여전히 불가능할 것이다. 희망하는 바대로 고소득 민주주의 국가들이 2030년까지 순배출량을 절반으로 줄이려면 매우 빠른 시일 내에 많은 정책적 조치를 취해야 한다.

IMF는 2020년 10월 「세계경제전망」에서 성공적인 프로그램을 위해서는 선행적인 친환경 투자, 공격적인 연구개발 자금 지원, 탄소 가격 상승에 대한 신뢰할 수 있는 장기적 노력이 필요하다고 주장했다. 이런 권장 사항들은 다른 연구 결과들과도 일치한다.[46] 또한 필요한 행동 변화를 가속화하기 위해서는 보완적인 규제 조치들도 중요하다. 이런 변화는 비록 실현 가능하지만 정치적·사회적·기술적으로 엄청난 도전이 될 것이다.

에너지전환위원회ETC는 다른 사람들의 견해와 마찬가지로 새로운 에너지 시스템의 핵심은 재생에너지(태양열과 풍력) 및 원자력을 통해 생산된 전기가 될 것이라고 주장한다. 이를 위해서는 다양한 저장 시스템(배터리, 수력, 수소, 천연가스, 그리고 탄소의 포집 및 저장)이 뒷받침되어야 한다. 이는 분명 하나의 혁명이 될 것이다. (2050년 많은 국가의 목표인) 탄소 중립 경제를 달성하려면 현재보다 약 4~5배 많은 전기가 필요하다. 수소는 또한 이 새로운 경제에서 필수적인 역할을 할 것이다. 그 결과 수소 소비량은 2050년에 이르면 지금의 11배로 증가할 수 있다.[47]

풍력 발전 단지와 엄청난 넓이의 태양광 발전 설비는 눈에 거슬리고 보기 흉하다. 하지만 그보다 더 중요한 것은 세계 경제의 전기화를 위해서는 배터리 용량을 대폭 확장해야 한다는 것이다. 현재의 기술로는 리튬, 코발트, 니켈 등 여러 광물의 사용량을 크게 늘려야 한다.[48] 채굴은 파괴적이며, 특히 전 세계 코발트의 약 60%를 공급하는 콩고민주공화국과 같은 가난한 나라에서 채굴이 이루어질 경우에는 더욱 그렇다.[49] 그 이익이 탐욕스러운 엘리트들과 광산회사에 전적으로 귀속되는 것이 아니라 이들 국가의 국민들에게 공유되어야 하고, 광부들과 그 가족들이 배려와 존중을 받는 것이 필수적이다.

전기의 생산과 저장 때문에 발생하는 어려운 환경 및 사회문제가 많을 것이다. 하지만 화석 연료를 재생에너지로 대체하면, 탄소 배출량이 감소하여 지역 환경의 질도 개선되고 많은 사람의 삶도 나아질 것이다. 그러나 에너지 전환은 본질적으로 소득 증대가 아니라 피해를 막기 위한 방어적 투자이며, 이런 목적은 타당한 것이다. 에너지 전환으로 많은 사람의 생활 수준이 더 나빠질 것이며, 이런 부정적 영향을 받는 사람 중 상당수는 그다지 부유한 이들이 아닐 것이다. 화석 연료 보일러를 히트펌프로 교체하고, 건물의 단열 효과를 개선하고, 휘발유 자동차를 전기 자동차로 교체하고, 항공기 여행에 더 높은 가격을 지불해야 하는 등 많은 비용이 들며 논란의 여지도 있다. 우리는 그런 문제가 없는 척해서는 안 된다.

탄소세의 커다란 장점 중 하나는 탄소세에서 발생하는 정부 수입을 모든 시민 또는 납세자에게 동일한 배당금으로 일시불로 지급하여 탄소 배출 억제로 손해를 보는 사람들에게 보상하는 데 사용할 수 있다는 것이다.[50] 변화가 수용되기 위해서는 이런 보상이 정치적으로 필수적이다. 그러지 않으면 프랑스의 '노란 조끼 시위gilets jaunes protests'에서 볼 수 있듯이 에너지 전환은 진보주의자들과 노년층 및 저학력층 사이에서 깊은 갈등을 야기할 가능성이 크다.[51] 게다가 보상은 국내에만 국한될 수 없다. 에너지 전환에는 글로벌 협력이 필요하기 때문에 보상 역시 글로벌한 것이어야 한다.

에너지 전환의 중요한 요소는 기업의 의사결정에 인센티브를 내재화하는 것이다. 이 중 많은 부분이 탄소 가격 책정을 통해서 이루어질 수 있다. 또한 기업이 노출된 기후 리스크를 투명하게 공개하는 것과 함께 기업의 관행이 기후에 미치는 결과 역시 투명하게 공개하는 것도 중요해질 것이다. 금융안정위원회FSB 산하의 기후 관련 재무정보 공개 태스크포스에서는 이와 관련하여 어느 정도 진전을 이뤘다. 이 위원회의 목표는 각 기업의 상황을 정량화하고 명확히 함으로써 리스크 평가, 자본 배분, 전략 계획을 개선하여 기업 자체의 이익은 물론 투자자, 규제 기관, 그리고 더 많은 대중의 이익을 도모하는 것이다.[52]

시카고대학교의 라구람 라잔Raghuram Rajan은 '글로벌 탄소 감축 인센티브'라는 아이디어를 제안했다.[53] 이에 따르면 오늘날의 세계 평균 1인당 탄소 배출량인 연간 약 5톤보다 더 많이 탄소를 배출하는 국가는 인센티브 기금에 돈을 납부해야 한다. 납부액은 1인당 초과 배출량에 인구수, 그리고 합의된 인센티브 수치를 곱하여 계산된다. 더 많이 초과 배출하는 국가는 더 많이 납부하고 더 적게 배출하는 국가는 기금으로부터 돈을 받게 될 것이다. 1인당 탄소 배출량이 증가하는 나라는 손해를 보게 되므로, 모든 국가는 탄소 배출량을 줄이려는 인센티브를 가지게 된다. 글로벌 탄소 배출량이 감소하면 뒤처진 나라들의 구성이 바뀌고 납부국과 수혜국의 구성도 바뀔 것이다.

또한 국내 탄소 배출량에 가격을 부과하기로 약속한 나라는 그렇지 않은 나라로부터 탄소 배출 집약적 상품을 수입할 때 해당 상품에 관세를 부과할 수 있도록 허용해야 한다. 그러지 않으면 생산이 해외로 이동하여 글로벌 탄소 배출량에 미치는 영향이 제한적일 수 있다. 그럴 경우 국내 탄소 가격을 부과하는 것이 정치적으로 어려워지고 환경적으로도 비효율적이 될 것이다. 물론 이런 국가 간 조정은 임시변통 메커니즘이 될 수 있으며, 글로벌 마찰을 야기할 수도 있다. 그러나 고소득 대국들이 탄소 가격제를 도입하겠다는 약속은 궁극적으로 모든 나라로부터 탄소 가격제를 포함한 더 나은 정책에 대한 합의를 끌어낼 수 있다.[54]

마지막으로, 에너지 전환을 가속화함으로써 얻을 수 있는 즉각적인 이점은 공공 및 민간의 투자 프로그램에 대해서 강력한 정당성을 제공한다는 점이다. 앞서 언급했듯이 실질금리가 낮은 시기에 이런 일이 일어나고 있다. 정부는 매우 유리한 조건으로 에너지 전환에 필요한 자금을 빌려서 투자할 수 있다. 도전과 기회 중 상당 부분은 개발도상국과 신흥국에 있다. 고소득 국가의 보증을 통해 이런 투자에 따른 리스크를 줄이는 것이 가장 중요하며, 기회 요인들을 잘 포착해야 한다.

세계화

1980년대, 1990년대, 2000년대의 세계화는 어느 날 갑자기 일어난 것이 아니다. 오히려 1940년대, 1950년대, 1960년대에 미국의 동맹국들 사이에서, 그리고 이후에는 세계 대다수 지역에서 무역 및 국제 투자의 자유화를 성공시킨 경험에서 나온 결과였다. 당시와 이후의 교훈은 무역과 해외 직접투자에 개방된 나라가 그렇지 않은 나라보다 훨씬 더 나은 성과를 거뒀다는 것이다. 제2차 세계대전 이후 서독과 동독, 남한과 북한, 타이완과 중국 본토 간의 정책적 대조는 경제 개방이 번영과 불가분의 관계라는 주장을 결정적으로 시험한 것이다. 인도가 1990년대 초 개혁을 단행하기 전까지는 경제적 성과가 동아시아의 개방된 경제에 비해 저조했던 것 역시 또 하나의 예다. 개방은 항상 그랬듯이 새로운 공급망, 자원, 기술, 아이디어, 사람에 대한 접근을 가져다준다.[55]

이런 요소들은 작은 나라들에 특히 중요하다. 수준 높은 국내 제도들과 해외의 기회를 활용하는 능력을 결합한 호주, 아일랜드, 이스라엘, 북유럽 4개국(덴마크, 핀란드, 노르웨이, 스웨덴)의 괄목할 만한 성공은 잘 알려져 있다.[56] 타이완의 사례 역시 두드러진다. 그러나 중국과 인도 같은 거대 개발도상국들도 세계 경제가 제공하는 기회를 활용하지 않았다면 지난 수십 년 동안 상대적으로 빠른 성장을 이룰 수 없었을 것이다. 중국은 1978년, 인도는 1991년에 이른바 '개혁·개방'에 착수한 이후 놀라운 속도로 성장했다.

개방된 글로벌 경제가 경제 민족주의와 강대국 경쟁의 물결 속에서 사라져버린다면 비극일 것이다.[57] 그런데 이제 코로나19로 무역 의존에 대한 반발이 가속화되고 있으며, 특히 백신에 대한 수출 규제가 시행됐다.[58] 그러나 글로벌 공급망이 문제라는 주장은 사실과 다르다. 특정 제품에 대한 대규모의 예상치 못한 수요 증가가 주된 문제였으며, 공급망은 각국이 전 세계의 생산량으로부터 이익을 얻을 수 있기 때문에 하나의 해결책이었다.[59] 그럼에도 코로나19가 가져온 충격은 무역이 고용에 미치는 영향에 대한 장기간에 걸친 우려, 그리고 국제 관계 및 기술 경쟁의 미래에 대한 새로운 우려에 더해져서 개방적인 세계 경제에 대한 신뢰를 약화시키고 이를 규제하는 국제기구와 협약, 특히 WTO의 정당성을 약화시켰다.[60] 말할 필요도 없이 코로나19의 경험은 질병과 기타 위협(전쟁, 테러, 자연재해 등) 때문에 국제 상거래 및 여행이 중단될 수 있는 위험성을 일깨워줬다. 7장의 복원력 및 강건성 부분에서 설명한 것처럼, 기업과 정부는 자신들의 계획과 운영에서 이런 위협을 고려해야 한다.

이 장의 첫머리에 제시한 대니 로드릭의 인용문은 보다 폭넓은 철학적 틀을 제시한다. 그는 높은 수준의 국제적 통합, (그리고 국제적 통합에 따른 규칙 및 규정의 수렴을 고려할 때) 완전한 민주주의, 국가 주권이라는 세 가지를 동시에 모두 가질 수는 없으며 기껏해야 이 중 두 가지만 가질 수 있다고 주장한다. 예컨대 (EU에서처럼) 국민들이 국가 주권을 포기하기로 투표한 경우, 높은 수준의 국제적 통합은 민주주의와 함께 존재할 수 있다. 한편 국민들이 높은 수준의 국제적 통합을 포기하기로 한다면, 민주주의는 국가 주권과 함께 존재할 수 있다. 마지막으로, 국민들이 민주적 선택권을 상실할 경우 높은 수준의 국제적 통합은 국가 주권과 함께 존재할 수 있다.

이런 이른바 삼중 딜레마는 지나치게 단순화한 것이다. 고삐 풀린 재량권은 실제로 높은 수준의 통합과 양립할 수 없다. 그러나 고삐 풀린 재량권은 주권을 잘못 해석한 것이다. 주권은 합법적인 강제력의 근원과 관련이 있다. 현명한 주권자는 자신과 국민의 이익을 위해서 재량권 행사를 제한할 수 있을 뿐만 아니라 실제로도 제한한다. 이것이 바로 우리가 헌법과 더 넓은 의미의 법치주의를 가지고 있는 이유다. 주권자가 자신의 재량권을 제한하는 하나의 방법은 다른 주권자들과 그렇게 하기로 합의하는 것이다. 이는 주권을 침해하는 것이 아니라 주권을 행사하는 방식에 제약을 가하는 것이다.[6] 주권자는 재량권을 제한하는 데 동의함으로써 시민들과 자신을 위한 새로운 기회를 창출한다(브렉시트론자들은 대부분 이 점을 이해하지 못했다). 마지막으로, 대니 로드릭처럼 극단적인 선택, 즉 경제학자들이 '모서리해corner solution'라고 부르는 것만을 고집할 이유가 없다. 현실에서는 국제 규칙에 대한 완전한 종속과 무한한 주권 재량 사이에서 어느 하나를 선택하는 것이 아니라 한 국가에 실질적인 행동의 자유를 허용하는 협정이 존재한다. 실제로는 종속과 재량 두 가지 중 어떤 것도 합리적이지 않으며 실현 가능하지도 않다.

따라서 실질적인 문제는 국제적 개방성을 신뢰할 수 있고 생산적으로 만드는 (특히 기업에 대한) 정책적 약속을, 앞에서 논의한 영역(예: 혁신)과 이어서 논의할 영역(예: 일자리의 질)에서 경제를 성공으로 이끄는 데 필요한 재량권과 어떻게 가장 잘 결합할 수 있느냐는 것이다. 가장 좋은 방법은 시대적 요구에 맞게 조정할 수 있는 국제 협정을 이용하는 것이다. WTO 역시 그중 하나인데, 일부 측면에서 업데이트될 수 있고 또한 그렇게 되어야 한다. 은행 규제에 관한 바젤 협약Basel accords도 마찬가지다. 여기에서도 규제 완화의 악순환적 경쟁을 막기 위해 국제 협정이 필요하지만, 이 역시수시로 조정될 필요가 있다.[62] 다시 말하지만 과세, 노동 기준, 환경, 그리고 국제적 경제 관계의 최소 기준에 대해서 국제적인 합의가 필요하다. 상호 연결된 세상에서 절대적인 주권적 재량권이라는 개념은 터무니없는 것이며 실제로도 파멸적인 발상이다. 현명한 정책 입안자들은 오랫동안 이를 이해해왔다. 물론 일부 협정은, 특히 EU는 국가 주권을 지나치게 무시한다고 주장할 수도 있다(나는 동의하지 않는다). 따라서 규제 및 제한에 대한 국제적 합의의 바람직한 범위에 대해 논의할 수는 있겠지만, 합의의 필요성을 부정할 수는 없다.

마지막으로, 개방을 가장 열정적으로 추구해야 하는 분야와 제한해야 하는 분야는 어떤 것일까?

무역과 외국인직접투자는 중요한 기회를 창출해준다는 점에서 가장 환영받아야 한다. 그러나 각국은 이 두 가지를 규제하는데에도 중요한 이해관계를 가지고 있으며, 또 실제로 규제해야 한다. 명백한 예를 들자면 환경 정책, 특히 기후 정책을 지원하기 위해서 무역이나 투자를 규제하는 것은 정당하다. 또한 전략적 이유로 국내 역량이 필요한 분야이거나 국내 혁신을 촉진할 합리적 가능성이 있는 분야의 무역을 규제하는 것도 정당하다. 다시 한번 강조하지만, 지식재산권 보호는 일종의 지대 추구이며 경제 발전을 저해할 수 있다. 지식재산권 보호가 무역 협정의 일부로 포함될 수는 있지만, 특히 공중보건에 대한 보호나 기타 필수 공공재의 제공을 저해하는 경우 이런 우려들보다 우선시되어서는 안 된다. 마지막으로, 외국인직접투자는 천연자원 개발에 필수적인 경우가 많지만 계약 조건이 매우 중요하다. 이 모든 것에서 중요한 점은 무역과 외국인직접투자는 좋은 것이기는 하지만, 그렇다고 이를 위해 다른 모든 것을 희생시킬 수는 없다는 것이다.

주식 투자와 부채, 은행 차입, 단기 자본흐름은 상대적으로 덜 바람직한 경제적 개방의 형태다(특히 단기 자본흐름은 가장 바람직하지 않은 형태다). 이들 모두 특정 상황에서는 경제개발에 유용한 자원을 제공할 수 있지만, 외국인직접투자와 무역처럼 지식을 전달하거나 중요한 기회를 새롭게 창출해주지는 못한다. 게다가 부채, 특히 단기 부채와 외화 부채는 장기간에 걸쳐 거대한 위기를 초래할 수 있다. 이런 위기의 직접적인 원인은 투기꾼들이 고소득 국가, 특히 미국의 국내 금리와 신흥국 및 개발도상국의 달러 표시 차입 금리 간에 존재하는 차이를 악용하는 '캐리 트레이드carry trade'(금리가 상대적으로 낮은 국가의 통화로 자금을 빌려 금리가 높은 국가의 자산에 투자하는 것-옮긴이)인 경우가 많다.[63] 그런데 달러 금리가 상승하고 달러 환율이 절상되면 공공 및 민간 차입자들의 상환 능력에 문제가 생기면서 자금이 유출되고 금융위기가 발생하게 된다. 이런 일은 과거에도 여러 차례 일어났고 앞으로도 일어날 가능성이 크다. 이런 형태의 금융 개방은 매우 신중하게 다루어야 한다.[64]

인터넷을 통해서 국경을 넘나드는 정보와 데이터의 흐름은 엄청난 기회를 창출하지만, 사회적·정치적·경제적 안정에 새로운 도전을 제기하기도 한다. 아이디어는 항상 전 세계로 흘러 다녔으며, 위대한 종교의 확산이 가장 중요한 예일 것이다. 그러나 상업적 목적의 아이디어가 완전히 자유롭게 유입되는 것은 위험하다. 인간의 약점을 악용하고 국가안보를 약화시키려는 악의적 행위자가 너무 많기 때문이다. 이런 새로운 형태의 국경 간 교류를 통제하고 악의적 행위에 대한 방어책을 마련하는 것은 필수적이다. 기업이 할 수 있는 일에 대한 제한은 반드시 필요한 접근 방식의 일부가 되어야 한다. 또한 중국의 만리방화벽에 필적할 만한 것은 아니더라도 악성 웹사이트를 차단할 방법을 찾아야 할 것이다. 안타깝게도 이를 제어하는 것은 기술적으로 매우 어렵다.

마지막으로, 가장 논란이 많은 개방 형태인 사람들의 국경 간 이동이 있다(6장 참조). 한 국가에 거주하는 사람을 통제하는 능력은 국가 존재의 근본적인 측면이다. 국가는 그곳에서 살면서 일하고 투표할 권리를 가진 사람들이 거주하는 지리적 공간이다. 보편적 참정권 민주주의에서 이런 성인은 시민권자와 거주가 허용된 외국인으로 구성된다. 시민권은 정치적 권리와 함께 주어지는 특권이다. 국가는 특히 영주권이나 시민권 취득을 목적으로 하는 사람들의 이동에 대해 인도적이면서도 대다수 시민이 수용할 수 있는 정책을 시행해야 한다. 시민들이 이민을 공정하고 통제 가능한 것으로 인식할 수 있어야 한다. 그렇지 않으면 사회적·정치적으로 치명적인 결과를 초래하는 반발이 일어날 수 있다. 이것은 이민을 반대하는 주장이 아니다. 이민이 전적으로 또는 주로 경제적인 이유만으로 이루어질 순 없다는 점을 인식해야 한다는 얘기다. 이민자는 단순한 노동자가 아니라 사람이고 이웃이며 미래의 시민이다. 이민은 한 나라의 얼굴을 바꾸기 때문에 그에 상응하는 관심을 가지고 최대한 관리해야 한다. 잠재적인 경제적 이득을 인정하면서도 정치적으로 수용 가능하고 효과적인 이민 통제가 필요하다.

오늘날 전 세계 인구 중 3% 남짓이 외국에 거주하고 있는데, 적당한 수준의 글로벌 이민이다. 이런 수준에서 이민을 받아들이는 경우 국가에 미치는 순경제적 충격은 크지 않고 대부분 긍정적이다. 이민자 개인에게도 분명히 긍정적인 영향을 미쳤다. 생산성이 낮은 국가에서 생산성이 높은 국가로 이주하면, 일반적으로 실질소득이 크게 증가한다. 이런 이유로 이주가 완전히 자유로워지면 세계 경제의 후생도 크게 증가할 것이 분명하다. 그런 의미에서 이 주장은 자유시장에 대한 주장과 똑같다. 다시 말하지만, 그렇다고 해서 이민을 받아들이는 나라 사람들의 실질소득이 상승하는 것은 아니다. 세계적 후생이 향상되는 것은 많은 나라에서 평균적인 후생이 하락하는 것과 완벽하게 양립할 수 있다. 또한 이민이 고령화를 상쇄할 것이라는 일반적인 주장은 이민자들도 마찬가지로 나이가 든다는 점을 고려하지 못한 잘못된 주장이다. 노인 부양 비율을 안정화하기 위해서 필요한 이민의 양은 상상을 초월할 정도로 많다(5장 참조).

사실 이민은 더 폭넓은 의미를 가지는 문제다. 비교적 적은 수준의 이민에 따른 결과는 제한 없는 이민의 경제적 (그리고 사회적·정치적) 영향에 대해 아무것도 말해주지 않는다. 이 문제를 고려할 때 분명한 출발점은 이민이 오늘날 국가 내부에서와 마찬가지로 국가 간 실질임금 격차의 상당 부분을 해소하는 경향이 있다는 명제다. 즉 사람들이 가난한 나라에서 부유한 나라로 이동함에 따라 후자의 실질임금은 하락하고 전자의 실질임금은 상승할 것이다.[65]

하버드대학교의 조지 보르하스George Borjas는 부유한 나라의 저숙련 노동자의 실질임금이 가난한 나라보다 4배 높은 수준에서 이민이 시작되는 경우를 가정한 시뮬레이션을 했다. 이에 따르면 전 세계 실질 생산량은 정말로 엄청나게 증가하게 되는데 무려 약 40조 달러(또는 60%)나 증가한다.[66] 그는 26억 명에 달하는 엄청난 수의 노동자들이 이동하게 될 수 있다고 말한다. 부양가족까지 포함하면 56억 명의 인구가 이동한다는 뜻이다. 사람들의 자유로운 이동에 제한이 없는 세상에서 런던, 도쿄 또는 뉴욕 주변에서 볼 수 있는 빈민가를 생각해보라. 그의 시뮬레이션에 따르면 북반구 노동자의 실질임금은 40% 가까이 하락하는 반면에 남반구 노동자의 실질임금은 140% 이상 상승할 것이다. 이는 후자에게는 큰 이득이 되고 전자에게는 큰 손실이 될 것이다. 반면에 자본가들의 소득은 60% 가까이 증가할 것이다.

이것은 물론 매우 대략적인 분석이다. 그러나 사람들의 자유로운 이동이 상품과 서비스의 자유로운 무역과 비슷하다는 생각은 말도 안 된다. 오늘날 우리는 거의 자유무역이라고 할 수 있는 경제적 관계를 가지고 있다. 이것이 경제와 사회에 미치는 영향은 사람들의 자유로운 이동이 미칠 수 있는 영향보다 훨씬 작다. 생산요소, 특히 노동에 대한 수익률의 차이를 완화하는 후자의 힘은 분명히 훨씬 더 클 것이며 사람들의 이동은 사회를 변혁시킬 것이다. 몬테카를로(작은 도시 국가 모나코의 한 행정구역으로, 주민은 3,000명이며 주로 유럽의 부유층이 거주하며 사치를 즐기는 도시-옮긴이)처럼 폐쇄적인 공동체에서 살 수 있는 소수의 자본가를 제외하면, 이민을 받아들이는 나라의 주민과 그 후손의 상당수는 생활이 더 나빠질 것이라는 점은 누구나 합리적으로 확신할 수 있다. 단순한 의미에서 세계 후생은 증가할 것이다. 그러나 이민을 받아들이는 나라들은 더 이상 원래 모습 그대로의 나라가 아니게 될 것이다. 이민 수용국이 이를 민주적으로 (또는 상상 가능한 다른 정치적 환경에서) 받아들일 가능성은 전혀 없다. 경제는 정치를 강화한다. 이민은 기존 거주자, 특히 기존 시민 대다수에게 정치적으로 만족스러우면서 경제적으로도 유리한 방식으로 통제되어야 한다. 이를 위한 최선의 방법에 대한 논의는 복잡하고 어렵다. 하지만 반드시 해결해야만 한다.

일할 수 있고 일하고자 하는 사람들을 위한 좋은 일자리

두 번째로 중요한 요건은 좋은 일자리다. 그렇다면 좋은 일자리를 어떻게 정의할 수 있을까? 이 질문에 답하기 위해서는 일자리의 내재적 가치와 외부적 가치를 구분해야 한다. 일자리의 내재적 가치는 일을 하는 즐거움과 그 일이 제공하는 목적의식 및 만족감 등이다. 외부적 가치는 일자리를 가짐으로써 얻을 수 있는 수입, 지위, 독립성, 결혼 가능성 등이다. 정책은 이 두 가지 모두에 영향을 미칠 수 있다. 하지만 정책이 어느 쪽도 완전히 결정할 수는 없다. 정책은 경제의 양상을 좌우할 수 있다. 하지만 경제를 만들어낼 수는 없으며 장기적으로 볼 때도 마찬가지다. 5장에서 주장했듯이, 경제는 너무 복잡해서 누구도 통제할 수 없다. 경제는 자신의 '마음'에 따라 움직인다.

해외를 포함하여 수요와 공급의 패턴이 경제의 양상을 결정짓고, 그 경제가 창출하는 일자리의 양상도 결정짓는다. 국내 및 글로벌 차원에서 경제가 진화하기 때문에 이런 패턴은 시간이 지남에 따라 변화한다. 앞서 논의한 혁신과 투자, 무역, 이민, 자본의 유출입 등에 관한 정책은 해당 경제의 구조와 그 경제가 창출하는 일자리에도 변화를 불러올 것이다.

경제의 구조에 따라 기술 수요와 일자리의 성격 및 질이 결정된다. 예를 들어, 20세기 후반에 고소득 경제권에서는 제조업에 종사하는 노동력의 비율이 전반적으로 감소했다. 대학 졸업장과 기능을 갖춘 근로자에 대한 수요가 증가한 것 역시 보편적인 현상이었다. 이런 변화는, 상업적으로 의미 있는 기능을 가진 사람들에게는 유리하지만 오래된 산업 노동자들에게는 불리하게 작용한 상대적 임금의 큰 변화와 관련이 있다. 이런 변화의 가장 중요한 원인은 기술의 발전이며 무역은 그보다 훨씬 덜 중요하다. 19세기와 20세기 초에는 농업에 종사하는 노동력의 비중이 감소한 반면 제조업에 종사하는 노동력의 비중은 증가했다. 농업에서 벗어나는 이런 변화가 이탈리아, 일본, 한국에서 일어났고 최근에는 아직 고소득 초기 단계에 있는 중국을 포함하여 일부 후발 고소득 국가에서는 20세기 후반과 21세기에도 계속됐다.

정책은 전반적인 경제 발전을 가속화하거나 중단시키는 것 외에는 이런 광범위한 과정에 영향을 미치기 어렵다. 물론 교육과 훈련을 통해 노동자의 숙련도에 영향을 미칠 수 있고, 직접 지원과 보조금 그리고 투자를 통해 자본 스톡에 영향을 미칠 수 있다. 그러나 기술은 수요가 없으면 위축되고 자본은 생산적으로 활용되지 못하면 폐기될 것이다. 현대의 과학과 기술은 경제가 그 안에서 발전하는 '강철 프레임'을 제공한다. 19세기 초에 화학을 기반으로 한 혁명이 일어나는 것, 또는 20세기 초에 컴퓨팅을 기반으로 한 혁명이 일어나는 것은 불가능했다. 오늘날 핵융합에 기반한 혁명이 일어나는 것 역시 불가능하다. 따라서 기술의 근본적인 특성이 정부 정책에 어디까지 영향을 받을 수 있는지 의문을 제기할 수밖에 없다.

일부 사람들은 이처럼 다소 운명론적인 견해에 동의하지 않으며 정부가 좋은 일자리, 더 나은 건강, 환경오염 감소 등 우리가 원하는 것에 지원을 집중함으로써 혁신의 방향을 이끌 수 있고 또 그렇게 해야 한다고 주장한다.[67] 그런 목표의 시급성을 고려할 때 분명히 시도해볼 가치가 있다. 좋은 일자리 창출의 경우, 현재 상황과는 정반대로 자본에 더 많은 세금을 부과하고 노동에는 덜 부과하는 방안이 있다. 또한 정부는 연구개발이 좋은 일자리를 창출하는 쪽으로 향하도록 지원을 대폭 강화할 수 있다. 재생 가능 에너지 기술의 개발에서 이룬 놀라운 진전은 태양광 및 풍력 에너지와 마찬가지로 관련 과학이 허용한다면 정부의 이 같은 노력이 열매를 맺을 수 있다는 증거다. 이와 유사한 노력을 통해 균형점을 보다 '인간 친화적인' 기술로 이동하게 할 수 있다.[68]

한 나라의 역사는 또한 경제활동과 기술의 지역적 분포를 크게 결정짓는다. 이것은 '경로 의존성', 즉 역사가 현재를 결정하는 또 다른 예일 뿐이다. 이런 과정은 매우 장기적일 수 있다. 서비스 분야에서 영국이 가지게 된 비교우위와 그에 따른 영국 제조업의 쇠퇴, 그리고 한때 제조업에 특화됐던 지역의 쇠퇴 현상은 한 세기 이전으로 거슬러 올라간다.[69] 적어도 지금까지는 이런 추세를 되돌리기가 불가능하다는 것이 입증됐다. 지역이 발전하거나 쇠퇴하거나 전혀 발전하지 못하는 등의 패턴은 우리가 목격하고 있는 포퓰리즘 반란의 많은 부분을 형성한다. 이는 상당 부분 오래된 제조업 지역처럼 경제가 구조적으로 변화하면서 낙후된 곳이나 이탈리아의 메초조르노처럼 특정 지역이 아예 현대화에 실패한 경우에 해당하는 '별 볼 일 없는 지역들'이 일으킨 반란이다.[70] 안타깝게도 이런 지역 격차에 대해서 별다른 조치를 취하기는 어렵다. 따라서 "전체의 이익을 희생시키면서 개별 이익을 추구하는 잘못된 투자, … 소득 지원 보조금, 공공 부문 고용이 결합하면 대개는 보호받고 지원받고 피난처가 되는 경제로 귀결된다. 이런 곳에서는 점점 더 자신의 경제적 잠재력을 동원하는 역량이 사라지게 된다."[71]

그렇다면 경제적으로 별 볼 일 없는 곳을 중요한 곳으로 바꿀 방법은 없을까? 런던정경대학교의 안드레스 로드리게스-포즈 Andrés Rodríguez-Pose는 한 가지 대안으로 "보조금이나 복지를 제공하는 것이 아니라, 지역의 개발 수준이나 경제적 궤적과 관계없이 대부분 지역의 기회를 확장하고 지역적 맥락을 고려하는 정책"을 제안했다.[72] 이처럼 지역에 기반하고 지역에 특화된 정책이 답이라고 믿는 것은 비단 그만이 아니다. 옥스퍼드대학교의 폴 콜리어 Paul Collier와 시카고대학교의 라구람 라잔은 지역의 정체성, 충성도, 역량을 기반으로 정책을 수립해야 한다고 제안했다.[73]

이런 방식으로 지방 정부들이 큰 성공을 거둔 나라가 실제로 존재한다. 스위스는 지역주의가 강력한 지역적 정체성과 충성도에 뿌리를 두고 있기 때문에 아마도 세계 최고의 모범 사례일 것이다. 하지만 다른 나라들에서는 부패와 무능이 종종 걸림돌이 되기도 한다. 그렇지 않더라도 경제학자들이 제안한 대로 하려면 부유한 지역에서 가난한 지역으로 자원을 이전해야 하는 경우가 많다. 이 경우 중앙 통제의 손길이 미치게 될 가능성이 크다. 이상적으로는 지역 정치인과 시민 지도자들이 이런 자금을 배분하겠지만, 이를 현명하게 배분할 역량이 부족할 수 있다. 어쨌든 중앙 정부가 이들을 신뢰하지 않을 수 있다. 보완적인 정책은 지역 경제의 발전을 지원하는 공적 자금이 투입된 지역 투자 은행 네트워크를 만드는 것이다. 이 경우에도 대규모 인프라 개발은 필요한 자원과 기술을 갖춘 중앙 정부 또는 지방 정부의 지원이 필요하다. 요컨대 낙후된 지역을 재생하는 것은 어려운 작업이며, 따라서 많은 플레이어가 참여해야 한다. 무엇보다 지역에 대한 깊은 충성도에 뿌리를 둔 기관의 설립(또는 재편)이 필요하다. 스페인의 바스크 지방은 이런 지역 충성도의 훌륭한 사례이자 지역 부활의 좋은 예다. 이곳의 지역 충성도는 이미 고대의 문화와 지역의 언어에 깊이 뿌리내리고 있다.[74]

더 많은 좋은 일자리를 창출하기 위한 대안(또는 보완책)은 표면적으로 '나쁜 일자리'라고 간주되는, 지루하고 반복적인 저숙련 일자리를 좋은 일자리로 전환하는 것이다. 이는 정부 정책보다는 경영진의 의지에 크게 좌우된다. 따라서 경영진이 근로자에게 권한을 위임함으로써 근로자의 지식을 이용하는 동시에 그들의 헌신을 장려할 수 있다. 토요타Toyot가 조립 라인의 운영에서 이런 혁신을 함으로써 얻은 성과는 널리 알려져 있다.[75] 고용주가 직원을 존엄성 있는 존재로 대우하면 직원의 업무도 더욱 의미 있고 생산적으로 될 수 있다.

또한 고소득 국가에서 근로자가 적절한 소득을 얻고 존중을 받도록 보장하는 정책을 펼 수 있다. 사람들은 사회에 온전히 참여할 수 있는 생활 수준을 제공해줄 정도의 소득을 주는 일자리를 가져야 한다. 일자리에 부정적 영향을 미치지 않는 선에서 최저임금을 최대한 높이고, 고용 관련 세액공제를 넉넉하게 제공하며, 적절한 실업 보상을 제공하는 것은 당연한 조치다. 마지막으로 정책은 실직자에게 재교육에 대한 강력한 지원을 제공하는 적극적 노동 시장 정책과 연계되어야 한다. 또한 어느 정도의 고용 안정, 정리해고에 대한 보상, 유급 휴가, 조직화 및 파업에 대한 권리 등도 중요하다. 결론적으로 덴마크인들이 '유연안정성flexicurity'이라고 부르는, 소득 안정과 고용 유연성을 결합하는 방식이 최선인 것으로 보인다.[76]

비평가들은 이런 조치가 시장에 대한 간섭이라고 불평할 수도 있다. 맞는 말이긴 하지만, 정당한 간섭이다. 우리는 현대적 시장에서 이리저리 옮겨 다니는 기업들과 지역에 뿌리박은 노동자 사이에 존재하는 거대한 힘의 불균형을 인식할 필요가 있다. 영국에서 최저임금 정책이 고용을 크게 희생시키지 않으면서도 최하층의 실질임금을 끌어올리는 데 성공한 것은 노동 시장에서 수요 독점과 수요 과점,[77] 즉 하나 또는 극소수의 고용주가 존재하는 상황에 대처하는 것이 중요하다는 증거다.[78] 최저임금 인상은 물론 신중하게 접근해야 한다. 그러나 눈에 띄게 부정적인 영향을 미치지 않고도 인상할 수 있다. 세금 공제까지 적용한다면 모든 사람에게 단순히 생존만이 아니라 사회생활에도 참여할 수 있는 수준의 근로소득을 제공할 수 있다.

일자리를 좋은 일자리로 바꾸기 위한 훨씬 더 야심 찬 두 가지 제안도 고려해볼 만하다.

첫 번째는 보편적인 일자리 보장이다. 이 제안에 따르면 실업급여를 최저임금 수준으로 책정하고 일자리가 없는 사람들에게 공공근로의 대가로 실업급여를 지급하는 것이다. 따라서 누구든지 원한다면 최저임금을 받고 일할 수 있다. 그러면 최저임금은 자동으로 경제의 임금 하한선이 될 것이다. 실업수당은 아마도 영구적으로 없어질 것이며, 오직 장애와 같은 이유로 더는 일을 할 수 없거나 더 낮은 수준의 급여로 일하는 사람들에게만 지급될 것이다.

바드칼리지의 파블리나 체르네바Pavlina Tcherneva는 이 제안을 다음과 같이 설명한다. "일자리 보장은 공공 옵션의 특징과 가격 안정화 제도의 이점을 모두 가지고 있다. 기본적인 공공 서비스 영역에서의 고용 기회에 원하는 모든 사람이 보편적이면서도 자발적으로 접근할 수 있도록 보장한다."[79] 이 아이디어는 특히 거시경제 및 기타 정책이 완전고용을 창출하지 못하는 경우 고려할 가치가 있다. 그러나 이는 또한 상당한 어려움을 야기한다. 첫째, 필연적으로 무작위적인 다수 실업자를 위해 생산적인 일자리를 창출하려면 상당한 자원, 특히 쓸모 있는 프로젝트를 발굴하고 사람들을 조직할 수 있는 역량이 필요하다. 그렇지 않으면 '일자리'가 일자리로서의 의미를 전혀 갖지 못하게 된다. 둘째, 사람들이 그런 공공 프로젝트에 종사하고 있다면 새로운 일자리에 대한 훈련을 받거나 새로운 일자리를 찾기가 더 어려워질 것이다. 셋째, 새로 고용된 근로자는 기존 방식으로 이미 고용된 근로자와 경쟁하게 되어 기존 근로자에게 피해를 주든지 아니면 이들과의 경쟁이 허용되지 않을 것이며, 후자의 경우 근로자가 할 수 있는 일(그리고 배울 수 있는 일)은 제한적이고 심지어 정신을 피폐하게 할 수도 있다.[80] 균형적으로 볼 때, 신규 고용을 하면 고용주에게 보조금을 지급하는 것과 함께 적극적 노동 시장 정책에 공격적으로 투자하는 것이 훨씬 더 나은 접근 방식으로 보인다.

두 번째 옵션은 최저임금을 인상하는 동시에 임금 격차를 줄이는 것이다. 이렇게 함으로써 생산성과 실질소득을 영구적으로 높여 스칸디나비아형 경제(스칸디나비아 3국, 특히 스웨덴에서는 노사 간의 중앙교섭을 통해서 노동자 계급 내의 상층 임금은 억제하고 하층 임금은 인상하는 사회적 연대 임금 제도를 시행하며, 적극적 노동 시장 정책을 통해 저부가가치 부문에 종사하는 노동자들을 고부가가치 부문으로 이동시켜 생산성과 실질소득을 높이는 대표적 사례로 꼽힌다-옮긴이)를 만들 수 있다는 주장이다.[81] 물론 완전히 상상 불가능한 것은 아니지만, 일반적인 가정은 이와 반대로 하단의 실질임금이 큰 폭으로 상승하면 기업들이 가능한 한 노동을 자본으로 대체할 수 있다는 것이다. 또한 임금 상승은 기업의 이윤 및 사내 유보금 보유를 압박하기 때문에 투자를 늘리기보다는 감소시킬 것이다. 결국 여기에 영향을 받는 산업 부문이 위축되어 실업률이 하락하기보다는 상승할 가능성이 크다.

물론 기업의 임금 체계에서 중간과 상단의 임금을 동시에 낮춰 인건비 총액이 바뀌지 않거나 심지어 낮아진다면 이런 일이 발생하지 않을 수도 있다. 하지만 이를 위해서는 고도의 임금 조정과 근로자의 연대의식이 필요하다. 전체 노동 시장을 포괄하는 노동조합과 강력한 시민 및 노동자 협력 윤리가 있는 작고 동질적인 선진국에서는 가능할지도 모른다. 하지만 다른 나라, 특히 규모가 큰 나라에서는 과연 그럴 수 있을지 회의적이다. 흥미롭게도 서구의 경제 대국 중 가장 '스칸디나비아적'인 독일조차 2003년부터 2005년까지 고용률을 높이기 위해서 이른바 하르츠[Hartz] 개혁으로 저임금 저생산성 부문의 창출을 장려했다.[82] 이것은 최저임금에 반대하는 주장이 아니다. 다만 높은 수준의 최저임금이 더 많은 고용을 창출하는 안전한 방법이라는 가정에 반대하는 주장인데, 실제로 그렇게 될 가능성은 거의 없다.

마지막 문제는 노동조합의 역할에 관한 것이다. 노동조합이 경제적·정치적 대항력을 제공한다는 주장은 40년 전보다 오늘날 훨씬 더 신빙성이 있어 보인다. 그러나 노동조합은 노동자 계급 내부의 갈등을 조직 내에서 해결할 수 있고, 단체교섭의 타결 내용이 경제 및 산업 부문 전체에 미치는 영향을 고려할 수 있다면 가장 효과적인 역할을 할 수 있다. 이런 목표를 달성하는 것은 대개 불가능하다. 하지만 소득 분배 층 중에서 안정적으로 고용된 고임금의 '중간층'을 창출하는 것은 매우 중요하다. 또한 노동조합은 고용주의 자의적이고 불공정한 대우로부터 조합원을 보호할 수 있다. 다시 말하지만, 이는 직장에서의 존엄성과 시민으로서의 존엄성을 유지하는 데 중요한 부분이다. 따라서 공공 정책은 법의 테두리 안에서 책임감 있는 노동자 단체의 설립을 지원해야 한다. 이것이 불가능하다면 일반 근로자들이 저렴하고 효과적인 사법적·준사법적 절차를 통해 부당한 대우로부터 자신의 권리를 보호할 수 있게 하는 것이 중요하다.

이 모든 것은 우리가 코로나19와 인공지능의 발전 와중에도 합리적으로 '정상적'인 노동 시장을 계속 유지할 것이라는 가정하에 이루어진다. 팬데믹은 IT 근로자가 어디에 있든 일할 수 있게 해주는 새로운 기술의 사용을 가속화했다. 이와 함께 원격 근무를 위한 유연한 근무 제도와 그에 따른 새로운 경쟁의 기회가 열렸다. 팬데믹은 또한 도시의 경제와 소매업 같은 중요한 비즈니스 활동에 지속적인 영향을 미칠 수 있다. 인공지능의 발전은 그보다 더 급진적인 영향을 미칠 가능성이 있다. 과거에 마차를 끌던 말이 그랬던 것처럼, 그리 머지않은 미래에 인류의 상당수가 경제적으로 불필요한 존재가 될 수도 있다. 대부분 사람에게 직장은 더 이상 만족스러운 수입원이 되지 못할 수도 있다. 이처럼 잠재적으로 중요한 주제는 뒤에서 보편적 기본소득UBI에 대해 논의할 때 조금 더 자세히 다룰 것이다. 여기서는 먼저 기회의 평등에 대해서 살펴보자.

기회의 평등

민주주의적이면서 자본주의적인 사회는 필연적으로 기회의 평등을 열망한다. 3장에서 주장했듯이, 그런 사회는 주어진 신분에 묶이는 것을 거부한다. 엘리트층이 정당성을 가지려면 재능 있는 사람들에게 개방되어 있어야 한다. 그렇지 않다면 그것은 왜곡된 것처럼 보일 수 있을 뿐만 아니라 고착화될 수 있다. 인재는 사회적 지위의 상승이 가능해야 한다. 이는 민주주의 원칙에 기반한 사회의 기본 가치다.

그러나 이것은 중대한 질문들을 제기한다. 첫째, 모든 사람에게 좋은 일자리 기회를 제공하는 것 이상으로 기회의 평등을 실현할 수 있을까? 둘째, 기회의 평등을 실현하기 위해서 사회는 어디까지 노력해야 할까? 셋째, 기회의 평등이 다른 목표들과 충돌할까? 그럴 경우 어떻게 관리해야 할까? 마지막으로, 기회의 평등을 측정할 수 있는 기준은 무엇인가?

첫 번째 질문에 대한 답은, 부모로부터 자녀를 빼앗거나 부모가 자녀를 위해 최선을 다하지 못하게 하는 등의 범죄적 조치를 취하지 않는 한 절대적인 기회의 평등을 달성할 수 없다는 것이다. 실제로 사람들의 성공은 타고난 재능과 성장 환경에 크게 좌우된다. 자유로운 사회에서 용인할 수 있는 어떤 정책도 그런 유리한 조건과 불리한 조건을 완전히 제거할 수는 없다.

두 번째 질문에 대한 답은, 기회의 평등을 보다 현실적으로 만들기 위해 할 수 있는 일과 해야 하는 일이 있다는 것이다. 예를 들어, 가구 간의 경제적 불평등이 클수록 자녀의 경제적 이동성이 낮아진다는 명확한 증거가 존재한다(4장의 그림 15 참조). 부분적으로 이는 심각한 빈곤에 시달리는 부모가 자녀에게 필요한 안전하고 풍요로운 환경을 제공하기가 더 어렵기 때문이다. 그렇다면 소득분배상 최하위 계층의 소득을 높이고, (부모가 일을 통해 독립성과 존엄성을 누리기 위해서 필수적인) 양질의 보육을 제공하며, 모든 사람에게 최상의 교육을 제공하고, 뛰어난 어린이에게 특별한 발달 기회를 제공하며, 현재 모든 어린이에게 필요한 (컴퓨터, 초고속 인터넷, 도서 등) 자원을 제공하는 것은 번영하는 국가에서 필수적이면서도 실현 가능한 일이다. 또한 재능은 청소년기에 늦게 발현될 수도 있기 때문에 어린 나이에 아이들을 지적으로 분류하는 것은 잘못된 일이고 낭비적인 일이다. 절대적인 기회의 평등은 달성할 수 없다. 하지만 그 목표에 더 가까이 다가가기 위해 노력해야 하며, 그 과정에서 모두에게 합리적으로 높은 수준의 교육을 보장해야 한다. 또한 부유층과 특권층의 자녀들만 주로(또는 전적으로) 입학할 수 있는 학교와 대학에 계속해서 막대한 재정적 혜택을 부여할 이유는 없다.

세 번째 질문과 관련해서는 기회의 평등에 대한 세 가지 비판이 있다. 첫째, 엘리트들이 오로지 능력으로만 선발됐다는 선전이 신빙성을 가질수록 다른 사람들은 더 분노하고 좌절할 수밖에 없다는 것이다.[83] 하지만 그렇다고 해서 최고의 인재를 고의로 선발하지 말아야 한다는 생각은 여러 측면에서 터무니없고 실제로도 잘못된 것이다. 그 대신 번영하는 사회의 모든 사람이 품위 있는 삶을 누리고 존엄과 존중을 받을 수 있도록 노력하는 것이 정답이다. 또한 가치 있는 재능의 다양성 또한 인정되어야 한다. 기회의 평등은 바람직한 사회적 목표이지만, 결코 단순한 목표도 아니고 유일한 목표도 될 수 없다. 둘째, 기회의 평등에 대한 약속은 달성할 수 없다는 것이다. 정책 입안자들은 달성 불가능한 목표를 달성할 수 있다고 제시해서는 안 된다. 이에 대응하는 방법은 그들이 합리적으로 할 수 있는 일을 하겠다고 약속할 수 있고 또 그래야 하지만, 달성할 수 있는 것의 한계도 인정해야 한다는 것이다.

셋째, 기회의 평등에 따른 이동성이 사회적으로 파괴적일 수 있다는 것이다. 하위 계층에서 태어난 개인이 (상대적으로) 지위가 상승한다면, 상위 계층에서 태어난 개인은 (상대적으로) 지위가 하락할 수밖에 없다. 이는 실패한 자녀를 둔 성공한 부모들 사이에서 고뇌와 반감을 불러일으킬 것이다. 물론 이는 의심의 여지가 없다. 모든 사람의 실질소득이 상승하고 (그래서 모든 사람이 더 나아질 수 있고) 본질적으로 만족스러운 일자리 및 라이프 스타일의 비율이 증가하는 경제에서 사회적 이동성은 가장 잘 작동한다.[84] 이것이 바로 경제적 역동성과 합리적 수준의 소득 평등이 모두 중요한 이유다. 소득 분포의 중앙값에 가까운 소득을 창출하는 일자리가 줄어든다면 진정한 기회의 평등은 더욱 어려워질 것이다.

마지막으로, 기회의 평등을 측정할 수 있는 적절한 기준은 무엇일까? 앞서 제시된 답변은 본질적으로 빈곤과 계급 차이에 관한 것이다. 그렇다면 성별, 인종, 종교의 경우는 어떠냐고 사람들은 물을 것이다. 기회의 평등을 달성하는 데 성공했느냐 아니냐를 불우한 배경을 가진 사람들의 성취도 향상이 아니라 성별, 인종, 종교 간의 성취도 향상으로 측정해야 할까? 후자의 요구가 기반하고 있는 동기는 쉽게 이해할 수 있다. 그러나 이런 초점은 위험해 보인다. 첫째, 그것은 고용 할당제를 제기하는 경향이 있는데 이는 명백하게 제로섬 관계이기 때문에 사회적으로 분열을 일으킬 가능성이 크다. 둘째, 자의적인 선호로 이어지는 경향이 있다. 왜 명백히 유리한 배경을 가진 소수 인종 출신 여학생이나 소수 인종 구성원이 매우 불리한 배경을 가진 다수 인종 출신의 남학생보다 우대받아야 하는가? 박탈감이 도움을 정당화한다고 이해되기 쉽지만 이런 종류의 편애는 매우 불공평하게 보일 수 있다. 셋째, 시간이 지남에 따라 일부 소수자 그룹은 '너무 성공'하여 불이익을 받아야 하는 반면 다른 소수자 그룹은 더 뒤처지게 되므로 특혜의 구조는 더욱 복잡해질 것이다. 마지막으로, 사회가 개인의 경제적 지위 차이와 무관하게 '성공한' 집단과 '실패한' 집단으로 나뉘는 방향으로 나아갈수록 9장에서 주장하듯이 민주주의가 궁극적으로 의존해야 하는 포용적 애국심을 생성하고 유지하기는 더욱 불가능해질 것이다.

도움이 필요한 사람들을 위한 안전망

국가는 항상 외부 및 내부의 적으로부터 국민을 보호하는 역할을 해왔다. 코로나19 팬데믹은 이런 오랜 역할에 대한 강력한 현대적 사례를 보여줬다. 그러나 역사적으로 보면, 국가가 무언가 하고자 해도 달성할 수 있는 경우가 드물었다. 하지만 사회가 부유해지고 기술적으로 고도화되고 더 복잡해지면서 사람들은 더 많은 보호를 요구하게 됐다. '가지지 못한 자들'의 참정권을 보장하는 민주주의의 부상은 이런 요구를 더욱 강화했다. 오늘날의 고소득 민주주의 국가에서 사람들은 1942년 영국의 「베버리지 보고서」에서 '5대 거악'으로 불렸던 '결핍, 질병, 무지, 불결, 나태'로부터 보호를 요구한다. 7장에서 주장했듯이 사회가 충분히 부유하다면 이런 해악을 제거하는 것은 괜찮은 정부의 핵심 기능이다.

민주주의 국가가 이런 지원을 제공하는 것은 대체로 불가피하고 올바른 일이다. 어찌 됐든 가장 부유한 국가에서도 인구의 상당수가 단 한 번의 재앙을 겪는 것만으로도 파멸의 위기에 처하게 된다. 2020년 미국 소득분포 최하위 20%에 해당하는 가구의 순자산은 6,400달러에 불과했다. 계층 백분위에서 40번째에 해당하는 계층의 순자산도 6만 8,000달러에 불과했다.[85] 지원 없이는 많은 사람이 자녀를 성공적으로 양육하는 것은 말할 것도 없고 생존하기조차 어려울 것이다. 민간 자선단체의 활동만으로는 불충분하고, 때로는 수치심을 안기기도 한다.

국가는 최후의 보험 제공자 그 이상이다. 국가는 일종의 '돼지 저금통'과 같은 자금 제공자다.[86] 예를 들어 국가는 소득에 맞게 상환하는 학자금 대출 프로그램을 운영할 수 있는데, 이는 국가가 세금 제도를 통해 대출금을 상환받을 수 있기 때문이다. 또한 모든 사람이 보험에 가입하도록 강제할 수 있기 때문에 '역선택'(납입금보다 더 많은 보험금을 타 낼 가능성이 있는 사람일수록 보험에 더 많이 가입하게 되는 경향-옮긴이)이라는 고전적인 함정을 피해 갈 수 있다. 역선택, 즉 최악의 리스크를 가진 사람들만 보험에 가입하는 현상을 피하는 것은 사고와 질병, 장수에 대비하는 생명보험의 경우 더욱 중요하다. 반면에 민간 시장에서 보험사는 최악의 리스크를 가진 사람들이 보험에 가입하는 것을 회피하려고 한다. 따라서 보험을 가장 필요로 하는 사람을 배제하게 되고, 이를 위해서 소비자에게 적대적인 거대한 관료적 조직을 만들게 된다. 역선택에 대한 두려움 때문에 광범위한 보험 가입 대상층을 포괄하지 못하는 이 문제는 유전과학의 발전으로 훨씬 더 악화될 것이다. 극단적으로 말하자면 우리가 보험이라고 생각하는 것의 상당 부분은 유전적으로 운이 좋지 않은 사람들을 위해 국가가 운영하는 소득 재분배로 바뀔 가능성이 크다. 건강보험의 경우 이미 대부분 고소득 국가에서 이런 현상이 일어나고 있다.

그러나 복지국가는 여전히 논쟁의 대상이다. 복지국가란 무능한 사람들의 이익을 위해 근면한 사람들에게 더 큰 부담을 지우는 것이라고 비난하는 사람이 많다. 하지만 실제로 복지국가는 돼지 저금통의 역할에 맞게 공공 지출을 개인의 평생에 걸쳐 재분배하여 대부분 사람이 더 안정적으로 생활할 수 있게 하는 데 큰 역할을 한다. 영국에 대한 한 중요한 연구는 바로 이런 맥락에서 네 가지 중요한 결론에 도달했다. 첫째, 특정 연도의 소득보다 평생에 걸친 소득이 훨씬 덜 불평등하다. 이는 불평등의 상당 부분이 연령대별로 다른 요구와 일시적인 충격 탓에 발생하는 임시적인 것이기 때문이다. 둘째, 결과적으로 세금과 보조금으로 달성되는 재분배의 절반 이상이 다른 사람들 사이에서 재분배되기보다는 특정 개인의 생애 전체에 걸쳐서 재분배된다. 셋째, 성인으로서의 전 생애에 걸쳐 자신이 납부한 세금보다 더 많은 혜택을 받는 사람은 7%에 불과하지만, 특정 연도에 자신이 납부한 세금보다 더 많은 혜택을 받는 사람은 36%에 달한다. 마지막으로, 평생 빈곤층으로 남는 사람들을 돕는 데 재직 시 보조금은 실직 시 보조금과 마찬가지로 효과적이면서도 근로 의욕을 덜 손상시킨다. 한편 고율의 소득세는 상위 계층의 소득 이동성이 상대적으로 크지 않기 때문에 '평생 부자'를 상대적으로 잘 겨냥한다. 대체로 사람들이 소득분포의 최상위에 있는 경우 평생 그 자리에 머무르게 되는 경향이 있기 때문이다.[87]

간단히 말해서 복지국가는 보험에 가입할 수 없는 광범위한 리스크를 대부분 포괄한다. 여기에는 가난한 부모 또는 부적절한 부모에게서 태어나거나 장애를 가지고 태어날 리스크, 한부모 가정이 될 리스크, 질병 및 장기적 장애의 리스크, 교육에서 불운한 선택에 의한 리스크, 고용을 다양화할 능력이 없는 (오직 하나 또는 최대 두 가지의 직업을 가지는) 리스크, 노년의 리스크 등이 포함된다. 복지국가는 어떤 측면에서는 불완전한 민간 보험을 대체하는 것으로 볼 수 있으며, 어떤 측면에서는 불완전한 자본 시장을 대체하는 것으로 볼 수 있다. 보편적 복지 시스템은 사회 통합의 표현인 동시에 원천이기도 하다.

자유주의 우파는 사회보험을 완전히 없애려는 강한 열망을 가지고 있다. 그러나 조지 W. 부시George W. Bush가 사회보장 제도를 없애지 못한 것은 그런 노력이 민주주의하에서 가지는 정치적 한계를 시사한다. 도널드 트럼프가 오바마케어로 알려진 의료보험 개혁법Affordable Care Act을 폐지하지 못한 것도 의료 산업 부문이 이 법안의 혜택을 받았기 때문이다. 그럼에도 지난 40년간 사회보험이 시장 쪽으로 이동한 것은 리스크를 고용주와 정부로부터 일반인에게로 전가하려는 움직임이기도 했다. 고용주와 관련된 중요한 예로는 미국과 영국에서 확정급여형 퇴직연금, 기업연금이 파탄난 것과 임시직 또는 '불안정'한 일자리가 증가한 것이다. 정부와 관련된 중요한 예로는 (종종 불충분한) 주택 보조금 제공으로 영국에서 지방자치단체 주택이 사실상 사라진 것을 들 수 있다.

그렇다면 어떻게 해야 할까? 복지국가의 보완, 보편적 기본소득에 대한 망상, 학자금 대출과 부채, 노후 대비 보험, 수입품과의 경쟁에 적응하기 등 다섯 가지 측면에서 살펴보고자 한다.

복지국가의 보완

복지국가의 모습은 고소득 국가별로 상당한 차이를 보인다. 이런 차이는 다양한 가치와 역사를 반영한다. 일부는 주로 자신의 기여에 따라 혜택이 결정되는 기여주의적 복지국가인 반면 그렇지 않은 복지국가도 있다. 어떤 국가는 주로 소득 분배를 통해서 소득을 안정시키는 것을 목표로 하지만, 어떤 국가는 빈곤층을 위한 안전망 제공에 중점을 둔다. 일부는 보편적인 혜택을 제공하는 반면 일부는 지원 대상을 더 좁게 설정한다. 가부장적 가족에 더 많은 도움을 주는 제도도 있고 자녀가 있는 모든 종류의 빈곤 가정을 지원하는 제도도 있다. 어떤 것은 포괄적인 반면 어떤 것은 큰 격차가 유지된다. 여기서도 중요한 점은 무엇보다 이런 정책들의 성공이 지출된 금액 이상의 의미를 갖는다는 것이다. 대체로 비슷한 성과를 거둔 나라들이라도 GDP 대비 사회보장 지출 금액은 엄청나게 다르다. 네덜란드, 호주, 스위스의 GDP 대비 공공 사회지출

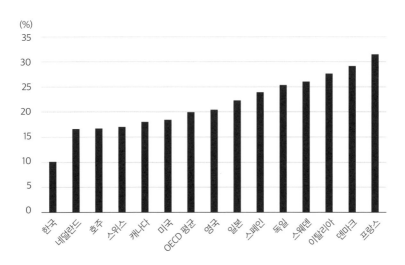

그림 45 · GDP 대비 사회지출 비중(2017)

출처: OECD

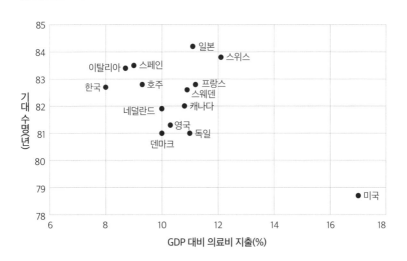

그림 46 · 건강 및 기대수명에 대한 지출(2019)

출처: OECD

비중과 덴마크, 프랑스의 GDP 대비 공공 사회지출 비중은 현저한 차이를 보인다(그림 45 참조).[88] 그러나 이 다섯 나라 모두 높은 수준의 사회복지를 달성하고 있다.[89]

복지국가 중에서 가장 치명적으로 결함이 있는 부분은 보편적 보험을 제공하지 않는 미국의 의료 시스템이다. 이 제도는 엄청나게 비싸지만 국민들에게 만족할 만한 건강상의 결과를 제공하지 못한다(그림 46 참조). 다른 모든 고소득 국가는 보편적 의료보험을 제공한다. 실제 사례에 근거해서 볼 때 이런 시스템은 훨씬 낮은 전체 비용으로 훨씬 더 나은 건강상의 결과를 제공한다. 미국은 이런 모범을 따라야 한다.

보편적 기본소득에 대한 망상

고소득 국가의 기존 복지국가에 추가되거나 부분적으로 대체할 수 있는 것으로 아마도 가장 널리 지지를 받고 있는 것은 보편적 기본소득의 제공일 것이다.[90] 모든 사람이 동등한 혜택을 받되, 재원 마련을 위한 세금은 소득에 따라 누진적으로 부과한다는 아이디어다. 따라서 보편적 기본소득은 전반적으로 볼 때 재분배적이다. 그러나 혜택은 모든 사람에게 평등하므로 소득, 연령, 건강, 가족 책임 또는 근로 노력과 같은 다른 특성들과는 관련이 없다.

철학적으로 보편적 기본소득은 좌파와 우파를 막론하고 모두를 끌어당기는 아이디어다. 모든 성인에게 무조건적인 소득을 지급함으로써 (아동에게는 약간의 보조금이 지급될 수도 있다) 복지국가의 가부장적 측면이 약화되거나 심지어 폐지될 수도 있다고 기대할 수도 있다. 따라서 기본소득이 충분히 크다면 다른 대부분의 빈곤 방지 및 노동 시장 프로그램이 불필요해질 수도 있다. 심지어 어떤 이들은 정부가 제공하는 보건 및 교육을 폐지할 수 있게 되기를 기대하기도 한다. 일부 자유지상주의자는 이렇게 하면 진정한 자유시장경제에 최대한 가까워질 수 있다고 생각한다. 일부 좌파는 모든 사람이 편안하게 살 수 있을 만큼 기본소득이 충분히 크다면 보편적 기본소득이 제공할 수 있는 독립성과 안정성도 매우 매력적이라고 생각한다.

여기서 제기되는 한 가지 철학적 문제는 모든 사람에게 무조건적으로 소득을 제공하는 것이 바람직한가 하는 것이다. 서구 민주주의의 사회 계약은 공정한 기여와 정당한 혜택이라는 두 가지 원칙에 기초한다. 이 원칙의 기본 전제는 근로 능력이 있는 성인은 생계를 유지해야 하며, 국가는 질병·장애·실업·빈곤·노숙·노령 등 확인 가능한 필요에 대응해서 지원을 해주거나 보편적으로 제공되는 공공 서비스(예: 교육 또는 보건)를 통해서만 지원을 한다는 것이다.

이런 주장에 대해서 사회가 증여와 유산 상속을 허용하기 때문에 개인의 생활 수준과 개인의 노력 사이의 연관성이 이미 일관되지 않다고 반박할 수 있다. 이로 인해서 소수의 특권층은 노력이나 뚜렷한 필요 없이도 잘살 기회를 갖는다. 이에 대한 재반론은 그것이 합법적으로 얻게 된 소득과 부를 자유롭게 처분한 결과라고 말할 수 있다는 것이다. 이렇게 할 수 있는 능력 또한 자유로운 개인으로 구성된 사회에서 가치가 있는 것이다. 스스로 생계를 유지해야 한다는 과도한 스트레스에 반대하는 보다 근본적인 주장은 사람들이 받아 마땅한 보상을 결정하는 데 시장에 의한 보상은 단지 부분적인 역할만 한다는 것이다. 또한 일정한 사회적 포용의 필요성과 같은 다른 요소들도 중요하다. 따라서 합리적인 사람들 사이에서도 보편적 불로소득이 철학적으로 정당화될 수 있는지에 대해 의견이 다를 수 있다.

또 다른 철학적 문제는 '누가 받을 자격이 있는가'라는 질문이다. 사람들이 한 국가에 어느 날 갑자기 나타나서 보편적 소득을 요구할 수는 없을 것이다. 정답은 아마도 시민권자나 오랫동안 거주한 주민들일 것이다. 그렇다면 이것은 보편적 시민권자 소득이 될 것이다. 따라서 보편적 기본소득의 개념은 시민권의 배타성에 대한 주장을 더욱 강화해준다. 영구적으로 거주하기 위해 입국하려는 사람 중에서 기본소득을 받을 자격이 있고 그것을 위한 기금 조성에 돈을 낼 수 있는 사람들만 입국을 허용하도록 이민을 통제해야 한다는 주장에 대한 근거(와 요구)를 더욱 강화해줄 것이다.

하지만 기본소득은 매우 근본적인 현실적 문제도 제기한다. 첫 번째는 '합리적인 수준의 기본소득이 과연 가능한가'라는 점이다. 두 번째는 '보편적 기본소득이 과연 부족한 공공자원을 사용하는 현명한 방법인가' 하는 것이다.

전자에 대해서 많은 분석가가 의미 있는 수준의 보편적 기본소득은, 한마디로 감당할 수 없다는 결론을 내렸다. 버락 오바마의 경제자문위원을 지낸 진 스펄링Gene Sperling은 미국의 상황을 다음과 같이 설명한다. "대부분의 보편적 기본소득 플랜은 성인 1인당 연간 약 1만 2,000달러, 때로는 아동 1인당 4,000달러를 제공한다."[91] 실제로 2019년 미국 인구가 성인 2억 5,400만 명, 아동 7,300만 명임을 고려할 때 이런 수준의 보편적 기본소득을 지급하는 데는 3조 4,000억 달러가 든다.[92] 이는 GDP의 16%에 달하는 금액이다. 아동을 제외하더라도 보편적 기본소득에는 GDP의 14%에 해당하는 비용이 든다. 이는 연방 정부가 사회보장, 메디케어Medicare(노령층 의료 보조금-옮긴이), 메디케이드Medicaid(저소득층 의료 보조금-옮긴이)에 지출하는 금액의 약 150%에 달하고, 연방 정부 세수의 약 100%, 2019 회계연도 연방 정부 전체 지출의 약 75%에 달하는 금액이다.[93] 분명히 감당할 수 없는 수준의 비용이다.

영국의 경제학자 존 케이는 노벨 경제학상 수상자 제임스 토빈James Tobin의 논리를 따라 더 일반적인 틀을 제시한다.[94] 그는 현대적 고소득 민주주의 국가의 정부가 대부분 보건, 교육, 국방, 공공행정, 경찰, 사법 시스템, 부채 상환과 같은 피할 수 없는 핵심적 공공 서비스 및 의무에 GDP의 약 25%를 지출한다고 주장한다. 이제 여기에 2019~2020년 영국의 보편적 기본소득이 평균소득의 3분의 1 수준인 연간 약 1만 1,200파운드로 책정됐다고 가정해 보자. 영국의 19세 이상 인구가 약 5,200만 명이므로 이를 위해서는 GDP의 4분의 1이 조금 넘는 5,800억 파운드에 달하는 막대한 돈이 소요될 것이다. 그 금액을 기존의 모든 공공 지출에 더하면 GDP의 65%에 달한다. 설사 보편적 기본소득 비용을 존 케이가 열거한 핵심적 공공 서비스에 지출되는 금액인 GDP의 25%에 해당하는 금액에만 더한다고 해도, 공공 지출이 GDP에서 차지하는 비중은 여전히 50%에 육박할 것이다. 그러나 비용이 다소 낮은 후자의 옵션에 따르더라도 보편적 기본소득을 위해서는 빈곤층, 취약계층, 노인, 아동, 기타 특별한 도움이 필요한 다양한 사람들을 대상으로 하는 오늘날의 모든 보조금 지원 프로그램을 없애야 할 것이다.

이런 변화로 보편적 기본소득에 드는 비용이 다소 낮아지기는 하겠지만 보편적 기본소득을 도입함으로써 얻는 혜택은 빈곤층이 아닌 자, 취약계층이 아닌 자, 미성년이 아닌 자, 노인이 아닌 자, 도움을 필요로 하지 않는 기타 시민들에게도 돌아갈 것이다. 이들은 모두 보편적 기본소득의 재원 마련을 위해 폐지된 보조금 프로그램의 혜택을 받던 사람들이다. 따라서 보편적 기본소득 도입의 가장 큰 수혜자는 폐지되는 보조금 프로그램을 원래 받지 못하던 사람들, 특히 부유한 사람들의 비근로 배우자가 될 것이다. 또한 보편적 기본소득은 많은 사람, 특히 한 가구에서 상대적으로 적은 급여를 받는 제2 소득자들이 일을 그만두도록 유도하여 GDP와 재정 수입을 더욱 감소시켜 세율을 더 높여야 할 필요를 제기할 수도 있다.[95]

「파이낸셜타임스」의 마틴 샌드부는 명백하게 결정적인 이런 반박에 대해서 세 가지 답변을 제공한다.[96] 첫 번째는 보편적 기본소득이 훨씬 더 적을 수 있다는 것이다. 그는 모든 성인에게 연간 7,150파운드의 보편적 기본소득을 제안한다. 이 금액은 평균 처분 가능소득의 3분의 1에 해당하는 금액으로, 보편적 기본소득이 과세 대상이 되지 않는다면 합리적일 수 있다. 그렇게 되면 비용을

GDP의 25% 조금 넘는 수준에서 17% 정도로 낮출 수 있다. 두 번째 답변은 모든 성인에게 직접 지급하는 보편적 기본소득이 세금 지출의 한 형태인 세금 납부 전 보조금(또는 세금 공제)을 대체해야 한다는 것이다. 영국에서는 소득세 및 국민보험료 납부 이전에 지급하는 이 보조금에 들어가는 비용이 GDP의 약 7.5%에 달한다. 보편적 기본소득을 도입하면 이 보조금을 폐지할 수 있다. 그러면 보편적 기본소득의 비용은 GDP의 10% 미만으로 줄어들지만, 이는 여전히 국민보건서비스NHS의 연간 비용과 거의 맞먹는 막대한 금액이다. 세 번째 답변은 보편적 기본소득이 연간 7,000파운드가 조금 넘는 금액으로 거의 동일한 가치를 지닌 국가연금을 대체할 수 있다는 것이다. 이렇게 하면 GDP의 5%를 절약할 수 있어 전체 비용은 GDP의 5%로 낮아진다. 이 금액조차 영국이 교육에 지출하는 연간 금액과 비슷한 규모다.[97]

이렇게 구조화되고 재원이 마련된 보편적 기본소득은 모든 성인에게 현금 또는 세금 공제 형태로 일시불로 지급되는 마이너스 소득세에 해당한다. 하지만 분명한 것은 여전히 부담이 클 것이라는 점이다. 또한 이는 실제보다 비용이 훨씬 더 크게 느껴질 것이다. 눈에 보이는 보편적 현금 지급에 의해 기존에는 눈에 보이지 않던 세금 지출이 겉으로 드러나기 때문이다. 샌드부가 설계한 대로 세금 면제 구간을 직접 지급으로 대체하면, 혜택의 대부분은 소득이 상대적으로 적은 사람들에게 돌아갈 것이다. 현행 세금 면제 혜택의 가치가 한계세율이 가장 높은 사람들에게 가장 크고 세금을 내야 하는 기준점보다 소득이 적은 사람들에게는 가장 적기 때문이다. 그러나 소득이 거의 또는 전혀 없는 사람 중 상당수는 제2소득자이므로 실제로는 빈곤 가구에 속하는 사람들이 아니다. 또한 영국에서 상대적으로 낮은 기초 국가연금으로 생활하는 사람들에게는 보편적 기본소득이 아무런 혜택을 주지 못한다.

그러나 가장 중요한 질문은 샌드부가 제안한 보편적 기본소득이 실현 가능한가(정치적으로 큰 어려움이 있기는 하지만 실현 가능하다)가 아니라 그것이 부족한 공적 자금을 잘 사용하는 것이라고 말할 수 있는가 하는 것이다. 내 대답은 '아니요'다. 샌드부의 비교적 소박한 보편적 기본소득의 경우조차 세금을 대폭 인상해야 한다. 그의 제안대로 GDP의 5%(연간 약 1조 파운드)를 추가로 증세할 수 있다면, 이 자원을 금전적 지원이 필요 없는 많은 사람을 포함한 모든 사람에게 무조건 지급하는 것이 과연 그 돈으로 취약하고 궁핍한 사람들, 보건·사회 서비스·교육·주택·국제 원조 또는 에너지 전환에 추가로 공공 지출을 하는 것보다 더 잘 사용하는 것이라고 할 수 있을까? 다시 한번 말하지만 샌드부의 제안을 따를 경우 빈곤층과 소외계층을 위한 현재의 특별 프로그램은 계속 유지될 것이다. 사실 그의 보편적 기본소득이 온건한 수준이라는 점을 고려하면 반드시 그렇게 해야 할 것이다. 따라서 조건부 지원 적합성 검증을 위한 조사를 없애는 것, 그리고 자산 기준 지원에 따르는 매우 높은 한계 세율을 없애는 것과 같은 이 아이디어의 이론적 장점은 실현되지 않을 것이다. 샌드부가 제안한 것처럼 보편적 기본소득을 덜 부담스럽게 하기 위해 기초연금으로만 생활하는 사람들을 보편적 기본소득의 혜택에서 제외하는 것도 현재 영국의 연금 수준을 고려할 때 정당화되기 어려울 것이다.

근본적인 문제는 보편적 기본소득이 '의도적'으로 타깃을 잘못 설정했기 때문에 부족한 재정을 낭비하게 될 수밖에 없다는 것이다. 이는 피터에게 돈을 주기 위해 피터한테 돈을 뜯어내는 것과 같다. 취약하고 궁핍하며 도움이 필요한 사람들에게 표적화된 지원을 제공할 수 있을 만큼 높은 보편적 기본소득은 감당할 수 없는 수준이고, 감당할 수 있는 수준의 보편적 기본소득은 금전적 지원이 필요하지 않은 많은 사람에게 혜택을 주는 반면 중요한 서비스 그리고 현재 자신들이 가진 것보다 더 많은 도움이 필요한 사람들에게는 혜택을 주지 못할 것이다. 결국 보편적 기본소득은 그 비용을 지불하기 위해서 추가로 거둔 세금을 잘 활용한다고 하기에는 타깃 설정이 너무 잘못되어 있다. 결론적으로 이 아이디어에 대해서는 이 이상으로 할 말이 없다.

학자금 대출과 부채

가장 논란이 많은 문제 중 하나는 대학 교육을 위한 학자금을 마련하는 방법이다. 일반 과세를 통해서 정부가 학자금을 지원하는 방법, 담보가 없는 일반 모기지형 대출을 통해서 학자금을 마련하는 방법, 소득에 따라 상환하는 대출을 통해서 학자금을 마련하는 방법 등 크게 세 가지 옵션이 있다.

첫 번째 옵션의 가장 큰 문제점은 대부분 정부가 대학에서 양질의 교육을 위한 자금을 지원해주는 것이 불가능해졌다는 것이다. 이에 대한 지배적인 설명은 대학에 진학하는 젊은이들의 비율이 크게 증가했기 때문이라는 것이다. 예를 들어 영국에서는 대학 진학률이 1960년대 초 고등학교 졸업자의 4%에서 2019년에는 50%로 늘어났다.[98] 다른 많은 고소득 국가에서도 비슷한 현상이 발생했다. 따라서 불가피하게 모든 나라에서 대학에 대한 재정 지원은 점점 줄어들고 있다. 그러나 세금에 압도적으로 의존하는 나라들의 경우 대체로 대학의 재정은 열악하고 별 볼 일 없는 수준이다. 이런 범주에 속하는 고소득 국가로는 프랑스·독일·이탈리아 등이 있는데, 이 나라들은 GDP에서 전체 세금이 차지하는 비중이 높은데도 민간 지출 비중이 높은 캐나다·영국·미국보다 대학 교육에 대한 지출이 상대적으로 적다.[99] 이런 중요한 현실적인 문제 외에도 초중등 교육처럼 보편적 권리가 아닌 제한적 특권인 대학 교육에 대해서 오로지 납세자의 돈에만 의존해서 자금을 지원하는 것이 올바른가 하는 철학적 문제도 있다. 유아·초등·중등 교육에 대한 전액 국고 지원의 경우는 이유가 분명하다. 그러나 대학 교육은 그보다 근거가 훨씬 덜 명확하다.

두 번째 옵션도 문제가 있는데, 이런 대출은 융통성이 없기 때문이다. 따라서 교육이 가치 있는 것으로 판명되든 아니든 대출은 빌려주지 않은 상태로 남게 된다. 게다가 자산이 없는 청년은 담보를 제공할 수 없기 때문에 미국의 경우처럼 개인 파산을 신청하더라도 탕감이 불가능한 조건하에서만 금융기관의 일반 융자가 제공될 것이다. 특히 개인 파산으로도 부채를 탕감받을 수 없는 경우 교육과정으로부터 얻은 것이 거의 없는 사람들, 특히 미국에서 흔히 볼 수 있는 학위 과정 중퇴자에게는 어떤 대출 규모든 그에 따른 부담이 매우 무겁다. 실제로 학생이 사망하더라도 그의 가족이 빚을 상환해야 한다. 2019년 기준 4,000만 명 이상의 미국인이 총 1조 5,000억 달러(GDP의 7%) 이상의 학자금 빚을 지고 있는 것으로 집계됐다. 이는 부동산 담보 대출을 제외하면 가계부채의 가장 큰 원천이다. 또한 가장 큰 부담을 주는 부채 대부분은 상대적으로 소액으로, 미상환 부채가 1만 달러 미만인 대출자가 전체 채무 불이행의 60% 이상을 차지한다. 이런 학생 중 상당수가 유색인종이다. 아스펜연구소Aspen Institute의 재정 안전 프로그램에서 수행한 연구에 따르면 "입학 후 20년이 지난 후에도 일반적인 흑인 학생은 여전히 부채의 95%가 남아 있는 반면, 백인 학생은 6%만 남아 있다."[100] 이는 수치스러운 현상으로, 미국이 (보건의료는 말할 것도 없고) 교육과 같은 핵심적인 사회 제도에서조차 기본적인 형평성을 보장해주지 못한다는 것을 보여주는 여러 가지 양상 중 하나다.

현재 영국과 호주 정부가 운영하는 것과 같은 소득 연계 상환 학자금 대출은 그나마 수용 가능한 중간 단계의 제도다. 정부는 대학이 부과하는 등록금의 일부를 학생 대신 지불해준다. 이 돈은 학생이 나중에 충분한 소득이 생기면 상환해야 하는 대출금이 된다. 따라서 정부의 학자금 대출 제도는 일반 재정 예산과는 반半독립적으로 대학에 자금을 제공하므로 대학의 재정과 독립성을 모두 지원한다. 세무 당국은 납세자의 소득 상황을 알고 있기 때문에 적어도 과세를 하기 위해 확인된 주민 소득에 따라서 상환을 청구할 수 있다. 또한 상환이 소득 규모에 따라서 달라지기 때문에 상대적으로 소득이 적은 사람들에게는 이런 부채가 부담이 되지 않는다. 영국에서는 30년이 지나면 잔여 부채가 상각된다.[101] 학자금 대출 상한액, 이자율 및 상환 기준 소득과 같은 세부 사항은 논의의 여지가 있지만 이 시스템은 합리적이고 효과적으로 작동하고 있다. 학자금 대출 상한액(현재 영국에서는 연간 9,000파운드)은 분명히 더 낮아져야 한다(그러면 많은 대학의 관리자들이 받는 터무니없이 높은 연봉은 줄어들 수도 있다). 또한 학자금 대출 계약에 지분 요소를 추가할 수도 있다. 그러면 대학과 정부는 소득 기준 상한선을 초과하는 졸업생의 소득 중 일부를 매년 받게 되므로 가장 성공한 학생들이 거둔 성공으로부터 함께 이득을 거둘 수 있다. 이 제도는 일종의 (학비 대신 졸업 후 납부하는 세금인) 졸업생 세금graduate tax(영국에서 논의 중인 세제로 정부가 학비를 대신 내주고 학생이 졸업 후 소득이 생기면 세금으로 부과하여 환수하는 제도-옮긴이)과 비슷하게 운영될 수도 있다.

노후 대비 보험

앞서 살펴본 보편적 기본소득은 현실에 적합하지 않은 유토피아적 아이디어의 좋은 예다. 그리고 학자금에 대한 소득 연계 상환 대출 제도는 현실에 적합한 실용적인 아이디어의 예다. 국가를 운영하는 데 실용적인 아이디어가 필요한 또 다른 분야는 연금이다. 매우 매력적인 아이디어 중 하나는 네덜란드와 같이 전 국민에게 적용되는 확정기여형DC 퇴직연금 제도다. 이 아이디어는 영국처럼 기본 국가연금 액수가 매우 낮은 국가에 특히 적합하다. 높은 기본 기여율, 자동 가입(거부 또는 탈퇴 가능), 저임금 소득자를 대신해 정부가 기여하는 방식이 결합하면 노후 보장을 더욱 강화하는 동시에 역동적인 시장경제의 기반이 되는 자본 시장을 더 깊이 발전시킬 수 있다.

연금 제도는 다양한 방식으로 발전해왔다. 그중 하나는 상대적으로 관대하지 않은 국가에서 운영하는 부과pay-as-you-go 방식 연금과 고용주가 운영하는 확정급여형DB 퇴직연금 제도를 결합한 것이다. 이런 시스템의 장점은 재정비용을 절감할 수 있다는 것이다. 반면 단점은 민간 고용주가 연금 제공자로서 문제가 많다는 것이다. 연금은 매우 장기적이고 비용이 큰 경향이 있어서 대다수 기업이 현실적으로 보장하기가 힘들기 때문이다. 25세 피고용자를 위해 노후연금을 지급하겠다고 한 약속을 75년이 지난 후에도 여전히 지켜야 할 수도 있는데, 많은 고용주가 약속을 이행할 수 있을 만큼 오래 살지 못할 것이다. 더 나쁜 것은 세계 여러 나라에서 이처럼 지킬 수 없는 약속을 하는 것이 그들에게는 이득이라는 점이다. 이와 같은 이해상충은 이런 방식의 연금 제도에 만연해 있다.

영국에서는 이 때문에 많은 확정급여형 퇴직연금과 정부 운영 보험이 자금 부족 상태가 되고, 이는 다시 극도로 리스크를 회피하는 규제 정책을 만들게 한다. 그 결과, 확정급여형 약속을 이행하는 데 드는 비용이 감당할 수 없을 만큼 높아졌다. 민간 부문의 확정급여형 퇴직연금은 점차 사라지고 있다. 영국 연금보호기금PPF에 따르면 2020년 현재 존재하는 5,327개(2006년 7,751개에서 감소)의 확정급여형 연금 운용 중 신규 가입자에게 개방된 것은 11%에 불과하고 기존 가입자가 추가적 연금을 받기 위해 추가로 적립할 수 있는 것 역시 46%에 불과하다.[102] (불공평하게) 정부가 과세 권한을 활용하여 연금에 대한 약속을 이행할 수 있는 공공 부문을 제외하면, 확정급여형 연금 제도는 소멸해가고 있다. 민간 부문 확정급여형 퇴직연금의 붕괴는 세대 간 불평등을 초래한다는 점에서 매우 안타까운 일이다. 그러나 어떤 상황에서든, 특히 퇴직연금 제도가 이미 성숙기에 접어들었는데도 기업이 약속을 지키도록 강제되는 상황에서는 불가피한 일이다. 장기적이고 관대한 연금 제공 약속을 지키겠다고 하는 개방적 약속은 너무 부담스러운 것이다. 열린 마음으로 이런 약속을 다시 들여다볼 자세를 가진 사람이라면 누구나 알 수 있는 사실이다. 이런 민간 확정급여형 연금 제도에 의존하는 것은 어리석은 일이다.

이런 연금 제도를 대체하는 것이 확정기여형DC 연금이다. 이 방식을 택하면 고용주나 다른 기관이 아니라 개인이 리스크를 지게 된다. 이는 리스크를 개인에게 전가하는 많은 예 중 하나다. 확정기여형 연금의 경우 은퇴 이후 제공하는 소득은 (인간의 근시안적 사고를 고려할 때 종종 불충분한) 저축 금액, (미리 알 수 없는) 투자 수익률, (역시 미리 알 수 없는) 수명에 따라 달라진다. 투자 수익률은 운, 그리고 투자 관리자 개인의 역량에 따라 달라진다. 현명한 투자자라면 은퇴가 가까워질수록 리스크를 줄이고자 할 것이다. 잔여 수명 기간이 점점 줄어들기에 만약 손실이 발생한다면 만회할 가능성도 줄어든다는 것을 알기 때문이다. 그러나 포트폴리오의 리스크를 줄이면 연금 수령자의 미래에 손실을 안겨줄 수 있으며 현재 이자율로는 더욱 큰 손실을 볼 수 있다. 마지막으로 오래 살기 위해서 리스크를 회피하는 전략을 택하면 보통은 은퇴 이후 소비를 줄이게 되며, 사망 시에는 잉여 자금이 남게 될 가능성이 크다. 이 중 어느 것도 이상적이지 않다.

그 대안으로 다수의 가입자가 기여하지만 외부적 보증인이 없는 '집단형 확정기여 연금 제도'가 존재한다. 확정급여형 퇴직연금과 달리 수탁자가 투자 수익에 따라 연금 급여액을 조정할 수 있다. 이런 수탁자는 기업형 확정급여 연금 제도에 내재된 이해상충의 영향을 받지 않으므로 그들이 현재 및 미래의 연금 수급자 모두의 이익을 위해 의사결정을 하리라고 기대할 수 있다. 이런 연금 제도의 가장 큰 장점은 투자 수익에 따라 연금 급여액을 조정할 수 있기 때문에 군이 '안전한' 채권에만 투자할 필요가 없다는 것이다. 대신 실제 자산에 투자할 수 있으며, 이는 장기적으로 해당 펀드 및 경제에 훨씬 더 나은 성과를 가져올 것이다. 방어적인 입장에 갇혀 있는 영국 연금보호기금의 확정급여형 퇴직연금 중 주식에 투자하는 비율은 2006년에 61%였지만 2021년 현재는 20%에 불과하다. 특히 실질금리가 마이너스인 상황에서 이는 매우 비참한 결과를 낳게 된다.[103]

개인형 확정기여 연금 제도와 달리, 이 제도는 관리 비용이 매우 낮고 투자 리스크를 여러 세대에 걸쳐서 공유할 수 있다. 결과적으로 개인은 어려운 투자 결정을 내릴 필요가 없으며 은퇴 시점에 투자 수익률이 특히 좋지 않더라도 고통을 겪지 않을 것이다. 투자 및 장수로 인한 리스크는 개인이 부담하는 것이 아니라 모든 연금 수급자가 공유하게 된다. 영국에서는 이미 고용주들이 이런 연금 제도를 채택하는 것을 고려하고 있다.[104] 그러나 더 많은 사람을 포괄하는 연금 제도가 많을수록 더 좋을 것이다. 규모의 경제를 거대하게 달성할 수 있으므로 운용 비용이 매우 저렴해질 수 있다. 정부가 불우한 청년들을 돕기 위해 과감한 조치를 취하고 싶다면, 오늘날의 마이너스 실질금리로 장기 대출을 해주는 대신 청년들을 대신해서 그 돈을 집단형 확정기여 연금 제도에 투자할 수 있다. 그것은 심각한 시장 침체에 대비해서 상대적으로 저렴한 비용으로 이들에게 대안적 또는 보완적인 보험을 제공하는 것이라고 볼 수 있다. 이렇게 하면 시민이 감수해야 할 리스크의 일부를 정부가 떠안는 셈이 된다. 이것이야말로 정부의 존재 이유다.[105] 이와 비슷하게 중요한 문제는 노년기 간병보험이다. 많은 노인들은 요양원에 들어갈 필요가 없다. 하지만 요양원에 들어갈 필요가 있는 사람들은 그 비용 때문에 파멸에 이를 수도 있다. 다시 말하지만, 재앙적인 비용 부담에 대비한 보험에 의무적으로 가입하게 하는 제도는 확실한 해결책이다. 그러나 2021년에 영국에서 도입된 이 제도는 하지 말아야 할 일이 무엇인지를 보여주는 훌륭한 예가 됐다. 이 제도는 자산이 가장 많은 사람들에게 부담을 지우는 대신 일반 근로자에게 부담을 지우면서 오히려 자산이 적은 사람들을 보호하는 데 실패했다.[106]

수입품과의 경쟁에 적응하기

1962년부터 미국은 수입품과의 경쟁으로 영향을 받는 근로자, 기업, 그리고 최근에는 농부들을 돕기 위한 특별 프로그램인 무역조정지원TAA 제도를 운영해왔다. 이 프로그램은 무역자유화에 대한 정치적 저항을 완화하기 위해 필요하다고 간주됐다. 이 프로그램의 존재는 보호무역주의적 태도를 반영한다. 국내적 경제 변화로 인한 혼란은 대처하기가 매우 어려울 것이기 때문이다. 미국의 복지 안전망이 빈약하다는 점을 고려할 때 보호무역주의적 정치 현실에 대처할 수 있는 합리적인 방법처럼 간주됐다. 하지만 이 프로그램은 비효율적이고 비용이 많이 든다는 이유로 지지를 대부분 잃게 됐다. 미국은 이 제도를 부활시키려 하기보다는 모든 종류의 불리한 경제적 변화에 영향을 받는 근로자, 기업, 지역을 위한 더 나은 지원 시스템을 만들어야 한다.[107]

이런 특별 프로그램 대신에 필요한 것은 정치적 지지를 얻고 유지할 수 있는 상당히 완전한 수준의 사회 보호 시스템이다. 그러기 위해서는 사회적으로 수용 가능한 생활을 유지할 정도의 소득을 얻을 수 있는 고용을 많이 창출하는 경제 또한 필요하다. 이 주제들은 경제 성장과 기회 창출을 위한 정책을 다루면서 이미 언급했다.

결론

현대적 민주주의 국가는 국민을 적들로부터 보호해야 할 뿐만 아니라 더 넓은 차원의 위험들로부터도 보호해야 한다. 국가는 이를 지능적으로 할 수도 있고 어리석게 할 수도 있다. 좋은 복지국가는 사람들이 다른 방법으로는 할 수 없는 일을 할 수 있게 해주고, 다른 방법으로는 감당할 수 없는 위험으로부터 보호함으로써 정당성을 얻게 된다. 하지만 그렇다고 게으름이나 무모함을 조장해서는 안 된다. 이런 균형을 맞추는 것이 현대적 민주주의 정치의 핵심이다.

소수를 위한 특권의 종식

자유주의적 민주주의의 기본 가정은 법 앞의 평등이고, 반대되는 개념은 '특권'이다. 좁은 의미에서 특권은 "특별한 혜택, 이점, 호의로 부여되는 권리 또는 면책"이다.[108] 특권은 '한 명의 개인을 이롭게 하는 법'을 의미하는 라틴어 'privilegium' 에서 유래한 단어로, '사적'인 것을 의미하는 'privus'와 '법'을 의미하는 'lex'에서 파생됐다. 특권은 모든 전근대 사회에서 두드러진 특징이었으며 혁명 이전의 프랑스에서 귀족이 세금을 면제받은 것도 이런 의미에서 특권이었다. 현대 사회에서도 특권은 대부분 불평등을 '특권'으로 설명하는 경우에 사용되는 은유적 의미에서뿐만 아니라 사법의 원래 의미에서도 실제로 존재한다. 기업의 주주가 누리는 유한책임이 그중 하나다. 사모펀드나 헤지펀드에서 펀드 운용자가 얻는 소득인 '성과 보수'를 확정되지 않은 소득이 아니라 자본이득으로 취급하는 것도 법적 특권의 또 다른 예다. 소득을 자본이득으로 분류하려면 그 이득이 손실 가능성이 있는 자산을 보유하는 데서 비롯된 것이어야 한다는 것은 명백하다. 그러나 이는 마이너스일 가능성이 거의 없는 성과 보수에는 적용될 수 없다.[109] 현대 세법에는 이런 특권이 많은데, 결국 부와 권력이 어떻게 결탁하여 현대의 법과 정의를 형성하는지를 반영하는 것이다.

물론 부와 권력은 일상생활에서 많은 이점을 가져다준다. 하지만 정치 및 법률 시스템 내에서 더 노골적인 특권을 형성하기도 한다. 민주주의는 시민으로서의 평등한 지위, 아테네인들이 말하는 '이소노미아isovoμία', 즉 법 앞에서의 평등을 전제로 하기 때문에 이런 특권은 민주주의를 위협한다.[110] 민주주의 정치 시스템에 대한 가장 명백한 위협은 정치와 정의를 모두 돈으로 사서 법을 만들고 법 위에 군림할 수 있는 사람이나 기관인 '전능한 주체'가 미치는 위협이다. 그들은 사법부를 부패시킴으로써 법 위에 군림할 수 있으며, 치외법권 지대로 도피하여 법을 우회할 수 있다. 어느 순간 이런 정치는 노골적인 금권주의로 변질될 것이며, 모든 실효적 권력이 다수가 아닌 소수의 손에 쥐여지게 될 것이다. 미국은 이미 거의 그런 지경에 이르렀다. 다른 민주주의 국가들도 금권주의적인 측면을 가지고 있다. 3장에서 언급했듯이 선동가가 대중의 분노에 편승하여 고위직에 오르거나 금권주의자 중 한 명이 스스로 그 자리를 장악하면서 종종 금권주의가 독재로 이어진다. 2020년 대통령 선거에서 도널드 트럼프가 시도한 쿠데타는 거의 성공할 뻔했던 것으로 보아야 한다.

지금부터는 기업의 잘못된 거버넌스, 독점, 새로운 디지털 경제, 부패, 세금 및 과세 실패라는 (광범위하게 정의한) 다섯 가지 차원의 특권에 초점을 맞춰 논의할 것이다.

기업의 잘못된 거버넌스

3장과 5장에서 살펴본 바와 같이 기업은 놀라운 제도적 혁신이며 거의 2세기에 걸친 경제 발전에서 중심적인 역할을 해왔다. 하지만 기업의 존재는 몇 가지 커다란 의문을 제기한다. 기업은 무엇을 목표로 해야 할까? 기업은 어떻게 관리되어야 할까? 기업의 본질, 목적, 거버넌스에 대한 이런 질문은 점점 더 많은 논쟁을 불러일으키고 있다.[111] 예를 들어, 일부 사람들은 기업이 수익성 이외의 명시적인 목적을 가져야 하며, 이는 기업 활동의 목표가 아닌 수단으로 간주되어야 한다고 주장한다. 이런 목표에서의 변화를 내재화하기 위해 기업의 거버넌스도 변경되어야 한다고 주장한다. 예를 들어 브리티시아카데미British Academy에서 주최한 한 프로그램은 "기업의 목적은 문제를 일으켜 수익을 얻는 것이 아니라 사람들과 지구의 문제를 해결하면서 수익을 얻는 것"이라고 결론지었다.[112]

기업의 목적, 구조, 거버넌스에 대한 실험은 바람직하다. 주주의 이익과 권력이 지배적인 위치를 차지하는 모델에는 분명히 문제가 있다. 실제로 주요 기업 경영진의 모임인 미국의 비즈니스라운드테이블도 주주 가치의 극대화에 반대하고 모든 이해관계자의 이익을 고려하는 것을 지지한다.[113] 여기서는 7장에서 설명한 목표에 따라 좁은 차원의 접근 방식을 취하겠다. 즉 부정적 결과를 줄이는 것에 초점을 맞추고자 한다. 기업의 무책임으로 인한 피해를 줄이기 위해서는 다음의 세 가지 사항이 반드시 이루어져야 한다.

첫째, 기업이 하는 일에 대한 '투명성'은 반드시 개선되어야 한다. 이를 위해서는 우수한 회계기준과 진정으로 독립적인 감사인의 회계감사가 필요하다. 전자의 경우 환경·사회·거버넌스ESG 기준의 개발을 통해서 어느 정도 진전이 이루어지고 있다.[114] 그러나 기업의 환경 및 사회 기준을 합의하고, 정량적으로 정의한 다음, 정확하게 측정하는 것은 매우 어려운 작업이다. 어떻게 한 종류의 임팩트impact(사회적 파급효과-옮긴이)를 또 다른 임팩트와 비교하여 평가할 수 있을까? 사람들은 이런 가치평가에 얼마나 동의할까? 다운스트림 임팩트downstream impact(물류, 판매, 서비스 등을 제공하는 협력 업체들에 대한 파급효과-옮긴이)와 업스트림 임팩트upstream impact(원자재 및 부품을 제공하는 협력 업체들에 대한 파급효과-옮긴이)를 얼마나 멀리까지 따져봐야 할까? ESG의 세 가지 요소 중 마지막 요소는 아마도 가장 어려운 문제일 것이다. 누가 의사결정에 참여할 자격이 있으며 어떻게 그렇게 할까? 경영진? 주주? 근로자? 노동조합? 지방 정부 및 중앙 정부? 시민사회? 그리고 그것은 어떻게 운영되어야 할까?

감사는 여전히 더 큰 문제다. 기업이 스스로 감사인을 선정하고 비용을 지불하는 관행은 부패하기 마련이다. 이를 피하려면 상장기업이 증권거래소에 납부한 상장 수수료 중 일부를 감사 비용으로 사용해야 한다. 즉 증권거래소가 감사인에게 비용을 지불해야 한다. 그러나 우리가 ESG 회계의 일부 버전을 진지하게 생각한다면 비상장기업의 문제가 여전히 남아 있다. 결국 비상장기업의 임팩트 또한 사회적 관심사이기 때문이다. 감사를 공적 자금이 투입되는 역할로 만들어 모든 법인으로부터 거두는 세금으로 지불하는 것이 더 나을 수 있다. 또는 감사인 선택권을 기업으로부터 회수해 공공기관에 넘길 수도 있다.

규제 당국도 관련 기업의 투명성을 보장하는 데 중요한 역할을 한다. 가장 중요한 규제 기관은 아마도 중앙은행일 것이다. 중앙은행은 특히 2007~2009년 금융위기 이후 금융기관의 건전성을 보장할 책임이 있다. 이제 중앙은행은 다른 리스크들에 관련된 이슈들에도 점차 더 많이 초점을 맞춰야 하는데 이는 올바른 방향이다. 특히 기후와 관련된 리스크, 그중에서도 좌초 자산stranded asset(기후변화 등 환경의 변화로 자산 가치가 떨어져 상각되거나 부채로 전환되는 자산-옮긴이)처럼 기후와 관련된 중대한 리스크에 영향을 받는 차입자들에 대한 노출로 인한 리스크를 포함해야 한다.

둘째, '임원 보수'는 규모뿐만 아니라 그런 보수가 창출하는 인센티브 측면에서도 재검토할 필요가 있다. 주주 가치 극대화의 방편으로 경영진이 주주 수익률에 연동된 보수를 받는 것이 점점 더 보편화됐다. 그러나 주주들은 비즈니스의 장기적 전망을 거의 알지 못하며 유한책임의 이점을 누린다. 경영진이 자기자본수익률과 주가를 높이는 가장 간단한 방법은 자사주를 매입함으로써 부채 비중을 높이는 것이다. 차입금을 제외하고 경영진이 자사주 순매입에 사용할 수 있는 자금은 순이익에 감가상각을 더한 금액이다. 자사주 매입이 적어도 단기적으로는 자기자본수익률과 주가에 더 큰 영향을 미칠 가능성이 크기 때문에 경영진은 연구개발을 포함한 투자를 포기하고 자사주 매입을 선호하게 된다. 이런 방식의 인센티브 지급은 경영진이 투자를 줄이고 레버리지를 늘려서

회사의 재무제표를 실제보다 취약하게 하도록 동기를 부여하기 때문에 권장하지 말아야 한다.[115]

셋째, '책임성liability'을 강화해야 한다. 기업은 도덕에 무관심하다고, 즉 기업이 옳고 그름의 구분이나 양심의 가책 또는 공감을 인식하는 것이 제도적으로 불가능하다고 간주되기 쉽다. 단지 기업이 하나의 제도라고 해서 아무것도 느낄 수 없는 것은 아니다. 기업을 운영하는 사람들이 그처럼 도덕에 무관심하게 행동하도록 인센티브가 영향을 주기 때문이다. 주주들이 투자금을 날리는 것 이상으로는 피해를 당하지 않도록 주주를 보호하게 되어 있는 유한책임 제도로부터 기업은 혜택을 입는다. 최고 경영진은 기껏해야 직장을 잃는 것 이상의 피해를 보진 않는다. 리보LIBOR 스캔들 (리보는 런던의 은행 간 금리를 말하며 2012년에 여러 은행이 담합하여 이 금리를 낮게 조작한 것이 드러나 사회적으로 물의를 일으켰다-옮긴이)의 경우처럼 이런 잘못된 행동을 유도하는 인센티브는 최고 경영진으로부터 출발함에도 말단 직원이 감옥에 갈 수도 있다.[116] 오히려 최고 경영진은 개인적으로 책임을 질 가능성이 거의 없다.

글로벌 금융위기 이전에 자신들의 은행을 (그리고 세계 경제를) 파탄으로 몰고 간 경영진은 대부분 막대한 돈을 챙기고 떠나갔지만, 수천만 명의 무고한 사람들의 삶은 파탄 났고 정부는 천문학적인 액수의 구제 금융을 제공해야 했다.[117] 은행에 막대한 벌금이 부과됐지만 이는 결국 다수의 주주가 지불해야 했다. 위기의 진원지였음에도 미국에서는 단 한 명의 은행가만 감옥에 갔고 영국에서는 아예 누구도 감옥에 가지 않았다. 게다가 미국에서 감옥에 간은행가 카림 세라겔딘Kareem Serageldin은 중요한 인물이 아니었다. 반면 아이슬란드에서는 25명의 은행가가 유죄 판결을 받았고 스페인에서는 11명, 아일랜드에서는 7명이 유죄 판결을 받았다.[118] 미국과 영국에서는 그처럼 경미한 수준의 처벌을 함으로써 시장 시스템의 정당성을 약화시켰다.

물론 해결책은 있다. 예를 들어, 기업 파산 시 거액의 벌금을 부담하는 '내부자' 클래스를 지정할 수 있다.[119] 경영진의 구성원이 직책을 맡은 이후 받은 누적 소득의 몇 배에 해당하는 금액을 배상하도록 할 수 있다. 마찬가지로 대주주는 채무 불이행 시 주식 매수가액의 몇 배에 해당하는 금액을 책임지게 할 수 있다. 마찬가지로 중대한 위법 행위(예: 기업 사기, 과실치사 또는 이와 유사한 범죄)가 발생한 경우에 지배주주, 최고경영자 및 기타 지휘계통에 있는 사람들은 해당 범죄를 방지하기 위해 누구나 합리적으로 기대할 수 있는 모든 조치를 증명하지 못하는 한 형사적 책임을 지게 할 수 있다.

업무상 발생하는 비용과 결과에 대해서 회사를 운영하는 사람들이 책임을 지게 해야 한다. 예를 들어 2020년에 발표된 보고서에 따르면 미국에서 경미한 마약 범죄로 유죄 판결을 받은 사람은 수백만 명에 달하며, 2015년 한 해에만 불법 마약 소지로 체포된 사람이 130만 명, 경미한 마약 범죄로 수감된 사람이 거의 50만 명에 달한다.[120] 그러나 19세기 영국과 중국의 아편전쟁 이후 최악의 마약 스캔들인 미국 내 오피오이드 대량 처방에 큰 책임을 지고 있는 새클러Sackler 가문은 감옥에 가지 않을 것으로 예상되며 수십억 달러의 재산만 잃게 될 것으로 보인다.[121] 책임지지 않는 이런 권력은 현대의 자유주의적 민주주의보다는 봉건주의의 냄새가 물씬 풍기는 괴물 같은 특권이다.

마지막으로 '기업의 정치적 영향력'을 억제해야 한다. 6장에서 주장했듯이 사람만이 시민이 될 수 있다. 기업은 밀턴 프리드먼이 말한 게임의 규칙을 따라야지 규칙을 만드는 주체가 되어서는 안 된다. 오직 시민들만이 그런 결정을 내릴 수 있어야 한다. 기업은 로비스트로서의 역할도 투명해야 하며, 정치 자금 기부자로서의 역할도 투명해야 한다(이상적으로는 그런 역할을 없애야 한다). 정치에서 돈의 역할에 대해 더 폭넓게 생각해볼 필요가 있다. 최소한 돈은 통제되고 투명하게 공개되어야 한다.

독점

독점 또한 하나의 특권이다. 5장에서 논의한 대로 경쟁이 감소하고 있다는 사실은 특히 막강한 경제적·사회적·정치적 영향력을 행사하는 디지털 플랫폼 독과점의 경우에 더욱 적극적인 경쟁 촉진 정책을 요구한다. 영국 정부를 위한 2019 퍼먼리뷰Furman Review는 디지털 부문의 경쟁 문제를 엄격하게 다루면서 이 부문에서 창출된 가치 있는 혁신과 특별한 도전 과제를 자세히 설명했다.[122] 리나 M. 칸Lina M. Khan은 디지털 부문, 특히 아마존의 경쟁에 대한 연구를 계기로 바이든 행정부에서 연방거래위원회FTC 위원장에 임명됐다.[123]

이 저자들의 광범위한 제안은 경쟁 촉진 정책을 활성화해야 하고, 물론 소비자에 대한 관심이 핵심적인 것이기는 하지만 그보다 훨씬 많은 것을 경쟁 촉진 정책에 포함해야 한다는 것이다. 경쟁 과정 자체가 활기차게 진행되게 하는 것이 목표가 되어야 한다. 이를 위해 일반적인 경쟁 촉진 정책은 세 가지 중요한 측면에서 변화해야 한다. 첫째, 같은 시장에서 사업을 영위하는 기업 간의 인수합병을 금지해야 한다. 인수합병을 하고자 하는 기업은 인수합병을 함으로써 경쟁이 어떻게 촉진될 수 있는지를 보여주는 설득력 있는 논거를 제시해야 한다. 둘째, 하나의 기업은 물론이고 극소수의 기업이 지배하고 있는 시장에 관심을 기울여 그 안에서 어떻게 하면 경쟁을 촉진할 수 있을지 고민해야 한다. 마지막으로, 각국은 보다 경쟁적이고 혁신적인 경제를 추구하기 위해 힘을 합쳐야 한다. 이를 위한 좋은 방법 중 하나가 자유무역이라는 점도 주목해야 한다.

퍼먼리뷰는 특히 디지털 기업을 다루는 '디지털 시장 부서'를 만들 것을 권고했다. '전략적 시장 지위'를 가진 것으로 간주되는 기업에 적용되는 경쟁 촉진 행동 강령을 개발하는 부서다. 또한 '개방형 표준을 통해 데이터 이동성과 시스템들을 활성화하여 경쟁을 강화하고 소비자 선택의 폭을 넓히는 역할을 담당'하게 될 것이다. 마지막으로, 새로운 경쟁자의 진입을 촉진하기 위해 '데이터 개방성'을 다룰 것이다. 앞서 언급한 사항들은 특히 네트워크 외부 효과가 중요한 디지털 기업에 강력하게 적용될 필요가 있다.

새로운 디지털 경제

새로운 디지털 및 인공지능 기반 경제의 출현은 경쟁의 문제보다 훨씬 더 심오한 문제를 제기한다. 이런 문제들은 경제에서도 물론 중요하지만 경제를 훨씬 뛰어넘는 중요한 의미를 지니고 있다. 이런 비즈니스는 우리 사회의 정보 생태계를 매개하고 실제로 창조하기 때문에 우리의 경제, 사회, 정치의 주요 형성자 역할을 한다. 사회적 종으로서 인류의 가장 큰 특징이 언어인 것은 우연이 아니다. 인류가 발명한 가장 혁신적인 기술이 문자, 인쇄, 전보, 전화, 라디오, 텔레비전, 그리고 현재 인터넷과 같은 통신 기술인 것 역시 우연이 아니다. 상상할 수 없을 정도로 짧은 시간 내에 방대한 양의 데이터에서 일정한 패턴을 찾아낼 수 있는 컴퓨터로 더욱 증강된 새로운 정보경제는 가히 혁명적이다. 하지만 6장에서 주장했듯이 완전히 새로운 것은 아니다. 정보경제는 새로운 기술과 제도일지 모르지만 우리 인간은 여전히 분노, 의심, 부족주의, 불안에 빠지는 경향, 그리고 무엇보다 우리의 모든 문제를 해결해주겠다고 약속하는 카리스마 넘치는 사기꾼을 추종하는 경향이 있다.

그렇다면 새롭게 부상하는 디지털 경제를 성공적으로 이끌기 위해 고려해야 하는 사항은 무엇일까? 페이스북의 마크 저커버그 Mark Zuckerberg나 알파벳의 순다 피차이Sundar Pichai에게 우리 사회의 정보 생태계를 통제할 권한을 준 사람은 아무도 없다. 경쟁력 있는 경제와 제대로 작동하는 민주주의가 살아남으려면 정책 입안자들이 몇 가지 큰 문제를 해결해야 한다.[124] 다음은 그런 세 가지 문제다.

첫째, 기업의 책임성을 고려할 때와 마찬가지로 '투명성'이 중요하다. 알고리즘은 경제생활을 포함한 우리의 삶을 지배한다. 검색 엔진에서 기업의 순위를 결정하고 우리가 보는 모든 종류의 정보를 결정하기 때문이다. 이런 알고리즘이 사용하는 데이터는 그 자체로 결함이 있고 편향될 수밖에 없다. 또한 이런 알고리즘은 사용자나 우리가 살고 있는 사회의 이익을 위해서가 아니라 상업적 제작자의 이익을 위해서 설계됐다. 중국처럼 국가가 이런 알고리즘을 국유화하는 것은 상상할 수 없는 일이지만, 일정한 규제하에 두어야 한다는 것만큼은 분명하다. 예를 들어 식품과 의약품은 엄격하게 규제되고 있다. 그렇다면 잘못된 정보와 파괴적인 행동을 입소문으로 퍼뜨리도록 설계된 알고리즘은 왜 규제하면 안 될까? 모든 알고리즘을 규제하는 것은 지나치게 개입주의적이며 유비쿼터스 국가 통제의 위험을 초래할 수 있다. 한 가지 가능성은 현재의 대형 은행들에 대해서 그러하듯이 특정 테크 기업들을 '전략적' 또는 '시스템적' 기업으로 지정하는 것이다. 그 수가 많지 않은 이런 기업들은 규제를 받아야 하며, 그들이 제공하는 새로운 서비스나 도입하는 새로운 알고리즘은 검토되어야 한다. 우리는 '신속하게 움직이고 사물을 무너뜨리는' 세상을 경험했다. 너무나 많은 것이 무너졌다. 이런 일은 이제 멈춰야 한다.

둘째, '데이터'가 중요하다. 페이스북을 비롯한 소셜 미디어 비즈니스에서는 사용자가 곧 상품이라는 말이 있다.[125] 이에 대해 문제를 제기할 수 있다. 분명한 것은 고객이 제공하는 데이터는 그것을 다루는 기업에 커다란 가치가 있다는 것이다. 이것이 공정한 거래일까? 기업의 독점적 지위와 고객의 파편화된 지위를 고려할 때 이는 분명히 의심스러운 일이다. 기업이 데이터를 사용할 때마다 사용자에게 요금을 지불하는 세상을 상상해볼 수 있다. 이 문제와 밀접한 관련이 있는 것은 개인정보 보호이며, 무엇보다 사용자가 자신에 대한 어떤 정보가 알려지게 되는지를 알 권리와 사용자가 자신에 대한 데이터 사용을 통제할 권리다. EU의 일반개인정보보호법GDPR은 불완전할 수 있으며 실제로도 불완전하다.[126] 그러나 올바른 방향으로 나아가고 있는 것은 분명하다. 이런 제한은 전 세계적으로 적용되어야 한다. 그렇다고 해서 반드시 글로벌 조약이 필요한 것은 아니다. 특히 미국과 EU처럼 가장 큰 관할지역에서 도입된 제도는 필연적으로 전 세계에 영향을 미칠 것이다.

셋째, '미디어'가 중요하다. 진정한 미디어는 단순히 의견을 표출하거나 아마추어적인 '시민 저널리스트'가 모을 수 있는 모든 정보를 수집하게 하는 것이 아니다. 진정한 미디어는 자원을 필요로 하고 (아쉽게도 인기가 없고 중요하게 여겨지지도 않는) 진실에 대한 헌신을 필요로 한다. 그렇다면 이런 자원은 어디에서 얻을 수 있을까? 한 가지 가능성은 실제 미디어의 비즈니스 모델을 파괴하는 데 많은 기여를 한 소셜 미디어에 세금을 부과하는 것이다. 그렇게 징수한 돈은 의미 있는 미디어에 자금을 지원하는 일종의 신탁기금에 맡긴다. 뉴스, 시사, 다큐멘터리 제작에 사용될 이 재원은 공익 미디어, 그리고 특히 지역 미디어의 비즈니스 모델이 심각하게 파괴됐기 때문에 더욱 중요해진 지역 미디어에 사용될 수 있다.

마지막으로 '인공지능' 문제다. 인공지능은 인류 역사상 가장 근본적인 변화를 불러올 수 있다. 인공지능이 우리의 경제, 사회, 정치, 그리고 우리가 무엇이고 누구인지에 대한 우리의 감각에 미치는 영향에 대해서 오직 돈 버는 일에만 관심이 있는 소수의 기업에 맡겨둘 수는 없다. 우리 정치는 이것이 어떻게 작동할 수 있는지, 인간성을 파괴하지 않고 오히려 향상시키기 위해 무엇을 해야 하는지, 소수의 조직(기업 또는 정부)이 우리 인류의 현재와 미래를 통제하는 세상을 만들지 않기 위해 어떻게 해야 하는지에 대해 깊은 질문을 던질 필요가 있다. 소수의 조직만이 그럴 수 있다면 용인할 수 있는 한계를 훨씬 넘어선 '특권'을 가지는 것이다. 각국은 이런 주제들에 대해서 연구와 토론을 장려해야 한다.

부패

부패, 즉 사적 이익을 위해 권력을 남용하는 행위는 조직화된 사회의 영원한 특징이다. 훔칠 수 있는 부의 양이 많을수록 훔칠 유인이 커진다. 실제로 부패와 합법적인 것을 구분하는 것은 종종 매우 어렵다. 인류 역사의 많은 기간에 걸쳐 부와 권력은 동전의 양면과도 같았다. 권력은 부에 대한 접근 권한을 부여하고, 부는 권력을 강화했다. 권력과 부가 분리되어야 하거나 분리될 수 있다고 상상하려면, 사회를 바라보는 정교하면서도 다소 순진한 시각이 필요하다. 절대 군주는 자신의 것으로 생각되는 것을 신하들이 훔치는 것을 반대할 것이다. 반면 자기 영역 내의 대부분 재산 또는 모든 재산에 대해서 자신이 정당한 청구권을 가지고 있다고 당연하게 여길 것이다. 누가 감히 그에게 반대하겠는가? 죽음을 각오한 사람만이 할 수 있을 것이다. 이런 전통적인 정부 형태를 가부장적 국가라고 부른다. 블라디미르 푸틴이 러시아를 바라보는 시각도 이와 별반 다르지 않다. 러시아가 로마노프 왕조나 북한의 김씨 가문과 같은 세습 국가는 아니지만 그는 자신이 원하는 대로 할 수 있다고 생각한다.

법에 따라 통치되는 자유주의적 민주주의는 민주주의라고 부를 자격이 있는 유일한 종류의 정권으로, 이런 민주주의는 그와 달라야 하며 대부분의 경우 실제로도 다르다. 국제투명성기구 Transparency International의 2020년 국가별 청렴지수 순위에서 싱가포르(3위), 홍콩(11위), 아랍에미리트(21위)를 제외하면 가장 청렴한 나라는 모두 이런 민주주의 국가였다. 이 세 나라는 프랑스(23위), 미국(25위), 스페인(32위), 한국(33위), 이탈리아(아쉽게도 사우디아라비아와 함께 52위)보다 높은 순위를 기록했다. 최상위권에는 뉴질랜드와 덴마크가 있다. 모두가 서로의 사정을 잘 아는, 작고 진정한 민주주의 국가가 가장 청렴하고 가장 행복하다는 것은 놀랄 만한 일이 아니다(7장 참조).[127]

그럼에도 모든 것이 잘 돌아가고 있는 것은 아니다. 고소득 민주주의 국가 자체가 다양한 방식으로 부패를 조장한다.[128] 여기에는 영국과 미국이 포함된다. 게다가 한 나라와 그 나라의 엘리트들이 해외에서 부패를 조장하고 더러운 돈과 그 돈을 가진 사람들을 용인한다면, 그 나라의 국내에서도 비즈니스와 정치가 오염되는 것을 피할 수 없을 것이다. 또한 주요한 고소득 민주주의 국가들에서도 부패가 상당히 많으며, 심지어 그중 상당수는 실제로 부패임에도 부패라고 일반적으로 인식되지 않는다.[129] 예를 들어 미국에서 선거 자금 조달은 청탁을 사고파는 전형적인 부패다. 이것을 깨끗하게 제거하는 것은 여러 가지 이유에서 중요하겠지만, 특히 선거 자금 문제가 정치에 대한 사람들의 신뢰에 해를 끼친다는 점에서 매우 중요하다. 유권자들이 냉소적으로 변하면 어차피 모든 정치인이 사기꾼이니 차라리 자신의 비리에 대해서 솔직하고 공개적으로 말하는 사기꾼에게 투표하는 게 더 낫지 않겠느냐는 결론을 내릴 것이다.

부패와 싸우는 것은 부패가 경쟁을 왜곡하기 때문에 경제에 중요하다. 하지만 민주주의를 수호하기 위해서도 마찬가지로 중요하다. 권력 남용은 독재에 더 가까이 다가가는 한 걸음, 그것도 큰한 걸음이다. 도둑질이 정치의 목적이 되면 자유로운 언론, 독립적인 법원, 항의할 권리, 정치조직의 자유가 억압될 수밖에 없다. 그렇지 않으면 독재자와 그 식솔들의 지위가 위험에 처하게 될 것이다. 민주주의 국가는 국내외의 부패와 싸우기 위해 할 수 있는 모든 일을 해야 한다. 권력과 부는 분리되어야 한다는 생각은 민주주의적 자본주의의 어려우면서도 높은 이상 중 하나다. 이를 결코 잊어서는 안 된다.

세금 및 과세 실패

올리버 웬들 홈스 판사의 유명한 말처럼 세금은 문명을 위해 지불하는 대가다. 선출된 입법부가 과세 대상, 방법, 세액을 결정하는 것은 민주주의의 가장 근본적인 특징이다. 그런데 안타깝게도 세금 정책을 국민이 아니라 소수가 결정한다는 증거가 특히 미국에서 점점 더 많아지고 있다. 실제로 세금 정책은 막대한 부와 권력을 가진 세습 금권주의의 탄생을 뒷받침한다. 또한 이런 금권주의의 구성원들은 민족주의적인 정체성 정치를 악용하여 정치적 논쟁을 경제적 불평등 문제에서 멀어지게 하고 있다. 금권주의와 백인 노동자 계급이 맺은 동맹은 2020년과 이후 선거 과정 자체를 전복하려 했던 트럼프에게 미국을 내주는 데 일조했다. 따라서 문제는 세금이나 경제 정책뿐만 아니라 민주주의 자체의 건강 상태다. 프랭클린 루스벨트가 "소수를 위한 특권의 종식"을 외쳤을 때도 이 점을 염려했던 것이다.[130]

여기서 몇 가지 더 지적할 점이 있다. 많은 고소득 국가에서 정부는 단순히 청구서 기한이 곧 닥치기 때문에 더 많은 세금이 필요해진다. 하지만 상당한 정도의 경제적 비용이 없이도 더 많은 세금을 도입할 수 있다. 게다가 현행 조세 시스템의 상당 부분은 불공정하다. 특히 자본에 제대로 과세하지 못하고 탈세와 세금 회피에 적절히 대처하지 못한다는 점에서 그렇다. 마지막으로, 조세 시스템에는 근본적인 변화가 필요하다.

* * * * *

이 장의 앞부분과 이 책의 2부에서 논의한 내용에 비추어 장기적인 미래를 살펴보면, 많은 나라에서 정부가 더 많은 자원을 필요로 할 것이 분명해 보인다. 이는 부분적으로는 모든 사람에게 적절한 소득을 보장하고, 사람들의 일할 수 있는 능력을 지원하며, 최고 수준의 교육 및 의료 서비스를 제공하기 위해 국가가 해야 할 일들이 있기 때문이다. 또한 인구가 고령화되고 있고 앞으로도 계속 고령화될 것이기에 보건 및 사회복지에 더 많은 지출이 발생하기 때문이다. 이처럼 증가하는 압력은 영국이나 미국과 같이 GDP 대비 정부지출의 비율이 상대적으로 낮은 국가에서 가장 강하게 나타날 가능성이 크다. 예를 들어, 영국 예산책임처OBR는 기존 정책과 성장률 및 금리에 대한 현실적인 가정하에 공공부채가 지속 불가능한 상황을 향해 가고 있다고 반복해서 주장해왔다. 코로나 19 위기의 정점이었던 2020년 7월에 이 기관은 2069~2070년에 이르면 공공 부문의 순부채가 GDP의 400%를 초과할 것으로 예측했다.[131] 2021년 3월 미국 의회예산처CBO도 유사한 연구 결과를 발표했다. "2021 회계연도 말까지 공공 부문이 보유한 연방부채는 GDP의 102%에 달할 것으로 예상된다. 세금과 지출을 규율하는 역할을 하는 현행 법률이 일반적으로 변경되지 않는다고 가정할 경우 부채는 2028년까지 그 수준 근처에서 유지되다가 다시 증가할 것이다. 2031년에는 부채가 GDP의 107%에 달할 것이다. … 그 후에도 부채는 계속 증가하여 2051년에는 GDP의 200%를 초과할 것이다. 이 부채는 미국 역사상 가장 높은 수준이 될 것이며 이후에도 더 늘어갈 것이다."[132] 한 나라가 만들어낼 수 있는 돈이나 부채의 양에 한계가 없다고 생각하지 않는 한 (만약 그렇게 생각한다면 아르헨티나의 역사를 살펴보라) 이런 부채 축적이 무한정 계속될 수는 없다. 다만 실질금리가 매우 낮게 유지되고 경제 성장이 계속된다면 상당한 적자를 무한정 이어갈 수는 있다.

그럼에도 더 나은 미래를 위해서는 말할 것도 없고 현재의 약속을 이행하기 위해서도 세금을 인상해야 한다. 문제는 어떻게 할 것이냐다. 물론 세수를 늘리는 것만이 세금을 부과하는 유일한 이유는 아니다. 세금은 환경 훼손과 같은 부정적 외부 효과를 내부화하거나 불평등을 줄이는 등의 다른 목표를 달성하기 위해서 부과될 수도 있다. 또한 세금은 특정한 기준을 충족해야 하는데, 가장 명확한 기준은 현실성과 공정성이다. 그렇더라도 출발점은 세수일 수밖에 없다. 많은 고소득 국가에서는 더 많은 세수가 확보되어야 할 것이다.

* * * * *

세금을 더 올려야 한다는 주장에 대한 일반적인 대응은 세금이 경제 성장을 저해하여 국민을 필요 이상으로 가난하게 할 것이라는 주장이다. 이 견해는 피상적으로만 타당하다. 노력, 기업, 혁신에 높은 세금을 부과하면 그런 영역에서 성취가 줄어들 것이라고 예상해야 한다.[133] 그러나 실제로는 다른 요소들(예: 제도 및 인적 자본의 질)이 동일하다면 GDP 대비 세금의 비율은 경제적 번영에 미치는 영향이 상대적으로 미미한 것으로 보인다. 그런 세금의 비율은 그보다는 국가가 가계에 얼마나 많은 보험을 제공해야 하는지, 교육과 보건 같은 서비스를 제공하는 데 국가가 얼마나 큰 역할을 해야 하는지에 대한 사회적 선택을 반영하는 것으로 보인다. 또한 국가의 지출은 GDP에 나타나지 않더라도 국민에게 중요한 혜택을 제공한다. 질병 때문에 파산할까 봐 걱정할 필요가 없는 것이 바로 그런 혜택 중 하나다. 특히 자녀가 있는 가정의 소득 보장도 마찬가지다. 빈곤 탓에 많은 어린이의 장래성이 저해된다면 1인당 GDP는 크게 낮아지지 않더라도 '그들의' 삶은 어려워질 것이다. 그림 47은 고소득 국가 그룹을 대표하는 G7 국가들을 포함하여 주요 고소득 국가들의 GDP 대비 세금의 비율과 (미국을 100으로 한) 1인당 GDP를 보여준다. 추세선에서 볼 수 있듯이 어떤 상관성도 보이지 않는다. 고세율 국가와 저세율 국가 모두 경제적으로 번영하고 있다.

미국은 이 국가들 그룹에서 가장 생산적인 경제를 가지고 있다. 여기에는 낮은 세금 부담 외에도 시장 규모, 기업가적 문화, 대

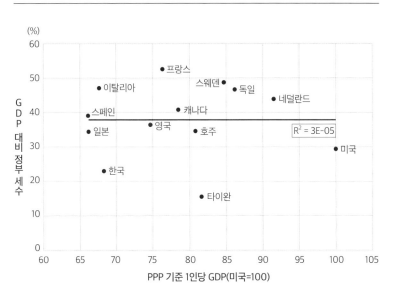

그림 47 · 2019년 정부 세수 및 1인당 GDP

출처: IMF

학 교육의 수준, 그리고 최근까지 전 세계 인재에 대한 개방성 등 여러 가지 이유가 있다. 이런 특성은 상대적으로 교육 수준이 낮은 국내 노동력을 포함한 일부 문제점을 상쇄한다. 유엔개발계획 UNDP은 오랫동안 국민총소득GNI, 기대 수명, 교육 연수 등을 종합적으로 고려한 인간개발지수Human Development Index를 발표해왔다. 이 지수에서 미국은 그림 47의 대부분 국가보다 아래인 17위를 차지했다(미국보다 아래로는 한국, 스페인, 이탈리아 순이며 타이완은 공식 주권국으로 간주하지 않기 때문에 제외됐다). 미국은 GNI에서 산유국을 포함한 몇몇 작은 나라들에만 뒤처진 10위를 차지하고 있다. 기대 수명은 38위로 미국이 가진 부와 자원을 고려할 때 끔찍한 수준이며, 기대 교육 연수도 28위로 매우 열악하다.[134] 인구의 상당수가 열악한 보건 및 교육 서비스를 받고 있고 높은 불평등을 겪고 있는 상황에서 낮은 세율은 그것을 상쇄할 수 있는 좋은 교환 조건은 아닌 것 같다. 물론 전 세계 대부분 사람에게 미국은 여전히 천국 같은 나라다. 그러나 이는 고소득 국가 중 미국의 상대적 상황에 대한 것보다는 세계의 나머지 국가들이 처한 열악한 상황을 말해주는 것이다.

* * * * *

5장에서 자세히 설명한 바와 같이 조세회피처는 주로 기업들에 악용되면서 공공연한 스캔들이 되어왔다. 그러나 이것은 사실 훨씬 더 큰 문제의 일부일 뿐이다. 이매뉴얼 사에즈Emmanuel Saez와 게이브리얼 저크먼Gabriel Zucman은 『그들은 왜 나보다 덜 내는가』에서 미국의 사례를 들어 조세회피처 스캔들과 그 주요 원인에 대해서 설명한다.[135] 사에즈와 저크먼은 "오늘날 각 사회 집단은 소득의 25~30%를 세금으로 공공 재정에 납부하는 데 반해 초부유층은 겨우 20%의 세금을 낼 뿐"이라고 설명한다. "미국의 세금 시스템은 하나의 거대한 단일 세율 체제다. 하지만 최상위층에 대해서는 예외적으로 역진적 세율을 적용한다."[136] 따라서 "트럼프, 저커버그, 버핏과 유사한 사람들은 집합적으로 볼 때 교사나 비서보다 낮은 세율로 세금을 낸다"라고 그들은 지적한다.[137]

이는 미국 정치권의 논쟁이 집중되는 연방 소득세가 전체 세수의 3분의 1(국민소득의 9%)에 불과하기 때문이라는 것이다. 또한 노골적인 탈세는 별개로 하더라도 소득세는 많은 형태의 소득, 특히 자본소득을 과세 대상에서 법적으로 배제한다. 따라서 미국 국민소득의 63%만이 소득세의 과세 대상이다. 또한 주 정부가 부과하는 소득세는 연방 소득세와 동일한 패턴이며 국민소득의 약 2.5%만을 차지할 뿐이다. 두 번째로 큰 세입원은 노동 소득에 대해서 역진적인(단일 세율이어서 고소득층보다 소득 대비 소비 비중이 높은 저소득층에 더 부담스럽기 때문이다-옮긴이) 사회보장세로, (연방 소득세와 거의 비슷한 수준인) 국민소득의 약 8%를 차지한다. 세 번째로 큰 세입원은 특별소비세(술, 담배, 휘발유 등에 부과되며 물품세라고도 한다-옮긴이)를 포함한 소비세다. 부분적으로는 빈곤층이 부유층보다 소득에서 소비가 차지하는 비중이 훨씬 높기 때문에, 그리고 부분적으로는 이런 세금이 (미국에는 부가가치세VAT가 없어서)

서비스 업종을 과세 대상에서 제외하기 때문에 역진적이라고 할 수 있다. 서비스 업종은 부유층이 더 집중적으로 소비한다. 세수에서 마지막이자 가장 작은 부분이 자본에 대한 세금이다. 자본에 대한 미국의 세율은 평균 13% 정도로 매우 낮다. 마크 저커버그는 페이스북의 지분 20%를 소유하고 있는데 페이스북은 2018년 250억 달러의 영업이익에 대해서 13%의 실효세율에 해당하는 금액을 법인세로 납부했다. 이 회사의 순이익(법인세 납부 후-옮긴이)은 220억 달러에 가까웠으며, 이 중 저커버그의 지분에 해당하는 순이익 금액은 약 44억 달러였다. 저커버그는 페이스북의 영업이익 중 자신의 지분만큼에 해당하는 이익 금액에 대해서 13%의 법인세를 납부한 셈이지만 소득세(저커버그가 자기 지분의 세후 순이익이 증가한 부분에 대해서-옮긴이)는 내지 않는다.[138] 억만장자들의 관대한 '자선활동'도 세금 공제가 가능하다는 사실을 잊어서는 안 된다. 따라서 그들이 기부하는 돈에 대해서 부분적으로 다른 사람들이 비용을 치러야 한다. 이것은 '명백히' 금권주의다.

탈세도 만연해 있다. 다시 말하지만 근로소득을 숨기는 것보다 소유권을 숨기는 것이 더 쉽기 때문에 부유한 사람들이 탈세하는 것은 훨씬 더 쉬운 일이다. 탈세에 대한 한 정교한 분석에 따르면 "실제 소득의 일부인 미신고 소득은 [소득 분포의] 하위 50%의 경우 7%이지만 상위 1%에서는 20% 이상에 이른다. 이 중 6%p는 적발되지 않은 정교한 탈세에 해당한다."[139]

물론 미국이 극단적인 예이긴 하지만 그렇다고 매우 극단적인 것은 아니다. 부자들은 어떤 식으로든 세금을 아예 안 내거나 적게 낸다. 고인이 된 호텔 소유주 레오나 헬름슬리Leona Helmsley의 말처럼 "오직 소시민들만 세금을 낸다."[140] 대부분의 경우 그녀의 말이 맞겠지만(물론 그녀 자신도 어리석어서 결국 적발돼 감옥에 갔다), 헤아릴 수 없을 정도의 부를 가진 사람들이 왜 세금을 내지 않으려고 그토록 기를 쓰는지 일반인들은 이해하기 어렵다.

* * * * *

세금의 미래에 대한 질문은 무수히 많다. 하지만 여기서는 세 가지, 즉 목표, 수단, 일부 특수한 도전 과제(특히 투명성과 글로벌 협력)에 대해 생각해보고자 한다.

목표를 논의할 때의 출발점은 앞서 설명한 바와 같이 정부의 본질적 목적을 달성할 수 있는 충분한 세수를 확보하는 것이다. 영국과 미국을 비롯한 일부 국가의 경우에 GDP 대비 세입이 끊임없이 증가하는 것을 의미하기도 한다. 다른 경우에는 팬데믹 이후의 공공 재정을 다시 제대로 관리하기 위해 일시적으로 세입이 증가하는 것을 의미할 수도 있다. 세수 확보가 물론 중요한 목표이기는 하지만 정당한 목표에 대한 올바른 설명과는 거리가 멀다. 세금 시스템은 또한 공정한 것으로 인식되어야 한다. 앞서 언급한 바와 같이 오늘날의 미국 세금 제도는 이 기준을 충족하지 못한다. 다른 대부분 나라의 제도 역시 어느 정도는 마찬가지다. 예를 들어 자본이득은 자산을 매각할 때만 가볍게 과세된다. 따라서 자산을 많이 보유한 사람들은 자산 가치 상승에 따른 대출을 받으면서도 소비세를 제외한 나머지 세금을 내지 않고 살 수 있다. 그러나 합리적인 공평성 개념에 따르면 가장 능력 있는 사람이 가장 큰 부담을 져야 한다. 그렇지 않은 경우 그 결과 탓에 불신과 분노가 만연하게 될 가능성이 크다. 세금 제도는 가능한 한 바람직한 목표를 촉진하고 적절한 경제적 대가를 부과해야 한다. 마지막으로 세금 제도는 효과적으로 시행되어야 한다.

그렇다면 이런 광범위한 목표를 달성하기 위해 어떤 수단을 선택해야 할까? 한 가지 분명한 규칙은 공공 자산이 생산적으로 사용되게 함으로써 공공 자산을 보다 효과적으로 활용하는 것이다.[141] 또 다른 방법은 오염과 같은 '나쁜 것'에 세금을 부과하는 것이다. 일종의 탄소세는 당연한 것이다. 또 다른 방법은 지대에 세금을 부과하는 것이다. 순수한 의미의 지대, 즉 어떤 상품이나 서비스의 공급을 촉진할 수 있을 정도의 이익을 초과하여 벌어들인 부분에 과세하는 것은 그 상품이나 서비스의 생산량을 낮추지 않을 것이므로 효율적이다. 헨리 조지가 글을 쓰던 19세기에는 지대의 주요 원천이 토지였다.[142] 토지를 원천으로 하는 지대는 그 부담을 기업, 상업적 노력, 생산적 저축 등이 지게 돼 여전히 중요하기 때문에 세금을 무겁게 부과하여 부담을 완화해야 한다. 그러나 지대에는 다른 형태도 있다. 예를 들어 애플처럼 지속적으로 정상적 수준의 기업 이익을 훨씬 뛰어넘는 경우 또는 런던이나 뉴욕에 사는 성공한 거주자들처럼 밀집에 따른 네트워크 혜택을 누리는 경우가 있다. 숙련된 역량을 가진 사람들이 런던이나 뉴욕에서 더 많은 소득을 올리는 것은 그들이 다른 지역의 유사한 사람들보다 평균적으로 더 유능하기 때문이 아니라 그런 도시가 많은 근로자들의 생산성을 높이는 네트워크 외부 효과를 창출하기 때문이다. 비슷한 기능을 갖추고 있음에도 고소득 국가에서 일하면 다른 나라들에서 일하는 것보다 훨씬 더 높은 소득을 올리는 것은 거주 지역에서 파생되는 일종의 지대다. 이런 지역의 거주자에 대한 높은 세금은 특정 지역에서만 가능한 서비스를 누리는 데서 오는 지대 효과의 대가라고 볼 수 있다.[143]

중요한 질문은 이것이다. '자본에 세금을 어떻게 부과하는 것이 가장 좋은가?' 과세 방법은 다양하며, 저마다 목표하는 바가 다를 수 있다. 상속된 불평등을 줄이고 세습적 금권주의의 비중을 줄이는 것이 목표라면, 살아 있는 사람들 사이에서 행해지는 거액의 상속 및 증여에 대한 징벌적 세금이 적절할 것이다. 상속 재산이 무한정 지속되어야 할 이유는 없다. 한편, 일상적인 정부 재정을 부유층이 더 많이 부담하게 하는 것이 목표라면 근로소득과 불로소득을 포함한 모든 형태의 소득에 동일한 세율로 과세하는 것이 최선의 수단일 것이다. 앞서 언급한 저커버그를 예로 들자면, 모든 법인의 소득에 최고 세율의 소득세를 부과하는 것이 간단한 방법이 될 것이다. 또는 기업 소득을 전적으로 주주에게 귀속시키고 이에 대해서 최고 세율로 과세할 수도 있다. 이는 투자에 큰 악영향을 미칠 수 있으므로, 과세 목적으로 기업 소득을 측정할 때는 모든 투자에 대해 100% 세액 공제를 적용해야 한다. 그러면 정부는 투자 비용과 투자 수익 모두를 동등하게 공유하게 될 것이다. 마지막으로 위험하고 비생산적인 레버리지를 막기 위해서 이자에 대한 세금 공제도 없애야 한다.

미국의 헤지펀드 브리지워터Bridgewater는 연간 부유세wealth taxes 부과 사례 33건을 검토했지만 정부 재정에 큰 변화를 불러올 만큼 세수 규모가 크고 장기적으로 지속된 사례는 없었다고 결론 내렸다. 33건의 사례 중 7건은 세계대전 당시 부과된 무거운 세금이었지만 일회성 이벤트에 그쳤거나 상당히 빠르게 폐지됐다.[144] 고액의 부유세는 전쟁이나 현재의 팬데믹과 같은 예외적인 상황으로 정당화되는 예외적인 조치인 경우가 많다. 물론 노르웨이와 스위스가 오랫동안 시행해온 것처럼 부유세를 지속적으로 부과할 수도 있다. 그러나 세율은 1% 이하 수준이며 이를 통해 거두는 세금은 그리 많다고 할 수 없다. 그럼에도 GDP의 약 2% 정도에 해당하는 세수를 확보할 수 있으므로, 부유세를 도입할 만한 가치가 있다.

자본에 세금을 부과할 때 가장 큰 문제는 자본 도피를 하거나 또 다른 방법으로 세금을 회피할 수 있다는 점이다. 이를 방지하기 위해서는 국제적인 협력이 필요하다. 미국 정부를 비롯한 강대국 정부들은 다른 나라들에 협조를 압박하거나 기업에 협조를 압박할 만한 역량을 갖추고 있다. 갈수록 생산지를 식별하기가 어려워지는 기업이 많은 만큼 법인세를 생산지 세금에서 목적지 세금으로 전환할 수 있다. 그러면 예를 들어 영국에서 이루어진 판매가 룩셈부르크에서 생산된 것 또는 바하마에 있는 지식재산에 기반한 것이라고 주장하는 것이 무의미해질 수 있다. 세금은 시장에서 부과될 것이다. 또한 법인세율이 지나치게 낮은 국가를 상대로 소송을 제기할 수도 있다. 다시 말하지만 기업들이 지식재산과 같은 생산적 자산이 조세회피처에 있다는 터무니없는 주장을 계속하면 자국에서 더는 사업을 할 수 없게 될 것이라고 대응할 수 있다. 예를 들어 미국 정부가 테크 기업들을 향해 법인세가 낮은 국가로 이익을 귀속시킬 경우 더는 미국 시장에서 사업을 할 수 없게 될 것이라고 말한다면, 그들의 터무니없는 주장은 하룻밤 사이에 사라질 것이다.

바이든 행정부는 마침내 2021년 초에 국내 법인세율 인상과 글로벌 최저 세율을 포함한 법인세 관련 변경안을 제안했고, 10월에는 130여 개국이 글로벌 최저 세율 15%라는 획기적인 합의에 도달했다.[145] 글로벌 탄소세도 거의 같은 방식으로 달성할 수 있다. 국내에 이와 관련된 적절한 세금이 없는 모든 국가에 대해서 주요 국가들이 이를 상쇄하는 국경세를 부과하기만 하면 된다. EU는 이미 이런 방향으로 나아가기 위해서 필요한 조치를 취하기 시작했다.

마지막 쟁점은 앞서 언급한 자선활동에 대한 세금 처리다. 현재 기부금에 대한 세금 공제는 적어도 부분적으로는 다른 납세자들의 부담을 늘리면서 매우 부유한 사람들이 공공 영역에서 활동할 수 있게 해준다. 그들의 선물이 세금 공제 대상이 되어야 하는 이유는 전혀 명백하지 않다. 세금 공제에 찬성하는 사람들은 그렇게 해야 그들이 더 많이 기부하게 될 것이라고 주장하지만, 이는 그 동기가 실제로는 자선이 아님을 암시하는 것이다. 반대하는 사람들은 기부 대상과 동일하게 중요한 목적을 달성하기 위해서 국가가 필요로 하는 세수를 박탈한다고 주장한다. 찬성하는 쪽에서는 이런 방식으로 자선활동이 유능한 개인의 에너지로부터 혜택을 얻을 수 있다는 주장을 펼친다. 이에 반대하는 사람들은 아무도 빌 게이츠에게 세계의 보건 문제를 해결하라고 요구한 적이 없다는 점을 지적한다. 성공한 소프트웨어 기업가가 왜 세상에서 그런 역할을 떠맡아야 할까? 기부금에 대한 세금 공제의 타당성을 논할 때는 이 두 가지 입장을 모두 고려하는 것이 합리적인 일이다.

결국 이 모든 것을 가로막는 장애물은 기업과 부유층이 정부에 대해 가지고 있는 힘이지 결코 세금 징수(또는 다른 것들)에 대해 원하는 바를 실행하지 못하는 정부의 무능력이 아니다.

'뉴' 뉴딜

7장에서 설명한 '단편적 사회공학'이라는 폭넓은 의제의 연장선에서 이 장에서는 국민 전체에게 복지를 제공하고자 하는 민주적 정치체제 내에서 시장경제를 구현하기 위한 현실적인 개혁안을 제시했다. 거시경제의 안정성, 혁신과 투자, 지속 가능성, 세계에 대한 개방성, 일자리와 일자리의 질, 기회의 평등, 복지국가의 개선, 그리고 무엇보다 시장경제 및 정치를 왜곡하는 부유층 및 권력자의 특권 철폐 등 다양한 개혁 분야를 다뤘다. 마지막 주제에서 특히 중요하게 다루어야 하는 것은 강력한 내부자에게 보상을 주는 기업 거버넌스, 강력한 독점을 용인하는 경쟁체제, 부패를 용인하는 규제 체제, 그리고 무엇보다 부유층이 자발적으로 세금을 납부하게 하는 조세 제도다. 우리에게 필요한 것은 기회, 안전, 번영을 제공함으로써 모든 사람에게 도움이 되는 사회다. 하지만 현재 많은 고소득 민주주의 국가가 제대로 갖추지 못하고 있다.

이런 주제들은 각기 한 권의 책으로 다룰 만한 것이어서 여기서 모든 주제를 상세하게 다루는 것은 불가능하다. 그러나 핵심은 체계적이고 엄격하게 현실적으로 생각하면서도 상당히 근본적으로 접근할 준비가 되어 있어야 한다는 것이다. 그것이 바로 단편적 사회공학을 실천하는 것이다. 우리의 민주주의가 더 확고한 토대 위에 세워지려면 미래는 최근의 현실과는 달라야 한다. 이 장에서는 의제를 제시하고자 노력했다. 이것은 끝이 아니라 시작이다. 하지만 제2차 세계대전 이후 국가들의 초석을 놓은 사람들이 제시한 의제는 여전히 유효하다. 우리는 그것으로 돌아가야 하며, 그러기 위해서는 정치도 바뀌어야 한다. 이것이 다음 장의 주제다.

민주주의의 쇄신

이런 관점에서 볼 때 대중에 기반한 정부의 두 가지 형태 중에서 공적인 기능에 대한 참여를 최대한 폭넓게 확산시키는 쪽이 우위를 차지하게 된다. 즉 한편으로는 선거권이 없는 사람들을 최소화하고 다른 한편으로는, 똑같이 중요한 다른 목표들과 같은 수준에서, 사법 및 행정 업무의 세부적 기능을 모든 계층의 민간인들이 가장 폭넓게 참여할 수 있도록 개방하는 쪽, 배심원에 의한 재판, 관공서의 자유로운 출입, 그리고 무엇보다 최대한의 공개와 토론의 자유를 보장하는 쪽이 우위를 차지하게 된다.

- 존 스튜어트 밀[1]

이 죄악과 비애가 넘치는 세상에서 수많은 형태의 정부가 시도됐고 앞으로도 시도될 것이다. 누구도 민주주의가 완벽하다거나 가장 현명하다고 주장하지 않는다. 실제로 민주주의는 여기저기서 이미 시도된 다른 모든 정부 형태를 제외하면 최악의 정부 형태라는 말이 있다.

- 윈스턴 처칠[2]

민주주의는 일반 대중이 자신이 원하는 것이 무엇인지 알고 있고 그것을 확실하게 얻을 자격이 있다는 이론이다.

- H. L. 멩켄[3]

보편적 참정권을 보장하는 자유주의적 민주주의는 살아남아야 하는가? 만약 그래야 한다면 더 효과적이고 정당성 있고 강건하게 하기 위해서 어떻게 개혁해야 할까? 첫 번째 질문에 대한 답은 강한 긍정일 것이다. 시장 자본주의가 가장 덜 나쁜 경제체제이듯이 자유주의적 민주주의도 가장 덜 나쁜 정치체제다. 하지만 시장 자본주의에 개혁이 필요하듯이 자유주의적 민주주의 역시 개혁이 필요하다.

역사적으로 통치자가 피지배층의 다수에 의해 선출되고 그들에게 책임을 지는 국가는 드물었다. 설사 존재했다고 하더라도 대개는 (로마공화국처럼) 독재 국가로 변하거나 (마케도니아에 멸망당한 아테네처럼) 독재 국가에 먹혀버렸다. 선거는 수 세기 동안 일부 중요한 국가에서 일정한 역할을 해왔다. 하지만 선출된 하원이 존재하던 영국조차 19세기까지는 본질적으로 군주제 또는 귀족제 국가였다. 1832년 대개혁법 이후에야 비로소 민주주의적이 됐다고 말할 수 있다. 미국 헌법은 의도적으로 국민 다수의 의사를 여러 층위에 걸쳐서 제약하도록 만들어졌다. 참정권도 매우 제한적이었다. 20세기 초에 이르러서야 민주주의 국가들은 초기 공화국들에 존재했던 여성 또는 노예에 대한 선거권 제한을 없애고 보편적인 성인 선거권을 채택했다.

따라서 보편적 참정권의 대의제 민주주의는 겨우 약 1세기밖에 되지 않았다(3장 참조). 게다가 매우 취약하다. 무엇보다 체제에 대한 모든 관련자의 헌신, 특히 엘리트들의 헌신에 의존한다. 오늘날 민주주의의 침체는 1930년대 유럽에서와 같이 민주주의의 노골적인 후퇴로 바뀔 수도 있는데, 이번에는 전 세계적 차원에서 그런 현상이 벌어질 수 있다.[4] 그럼에도 민주주의에 대한 열망은 여전히 강하다. 전 세계의 절반에 가까운 나라들이 민주주의 국가로 간주될 수 있지만, 이 중 상당수는 불완전하다(3장의 그림 5 참조). 2019년과 2020년에 홍콩에서, 그리고 2020년 벨라루스에서 일어난 일들은 민주주의에 대한 탄압으로 끝났다. 그럼에도 통치자가 국민을 책임지기를 요구하고 국민이 권력에 대해 자유롭게 발언할 수 있기를 바라는 깊은 열망을 일깨워줬다. 또한 '스트롱맨'

통치자들이 거의 보편적으로 얼마나 경멸스러운 존재인지, 즉 기껏해야 능력이 허세에 훨씬 못 미치는 소인배 폭군이고 최악의 경우 자신의 권력 외에는 무관심한 사이코패스 불량배에 불과하다는 사실을 상기시켜줬다.[5]

이 장에서는 자유주의적 민주주의가 오랫동안 공고화됐다고 간주돼온 나라들에서 어떻게 하면 자유주의적 민주주의를 쇄신할 수 있는지에 초점을 맞춘다. 이 나라들은 '내가 속한' 사회다. 이들의 위기는 내 개인의 위기다. 이 나라들에서 민주주의가 유지되지 못한다면 다른 곳에서도 민주주의의 미래는 암울할 수밖에 없다. 마지막으로, 이 나라들은 가장 강력한 민주주의 국가들이다. 미국과 영국은 현대의 자유주의적 민주주의의 선구자이며, 제1·2차 세계대전과 냉전을 거치면서 민주주의의 생존을 보장해왔다. 21세기에 자유주의적 민주주의의 이상이 번영하려면 이 민주주의 국가들과 서유럽 민주주의 국가들의 성공이 필수적이다.

이 논의는 민주주의가 이 나라들에서조차 잘 작동하지 않으며, 훨씬 더 제한적으로 이루어져야 한다는 주장으로 시작할 것이다. 이런 주장은 얼마나 설득력이 있을까? 그런 다음에는 민주주의의 대안들을 살펴볼 것이다. 독재자, 금권주의자, 중국공산당의 고위 관료, 또는 이런 사람들의 신하가 되기를 원하지 않는 사람들에게 그런 대안들이 얼마나 매력이 있을까? 이어서 민주주의를 쇄신하는 목표와 일부 가능한 수단에 대해서 생각해보고자 한다.

민주주의의 수호

처칠이 말했듯이 민주주의는 실제로 결함이 있다. 오래전부터 부유한 사람들과 교육받은 사람들(역사적으로 볼 때 이 둘은 다 같은 사람들이다)은 유권자들이 스스로 무엇을 하고 있는지 모른다고 비판해왔다. 유권자들은 교육 수준이 낮고 어리석으며 감정적이고 주요 이슈들과 상관없는 이유에 따라서 투표하는 경향이 있다는 것이다. 이렇게 생각한 것으로 유명한 인물이 바로 플라톤이다. 이런 비판은 민주주의를 옹호하는 사람들에게도 도움이 되는데, 왜 민주주의를 옹호할 가치가 있는지를 이해해야 하기 때문만이 아니라 그런 비판이 민주주의를 옹호하는 최선의 방법에 대해 중요한 질문을 제기하기 때문이다.

민주주의에 대한 비판

민주주의의 이상에 대한 가장 간결하고 아름답고 영향력 있는 표현은 에이브러햄 링컨의 게티즈버그 연설이다. 링컨은 연방 정부의 군인들이 기꺼이 목숨을 바친 공화국을 "국민의, 국민에 의한, 국민을 위한" 정부로 묘사했다. 안타깝게도, 민주주의가 작동하는 방식에 대한 이런 이상주의적 설명은 신화에 불과하다. 민주주의는 그렇게 작동하지 않는다. 크리스토퍼 에이첸Christopher Achen과 래리 바텔스Larry Bartels는 시사하는 바가 많은 책 『현실주의자를 위한 민주주의Democracy for Realists』에서 다음과 같이 주장했다.[6]

유권자들은 이슈를 충분히 고려한 결과에 따라서가 아니라 부족주의적 정체성에 근거하여 투표를 한다. 따라서 "대부분 민족, 인종, 직업, 종교 또는 기타 종류의 집단과 자신을 동일시하며 종종 집단적 유대감이나 유전적 충성도를 통해서 정당과 자신을 동일시한다."[7] 인종적 정체성은 공화당의 남부 전략이 금권주의를 강화하는 데 성공한 이유를 설명해준다. 남북전쟁 이전의 남부 지역에서도 마찬가지였으며, 이후에도 그 지역은 물론이고 다른 지역에서도 점점 더 많이 나타나고 있다. 많은 남부 백인에게 민권법의 제정은 민주당을 자신들이 경멸하는 '흑인'의 정당으로 확실히 만들어버린 것이다. 많은 공화당 정치인이 '자유'에는 차별할 권리도 포함되어 있어야 한다고 주장하고, 복지와 범죄에 대해서 (거의 민낯 그대로의) 인종차별적 비유에 호소했기 때문에 남부 백인들은 공화당에 충성하기로 재빨리 마음을 바꿨다.[8] 도널드 트럼프는 어떤 면에서 볼 때 앨라배마 주지사 조지 월리스의 정치적 후계자로서, 이런 변화의 당연한 종착점이 됐다.

정체성이 차지하는 압도적인 역할을 고려할 때 "정당과 유권자 간에 이슈의 일치성이 존재한다고 한다면, 그것은 대부분 정책적 내용과 무관한 다른 연결들의 부산물일 뿐이다."[9] 대다수 유권자가 어떻게 투표하는지와 그들의 이해관계 사이에 아무런 관련이 없다는 것은 그리 놀라운 일이 아니며, 오히려 사람들이 정치를 어떻게 생각하는지에 따르는 필연적인 결과일 뿐이다.

조지프 슘페터도 유권자의 문제에 대해 비슷하게 말했다.

즉각적인 책임감에서 비롯되는 주도권이 없다면 아무리 완전하고 정확한 정보라고 할지라도 무지는 지속될 것이다. 정보를 제공하는 것은 물론이고 강의, 수업, 토론 그룹을 통해 정보 활동을 가르치려는 훌륭한 노력이 이뤄지는데도 무지는 지속되고 있다. 이런 노력이 아무런 결과도 얻지 못하는 것은 아니다. 하지만 그 성과는 아주 작고, 사람들은 그다음 단계로 올라가지 못한다.

따라서 전형적인 시민은 정치 분야에 들어서자마자 낮은 수준의 정신 능력으로 떨어진다. 그는 자신의 실질적 이해관계 영역에서는 유아적 수준임을 인정하는 방식으로 논쟁하고 분석한다. 그는 다시 원시인이 된다. 그의 사고는 연상적이고 감정적이 된다.[10]

민주주의를 비판하는 사람들은 그로 인한 결과가 나쁜 정책과 실망한 유권자라고 주장한다. 유권자들은 부족주의적이기 때문에 워싱턴 대통령이 고별 연설에서 경고했듯이 정치도 파벌 전쟁으로 향하는 경향이 있다.[11] 파벌 정신은 너무 강력해서 어느 쪽이든 권력을 장악하고자 노력하는데, 그러기 위해서 카리스마 넘치는 지도자를 지지할 것이라고 그는 주장했다. 그러면 대결적 감정이 민주공화국의 게임 규칙에 대한 헌신을 압도하고, 결국 권위주의가 승리하게 된다.

일부 사상가는 민주주의가 실제로 어떻게 작동하는지에 대한 이런 설득력 있는 비판에 따라 우리가 보편적 참정권 민주주의를 포기'하게 될' 뿐만 아니라 포기'해야' 한다고 주장했다. 유권자의 일탈과 무지에 대해서 헌법에 명시된 '대의제 민주주의'가 제공하는 보호의 명분도 충분하지 않다고 본다. 대신 더 많은 정보를 가진 사람들만 투표할 수 있도록 제한해야 한다고 주장한다. 이런 시스템을 '현능통치epistocracy', 즉 충분한 지식을 가진 사람들에 의한 통치라고 부른다. 조지타운대학교의 철학자 제이슨 브레넌Jason Brennan이 최근에 이런 입장을 제시했다.[12]

브레넌은 유권자를 세 가지 범주로 나눈다. 즉 "정치에 관심이 적고 참여도가 낮은 저低정보 시민"인 호빗Hobbits(『반지의 제왕』에 등장하는 키가 작고 평화로운 종족-옮긴이), "정치와 국가 정체성에 대해 확고한 신념을 가진 고高정보 시민"이자 "인지적 편견에 사로잡혀 있는" 훌리건Hooligans, "자신의 신념에 부적절한 충성심이 없는 완벽하게 이성적이고 고도의 정보를 가진 사상가"인 이상적 유형의 벌컨Vulcans(미국 인기 TV 시리즈 「스타 트렉」에 등장하는, 인간보다 지적으로 우월하고 매우 객관적으로 사고하는 외계 종족-옮긴이)이다.[13] 브레넌이 보기에 "현대 민주주의에서는 머리가 하나인 무능한 왕이 아니라 머리가 아주 많은 무능한 왕이 있다."[14] 그는 참정권을 귀족으로 한정하고 싶어 하며, 이 점에서 플라톤과 영적으로 소통하고 있다. 아테네의 철학자 플라톤은 『국가론』의 지면 일부를 할애해 '수호자(전사)' 계급에서 선출되는 '철학자 왕'에 의한 통치를 정당화했다. 수호자들과 철학자 왕의 지혜는 선별적 번식과 적절한 교육(예컨대 고대 그리스의 가장 위대한 시인인 호머Homer의 작품들은 금지될 것이다)을 통해 보장되는 반면, 그들의 공정성은 자신의 부모나 형제가 누구인지 알지 못하게 하는 것으로 보장된다.[15] 카를 포퍼는 정부에 대한 플라톤의 생각이 전체주의의 탄생을 의미한다고 주

장했다.[16]

비판에 대한 반박

그렇다. 민주주의는 매우 불완전하고 무너지기 쉽다. 플라톤,
아리스토텔레스, 미국 건국의 시조들, 윈스턴 처칠, 그리고 역사적
경험은 모두 우리에게 민주주의가 직접투표, 대의제, 비례투표, 소
선거구제, 의원내각제, 대통령제, 단원제, 양원제 등 어떤 구체적
형태를 취하든 불완전하고 무너지기 쉽다고 말해준다. 개인 유권
자는 자신의 투표가 결과에 영향을 미치지 않을 가능성이 크다고
여기기 때문에 투표에 대한 관심이 적다. 그러므로 이슈를 이해하
는 데 시간과 노력을 들이는 것은 타당하지 않다. 그 대신 자신이
동일시하고 좋아하는 사람들의 행동을 모방하여 투표를 한다. 또
한 근시안적인 경향이 있다. 미래에 대한 불확실성을 고려할 때 이
역시 타당하다. 그들은 '합리적으로 무지하다.'

우리는 도덕적으로나 지적으로나 감정적으로나 모두 불완전
하다. 삶에 질서와 예측 가능성을 부여하기 위해 우리가 만든 제도
들 역시 불완전하다. 그러나 우리는 그것들 없이는 존재할 수 없
다. 강력한 국가와 유능한 정부는 농업 혁명 이후 필수적인 제도였
다. 현대 사회의 규모와 복잡성 때문에 이런 제도는 더욱 중요해
졌다. 정부가 반드시 필요하다면, 정부를 운영하는 사람을 선택하
는 데 민주주의보다 더 좋은 제도는 없다. 결국 민주주의는 정치적
경쟁이다. 경제의 역사를 통해 알 수 있듯이, 독점이 표면적으로는
제아무리 자애로워 보일지라도 경쟁은 장기적으로 독점보다 훨씬

더 잘 작동하는 편이다.

회의론자인 브레넌조차 "민주주의는 여러 중요한 결과 간에 긍정적 상관관계가 있으며 이는 단순한 상관관계가 아니라 인과관계로 보인다"라고 말했다.[17] 세계에서 가장 살기 좋은 나라들은 민주주의 국가들이다. 8장에서 언급했듯이, 한 가지 중요한 지표는 부패가 상대적으로 적다는 점이다. 예를 들어 2019년에 세계에서 가장 부패가 적은 20개국 중 18개국이 완전한 민주주의 국가였다.[18] 미국은 실망스럽게도 24위에 불과했다. 하지만 70위인 오르반의 헝가리, 81위인 시진핑의 중국, 82위인 에르도안의 튀르키예, 144위인 푸틴의 러시아처럼 매우 부패한 나라들보다는 훨씬 앞섰다. 세계 유수의 민주주의 국가들은 놀라울 정도로 부유하고 정직하다. 이는 우연이 아니다. 자유주의적 민주주의 국가는 책임지는 정부와 법치주의가 있기 때문이다. 독재자가 되려는 사람이 가장 먼저 하는 일은 자신과 측근의 부패를 대중에게 알리는 사람을 억압하는 것이다. 민주주의에서 책임자들은 잘못된 일을 할 수 있으며, 실제로 그러기도 한다. 이는 정부를 당황스럽게 한다. 이럴 때 야당은 이를 정치 스캔들로 비화해 부당한 행위를 더는 못하게 하거나 책임자들을 권좌에서 축출할 수도 있다.

민주주의의 효과에 회의적인 사람들도 "독립적인 사법부, 언론 및 집회의 자유, 기타 민주적인 제도 및 문화의 특징은 의심할 여지 없이 중요하다"라고 인정한다.[19] 분명히 그렇다. 그리고 모든 범위에 걸쳐서 이런 자유와 보호는 피통치자가 통치자를 선택하는 사회에서만 존재해왔다. 절대 군주나 독재자는 신민에게 그런 자유와 보호를 허용하지 않는다. 통치자가 '가장' 잘 알고 있기 때문에 어떤 이견도 '불경죄'로 간주된다. 다시 말해서 '자유주의적' 민주주의는 사회적 경계선 내에서, 그리고 모든 사람에게 동등하게 적용되는 법의 제약 테두리 내에서 원하는 대로 생각하고 말하고 행동할 수 있는 개인의 권리를 보호한다. 따라서 2020년 대통령 선거 결과를 뒤집으려는 도널드 트럼프의 시도가 법적 책임을 져야 하는 것인지에 대한 질문은 매우 중요하다. 만약 선거의 공정한 개표와 같은 중대한 사안에서 트럼프가 법보다 위에 있다고 간주된다면, 민주주의의 중심 기둥이 무너질 것이다.[20]

민주주의가 주는 이런 광범위한 혜택은 매우 중요하다. 하지만 투표 자체의 가치는 무엇일까? 여러 가지 이점 중에서도 "선거는 일반적으로 누가 통치할 것인지에 대해서 권위 있고 널리 받아들여지는 합의를 제공한다. 예를 들어, 미국에서 치열한 경합을 벌였던 2000년 대통령 선거 결과조차 적법한 것으로 널리 인정받았다. 비록 한 주에서 몇 표 차이로 승부가 갈렸고 대법원에서 내린 5:4 판결이 많은 비판을 받았지만 말이다."[21] 적법한 권위는 매우 중요한 이점이다. 이와 다른 방식으로 그런 권위를 확보하는 유일한 길은 일종의 상속을 통해서인데, 이는 훨씬 더 자의적이다. 칼리굴라Caligula(로마 제국의 폭군 황제-옮긴이)가 상속인이라면 어떻게 해야 할까? 결국 그는 암살당했는데, 이는 매우 끔찍한 방식으로 누가 통치할지를 결정하는 것이다. 게다가 민주주의에서는 유리한 위치가 자주 바뀌기 때문에 패자도 언젠가는 다시 이길 수 있다는 기대가 있다. 따라서 패배가 영원히 지속되는 상황과 비교할 때 더 기꺼이 승복한다. 또한 "선거 경쟁은 통치자가 언제든지 반대파를 용인할 수 있는 인센티브를 제공하기도 한다. 시민들이 현 통치자에 반대하고 그들을 교체하기 위해 조직적으로 노력하면서도 여전히 국가에 대한 충성심을 가지고 있다는 생각은 진정한 민주주의와 사회적 화합의 기본이다."[22]

투표에 의지하는 자유주의적 민주주의가 가지는 다른 이점도 있다. 독재 국가에는 민주주의와 달리 퇴출 메커니즘이 없다. 독재자가 유능할 수도 있고 균형 감각을 갖췄을 수도 있으며 멀리 내다볼 수도 있다. 하지만 독재자는 무능하거나 심지어 사이코패스일 가능성도 크다. 정기적으로 자유선거를 실시하는 국가라면 후자의 유형은 공직에서 해임된다. 물론 그런 사람이 한 번은 선출될 수도 있다. 1933년 독일이나 2000년 러시아에서 그런 일이 발생했다. 하지만 그 후 독재자가 무력으로 제거되지 않는 한 더 이상 자유선거는 없다. '한 사람이 한 표를 딱 한 번' 행사하는 것은 물론 자유주의적 민주주의가 아니다.

이는 자유선거에 대한 강력한 논거들이다. 하지만 보편적 참정권에 대한 논거는 아니다. 실제로 일부 사람들은 앞서 언급한 것처럼 정보를 잘 알고 있는 사람들(엘리트 정치인)에게만 선거권이 주어져야 한다고 생각하거나, 과거 모든 지역에서 그랬던 것처럼 특정한 경제적·젠더적·인종적 특성을 가진 사람들에게만 주어져야 한다고 생각한다. 그러나 이런 제한에 반대되는 논거가 압도적으로 많다.

첫째, 투표할 자격이 있는 사람과 그렇지 않은 사람을 명확하

436

게 구분할 수 있는 특성은 존재하지 않는다. 왜 남성만 투표할 수 있고 교육 수준이 높은 여성은 투표할 수 없는가? 왜 유색인종은 안 되고 백인은 되는가? 왜 특정한 수준의 재산이나 소득이 있는 사람은 투표할 자격이 있지만 그보다 가난한 사람은 투표할 자격이 없는가? 이런 구분은 모두 자의적인 것이다. 교육을 많이 받은 사람이 그렇지 않은 사람보다 더 현명하게 투표할 것이라고 믿는 것조차 큰 오산이다. 18세기 스코틀랜드의 위대한 철학자 데이비드 흄David Hume은 "이성은 정념passions의 노예이며 또한 그래야만 한다. 이성은 정념에 봉사하고 복종하는 것 말고 다른 어떤 역할도 자임해서는 안 된다"[23]라고 썼다. 이런 견해가 '옳다고 보아야' 하는지에 대해서 논쟁할 수는 있을 것이다. 하지만 의심의 여지 없이 '옳다.' 감정이 우리의 선택을 주도한다. 지성이 정교할수록 충성심, 편견, 이기심을 더욱 정교하게 은폐한다. 따라서 "역사적 기록을 보면 고학력자를 포함한 교육받은 사람들이 다른 사람들과 마찬가지로 도덕적·정치적 판단을 잘못했다는 사실에 대해서 의심의 여지가 없다."[24] 독일 최고의 지식인과 가장 성공한 사업가를 포함하여 많은 고학력의 독일인들이 나치를 지지했다. 고학력 유럽인 중 상당수가 공산주의자였다. 경제학자, 정책 입안자, 금융가들이 글로벌 금융위기를 예견하지도 예방하지도 못한 것 또한 대표적 사례다. 투표권 부여 문제에서 유일하게 자의적이지 않은 기준은 성인과 미성년자를 구분하는 기준이다. 신뢰할 수 있는 치매 진단도 그런 기준 중 하나가 될 수 있다. 그 이상으로 선거권을 제한하려는 시도는 자의적일 뿐만 아니라 억압으로 이어질 수밖에 없다. 중국에 현능통치가 있을 수도 있고 없을 수도 있지만, 매우 억압적이라는 것은 명백하다.

둘째, 설사 보편적 참정권 비판자들이 주장하는 것처럼 대부분의 유권자가 정치와 정책이 자신의 이익이나 견해와 어떻게 상호작용하는지 잘 모른다는 것이 사실이라고 하더라도, 일반적으로 가난하고 경제적·사회적으로 주변적인 일부 사람들을 유권자 명부에서 제외할 경우 의사결정 과정에서 많은 사람의 입장이 효과적으로 대변되지 못하는 상황이 크게 악화될 것이다.[25] 사람들이 투표할 수 있는 한, 그들의 이익과 견해는 무시될 수 없다. 투표가 자신들이 받는 대우에 변화를 불러올 것이라고 믿고 투표권을 얻기 위해 열심히 싸웠던 남아프리카 흑인들과 아프리카계 미국인들의 믿음은 틀린 것이 아니었다. 투표는 분명히 변화를 불러왔다. 물론 기대했던 만큼의 변화는 아니었지만 말이다. 교육 수준이 낮고 가난한 사람들의 참정권을 박탈하면 그들의 이익에 대한 사회적 관심이 줄어들 것은 분명하다. 1723년 영국에서 제정된 흑인법 The Black Act은 200여 가지의 범죄, 대부분 재산에 대한 범죄를 중범죄로 규정했다.[26] 더 폭넓은 대중을 대변하는 의회가 있었다면 그런 괴물 같은 법안을 제정하지 못했을 것이다. 남북전쟁 이후 남부의 백인들이 그랬던 것처럼, 19세기에 투표권에 대한 기준을 높게 유지한 부유층은 그렇게 함으로써 얻을 수 있는 이득을 잘 알고 있었다. 자유언론이 있는 민주주의 국가에서는 기근이 발생할 가능성이 작다는 노벨 경제학상 수상자 아마르티아 센의 논문도 같은 맥락에서 정치적 권리를 가진 사람들이 정치적으로나 사회적으로 더 중요하게 대우받는다는 점을 지적한다.[27] 이런 이유로 그는 투표권을 포함한 정치적 자유권은 "사람들이 (경제적 요구에 대한 주장을 포함하여) 정치적 관심사에 대한 자신의 주장을 표현하고 지지하는 데 정부가 더욱 귀를 기울이게 하는 중요한 도구 역할을 한다"[28]라고 주장한다.

마지막으로, 투표권은 사람들이 정치 공동체의 완전한 구성원임을 보여준다. 그들은 공적 활동에 참여할 권리가 있으며, 따라서 공적 활동을 관리하는 사람들은 그들에게 책임을 져야 한다. 투표는 시민으로서 정치 공동체의 일원이 됐음을 선언하는 행위다. 인간은 집단적으로 행동하게 되지만, 어떻게 행동하느냐에 따라 큰 차이가 발생한다. 플라톤의 국가관(또는 정당 국가라는 현대 중국의 국가관)에서 대부분 사람은 무엇을 하라는 지시를 받기 위해 존재하는 피통치자다. 하지만 민주주의 국가에서 그들은 시민이다. 통치자는 그들의 하인이다. 문제는 그것이 비록 완벽하지는 않지만 어떻게 하면 더 잘 작동하게 할 수 있느냐 하는 것이다. 이제 이 문제로 돌아가 보자.

민주주의가 그 자체로 좋은 것은 아니다. 민주주의적 사회는 분명히 세계에서 가장 번영하고 가장 자유로운 사회지만, 그 자체로 좋은 사회가 되는 것은 아니다. 하지만 오늘날의 세계에는 마땅한 대안이 존재하지 않는다. 한 가지 대안은 선동적 권위주의인데 그것은 독재를 하고 싶어 하는 자와 그 조력자들이 내부에서 자유민주주의를 침식하는 것이다. 이는 우울할 정도로 많은 현대 정치인이 취하는 전략이다. 두 번째는 관료적 권위주의로, 유권자가 선출한 것이 아니라 자임한 관료 엘리트가 모든 권력을 장악하는 것이다. 이것이 중국이 취한 전략이다. 안타깝게도 자유주의적 민주주의는 독재나 소수의 과두 정치로 변질될 수 있다. 그러나 그 결과로 탄생한 정권이 억압적이고, 분열적이며, 비인간적이고, 무능하리라는 것을 우리는 역사적 경험을 통해 잘 알고 있다. 자유주의적 민주주의는 먼저 붕괴와 혁명을 겪지 않고는 관료적 권위주의로 전환될 수 없다. 중국이 지난 수십 년 동안 보여준 것처럼, 그런 체제도 물론 성공할 수는 있다. 마오쩌둥의 폭정으로 무분별한 재앙을 먼저 겪어야 했지만 말이다. 한편으로는 현대 서방이 따라 할 수는 있지만 절대 따라 해서는 안 되는 실패 사례가 있고, 다른 한쪽에는 (하늘에 감사하게도) 전혀 따라 할 수 없는 취약한 성공 사례가 있다. 이는 우리의 선택지를 더 단순하게 해준다. 자유주의적 민주주의와 시장 자본주의는 서로를 필요로 하기 때문에 이 두 가지가 결합된 우리의 시스템이 더 잘 작동하도록 만드는 것 외에는 믿을 만한 다른 대안이 없다.

민주주의의 재건

서구 민주주의의 제도들을 개선하기 위한 많은 제안이 있었다.[29] 하지만 나는 몇 가지 기본 사항에 초점을 맞추고자 한다. 민주주의는 공정한 투표와 전문적 정치인, 이해관계가 개입되지 않은 전문성, 독립적 기관들, 그리고 무엇보다 보편적 시민권이 결합되어야 한다. 결정적으로 자유주의적 민주주의는 다수의 횡포와 동일한 것이 아니기 때문에 이에 대한 강력한 안전장치 없이는 작동할 수 없다. 가장 중요한 안전장치는 헌법이나 법률상의 구체적 문구들이 아니다. 그것들은 정치화될 수 있고 전복될 수 있다. 중요한 것은 국민들의, 그리고 특히 엘리트들의 마음과 생각이다. 자유롭고 민주적인 사회는 궁극적으로 시민들 간의, 그리고 시민과 공공 영역 간의 연결에 달려 있다. 페르난두 엔히키 카르도주 Fernando Henrique Cardoso 전 브라질 대통령은 오늘날 민주주의의 위기에 대해서 "우리의 과제는 '데모스'와 '레스 푸블리카res publica', 즉 국민과 공적 기구 사이의 간극을 메우고 정치 시스템을 사회의 요구와 다시 연결해주는 실타래를 다시 짜는 것"[30]이라고 주장했다.

시민성의 필요성

민주주의는 시민을 만들기도 하지만 시민을 요구하기도 한다. 더 많은 대중과 엘리트가 공동으로 노력하지 않으면 민주공화국은 무너질 것이다. 지금껏 유지되어온 모든 민주주의 국가에서 이런 상호헌신은 애국심으로 표현되며, 애국심에는 국가를 위해 기꺼이 싸우다 죽을 각오를 한다는 의지도 포함된다. 하지만 애국심이란 무엇일까? 1945년 조지 오웰은 다음과 같이 유명한 문장으로 그것을 설명했다.

'애국심'이란 특정한 장소와 특정한 삶의 방식에 대한 헌신을 의미하며, 그 방식이 세계 최고라고 믿더라도 다른 사람들에게는 강요하고 싶지 않은 것이다. 애국심은 본질적으로 방어적인 성격을 띠는데 군사적으로나 문화적으로나 다 그러하다. 반면에 민족주의는 강대국에 대한 욕망과 뗄 수 없는 관계를 가지고 있다. 모든 민족주의자의 지속적인 목적은 자신이 더 많은 힘과 위신을 확보하는 것이 '아니라' 자신의 개별성을 그 속에 묻어버리기로 선택한 국가 또는 단위가 더 많은 힘과 더 많은 위신을 확보하게 하는 것이다.[31]

한 사람이 굳이 자신의 배우자가 세계 최고라고 믿지 않아도 되는 것처럼, 한 국가의 시민이 되기 위해서 자기 나라의 생활 방식이 '세계 최고'라고 믿지 않아도 상관없다. 서로 간에 결점이 있음을 알면서도 서로를 사랑한다는 것만 알면 상대방으로부터 사랑받게 된다.

애국심은 왜 중요한가?[32] 자유주의적 민주주의는 '동의에 기반한 통치'를 의미하기 때문이다. 자신이 싫어하는 생각을 가진 경멸하는 사람들의 통치를 정당한 것으로 기꺼이 받아들일 수 있어야 한다. 동의와 반대의 결합이 효과적으로 작동하게 하려면, 특정 정당·정파·지역에 대한 애착보다 선거·의회·정부·법 등 민주공화국의 제도에 대한 충성심을 우선시해야 한다. 이런 깊은 충성심이 사라지면 민주공화국은 내전으로 붕괴 위험에 처하게 된다. 게다가 사람들은 제도가 아무리 필수적일지라도 제도 자체에 헌신하는 경우는 드물다. 제도에 대한 충성심은 신분·성별·민족·종교와 관계없이 모든 시민이 동등한 시민적·정치적 권리를 누린다는 규범, 그리고 공정한 선거에서 승리한 사람이 법에 따라 행동한다면 내가 복종할 의무가 있는 정부를 구성할 권리가 그에게 있다는 믿음이 바탕이 되어야 한다. 사회의 대다수 사람이 이런 기본적인 민주주의 규범을 받아들여야 한다.[33] 그러나 이런 규범을 준수하더라도 모든 어려움 속에서 민주주의적 삶의 무게를 감당하지 못할 수도 있다. 하지만 장소·역사·사상·현실로서의 조국을 사랑하는 마음을 공유하면 의견과 가치관의 차이를 더 쉽게 용납할 수 있기 때문에 애국심이 발휘되며, 이것이 그런 무게를 감당할 수 있게 해준다.

이런 관점은 '충성스러운 반대파loyal opposition'라는 매우 중요한 개념에 담겨 있다. 한 지역의 보수당 의원을 상대로 윈스턴 처칠은 1940년 자신을 총리로 만드는 데 큰 역할을 했지만 1945년 총선에서 자신에게 패배를 안긴 노동당 지도자 클레멘트 애틀리Clement Attlee를 변호했다. 이 개념은 그의 연설을 통해서 더욱 생생하게 설명됐다. "애틀리 씨는 위대한 애국자다. 차트웰 지역에서 감히 그를 '어리석고 늙은 애틀리'라고 불러서는 안 된다. 안 그러면 당신은 다시는 공천받지 못할 것이다."[34]

애국심과 시민적 미덕은 동전의 양면이다. 시민적 미덕은 시민들이 서로에게 다해야 할 의무가 있다는 점을 이해하는 것이다. 이런 생각은 기원전 2세기 라틴 시인 엔니우스Ennius의 "Moribus antiquis res stat romana virisque(로마의 국가는 자신의 고대 전통과 자신의 사람들 위에 서 있다)"[35]라는 문구에 담겨 있다. 이는 법을 준수하는 것보다 훨씬 더 많은 것을 의미한다. 사람들의 일상생활은 크고 작은 일들에서 서로가 서로에게 어떻게 행동하는지에 의

지한다. 코로나19는 시민적 미덕에 대한 엄중한 시험이었다. 사람들은 서로를 배려하고 돌봐야 할 의무가 있다고 믿었을까? 어떤 경우에 그 대답은 '아니요'였다. 이런 미덕이 부족한 사회는 사나워지고 무질서해질 위험이 있다.

브라만 좌파의 가장 큰 실수는 애국심, 특히 노동자 계급의 애국심을 경멸한 것이다. 대다수의 평범한 사람들에게 시민권은 자부심, 안정감, 정체성의 원천이다. 노동당 총리 중 가장 성공한 애틀리는 애국자였다. 그의 가장 강력한 장관이었던 어니스트 베빈 Ernest Bevin 역시 마찬가지였다. 현대 좌파의 일부가 과거에 영국이 실천해왔고 옹호해왔던 모든 것을 깎아내리려는 욕망은 집권에 대한, 심지어 민주주의 자체에 대한 그들의 희망을 파괴해버린다.

그러나 현대의 보편적 참정권 민주주의에서 애국심이 발휘되려면 좀 더 구체적인 것이 필요하다. 현대 서구 민주주의의 초석은 시민들 간의 호혜적 계약이다. 따라서 "공동체 내의 호혜적 혜택은 공동체가 국가가 됨에 따라 확대됐다."[36] 현대 국가는 무엇보다 시민들이 질병, 노령화, 실업, 빈곤처럼 보험에 가입할 수 없는 삶의 위험으로부터 자신을 보호할 수 있는 메커니즘이다.

복지국가의 성립에서 중요한 계기는 보수적인 철의 재상 오토 폰 비스마르크 Otto von Bismarck가 1883년 독일에 의료보험을 도입하기로 한 것이었다.[37] 그는 독일 사회민주당 SPD의 정치적 호소력을 무력화하기 위해서 그렇게 했다. 그는 조직된 노동자 계급이 확실한 사회보장을 요구할 것이며, 만약 보수파가 이를 제공하지 않는다면 선거에서 사회주의자들을 선출할 것이라는 점을 인식했다.

이후로 어떤 형태든 복지국가를 둘러싼 협상은 서구의 모든 고소득, 보편적 참정권 민주주의 국가의 특징이 됐다.[38] 이런 맥락에서 볼 때 2012년 런던 올림픽 개막식에서 국민보건서비스NHS가 영국 애국심의 상징으로 받아들여진 것은 인상적이었다.

시민권은 필연적으로 한 나라의 경제가 제공하는 기회와 국가가 제공하는 사회보장에 대한 특권적인 접근을 의미한다. 이런 혜택을 시민권이라는 시민 상호 간의 거래가 아닌 '외부인'에게 넘기는 것은 불공정한 것으로 여겨지고 있다. 따라서 최근 한 논문에 따르면 "미국의 인구 다양성에 관한 연구는 민족적·인종적 다양성이 사회적 신뢰와 연대를 약화시키고, … 이는 결국 재분배에 대한 태도에 부정적인 영향을 미친다는 것을 보여준다."[39] 이것은 미국을 계속 괴롭히는 인종 문제로 인한 비극의 일부다. 하버드대학교의 알베르토 알레시나Alberto Alesina는 자신이 공저자로 참여한 이 논문을 통해 유럽에서도 "한 나라 안의 이민자 비율이 높아지면 재분배 정책에 대한 노동자들의 지지가 낮아진다"라고 주장했다.[40] 불법 이민자들이 새로운 나라에서 안전을 확보하고 기회를 누리고자 하는 절박한 심정을 아무리 잘 이해할 수 있다고 하더라도, 그들에게는 재분배를 받을 자격이 전혀 없다고 간주될 가능성이 크다는 주장이다. 그러므로 미국에서 합법적 서류가 없는 근로자의 고용을 더 강력하게 통제하지 않은 것은 큰 실수였다.[41]

민주적 시민권을 쇄신하려면 국가가 국민, 특히 젊은이들에게 민주주의의 의미, 작동 방식, 시민의 책임이 무엇인지에 대한 윤리적 교육을 제공해야 한다. 다양한 배경을 가진 젊은이들이 공동의 노력에 동참할 수 있도록 일정한 형태로 국가를 위해 복무하게 해야 한다는 주장도 있다. 특히 사회에서 엘리트 직책을 꿈꾸는 사람들에게는 시민적 가치 및 규범에 대한 깊이 있는 교육이 필요하다. 만약 엘리트들이 탐욕스럽고 부패하고 거짓말을 일삼고 평범한 사람들의 운명에 무관심하다고 여겨진다면 공화국은 무너질 가능성이 크다는 것이 역사가 주는 교훈이다. 파산한 그린실캐피털Greensill Capital을 대신해서 대정부 로비를 했고, 그덕에 엄청난 보상을 받은 데이비드 캐머런David Cameron 전 영국 총리의 이야기가 그런 사례 중 하나다.[42] 엘리트가 윤리적이지 않다면 민주주의는 금권주의적 현실을 뒤에 숨긴 선동적 쇼가 된다. 그것은 결국 민주주의의 사망선고로 이어질 것이다.[43]

정체성 정치의 위험성

민족적·종교적 또는 기타의 정체성이 강해지면 애국적 충성심이 발현되는 것을 막을 수 있다. 이것이 극단적인 상황에서 발생시키는 결과가 궁금하다면 북아일랜드를 보면 된다. 레바논은 그보다 더 나쁜 예다. 북아일랜드에서는 영국이라는 외부 국가가 그나마 질서를 강요할 수 있지만 레바논에는 그런 것조차 없기 때문이다. 지나치게 좁게 정의된 정체성이 지리적으로 한 지역에 집중되어 있으면 다른 지역으로부터 물리적 분리독립이 발생할 수도 있다. 스코틀랜드와 잉글랜드 간에 곧 그런 일이 벌어질 수 있으며, 체코와 슬로바키아 간에, 그리고 슬로베니아와 구유고슬라비아의 나머지 지역 간에는 이미 그런 일이 벌어졌다. 최악의 경우, 보스니아나 레바논처럼 서로 다른 집단이 함께 사는 곳에서는 인종 청소나 게토화ghettoization라는 끔찍한 결과를 초래할 수 있다.

그 지경까지 가지 않더라도 편협하고 배타적인 정체성은 민주주의 정치에 문제가 될 수 있다. 사람은 민족, 인종, 성별 중 한 가지 속성으로만 정의할 수 없기 때문이다. 사람들은 다양하고 일반적으로 중복되는 정체성을 가지고 있다. 게다가 만약 우리가 정체성 정치를 받아들인다면, 그동안 민주주의 세계가 벗어나기 위해 고군분투했던 신분의 귀속 또는 세습이라는 낡은 정치로 돌아가는 것이 되므로 문제는 더 심각해진다. 이는 현대의 위대한 업적 중 하나를 뒤집어버리는 것이다. 정치에서 정체성이 문제가 되는 또 다른 이유는 개인의 권리가 아닌 집단의 권리라는 개념으로 자연스럽게 이어지기 때문이다. 따라서 특정한 정체성 그룹의 구성원은 특정한 직책을 특정한 비율로 할당받는 것이 하나의 권리로 간주되어야 한다고 믿게 된다. 그러나 이는 정치를 정체성 집단 간의 제로섬 내전으로 변질시킬 위험이 있다.

이렇게 되면 소수자의 정체성 정치가 다수자의 정체성 정치를 자극할 것이 거의 확실하다. 이런 문화적·종교적·인종적 다수파의 정체성 정치는 이제 전 세계 곳곳에서 볼 수 있다. 튀르키예의 에르도안, 폴란드의 카친스키, 헝가리의 오르반이 바로 그런 정치인이다. 자신의 정체성을 백인, 기독교인, 보수주의자로 규정하는 도널드 트럼프와 현재 공화당의 정치도 그런 것이다. 모디 총리의 인도에서도 힌두교 정체성에 호소하는 현상이 일어나고 있다. 다수파의 정체성 정치는 배타적인 형태의 민족주의와 결합할 가능성이 크다. 가장 큰 위험은 다수파의 정체성 정치가 인종적 지배로 변질되어 모든 사람의 평등한 권리, 그리고 국가 정체성의 공유라는 개념들이 사라지게 된다는 것이다.[44] 어떤 대가를 치르더라도 이런 결과는 피해야 한다. 대신 빈곤, 실업, 장애, 연령, 질병, 가족의 책무 등 널리 공유되고 측정 가능한 사회적 곤경에 정치적 논쟁의 초점을 맞춰야 한다. 이런 것들은 문화적·종교적·민족적 정체성과 결부되어 있지 않다.

그러나 특정 집단이 마치 별도의 '카스트'인 것처럼 취급되어 낮은 지위를 부여받는 경우에 불가피하게 문제가 발생한다. 이런 카스트 구분이 가장 광범위하게, 역사적으로 확고하게 자리 잡은 예가 여성의 지위다. 인종도 그런 역할을 해왔다. 특히 노예제도의 유산으로 피부색에 따라 불이익을 받는 계급이 만들어진 미국에서 그렇다. 인도의 카스트 제도는 더 큰 문제를 야기한다. 해결책은 불이익을 받는 계층에 속하는 '모든' 사람에게 기회를 개방하는데 초점을 맞추는 동시에 이런 고착화된 차별로 고통받는 사람들에게 특히 주의를 기울이는 것이다.[45]

이민 관리

이민과 관련하여 가장 큰 문제는 통제 '여부'가 아니라 '어떻게' 통제할 것인지다. 민주주의 국가는 서로에 대한 충성심과 신뢰의 유대로 묶여 있는 시민들의 것이다. 누가 어떤 조건으로 이 공동체의 일원이 될 것인가는 경제적인 문제 못지않게 정치적인 문제일 수밖에 없다.

이민자는 거주할 권리는 있지만 시민으로서의 의무나 권리는 없는 '외국인 거주자'로 볼 수 있다. 많은 국가에서 이민자들은 부적절한 행동을 할 경우 추방당할 위험이 있는 무기한 체류자 신분이 될 수 있다. 그럼에도 문명화된 국가에서는 당연히 대량 추방이 불가능하다. 실제로는 이민자와 그 자녀가 영원히 거주할 것이라고 가정해야 한다. 잠재적으로 영구적인 존재라는 점에서 이주 문제는 상품 거래와는 분명히 다르다. 예를 들어 중국에서 상품을 계속 구매하고 싶지 않다면 구매를 중단하면 된다. 하지만 이웃으로부터 도망칠 수는 없다. 이렇게 얕은 의미의 소속감에서도 이주는 상당히 다르다.

많은 국가에서 이주민과 그 자녀는 시간이 지나면 시민이 될 자격이 주어지며, 당연히 그렇게 되어야 한다. 이는 민족보다는 공유된 이상으로 하나로 묶여 있는 '신념적' 민주주의 국가에서 특히 그렇다. 개인의 자유, 법적·정치적 지위의 평등, 공정한 선거, 법치주의 등 현대 민주주의의 기본 신념은 매우 유사하다. 그러나 시민들은 베네딕트 앤더슨Benedict Anderson이 '상상된 공동체'라고 불렀던 것에 대한 충성심으로 하나로 묶여 있다. 성공한 국가의 국민들은 자신이 누구인지, 어디에서 왔는지, 어떻게 행동하는 것이 적절한지에 대한 공유된 이야기에 묶여 있다. 국가적 이야기가 이처럼 완전히 공유되지 않은 곳에서는 그 결과로 사회적·정치적 분열이 고착화됐다.

이민자의 시민권을 허용하는 국가는 이민자가 국가 공동체의 완전한 일원이 되리라고 가정한다. 이런 통합 과정은 많은 나라에서 성공적으로 이루어졌다. 하지만 규모가 중요하다. 이민자를 시민으로 완전히 받아들이고 그들이 시민으로서 열정적으로 참여하게 하는 것은 오랜 세월과 여러 세대에 걸친 작업이다. 이민자들이 그 나라에서 태어나고 자란 사람들을 포함하여 자신들과 다른 배경을 가진 사람들과 실질적으로 교류한다면 더 좋은 결과를 얻을 수 있을 것이다. 다시 말하지만 8장에서 논의한 경제적 이유와는 별개로 이런 관점에서 이민과 시민권 취득을 관리하는 것은 지극히 옳고 적절한 일이다.

극우파의 오류는 '친족과 친척'만이 헌신적인 시민이 될 수 있다고 주장하는 것이다. 하지만 보다 합리적인 우파가 이민을 통제할 필요가 있다고 믿는 것은 옳다. 민주주의의 시민권은 배타적인 것이며 모든 인류를 포용하는 것이 아니다. 좌파의 오류는 한 나라에 살고 있는 사람들 사이에서 불평등을 최소화해야 한다고 말하면서도 그들이 어떤 사람들인지에 대해서는 통제할 이유가 없다고 주장하는 것이다. 결국 자국민이 외국인보다 훨씬 더 중요하기 때문에 오직 그들만을 돌보는 데 전념하든지, 아니면 외국인이 자국민과 거의 또는 똑같이 중요하기 때문에 그들 사이의 불평등에 특별히 관심을 가질 이유가 없든지 둘 중 하나인 셈이다. 하지만 우리는 글로벌 불평등에 집중해야 한다. 시민권이 한편으로는 결정적으로 중요하면서도 한편으로는 전혀 무의미한 것일 수는 없다. 사실 좌파가 주장하듯이 복지국가의 재원 마련이 매우 중요한 일이라고 믿는다면, 복지국가는 자기 나라에 사는 사람들 사이의 연대에 기반한 시스템이기 때문에 시민권이 매우 중요할 수밖에 없다.

특히 이민자들은 매우 활기 있고 야심 차며 결단력이 있는 경향이 있기 때문에 이민은 한 사회에 엄청난 이점을 가져올 수 있다. 하지만 이 또한 통제할 필요가 있다. 인도주의적 구제라는 도덕적 의무감, 경제적 이익, 조화로운 사회를 모두 고려하여 수용 가능한 타협안에 합의해야 한다. 물론 어려운 일이겠지만 피할 수 없는 일이다.

능력주의의 한계

에이드리언 울드리지Adrian Wooldridge가 주장하듯이 한 사회의 엘리트는 출생과 부에 따른 특권보다는 능력을 기반으로 선발되는 것이 도덕적으로나 현실적으로나 훨씬 낫다. 그러나 경쟁의 공정성에 대한 의심의 여지가 없는 믿음, 지적 자질에 대한 무조건적인 존경, 그렇지 않은 사람에 대한 경멸 또한 위험한 것이다.[46] 품위, 신뢰성, 정직, 자존심, 근면, 친절, 동료 시민과 법에 대한 존중 역시 소중히 여겨져야 한다. 실제로 이런 덕목들은 건강한 자유주의적 민주주의에 필수적인 것들이다. 엘리트들이 자신을 무시한다고 대중이 확신한다면 모욕감과 분노, 복수심을 느끼게 되고 심지어 자신이 손해를 보더라도 권력 구조를 무너뜨리고자 하는 의지가 생길 수 있다. 또한 능력주의 엘리트들은 자신의 능력과 보상받을 자격을 동일시해서는 안 된다. 우리가 스스로를 창조한 것이 아니다. 우리의 개인적 특성은 출생과 환경에 의해 주어진다. 능력주의는 바람직하고 피할 수 없는 것이지만, 안정적인 민주주의의 지배적 가치 체계가 될 수는 없다.

정부 개혁

시민들이 시민으로서의 정체성을 공유하고 민주주의의 기본 규범을 내면화하는 것은 성공적인 민주주의를 위한 가장 중요한 조건이다. 하지만 유능한 거버넌스 또한 필요하다. 코로나19의 경험은 서구 민주주의 국가들에 경종을 울릴 만했다. 중국 문화권의 국가들은 오래전부터 높은 수준의 관료제에 대한 필요성을 이해했다. 유교 정치체제의 능력주의적 관료제는 다른 어떤 곳들의 제도보다 거의 2,000년이나 앞서서 발명됐다.[47] 서구 국가들의 효과적인 관료제는 18~19세기에 이르러서야 도입됐다. 그러나 현대 사회가 제대로 작동하기 위해서 그것은 여전히 필수적이다. 현대 서구의 일부 정부는 이런 점에서 현시점 최고의 기준에 못 미친다고 할 수 있다. 이런 문제점 중 일부는 의심할 여지 없이 일부 정치체제에서 입법적 결정을 도출하기 어렵게 하는 장애물이 있기 때문인데, 특히 미국이 그렇다.[48] 행정 시스템 자체에도 문제가 있는 것으로 보인다. 행정 시스템이 일을 전혀 효과적으로 처리하지 못할 정도로 문제가 많다고 생각하는 사람이 많다.

국가 기능의 규모와 중요성을 고려할 때 높은 수준의 행정은 필수적이다. 규모가 큰 고소득 국가들의 경우 코로나19 이전에 GDP에서 정부지출이 차지하는 비중이 미국은 36%, 프랑스는 56%에 달했다(3장 표 1과 다음의 그림 48 참조). GDP에서 정부지출이 차지하는 비중이 크게 늘어난 것은 민주주의 시대가 도래했음

그림 48 · 규모가 큰 고소득 국가의 2018년 일반 정부지출(GDP 대비 비중)

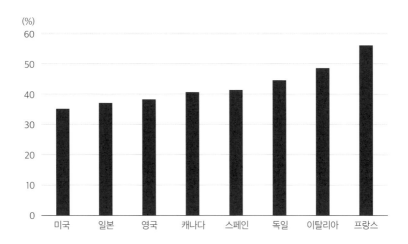

출처: IMF

을 알려주는 시그널이다. 이 수치는 실업급여, 정부의 연금 기여금, 그리고 이와 유사한 형태의 보조금과 같은 정부의 이전transfer 지출을 포함하기 때문에 GDP에 대한 정부의 직접적인 기여도보다 더 크다. 게다가 그런 수치는 복잡한 현대 사회에서 삶을 지배하는 물리적·재정적·규제적 틀을 제공하는 국가의 역할을 포함하지 않기 때문에 정부가 사회와 경제에 미치는 실제 영향이 과소평가된 것이기도 하다. 국가에 기대하는 필수 서비스의 범위는 엄청나다. 법률 서비스 제공, 인프라 및 주택의 공급, (적국, 전염병, 자연재해, 범죄 및 기타) 위협으로부터의 보호, 범죄자 처벌, (실업, 노령, 질병 및 이와 유사한 불행에 대한) 사회보장, (경쟁, 금융, 화폐, 환경 등에 대한) 규제, (교육, 과학 연구, 문화, 예술, 공공 뉴스 기관에 대한) 지원,

그리고 무엇보다 이 모든 것에 대한 비용을 감당하기 위한 경제 및 공공 재정의 관리 등이 포함된다. 이 모든 것을 효율적으로 운영하는 것은 문명 생활의 필수 조건이다. 이것이 보편적으로 인식되지 못하는 유일한 이유는 바닷속에 사는 물고기처럼 많은 사람이 우리가 살아 숨 쉬는 매개체를 인식하지 못하기 때문이다.

민주주의가 애국적인 시민의식의 가치관에 의존하는 것처럼 효과적인 행정도 능력주의적 '환관eunuch' 관료제의 가치관에 의존한다. 환관제의 특징은 그런 시스템에서 일하는 개인들이 자기 가족이나 정부 수반을 포함한 어떤 개인에 대해서보다 국가에 대해서 충성을 다해야 한다는 것이다.[49] 이것이 바로 관료제를 귀족적 궁정과 구별 짓는 요소다. 선동가가 이끄는 정부는 대체로 능력보다 자신에 대한 충성심을 훨씬 더 중요하게 여긴다.

따라서 좋은 정부의 핵심 요건은 전문성에 대한 존중과 전문성을 보유하려는 의지다. 전문가 역시 다른 관련 분야의 전문가들과 고립된 채 터널과 같은 시야에 갇혀 있을 경우 잘못된 판단을 내릴 수 있다. 2007~2009년의 금융위기가 발생하기 전에 경제학자들이 금융위기의 위험을 인식하지 못한 것이 그 예다.[50] 가장 중요한 것은 국민의 대표자들만이 근본적인 가치판단을 내릴 수 있으며, 이를 전문가에게 맡길 수 없다는 것이다. 코로나19 대응은 그 중요한 사례를 제공했다. 전문가들은 보건이나 경제를 위한 이런저런 정책 대안들에 수반되는 대가에 대해서 정부에 조언할 수 있지만(그마저도 피할 수 없는 커다란 불확실성을 인정해야 했지만), 정부만이 여러 선택지 중 어떤 것을 고를지 결정할 수 있다. 정부가 "과학적 근거에 따르고 있다"라고 말할 때 그것은 사람들을 혼란스럽게 하는(그리고 스스로도 혼란스러운) 말도 안 되는 이야기를 하는 것이다. 과학적 근거는 그것을 반드시 따라야 할 만큼 확실하지 않다. 그리고 더 중요한 점은 과학이 가치판단을 내릴 수 없다는 것이다.[51] 물론 정치인 스스로가 유능하고 현명한 사람이어야 한다는 것 또한 중요하다. 현실은 자이르 보우소나루, 보리스 존슨, 나렌드라 모디, 도널드 트럼프와 같은 포퓰리즘 선동가들의 보여주기식 정치가 팬데믹 관리에 실패했으며, 심지어 더 냉철한 지도자들의 역량 있는 정치도 실패했다는 것을 보여줬다.[52]

인터넷과 소셜 미디어가 조장하는 음모론과 허위 정보는 전염병처럼 번지면서 좋은 정부와 민주주의의 기반이 되는 합리적 토론에 독이 된다. 이제는 전문성이라는 개념을 경멸하는 사람이 점점 더 많아지고 오히려 이들에 대한 예찬이 더 커지는 현상을 목격하고 있다.[53] 만약 정부가 전문가에게 적대감을 가진다면 결국 재앙을 초래하게 된다. 더 넓게 보자면 런던정경대학교의 미노슈 샤피크Minouche Shafik 총장이 말했듯이 "다양한 미디어와 기관의 교육 및 확산을 통해서 지식을 축적하고 그것을 응용하는 것은 인류의 진보에 필수적이다. 문제는 어떻게 하면 전문가 없이 관리할 수 있느냐가 아니라 어떻게 하면 전문가를 신뢰할 수 있는 메커니즘을 마련할 수 있느냐다."[54]

많은 민주주의 국가 정부의 행정 시스템은 대대적인 쇄신이 필요하다. 이는 인사와 기능이라는 두 측면 모두에 해당한다. 인사에 관한 한, 다양한 지적 배경과 개인적 배경을 가진 최고 수준의 인재를 발굴하고 유치하고 유지하는 것이 필수적이다. 이는 곧 경쟁력 있는 급여를 의미한다. 게다가 미국처럼 정치적으로 임명된 4,000명의 고위 행정직 인사가 모두 그다음 직장에 대해서 생각하고 있다면 정부가 충분한 정보를 가지는 것, 심지어 불편부당하게 운영되는 것 자체가 거의 불가능하다.[55] 싱가포르는 또 다른 모델을 제공한다. 싱가포르는 고위 공무원에게 매우 높은 임금을 제공하지만, 매우 신중하게 선발할 뿐 아니라 높은 임금에 걸맞은 매우 유능하고 헌신적인 공공 서비스를 요구한다. 장기 근속하는 헌신적인 공무원을 확보하는 것은 물론이고 우수한 인재를 한시적으로 유치하고 활용할 수 있는 역량을 갖추는 것도 중요하다. 또한 다양한 지적 배경도 중요하다. 어려운 정책 문제들 대부분은 다양한 측면을 가지고 있기 때문에 한 가지 전문적 배경을 주로 가진 사람이나 수준 높은 교양 교육을 받은 사람만으로는 의사결정을 내릴 수 없다. 마지막으로, 공무원의 독립성과 공익에 대한 그들의 헌신을 존중하는 것이 중요하다. 정부를 경멸적으로 대하면 정부는 경멸받을 만한 수준으로 퇴보할 가능성이 크다.

국가의 기능이 상업화될수록 공직자의 덕성을 유지하기가 더욱 어려워진다. 이런 현상이 심화될수록 공적 기능이 사적 이익으로 전복될 가능성이 커진다. 이런 사적 이익에는 공무원의 사적 이익이 포함되며, 직접적이지는 않더라도 최소한 미래 직업에 대한 그들의 열망이라는 측면이 포함된다. 더 심층적인 이유는 돈을 버는 것이 직업의 목적으로 인식되어버리면 이윤 추구가 주된 덕목으로 여겨지게 되고 다른 목표와 가치는 후순위로 밀려나기 때문이다. 이 문제가 가장 중요한 이유는 정부가 게임의 규칙을 정하기 때문이다. 정부는 그 과정에서 '독립적'이고 '공정'하고 '유능'해야 하며, 그렇게 인식되어야 한다.[56] 제인 제이컵스Jane Jacobs가 우리에게 가르쳐준 것처럼, 공직과 법률의 '수호자' 덕목은 반드시 비즈니스의 '상업적' 덕목과 항상 구별되어야 한다.[57]

각국 정부가 독립적 기관들에 권한을 위임한 데에는 그럴 만한 이유가 있다. 이런 규제 기관들은 매우 많다. 예를 들어 영국은 보건 분야에만 최소 20개의 규제 기관이 있다.[58] 규제 권한의 위임은 거버넌스의 질과 기관의 업무에 대한 국민의 이해를 향상시킬 수 있으며 실제로도 종종 그렇다. 그러나 독립적 기관은 또한 국민의 삶에 막대한 영향을 미친다. 그렇다면 이런 기관들을 어떻게 관리해야 할까? 그 해답의 중요한 부분은 일류급 직원을 확보해야 한다는 것이다. 권한 위임은 유능하고 이해관계가 없는 사람들에게 이루어져야 하며, 위임의 조건은 가능한 한 분명하게 제시되어야 하고 경계가 명확해야 하며 투명해야 한다.[59]

또 다른 문제는 지방 분권이다. 실질적인 분권에는 여러 가지 이유가 있는데, 특히 현지 관련 지식을 활용할 수 있다는 이점과 현지의 책임성을 확보할 수 있다는 이점이 있다. 경험이 이런 사실을 뒷받침해준다. 가장 성공적인 국가 중 상당수는 인구가 적은 나라들이다. 덴마크, 핀란드, 아일랜드, 이스라엘, 뉴질랜드, 노르웨이, 싱가포르, 스웨덴, 스위스 또는 조금 더 큰 규모의 호주, 네덜란드, 타이완을 생각해보라.[60] 이들 국가는 부유하고 안정적이며 민주적이다. 개방된 글로벌 시장과 현대적 커뮤니케이션을 고려할 때 이들 국가는 비즈니스 운영에서 '글로벌 규모'로부터 얻는 이점과 정치에서 '소규모'로부터 얻는 이점을 결합할 수 있다. 이는 큰 국가를 세분화하여 권한과 책임을 효과적으로 행사할 수 있는 가장 낮은 수준으로 분산해야 한다는 것을 의미한다. 이런 개념을 보충성subsidiarity(모든 공공의 사무는 기본적으로 지방 정부가 담당하고, 국가는 이를 보충하는 역할을 수행해야 함을 강조하는 개념-옮긴이)이라고 한다. 더 나아가 성공한 작은 나라 중 상당수는 그 자체로 고도로 탈중앙화된 국가들이다. 탈중앙화는 행정 역량의 분권화를 수반해야만 한다. 독일 연방 모델의 성공과 미국의 탈중앙화된 실험을 위한 역량이 이런 개념을 뒷받침해준다.[61]

마지막으로, 국가가 국민의 이익을 위해 봉사하려면 거버넌스도 더 위쪽으로 이전되어야 한다. 제2차 세계대전 이후 UN과 함께 IMF, 세계은행, GATT, EEC와 같은 중요한 국제기구들이 창설된 것도 바로 이 때문이다. 그러나 이런 것들은 거미줄처럼 연결되어 국가를 구속하는 많은 조약의 일부에 불과하다. 2장에서도 언급했듯이, 예컨대 영국은 1만 4,000개가 넘는 조약에 서명했다.[62] 이런 제도와 협약은 주권을 훼손하는 것이 아니라 주권을 더 효과적으로 만든다. 국가는 자기 시민들이 필요로 하는 것을 독자적으로 추구하는 것보다 국가들끼리 서로 협력함으로써 더 잘 달성할 수 있다. 어떤 경우에는 이런 방식을 통해서만 시민들이 필요로 하는 것을 달성할 수 있다. 글로벌 공유지에 대한 관리가 가장 중요한 예다. 국제 거래에서 예측 가능성을 제공하는 것도 마찬가지다. 한 국가가 WTO에 가입하게 되면 다른 회원국 정부들이 해당 국가에 대해서 WTO 규칙에 따라 행동해야 하므로, 그 국민들은 그에 대해서 더 예측 가능하게 된다. 이는 혼자의 힘만으로는 할 수 없는 것이다.

주권은 국경선 내에서만 영향을 미칠 수 있지만 국익은 국경선에서 끝나지 않는다. EU 탈퇴를 스스로 결정한 것에서 볼 수 있듯이, 영국은 항상 주권국이었지만 EU의 회원국으로 있으면서도 주권을 행사했었다. 영국은 국민들에게 어느 정도의 기회, 안전, 번영을 제공할 수 있었지만 이제는 브렉시트 때문에 이를 잃게 됐다. 공동의 이익을 위해 권력을 공유하자는 이 강력한 아이디어가 민족주의의 부활로 잠식되고 있는 것은 비극적인 일이다.

민주적 책임성의 확립

또 다른 과제는 정치권력에 의지하여 살아가는 사람들을 정치권력이 책임지게 하는 것이다. 대의제 민주주의는 훌륭한 발명품으로, 미국처럼 넓은 지역에 걸쳐 책임 있는 정치 시스템을 구축하게 해줬다. 정부가 광범위한 유권자에 대해 책임을 지게 했으며, 유권자와 정부 사이에 필요한 중개자 역할을 하는 전문 정치인들의 출현을 장려했다.

보편적이고 안전하며 보안이 보장된 투표는 필수적이다. 도널드 트럼프가 2020년 미국 대선 과정에서 그리고 자신의 결정적 패배 이후 그랬던 것처럼 (2021년 1월 6일 국회의사당 쿠데타 시도를 포함하여) 공직 후보자가 투표 자체를 의심하는 상황은 대의제 민주주의의 사망을 향해서 거대하고도 어쩌면 결정적일 수 있는 발걸음을 내디딘 것이다.[63] 선거 제도는 또한 게리멘더링 gerrymandering(양당이 자신들에게 유리하도록 선거구를 기형적으로 재설정하는 것-옮긴이)을 방지해야 한다. 그러려면 독립적인 위원회가 선거구의 경계를 설정해야 한다. 투표 자체는 기술이 허용하는 한 최대한 보안이 보장되어야 한다. 투표 및 개표 시스템은 완전히 비당파적인 공무원이 관리하는 것이 이상적이다.

어린이와 태아는 투표할 수 없는 반면, 노인은 투표할 수 있고 실제로도 투표한다는 것은 대표성의 중요한 결함이다. 어쩌면 성인 중에서도 나이가 어릴수록 더 많은 투표권을 가져야 할지도 모른다. 그 대신(또는 거기에 더해서) 미성년 자녀의 수를 고려하여 부모에게 일정한 한도까지 추가 투표권을 부여할 수도 있다.

투표 시스템은 복잡한 문제다. 소선거구제는 결함이 있는 제도인데, 과반수가 아닌 가장 집중력이 있는 소수가 정부를 손에 쥐게 하기 때문이다. 예를 들어 영국에서 2019년 총선 이후 보리스 존슨 총리는 유권자 43.6%의 지지만으로 집권하여 가장 극단적인 형태의 브렉시트를 추진할 수 있었다. 브렉시트당의 표를 더하더라도 전체 유권자 중 45.6%의 표를 얻는 데 그쳤다. 다수의 유권자는 브렉시트에 반대하거나 재투표를 약속한 정당에 투표했다. 그럼에도 정작 의석수는 모든 야당의 의석수를 합친 것보다 80석이나 많은 과반수 의석이 토리당에 돌아갔다. 이처럼 대표성이 없는 결과는 민주적이라고 할 수 없다. 선거구에서 국회의원을 선출하는 제도는 바람직하지만, 정당명부제는 개별 의원이 정당 지도자의 손아귀에 놓인다는 점에서 바람직하지 않다. 따라서 아일랜드와 같은 선호 투표transferable vote가 가장 좋은 제도인 것으로 보인다. 이 투표 시스템의 기본 아이디어는 1순위 표를 가장 많이 선택받은 후보가 과반 득표를 하지 못한 경우, 과반 득표자가 나올 때까지 유권자들이 2순위 및 3순위로 선호하는 후보의 표를 순차적으로 표 계산에 반영한다는 것이다.[64] 이런 시스템은 정치가 유권자 대부분이 속하는 중도층에 접근하도록 강제하고, 대표성이 없는 다수파가 나올 가능성을 낮추는 경향이 있다. 이렇게 얻은 폭넓은 동의는 더 나은, 더 사려 깊은 정부를 만들 수 있다.

또 다른 질문은 과연 호주처럼 투표를 법적으로 의무화해야 하는지에 대한 것이다. 이에 반대하는 사람들은 정치 참여가 자유로운 선택이어야 한다고 주장한다. 또 어떤 사람들은 정보가 부족한 유권자를 더 많이 보태봐야 의미가 없다고 주장한다. 이런 주장과는 반대로 만약 투표가 사회적 의무라면 국가는 투표 참여에 대한 억압을 용인(심지어 조장)해서는 안 되며 누구나 투표에 참여할 수 있도록 보장해야 한다. 무엇보다 중요한 것은 시민으로서의 기본적인 의무를 회피해서는 안 된다는 것이다. 투표를 법적으로 의무화해야 한다는 주장은 설득력이 있다. 누구나 투표를 해야 한다.

매우 핵심적인 이슈는 정당의 역할에 관한 것이다. 미국의 건국 시조들은, 워싱턴의 말을 빌리자면, 정당이란 "교활하고 야심적이며 원칙 없는 사람들이 국민의 권력을 전복하고 자신들이 정부의 고삐를 쥐게 하는 강력한 엔진"이라고 생각하며 혐오했다.[65] 그럼에도 정당은 대의제 민주주의에서 정책과 정치를 조직화하는 필수적인 수단이다. 유권자와 권력을 연결하는 다리 역할을 하기 때문이다. 그러나 본질적인 정치적 기능을 고려할 때 정당이 어떻게 운영되어야 하는지에 대해서 몇 가지 어려운 질문이 제기된다. 하나는 정당 지도자나 후보를 누가 선택해야 하느냐다. 당에서 중심적인 역할을 담당하고 유권자에게 다가가는 데 관심이 있는 사람이 그런 선택 과정에서 주도적인 역할을 하는 것은 매우 바람직하다. 의원내각제에서는 국회의원이 지도자 선출에 결정적인 역할을 해야 하고, 대통령제에서는 당직자들이 후보자 선출에 주도적인 역할을 해야 한다. 목표는 소수의 적극적 당원을 만족시키는 것이 아니라 유권자 중 다수의 표를 얻는 것이어야 한다. 미국처럼 당내 경선이 지배적인 비중을 차지하는 경우에는 특히 소수의 적극적 당원에 의한 포획에 취약한 것으로 입증됐다.[66] 그나마 가장 덜 나쁜 결과는 충분한 정보를 가진 정당 내부자들이 대통령 후보를 선택하는 데 큰 역할을 하는 것이다. 이것이 미국 대통령 선거인단Electoral College(간접선거제인 미국 대통령 선출에 참여하는 총 538명의 선거인단으로, 주별 인구에 맞춰 숫자가 할당된다. 선거가 있는 해의 11월 둘째 주 화요일에 각 주에서 일반 유권자 투표에서 승리한 정당이 해당 주에 할당된 수의 선거인단 전체를 확보한다. 각 주의 선거인단은 12월 셋째 주 월요일에 각 주의 주도에 모여서 투표를 하고 이 결과가 워싱턴 D.C.에 있는 연방 상원 의장에게 전달된다. 선거인단 투표의 개표 및 결과 발표는 그다음 해 1월 6일 상하 양원 합동으로 진행된다-옮긴이)의 원래 취지였다. 하지만 안타깝게도 선거인단은 더 이상 대통령 후보의 자질을 검증하는 데 독립적인 역할을 하지 않는다.[67]

또 다른 문제는 정당의 자금 모금이다. 정당은 사적 자금에 전적으로 의존해서는 안 된다. 정당은 공적 자금을 받을 수 있어야 한다. 그래야 강력한 로비로부터 독립성을 높일 수 있을 뿐만 아니라 좋은 정책을 개발하는 데 필요한 자원을 확보할 수 있다. 이를 위한 한 가지 방법은 납세자가 세금 신고 시 납세액의 일정 금액을 자신이 선택한 정당에 기부할 수 있게 하는 것이다. 이는 훨씬 더 큰 문제인 정치에서 사적 자금의 역할이라는 관점에서 다루어져야 한다. 최소한의 차원에서 정당뿐만 아니라 모든 정치적 목적의 활동에 대한 기부금은 완벽한 투명성이 보장되어야 한다. 정치에서 검은돈을 뿌리 뽑아야 한다.[68] 이상적으로는 기부금 규모에도 상한선을 두어야 한다.

기업과 외국인이 직접적으로 정치 자금을 기부하는 것은 금지되어야 한다. 기업은 시민이 아니다. 기업은 오로지 상업적 이유로 법인격을 부여받았을 뿐이다. 그런 가상적 성격이 정치까지 확장되어서는 안 된다. 시민을 대표하는 정치가 해야 할 일은 오히려 이런 막강한 법적 특권을 가진 기업들이 활동할 수 있는 범위에 대해 법과 규정의 틀을 마련하는 것이다. 기업의 로비 활동도 통제 대상이 되거나 최소한 완전히 투명하게 공개되어야 한다. 이것이 정치가 기업의 행동을 통제할 수 있는 유일한 방법이며 그 반대가 되어서는 안 된다.[69] 마찬가지로 외국인은 금전적 기부를 포함하여 선거에 개입할 수 없다.[70] 정치에서 돈의 역할에 대한, 그리고 기부 자격에 대한 이런 제한은 오직 시민들에게만 귀속되는 민주주의가 생존해나가는 데 필수적인 전제 조건이다.

이 외에도 정치 시스템 자체를 강화하는 문제도 있다. 그중 한 가지 이슈는 입법부 내에서 뛰어난 자질을 갖춘 사람들이 해야 하는 역할에 관한 것이다. 정부는 국민이 선출한 의회, 즉 '대표자들의 의회house of representatives'인 하원이 구성해야 하지만, 입법을 개선하거나 지연시키고 중요한 정책 문제에 대한 연구를 심층적으로 하기 위해서 '업적이 뛰어난 자들의 의회house of merit'인 상원을 두는 것도 상당한 가치가 있을 것이다. 나는 영국의 하원이 정치적 패거리들과 정치 자금 기부자들로 가득 차 있기 때문에 영국의 상원과 같은 아이디어에 찬성한다. 현재와 같은 상원의원 임명 제도는 찬성하지 않지만 말이다. 의원들이 정부로부터 독립적으로 선출되며 임기가 제한(예: 10년을 임기로 매년 10분의 1씩 교체)되는 임명직 상원의 가치는 상당하다. 즉 법조, 중앙 및 지방 정치권, 공직자, 기업인, 노동조합, 언론, 학문, 교육, 사회사업, 예술, 문학, 스포츠 등 다양한 시민활동의 분야에서 탁월한 업적을 이룬 사람들로 의회를 구성하는 것이다. 투표를 통해 선출되지 않는 상원이 제대로 구성되고 운영된다면 큰 가치가 있을 것이다. 하지만 투표로 선출되는 제2의 의회는 별로 유용하지 않은 것으로 보인다.

배심원단이라는 아이디어를 바탕으로 발전시킬 여지도 있다. 나는 배심원으로 두 번 활동했다. 두 번 모두 무작위로 선발된 12명의 배심원이 사회적 의무에 헌신하는 모습에 감명을 받았다. 알렉시스 드 토크빌Alexis de Tocqueville(프랑스의 정치학자-옮긴이)이 미국의 민주주의를 연구하면서 지적한 바와 같이, 배심원제는 사람들이 책임감 있는 시민으로서 행동할 방법이기도 하다.[7] 호주 경제학자 니컬러스 그루엔은 특히 아테네 민주주의의 핵심 관행인 제비뽑기(추첨)를 현대의 민주주의 정치에 도입해야 한다고 주장해왔다.[72] 그는 이런 맥락에서 고대 그리스 사상인 '이시고리아$_{\text{isēgoria}}$', 즉 평등한 발언권을 언급했다. 우리는 그런 평등을 잃어버렸으며, 그 때문에 젊고 교육 수준이 낮은 사람들이 명백한 희생양이 됐다.

제비뽑기로 선출해야 한다는 데에는 두 가지 근본적인 주장이 있다. 첫째, 그 결과가 진정으로 대표성을 가질 수 있으며 둘째, 선출직 대의제 기관이 야심적이고 원칙 없고 광신적이고 불균형적이고 '대표성이 없는' 사람들로 채워지는 것을 피할 수 있다. 또한 이들이 선거운동으로 유권자의 마음을 조종하는 것에서도 벗어날 수 있는데 이 문제는 현대의 정보통신 기술 때문에 더욱 심각해졌다.

다음은 민주주의 정치에 추첨을 도입할 수 있는 세 가지 가능한 방법이다.

하나는 논쟁의 여지가 있는 특정 사안을 조사하기 위해서 숙의$_{\text{deliberative}}$회의체를 구성하는 것이다. 이런 시민 배심원단은 한시적으로 존재하게 된다. 이들에게는 시간 및 소득의 손실에 대해 적절한 보상이 주어져야 한다. 판사와 마찬가지로 시민 배심원들에게는 공무원의 자문이 제공되며 증인을 부를 수도 있다. 이들은 합의된 입장 또는 적어도 참가자 3분의 2 이상의 지지를 받는 입장을 도출하기 위해서 노력해야 한다. 이 개념은 아일랜드에서 논쟁의 여지가 많은 낙태를 포함하여 여러 이슈에 대해서 성공적으로 운영되어왔다. 2016년에 아일랜드에서는 임명된 의장 1명과 제비뽑기로 선출된 일반인 99명으로 구성된 100명의 숙의회의체가 설립됐다. 이 숙의회의체는 낙태와 관련해서 당시 시행 중이던 낙태 금지 조항을 '폐지 및 대체'하는 것에 찬성한다고 밝히고, 이를 국민투표에 부쳐야 한다고 아일랜드 의회에 권고했다.[73] 이 숙의회의체는 이 문제와 관련된 교착상태를 해소했다. 브렉시트 캠페인 전에 이와 비슷한 일이 이루어졌다면 매우 값진 결과를 얻을 수 있었을 것이다.

또 다른 가능성은 하원(대표자들의 의회), 상원(업적이 뛰어난 자들의 의회)과 함께 추첨을 통해 선출되는 '국민의회house of the people'를 만드는 것이다. 이 기구는 의장과 자문위원들을 둔 500명 규모의 상설기구가 될 수 있다. 이 의회의 의원들은 1년 임기로 선출되며 6개월마다 절반씩 교체될 수 있다. 이 국민의회는 하원에서 제안된 법안의 승인을 중지시키거나 지연시킬 수 있다. 지방 정부에서도 비슷한 구조를 소규모로 조직하여 지역의 숙의회의체를 통해서 이와 유사한 노력을 기울일 수 있다. 지방 정부 차원에서 이런 혁신을 먼저 시작하여 경험을 통해 배우고 국가 차원의 아이디어로 발전시키는 것이 현명한 접근 방식일 수도 있다.

세 번째 가능성은 국민투표를 제도화하되, 국민의회와 상원이 감독하게 하는 것이다. 국민투표를 요구하는 청원을 수용할지 말지는 오직 국민의회만이 결정할 수 있다. 또한 국민의회는 국민투표에서 국민들에게 제시해야 하는 정확한 질문이 무엇인지, 그리고 해당 사안이 헌법적으로 중요한지 아닌지를 상원과 함께 결정할 수 있다. 헌법적 사안이 아니라면 유권자 과반수의 찬성으로 충분할 것이다. 하지만 헌법적 사안인 경우, 의결을 위해 필요한 찬성표는 전체 유권자 수의 50% 또는 투표 결과의 60% 이상으로 설정할 수 있다. 이렇게 하면 헌법이 견고하게 자리 잡을 수 있어야 한다는 요건이 충족될 수 있다. 이런 국민투표의 정규화는 일반 국민을 정치 과정에 참여시킬 수 있으며, 동시에 영국과 같은 나라에서 현재 벌어지는 양상보다는 좀 더 절제된 형태가 될 것이다. 스위스는 국민투표가 민주주의를 더욱 활력 있게 할 수 있다는 것을 보여줬다. 그러나 국민투표는 또한 국민들이 잘 이해하고 있는 규율 잡힌 헌법적 시스템의 일부가 되어야 한다.

하원, 상원, 국민의회는 상호 보완적인 관계로 보아야 한다. 하원은 국민이 선출한 전문적 정치인들로 이루어지며, 이들이 정부를 구성하고 이곳에서 입법이 시작된다. 상원은 정부로부터 독립적이며 상당한 업적을 지닌 사람들로 구성된다. 이들의 임무는 정부를 견제하고 법안을 수정하거나 지연시키는 것이다. 이들은 절대적인 거부권을 갖지 않는다. 국민의회는 일반 국민으로 구성된다. 이 기관 역시 입법을 지연시킬 수 있다. 그러나 더 중요한 역할은 논쟁의 여지가 있는 문제들, 특히 국민투표에 부쳐질 가능성이 있는 문제들을 고려하는 것이다. 대의제의 원칙은 여전히 지배적일 것이다. 하지만 대의제만이 헌법에서 유일하게 의미 있는 제도는 아닐 것이다.

미디어의 재활성화

대니얼 패트릭 모이니한Daniel Patrick Moynihan은 거의 40년 전에 "모든 사람은 자신의 의견을 주장할 자격이 있지만 자신이 말하는

그림 49 · 월평균 사용자 수에 따른 주요 소셜 미디어 플랫폼 순위

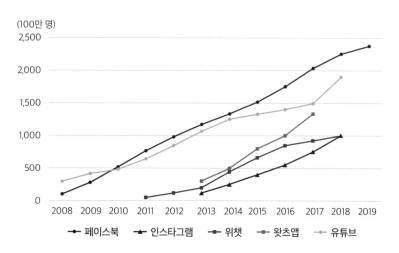

(100만 명)

출처: 데이터로보는우리세계

것이 사실이라고 주장할 자격은 없다"[74]라고 말했다. 민주주의는 합의된 사실들에 근거해서 이야기하는 수준 높은 미디어 없이는 작동할 수 없다. 그러나 오늘날에는 사실에 대한 합의가 존재하지 않는다. 이는 부분적으로는 기존 일부 미디어의 해괴할 정도로 무책임한 태도 때문이고, 부분적으로는 뭐든지 당장 유용해 보이는 것이라면 그것이 거짓일지라도 말할 수 있다고 생각하는 정치인들 때문이며, 또한 부분적으로는 강력한 소셜 미디어의 클릭 중심 광고 모델 때문이다(그림 49 참조).

20년 전에 '사이버 낙관론자'들은 인터넷이 인류를 정부의 억압에서 해방할 수 있다고 생각했다. 하지만 우리는 점점 더 독재자들의 시대에 살고 있다. 또한 당시에 많은 사람은 인터넷이 더 많

은 정보를 제공하고 사람들을 더 단합하게 하리라고 생각했다. 하지만 이제 우리는 분열을 조장하는 거짓말에 빠져들고 있다. 우리는 이 새로운 혁명이 과거에 글, 인쇄, 전보, 라디오, 텔레비전 등 통신 기술에서 일어난 혁신들이 그랬던 것처럼, 좋은 쪽으로든 나쁜 쪽으로든 세상을 영구적으로 바꾸고 있으며 또한 그 변화 속도가 매우 빠르다는 것만큼은 분명히 알고 있다. 현재로서는 기존 미디어와 함께 등장한 민주주의가 새로운 미디어 때문에 파괴되고 있는 것처럼 보인다.

이 난국을 헤쳐 나가기 위해 좋은 미디어를 보존하려면 어떻게 해야 할까? 여기서는 다섯 가지 아이디어를 소개한다.

첫째, 운 좋게도 영국공영방송BBC과 같은 양질의 공익 방송사를 과거로부터 물려받은 국가는 이를 죽을 때까지 지켜내야 한다. 이런 기관의 방송 내용 범위에 대한 합리적인 의문은 있을 수 있다. 인기 엔터테인먼트보다는 뉴스와 시사가 중심이 되어야 한다. 또한 이런 기관에 자금을 지원하는 최선의 방법에 대한 합리적인 의문도 있다. 그러나 이런 기관은 여전히 팩트, 국민적 가치관, 국민적 여론의 중요한 원천 중 하나다. 공영방송이 없다면 국가적 논쟁은 자기 진영 내에서의 메아리 소리들로 쪼개질 위험이 있다. 대부분 정치인이 BBC가 자신들에게 불리하게 편향적이라고 생각한다는 것은 BBC가 해야 할 일을 제대로 하고 있다는 반증이다. 게다가 BBC가 제공하는 것은 전형적인 공공재다. 우리 모두는 비록 우리가 직접 국민적 대화에 기여하지는 않더라도 그로부터 혜택을 받는다. 특히 다른 엔터테인먼트 소스가 너무 많기 때문에 방송 수신

료는 당연히 논란의 여지가 있다. 한 가지 옵션은 디지털 미디어로부터 세금을 걷어서 공익 방송에 자금을 지원하는 것이다.

둘째, 영국이 라디오와 텔레비전의 정치 광고에 부과하는 제한과 모든 방송사에 요구하는 공정성 요건은 매우 가치 있는 것으로 입증됐으므로 본받을 만하다. 영국에서는 이런 규제 덕에 루퍼트 머독과 로저 에일스가 만든 「폭스 '뉴스'」를 필두로 미국의 민주주의를 죽이고 있는 극단적으로 당파적인 매체들이 출현하는 것을 막을 수 있었다. 사람들이 상대방이 틀린 것이 아니라 배신자라고 생각하게 되면, 반대파 정당에 대해서 '국가에 충성하는' 존재로 여기는 문화가 사라지고 선거를 도둑질하는 것이 수치스러운 것이 아니라 하나의 의무처럼 되어버릴 것이다. 민주주의가 지속되려면 방송의 균형이 유지되어야 한다. 인쇄 매체들도 거짓을 유포함으로써 심각한 분열을 일으키기도 한다. 인쇄 매체가 온라인으로 옮겨 가면서 BBC는 다시 균형을 잡는 역할을 할 수 있게 됐다. 마지막으로, 방송에서 정치 광고를 금지한 규제 조치를 소셜 미디어에도 확대 적용해야 한다는 주장, 특히 취약한 집단을 대상으로 하는 광고를 금지해야 한다는 주장도 있다.

셋째, 특히 지역 차원에서 다양한 양질의 뉴스 취재원이 절실히 필요하다. 그런데 광고 수익에서 손실이 커져 대부분의 지역 언론사가 문을 닫았다. 이들에게는 분명히 공공의 지원이 필요하다. 민간의 기부금만으로는 충분하지 않다. 다시 말하지만 내가 제안하는 디지털 미디어에 대한 세금은 뉴스의 취재 활동, 특히 지역 뉴스의 취재 활동을 지원하는 공공 신탁 기금에 사용될 수 있다.

지역 언론이 되살아나지 않고서는 우리가 바람직하다고 생각하는 지역 민주주의의 부활은 있을 수 없다.

넷째, 새로운 미디어 환경이 가지고 있는 가장 파괴적인 특징인 익명 댓글과 게시물을 제거해야 한다. 우리는 은행이 고객을 알아야 한다고 주장한다. 이는 자금 세탁 및 기타 형태의 범죄 행위를 억제하기 위한 것이다. 익명 댓글도 마찬가지로 해롭다. 익명 댓글은 민간 영역에서 공공적 토론의 가능성을 파괴한다. 여성에 대한 댓글은 과도하게 악의적인 것으로 보인다. 댓글과 블로그 시스템을 운영하는 모든 조직은 법에 따라 댓글 작성자나 블로거가 누구인지 파악해야 한다. 댓글이나 게시물 자체는 익명으로 작성될 수 있다. 그러나 작성자가 누구인지 신원을 확인할 수 있어야 하며 그들은 자신의 신원이 확인될 수 있다는 사실을 알고 있어야 한다. 또한 게시할 수 있는 내용에 대해서도 이미 법률적으로 명예훼손이나 비방으로 정의된 규제 사항을 포함해서 명확한 법적 제한이 있어야 한다. 혐오범죄에 대한 법이 존재하는 데에는 그럴 만한 이유가 있는 것이다. 혐오범죄법은 다양한 사람들이 심리적 안전감 속에서 서로 어울려 살아가게 하기 위해 필요하다. 이런 법은 온라인에도 적용되어야 한다. 또한 가장 중요한 것은 게시자가 누구인지 알 수 있으면 주로 외국 정부의 후원을 받아 사이버 공간을 오염시키는 범죄적 기획을 식별하고 차단할 수 있다는 점이다. 이것은 우리가 가능한 모든 수단을 동원해서 싸워야 하는 전쟁이다.

마지막으로, 미디어는 사기업의 무분별하고 변덕스러운 손에 맡기기에는 사회적·정치적으로 너무 중요하다. 페이스북은 세계 역사상 가장 중요한 미디어 비즈니스다. 페이스북과 유사한 기업들의 알고리즘이 어떻게 작동하는지에 대해 대중의 관심이 높아지고 있다. 이런 알고리즘이 공적 토론과 정보의 질에 미치는 영향을 점검하는 수준 높은 인력을 갖춘 공적 규제 기관이 있어야 한다. 더 넓게 보면 페이스북 그리고 그와 유사한 모든 기업은 그들이 명백히 하고 있는 일에 따라 발행자publisher로 인식되어야 한다. 발행자는 자신이 게재한 콘텐츠에 책임을 져야 한다. 이것이 바로 발행자가 된다는 의미다. 이는 매우 단순한 것을 의미한다. 게재된 콘텐츠가 일정한 법률의 관할구역에서 불법인 것으로 판정된다면 벌금이 부과되어야 하며, 필요한 경우 매우 극단적인 벌금이 부과되어야 한다.

무엇보다 뉴미디어가 민주주의의 모든 측면에 미치는 영향에 대한 대대적인 조사 연구가 필요하다. 미국은 돈이 조장하는 파괴적인 '자유'라는 이상한 세상으로 빠져들고 있다. 진실과 선거에 대해 파시즘적 태도를 가진 지도자의 출현은 이런 자유가 스스로를 잡아먹는다는 것을 보여줬다. 이는 용납할 수 없는 일이다.

결론

자유주의적 민주주의는 권위주의보다 도덕적으로 더 우수하고 성공적인 체제다. 그럼에도 결코 완벽하지는 않다. 그러나 그것을 위해 싸울 만한 가치가 있고, 또 그것을 쇄신하기 위해 노력할 만한 가치가 있다. 우리는 시민들의 애국심을 강화하고, 거버넌스를 개선하고, 정부를 분권화하고, 정치에서 돈의 역할을 줄임으로써 민주주의를 더 강하게 만들어야 한다. 우리는 정부의 책임성을 강화해야 한다. 미디어가 민주주의를 파괴하는 것이 아니라 민주주의를 지탱하도록 만들어야 한다. 이런 개혁을 통해서만 섬세한 꽃과 같은 민주주의적 자본주의가 활력을 되찾을수 있다.

THE CRISIS
OF
DEMOCRATIC
CAPITALISM

PART
4
/

역사의
갈림길

현재 세 가지 거대한 변화가 진행 중이다. 첫 번째는 민주주의적 자본주의가 잠식되고 정치 및 경제를 조직하는 방식에서 선동적·독재적·전체주의적 자본주의가 경쟁적으로 부상하고 있다는 것이다. 두 번째는 중국이 초강대국으로 부상하고 있다는 것이다. 마지막으로 인류가 지구라는 둥지 속의 뻐꾸기처럼 행동하면서 야기한 도전 과제를 해결해야 한다는 것이다.[1] 우리는 자유, 평화, 협력이 지속되도록 노력해야 한다. 인류의 놀라운 파괴 능력과 우리 종의 특징인 권위주의, 부족주의, 근시안을 고려할 때 그런 노력은 매우 어려운 일이 될 것이다.

이런 도전 과제들은 지금 우리에게 무엇을 의미할까? 이것이 4부의 주제다. 아마도 가장 중요한 주제라고 할 수 있을 것이다.

세계의 민주주의적 자본주의

> 중국이 깨어나면 세계를 뒤흔들 것이니 중국이 계속 잠들어 있게 놔
> 둬야 한다.
>
> – 나폴레옹의 발언으로 간주됨[1]

민주주의적 자본주의, 세계 질서, 지구 환경의 공통점은 무엇일까? 바로 '취약성'이다. 이들 모두는 더 강해져야 한다. 그러나 각 도전 과제가 가지는 복잡성과 규모 탓에 더 강하게 하기란 매우 어려운 일이다.

자유주의적 민주주의의 생존을 위협하는 가장 큰 요인은 국내적으로 경제 및 기술의 변화에 정치적·정책적 대응이 제대로 이루어지지 않는 데서 비롯된다. 따라서 민주주의적 자본주의의 회복은 일차적으로 국내적 과제다. 하지만 국내 문제에만 국한되지 않

는다. 국가는 설사 하나의 섬일지라도 고립적이지 않다. 지난 5세기 동안 세계 역사는 이를 반복적으로 증명해왔다. 글로벌 관계의 관리는 항상 중요했지만, 21세기만큼 중요해진 적은 없었다. 인류는 번영 지속, 팬데믹 관리, 사이버 보안, 핵무기 확산 억제, 강대국 간 전쟁 방지, 글로벌 공유지 보존 등 여러 가지 공동 과제에 직면해 있다. 요컨대 자유주의적 민주주의 국가는 평화, 번영, 지구를 보존하기 위해서 자국 체제의 활력을 유지하는 동시에 다른 나라들과의 관계를 관리해야 한다.

이 장에서는 이런 도전 과제와 관련해서 세계의 민주주의적 자본주의 수호, 글로벌 협력 관리, 중국과의 파괴적 갈등 피하기, 서구의 강점과 중국의 약점에 대한 인식, 중국과의 협력·대립·경쟁 관리 등 서로 맞물려 있는 다섯 가지 측면을 살펴본다.

민주주의적 자본주의 수호

자유주의적 민주주의는 점점 더 많은 외부 압력을 받고 있다. 이런 압력의 가장 중요한 원천은 오늘날의 독재 국가들, 특히 중국 그리고 우크라이나 침공에서 극적으로 드러난 것처럼 영토회복주의적revanchist 러시아와 북한, 이란이다. 이에 대응하기 위해서는 전 세계의 자유주의적 민주주의 국가들이 상호 간의 동맹을 강화하는 것이 필수적이다.

이런 동맹은 과거에도 항상 중요했다. 두 차례의 세계대전과 냉전에서 동맹이 없었다면 승리하지 못했을 것이다. 미국은 가장 강력한 민주주의 국가였지만 다른 국가들과의 협력 없이는 그런 목표를 달성할 수 없었을 것이다. 또한 국내외에서 소련 체제의 정당성을 무너뜨리는 데 결정적인 역할을 한 것은 군사력이 아니라 경제적 성공이었다. 군사 동맹, 특히 NATO는 전후 유럽을 안정시키고 취약한 민주주의를 보호하는 데 결정적인 역할을 했다. 그러나 민주주의 동맹은 단순한 군사 동맹 그 이상이었다.

자국 및 세계의 번영을 촉진하는 데 핵심적인 역할을 한 것은 경제 분야에서 자유주의적 민주주의 국가들이 수행한 공동의 노력이었다. 이들은 IMF, 세계은행, 각 지역의 개발은행들, OECD를 창설했다. 또한 규칙에 기반한 시장 중심의 다자간 무역 시스템을 장려했으며, 이는 1990년대 중반 WTO의 탄생으로 정점을 찍었다. 이런 제도와 협약은 자유주의적 민주주의 국가들은 물론, 덩샤오핑의 중국을 포함한 전 세계 대부분 나라에 전례 없는 번영을 가져다줬다.

자본주의 시장경제의 발전은 다른 많은 분야에서도 자유주의적 민주주의 국가들 간의 긴밀한 협력에 의존해왔다. 아무리 큰 나라라도 이런 경제를 자기 나라로만 국한할 수 없다. 무역, 투자, 사람, 아이디어의 국경 간 흐름에는 엄청난 기회가 있기 때문이다. 하지만 이런 활동들이 국경을 넘나든다면 최소한 어느 정도의 규제는 있어야 한다. 한 가지 중요한 예가 금융이다. 금융 규제에 대한 긴밀한 협력의 필요성은 2007~2009년 글로벌 금융위기를 통해 입증됐다. 실제로 금융에 대한 규제는 충분히 이루어지지 않았다고 주장할 수 있다. 또 다른 영역은 세금이다. 전 세계에 경제를 개방하는 시장 지향적인 국가들로서는 기업에 효과적인 과세와 규제를 하기 위한 선결 조건이 바로 협력이다.

제도화된 협력은 지역뿐만 아니라 전 세계적으로도 이루어지고 있다. 가장 중요한 예가 EU다. 유럽 경제의 통합이 가져온 협력은 제2차 세계대전 이후 번영을 이룩하는 데 큰 도움이 됐다. 이 매력적인 힘은 궁극적으로 중부 유럽 및 동유럽의 소련 위성국가들을 서방의 궤도로 끌어당겼다. 또한 유럽 역사에서 익숙한 일부였던 갈등들을 거의 생각조차 할 수 없는 것으로 만들었다. 물론 수 세기 동안 적의 침략을 느껴본 적이 없는 섬에 살고 있는 영국인들에게는 이런 지적이 우스꽝스러워 보일 수도 있을 것이다. 하지만 적어도 구세대 유럽인들에게는 그렇지 않다. EU는 또한 통합을 향한 충동이 과도할 수도 있다는 것을 보여줬다. 특히 단일 통화 동맹의 경우 분명히 그런 사례에 속할 것이다. 더 넓게 보자면 (주로 유럽 차원의) 정책 의사결정과 (여전히 대부분 일국적 차원의) 민주적인 정치적 정당성 사이의 관계는 위험에 처해 있다. 그럼에도 EU의 근본적인 이상은 현명하고 강력했다. 국가 주권은 절대적인 것으로 간주할 수 없으며, 그렇게 간주되어서도 안 된다.

민주주의 국가들은 이처럼 서로를 지지하는 긴밀한 동맹을 비교적 쉽게 형성할 수 있다. 민주주의 국가는 반드시 법에 기반을 두며, 국제적 협력을 자주 요구하는 활발한 시민사회가 존재하기 때문이다. 법에 따라 통치되는 민주주의 국가는 자국의 사법부로부터 조약의 조항을 준수하도록 강제받는다. 조약이 구속력이 없는 경우에도 민주주의 국가에 자유로운 언론과 여론이 존재한다는 사실은 대외적 의무를 무시하는 통치자가 국내적으로 그 대가를 치를 가능성이 크다는 것을 의미한다. 다만, 블라디미르 푸틴과 시진핑 사이에서 이루어진 합의는 상황이 다르다. 이 두 사람을 제약할 수 있는 것은 오직 상대방뿐이다. 그들은 국내적으로 별다른 제약을 받지 않는다. 독재자가 된다는 것은 바로 이런 것을 의미한다.

요컨대 안정적인 자유주의적 민주주의 국가들의 동맹은 21세기 민주주의를 건강하게 하기 위한 필수 요건이다. 현재 세계에는 많은 나라가 비자유주의적 민주주의 국가이거나, 권위주의 국가이거나, 심지어 절대 권력을 행사하는 독재 국가에 속한다. 이런 세계에서 자유주의적 민주주의 국가들의 동맹은 이념적·경제적·기술적·군사적으로 서로를 지원하는 것을 목표로 삼아야 한다. 민주주의 국가들은 자국의 안보와 번영을 뒷받침하기 위해 그리고 다른 국가들과의 거래를 관리하기 위해 상호 간에 동맹이 필요하며, 그런 동맹이 규정하는 법·규제·제도로 이루어진 그물망이 필요하다. 그러나 번영, 평화, 공유지 보호라는 글로벌 공공재를 확보하려면 비민주적 국가들, 특히 중국과 심지어는 우크라이나 침공 사태가 해결된 이후의 러시아와도 어느 정도 협력이 필수적이다.[2] 우리는 푸틴과는 영원히 협력할 수 없을지도 모른다. 하지만 푸틴은 영원하지 않을 것이다.

세계의 자유주의적 민주주의 국가들

고소득 민주주의 국가들은 2019년 전 세계 인구 중 16%만을 차지하고 있지만 PPP 기준으로는 전 세계 GDP의 41%, 시장 가격 기준으로는 전 세계 GDP의 57%를 차지한다.[3] 전 세계 인구에서 차지하는 비중은 작지만 여전히 막강한 경제력과 영향력을 보유하고 있다. 또한 고소득 국가들은 다양한 영향력의 원천을 가지고 있다. 그들은 기술적으로나 경제적으로 여전히 우위를 점하고 있고, 세계 유수의 대학 및 연구 기관 대다수를 보유하고 있으며, 그들의 아이디어와 이상이 여전히 큰 영향력을 발휘하고 있다. 또한 그들의 통화가 세계 기축통화이며, 그들의 금융 시장이 글로벌 시장을 지배하고 있고, 세계에서 가장 중요한 국제기구에서 결정적인 영향력을 행사한다. 중국이 부상하면서 이런 헤게모니가 잠식당하고 있긴 하지만 아직 사라진 것은 아니다.

그렇다면 고소득 민주주의 국가들과 나머지 세계의 관계는 어떤 원칙에 따라 구성되어야 할까? 경제부터 시작해보자. 냉전 이후 세계화 시대에 이 질문에 대한 답은 가능한 한 많은 국가를 미국과 그 동맹국들이 제2차 세계대전 이후에 만든 자유주의 국제질서에 포함시키는 것이다. 중요한 결과 중 하나는 1995년에 다자간 무역 협상인 우루과이 라운드가 끝날 무렵에 WTO의 설립에 합의한 것이었다. 그러나 WTO의 설립은 경제 통합의 제도화에 정점이 됐다. 무역만큼이나 중요한 자본의 이동이나 사람의 이동에 대해서는 이에 상응하는 합의가 이루어진 적이 없다. 이런 영역에서는 각국이 여전히 스스로 결정을 내릴 수 있지만, 그들이 어떻게 결정을 내릴지는 오늘날 자본의 소유 주체들로부터 특히 강한 영향을 받는 정치 세력들 간의 균형에 달려 있다. 또한 중국은 항상 아이디어를 통제하기 위해 노력하고 있지만 아이디어는 상대적으로 전파되기 쉽다.

오늘날의 세계에서는 무역에 관한 규칙을 더 유연하게 할 필요가 있다. 이를 찬성하는 사람들은 각국에 더 많은 '정책 공간'[4]이 필요하다고 주장한다. 제약 완화에 찬성하는 간단한 논거는 비록 현재 많은 나라들, 특히 미국에서 WTO의 자유무역 규칙에 대한 정치적 반발이 있지만 이런 반발은 주로 자국민이 충격에 적응하는 데 필요한 정책을 각국이 개발하지 못했기 때문이라는 것이다. 또 다른 이유는 각국 정부가 글로벌한 제약에서 벗어나 성장을 촉진하는 산업 부문별 정책을 실험할 여지가 필요하다는 점이다. 그러나 이런 규칙들의 완화에는 대가가 따른다. 특히 주로 해외 시장에 의존하면서도 스스로를 방어할 힘이 부족한 약소국의 수출업자들에게 더 큰 불확실성을 안겨주게 된다.

엄격한 규칙에서 벗어나는 것이 작고 가난한 국가에 큰 도움이 될 것이라는 순진한 믿음은 여전하다. 하지만 실제로는 그 반대다. 도덕적이고 실질적인 권위를 가진 규칙이 존재하지 않는 세상에서 부유하고 힘 있는 국가는 언제나 자신(또는 적어도 그 안에 있는 부유하고 힘 있는 사람들)을 보호할 수 있고, 다른 국가들이 자신의 뜻에 따르도록 강요할 수 있다. 하지만 신뢰할 수 있는 규칙이 있다면 이 나라들조차 더 많은 혜택을 누릴 수 있으며, 그 나라의 기업들은 더욱더 그러하다. 중요한 예를 들어보자면 만약 두 강대국이 무역 협상에서 서로에게 굴욕적인 패배가 되는 내용이 아니라 무역 관계의 더 높은 원칙을 공동으로 약속함으로써 서로 이익이 되는 타협안을 제시할 수 있다면, 이들 간의 갈등을 평화롭고 생산적으로 해결하기가 더 쉬워질 것이다.

또 다른 중요한 정책 분야는 개발도상국에 대한 지원이다. 이는 여전히 부유하고 힘 있는 나라들의 도덕적 의무이기도 하지만, 보다 실용적인 측면도 있다. 세계 대부분의 나라가 일정하게 번영하고 안정적인 사회를 이루지 못한다면, 정치적으로 취약해지고 내전과 대량 이주의 압력에 시달리게 될 것이다. 부유하고 운이 좋은 나라들은 덜 부유한 나라들에 대한 도덕적 의무와 더불어 자신들이 국내외에서 덜 불평등한 세상을 만드는 것에 실질적인 이해관계가 있다는 것 또한 인식해야 한다. 물론 개발도상국 원조에도 혁신이 필요하다. 부시 행정부 시절인 2004년에 설립된 밀레니엄챌린지코퍼레이션Millennium Challenge Corporation은 지원 대상 국가의 정책 및 제도의 개혁을 그 나라에 대한 자금 대출과 연계한 최근의 사례다.[5] 현재 중요한 기회 중 하나는 많은 민간 자본이 개발도상국으로 유입되도록 장려하는 것으로, 여기에는 리스크를 공유하는 일종의 보험 형태가 포함되는데 특히 기후변화의 완화와 적응을 위한 자금을 조달하는 것을 목표로 한다. 특히 지금과 같은 장기 침체의 시대에 테일 리스크tail risk(발생할 확률은 낮지만 일단 발생하면 엄청난 영향을 미치는 리스크-옮긴이)에 대한 보험을 통해 고소득 국가에서 빈곤 국가로 초과 저축이 유입되도록 장려하는 것은 합리적이라고 할 수 있다.

또한 자유주의적 민주주의의 토대를 구축하기 위해 고군분투하는 국가에 상대적으로 더 많은 지원과 경제적 기회를 제공하는 것이 바람직하다. 실제로 자유주의적 민주주의 국가들은 전 세계 자유주의적 민주주의 국가들의 운명에 관심을 가져야 한다. 러시아처럼 중요한 나라를 포함하여 많은 나라에서 자유가 줄어들거나 박탈당하고 있기 때문에 자유주의적 민주주의 국가들의 동맹은 민주주의를 열망하거나 유지하고자 하는 나라를 더욱 적극적으로 지원해야 한다.

그럼에도 신흥국 및 개발도상국의 내정에 직접적으로 개입하는 것은 그동안 실패를 거듭해왔다는 사실 또한 기억해야 한다. 베트남 전쟁, 아프가니스탄 전쟁, 제2차 이라크 전쟁, 리비아 전쟁을 떠올리기만 해도 무력에 의존하는 것이 얼마나 큰 피해를 초래했는지 잘 알 수 있다. 물론 외부 개입이 모두 효과가 없는 것은 아니다. 그러나 이른바 국제사회가 사용할 수 있는 수단과 그것을 사용할 의지는 해당 임무에 적합할 때만 정당화된다. 제2차 세계대전 이후 일본과 독일의 사례가 그랬고, 이후 한국과 타이완의 사례가 그랬다. 이 경우들에는 모두 적절한 상황과 의지가 존재했다. 하지만 그렇지 않은 경우가 너무 많았다. 사실 독일과 일본에는 그 이전에 이미 선진적인 경제 및 사회를 위한 문화가 존재하고 있었다. 그래서 민주화가 비교적 쉽게 이루어졌다. 눈부신 성공을 거둔 한국에서조차 선진 경제와 민주주의가 제 모습을 드러내기까지는 한 세대 이상의 시간이 걸렸다.

따라서 아프가니스탄에서 20년이라는 시간으로는 충분하지 않았던 것은 당연하다. 특히 외국인들이 현지에 얼마나 오래 머물 수 있을지에 대한 의구심을 고려하면 더욱 그렇다. 한 세기가 걸릴 수도 있다. 누가 그렇게 오랫동안 어디에서든 관여할 준비가 되어 있을까? EU와 NATO가 그럴 준비가 되어 있지만, 그 역시 유럽 내에만 해당하는 이야기다. 이는 부분적으로는 유럽에 EU가 필요하기 때문이기도 하지만, 미국이 유럽의 안정과 번영에 자신의 장기적인 전략적 이해관계가 걸려 있다는 점을 인식했기 때문이기도 하다. 이것이 오늘날 구유고슬라비아 국가들의 전망이 상당히 밝아 보이는 이유다. 그 이전에는 포르투갈, 스페인, 그리스가 민주화에서 괄목할 만한 성공을 거뒀다. 최근 후퇴하긴 했지만, 중부 유럽 및 동유럽 국가들도 그동안 상당한 진전을 이뤘다.

세계 다른 지역에 대한 개입과 관련하여 커다란 변화의 가능성은 UN 산하에 그런 임무를 부여한 기구를 만드는 것이다. UN 안전보장이사회의 통제하에 UN 외인부대를 창설할 수도 있다. 목표는 국가 시스템이 붕괴한 곳에 대한 국제적 개입을 탈정치화하고 필요한 만큼 오래 유지할 수 있게 하는 것이다. 해당 국가가 안정을 되찾을 때까지 이런 방식으로 그 지역을 관리할 수 있다. 그러나 이런 급진적인 아이디어가 과연 지금처럼 분열된 세계에서 받아들여질 수 있을지는 의문이다.

20년 전에 많은 사람은 경제 개방과 번영이 중국을 눈에 띄게 민주적이고 자유로운 국가로 변화시킬 것이라고 기대했다. 적어도 당시 가정했던 시간표를 고려할 때, 순진한 생각이었다고 할 수 있다. 그러나 중국에서 수준 높은 정보통신 경제와 교육받은 인구가 현재의 정치 시스템과 무한정 함께 갈 수 있다는 것 또한 믿기 어렵다. 한 사람이 지배하는 관료제가 이 광활하고 정교한 국가 체제의 모든 것을 영원히 통제할 수 있다는 생각은 불가능한 것으로 보인다. 합리적으로 추측해볼 때 중국 국민들이 통치 방식에 대해서 더 큰 발언권을 요구하는 압력이 언젠가는 수면 위로 부상할 것이다. 아니면 그 시스템이 폭발해버릴 수도 있다. 수십 년이 걸릴 수도 있는 이 기간에 자유주의적 민주주의 고소득 국가들은 서로 간의 관계를 강화해야 하며, 같은 생각을 가진 개발도상국들과도 관계를 강화해야 한다.

러시아의 우크라이나 침공은 군사 강국이란 여전히 무서운 현실이라는 것을 잔인한 방식을 통해 우리에게 상기시켜줬다. 자유주의적 민주주의 동맹은 효과적으로 스스로를 무장하고 육지와 해상, 공중과 우주에서 중요한 안보 이익을 방어할 능력과 의지가 있어야 한다. 서유럽 국가들이 급속하게 번영을 이룰 수 있도록 평화로운 환경을 제공한 NATO의 보호막이 있었기에 우리가 냉전에서 승리할 수 있었다.

그 밖에도 많은 지정학적 문제가 부상하고 있다. 여기에는 이란, 러시아, 북한과 같은 적대적인 독재 국가와의 관계를 관리하는 것과 함께 우리가 공유하는 많은 글로벌 과제가 포함된다. 이 모든 문제를 해결하기 위해서는 자유주의적 민주주의 핵심 국가들의 동맹이 필요하다. 이상적으로는 민주주의 국가인 인도를 포함하는 동맹도 필요하지만, 안타깝게도 나렌드라 모디와 인도인민당

BJP의 힌두 민족주의하에서 인도의 민주주의는 미래가 의심스러운 상황이다.

중국과의 또 한 차례
'냉전'이라는 망상

중국과의 관계는 자유주의적 민주주의 국가의 핵심 과제가 될 것이다. 러시아의 우크라이나 침공만 봐도 시진핑의 수용 의사 없이 푸틴이 전쟁을 시작했으리라고 믿기 어렵다. 서방, 특히 미국의 많은 사람은 중국과의 새로운 관계를 소련과의 냉전과 비슷한 또 한 차례의 냉전으로 본다. 하지만 이는 중국과의 관계에 도움이 되지 않는 사고방식이다. 실제로는 여러 면에서 전보다 훨씬 더 어려울 것이다. 전쟁 위험의 증가와 대중국 관계의 그 외 여러 차원을 고려할 때 그 중요성은 더욱 커질 것이다. 어쨌든 명백히 예전과는 다를 것이다.[6]

냉전적 관점에 깔린 기본적인 시각은 미·중 관계가 제로섬 관계라는 것이다. 클라이드 프레스토위츠Clyde Prestowitz의 저서인 『뒤집힌 세계The World Turn Upside Down』는 미·중 관계에 대해 다음과 같은 관점을 담고 있다. 그는 "중국 국민과 미국 국민 사이에는 갈등이 없다"[7]라고 주장한다. 그는 그보다는 중국공산당을 반대한다고 말한다. 이와 비슷한 견해가 익명의 '전직 고위 정부 관리'가 쓴 "더 긴 전보: 미국의 새로운 대중국 전략을 위하여The Longer Telegram: Toward a New American China Strategy"(이 제목은 1946년 2월 조지 케넌_{George Kennan}이 소련 봉쇄를 제안한 유명한 '장문의 전보_{long telegram}'에서 따온 것이다)[8]에 도 담겨 있다. 이 글은 다음과 같이 서술했다. "21세기에 미국이 직면한 가장 중요한 도전은 시진핑 주석하에서 점점 더 권위주의적으로 되어가는 중국의 부상이다."[9] 즉 문제가 되는 것은 중국이 아니라 중국의 독재 국가라는 주장이다.

이런 글들에 담긴 불안감은 충분히 이해할 만하다. 중국은 단순히 떠오르는 경제 강국이 아니다. 중국은 적어도 지금까지는 역동적인 시장경제와 전체주의 국가 간의 놀랍도록 효과적인 결합을 이뤄왔다. 신장과 홍콩에서의 행위는 인권과 국제 협약에 대한 멸시를 드러낸 것이며,[10] 사실상 타이완의 자치권을 위협하고 남중국해에 대한 영향력을 확대하고 있다.[11]

"더 긴 전보"는 중국의 세계 지배 시도라는 위협에 맞서서 미국의 중요한 이해관계들을 방어해야 한다고 주장한다. 즉 서구의 경제적·기술적 우위를 유지하고, 미국 달러의 글로벌 위상을 보호하고, 압도적인 군사적 억지력을 유지하고, 중국이 영토를 확장하는 것 특히 타이완을 강제로 통일하는 것을 방지하고, 동맹과의 파트너십을 강화하고 확대하며, 규칙 기반의 자유주의 국제질서를 수호(필요할 경우 개혁)해야 한다. 동시에 기후변화와 같은 공동의 글로벌 위협에 대처할 것을 촉구한다.

이런 것들은 대부분 바람직해 보인다. 하지만 과연 실현 가능할까? 나는 의심스럽다. 무엇보다 중국은 소련이 '아니다.' 미국 역시 20세기 중반의 미국이 아니다.

첫째, 중국은 소련보다 훨씬 더 강력한 경쟁 상대다. 권위 있는 분석가인 하버드대학교의 그레이엄 앨리슨Graham Allison은 "이제 중국을 미국의 전방위적인 동급 경쟁자로 인정해야 할 때가 됐다"[12]라고 썼다. 중국은 경제와 기술에서 엄청난 발전을 이뤘다. 중국은 '개혁·개방'이라는 실용적인 전략을 통해 해외 시장과 노하우를 대규모로 활용할 수 있었다. 이 전략에는 강제적인 저축, 역사상 가장 높은 (특히 인프라에 대한) 투자 비중, 노동력의 급속한 기술적 업그레이드, 대규모 도시화가 수반됐다. 제2차 세계대전 이후 일본, 한국, 타이완이 취했던 방식과 거의 동일하지만 훨씬 더 큰 규모였다. 팬데믹 직전인 2019년에 이르러서는 20년 전에 미미한 수준이었던 중국의 PPP 기준 국가 GDP가 전 세계 GDP의 17%까지 증가했다. 물론 여전히 자유주의적 민주주의 고소득 국가들의 경제 규모를 모두 합한 것에 비하면 42% 수준에 불과하다. 그러나 PPP 기준으로 중국의 국가 GDP는 이미 미국보다 9%나 더 커졌다. 비록 명목 GDP에서는 미국보다 33% 더 작지만 말이다. 결정적으로 중국의 인구는 미국, 영국, EU를 합친 것보다 3분의 2만큼이나 더 많다. 2020년 중국의 PPP 기준 1인당 GDP는 미국의 약 3분의 1 수준에 그쳤지만, 앞으로 수십 년 동안 미국의 약 절반 수준으로 증가한다면 중국의 경제 규모는 미국과 EU를 합친 것과 비슷한 규모가 될 것이다. 소련보다 훨씬 더 성공적인 경제, 더 역동적인 기술 부문, 훨씬 더 많은 인구, 더 응집력 있는 정치, 더 유능한 정부를 갖춘 중국은 미국과 적어도 동등한 수준의 종합 강대국이 되기 위한 길을 가고 있다.

둘째, 중국은 어떤 기준으로 보더라도 강대국이지만 구소련과 같은 방식으로 해외에 이데올로기를 전파하는 국가는 아니다. 중국은 자국민이 정부를 비판하는 능력을 제한하고자 한다. 또한 다른 나라가 자국을 위협하는 것은 말할 것도 없고 비판하는 것조차 억제하기를 원한다. 중국은 자신의 주변 지역을 통제할 수 있게 되기를 원한다. 19세기의 영국과 20세기 및 21세기 초의 미국을 포함하여 다른 강대국들이 그랬던 것처럼 영향력과 힘을 추구하고 있다. 하지만 외국을 자국의 모습처럼 만들려고 하지는 않는다. 중국은 공산주의자라기보다는 민족주의자이며, 중국인들만이 할 수 있는 것을 외국인이 모방하는 것은 불가능하다고 믿기 때문이다. 그 대신 중국은 무역, 상업, 투자를 중국 주도의 글로벌 질서를 위한 기반으로 삼기 위해서 노력하고 있다.[13] 이런 관점에서 바라보는 것이 중국을 20세기 방식의 이데올로기 세력으로 간주하는 것보다 더 합리적이다. 중국은 이전에 다른 강대국들이 그랬던 것과 동일하게 행동하고 있지만, 과거 어떤 나라보다 더 큰 규모로 그렇게 할 수 있다.[14]

셋째, 중국 경제는 소련과 달리 세계와 고도로 통합되어 있다. 중국으로서는 취약성의 원천이기도 하지만, 동시에 영향력의 원천이기도 하다. 중국 시장은 전 세계, 특히 아시아 지역의 여러 나라에 흡인력을 발휘한다. 대부분의 나라는 미국'과' 중국에 대해서 모두 좋은 관계를 유지하기를 원하며 중국에 '맞서서' 미국 편을 선택하기를 원하는 나라는, 심지어 미국의 친밀한 동맹국들에서조차, 별로 없다.[15]

넷째, 중국은 특히 신흥국 및 개발도상국 사이에서 국제적 영향력과 위상이 크게 높아졌다.[16] 수 세기 동안 서구의 힘과 영향력 아래 살아온 많은 나라는 한편으로는 중국의 힘을 두려워하면서도 또 한편으로는 떠오르는 강대국 중국이 서구의 패권에 도전하는 것을 지켜보면서 즐거워한다.

마지막으로, 미국은 냉전 이후 상대적인 경제력뿐만 아니라 도덕성, 건전한 상식, 품위, 신뢰성, 민주적 규범 준수의 명성에서도 쇠퇴했다. 전 세계 사람들은 미국을 좋아하든 싫어하든 미국이 스스로 무슨 일을 하고 있는지 잘 알고 있다고 생각한다. 그러다가 '삼진 아웃'을 선언했다. 먼저 미국 주도의 금융 시스템에서 비롯된 글로벌 금융위기(실제로는 대서양 양안의 금융위기)가 발생했고, 그다음으로 도널드 트럼프가 대통령에 당선됐으며, 마지막으로 거대한 정치적 균열 탓에 코로나19를 유능하게 관리하지 못했다. 무엇보다 "세계는 트럼프가 대통령으로서 한 일을 기억에서 지울 수가 없다."[17] 특히 마지막 과정에서 그가 선거 결과를 받아들이지 않고, 이후 공화당이 반민주적 컬트 집단으로 변모하는 모습을 보면서 더욱 그렇게 됐다. 미국의 정책 입안자들은 중국이 "책임 있는 이해당사자responsible stakeholder"가 되어야 한다고 말하곤 했다.[18] 하지만 '단극적 시기unipolar moment' 동안의 오만함, 이라크 전쟁, 금융위기, 트럼프 대통령, 코로나19에 대한 엉터리 관리를 보여준 지금에 와서 정작 미국 자신은 책임 있는 이해당사자라고 할 수 있을까? 그렇다고 말하기 힘들다.

서구의 강점과 중국의 약점

다행히도 서방은 중국이라는 전체주의적 자본주의와 영향력 경쟁을 하는 데 유리한 자산을 보유하고 있다. 미국과 동맹국들의 경제 규모를 모두 합치면 여전히 중국의 경제 규모를 2:1 이상으로 훨씬 능가한다. 대부분의 산업에서 미국은 여전히 기술적으로 선두에 서 있거나 선두에 가깝다. 전 세계 사람들은 서구의 패권에 대항하는 균형추를 보고 싶어 할 수도 있지만, 대부분은 중국 체제를 긍정적으로 평가하지 않는다. 당국이 감시 기술을 이용해 국민을 한 명도 빠짐없이 통제하는 조지 오웰식 '빅 브라더' 사회로 나아가는 움직임은 가능할 수도 있다. 하지만 자율성 및 자기표현에 대한 인간의 욕구를 짓밟으려고 위협하는 무시무시한 일이다.

민주주의는 실패한 정부를 폭력적으로 전복할 필요 없이 투표를 통해 퇴출시킬 수 있다는 점에서 자정 작용을 하는 시스템이기도 하다. 독재 체제하에서 변화는 훨씬 더 어렵고 지연되며 더 많은 피를 흘려야 한다. 덩샤오핑이 체제의 방향을 바꾸게 되기까지는 마오쩌둥의 죽음만 있었던 것이 아니라 수천만 명의 죽음이 있었다.[19] 종신 독재자인 시진핑이 권력을 잃기 전까지 또는 임기 중에 사망하기 전까지 얼마나 많은 실수를 저지를까? 시진핑이 2022년까지 제로 코로나 정책을 고수한 것은 전체주의 체제에서 이런 어리석은 정책이 얼마나 극단적으로 시행될 수 있는지를 보여준 예다. 장기적으로 보면 절대적 통치자는 거의 항상 자기 과거의 포로가 되고, 스스로 고립되고, 결국 자신을 둘러싼 아첨꾼들의 포로가 된다. 시진핑은 현재 엄청난 절대 권력을 누리고 있다. 하지만 액턴 경Lord Action의 말처럼 "절대 권력은 절대 부패한다. 위대한 사람은 거의 항상 나쁜 사람이다."[20]

중국은 자신의 정당성을 경제적 성과에(그리고 부분적으로는 민족주의에) 의존한다. 중국의 1인당 GDP는 아직 미국의 3분의 1에도 미치지 못하기 때문에 앞으로도 빠르게 성장할 여지가 있다. 그러나 경제에서 선두 주자와의 격차를 줄이는 것은 쉬운 일이지만 모두를 제치고 선두 주자가 되는 것은 어려운 일이다. 중국은 고소득 민주주의 국가들의 생산성 수준에 바싹 접근하기 전에 성과가 급격히 악화될 소지가 있다. 중국 경제는 이미 높은 부채로 부담을 안고 있다. 이는 소비가 억제되고 저축이 과잉인, 따라서 많은 양의 그리고 종종 낭비적인 투자를 우선 필요로 하는 불균형적인 경제임을 반영한다. 급진적인 개혁이 없다면, 갈수록 부채를 더 빠르게 늘리지 않고는 고성장을 지속하기가 불가능할 것이다.[21]

더 심각한 문제는 중국의 경제 시스템이 심각한 전략적 딜레마에 직면해 있다는 점이다. 시진핑의 반부패 캠페인은 전임자인 덩샤오핑, 장쩌민江澤民, 후진타오胡錦濤가 추진했던 경제자유화의 부산물인 부정부패를 바로잡으려는 반작용으로 봐야 한다. 그러나 그의 억압적인 대응 방식, 특히 기업가들을 포함해 그들이 대상으로 삼은 부패한 관리들과 벌이고 있는 전쟁은 경제를 억압할 위험이 있다. 합법적인 행동에 대한 명확한 정의와 보호가 부재한 상황, 더 단순하게 말하자면 법치가 부재한 상황에서 시진핑의 단속에 대한 민간 및 공공 부문의 기업가들이 보여주는 자연스러운 반응은 리스크를 덜 감수하고 일을 크게 벌이지 않는 것일 수밖에 없다. 자신의 정당성이 경제적 번영에 달려 있는 정권 입장에서 이는 용납할 수 없는 침체와 폭주하는 부패 사이에서 진퇴양난의 고통스러운 딜레마를 낳는다. 게다가 이런 딜레마는 사소한 문제점이 아니라 관료적 절대주의하의 시장이 가지는 필수적인 특징이다.

중국과의 협력·대립·경쟁

중국과의 관계는 협력, 경쟁, 공존, 대립 중 하나여야지 공개적인 충돌이어서는 안 되며, 군사적 충돌이어서는 더더욱 안 된다. 그것은 재앙이 될 것이다.

그렇다면 자유주의적 민주주의와 중국 사이의 복잡한 관계는 어떻게 풀어나가야 할까? 여기에는 다섯 가지 필수 요소가 있다.

첫째, 서방은 자신의 핵심 강점을 인식하고 자신의 핵심 자산을 보호해야 한다. 여기에는 중국인 및 수많은 사람에게 희망의 등불로 남아 있는 개인의 자유와 민주주의, 그리고 자유주의적 민주주의 국가 간 역사적인 동맹의 유지(또는 부활), 전략적 기술에서의 자율성, 경제에서 에너지 및 보건과 같은 가장 중요한 측면의 안보, 규칙에 기반한 협력적인 국제 시스템의 보존이 포함된다. 이 모든 것을 보호해야 하며 필요하다면 공동 행동을 취해야 한다. 무엇보다 미국이 이런 동맹에 적극적이고 지속적으로 참여하고 헌신하는 것이 중요하다.

둘째, 그레이엄 앨리슨이 '투키디데스의 함정Thucydides trap'이라고 부르는, 상호 간의 의심과 공포가 기존 강대국과 신흥 강대국을 충돌로 몰아가는 경향을 피하는 것이 중요하다.[22] 이를 위해서는 상호 신뢰를 강화하고 서로의 핵심 이익을 보호하고 신뢰할 수 있는 힘의 균형을 유지하기 위해 다양한 조치가 이루어져야 한다. 그러려면 서로의 핵심 이익이 어떤 것들이며 이를 둘러싼 마찰을 어떻게 관리할 것인지 합의가 필요할 것이다. 무엇보다 정면충돌에서는 누구도 '승리'할 수 없다는 점을 양측 모두 이해해야 한다. 전쟁은 상상할 수 없는 일이며, 따라서 러시아의 우크라이나 침공은 중국을 포함하여 모두에게 매우 위험하다.

셋째, 호혜적인 상호 의존을 촉진할 필요가 있다. 양측은 어느 정도의 전략적 자율성을 유지하기를 원하지만, 무역과 자본흐름뿐만 아니라 다른 분야에서도 상호 의존성을 유지하는 것이 필수적이다. 중국의 젊은이들이 서방의 교육기관에서 공부하는 것은 좋은 일이다. 양측이 서로 교역하고 투자하는 것도 좋은 일이다. 물론 이런 경제적 상호 의존성이 자멸이라는 어리석음을 막는 데 사람들이 기대했던 것보다 억제력이 훨씬 작을 수는 있다. 제1차 세계대전 이전에는 서로 활발하게 교역했던 유럽이 전쟁으로 폐허가 되지 않았는가. 하지만 가능한 한 폭넓은 이익의 공유를 보장하는 조치들로 보완된다면 이런 상호 의존성은 여전히 일정한 역할을 할 수 있다.[23] 그와 함께 우방국들과의 무역 관계를 더 강화할 필요도 있다.

넷째, 글로벌 공통 과제에 대한 협력이 필요하다. 우리는 작고 연약한 지구, 복잡하고 상호 의존적인 경제 시스템을 공유하고 있으며, 또한 모든 나라의 취약한 사람들을 도와야 한다는 도덕적 의무를 공유하고 있다. 기후, 생태계, 질병, 경제개발, 국제 부채, 금융 안정성, 기술 개발, 평화, 안보 등 상상할 수 있는 모든 영역에서 어느 정도의 협력이 필요하며 최소한 상호 간의 이해라도 필요하다. 이를 달성하기는 매우 어려울 것이다. 하지만 상호 신뢰를 증진하도록 이런 관계들을 설계해야 한다.

마지막으로, 신중하게 설계된 당근과 채찍을 사용해야 한다. 따라서 중국의 협력에 대한 보상과 함께 협력하지 않을 경우 불이익을 부과하는 것이 필수적이다. 이는 안보, 인권, 세계 경제, 개발, 지구 환경, 국제기구의 운영 등 모든 관심 분야에 적용되어야 한다. 다시 말하지만, 자유주의적 민주주의 국가들이 신중하게 고려하고 정책을 잘 조율해야만 이 모든 것이 제대로 작동할 수 있다. 미국은 제한적인 특정 측면에서만 동맹국에 강요할 수 있다. 그러나 동맹국들의 전폭적인 지지가 없다면 동맹 자체가 실패할 것이고 결국 미국은 부상하는 중국과 홀로 맞서게 될 것이다.

이 모든 것이 도전 과제를 제기한다. 앞서 나열한 이슈들이 제기하는 도전 과제 중 몇 가지를 생각해보자.

첫째는 '안보'다. 국가안보의 근간이 되는 기술에 대해서 국가들이 통제권을 유지하려고 노력하는 것은 당연한 일이다. 물론 그렇게 하려면 매우 큰 비용이 발생하므로 완전한 자급자족을 주장할 수는 없다. 그러나 자유주의적 민주주의 국가들이 개별적 또는 집단적으로 자급자족을 유지하고자 하는 기술이 무엇인지를 정의하고, 이를 국제무역의 일반적인 규칙에서 제외하는 것은 합리적이다. 하지만 규칙에 대한 예외를 적용하는 이유 역시 적어도 공개적인 논의와 설명에 근거해야 한다.

안보는 또한 각국이 세계에서 자국의 핵심 이익을 보호할 수 있는 능력과도 관련이 있다. 이를 달성하는 한 가지 방법은 대략적인 세력 균형을 유지하는 것이다. 중국이 자기 마음대로 할 수 있는 능력을 제한하기 위해 자유주의적 민주주의 국가들이 동맹을 맺는 것은 합리적이다. 그러나 이런 동맹이 본질적으로 중요하지 않은 문제를 가지고 긴장을 고조시키는 위험한 결과를 초래하지 않아야 한다. 1962년 쿠바 미사일 위기는 세계를 핵전쟁 직전까지 몰고 갔다.[24] 그것은 기괴한 어리석음이었다. 인류는 그런 사건이 반복되는 것을 감당할 수 없다. 신뢰 구축을 위한 조치는 필수적이다. 세력 균형은 강대국들의 지도부 및 군대 간에 최대한의 개방성과 투명성을 통해서 보완되어야 한다. 이런 영역에서 모호함이 존재한다면 문제를 일으키게 된다. 또 다른 위험은 하급 파트너 국가들의 잘못된 행동이다. 예를 들어 제1차 세계대전에서 오스트리아와 세르비아는 다른 모든 나라를 전쟁에 끌어들였다. 물론 그 둘이 아니었어도 어쨌든 전쟁은 일어났을지 모르지만, 이런 일은 특히 다국간 동맹에서 피해야 하는 리스크다.

오늘날 안보의 중요한 측면 중 하나는 사이버 안보다. 미디어 운영, 표현의 자유, 사이버 첩보 활동 등 다양한 차원에 걸쳐 있는데 자유주의적 민주주의 국가는 이런 영역에서 커다란 취약점을 안고 있으며 이를 줄이도록 노력해야 한다. 이 중 대부분은 중국이나 그 밖의 외부 행위자와 거의 관련이 없다. 국내의 세력들도 마찬가지로 위험한 존재다. 위협의 근원이 무엇이든 간에 억제해야 한다. 현재 기술적으로 가능한지가 큰 의문인데, 안타깝게도 현재로서는 사이버 안보에 관한 국제 협약의 준수 여부를 검증하는 것이 불가능할 수도 있다. 그래서 예상되는 결과는 인터넷의 점진적 분열, 즉 '스플린터넷splinternet'이다.

둘째는 '인권'이다. 자유주의적 민주주의는 하나의 핵심 가치를 가지고 있다. 바로, 사람들이 자유롭게 행동할 권리다. 이 가치는 국내에서 수호되어야 한다. 그러나 중국은 점점 더 커지는 자신의 경제적 영향력을 이용하여 자신에 대한 다른 사람들의 발언에 영향을 미칠 수 있다. 물론 이런 압력은 주로 다른 나라 정부들에 가해진다.[25] 하지만 비즈니스에 종사하는 사람들과 학자와 학생, 특히 중국 학생들에게도 압력이 가해진다. 자유주의적 민주주의 국가들은 중국이 그중 한 나라에 대해서 의견 및 표현의 자유를 공격할 경우, 모두에 대한 공격으로 간주해야 한다. 국내에서 핵심 가치가 보호되어야 하므로 필요할 경우 무역 제재를 포함한 제재 역시 고려해야 한다. 다만, 제재의 효과는 제한적일 수 있다.

셋째는 '세계 경제'다. 무역은 아마도 글로벌 경제 협력이 가장 가시적으로 드러나는 영역일 것이다. 안타깝게도 WTO는 미국과 중국 사이의 관계를 제대로 관리하지 못하고 있다. 미국은 중국이 WTO 협정을 지키지 않는다고 주장해왔다.[26] 이에 대해 중국은 미국의 행동도 마찬가지라고 주장하는데, 트럼프가 벌인 무역 전쟁의 경우 중국의 말이 맞다.[27] 중국의 협정 위반 혐의는 트럼프가 공격하는 빌미가 됐다. 또한 트럼프 정부는 WTO가 자신이 용납할 수 없는 규칙을 제정하는 것에 대해 분쟁 해결 과정의 항소 기구에서 의결 정족수를 고의로 채우지 않는 것으로 대응했고, 그럼으로써 WTO의 정책 기능을 무력화했다.[28]

문제는 어떻게 하면 합법적이고 예측 가능한 시스템을 재창출하여 무역이 무정부 상태로 추락하는 것을 피할 수 있는가 하는 것이다. 이는 강대국들 간의 무역 관계에서 감정적 열기를 식히는 데 도움이 될 것이기 때문에 그들의 이익에도 부합한다. 이상적으로는 규칙과 규율에 대한 야심 찬 재협상이 필요하다. 가장 근본적인 어려움은, WTO는 가장 중요한 회원국들이 전통적인 서구적 의미에서 시장 지향적이라는 가정에 기초하고 있는 반면 중국은 그렇지 않다는 점이다. 즉 WTO는 회원국에서 기업이 사적으로 소유되고 독립적인 사법부가 관리하는 기본 법률에 따라 자유롭게 운영된다고 가정한다. 하지만 중국 경제는 그와 다르게 민간 기업, 국영 비금융 기업, 국가가 지배하는 은행, 중국공산당의 통치권에 복종하는 국가 지침 등이 복잡하게 결합되어 있다. 게다가 시진핑 체제하에서 중국은 더욱더 국가가 지배하는 모델로 후퇴하고 있다.[29] 이 모든 것을 고려할 때 모든 당사국의 동의를 끌어낼 수 있는 무역 시스템 개혁은 기대하기 어려우며, 특히 중국이 개발도상국 대우를 고집하는 한 그런 개혁은 아예 불가능할 것이다. 그럼에도 우리는 개혁을 하기 위해 노력해야 한다. 중국은 세계에서 가장 중요한 무역 강국이자 다른 모든 무역 국가를 끌어당기는 자석과도 같은 존재가 되어가고 있기 때문이다. 세계 무역에서 중국을 배제하는 것은 불가능하다. 이와 동시에 일각에서는 모든 자유주의적 민주주의 간에 개방된 자유무역 협정을 만들어야 한다고 강력하게 주장한다.

강대국 간의 협력이 필요한 경제 분야는 단지 무역만이 아니다. 환율 관리, 금융 규제, 국제 부채 관리도 마찬가지다. 중국의 경제적 영향력이 커질수록 이런 분야에서 상호 이익이 되는 합의를 도출하는 것이 더욱 중요해질 것이다. 중국이 채권국으로 부상하는 것은 특히 중요한 의미가 있다. 예를 들어 취약한 국가들의 과도한 부채를 관리하는 데 서로 협력하며 부채 조정이나 부채 상각에 따른 부담을 동등하게 부담하게 하는 것은 매우 중요하다. 그러지 않으면 어려움에 처한 차입국이 아니라 다른 채권국들이 이득을 볼 것이라는 우려 때문에 부채에 대한 부채 조정이나 상각을 주저하게 될 수 있다. 아무리 어려워 보일지라도 이 분야에서 중국과 협력하기 위해 많은 노력을 기울여야 한다.

넷째는 '경제개발'이다. 경제개발 촉진과 관련한 공동의 약속은 이미 존재한다. 이것이 바로 국제 개발기구들이 존재하는 이유다. 불평등이 덜한 세상이 더 좋은 세상이 될 것이다. 그것은 도덕적이자 실질적인 의무다. 또한 중국이 다른 개발도상국들을 대규모로 지원하는 데 필요한 노하우와 자원을 보유하고 있다는 것은 의심의 여지가 없다. 동시에 개발도상국들이 일대일로一帶一路이니셔티브를 통해 중국과의 긴밀한 관계를 통해 얻을 수 있는 가치에 대한 우려가 존재하며, 특히 대출 조건과 관련된 우려가 있다. 이 야심 찬 프로그램이 명백히 개발도상국의 이익을 위해 작동하게 하려면 중국과 긴밀하게 관여하는 것이 매우 중요하다.[30] 이 외에도 개발도상국의 발전에 관심이 있는 자유주의적 민주주의 국가들은 중국과 공동의 개발 목표를 달성하기 위해 협력해야 하며 중국도 이들과 협력해야 한다. 하지만 역사적으로 오랫동안 서방 강대국들이 경제개발을 그 나라에 대한 정치적 통제의 구실로 삼았다는 점도 기억해야 한다. 수에즈운하나 파나마운하의 역사를 생각해보라. 마지막으로, 개발도상국을 위한 일대일로 이니셔티브의 라이벌을 만들기 위해 민주주의 국가들은 잉여 저축을 한데 모을 수 있다. 경제개발에 대한 투자를 촉진하기 위해서 경쟁이 벌어진다면 바람직한 일이 될 것이다.

다섯째는 '지속 가능성'이다. 생물 다양성도 중요한 도전 과제이기는 하지만 대기권 보호는 핵심 중의 핵심이다.[31] 이를 위해서는 전 세계적으로 시행되는 다양하고 야심 찬 조치들이 필요하다. 또한 고소득 국가들은 상대적으로 신속하게 행동할 능력도 있고 1인당 온실가스 배출량도 많기 때문에 주도적인 역할을 해야 한다. 그러나 지구 온도 상승을 1.5°C 이하로 억제하려면 신흥국 및 개발도상국, 특히 세계 최대 온실가스 배출국인 중국도 큰 역할을 해야 한다. 다시 한번 강조하지만, 문제는 어떻게 하면 탄소 배출이 적은 성장 경로로 급진적인 전환을 이룰 수 있느냐는 것이다. 고소득 국가들은 신흥국 및 개발도상국에 상당한 수준의 기술적·재정적 지원을 제공해야 한다. 고소득 국가들이 자체적으로 어느 정도 급진적인 약속에 동의할 수 있다면, 탄소 국경세와 같은 강력한 집단적 영향력을 사용하여 현재 너무 느리게 진행 중인 중국 경제의 탈탄소화 계획을 가속화하도록 압박할 수 있다. 다시 말하지만 위선은 피해야 한다. 고소득 민주주의 국가들이 중국의 탈탄소화가 가속화되기를 원한다면 자신들도 똑같이 해야 한다.

만약 고소득 민주주의 국가들이 탄소 가격 부과를 해결책의 일부로 삼고자 한다면, 탄소 가격 책정이 없는 국가에서 탄소 배출 집약적 상품을 수입할 때 이에 대한 상쇄 관세를 도입해야 할 것이다. 이는 기술적으로 쉽지 않은 일이다.[32] 하지만 여기에는 세 가지 중요한 이점이 있다. 탄소 가격 도입에 대한 정치적 저항을 최소한 조금이라도 누그러뜨릴 수 있고, 전 세계의 생산 활동을 탄소 배출 집약적인 기술 및 작업에서 벗어나게 할 수 있으며, 마지막으로 중국을 포함한 그 밖의 나라들이 자체적으로 탄소 가격을 도입하도록 인센티브를 제공할 수 있다는 것이다. 따라서 탄소 가격 부과는 우리가 필요로 하는 기후 정책을 전 세계가 이행하게 하는, 중요하면서도 정당한 '채찍'이 될 것이다.[33]

중국은 세계 기후를 보호하는 데 주도적인 역할만 하는 데 그쳐서는 안 된다. 생물 다양성 보호와 같은 그 밖의 환경문제를 해결하는 데서도 중요한 역할을 해야 한다. 예를 들어 중국은 EU와 미국에 이어 세계에서 세 번째로 큰 수산물 시장이다.[34] 또한 상아, 코뿔소 뿔, 호랑이 뼈 등 멸종 위기에 처한 야생동물과 그 제품의 세계 최대 수입국으로 알려져 있다.[35] 이를 바꾸기 위해서는 엄청난 노력이 필요하다. 중국이 반드시 자신의 글로벌 책임성을 이해하게 해야 한다.

마지막으로 '글로벌 거버넌스'다. 좋든 싫든 우리는 인류가 서로에 대해서 그리고 생태계, 대기권, 심지어 그 너머의 우주와 전례 없는 규모로 상호작용하는 세상을 만들었다. 팬데믹이 우리에게 가르쳐준 것이 있다면 바로 이것이다. 우리가 살아남기 위해서는 평화롭고 협력적으로 상호작용해야 한다. 이를 위해서는 상상할 수 있는 대부분 종류의 글로벌 거버넌스가 필요하다. 사실, 우리가 직면한 도전을 관리하려면 더 적은 글로벌 거버넌스가 아니라 훨씬 더 많은 글로벌 거버넌스가 필요하다는 것은 명백하다. 적어도 질병, 기후, 생물 다양성, 사이버 안보, 핵무기 확산, 경제개발, 무역, 거시경제 안정성, 지식재산의 개발 및 사용 등과 관련해서 제대로 된 이해에 기초한 긴밀한 협력이 필요하다. 이런 분야에서 성과를 내는 것은 불가능하지 않다. 예를 들어 1987년 오존층 파괴 물질에 관한 몬트리올 의정서와 1994년 해양법에 관한 UN 협약을 생각해보라. 몬트리올 의정서는 보편적으로 비준됐지만 UN 해양법 협약은 미국을 포함한 많은 국가가 아직도 비준하지 않았다.[36]

글로벌 거버넌스는 더 이상 고소득 민주주의 국가들의 전유물이 될 수 없다. 다른 강대국들, 특히 중국과 함께해야 하며 인도와도 점점 더 많이 함께해야 한다. 글로벌 기관에서 투표권과 기타 영향력의 원천을 조정하는 것이 필수적이다. 예를 들어 2021년 IMF에서 중국의 총투표권 비중은 6.08%에 불과한 반면 미국은 16.51%, 일본은 6.15%, 독일은 5.32%, 프랑스와 영국은 4.03%를 가지고 있다.[37] 이 비중이 중국의 성장하는 힘을 반영해 조정되지 않으면 중국이 독자적인 국제기구를 만들게 될 것이고, 세계가 더 분열되는 것은 불가피해질 것이다. 실제로 중국은 아시아인프라 투자은행AIIB과 신개발은행NDB을 창설하는 등 이미 그렇게 하기 시작했다.[38] 마찬가지로 UN 안전보장이사회도 개혁해야 한다. 프랑스는 상임이사국 자리를 EU에 양보하고, 영국은 인도에 그 자리를 양보해야 한다. 이렇게 하면 훨씬 더 대표성이 높은 안전보장이사회가 즉시 만들어질 수 있다.

동시에 자유주의적 민주주의 국가들은 자신들이 지켜야 할 관심사, 우선순위, 가치를 가지고 있다. 따라서 많은 영역에서 중요한 글로벌 기관들, 특히 글로벌 공유 영역의 관리를 감독하는 글로벌 기관과 함께 자신들만의 공식적·비공식적 기관을 만들고 보호해야 한다. 따라서 경제 분야의 비공식적 논의는 글로벌 차원에서는 회의 소집 및 의사결정 등 절차가 번거로운 20개국G20 회의에서 이루어져야 하지만, 주요한 자유주의적 민주주의 국가들은 지속적으로 7개국G7 회의를 통해서 자신들과 가장 유사하고 가장 신뢰하는 국가들과 협력하고 입장을 발전시키는 것은 앞으로도 계속 중요하다. 다시 말하지만 이들은 금융, 사이버 공간, 사이버 안보, 미디어 등 많은 규제 대상 영역에서 자신에게 가장 적합한 시스템을 개발해야 하며 그 결과로 세계 질서가 어느 정도 분열되는 것을 감수해야 한다.

세계 민주주의적 자본주의의 미래

그렇다면 이처럼 복잡하고 변화하는 세계에서 안정적인 자유주의적 민주주의 국가들은 어떻게 행동해야 할까? 앞의 주장은 크게 세 가지로 구분할 수 있다.

첫째, 자유주의적 민주주의 국가들은 고유한 가치와 관심사를 가지고 있다. 이들은 서로 긴밀히 협력하여 이런 가치를 지켜야 한다.

둘째, 자유주의적 민주주의 국가들은 더 넓은 세계에서 많은 중요한 이해관계를 가지고 있다. 세계 질서를 보존하고 자유주의적 민주주의를 수호하고 증진하기 위해 함께 행동함으로써 이런 이해관계를 발전시켜야 하지만, 가능한 한 평화적으로 이루어져야 한다.

셋째, 자유주의적 민주주의 국가들은 자신과 다른 가치 및 거버넌스 시스템을 가진 새로운 초강대국과 마주하고 있다. 하지만 과거에 소련을 봉쇄했던 방식으로 중국을 봉쇄할 수는 없다. 중국은 그렇게 하기에는 너무 거대하고 전 세계적인 영향력을 가지고 있다. 또한 많은 분야에서 긴밀한 협력이 필수적인 나라이기도 하다. 따라서 우리의 핵심 가치를 보호하는 동시에 글로벌 안정을 유지하고 글로벌 진보를 이루기 위해 중국과 복잡한 관계망을 구축해야 한다. 매일매일 경쟁하고 협력하며 평화롭게 공존해야 한다. 때때로 대립하겠지만 군사적 충돌은 없어야 한다. 물론 어렵겠지만, 그래도 인류 전체의 이익을 위해서는 반드시 그래야 한다.

결론

시민성의 복원

> 우리 앞에 남겨진 위대한 임무에 헌신하기 위해 우리는 여기에 모였습니다. 그것은 이 명예로운 전사자들이 마지막으로 온전히 헌신한 대의를 위해 우리가 더 많이 헌신하는 것, 이 전사자들의 죽음이 헛되지 않도록 이 자리에서 굳게 결의하는 것, 이 나라가 신의 가호 아래서 자유의 새로운 탄생을 맞이하도록 하는 것, 그리고 국민의, 국민에 의한, 국민을 위한 정부가 이 땅에서 사라지지 않도록 하는 것입니다.
>
> - 에이브러햄 링컨[1]

> Romae omnia venalia sunt. (로마에서는 모든 것을 사고팔 수 있다.)
>
> - 살루스티우스Sallustius(고대 로마의 역사가)[2]

민주주의와 경쟁적 자본주의라는 상호 보완적인 대립물은 어렵지만 소중하게 결합했다. 강자의 변덕이 아닌 신뢰할 수 있는 규칙에 따라 운영되는 시장경제는 번영을 뒷받침하고 정치의 위험성을 줄여준다. 결과적으로 경쟁적 민주주의는 정치인들이 경제 성과와 국민 복지를 향상시킬 수 있는 정책을 제시하도록 유도한다. 자유주의적 민주주의와 시장경제가 결합하게 된 데에는 이런 실용적인 이유 외에 도덕적인 이유도 있다. 자유주의적 민주주의와 시장경제는 모두 인간의 주체성이 가지는 가치에 대한 믿음, 즉 사람들은 스스로 최선을 다할 권리가 있으며 공적 의사결정에 자신의 목소리를 낼 수 있는 동일한 권리를 가지고 있다는 믿음에 기초한다. 결국 두 가지 모두 인간의 자유와 존엄성이 가지는 상호 보완적인 측면이다.

이것은 추상적이고 이론적인 개념이 아니며, 유토피아적인 개념은 더더욱 아니다. 세계적으로 안정된 자유주의적 민주주의 국가는 번영하는 시장경제를 가지고 있으며, 시장경제가 번영하는 국가는 대부분 자유주의적 민주주의 국가다. 전자의 규칙에는 예외가 없으며, 홍콩과 싱가포르는 후자의 예외로 볼 수 있다(아쉽게도 홍콩은 더 이상 그렇지 않다). 하지만 둘 다 자비로운 친자본주의적 독재정권이라는 예외적인 현상으로부터 혜택을 받았다. 홍콩의 모델은 식민지 시대에 외부인들이 만든 것으로 시진핑의 강압적인 통치 아래 사라져가고 있다. 싱가포르의 통치자들은 식민지 체제를 물려받았을 뿐만 아니라 자신들이 지식과 커넥션을 의존해야 하는 외국 자본가들에게 안전과 개방성을 제공해야 했다. 이것은 통치자들이 마음대로 할 수 있는 일들에 대한 중대한 제약이다. 즉 싱가포르에서 목소리를 내는 것은 상대적으로 매우 어려운 일이지만, 거기에서 떠나버리는 것은 그렇지 않다. 궁극적으로 중국은 부유한 시장경제를 가진 나라인 동시에 자유주의적 민주주의 국가라는 규칙의 훨씬 더 중요한 예외가 될 수 있다. 그러나 (PPP 기준) 1인당 GDP는 2019년에도 세계 80위로 수리남과 투르크메니스탄 사이에 있었다.[3] 모든 경제적 발전에도 불구하고 고소득 국가가 되기에는 아직 갈 길이 멀다. 또한 점점 더 강경해지는

508

시진핑의 통치하에서 심각한 어려움에 처하게 될 가능성이 크다.

경제적 번영이 중요하기는 하지만 그것이 전부는 아니다. 기대 수명, 교육 수준, 평등권의 진보적 추진 등 상상할 수 있는 모든 지표에서 고소득 민주주의 국가들은 인류 역사상 가장 성공적인 사회다. 이 나라들은 신분 차별에 반대함과 동시에 자유를 부여함으로써 개인과 사회 모두에 개선의 기회를 제공한다. 그렇다면 그 반대쪽에는 무엇이 있을까? 바로, 불량배 및 관료의 무책임한 통치이거나 관습이라는 철창이다. 둘 다 침체와 억압을 초래한다. 둘 다 인간 정신과 사회적 진보를 죽이는 것이다.

민주주의적 자본주의는 그 모든 결점에도 불구하고 옹호할 가치가 있다. 하지만 현재 심각한 위험에 처해 있다. 무엇이 민주주의를 작동하게 하는지 떠올려보라. 선거가 자유롭고 공정하다고 인정되어야 하며, 선거에서 승리한 자에게 정치적 정당성이 있다고 받아들여지는 것이다. 그러기 위해서는 참여자들을 서로 묶어주는 유대가 사람들을 정치적 진영으로 묶어주는 유대만큼이나 강해야 한다. 9장에서 나는 우리의 장소, 역사, 가치 문화에 대해 공유된 애착인 애국심이야말로 우리가 필요로 하는 공동 정체성의 가장 강력한 원천이라고 주장했다. 이런 애국심은 시민적 민족주의라고도 부를 수 있다. 물론 부분적으로 신화에 기반을 둘 수도 있지만, 신화는 인류 공동체의 보편적인 속성이다.

민주주의적 정치의 정당성에는 다른 원천도 존재한다. 가장 중요한 것은 널리 공유되는 번영이다. 또 다른 하나는 게임의 규칙이 공정하다고 모두가 인정하며 이에 대해서 공유된 신뢰를 가지는 것이다. 또한 누가 (일시적으로) 권력을 잡든지 정부는 유능하고 법은 공정하게 적용되며 모든 사람이 자유롭게 생활할 권리가 보호될 것이라는 신뢰다. 안정적인 민주주의의 토대를 이런 식으로 표현하면 그것이 얼마나 취약한지 잘 알 수 있다. 민주주의는 평화로운 내전이다. 민주주의 정치에서 발생하는 분열은 잘못된 상황과 잘못된 사람들의 손에 의해 반란, 내전 또는 국민을 명분으로 하는 권위주의의 근원이 될 수 있다. 후자는 최근 전 세계에 걸쳐서 일어나고 있다. 현대 민주주의의 심장부인 미국에서도 대통령 선거 결과를 놓고 반란을 일으킨 도널드 트럼프 때문에 그런 현상이 일어나고 있다. 물론 민주주의는 아직 실패하지 않았다. 그러나 매우 큰 위험에 처해 있다.

이 책의 앞부분에서 논의한 경제, 사회, 기술의 변화와 함께 엘리트의 실패와 부정행위는 많은 사람이 민주주의라는 제도와 가치를 더는 신뢰하지 못하게 했다. 이는 플라톤이 경고했던 선동가들의 부상을 촉진했다. 무엇보다 미국에서 공화당은 더 이상 민주주의의 핵심 규범을 지키지 않게 됐다. 정상적인 민주적 정당이라기보다는 지도자의 말 한마디가 무엇이 진실이고 무엇이 옳은 것인지를 정의하는 대중운동을 닮게 됐다. 가장 악명 높은 예는 나치의 '총통 전권주의'로, 지도자가 뛰어내리라고 하면 문제는 오직 "얼마나 높은 곳에서 뛰어내리느냐"였다.[4] 현재의 트럼프도 이와 마찬가지인 것 같다. 그러나 놀랍고 우울하게도, 공화당 엘리트들의 복종은 1930년대 독일에서 많은 사람이 그랬던 것처럼 두려움의 산물이 아니라 개인적인 야망과 도덕적 타락의 산물이다.

도널드 트럼프가 국수주의, 외국인 혐오, 개인숭배에 기반하여 당선됐을 때 그가 자유주의적 민주주의에 가한 위험은 분명했다. 대통령으로서 그는 동맹, 다자주의, 국제 규칙, 과학, 진실, 기후변화의 현실을 거부했다. 그러나 2020년 팬데믹이라는 비참한 재난을 겪은 후에도 그는 46.8%의 득표율을 기록했다. 더 중요한 것은 선거를 민주당이 조작했다는 그의 주장에 대다수의 공화당원이 동의했다는 점이다.[5] 이런 충성심은 2021년 1월 6일에 그가 부추긴 국회의사당 습격 사건이 발생한 이후에도 계속됐다. 도난당한 선거라는 그의 '큰 거짓말'을 믿는 것은 오히려 진정한 공화당원으로 인정받는 리트머스 시험지가 됐다. 세계에서 가장 영향력 있는 자유주의적 민주주의 국가의 정상적인 정당이었던 공화당은 이제 상대방의 승리가 불법적인 것이며, 그에 대응하면서 폭동과 살인을 용인하는 견해를 수용하게 됐다. 이것이 미국의 민주주의에 주는 함의, 그리고 민주주의를 수호하기 위해서 미국이 해온 역할을 고려할 때 전 세계의 자유주의적 민주주의에 주는 함의는 충격적일 정도로 분명하다.

　　특히 소련 공산주의 붕괴로 희열을 느꼈음에도 어떻게 이런 일이 일어났을까? 트럼프가 이끄는 공화당이나 존슨이 이끄는 보수당은 갑자기 생겨난 것이 아니다. 40년에 걸친 엘리트의 실패에서 비롯된 것이다. 자유주의적 민주주의와 자본주의의 취약한 결합은 개인과 공동체, 사적인 것과 공적인 것, 자유와 책임, 경제와 정치, 돈과 윤리, 엘리트와 민중, 시민권자와 비시민권자, 국가와 세계 사이에서 쉽지 않은 균형을 유지할 것을 요구한다. 이것이 바로 이 책의 모토가 '메덴 아간(무엇이든 과해서는 안 된다)'인 이유다. 이런 균형이 잘 맞을 때 자유주의적 민주주의와 시장 자본주의의 결합은 세계 역사상 가장 성공적인 체제가 될 수 있다. 하지만 자유주의적 민주주의는 엘리트들의 이기심과 독재자의 야망에 취약하다. 역사적으로 민주공화국들은 예외에 속했다. 인류의 일반적인 정치 패턴은 전제정이거나 폭정이었다. 후자는 항상 옆에서 기회를 엿보고 있는데, 오늘날의 세계에서는 선동적이고 관료주의적인 폭정이 기회만 엿보는 것이 아니라 줄을 지어 행진하고 있다.

이 책의 3부와 4부에서는 민주주의 정치와 시장경제 사이의 균형을 회복하기 위한 의제를 제시했다. 여기에는 자유주의적 민주주의의 내부적 약점과 글로벌 책임이 모두 고려됐다. 이 제안들은 모두 실용적인 것이지만 동시에 이상주의적이기도 하며, 혁명적 변화가 아니라 민주적 제도와 경제 정책의 개혁에 기반을 두고 있다. 그러나 우리는 이런 과제가 가지는 규모가 거대하다는 것 또한 반드시 인식해야 한다. 왜냐하면 새로운 기술과 자유방임주의 이념의 결합이 부와 권력을 늘리는 데 전념하는 금권정치의 출현을, 그리고 엄청난 파괴적 잠재력을 지닌 새로운 기술의 출현을 가속화했기 때문이다.

우리는 지금 우리가 서 있는 토대 위에서 노력해야 한다. 과거로 돌아갈 수는 없다. 20세기 중반의 세계는 좋든 나쁘든 영원히 사라졌다. 우리는 '더 나은 재건'을 해야 한다. 앞으로 나아갈 길은 과거 개혁가들의 목표를 현재의 필요에 맞게 조정하는 것이다. 20세기의 가장 중요한 개혁가는 프랭클린 델러노 루스벨트였다. 그는 1941년 1월 '4대 자유'에 관한 연설에서 국내적 변화를 전제로 세계 속에서 미국이 해야 할 역할을 제시했다. 이 개요를 바탕으로 나는 7장과 8장에서 자본주의 경제의 개혁에서 위한 다음과 같은 목표들을 제시했다.

1. 향상되고 폭넓게 공유되며 지속 가능한 생활 수준
2. 일할 수 있고 일하고자 하는 사람들을 위한 좋은 일자리
3. 기회의 평등
4. 도움이 필요한 사람들을 위한 안전망
5. 소수를 위한 특권의 종식

목표는 보편적 행복이 아니라 피해를 제거하는 것이다. 개혁에 대한 접근 방식은 종종 재앙을 불러온 혁명적인 과도한 개입이 아니라 '단편적인 사회공학'이라는 접근 방식이어야 한다.[6]

이런 구체적인 제안 뒤에는 더 폭넓은 관점이 존재한다. 보편적 참정권 민주주의는 경제적·정치적 시민권을 전제로 하며, 기업은 원하는 것을 마음대로 할 수 없음을 의미한다. 또한 반드시 세금을 납부해야 한다는 것을 의미하며, 여기에는 경제적으로 힘 있는 자들도 포함된다. 이는 국가가 유능하고 적극적이어야 하며, 동시에 법의 지배를 받는 국민들을 책임져야 한다는 것을 의미한다. 이 모든 것은 20세기가 준 분명한 교훈이다.

사실 민주주의적 자본주의하에서 권력을 추구하는 다른 방법들도 있다. 하지만 모두 실패할 것이다. 한 가지 극단적인 방법은

완전히 사회화된 경제를 국민들에게 제공하는 것이다. 그러나 최근 베네수엘라에서 일어난 것처럼, 결국 경제가 무너지고 통치자들은 권좌에서 쫓겨나거나 비민주적 방식으로 권력을 유지하게 된다. 한편 정반대의 극단적인 예는 자유방임적 경제가 반지성주의, 인종주의, 문화적 보수주의에 기반한 포퓰리즘과 결합되는 것이다. 이런 금권주의적 포퓰리즘은 금권주의자들조차 불안해하는 독재로 이어질 가능성이 크다. 독재로 가는 더 빠른 길은 이 두 극단적 방식이 혼합된 민족주의적 사회주의(또는 국가 사회주의)다. 이는 복지국가와 선동가의 자의적 통치가 결합된 것이다. 이 경우 책임지지 않는 불량배 같은 집단이 측근에게는 보상을 주고 반대자는 처벌하기 때문에, 이 역시 궁극적으로 경제와 민주주의를 모두 파괴하게 된다.

전간기 유럽의 경험, 라틴아메리카의 역사, 그리고 중부 유럽 및 동유럽의 일부 구공산주의 국가를 포함한 많은 신흥국 및 개발도상국이 최근에 겪은 일들은 우리에게 여러 가지를 경고한다. 불평등, 불안감, 소외감, 감당할 수 없는 변화에 대한 두려움, 불공정에 대한 의식이 커질수록 민주주의적 자본주의를 작동시키는 취약한 균형 상태가 무너질 가능성이 커진다.

필요한 개혁이 이루어지려면 엘리트들이 중심적인 역할을 해야 한다. 엘리트 없는 복잡한 사회는 상상할 수 없다. 하지만 약탈적이고 근시안적이며 부도덕한 엘리트들이 지배하는 사회 역시 현실적으로 언제나 가능하다. 민주공화국에 그런 엘리트들이 등장하면 공화국은 붕괴할 것이다. 로마 공화정 말기에 그런 일이 일어났다. 앤 애플바움Anne Applebaum은 헝가리와 폴란드에서, 심지어 영국과 미국에서조차 어떻게 이런 일이 일어났는지를 훌륭하게 설명했다.[7] 자유주의적 민주주의는 복잡한 제약 시스템으로, 그중 일부는 법에 명시되어 있지만 그렇지 않은 암묵적인 제약들도 많다. 이는 궁극적으로 책임 있는 위치에 있는 사람들의 진실성과 신뢰성에 달려 있다. 엘리트들의 부패, 불의, 거짓말은 시민들을 하나로 묶어주는 강력한 유대감을 녹여버리며 결국 냉소주의가 애국심을 대체하게 해버린다. 위대한 저널리스트 헌터 S. 톰프슨 Hunter S. Thompson은 다음과 같이 선언했다. "모두가 범죄자로 간주되는 폐쇄된 사회에서 유일한 범죄는 체포되는 것이다. 도둑들의 세계에서 유일한 최종의 죄악은 멍청함이다."[8] 그런 세상에서는 부패한 과두정이나 독재만이 존재하고 민주주의는 소멸할 것이다.

「이코노미스트」의 에이드리언 울드리지는 엘리트 집단이 유능해야 한다고 정당하게 주장했다.[9] 이것이 바로 기회의 평등이 자유주의적 민주주의의 근본 가치인 이유 중 하나다. 능력주의를 대체할 수 있는 대안은 없으며, 모든 사회에는 그런 엘리트를 양성하는 메커니즘이 있다. 그러나 만약 엘리트 구성원이 자기만족적이고 편협한 교육을 받았으며 이기적이고 심지어 비도덕적이라면, 비록 그들이 영리하고 잘 훈련되고 야망이 있다고 하더라도 그것만으로는 부족하다. 비즈니스 엘리트를 포함하여 모든 기능적 엘리트의 구성원에게는 지식뿐만 아니라 지혜도 필요하다. 무엇보다 그들은 공화국과 시민의 복지에 대해서 책임감을 느껴야 한다. 실제로 만약 제대로 된 시민이 존재하려면 엘리트 구성원들이 그 모범이 되어야 한다. 그것은 어려운 일이 아니다. 거짓 대신에 정직을, 탐욕 대신에 절제를 가져야 하며, 두려움과 증오 대신에 에이브러햄 링컨이 말한 "우리 본성의 더 나은 천사"에게 호소해야 한다.

엘리트의 실패는 오늘날 고소득 민주주의 국가와 그 외 나라들의 민주주의 침체에 대한 이야기 속에 만연해 있다. 이는 좌파와 우파 모두에 해당한다. 좌파의 브라만 엘리트들이 민주주의가 제대로 작동하는 데 기본이 되는 시민권자와 비시민권자의 구분을 경시하는 것은 실패한 것이다. 교육을 덜 받은 동료 시민들의 보수적이고 애국적인 가치관을 경멸하는 것 역시 좌파 엘리트들이 가지고 있는 문제다. 모든 자유주의적 민주주의 국가가 의존해야 하는 애국심을 향해 악담을 퍼붓는 것 역시 문제다.

그러나 더 큰 문제는 경제적으로 성공한 엘리트들이 자신에게는 막대한 부를 창출하고 다른 모든 사람에게는 불안을 야기하는 정책을 추진하는 것이다. 이들이 시장경제의 정당성과 이를 보호하고 촉진하는 국가의 정당성을 파괴하는 왜곡된 자본주의의 출현을 조장하는 것은 더더욱 큰 문제다. 무엇보다, 상층부의 자기이익 추구와 중하층의 분노에 기반하여 금권주의적 포퓰리즘 연합을 만들어서 권력을 공고히 하는 것은 커다란 문제다. 증오와 공포로 사람들을 선동하고 세상을 우리와 같은 '좋은 사람들'과 그렇지 않은 다른 모든 사람으로 구분하는, 부족주의로 선동하는 것은 너무나도 쉬운 일이다. 그러나 사회가 더욱 금권주의화될수록 시민들을 하나로 묶어주는 힘줄들은 끊어지게 된다. 그다음에는 가짜 개혁가, 더 나쁘게는 거짓 포퓰리스트가 등장한다. 이들은 "수

렁을 메우겠다"라고 말하면서 실제로는 수렁을 더 깊고 넓게 만드는 야심에 찬 선동가들이다.

민주주의를 맹렬하게 비판했던 플라톤은『국가론』에서 오늘날 우리 주변에서 흔히 볼 수 있는 선동가의 등장 가능성을 지적한 바 있다. 그는 민주주의 대신에 '수호자들', 즉 철학자인 통치자들을 선출할 것을 제안했다. 이 수호자들은 단지 철학자인 것만이 아니다. 그들은 또한 소유물이나 가족이 없어서 유혹으로부터 자유로워야 한다. 그들의 자녀들은 함께 키워져야 한다. 이 수호자들은 단순히 능력주의가 아니라 수도원의 성직자처럼 되어야 한다.

그의 논리는 명확하다. 엘리트가 가지는 위험은 중요한 사회적 역할의 수행을 개인적인 이익에 종속시킬 수 있다는 것이다. 이를 피하는 것은 거의 불가능할 수 있다. 오래전 어느 개발도상국의 관료 조직에 부패가 만연한 이유를 들은 적이 있다. 그 메커니즘은 간단하고 효과적이었다. 젊고 유능하며 이상주의적인 신입 직원이 경력 초기에 거액의 뇌물을 제안받는다. 그는 거절한다. 이런 일이 여러 차례 반복된다. 그런 다음에 사적인 자리에서 상사로부터 그런 뇌물을 받지 않으면 승진할 수 없을 것이라는 말을 듣게 된다. 그는 아내를 생각하고 가족의 미래를 생각하게 된다. 다음번에는 뇌물을 거절하지 않고 받게 된다.

물론 꽤 노골적인 이야기다. 사회에서 수호자와 같은 역할을 하는 사람들이 부패해지는 데는 더 미묘한 많은 길이 존재한다. 변호사들이 승소에만 관심을 가지게 되고, 기업 임원들이 경영진의 부를 창출하는 데만 관심을 가지게 되고, 창작자들이 자신의 창작

물을 현실화하는 데 필요한 돈을 얻는 것에만 관심을 가지게 되고, 정치인들이 선거에서 승리하는 데만 관심을 가지게 되는 것이다. 직업적 원칙이 쇠퇴하면서 이런 것들로부터 예외가 되기는 더욱 더 어려워지고 있다. 명예와 품위는 고리타분하고 심지어 우스꽝스러워 보이기도 한다. 따라서 부패한 흉악범 같은 정치인이 이런 엘리트들이 무능할 뿐만 아니라 부패했다고 비난하면, 대다수의 사람은 그것이 사실이라고 보기 때문에 그 말에 동의하기가 쉽다. 품위 있고 유능한 엘리트가 없다면 민주주의는 소멸할 것이다.

안타깝게도 이 책의 마지막 부분을 쓰고 있는 2022년 겨울 현재, 나는 미국이 2020년대가 끝나갈 무렵에도 여전히 민주주의가 작동할지 의심하고 있다. 미국의 민주주의가 무너지면 "국민의, 국민에 의한, 국민을 위한 정부"라는 원대한 이념에는 어떤 미래가 남아 있을까?

우리는 이런 위험에 대해서 안일한 마음을 가져서는 '안 된다.' 민주주의는 사실 매우 최근에 생겨난 것이다. 폭넓은 남성 참정권조차 어디에서나 2세기를 넘지 않았고, 보편적인 성인 참정권의 대의제 민주주의는 겨우 1세기가 조금 넘었을 뿐이다. 이 제도는 역사상 처음으로 '모든' 성인 시민의 정치적 권리를 인정했다. 이는 대단한 성과였다. 그리고 제2차 세계대전과 냉전 시기에 이미 강력한 적에 맞서서 싸워야 했다.

그러나 오늘날이라고 해서 적이 없는 것은 아니다. 중국조차 그렇게 강력한 적이 아니다. 적은 우리 내부에 있다. 민주주의는 대다수 국민에게 기회, 안전, 존엄성을 제공해야만 살아남을 수 있다. 아리스토텔레스가 말했듯이 이는 만족해하고 독립적인 중산층이 얼마나 존재하느냐에 달려 있다. 반대로 가장 성공한 자, 가장 냉소적인 자, 가장 탐욕스러운 자에게만 혜택이 돌아간다면 이 체제는 무너질 것이다. 엘리트들이 오직 자신만을 위해 일한다면 독재의 암흑시대가 되돌아올 것이다.

자본주의와 민주주의의 쇄신은 단순하지만 강력한 아이디어인 시민성을 바탕으로 활력을 되찾아야 한다. 우리는 소비자, 노동자, 사업주, 예금자, 투자자의 입장에서만 생각해서는 안 된다. 시민으로서 생각해야 한다. 이것이 자유롭고 민주적인 사회에서 사람들을 하나로 묶어주는 끈이다.[10] 시민으로서 생각하고 행동할 때 민주적인 정치 공동체가 생존하고 번영할 수 있다. 그 끈이 끊어지면 민주적 정치는 무너질 것이다. 그 자리를 대신하는 것은 과두정치, 전제정, 또는 노골적인 독재일 것이다.

시민성에는 세 가지 측면이 있어야 한다. 첫째, 충만한 삶을 누리기 위한 동료 시민들의 능력에 대한 관심이 있어야 한다. 둘째, 시민들이 그처럼 번영할 수 있도록 해주는 경제를 만들고자 하는 열망이 있어야 한다. 그리고 무엇보다 민주주의적인 정치적·법적 제도와 이를 뒷받침하는 열린 토론과 상호 관용의 가치에 대한 충성심이 있어야 한다.

그렇다면 오늘날의 이 어려운 글로벌 환경에서 이런 시민성 개념의 부활은 무엇을 의미할까? 먼저 그것이 의미하는 바가 아닌 것들을 언급하고자 한다.

그것은 민주주의 국가가 비시민권자의 복지에 관심을 두지 말라는 의미가 아니다. 자기 시민들의 성공이 곧 다른 이들의 실패라고 간주해야 한다는 의미도 아니다. 오히려 다른 나라들과 호혜적인 관계를 추구해야 한다.

그것은 국가가 외부와의 자유롭고 유익한 교류로부터 스스로를 단절시켜야 한다는 의미가 아니다. 무역, 생각의 이동, 사람의 이동, 자본의 이동은 적절히 규제되기만 한다면 매우 유익할 수 있다.

그것은 국가들이 공동의 목표를 달성하기 위해 긴밀히 협력하는 것을 피해야 한다는 의미가 아니다. 이는 무엇보다 지구 환경을 보호하기 위한 조치에 적용된다.

그리고 시민성이라는 개념이 분명하게 의미하는 바들이 있다.

그것은 민주주의 국가의 최우선 관심사는 시민의 복지라는 것을 의미한다. 이것이 현실이 되려면 몇 가지 전제 조건이 따라야 한다.

모든 시민은 고도로 숙련된 기능을 요구하는 현대 경제의 삶에 가능한 한 충분히 참여할 수 있게 해주는 교육을 받을 합리적 가능성이 있어야 한다.

모든 시민은 또한 질병, 장애, 기타 불운에 시달리더라도 번영하는 데 필요한 사회적 보장을 받아야 한다.

모든 시민은 신체적·정신적 학대에서 벗어나기 위해 필요한 보호를 받아야 한다.

모든 시민은 자신들의 집단적 권리를 보호하기 위해서 다른 근로자들과 협력할 수 있어야 한다.

모든 시민, 특히 성공한 시민은 이런 사회를 유지하기에 충분한 세금을 납부하리라는 기대에 어긋나서는 안 된다.

기업을 경영하는 사람들은 기업의 존재를 가능하게 해주는 사회에 대해서 의무를 가지고 있다는 것을 이해해야 한다.

시민들은 누가 자국에 와서 일할 수 있는지, 누가 시민권의 의무 및 권리를 공유할 자격이 있는지 결정할 권리가 있다.

가장 부유한 사람뿐만 아니라 모든 시민이 정치에 영향을 미칠 수 있어야 한다.

정책은 모든 사람을 위한 안전망을 보장하면서 활기찬 중산층을 창출하고 유지하기 위해 노력해야 한다.

인종, 민족, 종교, 성별과 관계없이 모든 시민은 국가와 법에 따라 평등한 대우를 받을 권리가 있다.

서구는 1960년대로 되돌아갈 수 없다. 당시처럼 대부분의 교육받은 여성이 일을 하지 않고 민족적·인종적 위계질서가 뚜렷하며 서구 국가들이 세계를 지배하던 대규모 산업화의 세계로 되돌아갈 수는 없다.

더 나아가 오늘날 우리는 기후변화, 중국의 부상, 정보 기술에 의한 일의 변화라는 매우 다른 도전에 직면해 있다. 과거에 대한 향수로 대응하기에는 세상이 너무 심오하게 변했다.

하지만 변하지 않는 것도 있다. 인간은 개인적으로뿐만 아니라 집단적으로도 행동해야 한다. 민주주의 안에서 함께 행동한다는 것은 시민으로서 행동하고 생각한다는 것을 의미한다.

그렇게 하지 않으면 민주주의는 실패할 것이고 우리의 자유는 증발해버릴 것이다.

그렇게 되지 않도록 하는 것이 우리 세대의 의무다. 위험을 깨닫는 데 너무 오랜 시간이 걸렸다. 이제 그 위험은 바로 우리 코앞에 와 있다.

지금은 거대한 두려움과 희미한 희망이 공존하는 순간이다. 우리는 위험을 인식하고 희망을 현실로 바꾸기 위해 싸워야 한다. 우리가 실패하면 정치적 자유와 개인적 자유라는 빛이 세상에서 다시 한번 사라질 수 있다.

나는 2016년 8월에 내 에이전트인 앤드루 와일리Andrew Wylie에게 이 책의 기획안을 보냈다. 이전 책들과 마찬가지로 두 번의 여름에 걸쳐 집필하고 2018년 말 즈음에 완성된 원고를 제출하려는 계획이었다. 하지만 거의 3년이나 늦은 2021년 초여름에 완성된 초고를 제출했다. 두 차례의 편집자 의견 수렴을 거쳐서 2022년 6월에 최종 원고를 완성했다.

이 프로젝트는 내가 생각했던 것보다 훨씬 더 많은 시간이 걸렸다. 가장 큰 이유는 내가 상상했던 것보다 훨씬 더 야심 찬 프로젝트였기 때문이다. 특히 도널드 트럼프의 낙선, 브렉시트와 코로나19의 진행 경과 등 중요한 추가적 상황 변화를 따라잡아야 했다. 경제를 넘어 정치, 특히 포퓰리즘에 대한 방대한 문헌을 섭렵

해야 했다. 일반적으로 정치와 경제, 특히 민주주의와 자본주의의 관계를 더 깊이 생각해봐야 했다. 이런 노력이 가치가 있었는지는 독자들만이 판단할 수 있을 것이다. 하지만 내가 이전에 가지고 있던 많은 신념을 재고하고 때에 따라서는 버려야 했기 때문에 지적으로뿐만 아니라 도덕적으로도 힘을 쏟은 것은 분명하다.

이 책을 완성하는 것이 예상했던 것보다 훨씬 더 어려웠고 오래 걸렸기 때문에 이 책을 위한 감사의 글은 이전에 내가 쓴 세 권의 책인 『세계화는 왜 성공적인가』, 『금융공황의 시대』, 『변화와 충격』을 완성했을 때 남겼던 감사의 글보다 더 진한 감정이 담길 수밖에 없다.[1]

이 프로젝트의 시작부터 나에 대한 믿음을 보여준 나의 뛰어난 에이전트 앤드루 와일리에게 이전과 마찬가지로 고마움을 전하고 싶다. 또한 꽤 지체됐음에도 이 책을 맡아 끝까지 함께해준 펭귄 출판사의 스튜어트 프로핏Stuart Proffitt과 스콧 모이어스Scott Moyers에게도 감사를 표하고 싶다. 더욱 소중한 것은 그들이 (동료인 헬렌 로너Helen Rouner와 함께) 이 책의 여러 버전에 대해 상세한 편집 의견을 제공해준 것이다. 그 덕분에 이 책은 훨씬 더 짧아지고 더 초점에 집중하게 됐으며 더 명확해졌다. 훌륭한 편집자는 저자를 미치게 한다. 동시에 그들은 지루하고 초점이 흐릿한 책과 적어도 어느 정도 더 잘 쓰였고 잘 구성된 책의 차이를 만들어낸다. 모두에게 감사한다.

이 책 전체를 읽고 코멘트를 달아주신 네 분께도 큰 감사를 드린다. 그중 한 명은 호주의 경제학자 니컬러스 그루엔으로, 내가 아는 매우 독창적인 사상가 중 한 명이다. 독립 컨설턴트로서 그는 기존의 사고방식에 제약을 받지 않는 뛰어난 사람이다. 그는 여러 방면에서 이 책에 영향을 줬는데 특히 정치 개혁에 대한 논의에서 큰 영향을 줬다. 다른 한 명은 영란은행 총재를 지낸 머빈 킹으로, 30여 년간 나와 친구로 지내왔다. 나는 항상 그의 총명함과 성실함을 존경해왔다. 나에게 많은 도움과 지지를 보내준 것에 진심으로 감사드린다. 또 다른 한 명은 신경제사고연구소INET의 창립 회장인 로버트 존슨Robert Johnson이다. 그의 의견, 무엇보다 그의 방대한 학식이 이 책에 큰 기여를 해줬다. 네 번째는 내 동생이자 유일한 형제인 대니얼 울프Daniel Wolf다. 내가 아는 누구도 우리 시대의 위험에 대해서 그보다 완벽하게 공감하는 사람은 없다. 이런 불안감은 전간기 유럽에서 발생한 거대한 재앙에 대한 우리의 유전적 인식에 뿌리를 두고 있다. 그 재앙으로 우리 부모님은 고향을 떠나셨고, 남아 있는 친척들은 대부분 학살당했다. 내가 말하고자 하는 바를 정확하게 표현하는 데 대니얼보다 더 큰 도움을 줄 수 있는 사람은 없을 것이다.

또한 이 작업을 시작할 당시에 「파이낸셜타임스」의 편집자였던 라이어널 바버Lionel Barber와 그의 후임자 룰라 칼라프Roula Khalaf의 지원과 인내심에 감사드린다. 이 책을 집필하는 데는 내가 생각했던 것보다 훨씬 더 많은 시간이 할애됐다. 「파이낸셜타임스」가 이런 노력을 너그럽게 수용해준 것에 감사한다. 또한 내가 더 명확하게 이해할 수 있도록 여러 아이디어를 제공한 동료들에게도 감사를 표하고 싶다. 정치와 철학을 주제로 자주 대화를 나눈 조너선

더비셔Jonathan Derbyshire, 특히 '스트롱맨'의 부상과 관련해 많은 시간 토론한 기디언 래크먼Gideon Rachman, 초기 단계에 핵심적으로 중요한 부분을 읽어준 앨릭 러셀Alec Russell, 미국 정치에 대해 알려준 에드워드 루스Edward Luce, 「파이낸셜타임스」에 기고한 글과 특히 그의 책 『소속감의 경제학Economics of Belonging』을 통해서 많은 아이디어를 제공한 마틴 샌드부,[2] 그리고 기술이 미디어에 미치는 영향에 대한 존 손힐John Thornhill의 생각은 나에게 큰 도움을 줬다.

그 외에도 수년 동안 수많은 사람이 다양한 방식으로 내 생각에 영향을 미쳤다. 여기서 일일이 나열하는 건 불가능에 가깝지만, 특히 래리 서머스의 우정과 리더십에 감사함을 느끼고 있다. 지난 10년 동안 그가 '장기 침체'라는 개념을 부활시키고 바이든 행정부의 재정 정책을 비판한 것은 특히 큰 도움이 됐다. 영란은행에서 근무했던 앤디 홀데인Andy Haldane, 반세기 전 옥스퍼드대학교의 사회과학대학원인 너필드칼리지에 함께 다닐 때부터 알고 지낸 폴 콜리어와 존 케이는 나에게 친구이자 아이디어의 원천으로서 특히 중요한 역할을 해준 사람들이다. 또한 수년 동안 많은 대화로 나에게 자극을 준 에릭 로너건Eric Lonergan에게도 감사드린다.

마지막으로 항상 그렇듯이 나의 가족에게 감사를 표하지 않을 수 없다. 내 자녀인 조너선, 벤저민, 레이철과 손주들인 잭, 레베카, 알렉산더, 애나, 애비게일, 이든은 내 삶의 기쁨이자 가장 깊은 의미에서 내 삶의 목적이기도 하다. 미래는 '그들의' 미래이기 때문에 나 역시 깊이 고민하게 된다.

무엇보다 내 아내이자 수십 년의 세월을 함께한 동반자 앨리슨

Alison에게 고마운 마음을 전한다. 그녀는 이 책을 쓸 수 있도록 격려와 지원을 아끼지 않았는데, 그녀가 없었더라면 이 책을 포기했을지도 모른다. 앨리슨은 내가 아는 최고의 편집자다. 항상 그랬던 것처럼 모든 초고를 읽은 후 합리적이고 통찰력 있는, 요점을 짚어주는 의견을 제시해준 그녀에게 감사한다. 이 논쟁에 직접 관여하지 않은 높은 지적 수준의 독자들에게 내가 의미하는 바를 설명하도록 강요해준 그녀에게 감사한다. 그런 독자들의 가치는 헤아릴 수 없을 만큼 크다. 『잠언』에서는 다음과 같이 묻는다. "용감한 여자를 찾을 수 있는가? 그녀의 가치는 보석보다 훨씬 크다." 앨리슨에게서 그런 여자를 찾았고, 한 남자의 인생을 행복하게 해줄 수 있는 모든 것을 준 그녀에게 감사한다. 내 감사와 사랑은 내가 전하고자 하는 다른 무엇으로도 표현할 수 없다. 그녀는 내 인생에 일어난 기적이었다.

말할 필요도 없지만, 이 책의 많은 잘못에 대한 책임은 위의 사람 중 누구에게도 없다.

주

머리말

1. 마크 트웨인은 이런 말을 한 적이 없는 것 같다. 다음 참조. "History does not rep eat itself, but it rhymes," *Quote Investigator*, https://quoteinvestigator. com/2014/01/12/history-rhymes/.

2. "Martin Wolf Accepts the Gerald Loeb Lifetime Achievement Award," *Financial Times*, July 3, 2019, https://www.ft.com/content/5e828d50-9d86-11e9-b8ce-8b459ed04726.

3. Martin Wolf, *Why Globalization Works* (London and New Haven: Yale University Press, 2004).

4. Martin Wolf, *Fixing Global Finance* (Baltimore and London: Johns Hopkins University Press and Yale University Press, 2008 and 2010) and *The Shifts and the Shocks: What We've Learned—nd Have Still to Learn—from the Financial Crisis* (London and New York: Penguin, 2014 and 2015).

5. See Sergei Guriev and Daniel Treisman, *Spin Dictators: Changing Face of Tyranny in the 21st Century* (Princeton, NJ, and Oxford: Princeton University Press, 2022).

6. See Masha Gessen, *Surviving Autocracy* (London: Granta, 2020).

7. See Anne Applebaum, *Twilight of Democracy: The Seductive Lure of Authoritarianism* (London: Allen Lane, 2020).

8. Edmund Burke, "Reflections on the Revolution in France," 1790, in *The Works of the Right Honorable Edmund Burke*, vol. 3 (London, 1899), 359, https://www.bartleby.com/73/1715.html.

9. New World Encyclopedia, "Golden Mean (Philosophy)," https://www.newworldencyclopedia.org/.

10. See Friedrich A. Hayek, *The Road to Serfdom (London: Routledge, 1944), and*

528

Karl Polanyi, the Great Transformation: The Political and Economic Origins of Our Time (Boston: Beacon Press, 1957; first published 1944).

1장

1. 이 장의 제목은 1963년에 출간된 제임스 볼드윈(James Baldwin)의 『The Fire Next Time』을 오마주한 것이다.

2. Francis Fukuyama, "The End of History?" *National Interest* 16 (Summer 1989): 3-18, https://www.jstor.org/stable/24027184.

3. 특히 폴란드 포퓰리즘의 본질에 대해서는 바르샤바 고등연구소(the Institute for Advanced Study in Warsaw) 소장 슬라보미르 시에라코프스키(Slawomir Sierakowski)가 쓴 다음의 훌륭한 글을 참조하라. "The Five Lessons of Populist Rule," January 2, 2017, *Project Syndicate*, https://www.project-syndicate.org/commentary/lesson-of-populist-rule-in-poland-by-slawomir-sierakowski-2017-01.

4. 스트롱맨에 대한 트럼프의 찬양에 대해서는 "6 Strongmen Trump Has Praised— and the Conflicts It Presents," May 2, 2017, http://www.npr.org/2017/05/02/5265200 42/6-strongmen-trumps-praised-and-the-conflicts-it-presents; 서구 동맹에 대한 기디언 래크먼(Gideon Rachman)의 견해에 대해서는 "Atlantic Era under Threat with Donald Trump in White House," *Financial Times*, January 19, 2017, https://www.ft.com/content/73cc16e8-de36-11e6-86ac-f253db7791c6; 보호무역주의에 대한 트럼프의 지지에 대해서는 "The Inaugural Address," January 20, 2017, https://trumpwhitehouse.archives.gov/briefings-statements/the-inaugural-address; 일상적 개입주의에 대해서는 노벨 경제학상 수상자 에드먼드 펠프스(Edmund Phelps)의 발언을 인용한 Greg Robb, "Nobel Prize Winner Likens Trump 'Bullying' of Companies to Fascist Italy, Germany," MarketWatch, January 6, 2017, http://www.marketwatch.com/story/nobel-prize-winner-likens-trump-bullying-of-companies-to-fascist-italy-germany-2017-01-06?mg=prod/accounts-mw를 참조하라.

5. 배리 아이켄그린(Barry Eichengreen)과 로버트 커트너(Robert Kuttner)의 저서에서는 다소 다른 출발점에서 경제적 요인들이 서구 정치 및 경제 시스템에 대한 국내 지지를 약화시키는 데 중요한 역할을 했다는 데 동의한다. Barry Eichengreen, *The Populist Temptation: Economic Grievance and Political Reaction in the Modern Era* (New York: Oxford University Press, 2018), and Robert Kuttner, *Can Democracy Survive Global Capitalism?* (New York: W. W. Norton, 2018). 존 주디스(John B. Judis)의 책 『The Populist Explosion: How the Great Recession Transformed American and European Politics』(New York: Columbia Global Reports, 2016)은 특히 이 점을 뛰어나게 지적했다.

6. 이 아이디어는 그리 새롭지 않다. 다른 많은 논의 중에서도 독일 사회학자 볼프강 슈

트렉(Wolfgang Streeck)의 연구가 눈에 띈다. Wolfgang Streeck, *Buying Time: The Delayed Crisis of Democratic Capitalism*, trans. Patrick Camiller (London and New York: Verso, 2013), and *How Will Capitalism End? Essays on a Failing System* (London and New York: Verso, 2016). See also Timothy Besley, "Is Cohesive Capitalism under Threat?" in Paul Collier, Diane Coyle, Colin Mayer, and Martin Wolf, eds. "Capitalism: What Has Gone Wrong, What Needs to Change, and How It Can Be Fixed," *Oxford Review of Economic Policy* 37, no. 4 (Winter 2021): 720-33. 베슬리(Besley)의 '응집력 있는 자본주의(cohesive capitalism)'라는 용어는 내가 사용하는 '민주주의적 자본주의'와 상당히 유사한 것 같다. See also Besley and Torsten Persson, *Pillars of Prosperity: The Political Economics of Development Clusters* (Princeton, NJ: Princeton University Press, 2011).

7. 19세기에 대해 글을 쓸 때, 민주주의 국가가 없었다고 말할 수도 있다. 하지만 19세기 후반 영국과 차르주의 러시아를 구별할 필요가 있다는 것을 전제로, 비록 여성을 계속 배제했지만 제한적이나마 상당히 광범위한 선거권이 보장된 국가를 '민주주의' 국가라고 말할 수도 있다.

8. See "The Universal Value," in Larry Diamond, *The Spirit of Democracy: The Struggle to Build Free Societies throughout the World* (New York: Henry Holt, 2009), chapter 1.

9. John Stuart Mill, *Considerations on Representative Government*, 1861, Project Gutenberg, https://www.gutenberg.org/files/5669/5669-h/5669-h.htm.

10. Isaiah Berlin, "Two Concepts of Liberty" in *Four Essays on Liberty* (Oxford: Oxford University Press, 1969), 118-72, https://cactus.dixie.edu/green/B_Readings/I_Berlin%20Two%20Concepts%20of%20Liberty.pdf.

11. See William A. Galston, *Anti-Pluralism: The Populist Threat to Liberal Democracy* (London and New Haven: Yale University Press, 2018).

12. 비자유주의적 민주주의에 대해서는 다음을 참조. Fareed Zakaria, *The Future of Freedom: Illiberal Democracy at Home and Abroad* (London and New York: W. W. Norton, 2007).

13. 나는 『Why Globalization Works』(London and New Haven, CT: Yale University Press, 2004)에서 세계화에 대해 깊이 있게 논의했다.

14. Tom Bingham, *The Rule of Law* (London: Penguin, 2011), 8.

15. Martin Wolf, *The Shifts and the Shocks: What We've Learned—nd Have Still to Learn—rom the Financial Crisis* (London and New York: Penguin, 2014), "Conclusion."

16. Ibid., 352-53.

2장

1. Aristotle, Politics, trans. T. A. Sinclair, revised and re-presented by Trevor J. Saunders (London: Penguin Classics, 1981), Book I, 13.

2. See Eric D. Beinhocker, *The Origin of Wealth: The Radical Remaking of Economics and What It Means for Business and Society* (Cambridge, MA: Harvard University Press, 2006), 8-9.

3. '에너지 포집'은 한 사회가 에너지원을 활용하는 능력을 직접적으로 측정하는 척도다. 모리스(Morris) 교수가 말하는 '서방'은 유라시아 서부, 북아프리카, 아메리카 대륙을 의미한다. '동방'은 유라시아 동부를 의미한다. 이런 구분의 논리는 전자는 수천 년 동안 서로 매우 밀접하게 교류했을 뿐만 아니라 메소포타미아에 살았던 공통의 문화적 조상으로부터 경제적으로 영향을 받았다는 것이다. 마찬가지로 후자 역시 서로 밀접하게 교류했지만, 이 경우에는 황하와 양쯔강 사이에 살았던 공통의 문화적 조상으로부터 경제적으로 영향을 받았다. Ian Morris, "Social Development," Stanford University, October 2010, http://ianmorris.org/docs/social-development.pdf, 12.

4. Maya Wei-Haas, "Controversial New Study Pinpoints Where All Modern Humans Arose," *National Geographic*, October 28, 2019, https://www.nationalgeographic.com/science/article/controversial-study-pinpoints-birthplace-modern-humans.

5. *World Atlas*, "List of Primates by Population," https://www.worldatlas.com/articles/list-of-primates-by-population.html.

6. See Martin Wolf, "Humanity Is a Cuckoo in the Planetary Nest," *Financial Times*, March 9, 2021, https://www.ft.com/content/a3285adf-6c5f-4ce4-b055-e85f39ff2988. See also Partha Dasgupta, *The Economics of Biodiversity: The Dasgupta Review—Full Report*, April 23, 2021, https://www.gov.uk/government/publications/final-report-the-economics-of-biodiversity-the-dasgupta-review.

7. See Richard Leakey and Roger Lewin, *The Sixth Extinction: Biodiversity and Its Survival* (London: Weidenfeld and Nicolson, 1996).

8. 인구는 크게 증가했지만 1인당 실질 생산량도 증가했다. 인구 증가가 항상 생산량 증가를 앞질러 1인당 소득이 생계 수준으로 회복될 것이라는 토머스 맬서스(Thomas Malthus)의 명제는 두 가지 측면에서 명백히 틀린 것으로 판명됐다. 첫째, 2세기에 걸쳐 실질 생산량이 기하급수적으로 증가할 수 있었고, 둘째, 출산율에 대한 의도적인 통제를 통해 인구 증가를 억제할 수 있었다는 점이다. Malthus, *An Essay on the Principle of Population*, 1798, http://www.esp.org/books/malthus/population/malthus.pdf.

9. Angus Maddison, http://www.ggdc.net/maddison/oriindex.htm.

10. Conference Board, "Total Economy Database," May 2017, https://www.conference-board.org/data/economydatabase/.

11. Yuval Harari, *Sapiens: A Brief History of Humankind* (London: Vintage Books,

2014).

12. 부족의 등장에 대해서는 다음 참조. Francis Fukuyama, *Political Order and Political Decay: From the Industrial Revolution to the Globalization of Democracy* (London: Profile Books, 2014).

13. Benedict Anderson, *Imagined Communities: Reflections on the Origin and Spread of Nationalism* (London and New York: Verso, 1983).

14. 맨커 올슨(Mancur Olsen)은 이런 통치자들을 '정착한 산적들'이라고 불렀으며, 그들은 적어도 국가를 번영케 하는 데 어느 정도 관심을 갖고 있다고 주장했다. 왜냐하면 그렇게 할 때 통치자 자신도 더 부유하고 더 강력해질 것이기 때문이다. Mancur Olsen, *Power and Prosperity: Outgrowing Communist and Capitalist Dictatorships* (New York: Basic Books, 2000).

15. S. E. Finer, *The History of Government: Ancient Monarchies and Empires*, Vol. 1, *Ancient Monarchies and Empires* (Oxford: Oxford University Press, 1997 and 1999), "The Conceptual Prologue," 196.

16. 독일의 위대한 사회학자 막스 베버(Max Weber)가 이런 명명법을 창안했다. 다음 참조. Francis Fukuyama, *Political Order and Political Decay: From the Industrial Revolution to the Globalization of Democracy* (London: Profile Books, 2014).

17. Walter Scheidel, *The Great Leveler: Violence and the History of Inequality from the Stone Age to the Twenty-first Century* (Princeton, NJ, and Oxford: Princeton University Press, 2017), 43.

18. Branko Milanovic, Peter H. Lindert, and Jeffrey G. Williamson, "Measuring Ancient Inequality," National Bureau of Economic Research Working Paper 13550, October 2007, especially figure 2, http://www.nber.org/papers/w13550.pdf.

19. 서유럽에서 로마 제국과 유사한 제국을 재현하는 데 실패한 것이 가지는 중요성에 대해서는 다음 참조. Walter Scheidel, *Escape from Rome: The Failure of Empire and the Road to Prosperity* (Princeton, NJ: Princeton University Press, 2019).

20. UK Parliament, "Simon de Montfort's Parliament," https://www.parliament.uk/about/living-heritage/evolutionofparliament/originsofparliament/birthofparliament/overview/simondemontfort/.

21. 시장경제에서의 창조적 파괴에 대해서는 다음 참조. Philippe Aghion, Céline Antonin, and Simon Bunel, *The Power of Creative Destruction: Economic Upheaval and the Wealth of Nations*, trans. Jodie Cohen-Tanugi (Cambridge, MA: Belknap Press of Harvard University Press, 2021). See also Martin Wolf, "How 'Creative Destruction' Drives Innovation and Prosperity," *Financial Times*, June 11, 2021, https://www.ft.com/content/3a0aa7cb-d10e-4352-b845-a50df70272b8.

22. See Jan De Vries, "The Industrial Revolution and the Industrious Revolution," *Journal of Economic History* 54, no. 2 (1994): 249-70, http://www.jstor.org/

stable/2123912.

23. 칼 폴라니(Karl Polanyi)는 이 마지막 포인트를 자신의 고전적인 저서에서 지적했다. Karl Polanyi, *The Great Transformation: The Political and Economic Origins of Our Time* (Boston: Beacon Press, 1957; first published 1944).

24. 케네스 포머랜즈(Kenneth Pomeranz)는 중국이 산업 혁명에 실패한 데 반해 서유럽에서는 성공한 이유가 환경적 요인, 특히 서유럽에 석탄이 풍부하고 아메리카 신대륙의 자원에 쉽게 접근할 수 있었던 점 때문이라고 설명한다. Pomeranz, *The Great Divergence: China, Europe, and the Making of the Modern World Economy* (Princeton, NJ: Princeton University Press, 2000).

25. 대런 아세모글루(Daron Acemoglu)와 제임스 A. 로빈슨(James A. Robinson)은 경제 발전의 주요 원인이 제도라고 설명한다. Daron Acemoglu and James A. Robinson, *Why Nations Fail: The Origins of Power, Prosperity, and Poverty* (New York: Crown Business, 2012).

26. See Deirdre McCloskey, *Bourgeois Equality: How Ideas, Not Capital or Institutions, Enriched the World* (Chicago: University of Chicago Press, 2016). 또한 계몽주의 사상이 경제 발전에 어떻게 영향을 미쳤는지에 대해서 훌륭한 설명을 제공하는 다음 저서 참조. Joel Mokyr, *The Enlightened Economy: An Economic History of Britain 1700-1850* (New Haven, CT, and London: Yale University Press, 2009).

27. Robert C. Allen, "The British Industrial Revolution in Global Perspective: How Commerce Created the Industrial Revolution and Modern Economic Growth," 2006, https://www.nuffield.ox.ac.uk/media/2162/allen-industrev-global.pdf.

28. 독립 후 인도의 산업 및 무역 정책에 대한 고전적인 연구에 대해서는 다음 참조. Jagdish N. Bhagwati and Padma Desai, *India: Planning for Industrialization* (Oxford: Oxford University Press, for the Development Center of the Organization for Economic Co-operation and Development, 1970).

29. 에이드리언 울드리지(Adrian Wooldridge)는 다음 저서에서 능력주의 사상이 가져온 혁명적인 결과를 지적한다. *The Aristocracy of Talent: How Meritocracy Made the Modern World* (London: Allen Lane, 2021).

30. Larry Siedentop, *Inventing the Individual: The Origins of Western Liberalism* (London: Allen Lane, 2014), 349. 일리노이대학교의 디에드레 매클로스키(Dierdre McCloskey)는 『Bourgeois Equality』에서 주로 경제에 초점을 맞춰 거의 동일한 주장을 펼친다.

31. 현대 중국은 평등한 정치적 권리 없이 시장경제를 운영하려 한다고 주장할 수 있다. 중국에서는 누구도 정치적 권리를 갖지 않는다고 선언하는 것이 정확할 것이다. 이역시 정치적 평등의 한 형태다. 오직 공산당만이 권리를 가지고 있으며, 최고위층부터 최하위층까지 모든 사람에겐 의무만 있다. 시진핑조차도 당 주석으로서의 권리만

있을 뿐 개인으로선 아무런 권리가 없다. 그래서 일부에서는 당의 주권이 황제의 주권을 대체했다고 주장하기도 한다. 이것이 지속 가능한 정치 형태냐 아니냐 하는 문제는 다음 장에서 더 자세히 살펴볼 우리 시대의 큰 질문이다.

32. 신분제가 계속 유지된 공화정 국가에서는 고대 로마 공화정의 '호민관'과 같이 상류층의 정치권력을 제한하는 다른 방식이 사용됐다. 다음 참조. "Tribune (Roman Official)," *Britannica*, https://www.britannica.com/topic/tribune-Roman-official.

33. Benjamin Friedman, *The Moral Consequences of Economic Growth* (New York: First Vintage Books Edition, 2006), 327.

34. 민주주의를 만드는 데 강력한 중산층의 역할에 대해서는 다음 참조. J. Barrington Moore, *Social Origins of Dictatorship and Democracy: Lord and Peasant in the Making of the Modern World* (Boston: Beacon Press, 1966). 이런 중산층의 역할에 대해서는 19세기와 그 이후를 구분하는 것이 중요하다. 일단 대의제 민주주의가 만들어진 후에는 이를 모방할 수도 있었다.

35. Carnegie Corporation of New York, "Voting Rights: A Short History," https://www.carnegie.org/our-work/article/voting-rights-timeline/.

36. 도널드 사순(Donald Sassoon)은 자본주의의 세계적 확산과 이로 인한 끊임없는 변화가 민주주의적인 정치적 권리와 급진적 개혁에 대한 요구를 포함한 정치적 대응을 요구하고 만들어냈다고 주장한다. Donald Sassoon, *The Anxious Triumph: A Global History of Capitalism 1860-1914* (London and New York: Allen Lane, 2019).

37. Robert Lowe, Lord Sherbrooke 1811-1892(영국의 자유주의적 정치인), in *Oxford Essential Quotations*, 5th ed., https://www.oxfordreference.com/view/10.1093/acref/9780191843730.001.0001/q-oro-ed5-00006834.

38. Daniel Ziblatt, *Conservative Parties and the Birth of Democracy* (Cambridge: Cambridge University Press, 2017), 363.

39. 이것은 올슨의 책 『Power and Prosperity』에서 다루는 주제 중 하나다.

40. 앨버트 O. 허시먼(Albert O. Hirschman)이 자신의 고전적 저서에서 이런 구분을 제시했다. Albert O. Hirschman, *Exit, Voice, and Loyalty: Responses to Decline in Firms, Organizations, and States* (Cambridge, MA: Harvard University Press, 1972).

41. See Daron Acemoglu and James A. Robinson, *The Narrow Corridor: States, Societies, and the Fate of Liberty* (London and New York: Viking and Penguin Press, 2019).

42. Martin Wolf, "The Narrow Corridor—the Fine Line between Despotism and Anarchy," *Financial times*, September 26, 2019, https://www.ft.com/content/d8eaaaba-deee-11e9-b112-9624ec9edc59.

43. Anders Aslund, *Russia's Crony Capitalism: The Path from Market Economy to Kleptocracy* (New Haven, CT: Yale University Press, 2019). See also Catherine

Belton, *Putin's People* (London: William Collins, 2020).

44. See "UK treaties," https://www.gov.uk/guidance/uk-treaties.

45. Plato, *The Republic*, trans. Benjamin Jowett, http://classics.mit.edu/Plato/republic.html. 카를 포퍼(Karl Popper)는 자신의 책에서 플라톤의 정치적 견해가 전체주의적이라고 공격했다. Karl Popper, *The Open Society and Its Enemies*, vol. 1, *the Age of Plato* (London: Routledge, 1945).

46. Martin Wolf, "Donald Trump Embodies How Great Republics Meet Their End," *Financial Times*, March 1, 2016, https://www.ft.com/content/743d91b8-df8d-11e5-b67f-a61732c1d025; Wolf, "A Republican Tax Plan Built for Plutocrats," *Financial Times*, November 21, 2017, https://www.ft.com/content/e494f47e-ce1a-11e7-9dbb-291a884dd8c6; and Wolf, "How We Lost America to Greed and Envy," *Financial Times*, July 17, 2018, https://www.ft.com/content/3aea8668-88e2-11e8-bf9e-8771d5404543.

47. Plato, *The Republic*, Book VIII, http://classics.mit.edu/Plato/republic.9.viii.html.

48. 이는 보수 블로거인 존 오설리반(John O'Sullivan)이 2016년 5월에 게재한, 트럼프에 대한 영향력 있는 글에서 주장한 내용이다. John O'Sullivan, "Democracies End When They Become Too Democratic," *New York*, May 1, 2016, http://nymag.com/daily/intelligencer/2016/04/america-tyranny-donald-trump.html.

49. 아일랜드 작가 이안 휴스(Ian Hughes)는 자신의 뛰어난 저서 『Disordered Minds: How Dangerous Personalities Are Destroying Democracy』(Hampshire: Zero Books, 2018)에서 그런 사람들이 나르시시스트나 사이코패스일 가능성이 크다면서 민주주의가 그런 사람들에 대한 필수적인 방어책이라고 주장한다. 그러나 플라톤은 그런 방어가 실패할 수도 있다고 말했으며 이는 정당한 지적이다. 다음도 참조하라. Martin Wolf, "The Age of the Elected Despot Is Here," *Financial Times*, April 23, 2019, https://www.ft.com/content/9198533e-6521-11e9-a79d-04f350474d62.

50. Samuel E. Finer, *The Man on Horseback: The Role of the Military in Politics* (Abingdon and New York: Routledge, 1962 and 2017).

51. Martin Wolf, "A New Gilded Age," *Financial Times*, April 25, 2006, https://www.ft.com/content/76def9b0-d481-11da-a357-0000779e2340. See also Wolf, "How We Lost America to Greed and Envy," *Financial Times*, July 17, 2018, https://www.ft.com/content/3aea8668-88e2-11e8-bf9e-8771d5404543.

52. Aristotle, *Politics*, trans. T. A. Sinclair, revised and re-presented by Trevor J. Saunders (London: Penguin Classics, 1981), especially Books IV and V.

53. Julian Baggini, "Aristotle's Thinking on Democracy Has More Relevance Than Ever," *Prospect*, May 23, 2018, https://www.prospectmagazine.co.uk/philosophy/aristotles-thinking-on-democracy-has-more-relevance-than-ever.

3장

1. Thucydides, *History of the Peloponnesian War*; epigraph text from "Thucydides, Pericles' Funeral oration," http://hrlibrary.umn.edu/education/thucydides.html.

2. 민주주의의 흥미로운 역사에 대해서는 다음 참조. David Stasavage, *The Decline and Rise of Democracy: A Global History from Antiquity to Today* (Princeton, NJ, and Oxford: Princeton University Press, 2020).

3. See Adam Przeworski, "Conquered or Granted? A History of Suffrage Extensions," *British Journal of Political Science* 39, no. 2 (April 2009): 291-321, and "Universal Suffrage," https://en.wikipedia.org/wiki/Universal_suffrage.

4. See Larry Diamond, "Facing Up to the Democratic Recession," *Journal of Democracy* 26, no. 1 (January 2015): 143, http://www.journalofdemocracy.org/sites/default/files/Diamond-26-1_0.pdf.

5. "Global Trends in Governance, 1800-2018," Center for Systemic Peace, http://www.systemicpeace.org/polityproject.html.

6. See "U.S. Voting Rights Timeline," https://a.s.kqed.net/pdf/education/digitalmedia/us-voting-rights-timeline.pdf.

7. See Diamond, "Facing Up," 144.

8. Ibid.

9. Freedom House, "Democracy Under Siege," *Freedom in the World 2021*, 1, https://freedomhouse.org/sites/default/files/2021-02/FIW2021_World_02252021_FINAL-web-upload.pdf.

10. Martin Wolf, "The American Republic's Near-Death Experience," *Financial Times*, January 19, 2021, https://www.ft.com/content/c085e962-f27c-4c34-a0f1-5cf2bd813fbc; and "The Struggle for the Survival of US Democracy," *Financial Times*, May 11, 2021, https://www.ft.com/content/aebe3b15-0d55-4d99-b415-cd7b109e64f8.

11. Roberto Stefan Foa and Yascha Mounk, "The Danger of Deconsolidation: The Democratic Disconnect," *Journal of Democracy* 27, no. 3 (July 2016): 6.

12. Ibid., 8.

13. R. S. Foa, A. Klassen, M. Slade, A. Rand, and R. Collins, "The Global Satisfaction with Democracy Report 2020" (Cambridge, UK: Centre for the Future of Democracy, 2020), 12, https://www.cam.ac.uk/system/files/report2020_003.pdf.

14. Larry Diamond, *Ill Winds: Saving Democracy from Russian Rage, Chinese Ambition, and American Complacency* (New York: Penguin Press, 2019), 4.

15. 이 단락은 내가 쓴 다음 책의 7장과 8장에서 가져왔다. Martin Wolf, *Why Globalization Works* (London and New Haven, CT: Yale University Press, 2004).

16. Donald Sassoon, *The Anxious Triumph: A Global History of Capitalism 1860-1914*

(London and New York: Allen Lane, 2019).

17. 회사의 진화에 대해서는 다음 참조. John Micklethwait and Adrian Wooldridge, *The Company: A Short History of a Revolutionary Idea* (London: Phoenix, 2003), and Colin Mayer, *Prosperity: Better Business Makes the Greater Good* (Oxford: Oxford University Press, 2018), part 2.

18. See FRED Economic Data, table 1.14, https://fred.stlouisfed.org/release/tables?rid=53&eid=17676&od=2021-01-01#, and Gross Domestic Product, https://fred.stlouisfed.org/series/GDP.

19. 이 개념은 로널드 코스(Ronald Coase)의 고전적인 논문으로 거슬러 올라간다. Ronald Coase, "The Nature of the Firm," *Economica* 4, no. 16 (1937): 386-405, https://onlinelibrary.wiley.com/doi/full/10.1111/j.1468-0335.1937.tb00002.x.

20. 현대 기업에서 경영진의 역할에 대해서 의미 있는 연구를 한 사람은 피터 드러커(Peter Drucker)다.

21. See William J. Baumol, *The Free-Market Innovation Machine: Analyzing the Growth Miracle of Capitalism* (Princeton, NJ: Princeton University Press, 2004).

22. See Thom Hartmann, *Unequal Protection: How Corporations Became "People"—nd How You Can Fight Back* (San Francisco: Berrett-Koehler, 2010); and Colin Mayer, *Firm Commitment: Why the Corporation Is Failing Us and How to Restore Trust in It* (Oxford: Oxford University Press, 2013).

23. See Emmanuel Saez and Gabriel Zucman, *The Triumph of Injustice: How the Rich Dodge Taxes and How to Make Them Pay* (New York: W. W. Norton, 2019).

24. See Luigi Zingales, Jana Kasperkevic, and Asher Schechter, *Milton Friedman 50 Years Later, Pro-Market*, 2020. Stigler Center for the Study of the Economy and the State, https://promarket.org/wp-content/uploads/2020/11/Milton-Friedman-50-years-later-ebook.pdf/.

25. 이탈리아에서 나고 자란 루카 파치올리(1447~1517)는 '회계의 아버지'라는 별칭을 얻었다. 19세기 공인회계사의 탄생에 대해서는 다음 참조. Richard Brown, *A History of Accounting and Accountants* (London: Routledge, 1905).

26. 존 케네스 갤브레이스(John Kenneth Galbraith)는 1950년대 초에 대항 권력에 관한 중요한 연구 논문을 썼다. John Kenneth Galbraith, *American Capitalism: The Concept of Countervailing Power* (New York: Houghton Mifflin, 1952), especially chapter 9.

27. 존 케네스 갤브레이스는 자신의 고전적 저서 『American Capitalism』에서 대항 권력의 개념을 소개했다.

28. See Alec Nove, *An Economic History of the USSR, 1917-1991* (London: Penguin Economics, 1993).

29. 전후 세계 경제 질서를 만든 회의에 대한 훌륭한 논의는 다음 참조. Benn Steil, *The*

Battle of Bretton Woods: John Maynard Keynes, Harry Dexter White, and the Making of a New World Order (Princeton, NJ: Princeton University Press, 2013).

30. Saez and Zucman, *Triumph and Injustice*, xvi.

31. "History of Taxation in the United Kingdom," https://en.wikipedia.org/wiki/History_of_taxation_in_the_United_Kingdom.

32. 1989년 자신이 창안한 '워싱턴 컨센서스'라는 표현의 올바른 사용과 만연한 남용에 대해서는 존 윌리엄슨(John Williamson)의 "The Washington Consensus as Policy Prescription for Development"(2004년 1월)를 참조하라. 윌리엄슨은 이 합의를 반영하는 열 가지 소박한 개혁을 나열했다. 당시 그가 의미한 바와 현재 흔히 '신자유주의' 의제라고 불리는 것이 일치하지는 않는다. 그러나 '워싱턴 컨센서스'와 '신자유주의'가 사실상 동의어라는 믿음은 거의 보편화됐다.

33. See Business Roundtable, "Statement on the Purpose of a Corporation," August 19, 2019, https://opportunity.businessroundtable.org/ourcommitment/.

34. Karl Marx and Frederick Engels, *The Communist Manifesto*, 1848, 16.

35. Ronald Findlay and Kevin H. O'Rourke, "Commodity Market Integration, 1500-2000," from Michael D. Bordo, Alan M. Taylor, and Jeffrey G. Williamson, eds., *Globalization in Historical Perspective* (Chicago: University of Chicago Press, 2003), 14, http://www.nber.org/chapters/c9585.pdf.

36. 이에 대한 간략한 논의는 다음 참조. Joshua J. Mark, "Silk Road," World History Encyclopedia, http://www.ancient.eu/Silk_Road/. 이와 관련된 중요한 역사적 연구는 다음 참조. Peter Frankopan, *The Silk Roads: a New History of the World* (London: Bloomsbury, 2015), especially chapter 1.

37. Ronald Findlay and Kevin H. O'Rourke, *Power and Plenty: Trade, War, and the World Economy in the Second Millennium* (Princeton, NJ: Princeton University Press, 2009). 지난 1,000년 동안 세계 경제에서 무역이 어떤 역할을 했는지 가장 잘 설명한 저서다.

38. Adam Smith, *An Inquiry into the Nature and Causes of the Wealth of Nations*, 5th ed. (London: Methuen, 1904; first published 1776), http://www.econlib.org/library/Smith/smWN.html.

39. Ronald Findlay and Kevin O'Rourke, "Commodity Market Integration, 1500-2000," 25, https://www.tcd.ie/Economics/TEP/2001_papers/TEPNo13KO21.pdf.

40. See "Trade and Globalization," Our World in Data, https://ourworldindata.org/trade-and-globalization. 무역 비중은 PPP 기준 GDP를 사용하여 계산된다. 이 자료에서 사용된 장기 데이터는 다음에서 가져왔다. Antoni Estevadeordal, Brian Frantz, and Alan M. Taylor, "The Rise and Fall of World Trade, 1870-1939," National Bureau of Economic Research Paper No. 9318, November 2002, figure 1, http://www.nber.org/papers/w9318; The data for 1870 to 1949 are from Mariko J.

Klasing and Petros Milionis, "Quantifying the Evolution of World Trade, 1870-1949," March 29, 2014; The data for 1950 to 2011 are from Penn World Tables 8.1, https://rdrr.io/cran/pwt8/man/pwt8.1.html; https://papers.ssrn.com/sol3/papers.cfm?abstract_id=2087678.

41. 프로메테우스는 인류에게 불을 가져다준 신화 속 거인으로, 그리스 신들의 왕 제우스의 분노를 샀다. 따라서 불을 길들임으로써 인류가 얻게 된 성장은 '프로메테우스적'이라고 할 수 있다. 다음 참조. Deepak Lal, *Unintended Consequences: The Impact of Endowments, Culture, and Politics on Long-Run Economic Performance* (Cambridge, MA, and London: MIT Press, 2001).

42. Marx and Engels, *The Communist Manifesto*, 16.

43. 자유무역을 촉진한 영국의 역할과 관련된 역사에 대해서는 다음 참조. Frank Trentmann, *Free Trade Nation: Commerce, Consumption, and Civil Society in Modern Britain* (Oxford: Oxford University Press, 2009).

44. Findlay and O'Rourke, "Commodity Market Integration, 1500-2000," 40, https://www.tcd.ie/Economics/TEP/2001_papers/TEPNo13KO21.pdf.

45. Ibid., 42.

46. Ibid.

47. 이는 케네스 포머랜즈가 쓴 중요한 저서 『The Great Divergence: China, Europe, and the Making of the Modern World Economy』(Princeton, NJ: Princeton University Press, 2000)의 제목이기도 하다.

48. 칼 폴라니는 자유방임주의를 향한 움직임과 이에 대한 반작용이 규제의 형태로 나타나는 '이중 운동'을 잘 알고 있었던 것으로 유명하다. 그는 후자는 자발적이고 비이데올로기적인 반면, 전자는 고의적이고 강렬한 이데올로기적이라고 주장했다. 여기에는 어느 정도 진실이 있다. 그러나 반자유주의적 반응에는 (비록 다양하긴 하지만) 분명히 중요한 이데올로기적 요소가 있었고, 19세기가 20세기로 접어들면서 그 중요성은 점점 더 커졌다. Karl Polanyi, *The Great Transformation: The Political and Economic Origins of Our Time* (Boston: Beacon Press, 1957), 141-43.

49. 양자 간 상호주의에 대해서는 다음 참조. Douglas Irwin, "Multilateral and Bilateral Trade Policies in the World Trading System: An Historical Perspective," in *New Dimensions in Regional Integration*, ed. J. de Melo and A. Panagariya (Cambridge: Cambridge University Press, 1993), 90-127.

50. 「뉴욕타임스」의 톰 프리드먼(Tom Friedman)은 세계화에 대한 영향력 있는 주창자였다. Thomas L. Friedman, *The World Is Flat: The Globalized World in the Twenty-first Century* (London and New York: Penguin, 2005). see also Martin Wolf, *Why Globalization Works* (London and New Haven, CT: Yale University Press, 2004).

51. Martin Wolf, "The US-China Conflict Challenges the World," *Financial Times*, May 21, 2019, https://www.ft.com/content/870c895c-7b11-11e9-81d2-f785092ab560.

52. See World Bank, "World Development Indicators," http://data.worldbank.org/data-catalog/world-development-indicators.

53. See International Monetary Fund, "Global Trade: What's Behind the Slowdown," *World Economic Outlook*, October 2016, chapter 2, 63. See also Gary Clyde Hufbauer and Euijin Jung, "Why Has Trade Stopped Growing? Not Much Liberalizaton and Lots of Micro-protection," Peterson Institute for International Economics, March 2016, https://piie.com/blogs/trade-investment-policy-watch/why-has-trade-stopped-growing-not-much-liberalization-and-lots.

54. IMF, "Global Trade: What's Behind the Slowdown," figure 2.1, 64, and IMF, *World Economic Outlook* database, October 2019, https://www.imf.org/external/pubs/ft/weo/2019/02/weodata/index.aspx.

55. See Martin Wolf, "The Tide of Globalization Is Turning," *Financial Times*, September 6, 2016, https://www.ft.com/content/87bb0eda-7364-11e6-bf48-b372cdb1043a; and "Sluggish Global Trade Growth Is Here to Stay," *Financial Times*, October 25, 2016, https://www.ft.com/content/4efcd174-99d3-11e6-b8c6-568a43813464.

56. 2001년에 시작된 '도하 개발 라운드'에 대해서는 다음 참조. World Trade Organization, "Doha Development Agenda," https://www.wto.org/english/thewto_e/whatis_e/tif_e/doha1_e.htm. TPP는 호주·브루나이·캐나다·칠레·말레이시아·멕시코·뉴질랜드·페루·싱가포르·미국이 버락 오바마 대통령하에서 협상했고, 2017년 1월 23일 도널드 트럼프가 거부했다. 다음 참조. James McBride, Andrew Chatzky, and Anshu Siripurapu, "What Next for the Trans-Pacific Partnership (TPP)?" Council on Foreign Relations, September 20, 2021, https://www.cfr.org/backgrounder/what-trans-pacific-partnership-tpp. TTIP에 대해서는 다음 참조. "Making Trade Policy," http://ec.europa.eu/trade/policy/in-focus/ttip/.

57. Donald Trump, "Inaugural Address," January 20, 2017, https://www.whitehouse.gov/inaugural-address.

58. Martin Wolf, "Donald Trump Creates Chaos with His Tariffs Trade War," *Financial Times*, July 10, 2018, https://www.ft.com/content/ba65ac98-8364-11e8-a29d-73e3d454535d. See also "21st Global Trade Alert Report: Will Awe Trump Rules?" (London, Center for Economic Policy Research, 2017), https://www.globaltradealert.org/.

59. Aime Williams, "Persistence of Donald Trump's China Tariffs Frustrates US Business," *Financial times*, June 3, 2021, https://www.ft.com/content/fb775a22-eaa5-44b4-8643-16c3f40a5d02.

60. CPTPP에 대해서는 다음 참조. Dominic Webb and Matt Ward, *The Comprehensive and Progressive Agreement for Trans-Pacific Partnership*, House of Commons

Library, June 22, 2021, https://researchbriefings.files.parliament.uk/documents/CBP-9121/CBP-9121.pdf. 영국은 CPTPP 가입을 신청했다.

61. RCEP에 대해서는 다음 참조. Robin Harding and John Reed, "Asia-Pacific Countries Sign One of the Largest Free Trade Deals in History," *Financial Times*, November 15, 2020, https://www.ft.com/content/2dff91bd-ceeb-4567-9f9f-c50b7876adce; and Robin Harding, Amy Kazmin, and Christian Shepherd, "Asian Trade Deal Set to Be Signed after Years of Negotiations," *Financial Times*, November 11, 2020, https://www.ft.com/content/ddaa403a-099c-423c-a273-6a2ed6ef45f2.

62. Chris Giles, "Brexit Is an Example of Deglobalisation, Says Carney," *Financial Times*, September 18, 2017, https://www.ft.com/content/9b37cf6e-9c82-11e7-9a86-4d5a475ba4c5.

63. See Full Fact, "Everything You Might Want to Know about the UK's Trade with the EU," November 22, 2017, https://fullfact.org/europe/uk-eu-trade/.

64. Peter Nolan, *Is China Buying the World?* (Cambridge and Malden: Polity, 2012). 이 책에서 놀런 교수는 '시스템 통합 업체'라고 부르는 소수의 서구 기업이 전 세계 주요 산업을 장악하고 있음을 보여준다. 다음도 참조. Martin Wolf, "Why China Will Not Buy the World," *Financial Times*, July 9. 2013, https://www.ft.com/content/28d1a4a8-e7ba-11e2-babb-00144feabdc0.

65. Richard Baldwin, *The Great Convergence: Information Technology and the New Globalization* (Cambridge, MA: Belknap Press of Harvard University Press, 2016).

66. See Martin Wolf, "Donald Trump Faces the Reality of World Trade," *Financial Times*, November 22, 2016, https://www.ft.com/content/064d51b0-aff4-11e6-9c37-5787335499a0.

67. Baldwin, *The Great Convergence*.

68. 로버트 커트너(Robert Kuttner)는 이동성이 전례 없이 강한 무역 시대에 무역이 초래할 수 있는 정치적 결과를 강조한다. Robert Kuttner, *Can Democracy Survive Global Capitalism?* (New York: W. W. Norton, 2018), especially chapter 8.

69. Data are from the IMF's *World Economic Database*, April 2021. 2020년의 코로나19로 인한 왜곡을 피하기 위해서 2020년 대신 2019년 데이터를 사용했다.

70. These data are from World Trade Organization, *World Trade Statistical Review 2020*, table A7, 83, https://www.wto.org/english/res_e/statis_e/wts2020_e/wts2020chapter06_e.pdf.

71. Daron Acemoglu, David Autor, David Dorn, Gordon H. Hanson, and Brendan Price, "Import Competition and the Great US Employment Sag of the 2000s," *Journal of Labor Economics* 34, no. 1 (part 2, January 2016): 141-98, http://www.journals.uchicago.edu/doi/pdfplus/10.1086/682384.

72. David H. Autor, David Dorn, and Gordon H. Hanson, "The China Shock: Learning

from Labor Market Adjustment to Large Changes in Trade," National Bureau of Economic Research Working Paper Number 21906, January 2016, http://www. nber.org/papers/w21906.

73. 세계화의 역전에 대해서는 다음 참조. Martin Wolf, "The Tide of Globalization Is Turning," *Financial times*, September 6, 2016, https://www.ft.com/content/87bb0eda-7364-11e6-bf48-b372cdb1043a.

74. 제2차 세계대전 당시 영국이 환율 통제를 채택한 것에 대해서는 다음 참조. "The U.K. Exchange Control: A Short History," *Bank of England Quarterly Bulletin*, 1967, Third Quarter, https://www.bankofengland.co.uk/-/media/boe/files/quarterly-bulletin/1967/the-uk-exchange-control-a-short-history.pdf. See also Forrest Capie, *Capital Controls: A 'Cure' Worse Than the Problem?* (London, Institute of Economic Affairs, 2002), http://www.iea.org.uk/sites/default/files/publica tions/files/upldbook135pdf.pdf.

75. 2007년 금융위기 이후에 대해서는 다음 참조. Martin Wolf, *The Shifts and the Shocks: What We've Learned—and Have Still to Learn—from the Financial Crisis* (London and New York: Penguin, 2014 and 2015).

76. 제2차 세계대전 이전의 데이터 출처는 다음과 같다. Nicholas Crafts, *Globalization and Growth in the Twentieth Century*, IMF Working Paper WP/00/44 (Washington, DC, International Monetary Fund, 2000), https://www.imf.org/external/pubs/ft/wp/2000/wp0044.pdf. 전후부터 2000년도까지의 데이터 출처는 다음과 같다. Maurice Obstfeld and Alan M. Taylor, "Globalization and Capital Markets," in Michael D. Bordo, Alan M. Taylor, and Jeffrey G. Williamson, eds., *Globalization in Historical Perspective* (Chicago: University of Chicago Press, 2003), 143, figure 3.3, http://www.nber.org/chapters/c9587pdf. 2000년도 이후의 데이터 출처는 다음과 같다. McKinsey Global Institute, *The New Dynamics of Financial Globalization*, August 2017, 7, exhibit E4. 다음도 참조하라. Philip R. Lane and Gian M. Milesi-Ferretti, "The External Wealth of Nations Mark II, Revised and Extended Estimates of Foreign Assets and Liabilities 1970-2004," *Journal of International Economics* 73, no. 2 (2007): 223-50; and Stephen D. King, *Grave New World: The End of Globalization and the Return of History* (London and New Haven, CT: Yale University Press, 2017), 72.

77. Alan M. Taylor, "International Capital Mobility in History: The Saving-Investment Relationship," National Bureau of Economic Research Working Paper Number 5743, September 1996, http://www.nber.org/papers/w5743.pdf.

78. Michael Bordo, Barry Eichengreen, and Jongwoo Kim, "Was There Really an Earlier Period of International Financial Integration Comparable to Today's?" National Bureau of Economic Research working Paper 6738, September 1998,

4. 영국의 순자산에 대해서는 다음 참조. Forrest Capie, *Capital Controls: A "Cure" Worse Than the Problem?* (London: Institute of Economic Affairs, 2002), 33.

79. Data are from the IMF, *World Economic Database*, April 2018.

80. 아시아 신흥국의 정책이 어떻게 경상수지 불균형의 글로벌 패턴, 자체 보험의 역할, 금융 시스템에 미치는 영향에 변화를 주었는지는 다음의 저서들에서 분석의 초점이었다. Martin Wolf, *Fixing Global Finance* Baltimore and London: Johns Hopkins University Press and Yale University Press, 2008 and 2010); Martin Wolf, *The Shifts and the Shocks: What We've Learned—and Have Still to Learn—from the Financial Crisis* (London and New York: Penguin, 2014 and 2015). 글로벌 불균형의 증가에 대해서는 다음 참조. Pierre-Olivier Gourinchas and Hélene Rey, "From World Banker to World Venture Capitalist: U.S. External Adjustment and the Exorbitant Privilege," in Richard H. Clarida, ed., *Current Account Imbalances: Sustainability and Adjustment* (Chicago: University of Chicago Press, 2007), 11-66, https://www.nber.org/chapters/c0121.pdf.

81. Martin Wolf, "Dealing with America's Trade Follies," *Financial Times*, April 18, 2017, https://www.ft.com/content/fca7e9a4-2366-11e7-a34a-538b4cb30025.

82. IMF, *World Economic Database*, April 2018.

83. D'Vera Cohn, "How U.S. Immigration and Rules Have Changed throughout History," Pew Research Center, September 30, 2015, https://www.pewresearch.org/fact-tank/2015/09/30/how-u-s-immigration-laws-and-rules-have-changed-through-history/.

84. 이민 형태의 역사에 대해서는 다음 참조. Jeffrey G. Williamson, "The Evolution of Global Labor Markets Since 1830: Background Evidence and Hypotheses," *Explorations in Economic History* 32, no. 2 (April 1995): 141-96. 이민 규제의 경제적 파급효과에 대해서는 다음 참조. Michael A. Clemens, "Economics and Emigration: Trillion-Dollar Bills on the Sidewalk?" *Journal of Economic Perspectives* 25, no. 3 (Summer 2011): 83-106.

85. Peter H. Lindert and Jeffrey G. Williamson, "Globalization and Inequality: A Long History," April 2001, paper prepared for the World Bank Annual Conference on Development Economics—Europe, Barcelona, June 25-27, 2001. See also Paul Hirst and Grahame Thompson, *Globalization in Question: The International Economy and the Possibilities of Governance*, 2nd ed. (Cambridge: Polity, 1999), 23. 여기서 '격차가 줄어든다(convergence)'는 나라들 간에 실질임금, 노동자 1인당 GDP, 국민 1인당 GDP의 차이가 줄어드는 것을 말한다.

86. Kevin H. O'Rourke, "Europe and the Causes of Globalization, 1790 to 2000," in Henryk Kierzkowski, ed., *From Europeanization of the Globe to the Globalization of Europe* (London: Palgrave, 2002), 73, http://www.tcd.ie/Economics/TEP/2002_

papers/TEPNo1KO22.pdf.

87. See, for example, David Goodhart, *The Road to Somewhere* (London: Hurst, 2017), 122-27.

88. 이민의 경제학과 관련하여 매우 긍정적인 평가에 대해서는 다음 참조. Jonathan Portes, "The Economics of Migration," June 2019, https://journals.sagepub.com/doi/pdf/10.1177/1536504219854712.

89. James Gwartney, Joshua Hall, and Robert Lawson, *Economic Freedom of the World 2016 Annual Report*, Washington, DC, Cato Institute, 2016, https://www.cato.org/economic-freedom-world, and Freedom House, Freedom in the World 2020, https://freedomhouse.org/report/freedom-world/2020/leaderless-struggle-democracy.

90. 유럽에서 민주주의를 향한 길고 험난한 여정과 현대적 취약성에 대한 훌륭한 논의는 다음 참조. Sheri Berman, *Democracy and Dictatorship in Europe: From the Ancien Regime to the Present Day* (New York: Oxford University Press, 2019).

91. 금융위기들에 대한 고전적 역사 연구는 다음 참조. Robert Z. Aliber and Charles P. Kindleberger, *Manias, Panics, and Crashes: A History of Financial Crises*, 7th ed. (London and New York: Palgrave Macmillan, 2015).

4장

1. Aristotle, *Politics*, trans. T. A. Sinclair, revised and re-presented by Trevor J. Saunders (London: Penguin Classics, 1981), Book IV, xi, 1295b13-34.

2. 아리스토텔레스의 주장은 마이클 샌델(Michael J. Sandel)이 『The Tyranny of Merit: What's Become of the Common Good?』(London: Penguin, 2020)에서 주장한 것과 비슷하다. 샌델은 민주주의가 번성하기 위해서는 광범위한 '조건의 평등'이 필요하다고 강조했다.

3. 1992년 11월 24일, 엘리자베스 2세 여왕은 통치 40주년을 기념하는 길드홀(Guildhall) 연설에서 1992년을 '끔찍한 해(annus horribilis)'라고 불렀다. 다음 참조. https://www.royal.uk/annus-horribilis-speech.

4. Barry Eichengreen, *The Populist Temptation: Economic Grievance and Political Reaction in the Modern Era* (New York: Oxford University Press, 2018), 163.

5. See Noam Gidron and Peter A. Hall, "The Politics of Social Status: Economic and Cultural Roots of the Populist Right," *British Journal of Sociology* 68, no. S1 (November 2017): 59, https://onlinelibrary.wiley.com/doi/epdf/10.1111/1468-4446.12319. See also Richard Wilkinson and Kate Pickett, *The Inner Level: How More Equal Societies Reduce Stress, Restore Sanity and Improve Wellbeing* (London: Penguin, 2019).

6. Gidron and Hall, "Politics of Social Status," 10.

7. John Kay and Mervyn King, *Radical Uncertainty: Decision-making for an Unknowable Future* (London: Bridge Street Press, 2020), 122-24.

8. Tim Haughton, "It's the Slogan, Stupid: The Brexit Referendum," https://www.birmingham.ac.uk/research/perspective/eu-ref-haughton.aspx.

9. Gidron and Hall, "Politics of Social Status," 59.

10. Anne Case and Angus Deaton, "Mortality and Morbidity in the 21st Century," *Brookings Papers on Economic Activity* (Spring 2017): 397, https://www.brookings.edu/wp-content/uploads/2017/08/casetextsp17bpea.pdf. 더 자세한 내용은 다음 참조. Case and Deaton, *Deaths of Despair and the Future of Capitalism* (Princeton, NJ: Princeton University Press, 2020).

11. See Patrick Radden Keefe, *Empire of Pain: The Secret History of the Sackler Dynasty* (New York: Doubleday, 2021).

12. Émile Durkheim, *Le Suicide: Etude de Sociologie* (Bar-le-Duc, France: Imprimerie Contant-Laguerre, 1897).

13. 제임스 트루슬로 애덤스(James Truslow Adams)는 『The Epic of America』(New Brunswick and London: Transaction Publishers, 1931 and 2012)에서 '아메리칸드림'이라는 표현을 만들어냈다. 하지만 그의 생각이 단순히 물질적인 것에 머문 건 아니었다. '삶은 능력이나 업적에 따라 각자에게 기회가 주어지면서 모든 사람에게 더 좋고 풍요롭고 충만한 것이어야 한다'는 것이었다.

14. See, on this, Robert D. Putnam, *Bowling Alone: The Collapse and Revival of American Community* (New York and London: Simon & Schuster, 2000), and Theda Skocpol, Diminished Democracy: *From Membership to Management in American Civic Life* (Norman: University of Oklahoma Press, 2003).

15. Mayhill Fowler, "Obama: No Surprise That Hard-Pressed Pennsylvanians Turn Bitter," *Huffington Post*, November 17, 2008, updated May 25, 2011, https://www.huffingtonpost.com/mayhill-fowler/obama-no-surprise-that-ha_b_96188.html.

16. Wendy Brown, *In the Ruins of Neoliberalism: The Rise of Antidemocratic Politics in the West* (New York: Columbia University Press, 2019), 현대 세계에서 '백인'의 분노라는 관점은 특히 5장을 참조하라.

17. 다음의 저서는 이제 고전적인 참고문헌이 됐다. Thomas Piketty, *Capital in the Twenty-first Century*, trans. Arthur Goldhammer (Cambridge, MA: Harvard University Press, 2013). 불평등을 다룬 중요한 저서들로는 다음이 있다. 불평등 연구의 대가인 앳킨슨(Atkinson)의 저서에서는 고소득 국가에 초점을 맞췄고, 밀라노빅(Milanovic)의 책은 글로벌한 관점을 제공하며, 브라운(Brown)은 특히 영국을 중심으로 연구에 대한 훌륭한 개요를 제공한다. Anthony B. Atkinson, *Inequality: What Can Be Done* (Cambridge, MA, and London: Harvard University Press, 2015); Branko Milanovic, *Global Inequality: A New Approach for the Age of*

Globalization (Cambridge, MA: Harvard University Press, 2016); and Roger Brown, *The Inequality Crisis: The Facts and What We Can Do about It* (Bristol and Chicago: Policy Press, 2017).

18. See "Inequality and Poverty," http://www.oecd.org/social/inequality.htm.

19. 지니계수는 가계소득이 완전히 균등한 국가에서는 0이고, 모든 소득이 한 가구에 귀속되는 국가에서는 1이다.

20. Deborah Hargreaves, Are Chief Executives Overpaid? (Cambridge: Polity, 2019), 6.

21. Ibid.

22. Ibid., 7.

23. Andrew Smithers, *Productivity and the Bonus Culture* (Oxford: Oxford University Press, 2019).

24. 자사주 매입에 대해서는 다음 참조. William Lazonick, "Profits Without Prosperity," *Harvard Business Review*, September 2014, https://hbr.org/2014/09/profits-without-prosperity; and Mustafa Lazonick, Erdem Sakinç, and Matt Hopkins, "Why Stock Buybacks Are Dangerous for the Economy," *Harvard Business Review*, January 2020, https://hbr.org/2020/01/why-stock-buybacks-are-dangerous-for-the-economy.

25. Emmanuel Saez, "Striking It Richer: The Evolution of Top Incomes in the United States (Updated with 2015 Preliminary Estimates)," June 30, 2016, https://eml.berkeley.edu/~saez/saez-UStopin comes-2015.pdf.

26. See, for example, Jane Mayer, *Dark Money: The Hidden History of the Billionaires behind the Rise of the Radical Right* (New York: Anchor Books, 2016).

27. Federico Cingano, "Trends in Income Inequality and Its Impact on Economic Growth," OECD Social, Employment and Migration Working Papers No. 163, 2014, 28, http://dx.doi.org/10.1787/5jxrjncwxv6j-en. 다음의 글로벌한 연구에서도 매우 유사한 결과가 나타났다. Jonathan D. Ostry, Andrew berg, and Charalambos G. Tsangarides, "Redistribution, Inequality and Growth," IMF Staff Discussion Note SDN/14/02, February 2014, https://www.imf.org/external/pubs/ft/sdn/2014/sdn1402.pdf.

28. 불평등 심화로 인한 여러 가지 부작용에 대해서는 다음 참조. Richard Wilkinson and Kate Pickett, *The Spirit Level: Why Greater Equality Makes Societies Stronger* (New York: Bloomsbury, 2009), and Joseph Stiglitz, *The Price of Inequality: How today's Divided Society Endangers Our Future* (New York: W. W. Norton, 2012).

29. *An Overview of Growing Income Inequalities in OECD Countries: Main Findings* (Paris: Organization for Economic Co-operation and Development, 2011), figure 1.

30. 경제학자들의 최근 연구에 따르면 불평등 증가에 대한 일부 데이터는 신뢰할 만하지 않다고 한다. 다음 참조. "Economists Are Rethinking the Numbers on Ine quality," *Economist*, November 28, 2019, https://www.economist.com/briefing/2019/11/28/economists-are-rethinking-the-numbers-on-inequality. 그러나 이 글 역시 미국의 불평등이 상대적으로 심하다는 사실을 부정하지는 않는다.

31. 소득 불평등은 가계 처분가능소득의 지니계수로 측정된다. 세대 간의 경제적 이동성은 아버지의 상대적 소득이 그의 아들이 성인이 된 후의 상대적 소득에 미치는 영향력으로 측정된다. 코락(Corak)은 경제적 이동성을 측정하기 위해 대략 1960년대 초중반에 태어나 1990년대 중후반에 성인이 된 아동 집단의 데이터를 사용했다. 불평등을 측정하는 데는 1985년경의 지니계수를 사용했다. 즉 아동의 성장 과정에서의 불평등이 이후 소득 이동성에 얼마나 영향을 미쳤는지를 측정한 것이다. 다음 참조. Miles Corak, "Income Inequality, Equality of Opportunity, and Intergenerational Mobility," IZA Discussion Paper No. 7520, July 2013, 3, figure 1, http://ftp.iza.org/dp7520.pdf.

32. Alan Krueger, "The Rise and Consequences of Inequality in the United States of America," Center for American Progress, January 12, 2012, https://cdn.americanprogress.org/wp-content/uploads/events/2012/01/pdf/krueger.pdf. 이 곡선의 이름은 F. 스콧 피츠제럴드(F. Scott Fitzgerald)가 1920년대의 도금시대(Gilded Age)에 대해서 쓴 고전적 소설인 『위대한 개츠비(The Great Gatsby)』의 제목에서 따온 것이다.

33. 한 가지 분명한 문제는 상대적으로 평등한 사회에서는 분포상의 위치 차이가 평균적으로 작다는 것이다. 따라서 지위의 절대적 변화가 비교적 크지 않더라도 세대 간에 걸쳐 상대적 지위는 크게 변화할 수 있다. 이 경우 낮은 불평등이 발견되는 것은 본질적으로 낮은 불평등의 또 다른 측면일 뿐이며, 불평등이 심한 국가에서는 그 반대의 경우도 마찬가지다.

34. Martin Wolf, "Hypocrisy and Confusion Distort the Debate on Social Mobility," *Financial Times*, May 2, 2019, https://www.ft.com/content/577a0abe-6c04-11e9-a9a5-351eeaef6d84. See also John Goldthorpe, "Social Class Mobility in Modern Britain: Changing Structure, Constant Process," Lecture in Sociology, The British Academy, read March 15, 2016, posted July 18, 2016, *Journal of the British Academy* 4 (July 18, 2016): 89-111, https://www.thebritishacademy.ac.uk/sites/default/files/05%20Goldthorpe%201825.pdf.

35. See Federica Cocco, "Most US Manufacturing Jobs Lost to Technology, Not Trade," *Financial times*, December 2, 2016, https://www.ft.com/content/dec677c0-b7e6-11e6-ba85-95d1533d9a62.

36. '긱(gig) 경제'에 대해서는 다음 참조. Sarah Kessler, *Gigged: The Gig Economy, the End of the Job and the Future of Work* (New York: Random House Business,

2019).

37. 프레카리아트에 대해서는 다음 참조. Guy Standing, *The Precariat: The New Dangerous Class* (London: Bloomsbury, 2011 and 2014), 41.

38. 경제학에서 지대는 경쟁 시장에서 생산물을 생산하는 데 필요한 생산 요소의 비용을 초과하는 수준의 대가를 말한다. 지대의 존재는 일시적 또는 영구적인 독점적 지위를 반영한다.

39. 라구람 라잔(Raghuram Rajan)은 자신의 책 『Fault Lines: How Hidden Fractures Still Threaten the World Economy』(Princeton, NJ, and Oxford: Princeton University Press, 2011)에서 그렇게 주장했다. 최근의 저자 중 자본주의적 쇠를 유지하는 데 지속 불가능한 부채 누적의 역할을 가장 강력하게 강조한 사람은 독일의 좌파 사회학자 발터 슈트렉(Walter Streeck)이다. Walter Streeck, *How Will Capitalism End? Essays on a Failing System* (London: Verso, 2016). See also Martin Wolf, "The Case against the Collapse of Capitalism," *Financial times*, November 2, 2016, https://www.ft.com/content/7496e08a-9f7a-11e6-891e-abe238dee8e2.

40. See Martin Wolf, *The Shifts and the Shocks: What We've Learned—nd Still Have to Learn—rom the Financial Crisis* (London and New York: Penguin, 2014 and 2015); Tamim Bayoumi, *Unfinished Business: The Unexplored Causes of the Financial Crisis and the Lessons Yet to Be Learned* (New Haven, CT: Yale University Press, 2017); and Robert Kuttner, *Can Democracy Survive Global Capitalism?* (New York: W. W. Norton, 2018).

41. 2007년 1인당 GDP가 1990~2007년 지수 추세선에 꼭 들어맞는 것은 아니었기 때문에 시작점이 0의 편차를 보이지 않는다. 2007년 독일의 1인당 GDP는 1990~2007년 추세선보다 2.2% 높았고, 스페인은 1.6% 낮았다. 이 둘은 극단적인 편차다.

42. McKinsey Global Institute, *Poorer Than Their Parents? Flat or Falling Incomes in Advanced Countries*, July 2016, https://www.mckinsey.com/featured-insights/employment-and-growth/poorer-than-their-parents-a-new-perspective-on-income-inequality.

43. "Banks Paid $321 Billion in Fines Since Financial Crisis: BCG," Reuters, January 19, 2017, https://www.reuters.com/article/us-banks-fines/banks-paid-321-billion-in-fines-since-financial-crisis-bcg-idUSKBN1692Y2.

44. Ronald Reagan Presidential Foundation & Institute, "Reagan Quotes and Speeches," https://www.reaganfoundation.org/ronald-reagan/reagan-quotes-speeches/news-conference-1/.

45. Martin Wolf, "Ten Ways Coronavirus Will Shape World in Long Term," *Financial Times*, November 3, 2020, https://www.ft.com/content/9b0318d3-8e5b-4293-ad50-c5250e894b07; Wolf, "Martin Wolf Looks Back at the Pandemic One Year Later," *Financial Times*, March 11, 2021, https://www.ft.com/content/e02ec5cb-

f08b-4bc9-a5ba-2978b680103c; Wolf, "Economic Recovery Masks the Dangers of a Divided World," *Financial Times*, April 20, 2020, https://www.ft.com/content/0be32ec5-8a75-48f2-99f3-eb5bcd055287; Wolf, "We Can End the COVID Pandemic in the Next Year," *Financial Times*, May 25, 2021, https://www.ft.com/content/12fc9f47-7fd3-4690-93c5-f641688fca36; and Wolf, "The G20 Has Failed to Meet Its Challenges," *Financial Times*, July 13, 2021, https://www.ft.com/content/c9448d15-8410-47d3-8f41-cd7ed41d8116.

46. See Adam Tooze, *Shutdown: How Covid Shook the World's Economy* (London: Penguin, 2021).

47. Ernest Hemingway, *The Sun Also Rises* (New York: Charles Scribner's Sons, 1926), 8, 157.

48. 이런 분노에 대해서는 다음 참조. Eric Lonergan and Mark Blyth, *Angrynomics* (Newcastle upon Tyne, UK: Agenda, 2020).

49. 민주주의가 제대로 작동하기 위해서 필요한 사회적 결속력에 대해서는 다음 참조. Sandel, *Tyranny of Merit*.

50. Ronald F. Inglehart and Pippa Norris, "Trump, Brexit, and the Rise of Populism: Economic Havenots and Cultural Backlash," RWP16-026, August 2016, 29, https://www.hks.harvard.edu/publications/trump-brexit-and-rise-populism-economic-have-nots-and-cultural-backlash.

51. Eric Kaufmann, *Whiteshift: Populism, Immigration, and the Future of White Majorities* (London and New York: Allen Lane, 2018), 516.

52. See, on this, Martin Sandbu, "Is Culture or Economics at the Root of Our Strange Politics?," *Financial Times*, September 11, 2017, https://www.ft.com/content/c841a8d4-96d5-11e7-a652-cde3f882dd7b; and *The Economics of Belonging: A Radical Plan to Win Back the Left Behind and Achieve Prosperity for All* (Princeton, NJ, and Oxford: Princeton University Press, 2020), chapter 3, "Culture Versus Economics."

53. Manuel Funke, Moritz Schularik, and Christoph Trebesch, "Going to Extremes: Politics after Financial Crises, 1870-2014," *European Economic Review* 88 (2016): 228, http://www.macrohistory.net/wp-content/uploads/2015/10/Going-to-extremes.pdf.

54. See Stuart Jeffries, "Britain's Most Racist Election: The Story of Smethwick, 50 Years On," *Guardian*, October 15, 2014, https://www.theguardian.com/world/2014/oct/15/britains-most-racist-election-smethwick-50-years-on, and "Enoch Powell's 'Rivers of Blood' Speech," https://anth1001.files.wordpress.com/2014/04/enoch-powell_speech.pdf.

55. Adam Tooze, *Crashed: How a Decade of Financial Crises Changed the World*

(London: Allen Lane, 2018), especially part IV, "Aftershocks."

56. Ibid., chapter 9, "Europe's Forgotten Crisis: Eastern Europe."

57. "The Great Depression," Alpha History, https://alphahistory.com/nazigermany/the-great-depression/.

58. Dick Geary, "Who Voted for the Nazis?" *History Today* 48, no. 10 (October 1948), https://www.historytoday.com/archive/who-voted-nazis; and Christopher H. Achen and Larry M. Bartels, *Democracy for Realists: Why Elections Do Not Produce Responsive Government* (Princeton, NJ, and Oxford: Princeton University Press, 2016), 204.

59. Wiener Holocaust Library, "How Did the Nazis Consolidate Their Power?" The Holocaust Explained, https:// www.theholocaustexplained.org/the-nazi-rise-to-power/how-did-the-nazi-gain-power/1933-elections/.

60. Achen and Bartels, *Democracy for Realists*, 315.

61. Sebastian Doerr, Stefan Gissler, José-Luis Peydró, and Hans-Joachim Voth, "Financial Crises and Political Radicalization: How Failing Banks Paved Hitler's Path to Power," BIS World Papers, No. 978, November 22, 2021, https://www.bis.org/publ/work978.htm.

62. Achen and Bartels, *Democracy for Realists*, 316.

63. Martin Wolf, "Italy's New Rulers Could Shake the Euro," *Financial Times*, May 22, 2018, https://www.ft.com/content/eb82fdfe-5ce4-11e8-9334-2218e7146b04. Also, Josef Janning, "Crisis and Cohesion in the EU: A Ten-Year Review," European Council on Foreign Relations Policy Brief, February 2018, https://www.ecfr.eu/page/-/ECFR-_245_-_Crisis_and_Cohesion_-_A_10_Year_Review_Janning_WEB.pdf.

64. Arjun Jayadev and Robert Johnson, "Tides and Prejudice: Racial Attitudes during Downturns in the United States, 1979-2014," *Review of Black Political Economy* 44 (2017): 370-92, https://journals.sagepub.com/doi/full/10.1007/s12114-017-9264-y.

65. Ibid., 390.

66. Thiemo Fetzer, "Austerity Caused Brexit," VoxEU, April 8, 2019, https://voxeu.org/article/austerity-caused-brexit, and "Did Austerity Cause Brexit?" Warwick University Working Paper Series, no. 381, revised June 2019, https://warwick.ac.uk/fac/soc/economics/research/centers/cage/manage/publications/381-2018_fetzer.pdf. See also Sandbu, "Sweden's Far-Right and the Left-Behind," *Financial Times*, July 4, 2019, https://www.ft.com/content/ec4adebc-99bc-11e9-8cfb-30c211dcd229.

67. Fetzer, "Did Austerity Cause Brexit?"

68. Pippa Norris, "It's Not Just Trump. Authoritarian Populism Is Rising Across the West. Here's Why," *Washington Post*, March 11, 2016, https://www.washingtonpost.com/news/monkey-cage/wp/2016/03/11/its-not-just-trump-authoritarian-populism-is-rising-across-the-west-heres-why/.

69. Ernesto Dal Bó, Federico Finan, Olle Folke, Torsten Persson, and Johanna Rickne, "Economic Losers and Political Winners: Sweden's Radical Right," February 2019, 1, http://perseus.iies.su.se/~tpers/papers/CompleteDraft190301.pdf.

70. Ibid., 2.

71. Ibid.

72. Ibid., 3.

73. Ibid.

74. Sandbu, "Sweden's Far-Right and the Left-Behind."

75. Gregori Galofré-Vila, Martin McKee, María Gómez-León, and David Stuckler, "The 1918 Influenza Pandemic and the Rise of Italian Fascism: A Cross-City Quantitative and Historical Text Qualitative Analysis," *American Journal of Public Health* 112, no. 2 (February 2022): 242-47.

76. In "Populism and Trust in Europe," *VoxEU*, August 23, 2017, https://voxeu.org/article/populism-and-trust-europe, Christian Dustmann, Barry Eichengreen, Sebastian Otten, André Sapir, Guido Tabellini, and Gylfi Zoega. 위 저자들은 "우리의 주요 발견은 나이가 많고 교육 수준이 낮은 사람들이 국회와 유럽 의회를 덜 신뢰하고, 유럽연합에 대한 지지도가 낮으며, 포퓰리즘 정당에 투표할 가능성이 더 크다는 것"이라고 말한다. 이는 사람들이 경제적·사회적 지위 하락의 위험 또는 현실에 대응하고 있다는 생각과 일치한다. 이런 반응에는 필연적으로 향수가 강하게 작용할 수밖에 없다.

77. Michael Beschloss, "The Ad That Helped Reagan Sell Good Times to an Uncertain Nation," *New York Times*, May 7, 2016, https://www.nytimes.com/2016/05/08/business/the-ad-that-helped-reagan-sell-good-times-to-an-uncertain-nation.html.

78. Donald Trump, "The Inaugural Address," January 20, 2017, https://trumpwhitehouse.archives.gov/briefings-statements/the-inaugural-address.

79. See Anne Applebaum, *Twilight of Democracy: The Seductive Lure of Authoritarianism* (London: Allen Lane, 2020).

80. 이 장 서두의 인용구를 참조하라.

81. 이 인용구는 체스터턴이 말한 것으로 널리 알려져 있지만, Emile Cammaerts, 『Chesterton: The Laughing Prophet』(1937)에 최초로 등장했다. 다음도 참조하라. Susan Ratcliffe, ed., *Oxford Essential Quotations* (Oxford: Oxford University Press, 2016).

5장

1. "Remarks by President Trump in a Meeting with Republican Members of Congress on the United States Reciprocal Trade Act," January 24, 2019, https://trumpwhitehouse.archives.gov/briefings-statements/remarks-president-trump-meeting-republican-members-congress-united-states-reciprocal-trade-act.

2. 로버트 커트너는 『Can Democracy Survive Global Capitalism?』(New York: W. W. Norton, 2018)에서 이런 주장을 강력하게 제기한다.

3. Alvin H. Hansen, "Economic Progress and Declining Population Growth," *American Economic Review* 29, no. 1, part 1 (March 1939), http://digamo.free.fr/hansen39.pdf. 한센은 장기 침체를 "비실비실한 회복은 조기에 꺼져버리고, 불황은 스스로로 인해서 반복되며, 견고하고 움직이지 않는 것처럼 보이는 실업을 남긴다"라고 정의했다.

4. 이런 통계적 관계에 대한 아이디어는 1958년 뉴질랜드의 경제학자 윌리엄 필립스 (William Phillips)가 제안했다. 이는 1960년대와 1970년대 초반에 매우 영향력 있는 아이디어였다. 다음 참조. Tejvan Pettinger, "Phillips Curve," March 1, 2019, *Economics Help*, https://www.economicshelp.org/blog/1364/economics/phillips-curve-explained/.

5. 향수의 위험성에 대해서는 다음 참조. Martin Wolf, "The US Should Spurn the False Promise of Protectionism," *Financial Times*, June 15, 2021, https://www.ft.com/content/4edc2c5a-298f-4edd-81b7-5b94b7b23b93; Adam Posen, "The Price of Nostalgia: America's Self-Defeating Economic Retreat," *Foreign Affairs*, May/June 2021, https://www.foreignaffairs.com/articles/united-states/2021-04-20/america-price-nostalgia; and Anne O. Krueger, *International Trade: What Everyone Needs to Know* (New York: Oxford University Press, 2020).

6. See, on this, Paul Collier, The Future of Capitalism: Facing the New Anxieties (London: Allen Lane, 2018), chapter 7, "The Geographic Divide: Booming Metropolis, Broken Cities."

7. Ibid., 125.

8. See Peterson-KFF, "Health System Tracker," https://www.healthsystemtracker.org/.

9. Robert J. Gordon, *The Rise and Fall of American Growth: The U.S. Standard of Living Since the Civil War* (Princeton, NJ, and Woodstock, England: Princeton University Press, 2016), paraphrasing Evsey Domar, "On the Measurement of Technological Change," *Economic Journal* 71, no. 284 (December 1961): 712.

10. See Tyler Cowen, *The Great Stagnation: How America Ate All the Low-Hanging Fruit of Modern History, Got Sick, and Will (Eventually) Feel Better* (New York: Dutton, 2011).

11. These data are for the UK. See Office of Health Economics, "Infant and Child Health," December 1975, https://www.ohe.org/publications/infant-and-child-health, and United Nations, Department of Economic and Social Affairs, Population Dynamics, *World Population Prospects 2019*, https://population.un.org/wpp/Download/.

12. Martin Wolf, "Is Unlimited Growth a Thing of the Past?" *Financial Times*, October 2, 2012, https://www.ft.com/content/78e883fa-0bef-11e2-8032-00144feabdc0.

13. 데이비드 노블(David Noble)은 『The Religion of Technology: The Divinity of Man and the Spirit of Invention』(New York: Alfred A. Knopf, 1997)에서 종교와 기술의 매혹을 그렇게 비유한다.

14. See Ian Goldin, Pantelis Koutroumpis, François Lafond, Nils Rochowicz, and Julian Winkler, *the Productivity Paradox: Reconciling Rapid Technological Change and Stagnating Productivity*, Oxford Martin School, April 2019, 8-14, https://www.oxfordmartin.ox.ac.uk/downloads/reports/Productivity_Paradox.pdf. 생산성 저하의 원인으로 여러 가지가 나열되어 있지만 그 원인을 파악하기는 어려운 것으로 나타났다. 이 보고서는 '경쟁 부족'을 가장 그럴듯한 원인으로 보는데, 내 생각에 더 그럴듯한 원인은 고든(Gordon)이 주장하듯 혁신이 예전과 같지 않다는 것이다.

15. Dan Andrews, Chiara Criscuolo, and Peter Gal, *The Global Productivity Slowdown, Technology Divergence and Public Policy: A Firm Level Perspective*, OECD, Paris, 2016, https://www.oecd.org/global-forum-productivity/events/GP_Slowdown_Technology_Divergence_and_Public_Policy_Final_after_conference_26_July.pdf.

16. Ibid., 5.

17. See Dietrich Vollrath, *Fully Grown: Why a Stagnant Economy Is a Sign of Success* (Chicago and London: University of Chicago Press, 2020), especially 207, table 17.1.

18. Gordon, *Rise and Fall of American Growth*.

19. See Guy Standing, *The Precariat: The New Dangerous Class* (London: Bloomsbury, 2011 and 2014).

20. 인공지능을 포함한 ICT 혁명이 현재와 미래의 생산성에 미치는 영향에 대해 고든보다 더 낙관적인 견해에 대해서는 다음 참조. Erik Brynjolfsson and Andrew McAfee, *Race against the Machine: How the Digital Revolution Is Accelerating Innovation, Driving Productivity, and Irreversibly Transforming Employment and the Economy* (Lexington, MA: Digital Frontier Press, 2011); Brynjolfsson and McAfee, *The Second Machine Age: Work, Progress, and Prosperity in a Time of Brilliant Technologies* (New York: W. W. Norton, 2014); and McAfee and Brynjolfsson, *Machine, Platform, Crowd: Harnessing the Digital Revolution* (New York: W. W. Norton, 2017).

21. 기술, 특히 자동화가 고용, 실질임금, 소득분배에 미치는 영향에 대해서는 다음 참조. Daron Acemoglu, "Written Testimony" at a virtual hearing on "Machines, Artificial Intelligence, & the Workforce: Recovering & Readying Our Economy for the Future," House Committee on the Budget, September 10, 2021, https://www.congress.gov/116/meeting/house/111002/witnesses/HHRG-116-BU00-Wstate-AcemogluD-20200910.pdf.

22. 고령화가 미치는 더 광범위한 경제적 영향에 대해서는 다음 참조. Charles Goodhart and Manoj Pradhan, *The Great Demographic Reversal: Aging Societies, Waning Inequality, and an Inflation Reversal* (London: Palgrave Macmillan, 2020).

23. United Nations Population Division, *Replacement Migration: Is It a Solution to Declining and Aging Populations?* 2000, https://www.un.org/en/development/desa/population/publications/aging/replacement-migration.asp.

24. 미국에서 발생한 이런 변화에 대해서는 다음 참조. Thomas Ferguson and Joel Rogers, *Right Turn: The Decline of the Democrats and the Future of American Politics* (New York: Farrar, Straus and Giroux, 1987).

25. 과거 GATT와 현재 WTO의 용어로, 관세는 협상된 무역 협정에 도달하는 과정에서 '구속력'을 갖는다. 대부분의 고소득 국가(그 외 많은 국가도 마찬가지)에서 구속적 관세와 적용 관세는 동일하다. 그러나 국가는 관세율 상한보다 낮은 관세를 적용할 수 있다. 이 경우 국가가 법적 문제 없이 적용 관세 수준을 높일 수 있다는 장점이 있다. 예를 들어 인도는 적용 세율보다 훨씬 높은 상한 세율을 적용하고 있다. 따라서 인도는 원할 때 적용 관세를 인상할 상당한 법적 여지가 있으며, 상한 수준 이상으로 인상할 수도 있다. 하지만 성실한 회원국으로서는 그렇게 하고자 할 때 정당성을 갖춰야 하지만, 도널드 트럼프하에서 미국은 그럴듯한 정당성을 거의 제공하지 않았다. 경제적 관점에서 볼 때 적용 세율이 가장 중요하지만, 적용 세율이 상한 세율보다 훨씬 낮아 인상하기가 쉬워지면 실제로 인상할 가능성이 커진다는 점을 제외하고는 말이다. 이는 무역 정책의 불확실성을 증가시켜 비용이 많이 들게 한다.

26. 이 차트는 코로나19 팬데믹에 따른 왜곡 효과로 2019년에서 멈춘다.

27. Christoph Lakner and Branko Milanovic, "Global Income Distribution from the Fall of the Berlin Wall to the Great Recession," World Bank Policy Research Working Paper 6719, December 2013, 31, figure 1(a), http://documents.worldbank.org/curated/en/914431468162277879/pdf/WPS6719.pdf.

28. Facundo Alvaredo et al., *World Inequality Report 2018* (Paris: World Economic Lab, 2018) 13, figure E4, "The Elephant Curve of Global Inequality and Growth, 1980-2016," https://wir2018.wid.world/.

29. Ibid.

30. 시장 가격 및 PPP 기준 GDP 데이터는 IMF「세계경제전망」데이터베이스에서 가져왔다. 다음 참조. https://www.imf.org/external/pubs/ft/weo/2019/01/weodata/

index.aspx.

31. Holly Ellyatt, "Who Are 'Davos Man' and 'Davos Woman'?" CNBC, January 19, 2018, https://www.cnbc.com/2018/01/19/who-are-davos-man-and-davos-woman.html.

32. Robert Shrimsley, "Boris Johnson's Brexit Explosion Ruins Tory Business Credentials," *Financial times*, June 25, 2018, https://www.ft.com/content/8075e68c-7857-11e8-8e67-1e1a0846c475.

33. See Maurice Obstfeld, "The Global Capital Market Reconsidered," in Paul Collier, Diane Coyle, Colin Mayer, and Martin Wolf, eds., "Capitalism: What Has Gone Wrong, What Needs to Change, and How It Can Be Fixed," *Oxford Review of Economic Policy* 37, no. 4 (Winter 2021): 690-706.

34. See Max Roser, "Employment in Agriculture," in Our World in Data, https://ourworldindata.org/employment-in-agriculture.

35. Institut National d'Études Démographiques, "Migration Worldwide," https://www.ined.fr/en/everything_about_population/demographic-facts-sheets/focus-on/migration-worldwide/.

36. See Sari Pekkala Kerr and William R. Kerr, "Economic Impacts of Immigration: A Survey," National Bureau of Economic Research Working Paper 16736, January 2011, 14-15, https://www.nber.org/papers/w16736.

37. Ibid., 18-21.

38. Martin Wolf, "The Fight to Halt the Theft of Ideas Is Hopeless," *Financial Times*, November 12, 2019, https://www.ft.com/content/d592af00-0a29-11ea-b2d6-9bf4d1957a67.

39. Elhanan Helpman, *Globalization and Inequality* (Cambridge, MA, and London: Harvard University Press, 2018), 170-71.

40. Daron Acemoglu, David Autor, David Dorn, Gordon H. Hanson, and Brendan Price, "Import Competition and the Great US Employment Sag of the 2000s," *Journal of Labor Economics* 34, no. 1 (part 2, January 2016): 141-98, http://www.journals.uchicago.edu/doi/pdfplus/10.1086/682384.

41. Helpman, *Globalization and Inequality*, 174.

42. David H. Autor, David Dorn, and Gordon H. Hanson, "The China Shock: Learning from Labor Market Adjustment to Large Changes in Trade," National Bureau of Economic Research Working Paper Number 21906, January 2016, http://www.nber.org/papers/w21906.

43. See Lawrence H. Summers, "The Threat of Secular Stagnation Has Not Gone Away," *Financial times*, May 6, 2018, https://www.ft.com/content/aa76e2a8-4ef2-11e8-9471-a083af05aea7; Lukasz Rachel and Lawrence H. Summers, "On

Falling Neutral Real Rates, Fiscal Policy, and the Risk of Secular Stagnation," BPEA Conference Drafts, March 7-8, 2019, *Brookings Papers on Economic Activity*, https://www.brookings.edu/wp-content/uploads/2019/03/On-Falling-Neutral-Real-Rates-Fiscal-Policy-and-the-Risk-of-Secular-Stagnation.pdf; Martin Wolf, "Monetary Policy Has Run Its Course," *Financial Times*, March 12, 2019, https://www.ft.com/content/08c4eb8c-442c-11e9-a965-23d669740bfb; and Ben S. Bernanke, "The Global Savings Glut and the U.S. Current Account Deficit," March 10, 2005, Federal Reserve Board, https://www.federalreserve.gov/boarddocs/speeches/2005/200503102/.

44. 영국 재무부가 비교적 오랫동안 지수연동채권을 발행했기 때문에 나는 영국 데이터를 사용한다.

45. Atif Mian, Ludwig Straub, and Amir Sufi, "The Saving Glut of the Rich and the Rise in Household Debt," March 2020, https://scholar.harvard.edu/files/straub/files/mss_richsavingglut.pdf. See also Martin Wolf, "How to Escape the Trap of Excessive Debt," *Financial Times*, May 5, 2020, https://www.ft.com/content/2c5ddbd0-8e09-11ea-9e12-0d4655dbd44f.

46. Matthew Klein and Michael Pettis, *Trade Wars Are Class Wars* (New Haven, CT: Yale University Press, 2020), and Martin Wolf, "What Trade Wars Tell Us," *Financial Times*, June 18, 2020, https://www.ft.com/content/f3ee37e0-b086-11ea-a4b6-31f1eedf762e.

47. 샤를 뒤마(Charles Dumas)는 자신의 저서에서 경제 불안정의 거시경제적 원인과 그에 따른 포퓰리즘의 부상을 아주 적절하게 강조했다. Charles Dumas, *Populism and Economics* (London: Profile Books, 2018). See also Martin Wolf, "The Price of Populism," *Financial Times*, October 24, 2018, https://www.ft.com/content/06181c56-d13b-11e8-a9f2-7574db66bcd5.

48. Klein and Pettis, *Trade Wars Are Class Wars*.

49. Atif Mian, Ludwig Straub, and Amir Sufi, "Indebted Demand," March 26, 2020, https://scholar.harvard.edu/files/straub/files/mss_indebteddemand.pdf.

50. Martin Wolf, "The Folly of Donald Trump's Bilateralism in Global Trade," *Financial Times*, March 14, 2017, https://www.ft.com/content/ce92ae28-058e-11e7-ace0-1ce02ef0def9; and Howard S. Ellis, "Bilateralism and the Future of International Trade," *Essays in International Finance*, No. 5, International Finance Section, Department of Economics and Social Institutions (Princeton: Princeton University, Summer 1945), https://ies.princeton.edu/pdf/E5.pdf.

51. See Martin Wolf, "Why Rigged Capitalism Is Damaging Liberal Democracy," *Financial Times*, September 18, 2019, https://www.ft.com/content/5a8ab27e-d470-11e9-8367-807ebd53ab77; and Wolf, "How to Reform Today's Rigged

Capitalism," *Financial Times*, December 3, 2019, https://www.ft.com/content/4cf2d6ee-14f5-11ea-8d73-6303645ac406.

52. 마르크스주의적 관점에서 지난 40년간의 금융 발전에 대해서 시사하는 바가 많은 비판을 알고 싶다면 다음을 참조하라. Cédric Durand, *Fictitious Capital: How Finance Is Appropriating Our Future* (London and New York: Verso, 2017).

53. 나는 다음 책에서 금융 부문 레버리지의 폭발적 증가에 대해 논의했다. Martin Wolf, *The Shifts and the Shocks: What We've Learned—and Have Still to Learn—from the Financial Crisis* (London and New York: Penguin, 2014 and 2015).

54. Susan Lund et al., *The New Dynamics of Financial Globalization*, McKinsey Global Institute, August 2017, https://www.mckinsey.com/industries/financial-services/our-insights/the-new-dynamics-of-financial-globalization.

55. See Bank for International Settlements, "Global OTC Derivatives Market," table D5.1, https://stats.bis.org/statx/srs/table/d5.1.

56. See Michael McLeay, Amar Radia, and Ryland Thomas, "Money Creation in the Modern Economy," *Bank of England Quarterly Bulletin*, 2014, Quarter One, 14-27, https://www.bankofengland.co.uk/-/media/boe/files/quarterly-bulletin/2014/money-creation-in-the-modern-economy.

57. Thomas Philippon and Ariell Reshef, "Wages and Human Capital in the U.S. Financial Industry 1909-2006," National Bureau of Economic Research Working Paper 14644, January 2009, especially figure 6, https://www.nber.org/papers/w14644.

58. 헤지 펀드 산업에 대해서는 다음 참조. Martin Wolf, "Why Today's Hedge Fund Industry May Not Survive," *Financial Times*, March 18, 2008, https://www.ft.com/content/c8941ad4-f503-11dc-a21b-000077b07658. See also Simon Lack, *The Hedge Fund Mirage: The Illusion of Big Money and Why It's Too Good to Be True* (Hoboken, NJ: John Wiley & Sons, 2012).

59. See Angela Monaghan, "City Is Too Big and Socially Useless, Says Lord Turner," *Telegraph*, August 26, 2009, https://www.telegraph.co.uk/finance/newsbysector/banksandfinance/6096546/City-is-too-big-and-socially-useless-says-Lord-Turner.html; https://www.pauljorion.com/stewardship-of-finance/wp-content/uploads/2015/04/College-09-03-2015_-Turner-useful-and-useless-financial-activities.pdf; and Adair Turner, *Between Debt and the Devil: Monery, Credit, and Fixing Global Finance* (Princeton, NJ, and Oxford: Princeton University Press, 2016).

60. John Kay, *Other People's Money: The Real Business of Finance* (London: Profile Books, 2016); Joseph Stiglitz, "Inequality and Economic Growth," in Michael Jacobs and Mariana Mazzucato, eds., *Rethinking Capitalism: Economics and*

Policy for Sustainable and Inclusive Growth (Chichester, UK: Wiley-Blackwell, 2016), 134-55, chapter 8; and https://www8.gsb.columbia.edu/faculty/jstiglitz/sites/jstiglitz/files/Inequality%20and%20Economic%20Growth.pdf.

61. Stephen G. Cecchetti and Enisse Kharroubi, "Why Does Financial Sector Growth Crowd Out Real Economic Growth?" BIS Working Papers 490, February 2015, https://www.bis.org/publ/work490.pdf. See also Cecchetti and Kharroubi, "Reassessing the Impact of Finance on Growth," BIS Working Papers 381, July 2012, https://www.bis.org/publ/work381.pdf.

62. See Fred Hirsch, The Social Limits to Growth (London: Routledge, 1995).

63. Michael Lewis, Flash Boys: Cracking the Money Code (London: Penguin, 2014).

64. '금융화'가 기업에 미치는 영향에 대한 논의는 다음 참조. Anat Admati, "Capitalism, Laws, and the Need for Trustworthy Institutions," in Paul Collier, Diane Coyle, Colin Mayer, and Martin Wolf, eds., "Capitalism: What Has Gone Wrong, What Needs to Change, and How It can Be Fixed," Oxford Review of Economic Policy 37, no. 4 (Winter 2021): 678-89. See also Martin Hellwig, "'Capitalism: What Has Gone Wrong?': Who Went Wrong? Capitalism? the Market Economy? Governments? 'Neoliberal' Economics?" in Paul Collier et al., "Capitalism," 664-77.

65. Milton Friedman, "The Social Responsibility of Business Is to Increase Its Profits," New York times Magazine, September 13, 1970, https://web.archive.org/web/20060207060807/https://www.colorado.edu/studentgroups/libertarians/issues/friedman-soc-resp-business.html.

66. 이것이 무엇을 의미하는지에 대한 중요한 논의는 다음 참조. Michael C. Jensen, "Value Maximization, Stakeholder Theory, and the Corporate Objective Function," European Financial Management 7, no. 3 (2001): 297-317, https://efmaefm.org/bharat/jensen_efm2001.pdf.

67. H. L. Mencken, Prejudices: Second Series, 1920, https://www.goodreads.com/author/quotes/7805.

68. Ronald Coase, "The Nature of the Firm," Economica 4, no. 16 (1937): 386-405, https://onlinelibrary.wiley.com/doi/full/10.1111/j.1468-0335.1937.tb00002.x.

69. 이런 이슈들에 대해서는 다음 참조. Colin Mayer, Firm Commitment: Why the Corporation Is Failing Us and How to Restore Trust in It (Oxford: Oxford University Press, 2013), and Prosperity: Better Business Makes the Greater Good (Oxford: Oxford University Press, 2018). See also Martin Wolf, "Opportunist Shareholders Must Embrace Commitment," Financial Times, August 26, 2014, https://www.ft.com/content/6aa87b9a-2d05-11e4-911b-00144feabdc0, and "We Must Rethink the Purpose of the Corporation," Financial Times, December 11, 2018, https://www.ft.com/content/786144bc-fc93-11e8-ac00-57a2a826423e.

70. Adam Smith, *An Inquiry into the Nature and Causes of the Wealth of Nations*, Book V, chapter I, part III, 1776, http://media.bloomsbury.com/rep/files/primary-source-93-adam-smith-the-wealth-of-nations-on-joint-stock-companies.pdf.

71. John Stuart Mill, *Principles of Political Economy*, 9th ed. (London: Longmans, Green, 1885), 140.

72. See Andrew Smithers, *Productivity and the Bonus Culture* (Oxford: Oxford University Press, 2019), especially chapter 14. See also Roland Bénabou and Jean Tirole, "Bonus Culture: Competitive Pay, Screening, and Multitasking," *Journal of Political Economy* 124, no. 2 (2016): 305-70.

73. 경험적으로 뒷받침되는 자본 시장의 단기적 의사결정 경향과 이에 따른 과소 투자 경향에 대해서는 다음 참조. Andrew G. Haldane, "The Costs of Short-termism," chapter 4 in Jacobs and Mazzucato, *Rethinking Capitalism*, 66-76.

74. 급여와 성과 간의 연관성 부족에 대해서는 다음 참조. Stiglitz, "Inequality and Economic Growth," 141. See also Lucian Bebchuk and Jesse Fried, *Pay without Performance: The Unfulfilled Promise of Executive Compensation* (Cambridge, MA: Harvard University Press, 2004); Lucian Bebchuk and Yaniv Grinstein, "The Growth of Executive Pay," National Bureau of Economic Research Working Paper No. 11443, June 2005, https://www.nber.org/papers/w11443; and Lawrence Mishel and Josh Bivens, "The Pay of Corporate Executives and Financial Professionals as Evidence of Rents in Top 1 Percent Incomes," Economic Policy Institute Working Paper No. 296, June 20, 2013, https://www.epi.org/publication/pay-corporate-executives-financial-professionals/.

75. See David Card and Alan B. Krueger, *Myth and Measurement: The New Economics of the Minimum Wage*, Twentieth-Anniversary Edition (Princeton, NJ: Princeton University Press, 2015), and Arindrajit Dube, "Guest Post: Minimum Wage Laws and the Labor Market: What Have We Learned Since Card and Krueger's Book *Myth and Measurement?*" September 1, 2011, https://rortybomb.wordpress.com/2011/09/01/guest-post-minimum-wage-laws-and-the-labor-market-what-have-we-learned-since-card-and-krueger%E2%80%99s-book-myth-and-measurement/.

76. See Cardozo Law, "Disney's Influence on U.S. Copyright Law," August 26, 2021, https://online.yu.edu/cardozo/blog/disney-influence-copyright-law.

77. 이것이 바로 맨커 올슨의 걸작 『The Logic of Collective Action: Public Goods and the Theory of Groups』(Cambridge, MA: Harvard University Press, 1965 and 1971) 의 핵심이다.

78. Robert H. Frank and Philip J. Cook, *The Winner-Take-All Society: Why the Few at the Top Get So Much More Than the Rest of Us* (New York and London:

Penguin, 1996).

79. Patrick Barwise, "Nine Reasons Why Tech Markets Are Winner-Take-All," London Business School, July 10, 2018, https://www.london.edu/lbsr/nine-reasons-why-tech-markets-are-winner-take-all.

80. Martin Wolf, "Taming the Masters of the Tech Universe," *Financial Times*, November 14, 2017, https://www.ft.com/content/45092c5c-c872-11e7-aa33-c63fdc9b8c6c.

81. Bob Bryan, "One Quote from Warren Buffett Is the Perfect Advice for Investing in the Age of Uber and Netflix," *Business Insider*, May 4, 2019, https://www.businessinsider.com/buffett-on-moats-2016-4?IR=T.

82. Paul Collier, *The Future of Capitalism: Facing the New Anxieties* (London: Allen Lane, 2018), chapter 7.

83. 세계적 대도시들의 역할에 대해서는 다음 참조. Martin Wolf, "Cities Must Be Open to the World When Nations Are Not," *Financial times*, June 7, 2017, https://www.ft.com/content/fea537f8-34d6-11e7-99bd-13beb0903fa3.

84. Noah J. Toly and Sam Tabory, "100 Top Economies: Urban Influence and the Position of Cities in an Evolving World Order," October 13, 2016, Chicago Council on Global Affairs, https://www.thechicagocouncil.org/publication/100-top-economies-urban-inf luence-and-position-cities-evolving-world-order.

85. *OECD Regional Outlook 2016: Productive Regions for Inclusive Societies* (Paris: OECD, 2016), 19.

86. Jane Jacobs, *The Economy of Cities* (New York: Vintage Books, 1969).

87. Henry George, *Progress and Poverty: An Inquiry into the Cause of Industrial Depressions and of Increase of Want with Increase of Wealth: The Remedy* (Vega Publishing, 2019; first published 1879).

88. Collier, *The Future of Capitalism*, chapter 7.

89. See Jonathan Tepper, with Denise Hearn, *The Myth of Capitalism: Monopolies and the Death of Competition* (Hoboken, NJ: Wiley, 2018), and Tim Wu, *The Curse of Bigness: Antitrust in the New Gilded Age* (New York: Columbia Global Reports, 2018).

90. Robert H. Bork, *The Antitrust Paradox: A Policy at War with Itself*, 2nd ed. (New York: Free Press, 1993).

91. See, on these arguments, Jason Furman, "Beyond Antitrust: The Role of Competition Policy in Promoting Inclusive Growth," Searle Center Conference on Antitrust Economics and Competition Policy, September 16, 2016, https://obamawhitehouse.archives.gov/sites/default/files/page/files/20160916_searle_conference_competition_furman_cea.pdf.

92. "Introduction from the Expert Panel," in Jason Furman et al., *Unlocking Digital Competition: Report on the Digital Competition Expert Panel*, March 2019, https://assets.publishing.service.gov.uk/government/uploads/system/uploads/attachment_data/file/785547/unlocking_digital_competition_furman_review_web.pdf.

93. Thomas Philippon, *The Great Reversal: How America Gave Up on Free Markets* (Cambridge, MA: Belknap Press of Harvard University Press, 2019), 205.

94. Ibid., part 4.

95. Hannah Murphy and Patrick McGee, "Apple Makes Unexpected Concession on 30% App Store Fees," *Financial Times*, September 25, 2020, https://www.ft.com/content/fbabedb0-3ed2-4c47-94f2-f165bd15edb3.

96. Philippon, *The Great Reversal*, 100.

97. Ibid., 108, figure 6.5.

98. Ibid., 126.

99. Ibid., chapter 8.

100. Ibid., 147-48.

101. See Organization for Economic Co-operation and Development, "BEPS: Inclusive Framework on Base Erosion and Profit Shifting," https://www.oecd.org/tax/beps/.

102. Chris Giles, Emma Agyemang, and Aime Williams, "136 Nations Agree to Biggest Corporate Tax Deal in a Century," *Financial Times*, October 8, 2021, https://www.ft.com/content/5dc4e2d5-d7bd-4000-bf94-088f17e21936.

103. "Tax on Corporate Profits," Organization for Economic Co-operation and Development, https://data.oecd.org/tax/tax-on-corporate-profits.htm#indicator-chart.

104. Ernesto Crivelli, Ruud De Mooij, and Michael Keen, "Base Erosion, Profit Shifting and Developing Countries," WP/15/118, May 2015, figure 3 and table 6, https://www.imf.org/en/Publications/WP/Issues/2016/12/31/Base-Erosion-Profit-Shifting-and-Developing-Countries-42973. 세율에 대해서는 다음 참조. https://www.imf.org/external/np/exr/consult/2018/corptaxation/pdf/2018commentscorptaxation.pdf.

105. Crivelli et al., "Base Erosion, Profit Shifting," figures and 2.

106. Tax Justice Network, "Corporate Tax Haven Index 2019," citing *The New York Times*, https://corporatetaxhavenindex.org/.

107. Thomas Wright and Gabriel Zucman, "The Exorbitant Tax Privilege," National Bureau of Economic Research Working Paper 24983, September 2018: 1, https://www.nber.org/papers/w24983.

108. Annette Alstadsater, Niels Johannesen, and Gabriel Zucman, "Who Owns the Wealth in Tax Havens? Macro Evidence and Implications for Global Inequality," National Bureau of Economic Research Working Paper 23805, September 2017, especially figures, 5, 8, and 9, https://www.nber.org/papers/w23805.pdf.

109. "The Tax Policy Center's Briefing Book," https://www.taxpolicycenter.org/briefing-book/what-carried-interest-and-should-it-be-taxed-capital-gain.

110. Martin Gilens and Benjamin I. Page, "Testing Theories of American Politics: Elites, Interest Groups, and Average Citizens," *Perspectives on Politics*, September 18, 2014: 564-81, https://www.cambridge.org/core/journals/perspectives-on-politics/issue/32534CA34A6B58E6E4420B56764850E1.

111. 길렌스(Gilens)와 페이지(Page)는 자신들의 명제에 대한 비판에 대해 다음 글을 통해서 반박했다. "Critics Argued with Our Analysis of U.S. Political Inequality. Here Are 5 Ways They're Wrong," *Washington Post*, May 23, 2016, https://www.washingtonpost.com/news/monkey-cage/wp/2016/05/23/critics-challenge-our-portrait-of-americas-political-inequality-heres-5-ways-they-are-wrong/.

112. Philippon, *The Great Reversal*, 189.

113. Ibid., part III.

114. 이는 다음 책의 주제다. Paul Collier and John Kay, *Greed Is Dead: Politics after Individualism* (London: Allen Lane, 2020).

115. Joris Luyendijk, *Swimming with Sharks: My Journey into the World of the Bankers* (London: Guardian Faber Publishing, 2015).

116. On this, see Joseph Stiglitz, "Ten Years Later," Keynote Address, Roosevelt Institute Working Paper, September 2018, https://www8.gsb.columbia.edu/faculty/jstiglitz/sites/jstiglitz/files/Roosevelt%2010-Years-After-the-Financial-Crisis.pdf. See also the Independent Commission on Banking, chaired by Sir John Vickers, *Final Report: Recommendations*, September 2011, https://bankingcommission.s3.amazonaws.com/wp-content/uploads/2010/07/ICB-Final-Report.pdf.

117. See Anat Admati and Martin Hellwig, *The Banker's New Clothes: What's Wrong with Banking and What to Do about It*, updated ed. (Princeton, NJ: Princeton University Press, 2014). 경기 친화적 규제와 지속적으로 높은 레버리지에 대해서는 다음 참조. Martin Wolf, "Why Further Financial Crises Are inevitable," *Financial Times*, March 19, 2019, https://www.ft.com/content/d9d94f4a-4884-11e9-bbc9-6917dce3dc62.

118. See Martin Wolf, "COP26 Is the Real Thing and Not a Drill," *Financial Times*, October 19, 2021, https://www.ft.com/content/799b7b93-9ec5-4318-9ac1-1c82cb81f96d; and "What Is the Least We Need from COP26?" *Financial Times*, October 26, 2021, https://www.ft.com/content/f859d515-f1d0-405f-9aee-

c609951f4254.

119. See Lewis Carroll, "The Hunting of the Snark," https://www.poetryfoundation.org/poems/43909/the-hunting-of-the-snark.

120. Martin Wolf, "Dancing on the Edge of Climate Disaster," *Financial Times*, November 23, 2021, https://www.ft.com/content/6e2b366f-e139-4d69-bd4f-9254333bf316.

121. '두뇌와 손으로 일하는 노동자'라는 문구는 1918년 채택되어 1995년 토니 블레어의 리더십 아래 개정된 노동당 강령 제4조에 등장한다.

122. 우호적인 견해에 대해서는 다음 참조. Carl Benedikt Frey, *The Technology Trap: Capital, Labor, and Power in the Age of Automation* (Princeton, NJ, and Oxford: Princeton University Press, 2019), especially part V. 부정적인 견해에 대해서는 다음 참조. Daniel Susskind, *A World without Work: Technology, Automation and How We Should Respond* (London: Allen Lane, 2020), especially part II.

123. 미처 대비하지 못한 세계에 코로나19가 미친 영향에 대한 초기 평가는 다음 참조. Adam Tooze, *Shutdown: How Covid Shook the World's Economy* (London: Penguin, 2021).

124. James Politi, Colby Smith, and Brendan Greeley, "Donald Trump Raises Tariffs on Chinese Goods after Stocks Tumble," *Financial Times*, August 24, 2019, https://www.ft.com/content/2db9c1ec-c5b9-11e9-a8e9-296ca66511c9.

6장

1. "Washington's Farewell Address 1796," https://avalon.law.yale.edu/18th_century/washing.asp.

2. Foundation for Economic Education, "H. L. Mencken Quotes on Government, Democracy, and Politicians," https://fee.org/articles/12-hl-mencken-quotes-on-government-democracy-and-politicians/.

3. Masha Gessen, *Surviving Autocracy* (London: Granta, 2020), 16.

4. Erica Frantz, *Authoritarianism: What Everyone Needs to Know* (Oxford: Oxford University Press, 2018). See also Martin Wolf, "The Rise of the Populist Authoritarians," *Financial Times*, January 22, 2019, https://www.ft.com/content/4faf6c4e-1d84-11e9-b2f7-97e4dbd3580d.

5. 이런 과정, 특히 폴란드와 헝가리에서 일어난 일들에 대해서는 다음 참조. Anne Appleb aum, *Twilight of Democracy: the Seductive Lure of Authoritarianism* (London: Allen Lane, 2020).

6. Ibid., 17.

7. See S. E. Finer, *The History of Government, vol. 1, Ancient Monarchies and Empires* (Oxford: Oxford University Press, 1997 and 1999), 1-96, "The Conceptual Prologue."

8. Applebaum, *Twilight of Democracy*, and also Martin Wolf, "Alarm Signals of Our Authoritarian Age," *Financial Times*, July 21, 2020, https://www.ft.com/content/5eb5d26d-0abe-434e-be12-5068bd6d7f06.

9. See Martin Sandbu, "Populists and Kleptocrats Are a Perfect Match," *Financial Times*, September 22, 2020, https://www.ft.com/content/ef4111a6-8ac8-419e-8747-8ce1b887cb61.

10. Ivan Krastev and Stephen Holmes, *The Light That Failed: A Reckoning* (London: Penguin, 2019).

11. Roberto Stefan Foa and Jonathan Wilmot, "The West Has a Resentment Epidemic: Across the West, the Main Trigger of Populism Has Been the Growing Inequality—and Hostility—Between Urban and Rural Regions," *Foreign Policy*, September 18, 2019, https://foreignpolicy.com/2019/09/18/the-west-has-a-resentment-epidemic-populism/.

12. Michael J. Sandel, *The Tyranny of Merit: What's Become of the Common Good?* (London: Penguin, 2020).

13. 다음 글은 이런 역사를 매우 생동감 있게 서술했다. Simon Schama, "Who Speaks for the People? Liberal Institutions are Under Attack from Leaders Who Claim to Embody the Popular Will," *Financial Times*, October 4, 2019, https://www.ft.com/content/9e8f70b8-e5eb-11e9-b112-9624ec9edc59.

14. 앤 애플바움(Anne Applebaum)은 사람들(특히 야심 차고 평범한 사람들)이 독재자를 지지하게 하는 데 좌절한 출세 욕망이 어떤 역할을 하는지 설명한다. Anne Applebaum, *Twilight of Democracy*. See also Martin Wolf, "Alarm Signals of Our Authoritarian Age," *Financial Times*, July 21, 2020.

15. Jan-Werner Müller, *What Is Populism?* (Philadelphia: University of Pennsylvania Press, 2016), 3.

16. Ibid., 21.

17. Ibid., 22.

18. Ibid., 27.

19. 이 문장은 프랑스 루이 14세가 남긴 것으로 알려진(하지만 잘못 알려진) "L'état, c'est moi(짐이 곧 국가다)"를 희화화한 것이다. 다음 참조. *Oxford Reference*, https://www.oxfordreference.com.

20. Steven Levitsky and Daniel Ziblatt, *How Democracies Die: What History Reveals about Our Future* (New York: Crown, 2018), 23-24.

21. Ibid., 72-96, chapter 4.

22. See Barry Eichengreen, *The Populist Temptation: Economic Grievance and Political Reaction in the Modern Era* (New York: Oxford University Press, 2018), chapter 1 and especially page 4.

23. Our Documents: The Second New Deal, "Franklin Delano Roosevelt's Address Announcing the Second New Deal," October 31, 1936, http://docs.fdrlibrary. marist.edu/od2ndst.html.

24. John B. Judis, *The Populist Explosion: How the Great Recession Transformed American and European Politics* (New York: Columbia Global Reports, 2016), 14.

25. Miles Johnson, "Will Italy's New Coalition Flourish or Succumb to Resurgent Salvini?" *Financial times*, September 5, 2019, https://www.ft.com/content/84431938-cf45-11e9-b018-ca4456540ea6. 그러나 PD(이탈리아 민주당)가 부분적으로 옛 이탈리아 공산당에 뿌리를 두고 있다는 점에 주목할 필요가 있다.

26. Judis, *The Populist Explosion*, 14-15.

27. "George Wallace: American Politician," *Britannica*, https://www.britannica.com/biography/George-C-Wallace; and David Leonhardt and Prasad Philbrick, "Donald Trump's Racism: The Definitive List, Updated," *New York Times*, January 15, 2018, https://www.nytimes.com/interactive/2018/01/15/opinion/leonhardt-trump-racist.html.

28. Martin Wolf, "A Republican Tax Plan Built for Plutocrats," *Financial Times*, November 21, 2017, https://www.ft.com/content/e494f47e-ce1a-11e7-9dbb-291a884dd8c6.

29. "Jarosław Kaczyński: Prime Minister of Poland," *Britannica*, https://www.britannica.com/biogra phy/Jaroslaw-Kaczynski. PiS 정부의 특징에 대해서는 다음 참조. Slawomir Sierakowski, "The Five Lessons of Populist Rule," *Project Syndicate*, January 2, 2017, https://www.project-syndicate.org/commentary/lesson-of-populist-rule-in-poland-by-slawomir-sierakowski-2017-01?barrier=accesspaylog.

30. Brett Meyer, "Pandemic Populism: An Analysis ofPopulists Leaders' Responses to Covid-19," Tony Blair Institute for Global Change, August 17, 2020, https://institute.global/policy/pandemic-populism-analysis-populist-leaders-responses-covid-19.

31. 민주주의의미래를위한센터(Centre for the Future of Democracy)가 2022년 1월에 발표한 「The Great Reset: Public Opinion, Populism, and the Pandemic」은 27개국의 여론 조사를 통해 "포퓰리즘 정당에 대한 지지, 포퓰리즘 지도자에 대한 승인, 포퓰리즘 태도에 대한 동의 등을 통해 측정한 결과 팬데믹이 포퓰리즘의 부상을 약화시켰다는 강력한 증거를 발견했다"라고 결론지었다. 그러나 "핵심적인 민주주의 신념과 원칙에 대한 지지가 불안하게 약화되고 있다는 사실"도 발견했다. 다음 참조. page 1 in Roberto S. Foa, Xavier Romero-Vidal, Andrew J. Klassen, Joaquin Fuenzalida Concha, Marian Quednau, and Lisa Sophie Fenner, *The Great Reset: Public Opinion, Populism, and the Pandemic*, Centre for the Future of Democracy,

University of Cambridge, January 2022.

32. See Martin Baxter, "Three-D Politics and the Seven Tribes," *Electoral Calculus*, April 20, 2019, https://www.electoralcalculus.co.uk/pol3d_main.html. 여기 사용된 데이터는 맨체스터, 노팅엄, 옥스퍼드대학교의 학자들이 장기간에 걸쳐 실시한 여론 조사 시리즈인「British Election Study」에서 가져왔다.

33. 신노동당이 최저임금을 도입하고 노동자 권리에 대한 보호를 강화한 것은 이런 지향의 중요한 상징이었다.

34. 전통적인 노동계급 중 민족주의적이고 사회적으로 보수적인 성향을 가진 이들을 'Somewheres'라고 정의한 것은 데이비드 굿하트(David Goodhart)의 저서『The Road to Somewhere: The Populist Revolt and the Future of Politics』(London: C. Hurst & Co, 2017)에서 따온 것이다. 굿하트가 보기에 'Somewheres'는 특정 장소에 강한 애착을 가진 사람들로, 일반적으로 대학 교육을 받은 'Anywheres'와 대비되는 개념이다. Somewheres는 장소에 대한 애착뿐만 아니라 사회적으로도 보수적이고 애국적인 경향이 있다. 굿하트는 미국과 영국 그리고 유럽 대륙에서 나타나는 우파 포퓰리즘에 대한 결정적인 지지는 Somewheres로 인한 것이라고 주장했다.

35. Polly Curtis, "Gordon Brown Calls Labour Supporter a 'Bigoted Woman,'" *Guardian*, April 28, 2010, https://www.theguardian.com/politics/2010/apr/28/gordon-brown-bigoted-woman.

36. Martin Baxter, "Voter Migration by Group 2017-2019," *Electoral Calculus*, January 21, 2020, https://www.electoralcalculus.co.uk/pseph_group_migration_2019.html.

37. Francis Fukuyama, *Identity: The Demand for Dignity and the Politics of Resentment* (New York: Farrar, Straus and Giroux, 2018), 6.

38. Thomas Piketty, "Brahmin Left vs Merchant Right: Rising Inequality & the Changing Structure of Political Conflict (Evidence from France, Britain and the US, 1948-2017)," March 2018, WID.world Working Paper Series No 2018/7, http://piketty.pse.ens.fr/files/Piketty2019.pdf. 이런 주장은 다음 자료들에서 더 정교하게 제시됐다. Thomas Piketty, *Capital and Ideology* (Cambridge, MA, and London: Belknap Press of Harvard University Press, 2020), 807-61, chapter 15; and Amory Gethin, Clara Martínez-Toledano, and Thomas Piketty, "Brahmin Left vs Merchant Right: Changing Political Cleavages in 21 Western Democracies 1948-2020," *Quarterly Journal of Economics* 137, no. 1 (2022).

39. Piketty, "Brahmin Left vs Merchant Right," abstract.

40. Piketty, *Capital and Ideology*, 833.

41. Gethin, Martinez-Toledano, and Piketty, "Brahmin Left Versus Merchant Right," 3.

42. Piketty, *Capital and Ideology*, 859, figure 15.18.

43. Thomas B. Edsall, "We Aren't Seeing White Support for Trump for What It Is,"

New York Times, August 28, 2019, https://www.nytimes.com/2019/08/28/ opinion/trump-white-voters.html?action =click&module=Opinion&pgtype=Home page.

44. Demetri Sevastopulo, "Trump Sees Clearer Path to Republican Nomination," *Financial Times*, February 24, 2016, https://www.ft.com/content/8bf2aeb0-db1e-11e5-a72f-1e7744c66818.

45. OECD, "Intergenerational Mobility in Education," OECD.Stat, stats.oecd.org.

46. See Global Security.org, "'Führerprinzip' (Leader Principle)," https://www.globalsecurity.org/military/world/europe/de-fuhrerprinzip.htm.

47. Joseph A. Schumpeter, *Capitalism, Socialism and Democracy*, 3rd ed. (New York: Harper & Row, 1950).

48. Thomas E. Mann and Norman J. Ornstein, "Let's Just Say It: The Republicans Are the Problem," *Washington Post*, April 27, 2012, https://www.washingtonpost.com/opinions/lets-just-say-it-the-republicans-are-the-problem/2012/04/27/gIQAxCVUlT_story.html. See also Mann and Ornstein, *It's Even Worse Than It Looks: How the American Constitutional System Collided with the New Politics of Extremism* (New York: Basic Books, 2012).

49. Katherine Stewart, "Why Trump Reigns as King Cyrus," *New York Times*, December 31, 2018, https:// www.nytimes.com/2018/12/31/opinion/trump-evangelicals-cyrus-king.html?action=click&module=MoreInSection&pgtype=Articl e&region=Footer&contentCollection=Opinion.

50. Jonathan Portes, "The Economics of Migration," June 5, 2019, https://journals.sagepub.com/doi/10.1177/1536504219854712.

51. Yascha Mounk, *The Great Experiment: How to Make Diverse Democracies Work* (London: Bloomsbury, 2022); and Martin Wolf, "A Call to Arms for Diverse Democracies and Their 'Decent Middle,'" *Financial Times*, May 5, 2022, https://www.ft.com/content/83ba0474-70ea-4759-81f1-e14f6ea269fa.

52. Yascha Mounk, "Illiberal Democracy or Undemocratic Liberalism?" *Project Syndicate*, June 9, 2016, https://www.project-syndicate.org/commentary/trump-european-populism-technocracy-by-yascha-mounk-1-2016-06.

53. Martin Wolf, "Counter-revolution by Jan Zielonka—Project Backlash," *Financial Times*, February 1, 2018, https://www.ft.com/content/e4290c10-069f-11e8-9650-9c0ad2d7c5b5; and Zielonka, Counter-revolution: Liberal Europe in Retreat (Oxford: Oxford University Press, 2018).

54. Martin Wolf, "A Republican Tax Plan Built for Plutocrats," *Financial Times*, November 21, 2017, https://www.ft.com/content/e494f47e-ce1a-11e7-9dbb-291a884dd8c6.

55. Martin Wolf, "A New Gilded Age," *Financial Times*, April 25, 2006, https://www.ft.com/content/76def9b0-d481-11da-a357-0000779e2340.

56. Ibid.

57. See, for example, Arthur Laffer, "Trump's Tax Cut Will Put America Back on a Path to Growth," *Financial Times*, October 29, 2017, https://www.ft.com/content/50c5a34c-b8d0-11e7-bff8-f9946607a6ba. 래퍼(Laffer)는 로널드 레이건 대통령 시절 공급 측면 경제학의 주요 지지자 중 한 명이었다.

58. 매사추세츠공과대학교(MIT)의 피터 테민(Peter Temin)은 『The Vanishing Middle Class: Prejudice and Power in a Dual Economy』(Cambridge, MA: MIT Press, 2017) 라는 뛰어난 책에서 미국 경제 엘리트의 정치적 권력을 공고히 하는 데 인종적 편견이 어떤 역할을 했는지를 설명한다. 특히 미국 노동자의 하위 80%를 정치적으로 편리하게 '백인'과 '유색인종'으로 구분하는 '인종차별'이라는 용어에 주목하라. 예를 들어 5장과 154페이지를 참조하라. 또한 다음도 참조하라. Heather Cox Richardson, *How the South Won the Civil War: Oligarchy, Democracy, and the Continuing Fight for the Soul of America* (New York: Oxford University Press, 2020).

59. 경제학에서 '낙수효과'라는 개념이 가치가 없다고 주장하는 것은 아니다. 지난 2세기 동안 경제 노하우와 생산성이 크게 향상되면서 대부분 사람이 혜택을 받았다는 것은 의심의 여지가 없다. 분명한 의미에서 이것은 자본주의 경제학이 큰 역할을 한 경제 발전 과정의 '낙수효과'다. 그러나 이는 가장 성공적이고 부유한 사람들에게 혜택을 주기 위해 세금 제도를 왜곡하는 것이 모든 사람에게 혜택을 준다고 주장하는 것과는 전혀 다른 문제다.

60. 1933년부터 1995년까지 민주당은 두 차례(1947, 1953)를 제외하고 모든 의회에서 하원 과반수를 차지했다. 1995년 이후 공화당은 네 차례(2007, 2009, 2019, 2021)를 제외하고 모든 의회에서 하원 과반수를 차지했다.

61. "Jim Crow Law: United States [1877-1954]," *Britannica*, https://www.britannica.com/event/Jim-Crow-law.

62. 가장 중요한 판결은 공교육에서의 인종차별을 금지한 '브라운 대 토피카 교육위원회(Brown v. Board of Education of Topeka)' 판결(1954), 민권법의 합헌성에 이의를 제기한 '하트 오브 애틀랜타 모텔 대 미국 정부(Heart of Atlanta Motel, Inc. v. United States)' 판결(1964), 인종 간 결혼 금지를 위헌으로 판결한 '러빙 대 버지니아주(Loving v. Virginia)' 판결(1967)이었다. 다음 참조. "Ten Important Supreme Court Decisions in Black History," February 28, 2017, https://www.infoplease.com/us/government/judicial-branch/ten-important-supreme-court-decisions-in-black-history.

63. 현대 미국 보수주의에서 남부 체제와 그것이 미국 서부에 미친 영향에 대해서는 다음 참조. Richardson, *How the South Won the Civil War*.

64. Peter H. Lindert and Jeffrey G. Williamson, "American Incomes 1774-1860,"

National Bureau of Economic Research Working Paper No. 18396, September 15, 2012, https://www.nber.org/papers/w18396.

65. See James W. Loween, "5 Myths about Why the South Seceded," *Washington Post*, January 11, 2011, https://www.washingtonpost.com/wp-dyn/content/article/2011/01/07/AR2011010706547.html.

66. "Civil War Casualties: Casualty Numbers and Battle Death Statistics for the American Civil War," https://www.historynet.com/civil-war-casualties. See also Guy Gugliotta, "New Estimate Raises Civil War Death Toll," *New York Times*, April 2, 2012, https://www.nytimes.com/2012/04/03/science/civil-war-toll-up-by-20-percent-in-new-estimate.html.

67. National Park Service, "The Civil War," https://www.nps.gov/civilwar/facts.htm.

68. See Gordon Rhea, "Why Non-Slaveholding Southerners Fought," American Battlefield Trust, January 25, 2011, https://www.battlefields.org/learn/articles/why-non-slaveholding-southerners-fought.

69. Elaine Kamarck, "How Many Undocumented Immigrants Are in the United States and Who are They?" November 12, 2019, https://www.brookings.edu/policy2020/votervital/how-many-undocumented-immigrants-are-in-the-united-states-and-who-are-they/.

70. William H. Frey, "The US Will Become 'Minority White' in 2045, Census Projects: Youthful Minorities Are the Engine of Future Growth," Brookings, March 14, 2018, https://www.brookings.edu/blog/the-avenue/2018/03/14/the-us-will-become-minority-white-in-2045-census-projects/.

71. 2013년 대법원은 중요한 판결을 통해 1965년 투표권법의 핵심 요소를 무효화했다. 이로써 대부분 남부에 속하는 9개 주는 잘못된 행동에 대한 연방 정부의 감독에서 벗어날 수 있게 됐다. 다음 참조. Adam Liptak, "Supreme Court Invalidates Key Part of Voting Rights Act," *New York Times*, June 25, 2013, https://www.nytimes.com/2013/06/26/us/supreme-court-ruling.html.

72. Steven Levitsky and Daniel Ziblatt, "Why Republicans Play Dirty," *New York Times*, September 20, 2019, https://www.nytimes.com/2019/09/20/opinion/republicans-democracy-play-dirty.html?action=click&module=Opinion&pgtype=Homepage.

73. See Matthew Wills, "How Antebellum Christians Justified Slavery," *JSTOR Daily*, June 27, 2018, https://daily.jstor.org/how-antebellum-christians-justified-slavery/.

74. 도널드 트럼프는 취임 이후 2019년 12월 10일까지 총 1만 5,413건의 허위 주장을 했다. 다음 참조. Glenn Kessler, Salvador Rizzo, and Meg Kelly, "President Trump Has Made 15,413 False or Misleading Claims over 1,055 Days," *Washington Post*, December 16, 2019, https://www.washington post.com/politics/2019/12/16/

president-trump-has-made-false-or-misleading-claims-over-days/.

75. Philip Schwadel and Gregory A. Smith, "Evangelical Approval of Trump Remains High, but Other Religious Groups Are Less Supportive," Pew Research Center, March 18, 2019, https://www.pewresearch.org/fact-tank/2019/03/18/evangelical-approval-of-trump-remains-high-but-other-religious-groups-are-less-supportive/.

76. Matthew Yglesias, "Fox News's Propaganda Isn't Just Unethical—Research Shows It's Enormously influential: Without the 'Fox Effect,' Neither Bush nor Trump Could Have Won," *Vox*, March 4, 2019, https://www.vox.com/2019/3/4/18249847/fox-news-effect-swing-elections.

77. Clyde HaBerman, "Roger Ailes," *New York Times*, May 18, 2017, https://www.nytimes.com/2017/05/18/business/media/roger-ailes-dead.html.

78. David Mikkelson, "Rush Limbaugh 'Racist Quotes' List," Snopes, https://www.snopes.com/fact-check/bone-voyage/.

79. Robert D. McFadden and Michael M. Grynbaum, "Rush Limbaugh," *New York Times*, February 18, 2021, https://www.nytimes.com/2021/02/17/business/media/rush-limbaugh-dead.html.

80. Thomas Philippon, *The Great Reversal: How America Gave Up on Free Markets* (Cambridge, MA: Belknap Press of Harvard University Press, 2019), chapter 10, especially pages 178-89 and figures 10.2a and 10.2b on page 189. See also Martin Wolf, "Why the US Economy Isn't as Competitive or Free as You Think," *Financial Times*, November 14, 2019, https://www.ft.com/content/97be3f2c-00b1-11ea-b7bc-f3fa4e77dd47.

81. "Joseph McCarthy: United States Senator," *Britannica*, https://www.britannica.com/biography/Joseph-McCarthy; and "John Birch Society," *Britannica*, https://www.britannica.com/topic/John-Birch-Society.

82. Social Capital Project, "The Class Divide in Marriage," SCP brief, November 2017, https://www.jec.senate.gov/public/_cache/files/aba9b359-7457-4704-b0f1-93232f54b650/class-divide-in-marriage.pdf.

83. "아시다시피, 지극히 일반론적으로 말하자면, 트럼프 지지자의 절반을 제가 '개탄스러운 사람들'이라고 부르는 범주에 넣을 수 있습니다. 그렇죠? 인종차별주의자, 성차별주의자, 동성애 혐오자, 외국인 혐오자, 이슬람 혐오자 등이죠. 애석하게도 트럼프는 그들을 수면 위로 끌어올렸습니다." 다음 참조. Katie Reilly, "Read Hillary Clinton's 'Basket of Deplorables' Remarks about Donald Trump Support-ers," *Time*, September 10, 2016, https://time.com/4486502/hillary-clinton-basket-of-deplorables-transcript/.

84. Stuart Stevens, "Wake Up, Republicans. Your Party Stands for All the Wrong Things Now," *Washington Post*, January 1, 2020, https://www.washingtonpost.

com/opinions/wake-up-republicans-your-party-stands-for-all-the-wrong-things-now/2019/12/31/c8347b32-2be8-11ea-9b60-817cc18cf173_story.html?utm_campaign=opinions&utm_medium=E-mail&utm_ source=Newsletter&wpisrc=nl_opinions&wpmm=1.

85. See Jon Riley and Robert Chote, "Crisis and Consolidation in the Public Finances," Office for Budget Responsibility Working Paper No. 7, September 2014, https://obr.uk/docs/dlm_uploads/WorkingPaper7a.pdf.

86. See Ch. Wiburski, *Libertas as a Political Idea at Rome during the Late Republic and Early Principate* (Cambridge: Cambridge University Press, 1950), published online by Cambridge University Press 2009, https://www.cambridge.org/core/books/abs/libertas-as-a-political-idea-at-rome-during-the-late-republic-and-early-principate/general-characteristics-of-libertas/9A3E2748D31B349194E1CC43 9A280911.

87. "Blackshirt: Italian History," *Britannica*, https://www.britannica.com/topic/Blackshirt; and "SA: Nazi Organization," *Britannica*, https://www.britannica.com/topic/SA-Nazi-organization.

88. Michael Barthel, "5 Key Takeaways about the State of the News Media in 2018," Pew Research Center, July 23, 2019, https://www.pewresearch.org/fact-tank/2019/07/23/key-takeaways-state-of-the-news-media-2018/.

89. Yascha Mounk, *The People vs. Democracy: Why Our Freedom Is in Danger and How to Save It* (Cambridge, MA: Harvard University Press, 2018), 149-50.

90. Jonathan Haidt and Tobias Rose-Stockwell, "The Dark Psychology of Social Networks: Why It Feels Like Everything Is Going Haywire," *Atlantic*, December 2019, https://www.theatlantic.com/magazine/archive/2019/12/social-media-democracy/600763/.

91. Martin Gurri, *The Revolt of the Public and the Crisis of Authority in the New Millennium* (San Francisco: Stripe Press, 2018), 395.

92. See Marietje Schaake, "Greater Online Transparency Is the Key to Defending Democracy," *Financial Times*, January 10, 2022, https://www.ft.com/content/0e1d1cd8-73af-4a63-b426-e0ee5a7bf834.

93. Marshall McLuhan, *Understanding Media: The Extensions of Man* (Cambridge, MA: MIT Press, 1964 and 1994).

94. Roberto S. Foa et al., *The Great Reset*.

95. Shawn W. Rosenberg, "Democracy Devouring Itself: The Rise of the Incompetent Citizen and the Appeal of Right Wing Populism," 2019, in Domenico Uhng Hur and José Manuel Sabucedo, eds., *Psychology of Political and Everyday Extremisms*, forthcoming, https://escholarship.org/con tent/qt8806z01m/

qt8806z01m_noSplash_eef039c0e7aa9b1263a0d0b757d3d886.pdf.

96. Ibid.

97. Martin Wolf, "Democrats, Demagogues and Despots," *Financial Times*, December 21, 2016, https://www.ft.com/content/9310dcea-c5d2-11e6-8f29-9445cac8966f.

3부의 프롤로그

1. Branko Milanovic, *Capitalism Alone: The Future of the System That Rules the World* (Cambridge, MA, and London: Belknap Press of Harvard University Press, 2019).

2. Ibid., 207-11.

3. See Torben Iversen and David Soskice, *Democracy and Prosperity: Reinventing Capitalism through a Turbulent Century* (Princeton, NJ, and Oxford: Princeton University Press, 2019).

4. Martin Wolf, "The Case for Capitalism," *Financial Times*, March 28, 2019, https://www.ft.com/content/d8b903d0-4bfe-11e9-bbc9-6917dce3dc62.

7장

1. *The Independent*, September 16, 1998, https://www.oxfordreference.com/view/10.1093/acref/9780191843730.001.0001/q-oro-ed5-00012411.

2. Cited in D. E. Moggridge, *Maynard Keynes: An Economist's Biography* (London and New York: Routledge, 1992), 695. 이 인용문은 1942년 6월 21일 케인스가 프레더릭 페딕-로런스(Frederick Pethick-Lawrence)에게 보낸 편지에서 가져왔다. 이 편지의 복사본은 다음 출처에서 확인할 수 있다. Trinity College Cambridge, "Letter from J. M. Keynes to F. W. Pethick-Lawrence," https://archives.trin.cam.ac.uk/index.php/letter-from-j-m-keynes-to-f-w-pethick-lawrence-23.

3. Karl Popper, *The Open Society and Its Enemies*, vol. 1, *The Spell of Plato* (London: Routledge, 1945).

4. 제이슨 히켈은 '탈성장(즉, 경제 성장의 목표를 포기하는 것)'을 수용해야 한다면서 자본주의는 500년 된 도덕적·현실적 재앙이며, 인간이 자연의 주인이라는 생각을 버려야 한다고 주장한다. Jason Hickel, *Less Is More: How Degrowth Will Save the World* (London: William Heinemann, 2020).

5. Ibid., 287.

6. Our World in Data, "Life Expectancy," https://ourworldindata.org/life-expectancy.

7. Martin Wolf, "What the World Can Learn from the COVID-19 Pandemic," *Financial Times*, November 24, 2020, https://www.ft.com/content/7fb55fa2-4aea-41a0-b4ea-ad1a51cb415f.

8. See Martin Wolf, "Last Chance for the Climate Transition," *Financial Times*, February 18, 2020, https://www.ft.com/content/3090b1fe-51a6-11ea-8841-482eed0038b1.

9. 이를 위해 필요한 기술 혁명에 대해서는 다음 참조. Bill Gates, *How to Avoid a Climate Disaster: the Solutions We Have and the Breakthroughs We Need* (London: Allen Lane, 2021), as well as various publications of the Energy Transitions Commission, notably *Making Mission Possible: Delivering a Net-zero Economy*, September 2020, https://www.energy-transitions.org/publications/making-mission-possible/; *Keeping 1.5°C Alive: Closing the Gap in the 2020s*, September 2021, https://www.energy-transitions.org/publications/keeping-1-5-alive/; and International Energy Agency, *Net Zero by 2050: A Roadmap for the Global Energy Sector*, October 2021, https://iea.blob.core.windows.net/assets/deebef5d-0c34-4539-9d0c-10b13d840027/NetZeroby2050-ARoadmapfortheGlobalEnergySector_CORR.pdf.

10. Edmund Burke, *Reflections on the Revolution in France and on the Proceedings in Certain Societies in London Relative to That Event* (London: Dodsley, 1790), https://gallica.bnf.fr/ark:/12148/bpt6k111218p.r=.langEN.

11. See Stéphane Courtois Nicolas Werth, Jean-Louis Panné, Andrzej Paczkowski, Karel Bartosek, and Jean-Louise Margolin, *The Black Book of Communism: Crimes, Terror, Repression*, trans. Jonathan Murphy and Mark Kramer (Cambridge, MA: Harvard University Press, 1999).

12. Leon Trotsky, "Revolutionary and Socialist Art," *Literature and Revolution*, chapter 8, https://www.marxists.org/archive/trotsky/1924/lit_revo/ch08.htm.

13. See Christopher Sandom, Soren Faurby, Brody Sandel, and Jens-Christian Svenning, "Global Late Quaternary Megafauna Extinctions Linked to Humans, Not Climate Change," *Proceedings of the Royal Society, Biological Sciences*, July 22, 2014, https://royalsocietypublishing.org/doi/10.1098/rspb.2013.3254.

14. Jeremy Shearmur and Piers Norris Turner, eds., "Ideal and Reality in Society" in *Popper: After the Open Society: Selected Social and Political Writings* (London and New York: Routledge, 2008), 55.

15. See "The Beveridge Report and the Foundations of the Welfare State," National Archives, December 7, 2017, https://blog.nationalarchives.gov.uk/beveridge-report-foundations-welfare-state/.

16. Richard Layard, *Can We Be Happier? Evidence and Ethics* (London: Pelican Books, 2020), and Andrew E. Clark, Sarah Fleche, Richard Layard, Nattavudh Powdthavee, and George Ward, *the Origins of Happiness: The Science of Well-being over the Life Course* (Princeton, NJ: Princeton University Press, 2018). See

also Martin Wolf, "The Case for Making Wellbeing the Goal of Public Policy," *Financial Times*, May 30, 2019, https://www.ft.com/content/d4bb3e42-823b-11e9-9935-ad75bb96c849.

17. 버락 오바마의 경제 고문을 지낸 진 스펄링은 경제적 존엄성이라는 개념을 바탕으로 한 뛰어난 책을 썼다. 이는 개혁에 대한 접근 방식을 구성하는 데 유용한 방법이다. Gene Sperling, *Economic Dignity* (New York: Penguin, 2020).

18. Joseph Stiglitz, Amartya Sen, and Jean-Paul Fitoussi, *Report by the Commission on the Measurement of Economic Performance and Social Progress* (Paris: Organisation for Economic Co-operation and Development, 2009), 14-15, https://web.archive.org/web/20160806043140/http://www.communityindicators.net/system/publication_pdfs/9/original/Stiglitz_Sen_Fitoussi_2009.pdf?1323961027. 기존의 GDP 회계를 넘어선 최초의 공식적인 노력 중 하나는 1990년 인간개발보고서에서 시작된 인간개발지수(Human Development Index)였다. 이 보고서는 유엔개발계획이 인도의 노벨상 수상자인 아마르티아 센의 조언을 받아 마부브 울 하크(Mahbub ul Haq)의 지휘 아래 작성했다. 다음 참조. "Human Development Index," http://hdr.undp.org/en/content/human-development-index-hdi.

19. See John F. Helliwell, Richard Layard, Jeffrey D. Sachs, Jan-Emmanuel De Neve, Lara B. Akin, and Shun Wang, *World Happiness Report 2021*, table 2.1, https://happiness-report.s3.amazonaws.com/2021/WHR+21.pdf. See also Our World in Data, "Self-Reported Life Satisfaction vs GDP per capita, 2020," https://ourworldindata.org/grapher/gdp-vs-happiness.

20. Franklin Delano Roosevelt, "The Four Freedoms," speech, January 6, 1941, https://www.americanrhetoric.com/speeches/fdrthefourfreedoms.htm. 이 연설은 루스벨트가 세계를 위해 세운 목표로 더욱 유명하다. 이 연설에서 루스벨트는 언론의 자유, 종교의 자유, 결핍으로부터의 자유, 공포로부터의 자유라는 '네 가지 자유' 개념을 소개했다. 그의 국내적 목표를 세계를 대상으로 넓힌 논리로 볼 수 있다. 그는 미국이 세계의 운명에 묶여 있다고 주장했다. 루스벨트는 미국이 전제주의의 바다에서 민주적 자유의 섬이 될 수 없다고 주장하면서 "일시적인 안전을 얻기 위해 본질적인 자유를 포기하는 사람은 자유도 안전도 누릴 자격이 없다"라고 단언했다.

21. Michael Sandel, *The Tyranny of Merit: What's Become of the Common Good?* (London: Penguin, 2020).

22. John Kay and Mervyn King, *Radical Uncertainty: Decision-making for an Unknowable Future* (London: Bridge Street Press, 2020).

23. 검은 백조에 대해서는 다음 참조. Nicholas Taleb, *The Black Swan: The Impact of the Highly Improbable* (London and New York: Penguin, 2007.

24. See Organization for Economic Co-operation and Development, "New Approaches to Economic Challenges," https://www.oecd.org/naec/. See also Martin Wolf,

"Coronavirus Crisis Lays Bare the Risks of Financial Leverage, Again," *Financial Times*, April 28, 2020, https://www.ft.com/content/098dcd60-8880-11ea-a01c-a28a3e3fbd33.

25. See Friedrich A. Hayek, "Scientism and the Study of Society, Part I," *Economica* 9, no. 35 (August 1942): 267-91, https://www.jstor.org/stable/2549540?origin=crossref.

26. See Sébastien Miroudot, "Resilience Versus Robustness in Global Value Chains: Some Policy Implications," *VoxEU*, June 18, 2020, https://cepr.org/voxeu/columns/resilience-versus-robustness-global-value-chains-some-policy-implications.

27. 복원력에 대해서는 다음 참조. Markus Brunnermeier, *The Resilient Society* (Colorado Springs: Endeavor, 2021).

28. See International Federation of Accountants, Public Sector Committee, *Implementing Accrual Accounting in Government: The New Zealand Experience*, October 1994, https://www.ifac.org/system/files/publications/files/no-1-implementation-accr.pdf.

29. See Dag Detter and Stefan Fölster, *The Public Wealth of Nations: How Management of Public Assets can Boost or Bust Economic Growth* (Basingstoke, UK: Palgrave Macmillan, 2015).

8장

1. Warren Buffett, https://www.goodreads.com/author/quotes/756.Warren_Buffett.

2. 올리버 웬들 홈스의 1927년 소수 의견은 다음 참조. Oliver Wendell Holmes, "Taxes Are What We Pay for Civilized Society," https://quoteinvestigator.com/2012/04/13/taxes-civilize/.

3. Dani Rodrik, *The Inescapable Trilemma of the World Economy*, Dani Rodrik's blog, June 27, 2007, https://rodrik.typepad.com/dani_rodriks_weblog/2007/06/the-inescapable.html.

4. See Mark Thomas, *99%: Mass Impoverishment and How We Can End It* (London: Apollo, 2019).

5. 과도한 민간 부채와 그로 인한 위기의 위험성에 대해서는 다음 참조. Richard Vague, *A Brief History of Doom: Two Hundred Years of Financial Crises* (Philadelphia: University of Pennsylvania Press, 2019).

6. 정치인들이 벌이는 '비난 게임'에 대해서는 다음 참조. Simon Wren-Lewis, *The Lies We Were Told: Politics, Economics, Austerity and Brexit* (Bristol: Bristol University Press, 2018).

7. See, in particular, Martin Wolf, *The Shifts and the Shocks: What We've Learned—*

nd Have Still to Learn—from the Financial Crisis (London and New York: Penguin, 2014 and 2015), chapter 6.

8. Jason Furman and Lawrence H. Summers, "A Reconsideration of Fiscal Policy in the Era of Low interest Rates," November 30, 2020, Discussion Draft, Brookings Institution, https://www.brookings.edu/wp-content/uploads/2020/11/furman-summers-f iscal-reconsideration-discussion-draft.pdf.

9. See Lawrence H. Summers and Anna Stansbury, "The End of the Golden Age of Central Banking?: Secular Stagnation Is about More Than the Zero Lower Bound," November 2020, preliminary and incomplete.

10. 나는 『The Shifts and the Shocks』에서 내가 '청산주의(liquidationism)'라고 부르는 것에 대해 비난했다.

11. See Kimberly Amadeo, "Average American Middle-Class Net Worth?" *The Balance*, updated December 30, 2021, https://www.thebalance.com/american-middle-class-net-worth-3973493.

12. On these arguments, see Martin Wolf, "What Central Banks Ought to Target," *Financial Times*, March 2, 2021, https://www.ft.com/content/160db526-5e8d-4152-b711-21501a7fbd01.

13. See on these issues Martin Wolf, "A Matter of Interest—the Battle over Monetary Policy," *Financial times*, July 27, 2022, https://www.ft.com/content/e7cc3c01-08e3-47fc-9442-d45378b34bb8, which discusses Ben S. Bernanke, *21st Century Monetary Policy: The Federal Reserve from the Great inflation to Covid-19* (London and New York: W. W. Norton, 2022), and Edward Chancellor, *the Price of Time: The Real Story of Interest* (London: Allen Lane, 2022).

14. See Eric Lonergan, "Reply to Larry Summers," August 26, 2019, https://www.philosophyofmoney.net/a-reply-to-larry-summers/.

15. George Soros, "The EU Should Issue Perpetual Bonds," *Project Syndicate*, April 20, 2020, https://www.project-syndicate.org/commentary/finance-european-union-recovery-with-perpetual-bonds-by-george-soros-2020-04.

16. See Martin Wolf, "Restoring UK Growth Is More Urgent Than Cutting Public Debt," *Financial times*, December 13, 2020, https://www.ft.com/content/50394d54-1b2e-417b-ba6d-2204a4b05f24.

17. See Lawrence H. Summers, "The Biden Stimulus Is Admirably Bold and Ambitious. But It Brings Some Big Risks, Too," *Washington Post*, February 4, 2021, https://www.washingtonpost.com/opinions/2021/02/04/larry-summers-biden-covid-stimulus/.

18. See L. Randall Wray, *Modern Money Theory: A Primer on Macroeconomics for Sovereign Monetary Systems* (New York: Palgrave Macmillan, 2012). 이런 아이디

어들의 역사에 대해서는 다음 참조. Warren Mosler, *Soft Currency Economics II: What Everyone Thinks They Know about Monetary Policy Is Wrong* (US Virgin Islands: Valance, 1996 and 2013), and Stephanie Kelton, *The Deficit Myth: Modern Monetary the ory and How to Build a Better Economy* (London: John Murray, 2020).

19. 이런 아이디어는 존 메이너드 케인스의 중요한 제자 중 한 명인 아바 러너(Abba Lerner)에게까지 거슬러 올라간다. 다음 참조. Abba Lerner, "Money as a Creature of the State," *Papers and Proceedings of the Fifty-ninth Annual Meeting of the American Economic Association, American Economic Review* 37, no. 2 (May 1947): 312-17.

20. 현대 통화 이론에 대해서는 다음 참조. Martin Wolf, "States Create Useful Money, but Abuse It," *Financial Times*, May 28, 2019, https://www.ft.com/content/fcc1274a-8073-11e9-9935-ad75bb96c849.

21. 1973년 당시 스탠퍼드대학교에 재직 중이던 쇼(Shaw)와 매키넌(McKinnon)이 '금융 억압'이라는 개념을 처음 도입했다. 다음 참조. Edward S. Shaw, *Financial Deepening in Economic Development* (New York: Oxford University Press, 1973), and Ronald McKinnon, *Money and Capital in Economic Development* (Washington, DC: Brookings Institution, 1973).

22. Sebastian Edwards, "Modern Monetary Disasters," *Project Syndicate*, May 16, 2019, https://www.project-syndicate.org/commentary/modern-monetary-theory-latin-america-by-sebastian-edwards-2019-05.

23. Martin Wolf, "Larry Summers: I'm Concerned That What Is Being Done Is Substantially Excessive," *Financial Times*, April 12, 2021, https://www.ft.com/content/380ea811-e927-4fe1-aa5b-d213816e9073.

24. See, on this, Martin Wolf, "The Return of the Inflation Specter," *Financial Times*, March 26, 2021, https://www.ft.com/content/6cfb36ca-d3ce-4dd3-b70d-eecc332ba1df.

25. See Charles Goodhart and Manoj Pradhan, *The Great Demographic Reversal: Aging Societies, Waning inequality, and an Inflation Reversal* (London: Palgrave Macmillan, 2020), and Martin Wolf, "Why Inflation Could Be on the Way Back," *Financial Times*, November 17, 2020, https://www.ft.com/content/dea66630-d054-401a-ad1c-65ebd0d10b38.

26. See, on this, Martin Wolf, "The World Needs to Change the Way It Taxes Companies," *Financial times*, March 7, 2019, https://www.ft.com/content/9a22b722-40c0-11e9-b896-fe36ec32aece. See also Alan Auerbach, Michael Devereux, Michael Keen, and John Vell, "Destination-Based Cash Flow Taxation," Oxford Legal Studies Research Paper No. 14/2017, Said Business School WP 2017-

09, Oxford University Center for Business Taxation WP 17/01, https://papers.ssrn.com/sol3/papers.cfm?abstract_id=2908158.

27. See Martin Wolf, "The Threat and the Promise of Digital Money," *Financial Times*, October 22, 2019, https://www.ft.com/content/fc079a6a-f4ad-11e9-a79c-bc9acae3b654.

28. CBDC에 대해서는 다음 참조. Bank for International Settlements, "CBDCs: An Opportunity for the Monetary System," *Annual Economic Report 2021*, June 2021, chapter III, https://www.bis.org/publ/arpdf/ar2021e3.pdf; House of Lords Economic Affairs Committee, *Central Bank Digital Currencies: A Solution in Search of a Problem?*, HL Paper 131, January 13, 2022; and Markus Brunnermeier and Jean-Pierre Landau, *The Digital Euro: Policy Implications and Perspectives*, January 2022, Directorate-General for Internal Policies.

29. See Philippe Aghion, Céline Antonin, and Simon Bunel, trans. Jodie Cohen-Tanugi, *The Power of Creative Destruction: Economic Upheaval and the Wealth of Nations* (Cambridge, MA: Belknap Press of Harvard University Press, 2021). See also Martin Wolf, "How 'Creative Destruction' Drives Innovation and Prosperity," *Financial Times*, June 11, 2021, https://www.ft.com/content/3a0aa7cb-d10e-4352-b845-a50df70272b8.

30. See Jonathan Haskell and Stian Westlake, *Capitalism without Capital: The Rise of the Intangible Economy* (Oxford and Princeton, NJ: Princeton University Press, 2018).

31. See David Sainsbury, *Windows of Opportunity: How Nations Create Wealth* (London: Profile Books, 2020).

32. Ibid., chapter 2. 이 중요한 개념과 관련하여 경험적 근거를 제공하는 연구에 대해서는 다음 참조. Ricardo Hausmann, César A. Hidalgo, Sebastián Bustos, Michele Coscia, Alexander Simoes, and Muhammed A. Yildrim, *the Atlas of Economic Complexity: Mapping Paths to Prosperity* (Cambridge, MA: MIT Press, 2014).

33. See Alexander Hamilton, *Report on the Subject of Manufactures*, December 1791, and Friedrich List, *Das nationale System der politischen Oekonomie*, 1841.

34. See DARPA, "Innovation at DARPA," July 2016, https://www.darpa.mil/attachments/DARPa_Innovation_2016.pdf.

35. Mariana Mazzucato, *The Entrepreneurial State: Debunking Public vs Private Myths* (London: Penguin, 2018). See also Martin Wolf, "A Much-Maligned Engine of Innovation," *Financial Times*, August 4, 2013, https://www.ft.com/content/32ba9b92-efd4-11e2-a237-00144feabdc0. 마주카토(Mazzucato)는 다음의 저서에서 좀 더 야심 찬 제안을 했다. Mariana Mazzucato, *Mission Economy: A Moonshot Guide to Changing Capitalism* (London: Allen Lane, 2021). 이에 대

해 존 케이는 다음 글에서 반박했다. John Kay, "*Mission Economy* by Mariana Mazzucato—Could Moonshot Thinking Help Fix the Planet?" *Financial Times*, January 13, 2021, https://www.ft.com/content/86475b94-3636-49ec-9b3f-7d7756350b30.

36. See "National Institutes of Health," https://www.nih.gov/, and "Medical Research Council (MRC)," https://mrc.ukri.org/about/institutes-units-centers/.

37. William H. Janeway, *Doing Capitalism in the Innovation Economy* (Cambridge: Cambridge University Press, 2012 and 2018).

38. Sainsbury, *Windows of Opportunity*, 226-27.

39. See Electronic Frontier Foundation, "Patent Trolls," https://www.eff.org/issues/resources-patent-troll-victims.

40. 노벨 경제학상 수상자 조지프 스티글리츠는 혁신을 촉진하기 위해 상(prizes)에 대한 의존도를 높일 것을 제안했다. Joseph Stiglitz, "Prizes, Not Patents," *Project Syndicate*, March 6, 2007, https://www.project-syndicate.org/commentary/prizes—not-patents.

41. See Tejvan Pettinger, "Definition of Public Goods," *Economics Help: Helping to Simplify Economics*, July 28, 2019, https://www.economicshelp.org/microeconomic-essays/marketfailure/public-goods/.

42. Nicholas Gruen, "Government as Impresario," NESTA, October 20, 2014, https://www.nesta.org.uk/report/government-as-impresario/.

43. See William Lazonick, "Profits without Prosperity," *Harvard Business Review*, September 2014, https://hbr.org/2014/09/profits-without-prosperity; William Lazonick, Mustafa Erdem Sakinç, and Matt Hopkins, "Why Stock Buybacks Are Dangerous for the Economy," *Harvard Business Review*, January 2020, https://hbr.org/2020/01/why-stock-buybacks-are-dangerous-for-the-economy; and Andrew Smithers, *Productivity and the Bonus Culture* (Oxford: Oxford University Press, 2019).

44. 2018년에 유럽과 북미 지역은 이산화탄소 누적 배출량의 63%를 차지했다. 다음 참조. Our World in Data, https://ourworldindata.org/grapher/cumulative-co2-emissions-region?time=earliest.latest.

45. International Monetary Fund, "Mitigating Climate Change," *World Economic Outlook October 2020*, chapter 3, https://www.imf.org/en/Publications/WEO/Issues/2020/09/30/world-economic-outlook-october-2020#Chapter%203.

46. Energy Transitions Commission, *Making Mission Possible: Delivering a Net-Zero Economy*, September 2020, https://www.energy-transitions.org/publications/making-mission-possible/; and Bill Gates, *How to Avoid a Climate Disaster: The Solutions We Have and the Breakthroughs We Need* (London: Allen Lane, 2021).

47. Martin Wolf, "Last Chance for the Climate Transition," *Financial Times*, February 18, 2020, https://www.ft.com/content/3090b1fe-51a6-11ea-8841-482eed0038b1.

48. See Earthworks, "FACT SHEET: Battery Minerals for the Clean Energy Transition," https://earthworks.org/fact-sheet-battery-minerals-for-the-clean-energy-transition/.

49. M. Garside, "Major Countries in Worldwide Cobalt Mine Production from 2010 to 2020," Statista, https://www.statista.com/statistics/264928/cobalt-mine-production-by-country/.

50. See, for example, "Economists' Statement on Carbon Dividends," January 17, 2019, https://clcouncil.org/economists-statement/; and James K. Boyce, *The Case for Carbon Dividends* (Cambridge, MA: Polity, 2019).

51. See Victor Mallet and David Keohane, "Year of 'Gilets Jaunes' Leaves Angry Mark on France, November 14, 2019, https://www.ft.com/content/9627c8be-0623-11ea-9afa-d9e2401fa7ca.

52. See Task Force on Climate-Related Financial Disclosures, "Climate Change Presents Financial Risk to the Global Economy," https://www.fsb-tcfd.org.

53. See Raghuram Rajan, "A Fair and Simple Way to Tax Carbon Emissions," *Financial Times*, December 17, 2019, https://www.ft.com/content/96782e84-2028-11ea-b8a1-584213ee7b2b.

54. See Martin Wolf, "Action Must Replace Talk on Climate Change," *Financial Times*, May 4, 2021, https://www.ft.com/content/3fa154f3-84e7-4964-9a21-d3dbd41e1470.

55. John Kay, *Culture and Prosperity: the Truth about Markets: Why Some Nations Are Rich and Most Remain Poor* (New York: Harper Business, 2004).

56. See R. James Breiding, *Too Small to Fail: Why Some Small Nations Outperform Larger Ones and How They Are Reshaping the World* (Uttar Pradesh, India: HarperCollins 2019).

57. 무역의 혜택에 대해서는 다음 참조. Anne O. Krueger, former first deputy managing director of the International Monetary Fund, *International Trade: What Everyone Needs to Know* (New York: Oxford University Press, 2020), especially 294-97.

58. See Michael Peel, Sam Fleming, and Guy Chazan, "EU Clamps Down on Covid Vaccine Exports," *Financial Times*, January 29, 2021, https://www.ft.com/content/24867d39-4507-4c48-be27-c34b581220b0.

59. See Martin Wolf, "The Big Mistakes of the Anti-Globalisers," *Financial Times*, June 21, 2022, https://www.ft.com/content/fa1f3a82-99c5-4fb2-8bff-a7e8d3f65849, and Martin Wolf, "In an Era of Disorder, Open Trade Is at Risk," *Financial Times*, June 28, 2022, https://www.ft.com/content/df62d58c-e864-4e3b-9aa6-

5587e8ef1667.

60. On the US, in particular, see Adam Posen, "The Price of Nostalgia: America's Self-Defeating Economic Retreat," *Foreign Affairs*, May/June 2021, https://www.foreignaffairs.com/articles/united-states/2021-04-20/america-price-nostalgia.

61. 주권과 재량권의 차이에 대해서는 다음 참조. Martin Wolf, "Brexit: Sovereignty Is Not the Same as Power," *Financial Times*, May 3, 2016, https://www.ft.com/content/fece7238-1071-11e6-91da-096d89bd2173.

62. See Bank for International Settlements, "Basel III: International Regulatory Framework for Banks," https://www.bis.org/bcbs/basel3.htm.

63. See Valentina Bruno and Hyun Song Shin, "Global Dollar Credit and Carry Trades: A Firm-Level Analysis," BIS Working Papers 510, Bank for International Settlements, August 2015, https://www.bis.org/publ/work510.pdf. 통화 불일치로 인한 비용은 다음 책의 주제 중 하나였다. Martin Wolf, *Fixing Global Finance* (Baltimore and London: Johns Hopkins University Press, 2008 and 2010).

64. See Maurice Obstfeld, "The Global Capital Market Reconsidered," in Paul Collier, Diane Coyle, Colin Mayer, and Martin Wolf, eds., "Capitalism: What Has Gone Wrong, What Needs to Change, and How It Can Be Fixed," *Oxford Review of Economic Policy* 37, no. 4 (Winter 2021): 690-706.

65. 중국이 내부 이주를 통제하는 이유는 지리적으로 광활하면서도 지역적 불평등이 심한 중국 내에서 이런 차익거래가 일어날 경우 사회적·인구학적 영향을 미칠 수 있다는 우려 때문이라는 점에 주목할 필요가 있다.

66. George J. Borjas, "Immigration and Globalization: A Review Essay," *Journal of Economic Literature* 53, no. 4 (2015): 961-74, https://sites.hks.harvard.edu/fs/gborjas/publications/journal/JEL2015.pdf.

67. 혁신의 유도라는 아이디어에 대해서는 다음 참조. Dani Rodrik and Stefanie Stantcheva, "Fixing Capitalism's Good Jobs Problem," in Paul Collier et al., eds., *Oxford Review of Economic Policy* 37, no. 4 (Winter 2021): 824-37.

68. See Daron Acemoglu, "Written Testimony," at a "Hearing on Machines, Artificial Intelligence, & the Workforce: Recovering & Readying Our Economy for the Future," House Committee on the Budget, September 10, 2021, https://www.congress.gov/116/meeting/house/111002/witnesses/HHRG-116-BU00-Wstate-AcemogluD-20200910.pdf.

69. See Peter Scott, *Triumph of the South: A Regional Economic History of Early Twentieth Century Britain* (London and New York: Routledge, 2007 and 2018).

70. See Andrés Rodriguez-Pose, "The Revenge of the Places That Don't Matter (and What to Do about It)," *Cambridge Journal of Regions, Economy and Society* 11, no. 1 (March 2018): 189-209, title page, https://eprints.lse.ac.uk/85888/1/

Rodriguez-Pose_Revenge%20of%20Places.pdf.

71. Ibid., 30.

72. Ibid., 32.

73. Paul Collier, *The Future of Capitalism: Facing the New Anxieties* London: Allen Lane, 2018); and Raghuram Rajan, *Third Pillar: The Revival of Community in a Polarized World* (London: William Collins, 2019).

74. Martin Wolf, "Lessons in 'Leveling Up' from the Basque Country," *Financial Times*, November 30, 2021, https://www.ft.com/content/bb2c627f-Ibaa-4230-9cb8-3876c216b8f7.

75. See Nicholas Gruen, "The Evaluator General," Club Troppo, May 29, 2020, https://clubtroppo.com.au/2020/05/29/the-evaluator-general/.

76. EurWORK: European Observatory of Working Life, "Flexicurity," May 7, 2013, https://www.eurofound.europa.eu/observatories/eurwork/industrial-relations-dictionary/flexicurity.

77. 수요 독점(monopsony)'과 '수요 과점(oligopsony)'은 시장에서 구매자로서 기업의 역할을 의미한다.

78. David Card and Alan B. Krueger, *Myth and Measurement: The New Economics of the Minimum Wage*, Twentieth-Anniversary Edition Princeton, NJ: Princeton University Press, 2015).

79. Pavlina R. Tcherneva, *The Case for a Jobs Guarantee* (Cambridge, UK, and Medford, MA: Polity, 2020), 46-47.

80. Michael Hiscox, "The Job Guarantee—Weakening Worker Power?" *Challenge Magazine*, August 22, 2020, https://www.challengemag.org/post/the-job-guarantee-weakening-worker-power.

81. Martin Sandbu, *The Economics of Belonging: A Radical Plan to Win Back the Left Behind and Achieve Prosperity for All* (Princeton, NJ, and Oxford: Princeton University Press, 2020), chapter 6.

82. See Johanna Hop, "The Hartz Employment Reforms in Germany," Center for Public Impact, September 2, 2019, https://www.centreforpublicimpact.org/case-study/hartz-employment-reforms-germany/.

83. Michael Sandel, *The Tyranny of Merit: What's Become of the Common Good?* (London: Penguin, 2020).

84. See Martin Wolf, "Hypocrisy and Confusion Distort the Debate on Social Mobility," *Financial times*, May 2, 2019, https://www.ft.com/content/577a0abe-6c04-11e9-a9a5-351eeaef6d84.

85. Personal Finance Data, "Net Worth Percentile Comparison Calculator by Age," https://personalfinancedata.com/networth-percentile-calculator/.

86. 복지 국가의 역할에 대해서는 다음 참조. Nicholas Barr, *The Welfare State as Piggy Bank: Information, Risk, Uncertainty, and the Role of the State* (Oxford: Oxford University Press, 2001).

87. See Martin Wolf, "The Welfare State Is a Piggy Bank for Life," *Financial Times*, March 31, 2016, https://www.ft.com/content/b7ae7e52-f69a-11e5-96db-fc683b5e52db; and Peter Levell, Barra Roantree, and Jonathan Shaw, "Redistribution from a Lifetime Perspective," Institute for Fiscal Studies, September 22, 2015, https://www.ifs.org.uk/publications/7986.

88. OECD에 따르면, "사회적 지출은 현금 보조금, 재화와 서비스의 직접적인 현물 제공, 사회적 목적을 가진 세금 감면으로 구성된다. 보조금은 저소득층, 노인, 장애인, 질병자, 실업자 또는 청년을 대상으로 할 수 있다. '사회적'으로 간주되려면 프로그램이 가구 전체에 자원을 재분배하거나 강제적으로 참여하는 것을 포함해야 한다." OECD, "Social Spending," https://data.oecd.org/socialexp/social-spending.htm.

89. 유엔개발계획의 인간개발지수에 따르면 덴마크, 네덜란드, 스위스는 인간개발 상위 10개국에 속한다. United Nations Development Program, Human Development Reports, "Human Development index," http://hdr.undp.org/en/composite/HDI. 프랑스는 26위로 상당히 낮다.

90. See Philippe Van Parijs and Yannick Vanderborght, *Basic Income: A Radical Proposal for a Free Society and a Sane Economy* (Cambridge, MA, and London: Harvard University Press, 2017).

91. Gene Sperling, *Economic Dignity* (New York, Penguin, 2020), 185. A full discussion of UBI is contained in ibid., 184-89.

92. Annie E. Casey Foundation, Kids Count Data Center, Demographics, "Total Population by Child and Adult Populations in the United States," https://datacenter.kidscount.org/.

93. 연방 정부의 수입 및 지출에 대해서는 다음 참조. Congressional Budget Office, "Monthly Budget Review: Summary for Fiscal Year 2019," November 7, 2019, https://www.cbo.gov/. GDP에 대해서는 다음 참조. Bureau of Economic Analysis, US Department of Commerce, https://www.bea.gov/. 사회보장 지출에 대해서는 다음 참조. American Association of Retired Persons, "How Much Social Security Will I Get?" https://www.aarp.org/retirement/social-security/questions-answers/how-much-social-security-will-i-get.html. 메디케어에 대해서는 다음 참조. Kaiser Family Foundation, "State Health Facts: Medicare Spending per Enrollee 2018," https://www.kff.org/medicare/state-indicator/per-enrollee-spending-by-residence. 메디케이드에 대해서는 다음 참조. Robin Rudowitz, Rachel Garfield, and Elizabeth Hinton, "10 Things to Know about Medicaid: Setting the Facts Straight," Kaiser Family Foundation, March 6, 2019, https://www.kff.org/medicaid/issue-

brief/10-things-to-know-about-medicaid-setting-the-facts-straight/.

94. John Kay, "The Basics of Basic Income," https://www.johnkay.com/2017/04/05/basics-basic-income/. 그는 노벨경제학상 수상자인 제임스 토빈(James Tobin)을 따라서 기본소득의 기본 방정식을 't = x + 25'로 정의했다. 여기서 t는 국가의 평균 세율, x는 1인당 평균소득의 퍼센트에 해당하는 기본소득, 25(퍼센트)는 고소득 국가가 보건, 교육, 국방, 공공행정, 경찰, 사법제도, 채무 상환에 필요한 국민소득의 비율을 의미한다. 모든 국민에게 1인당 국민소득의 x퍼센트에 해당하는 기본소득을 지급한다면, 이 프로그램의 재정비용은 총국민소득의 x퍼센트가 될 것이다.

95. 경제학자들의 용어를 빌리자면, 보편적 기본 소득에 의한 '소득 효과'는 낮은 한계 세율의 '대체 효과'를 상쇄하는 것 이상이다.

96. Martin Sandbu, "The Case for the Affordability of Universal Basic Income," *Financial Times*, December 23, 2021, https://www.ft.com/content/3788b99e-7b8c-4641-8250-6f6823f1a7f6.

97. "Government Expenditure on Education, Total (% of GDP)—United Kingdom," The World Bank, https://data.worldbank.org/indicator/SE.XPD.TOTL.GD.ZS?locations=GB.

98. Liz Lightfoot, "The Student Experience—Then and Now," *Guardian*, June 24, 2016, https://www.theguardian.com/education/2016/jun/24/has-university-life-changed-student-experience-past-present-parents-vox-pops#:~:text=In%20the%20early%201960s%2C%20only,back%20over%20their%20working%20lives; and Sean Coughlan, "The Symbolic Target of 50% at University Reached," BBC News, September 26, 2019, https://www.bbc.com/news/education-49841620.

99. See Ron Diris and Erwin Ooghe, "The Economics of Financing Higher Education," *Economic Policy*, April 2018, 272, figure 2, https://ideas.repec.org/a/oup/ecpoli/v33y2018i94p265-314.html.

100. See Kiese Hansen and Time Shaw, "Solving the Student Debt Crisis," Aspen Institute Financial Security Program, February 2020, https://assets.aspeninstitute.org/wp-content/uploads/2020/03/SolvingStudentDebtCrisis.pdf.

101. 더 자세한 내용은 다음 참조. Money Advice Service, "Repaying Your Undergraduate Student Loan," https://www.moneyadviceservice.org.uk/en/articles/repaying-student-loans.

102. Pension Protection Fund, *The Purple Book 2020: DB Pensions Universe Risk Profile*, https://www.ppf.co.uk/sites/default/files/2020-12/PPF_Purple_Book_20.pdf.

103. 연금의 경제학에 대해서는 다음 참조. Martin Wolf, "Radical Reform of British Pension Provision Is Urgent," *Financial Times*, June 13, 2021, https://www.ft.com/content/791876ae-7ce2-4c0b-9f7a-c12b4f39f6d5; Wolf, "It Is Folly to

Make Pensions Safe by Making Them Unaffordable," *Financial times*, June 27, 2021, https://www.ft.com/content/138974df-5dc0-47e4-acb8-e2eb048fe8bd; and Wolf, "Equities Are the Only Sensible Foundation for Private Pensions," *Financial Times*, July 11, 2021, https://www.ft.com/content/e3a621d3-5cfc-4410-bd3c-0fde3535582b.

104. See Nick Green, "UK Steps Closer to Introducing CDC Pension Schemes," December 3, 2020, https:// www.unbiased.co.uk/news/financial-adviser/uk-steps-closer-to-introducing-cdc-pension-schemes.

105. See, on this idea, Nicholas Gruen, "Superannuation Again," Club Troppo, May 31, 2005, https://clubtroppo.com.au/2005/05/31/superannuation-again/.

106. Martin Wolf, "We Must Accept Higher Taxes to Fund Health and Social Care," *Financial Times*, November 29, 2021, https://www.ft.com/content/efc67bb9-cff4-49e5-9101-67d2382ece09.

107. See US Department of Labor, "Trade Act Programs," https://www.dol.gov/general/topic/training/tradeact#:~:text=The%20Trade%20Adjustment%20Assistance%20(TAA,a%20result%20of%20increased%20imports.

108. See "Privilege," https://www.merriam-webster.com/dictionary/privilege.

109. Matthew Johnston, "Carried Interest: A Loophole in America's Tax Code," Investopedia, March 31, 2021, https://www.investopedia.com/articles/investing/102515/carried-interest-loophole-americas-tax-code.asp.

110. ἰσονομία('이소노미아', 즉 법 앞에서의 평등)는 민주주의의 두 가지 개념적 토대 중 하나였다. 다른 하나는 ἰσηγορία('이세고리아', 즉 토론에서 평등한 발언권)였다.

111. See, for example, Luigi Zingales, Jana Kasperkevic, and Asher Schechter, *Milton Friedman 50 Years Later, ProMarket*, 2020, Stigler Center for the Study of the Economy and the State, https://promarket.org/wp-content/uploads/2020/11/Milton-Friedman-50-years-later-ebook.pdf; and British Academy, *Principles for Purposeful Business: How to Deliver the Framework for the Future of the Corporation,* 2019, https://www.thebritishacademy.ac.uk/publications/future-of-the-corporation-principles-for-purposeful-business/.

112. British Academy, *Principles for Purposeful Business*, 8.

113. Business Roundtable, "Statement on the Purpose of a Corporation," August 19, 2019, https://system.businessroundtable.org/app/uploads/sites/5/2021/02/BRT-Statement-on-the-Purpose-of-a-Corporation-Feburary-2021-compressed.pdf.

114. See Richard Barker, Robert G. Eccles, and George Serafeim, "The Future of ESG Is . . . Accounting?" *Harvard Business Review*, December 3, 2020, https://hbr.org/2020/12/the-future-of-esg-is-accounting.

115. Smithers, *Productivity and the Bonus Culture*

116. Jane Croft, "Ex-Barclays Libor Traders Receive Jail Sentences," *Financial Times*, July 7, 2016, https://www.ft.com/content/16215d97-971f-3209-87da-55d0a1f08c5f.

117. 금융위기로 인한 비용에 대해서는 이 책의 6장과 다음 참조. Andrew G. Haldane, "The $100 Billion Question," speech delivered March 30, 2010, Bank for International Settlements, https://www.bis.org/review/r100406d.pdf. 당시 홀데인은 영란은행의 금융 안정 담당 집행임원이었다.

118. See Laura Noonan, Cale Rilford, Richard Milne, Ian Mount, and Peter Wise, "Who Went to Jail for Their Role in the Financial Crisis?" *Financial Times*, September 20, 2018, https://ig.ft.com/jailed-bankers/#:~:text=Forty%2Dseven%20bankers%20were%20sentenced,the%20financial%20sector's%20catastrophic%20failures.

119. See Goodhart and Pradhan, *The Great Demographic Reversal*, 243-45.

120. Wendy Sawyer and Peter Wagner, "Mass Incarceration: The Whole Pie 2020," Prison Policy Initiative, March 24, 2020, https://www.prisonpolicy.org/reports/pie2020.html.

121. See Patrick Radden Keefe, "How Did the Sacklers Pull This Off?" *New York Times*, July 14, 2021, https://www.nytimes.com/2021/07/14/opinion/sackler-family-opioids-settlement.html. 이 끔찍한 이야기 전체에 대해서는 다음 참조. Patrick Radden Keefe, *Empire of Pain: The Secret History of the Sackler Dynasty* (New York: Doubleday, 2021). See also Centers for Disease Control and Prevention, "Opioid Overdose Deaths," https://www.cdc.gov/drugoverdose/epidemic/index.html. 아편전쟁에 대해서는 다음 참조. *Britannica*, https://www.britannica.com/topic/Opium-Wars.

122. Jason Furman et al., *Unlocking Digital Competition: Report on the Digital Competition Expert Panel*, March 2019, https://assets.publishing.service.gov.uk/government/uploads/system/uploads/attachment_data/file/785547/unlocking_digital_competition_furman_review_web.pdf.

123. Lina M. Khan, "Amazon's Antitrust Paradox," *Yale Law Journal* 126, no. 3 (January 2017), https://www.yalelawjournal.org/note/amazons-antitrust-paradox.

124. 새로운 기술의 정치적 함의에 대해서는 다음 참조. Anne Applebaum and Peter Pomerantsev, "How to Put Out Democracy's Dumpster Fire," *Atlantic*, April 2021, https://www.theatlantic.com/magazine/archive/2021/04/the-internet-doesnt-have-to-be-awful/618079/. See also Luohan Academy, "Understanding Big Data: Data Calculus in the Digital Era 2021," February 5, 2021, https://www.luohanacademy.com/research/reports/2bcc5a5e3074df15.

125. Will Oremus, "Are You Really the Product? The History of a Dangerous Idea," *Slate*, April 27, 2018, https://slate.com/technology/2018/04/are-you-really-

facebooks-product-the-history-of-a-dangerous-idea.html.

126. See GDPR.EU, "What Is GDPR, the EU's New Data Protection Law?" https://gdpr.eu/what-is-gdpr/#:~:text=The%20General%20Data%20Protection%20Regulation,to%20people%20in%20the%20EU.

127. Transparency International, *Corruption Perceptions Index*, https://www.transparency.org/en/cpi. 행복에 대해서는 다음 참조. John F. Helliwell, Richard Layard, Jeffrey D. Sachs, Jan-Emmanuel De Neve, Lara B. Akin, and Shun Wang, eds., *World Happiness Report 2021* (New York: NY: Sustainable Development Solutions Network, 2022), https://happiness-report.s3.amazonaws.com/2021/WHR+21.pdf.

128. See Tom Burgis, *Kleptopia: How Dirty Money Is Conquering the World* (London: William Collins, 2020); and Frank Vogl, *The Enablers: How the West Supports Kleptocrats and Corruption—Endangering Our Democracy* (Lanham, MD: Rowman & Littlefield, 2021).

129. 합법과 불법의 모호한 경계선, 그리고 불법을 합법으로 전환하는 데 고소득 전문가들이 하는 역할에 대해서는 다음 참조. Chuck Collins, *The Wealth Hoarders: How Billionaires Pay Millions to Hide Trillions* (Cambridge: Polity, 2021).

130. Franklin Delano Roosevelt, "The Four Freedoms," speech, January 6, 1941, https://www.americanrhetoric.com/speeches/fdrthefourfreedoms.htm.

131. Office for Budget Responsibility, "Fiscal Sustainability Report, July 2020," 15, chart 5, https://cdn.obr.uk/OBR_FSR_July_2020.pdf.

132. Congressional Budget Office, "The 2021 Long-Term Budget Outlook, March 2021," 5, https://www.cbo.gov/system/files/2021-03/56977-LTBO-2021.pdf.

133. 문제와 증거에 대한 다소 오래된 설문조사에 대해서는 다음 참조. Willi Leibfritz, John Thornton, and Alexandra Bibbee, "Taxation and Economic Performance," OECD, Economics Department Working Paper No. 176, OCDE/GD(97)107, Paris, https://econpapers.repec.org/paper/oececoaaa/176-en.htm. 이 조사는 "문헌 검토와 여기에 제시된 추가적 결과를 보면, 세금이 경제 성과에 미치는 영향이 어떤 분야에서는 모호하고 어떤 분야에서는 불안정하고 논란의 여지가 있음이 명백하다"라고 결론지었다.

134. See United Nations Development Program, "Human Development Reports," http://hdr.undp.org/en/content/human-development-index-hdi.

135. Emmanuel Saez and Gabriel Zucman, *The Triumph of Injustice: How the Rich Dodge Taxes and How to Make Them Pay* (New York: W. W. Norton, 2019).

136. Ibid., 14.

137. Ibid.

138. Ibid., 19, and Facebook Investor Relations, "Facebook Reports Fourth Quarter

and Full Year 2018 Results," https://investor.fb.com/investor-news/press-release-details/2019/Facebook-Reports-Fourth-Quarter-and-Full-Year-2018-Results/default.aspx.

139. John Guyton, Patrick Langetieg, Daniel Reck, Max Risch, and Gabriel Zucman, "Tax Evasion at the Top of the Income Distribution: Theory and Evidence," National Bureau of Economic Research working Paper 28542, March 2021, http://www.nber.org/papers/w28542.

140. Enid Nemy, "Leona Helmsley, Hotel Queen, Dies at 87," *New York Times*, August 20, 2007, https://www.nytimes.com/2007/08/20/nyregion/20cnd-helmsley.html.

141. See Dag Detter and Stefan Fölster, *The Public Wealth of Nations: How Management of Public Assets can Boost or Bust Economic Growth* (Basingstoke, UK: Palgrave Macmillan, 2015).

142. See Henry George, *Progress and Poverty: An Inquiry into the Cause of Industrial Depressions and of Increase of Want with Increase of Wealth: The Remedy* (Vega Publishing, 2019, first published 1879).

143. 이것은 다음 저서의 핵심 주장을 이해하는 한 가지 방법이다. Torben Iversen and David Soskice, *Democracy and Prosperity: Reinventing Capitalism through a Turbulent Century* (Princeton, NJ, and Oxford: Princeton University Press, 2019).

144. Ray Dalio, Jordan Nick, Steven Kryger, and Bill Longfield, "Wealth Taxes," March 22, 2021, Bridgewater, unpublished.

145. James Politi, Aime Williams, and Chris Giles, "US Offers New Plan in Global Corporate Tax Talks," *Financial Times*, April 8, 2021, https://www.ft.com/content/847c5f77-f0af-4787-8c8e-070ac6a7c74f; and Chris Giles, Emma Agyemang, and Aime Williams, "136 Nations Agree to Biggest Corporate Tax Deal in a Century," *Financial Times*, October 8, 2021, https://www.ft.com/content/5dc4e2d5-d7bd-4000-bf94-088f17e21936.

9장

1. John Stuart Mill, *Considerations on Representative Government*, 1861, Project Gutenberg, https://www.gutenberg.org/files/5669/5669-h/5669-h.htm.

2. "The Worst Form of Government," International Churchill Society, https://winstonchurchill.org/resources/quotes/the-worst-form-of-government/.

3. Foundation for Economic Education, "H. L. Mencken Quotes on Government, Democracy, and Politicians," https://fee.org/articles/12-hl-mencken-quotes-on-government-democracy-and-politicians/.

4. See, on this, Anna Lührmann and Staffan I. Lindberg, "A Third Wave of Autocratization Is Here: What Is New about It?" *Democratization* 26, no. 7 (2019): 1095-1113,

https://www.tandfonline.com/doi/full/10.1080/13510347.2019.1582029. 1930년대에
도 인류의 상당수는 본질적으로 여전히 제국의 독재적 통치하에 있었다.

5. See Ian Hughes, *Disordered Minds: How Dangerous Personalities Are Destroying
    Democracy* (Hampshire: Zero Books, 2018).

6. See Christopher H. Achen and Larry M. Bartels, *Democracy for Realists: Why
    Elections Do Not Produce Responsive Government* (Princeton, NJ, and Oxford:
    Princeton University Press, 2016).

7. Ibid., 299.

8. 예를 들어 로널드 레이건이 '복지 여왕(welfare queens)'을, 조지 H. W. 부시
    가 1988년 대통령 선거 운동에서 살인자 윌리 호턴(Willie Horton)을 언급한 사
    실을 떠올려보라. 다음 참조. National Public Radio, "The Original 'Welfare
    Queen,'" *Code Switch*, June 5, 2019, https://www.npr.org/transcripts/72929421
    0?t=1654518358287; and Peter Baker, "Bush Made Willie Horton an Issue in 1988
    and the Racial Scars Are Still Fresh," *New York Times*, December 3, 2018, https://
    www.nytimes.com/2018/12/03/us/politics/bush-willie-horton.html.

9. Ibid., 301.

10. Joseph A. Schumpeter, *Capitalism, Socialism and Democracy* (London: George
    Allen & Unwin, 1994, first published in the UK in 1943), 262.

11. "Washington's Farewell Address 1796," https://avalon.law.yale.edu/18th_century/
    washing.asp.

12. Jason Brennan, *Against Democracy* (Princeton, NJ, and Oxford: Princeton
    University Press, 2017).

13. Ibid., 2017년 판 머리말.

14. Ibid., 243.

15. 시(詩)에 대한 플라톤의 견해에 대해서는 다음 참조. Stanford Encyclopedia of
    Philosophy, "Plato on Rhetoric and Poetry," February 12, 2020, https://plato.
    stanford.edu/entries/plato-rhetoric/.

16. Karl Popper, *The Open Society and Its Enemies*, vol. 1, *The Age of Plato* (London:
    Routledge, 1945).

17. Brennan, *Against Democracy* (2017 ed.), Preface.

18. "Corruption Perception Index, Transparency International, https://www.
    transparency.org/en/cpi.

19. Achen and Bartels, *Democracy for Realists*, 317.

20. See Edward Luce, "A Sea of Troubles Surrounds the Question of Whether
    to Prosecute Trump," *Financial Times*, July 29, 2022, https://www.ft.com/
    content/8263e5c9-d886-4c81-807b-f9eb0d92508f.

21. Achen and Bartels, *Democracy for Realists*.

22. Ibid.

23. David Hume, *A Treatise of Human Nature*, book III, part III, section III, "Of the Influencing Motives of the Will," 3, https://www.pitt.edu/~mthompso/readings/hume.influencing.pdf.

24. Achen and Bartels, *Democracy for Realists*, 310.

25. See, on this, Nicholas Gruen, "Beyond Vox Pop Democracy: Democratic Deliberation and Leadership in the Age of the Internet," *More or Less: Democracy and the New Media*, 2012, http://www.futureleaders.com.au/book_chapters/pdf/More-or-Less/Nicholas_Gruen.pdf#zoom=80.

26. "Black Act 1723," Google Arts and Culture, https://artsandculture.google.com/entity/black-act-1723/m02sc6n?hl=en; and The Statutes Project, "1723: 9 George 1 c.22: The Black Act," https://statutes.org.uk/site/the-statutes/eighteenth-century/9-geo-i-c-22-the-black-act-1723/.

27. Michael Massing, "Does Democracy Avert Famine?" *New York Times*, March 1, 2003; and Amartya Sen, *Development as Freedom* (Oxford: Oxford University Press, 1999), chapter 6, "The Importance of Democracy."

28. Sen, *Development as Freedom*, 148.

29. See Nathan Gardels and Nicholas Berggruen, *Renovating Democracy: Governing in the Age of Globalization and Digital Capitalism* (Oakland, CA: University of California Press for the Berggruen institute, 2019); Commission on the Practice of Democratic Citizenship, *Our Common Purpose: Reinventing American Democracy for the 21st Century* (Cambridge, MA: American Academy of Arts and Sciences, 2020); and Andrew Gamble and Tony Wright, eds., *Rethinking Democracy* (Newark, NJ: John Wiley for Political Quarterly Publishing, 2019).

30. Fernando Henrique Cardoso, "Brazil's Crisis Reflects Demise of Representative Democracy across the West," *Huffington Post*, September 5, 2016, https://www.huffpost.com/entry/brazils-crisis-reflects-demise-of-democracy_b_11867368.

31. George Orwell, "Notes on Nationalism," *Polemic*, October 1945 (New York: Penguin Modern Classics, 2018).

32. 다음 저서에는 민주주의에서 애국심의 역할에 대한 가치 있고 시사점이 많은 논의가 담겨 있다. Tim Soutphommasane, *The Virtuous Citizen: Patriotism in a Multicultural Society* (Cambridge: Cambridge University Press, 2012).

33. See Martin Wolf, "When Multiculturalism Is a Nonsense," *Financial Times*, August 30, 2005, https://www.ft.com/content/ff41a586-197f-11da-804e-00000e2511c8.

34. "McKinstry's Churchill and Attlee: A Vanished Age of Political Respect," Richard M. Langworth, December 4, 2019, https://richardlangworth.com/mckenstry-attlee.

35. Ennius, *Annales*, https://www.loebclassics.com/view/ennius-annals/2018/pb_

LCL294.193.xml.

36. Paul Collier, *The Future of Capitalism: Facing the New Anxieties* (London: Allen Lane, 2018), 8.

37. Lorraine Boissoneault, "Bismarck Tried to End Socialism's Grip—by Offering Government healthcare," *Smithsonian Magazine*, July 14, 2017, https://www. smithsonianmag.com/.

38. 현대 민주주의 고소득 국가를 만드는 데 복지 시스템, 특히 양질의 교육이 하는 역할에 대해서는 다음 참조. Torben Iversen and David Soskice, *Democracy and Prosperity: Reinventing Capitalism Through a Turbulent Century* (Princeton, NJ, and Oxford: Princeton University Press, 2019). 또한 다음도 참조하라. Martin Wolf, "The Case for Capitalism," *Financial Times*, March 28, 2019, https://www.ft.com/content/d8b903d0-4bfe-11e9-bbc9-6917dce3dc62.

39. See Alberto Alesina, Johann Harnoss, and Hillel Rapoport, "Immigration and the Future of the Welfare State in Europe," December 2014 (updated February 2018), Working Paper 2018-04, 2, Paris School of Economics, https://halshs.archives-ouvertes.fr/halshs-01707760/document.

40. Ibid., 1.

41. Martin Wolf, "Disputed Fruit of Unskilled Immigration," *Financial Times*, April 4, 2006, https://www.ft.com/content/ba686d9a-c407-11da-bc52-0000779e2340.

42. Robert Smith and Jim Pickard, "Greensill Capital Paid Cameron Salary of More Than $1M a Year," *Financial Times*, July 12, 2021, https://www.ft.com/content/536867f4-2dd3-42a1-9b29-54ed92693635.

43. 디어드레 매클로스키는 좋은 삶과 좋은 사회에서 '일곱 가지 미덕'이 차지하는 역할에 대해 흥미진진한 이야기를 들려준다. 그 일곱 가지는 '용기, 정의, 절제, 신중함'이라는 '이교도적 4대 덕목'과 '믿음, 소망, 사랑'이라는 '신학적 3대 덕목'이다. Dierdre McCloskey, "Life's Primary Colours: How Humanity Forgot the Seven Principal Virtues," ABC News Australia, July 2, 2019, https:// www.abc.net.au/religion/primary-colors-how-humanity-forgot-the-seven-principal-virtues/11272726.

44. 이질적인 사회에서 민주주의를 유지해야 하는 과제에 대해서는 다음 참조. Yascha Mounk, *the Great Experiment: How to Make Diverse Democracies Work* (London: Bloomsbury, 2022), and Martin Wolf, "A Call to Arms for Diverse Democracies and Their 'Decent Middle,'" *Financial times*, May 5, 2022, https://www.ft.com/content/83ba0474-70ea-4759-81f1-e14f6ea269fa. 몽크는 다양한 사회가 무정부 상태, 지배, 파편화라는 세 가지 방식으로 잘못된다고 주장한다. 지배나 집단 간의 합의가 이루어지지 않을 때 첫 번째 문제가 발생하고 다수파의 정체성 정치는 두 번째 문제를, 소수파의 정체성 정치는 세 번째 문제를 낳는다. 이 모든 것은 현실적이고 우려스러운 위험이다.

45. See, on this issue, Isabel Wilkerson, *Caste: The Origins of Our Discontents* (New York: Random House, 2020).

46. See Adrian Wooldridge, *The Aristocracy of Talent: How Meritocracy Made the Modern World* (London: Allen Lane, 2021); David Goodhart, *Head Hand Heart: The Struggle for Dignity and Status in the 21st Century* (London: Penguin, 2021); and Michael Sandel, *The Tyranny of Merit: What's become of the Common Good?* (London: Penguin, 2020).

47. 중국의 초기 행정 시스템에 대해서는 다음 참조. S. E. Finer, *The History of Government: Ancient Monarchies and Empires*, vol. 1, *Ancient Monarchies and Empires* (Oxford: Oxford University Press, 1997 and 1999), book II, chapters 5 and 6; Francis Fukuyama, *The Origins of Political Order: from Prehuman Times to the French Revolution* (London: Profile Books, 2011), chapters 7 and 8; and Adrian Wooldridge, *The Aristocracy of Talent: How Meritocracy Made the Modern World* (London: Allen Lane, 2021).

48. See Francis Fukuyama, *Political Order and Political Decay: From the Industrial Revolution to the Globalization of Democracy* (London: Profile Books, 2014), chapter 34, "America the Vetocracy."

49. 현대 관료제에서 '환관'의 가치관은 기업 관료제에도 똑같이 적용된다. 직원의 충성심은 최고경영자가 아닌 회사에 대한 충성심과 유사하다. 어니스트 겔너(Ernest Gellner)는 고전적인 저서 『Nations and Nationalism』(Oxford: Blackwell Press, 1983 and 2006)에서 이처럼 중요한 기본 아이디어를 제시했다.

50. 전문 지식의 원천으로서 경제학이 가지는 한계에 대해서는 다음 참조. Martin Wolf, "How Economists Failed as 'Experts'—and How to Make Them Matter Again," Institute for New Economic Thinking, March 12, 2019, https://www.ineteconomics.org/perspectives/blog/why-economists-failed-as-experts-and-how-to-make-them-matter-again.

51. Anjana Ahuja, "UK's Confused Claim to 'Follow the Science' Eroded Public Trust," *Financial times*, May 19, 2020, https://www.ft.com/content/66413e62-98e7-11ea-871b-edeb99a20c6e.

52. 팬데믹 대응으로 얻은 교훈인 필수적 리더십의 자질, 특히 포퓰리즘 선동가들이 보이는 리더십의 단점에 대해서는 다음 참조. Adecco Group, "Comparing the Outcome of Government Responses to COVID-19," January 2022, https://www.adeccogroup.com/en-ch/future-of-work/insights/government-response-2022/.

53. Tim Nichols, *The Death of Expertise: The Campaign against Established Knowledge and Why It Matters* (New York: Oxford University Press, 2017).

54. Minouche Shafik, "In Experts We Trust?" Bank of England, February 22, 2017, 12, https://www.bankofengland.co.uk/-/media/boe/files/speech/2017/in-experts-

we-trust.pdf?la=en&hash=51801143BE9C2BAA60EF3F56F04D7A2E2C694952.

55. See Center for Presidential Transition, "Unconfirmed: Why Reducing the Number of Senate-Confirmed Positions Can Make Government More Effective," August 9, 2021, https://presidentialtransition.org/publications/unconfirmed-reducing-number-senate-confirmed-positions/.

56. On this, see Nicholas Gruen, "Trust and the Competition Delusion: A New Frontier for Political and Economic Reform," Griffith Review, https://www.griffithreview.com/articles/trust-competition-delusion-gruen/.

57. See Jane Jacobs, *Systems of Survival: A Dialogue on the Moral Foundations of Commerce and Politics* (New York: Random House, 1994).

58. "List of regulators in the United Kingdom," Wikipedia, https://en.wikipedia.org/wiki/List_of_regulators_in_the_United_Kingdom.

59. Paul Tucker, *Unelected Power: The Quest for Legitimacy in Central Banking and the Regulatory State* (Princeton, NJ, and Oxford: Princeton University Press, 2018).

60. R. James Breiding, *Too Small to Fail: Why Some Small Nations Outperform Larger Ones and How the y Are Reshaping the World* (Uttar Pradesh, India: HarperCollins, 2019).

61. Raghuram Rajan, *The Third Pillar: The Revival of Community in a Polarized World* (London: William Collins, 2019), especially part III; and Collier, *The Future of Capitalism*, chapter 7.

62. "UK Treaties," https://www.gov.uk/guidance/uk-treaties.

63. Michael Crowley, "Trump Won't Commit to 'Peaceful' Post-Election Transfer of Power," *New York Times*, September 23, 2020, https://www.nytimes.com/2020/09/23/us/politics/trump-power-transfer-2020-election.html.

64. Electoral Reform Society, "Single Transferable Vote," https://www.electoral-reform.org.uk/vot ing-systems/types-of-voting-system/single-transferable-vote/.

65. George Washington, "Farewell Address," https://www.ourdocuments.gov/doc.php?flash=false&doc=15&page=transcript.

66. 미국에서 정당 후보자 선출에 대한 대중의 극단적인 개입과 그로 인한 불미스러운 결과는 다음 참조. Stephen Gardbaum and Richard H. Pildes, "Populism and Institutional Design: Methods of Selecting Candidates for Chief Executive," *New York University Law Review* 93 (2018): 647-708, https://www.nyulawreview.org/wp-content/uploads/2018/10/NYULawReview-93-4-Gardbaum-Pildes.pdf. See also Jonah Goldberg, "The Hollowing Out of American Parties," American Enterprise Institute, November 7, 2018, https://www.aei.org/articles/the-hollowing-out-of-american-political-parties/.

67. 알렉산더 해밀턴은 대통령 선거인단에 대해 "선거 과정은 도덕적 확실성을 부여해

야 하며, 필요한 자격에 걸맞게 탁월한 수준이 안 되는 사람에게는 결코 제비뽑기처럼 대통령직을 넘기지 않을 것"이라고 썼다. 다음 참조. Alexander Hamilton, "The Mode of Electing the President," *Federalist Papers* No. 68, March 14, 1788, https://avalon.law.yale.edu/18th_century/fed68.asp. 지금까지 그런 적이 있었는지에 대해서는 논란이 있을 수 있다. 그러나 선거인단의 독립적인 판단을 배제함으로써 이제는 그럴 수도 없게 됐으며, 자격이 부족할 뿐만 아니라 심지어 유권자 투표에서 과반수 득표도 하지 못한 대통령도 여러 명 배출했다.

68. See Anne Applebaum, "The U.S. Shouldn't Be a 'Sleazy Offshore Principality,'" *Atlantic*, October 14, 2020, https://www.theatlantic.com/ideas/archive/2020/10/us-shouldnt-be-sleazy-offshore-principality/616717/.

69. 정치에서 기업이 하는 역할에 대해서는 다음 참조. Thom Hartmann, *Unequal Protection: How Corporations became "People"—nd How You Can Fight Back* (San Francisco: Berrett-Koehler, 2010), and Martin Wolf, "There Is a Direct Line from Milton Friedman to Donald Trump's Assault on Democracy," *ProMarket*, October 4, 2020, https://promarket.org/2020/10/04/milton-friedman-donald-trump-assault-on-democracy-corporations/.

70. 미국 선거에 외국(주로 러시아)의 간섭이 미친 영향에 대해서는 다음 참조. David Shimer, *Rigged: America, Russia, and One Hundred Years of Covert Electoral Interference* (New York: Alfred A. Knopf, 2020).

71. 알렉시스 드 토크빌은 자신의 저서 『Democracy in America』(1835년과 1840년에 출판)에서 배심원 제도를 자주 언급했다.

72. See John Bernheim and Nicholas Gruen, "Bernheim and Gruen on the Path toward Sortition," *Equality by Lot*, August 6, 2020, https://equalitybylot.com/2020/08/06/burnheim-and-gruen-on-the-path-toward-sortition/; and Nicholas Gruen, "An Unpublished Column on Sortition and Brexit," *Equality by Lot*, April 17, 2019, https://equalitybylot.com/2019/04/17/an-unpublished-column-on-sortition-and-brexit/.

73. See Michela Palese, "The Irish Abortion Referendum: How a Citizens' Assembly Helped to Break Years of Political Deadlock," Electoral Reform Society, May 29, 2018, https://www.electoral-reform.org.uk/the-irish-abortion-referendum-how-a-citizens-assembly-helped-to-break-years-of-political-deadlock/.

74. "Daniel Patrick Moynihan," https://www.brainyquote.com/quotes/daniel_patrick_moynihan_182347.

4부의 프롤로그

1. Martin Wolf, "Humanity Is a Cuckoo in the Planetary Nest," *Financial Times*, March

9, 2021, https://www.ft.com/content/a3285adf-6c5f-4ce4-b055-e85f39ff2988.

10장

1. 이 인용문은 확인된 출처가 없다.

2. See Martin Wolf, "How We Can Share Our Divided World," *Financial Times*, November 2, 2021, https://www.ft.com/content/b371e181-eac3-41ef-88c5-ca2bb20edd99.

3. 인구와 GDP 데이터의 출처는 다음과 같다. https://data.worldbank.org/ and https://www.imf.org/en/Publications/WEO/weo-database/2021/April. 세계은행의 고소득 국가 목록에는 비민주적 국가 8개국(바레인, 브루나이, 홍콩, 쿠웨이트, 오만, 카타르, 사우디아라비아, 아랍에미리트)이 포함되어 있는데, 이들의 인구와 GDP는 고소득 국가의 총계에서 제외됐다. 이들 국가의 인구는 총 6,560만 명이며, 2019년 세계 GDP에서 차지하는 비중은 PPP 기준 2.6%, 시장 가격 기준 2.3%다. 홍콩을 제외하고는 모두 산유국이다.

4. See, on this issue, Dani Rodrik, *The Globalization Paradox: Democracy and the Future of the World Economy* (New York and London: W. W. Norton, 2011), and Rodrik, *Straight Talk on Trade: Ideas for a Sane World Economy* (Princeton, NJ: Princeton University Press, 2017).

5. Millennium Challenge Corporation, "Our Impact," https://www.mcc.gov/our-impact.

6. See Martin Wolf, "Containing China Is Not a Feasible Option," *Financial Times*, February 2, 2021, https://www.ft.com/content/83a521c0-6abb-4efa-be48-89ecb52c8d01; and Richard Haass, "A Cold War with China Would Be a Mistake," Council on Foreign Relations, May 11, 2020, https://www.cfr.org/article/cold-war-china-would-be-mistake.

7. Clyde Prestowitz, *The World Turned Upside Down: America, China, and the Struggle for Global Leadership* (New Haven, CT: Yale University Press, 2021), 223.

8. Anonymous, *The Longer Telegram: Toward a New American China Strategy*, Atlantic Council, Scowcroft Center for Strategy and Security, 2021, https://www.atlanticcouncil.org/content-series/atlantic-council-strategy-paper-series/the-longer-telegram/.

9. Ibid., 6.

10. Demetri Sevastopulo, "US Accuses China of Operating 'Open-Air Prison' in Xinjiang," *Financial times*, May 12, 2021, https://www.ft.com/content/1f9f5f30-dc6e-4228-8b43-5faf522f223a; and Tom Mitchell, "Business Worries Intensify Over China's Tightening Grip on Hong Kong," *Financial times*, March 16, 2021, https://

www.ft.com/content/098017c2-1c83-4da3-ac2a-53e7ed7fac81.

11. Demetri Sevastopulo and Kathrin Hille, "US Fears China Is Flirting with Seizing Control of Taiwan," *Financial Times*, March 27, 2021, https://www.ft.com/content/3ed169b8-3f47-4f66-a914-58b6e2215f7d.

12. Graham Allison, "The Geopolitical Olympics: Could China Win Gold?" *National Interest*, July 29, 2021, https://nationalinterest.org/feature/geopolitical-olympics-could-china-win-gold-190761.

13. See Martin Jacques, *When China Rules the World: The End of the Western World and the Birth of a New Global Order* (London: Penguin, 2009).

14. See Sean Golden, "A 'China Model' for the 'New Era,'" Barcelona Center for International Affairs, 2017, https://www.cidob.org/en/publications/publication_series/opinion/asia/a_china_model_for_ the _new_era.

15. Kishore Mahbubani, "Biden and China: Friends or Foes," *Alumnus*, issue 124, January-March 2021, National University of Singapore, https://www.nus.edu.sg/alumnet/thealumnus/issue-124/perspectives/panorama/biden-and-china-friends-or-foes.

16. 서구의 실패에 대해서는 다음 참조. Kishore Mahbubani(싱가포르 학자이자 전 외교관), *Has the West Lost It? A Provocation* (London: Allen Lane, 2018).

17. Jonathan Kirshner, "Gone but Not Forgotten: Trump's Long Shadow and the End of American Credibility," *Foreign Affairs*, March/April 2021, https://www.foreignaffairs.com/articles/united-states/2021-01-29/trump-gone-not-forgotten.

18. 이 용어는 국무부 차관보였던 로버트 졸릭(Robert Zoellick)이 다음 글에서 처음 사용했다. Robert Zoellick, "Whither China: from Membership to Responsibility?" September 21, 2015, US Department of State Archive, https://2001-2009.state.gov/s/d/former/zoellick/rem/53682.htm.

19. Branko Milanovic, *Capitalism Alone* (Cambridge, MA: Harvard University Press, 2019), 208.

20. John Emerich Edward Dalberg Acton (1st Baron Acton), Phrase Finder, https://www.phrases.org.uk/meanings/absolute-power-corrupts-absolutely.html.

21. See Martin Wolf, "The Economic Threats from China's Real Estate Bubble," *Financial Times*, October 5, 2021, and Matthew Klein and Michael Pettis, *Trade Wars Are Class Wars* (New Haven, CT: Yale University Press, 2020).

22. See Graham Allison, *Destined for War: Can America and China Escape Thucydides's Trap?* (Boston and New York: Houghton Mifflin Harcourt, 2017), and Graham Allison, "China's Geopolitics are Pumped Up by Its Economic Success," *Financial Times*, October 4, 2020, https://www.ft.com/content/e2902988-ca56-4d21-ab2a-b416c9006c7b.

23. 영국의 자유주의자 노먼 에인절(Norman Angell)은 자신의 저서 『The Great Illusion: A Study of the Relation of Military Power in Nations to Their Economic and Social Advantage』에서 전쟁은 파멸로 귀결될 것이라고 주장한 것으로 유명하다. 이 책은 『Europe's Optical Illusion』이라는 제목으로 1909년 처음 출간된 후 『The Great Illusion』이라는 제목으로 다시 출간됐다. 이 명제는 너무나 진실임이 입증됐지만, 멍청한 자들이 전쟁을 시작하는 것을 막지는 못했다.

24. "Cuban Missile Drises," *Britannica*, https://www.britannica.com/event/Cuban-missile-crisis.

25. Jamie Smyth, "Chinese Tensions Put Australian Businesses under Pressure," *Financial Times*, November 11, 2020, https://www.ft.com/content/b764e4c9-cc38-43b6-848c-dba0cbc6475a.

26. 중국의 무역 정책 관행에 대한 미국의 견해에 대해서는 다음 참조. Office of the United States Trade Representative, Executive Office of the President, *Findings of the Investigation into China's Acts, Policies, and Practices Related to Technology Transfer, Intellectual Property, and Innovation under Sector 301 of the Trade Act of 1974*, March 22, 2018, https://ustr.gov/sites/default/files/Section%20301%20FINAL.PDF. See also Martin Wolf, "Donald Trump Declares Trade War on China," *Financial times*, May 8, 2018, https://www.ft.com/content/dd2af6b0-4fc1-11e8-9471-a083af05aea7.

27. WTO 체제하에서 미국이 취한 무역 정책 조치의 위법성, 특히 중국에 대한 조치의 위법성에 대해서는 다음 참조. Martin Wolf, "Donald Trump Creates Chaos with His Tariffs Trade War," *Financial Times*, July 10, 2018, https://www.ft.com/content/ba65ac98-8364-11e8-a29d-73e3d454535d.

28. Alan Beattie, "WTO to Suffer Heavy Blow as US Stymies Appeals Body," *Financial Times*, December 8, 2019, https://www.ft.com/content/f0f992b8-19c4-11ea-97df-cc63de1d73f4.

29. See Nicholas Lardy, *The State Strikes Back: The End of Economic Reform in China?* (Washington, DC: Peterson Institute for International Economics, 2019).

30. John Hurley, Scott Morris, and Gailyn Portelance, "Examining the Debt Implications of the Belt and Road Initiative from a Policy Perspective," Center for Global Development, CGD Policy Paper 121, March 2018, https://www.cgdev.org/sites/default/files/examining-debt-implications-belt-and-road-initiative-policy-perspective.pdf.

31. Martin Wolf, "Humanity Is a Cuckoo in the Planetary Nest," *Financial Times*, March 9, 2021, https://www.ft.com/content/a3285adf-6c5f-4ce4-b055-e85f39ff2988.

32. 앨런 비티(Alan Beattie)는 다음 글에서 이런 과제가 가지는 엄청난 어려움에 대해 설명했다. 실제로는 임시변통적 조정이 필요할 것이다. Alan Beattie, "Carbon Border

Taxes Cannot Fix the Damage of Trump's Climate Move," *Financial Times*, June 8, 2017, https://www.ft.com/content/1d5e54ca-4b86-11e7-919a-1e14ce4af89b. In practice, this would have to be a rough-and-ready adjustment.

33. 다음 저서에서는 2050년까지 글로벌 순배출 제로로 전환하는 것을 목표로 배출 집약적 제품에 대한 국경세를 포함한 일련의 정책 패키지를 논의한다. Martin Wolf, "Action Must Replace Talk on Climate Change," *Financial Times*, May 4, 2021, https://www.ft.com/content/3fa154f3-84e7-4964-9a21-d3dbd41e1470, which discusses a package of policies, including the border tax on emissions-intensive products, aimed at achieving a shift to global net zero emissions by 2050.

34. See Statista, "Leading Importers of Fish and Fishery Products Worldwide in 2019 (in billion U.S. dollars)," https://www.statista.com/statistics/268266/top-importers-of-fish-and-fishery-products/.

35. World Atlas, "Countries Where Illegal Wildlife Trade Is a Major Threat to Wildlife," https://www.worldatlas.com/articles/10-countries-most-infamous-for-illegal-wildlife-trade.html.

36. See US Department of State, "The Montreal Protocol on Substances That Deplete the Ozone Layer," https://www.state.gov/key-topics-office-of-environmental-quality-and-transboundary-issues/the-montreal-protocol-on-substances-that-deplete-the-ozone-layer/; and US Department of State, "Law of the Sea Convention," https://www.state.gov/law-of-the-sea-convention/.

37. International Monetary Fund, "IMF Members' Quotas and Voting Power, and IMF Board of Governors," May 23, 2021, https://www.imf.org/external/np/sec/memdir/members.aspx.

38. See Asian Infrastructure Investment Bank, https://www.aiib.org/en/index.html, and New Development Bank, https://www.ndb.int/.

결론

1. "Gettysburg Address," *Britannica*, https://www.britannica.com/event/Gettysburg-Address.

2. Sallus, *Bellum jugurthinum*, https://penelope.uchicago.edu/Thayer/E/Roman/Texts/Sallust/Bellum_Jugurthinum/1*.html.

3. These data are from the International Monetary Fund, World Economic Outlook database April 2021, https://www.imf.org/en/Publications/SPROLLs/world-economic-outlook-databases#sort=%40imfdate%20descending.

4. Global Security.org, "'Führerprinzip' (Leader Principle)," https://www.globalsecurity.org/military/world/europe/de-fuhrerprinzip.htm.

5. James M. Lindsay, "The 2020 Election by the Numbers," Council on Foreign

Relations, December 15, 2020, https://www.cfr.org/blog/2020-election-numbers; and Martin Wolf, "The American Republic's Near-Death Experience," *Financial Times*, January 19, 2021, https://www.ft.com/content/c085e962-f27c-4c34-a0f1-5cf2bd813fbc.

6. Karl Popper, *The Open Society and Its Enemies*, vol. 1, *The Spell of Plato* (London: Routledge, 1945).

7. Anne Applebaum, *Twilight of Democracy: The Seductive Lure of Authoritarianism* (London: Allen Lane, 2020).

8. Steve Alexis, "Quotes by Hunter S. Thompson," April 13, 2020, Inspiring Alley, https://www.inspiringalley.com/hunter-s-thompson-quotes/.

9. Adrian Wooldridge, *The Aristocracy of Talent: How Meritocracy Made the Modern World* (London: Allen Lane, 2021).

10. 이 부분은 다음 글에서 광범위하게 인용했다. Martin Wolf, "Democracy Will Fail If We Don't Think as Citizens," *Financial Times*, July 6, 2020, https://www.ft.com/content/36abf9a6-b838-4ca2-ba35-2836bd0b62e2.

감사의 글

1. Martin Wolf, *Why Globalization Works* (London and New Haven, CT: Yale University Press, 2004), Wolf, *Fixing Global Finance* (Baltimore and London: Johns Hopkins University Press and Yale University Press, 2008 and 2010), and Wolf, *The Shifts and the Shocks: What We've Learned—nd Have Still to Learn—from the Financial Crisis* (London and New York: Penguin, 2014 and 2015).

2. Martin Sandbu, *The Economics of Belonging: A Radical Plan to Win Back the Left Behind and Achieve Prosperity for All* (Princeton, NJ, and Oxford: Princeton University Press, 2020).

- Acemoglu, Daron. "Written Testimony." At a virtual hearing on "Machines, Artificial Intelligence, & the Workforce: Recovering & Readying Our Economy for the Future." House Committee on the Budget, September 10, 2021. https://www. congress.gov/116/meeting/house/111002/witnesses/HHRG-116-BU00-Wstate-AcemogluD-20200910.pdf.
- Acemoglu, Daron, and James A. Robinson. *The Narrow Corridor: States, Societies, and the Fate of Liberty*. London and New York: Penguin Press, 2019.
- Acemoglu, Daron, and James A. Robinson. *Why Nations Fail: The Origins of Power, Prosperity*, and Poverty. New York: Crown Business, 2012.
- Acemoglu, Daron, David Autor, David Dorn, Gordon H. Hanson, and Brendan Price. "Import Competition and the Great US Employment Sag of the 2000s," *Journal of Labor Economics* 34, no. 1 (part 2, January 2016): 141-98. http://www. journals.uchicago.edu/doi/pdfplus/10.1086/682384.
- Achen, Christopher H., and Larry M. Bartels. *Democracy for Realists: Why Elections Do Not Produce Responsive Government*. Princeton, NJ, and Oxford: Princeton University Press, 2016.
- Adams, James Truslow. *The Epic of America*. New Brunswick and London: Transaction Publishers, 1931 and 2012.
- Adecco Group. "Comparing the Outcome of Government Responses to COVID-19." January 2022. https://www.adeccogroup.com/en-ch/future-of-work/insights/government-response-2022/.
- Admati, Anat. "Capitalism, Laws, and the Need for Trustworthy Institutions." In Paul Collier, Diane Coyle, Colin Mayer, and Martin Wolf, eds. "Capitalism: What Has Gone Wrong, What Needs to Change, and How It Can Be Fixed," *Oxford*

Review of Economic Policy 37, no. 4 (Winter 2021): 678-89.

- Admati, Anat, and Martin Hellwig. *The Banker's New Clothes: What's Wrong with Banking and What to Do about It.* Updated edition. Princeton, NJ: Princeton University Press, 2014.

- Aghion, Philippe, Céline Antonin, and Simon Bunel. *The Power of Creative Destruction: Economic Upheaval and the Wealth of Nations.* Translated by Jodie Cohen-Tanugi. Cambridge, MA: Belknap Press of Harvard University Press, 2021.

- Ahluwalia, Montek Singh. *Backstage: The Story Behind India's High Growth Years.* New Delhi: Rupa Publications, 2020.

- Ahuja, Anjana. "UK's Confused Claim to 'Follow the Science' Eroded Public Trust." *Financial Times*, May 19, 2020. https://www.ft.com/content/66413e62-98e7-11ea-871b-edeb99a20c6e.

- Alesina, Alberto, Johann Harnoss, and Hillel Rapoport. "Immigration and the Future of the Welfare State in Europe." December 2014 (updated February 2018). Working Paper 2018-04, Paris School of Economics. https://halshs.archives-ouvertes.fr/halshs-01707760/document.

- Alexis, Steve. "Quotes by Hunter S. Thompson." Inspiring Alley, April 13, 2020. https://www.inspir ingalley.com/hunter-s-thompson-quotes/.

- Aliber, Robert Z., and Charles P. Kindleberger. *Manias, Panics, and Crashes: A History of Financial Crises.* 7th ed. London and New York: Palgrave Macmillan, 2015.

- Allen, Robert C. "The British Industrial Revolution in Global Perspective: How Commerce Created the Industrial Revolution and Modern Economic Growth." 2006. https://users.nber.org/~confer/2006/SEGs06/allen.pdf.

- Allison, Graham. "China's Geopolitics Are Pumped Up by Its Economic Success." *Financial Times*, October 4, 2020. https://www.ft.com/content/e2902988-ca56-4d21-ab2a-b416c9006c7b.

- Allison, Graham. *Destined for War: Can America and China Escape Thucydides's Trap?* Boston and New York: Houghton Mifflin Harcourt, 2017.

- Allison, Graham. "The Geopolitical Olympics: Could China Win Gold?" *National Interest*, July 29, 2021. https://nationalinterest.org/feature/geopolitical-olympics-could-china-win-gold-190761.

- Alpha History. "The Great Depression." https://alphahistory.com/nazigermany/the-great-depression/.

- Amadeo, Kimberly. "What Is the Average American Net Worth?" *The Balance*. Updated December 30, 2021, https://www.thebalance.com/american-middle-class-net-worth-3973493.

- American Association of Retired Persons. "How Much Social Security Will I Get?" https://www.aarp.org/retirement/social-security/questions-answers/how-much-social-security-will-i-get.html.
- Anderson, Benedict. *Imagined Communities: Reflections on the Origin and Spread of Nationalism*. London and New York: Verso, 1983.
- Andreau, Jean. "Personal Endebtment and Forgiveness in the Roman Empire." CADTM, December 17, 2012. http://www.cadtm.org/Personal-endebtment-and-debt (translated from the French).
- Andrews, Dan, Chiara Criscuolo, and Peter Gal. *The Global Productivity Slowdown, Technology Divergence and Public Policy: A Firm Level Perspective*. OECD, Paris, 2016. https://www.oecd.org/global-forum-productivity/events/GP_Slowdown_Technology_Divergence_and_Public_Policy_Final_after_conference_26_July.pdf.
- Angell, Norman. *The Great Illusion: A Study of the Relation of Military Power in Nations to Their Economic and Social Advantage*. 3rd ed. New York and London: G. P. Putnam's Sons, 1911.
- Annie E. Casey Foundation. Kids Count Data Center, Demographics. "Total Population by Child and Adult Populations in the United States," 2020. https://datacenter.kidscount.org/.
- Anonymous. *The Longer Telegram: Toward a New American China Strategy*. Atlantic Council, Scowcroft Center for Strategy and Security, 2021. https://www.atlanticcouncil.org/content-series/atlantic-council-strategy-paper-series/the-longer-telegram/.
- Applebaum, Anne. *Twilight of Democracy: The Seductive Lure of Authoritarianism*. London: Allen Lane, 2020.
- Applebaum, Anne. "The U.S. Shouldn't Be a 'Sleazy Offshore Principality.'" *Atlantic*, October 14, 2020. https://www.theatlantic.com/ideas/archive/2020/10/us-shouldnt-be-sleazy-offshore-principality/616717/.
- Applebaum, Anne, and Peter Pomerantsev. "How to Put Out Democracy's Dumpster Fire." *Atlantic*, March 8, 2021. https://www.theatlantic.com/magazine/archive/2021/04/the-internet-doesnt-have-to-be-awful/618079/.
- Aristotle. *Politics*. Translated by T. A. Sinclair. Revised and re-presented by Trevor J. Saunders. London: Penguin Classics, 1981.
- Asian Infrastructure Investment Bank. https://www.aiib.org/en/index.html.
- Aslund, Anders. *Russia's Crony Capitalism: The Path from Market Economy to Kleptocracy*. New Haven: Yale University Press, 2019.
- Atkinson, Anthony B. *Inequality: What Can Be Done*. Cambridge, MA, and

London: Harvard University Press, 2015.

- Auerbach, Alan, Michael Devereux, Michael Keen, and John Vell. "Destination-Based Cash Flow Taxation." Oxford Legal Studies Research Paper No. 14/2017. Said Business School WP 2017-09. Oxford University Center for Business Taxation WP 17/01. https://papers.ssrn.com/sol3/papers.cfm?abstract_id=2908158.

- Autor, David H., David Dorn, and Gordon H. Hanson. "The China Shock: Learning from Labor Market Adjustment to Large Changes in Trade." National Bureau of Economic Research Working Paper Number 21906. January 2016. http://www.nber.org/papers/w21906.

- Baggini, Julian. "Aristotle's Thinking on Democracy Has More Relevance Than Ever." *Prospect*, May 23, 2018. https://www.prospectmagazine.co.uk/philosophy/aristotles-thinking-on-democracy-has-more-relevance-than-ever.

- Baker, Peter. "Bush Made Willie Horton an Issue in 1988 and the Racial Scars Are Still Fresh." *New York Times*, December 3, 2018. https://www.nytimes.com/2018/12/03/us/politics/bush-willie-horton.html.

- Baldwin, James. *The Fire Next Time*. New York: Dial, 1963.

- Baldwin, Richard E. *The Globotics Upheaval: Globalization, Robotics, and the Future of Work*. London: Weidenfeld & Nicolson, 2019.

- Baldwin, Richard E. *The Great Convergence: Information Technology and the New Globalization*. Cambridge, MA: Belknap Press of Harvard University Press, 2016.

- Baldwin, Richard E., and Philippe Martin. "Two Waves of Globalization: Superficial Similarities, Fundamental Differences." National Bureau of Economic Research. Working Paper Number 6904, January 1999. http://www.nber.org/papers/w6904.pdf.

- Baldwin, Richard E., and Simon J. Evenett. *COVID-19 and Trade Policy: Why Turning Inward Won't work*. A CEPR Press VoxEU.org eBook, 2020. https://voxeu.org/content/covid-19-and-trade-policy-why-turning-inward-won-t-work.

- Baldwin, Tom. *Ctrl Alt Delete: How Politics and the Media Crashed Our Democracy*. London: Hurst and Company, 2018.

- Bank of England. "Further Details about Sectoral Deposits and Divisia Money Data." https://www.bankofengland.co.uk/statistics/details/further-details-sectoral-deposits-and-divisia-money-data.

- Bank of England. "The U.K. Exchange Control: A Short History." *Bank of England Quarterly Bulletin*, 1967, Third Quarter. https://www.bankofengland.co.uk/-/media/boe/files/quarterly-bulletin/1967/the-uk-exchange-control-a-short-history.pdf.

- Bank for International Settlements. *Annual Economic Report*. June 2020. https://www.bis.org/publ/arpdf/ar2020e.pdf.
- Bank for International Settlements. "Basel III: International Regulatory Framework for Banks." https://www.bis.org/bcbs/basel3.htm.
- Bank for International Settlements. "Global OTC Derivatives Market." Table D5.1. https://stats.bis.org/statx/srs/table/d5.1.
- Barker, Richard, Robert G. Eccles, and George Serafeim. "The Future of ESG Is . . . Accounting?" *Harvard Business Review*, December 3, 2020. https://hbr.org/2020/12/the-future-of-esg-is-accounting.
- Barr, Nicholas. *The Welfare State as Piggy Bank: Information, Risk, Uncertainty, and the Role of the State*. Oxford: Oxford University Press, 2001.
- Barthel, Michael. "5 Key Takeaways about the State of the News Media in 2018." Pew Research Center, July 23, 2019. https://www.pewresearch.org/fact-tank/2019/07/23/key-takeaways-state-of-the-news-media-2018/.
- Barwise, Patrick. "Nine Reasons Why Tech Markets Are Winner-Take-All." London Business School, July 10, 2018. https://www.london.edu/lbsr/nine-reasons-why-tech-markets-are-winner-take-all.
- Baumol, William J. *The Free-Market Innovation Machine: Analyzing the Growth Miracle of Capitalism*. Princeton, NJ: Princeton University Press, 2004.
- Baxter, Martin. "Three-D Politics and the Seven Tribes." *Electoral Calculus*, April 20, 2019. https://www.electoralcalculus.co.uk/pol3d_main.html.
- Baxter, Martin. "Voter Migration by Group 2017-2019." *Electoral Calculus*, January 21, 2020. https://www.electoralcalculus.co.uk/pseph_group_migration_2019.html.
- Beattie, Alan. "Carbon Border Taxes Cannot Fix the Damage of Trump's Climate Move." *Financial times*, June 8, 2017. https://www.ft.com/content/1d5e54ca-4b86-11e7-919a-1e14ce4af89b.
- Beattie, Alan. "WTO to Suffer Heavy Blow as US Stymies Appeals Body." *Financial Times*, December 8, 2019. https://www.com/content/f0f992b8-19c4-11ea-97df-cc63de1d73f4.
- Bebchuk, Lucian, and Jesse Fried. "The Growth of Executive Pay." National Bureau of Economic Research working Paper No. 11443, June 2005. https://www.nber.org/papers/w11443.
- Bebchuk, Lucian, and Jesse Fried. *Pay without Performance: The Unfulfilled Promise of Executive Compensation*. Cambridge, MA: Harvard University Press, 2004.
- Beinhocker, Eric D. *The Origin of Wealth: The Radical Remaking of Economics*

and What It Means for Business and Society. Cambridge, MA: Harvard University Press, 2006.

- Belton, Catherine. *Putin's People*. London: William Collins, 2020.
- Bénabou, Roland, and Jean Tirole. "Bonus Culture: Competitive Pay, Screening, and Multitasking." *Journal of Political Economy* 124, no. 2 (2016): 305-70.
- Berlin, Isaiah. "Two Concepts of Liberty." In Isaiah Berlin, *Four Essays on Liberty*. Oxford: Oxford University Press, 1969, 118-72. https://cactus.dixie.edu/green/B_Readings/I_Berlin%20Two%20Concpets%20of%20Liberty.pdf.
- Berman, Sheri. *Democracy and Dictatorship in Europe: From the Ancien Regime to the Present Day*. New York: Oxford University Press, 2019.
- Bernanke, Ben S. "The Global Saving Glut and the U.S. Current Account Deficit." Remarks, March 10, 2005. Federal Reserve Board. https://www.federalreserve.gov/boarddocs/speeches/2005/200503102/.
- Bernanke, Ben S. *21st Century Monetary Policy: The Federal Reserve from the Great Inflation to Covid-19*. New York and London: W. W. Norton, 2022.
- Bernheim, John, and Nicholas Gruen. "Bernheim and Gruen on the Path toward Sortition." *Equality by Lot*, August 6, 2020. https://equalitybylot.com/2020/08/06/burnheim-and-gruen-on-the-path-toward-sortition/.
- Beschloss, Michael. "The Ad That Helped Reagan Sell Good Times to an Uncertain Nation." *New York times*, May 7, 2016. https://www.nytimes.com/2016/05/08/business/the-ad-that-helped-reagan-sell-good-times-to-an-uncertain-nation.html.
- Besley, Timothy. "Is Cohesive Capitalism Under Threat?" In Paul Collier, Diane Coyle, Colin Mayer, and Martin Wolf, eds. "Capitalism: What Has Gone Wrong, What Needs to Change, and How It can Be Fixed." *Oxford Review of Economic Policy* 37, no. 4 (Winter 2021): 720-33.
- Besley, Timothy, and Torsten Persson. *Pillars of Prosperity: The Political Economics of Development Clusters*. Princeton, NJ: Princeton University Press, 2011.
- Bhagwati, Jagdish N., and Padma Desai. *India: Planning for Industrialization*. Oxford: Oxford University Press, for the Development Center of the Organization for Economic Co-operation and Development, 1970.
- Bingham, Tom. *The Rule of Law*. London: Penguin, 2011.
- Boissoneault, Lorraine. "Bismarck Tried to End Socialism's Grip—by Offering Government Healthcare." *Smithsonian Magazine*, July 14, 2017. https://www.smithsonianmag.com/.
- Bordo, Michael D., Alan M. Taylor, and Jeffrey G. Williamson, eds. *Globalization in Historical Perspective*. Chicago: University of Chicago Press, 2003.

- Bordo, Michael D., Barry Eichengreen, and Jongwoo Kim. "Was There Really an Earlier Period of International Financial Integration Comparable to Today's?" National Bureau of Economic Research working Paper 6738, September 1998. www.nber.org.
- Borjas, George J. "Immigration and Globalization: A Review Essay." *Journal of Economic Literature* 53, no. 4 (2015): 961-74. https://sites.hks.harvard.edu/fs/gborjas/publications/journal/JEL2015.pdf.
- Bork, Robert H. *The Antitrust Paradox: A Policy at War with Itself*. 2nd ed. New York: Free Press, 1993.
- Boyce, James K. *The Case for Carbon Dividends*. Cambridge, MA: Polity, 2019.
- Breiding, R. James. *Too Small to Fail: Why Some Small Nations Outperform Larger Ones and How They are Reshaping the World*. Uttar Pradesh, India: Harper Business, 2019.
- The British Academy. *Principles for Purposeful Business: How to Deliver the Framework for the Future of the Corporation*, 2019. https://www.thebritishacademy.ac.uk/publications/future-of-the-corpora tion-principles-for-purposeful-business.
- Brown, Chad P., and Melina Kolb. "Trump's Trade War Timeline: An Up-to-Date Guide." Peterson institute for International Economics, August 6, 2020. https://www.piie.com/sites/default/files/documents/trump-trade-war-timeline.pdf.
- Brown, Richard. *A History of Accounting and Accountants*. London: Routledge, 1905.
- Brown, Roger. *The Inequality Crisis: The Facts and What We Can Do about It*. Bristol, UK, and Chicago: Policy Press, 2017.
- Brown, Wendy. *In the Ruins of Neoliberalism: The Rise of Antidemocratic Politics in the West*. New York: Columbia University Press, 2019.
- Brunnermeier, Markus. *The Resilient Society*. Colorado Springs, CO: Endeavor, 2021.
- Brunnermeier, Markus, and Jean-Pierre Landau. *The Digital Euro: Policy Implications and Perspectives*, January 21, 2022. Directorate-General for Internal Policies.
- Bruno, Valentina, and Hyun Song Shin. "Global Dollar Credit and Carry Trades: A Firm-Level Analysis." BIS Working Papers 510, August 2015, Bank for International Settlements. https://www.bis.org/publ/work510.pdf.
- Brunsden, Jim, Sam Fleming, and Mehreen Khan. "EU Recovery Fund: How the Plan Will Work." *Financial times*, July 21, 2020. https://www.ft.com/content/2b69c9c4-2ea4-4635-9d8a-1b67852c0322.

- Bryan, Bob. "One Quote from Warren Buffett Is the Perfect Advice for Investing in the Age of Uber and Netflix." *Business Insider*, May 4, 2019. https://www.businessinsider.com/buffett-on-moats-2016-4?IR=T.
- Brynjolfsson, Erik, and Andrew McAfee. *Race against the Machine: How the Digital Revolution Is Accelerating innovation, Driving Productivity, and Irreversibly Transforming Employment and the Economy*. Lexington, MA: Digital Frontier Press, 2011.
- Brynjolfsson, Erik, and Andrew McAfee. *The Second Machine Age: Work, Progress, and Prosperity in a time of Brilliant Technologies*. New York: W. W. Norton, 2014.
- Bureau of Economic Analysis. US Department of Commerce. https://www.bea.gov/.
- Burgis, Tom. *Kleptopia: How Dirty Money Is Conquering the World*. London: William Collins, 2020.
- Burke, Edmund. *Reflections on the Revolution in France and on the Proceedings in Certain Societies in London Relative to That Event*. London: Dodsley, 1790.
- Burn-Murdoch, John, Valentina Romei, and Chris Giles. "UK Economic Recovery Tracker: What the Latest Data on Activity Are Signaling." *Financial Times*, August 5, 2020. https://www.ft.com/uk-econ-tracker.
- Business Roundtable. "Statement on the Purpose of a Corporation." August 19, 2019. https://system.businessroundtable.org/app/uploads/sites/5/2021/02/BRT-Statement-on-the-Purpose-of-a-Corporation-Feburary-2021-compressed.pdf.
- Callaghan, James. "Leader's Speech, Blackpool 1976." http://www.britishpoliticalspeech.org/speech-archive.htm?speech=174.
- Capie, Forrest. *Capital Controls: A "Cure" Worse Than the Problem*. London: Institute of Economic Affairs, 2002.
- Card, David, and Alan B. Krueger. *Myth and Measurement: The New Economics of the Minimum Wage*. Twentieth-Anniversary Edition. Princeton, NJ: Princeton University Press, 2015.
- Cardoso, Fernando Henrique. "Brazil's Crisis Reflects Demise of Representative Democracy across the West." *Huffington Post*, September 5, 2016. https://www.huffpost.com/entry/brazils-crisis-reflects-demise-of-democracy_b_11867368.
- Cardozo Law. "Disney's Influence on U.S. Copyright Law." August 26, 2021. https://online.yu.edu/cardozo/blog/disney-influence-copyright-law.
- Carnegie Corporation of New York. "Voting Rights: A Short History," November 18, 2019. https://www.carnegie.org/our-work/article/voting-rights-timeline/.
- Carroll, Lewis. "The Hunting of the Snark." https://www.poetryfoundation.org/

poems/43909/the-hunting-of-the-snark.

- Case, Anne, and Angus Deaton. *Deaths of Despair and the Future of Capitalism*. Princeton, NJ: Princeton University Press, 2020.
- Case, Anne, and Angus Deaton. "Mortality and Morbidity in the 21st Century." *Brookings Papers on Economic Activity*. Spring 2017. https://www.brookings. edu/wp-content/uploads/2017/08/casetextsp17bpea.pdf.
- Casleton, Scott. "It's Time for Liberals to Get Over Citizens United." Vox, May 7, 2018. https://www.vox.com/the-big-idea/2018/5/7/17325486/citizens-united-money-politics-dark-money-vouchers-primaries.
- Cecchetti, Stephen G., and Enisse Kharroubi. "Reassessing the Impact of Finance on Growth." BIS working Papers 381, July 2012. https://www.bis.org/publ/ work381.pdf.
- Cecchetti, Stephen G., and Enisse Kharroubi. "Why Does Financial Sector Growth Crowd Out Real Economic Growth?" BIS Working Papers 490, February 2015. https://www.bis.org/publ/work490.pdf.
- Center for Financial Stability. "Advances in Monetary and Financial Measurement," 2021. http://www.centerforfinancialstability.org/amfm_data.php?startc=1984&sta rtt=2000#methods.
- Center for Presidential Transition. "Unconfirmed: Why Reducing the Number of Senate-ConfirmedPositions Can Make Government More Effective." August 9, 2021. https://presidentialtransition.org/publications/unconfirmed-reducing-number-senate-confirmed-positions/.
- Centers for Disease Control and Prevention. "Opioid Overdose Deaths." https:// www.cdc.gov/drugoverdose/epidemic/index.html.
- Chancellor, Edward. *The Price of Time: The Real Story of Interest*. London: Allen Lane, 2022.
- Cingano, Federico. "Trends in Income Inequality and Its Impact on Economic Growth." OECD Social, Employment and Migration Working Papers No. 163, Paris, 2014. http://dx.doi.org/10.1787/5jxrjncwxv6j-en.
- Clark, Andrew E., Sarah Fleche, Richard Layard, Nattavudh Powdthavee, and George Ward. *The Origins of Happiness: The Science of Well-Being over the Life Course*. Princeton, NJ: Princeton University Press, 2018.
- Clemens, Michael A. "Economics and Emigration: Trillion-Dollar Bills on the Sidewalk?" *Journal of Economic Perspectives* 25, no. 3 (Summer 2011): 83-106.
- Coase, Ronald H. "The Nature of the Firm." *Economica* 4, no. 16 (1937): 386-405. https://onlinelibrary.wiley.com/doi/full/10.1111/j.1468-0335.1937.tb00002.x.
- Coggan, Philip. *More: The 10,000-Year Rise of the World Economy*. London:

Economist Books, 2020.

- Cohn, D'Vera. "How U.S. Immigration Laws and Rules Have Changed throughout History." Pew Research Center, September 30, 2015. https://www.pewresearch.org/fact-tank/2015/09/30/how-u-s-immigration-laws-and-rules-have-changed-through-history/.

- Collier, Paul. *The Future of Capitalism: Facing the New Anxieties*. London: Allen Lane, 2018.

- Collier, Paul, and John Kay. *Greed Is Dead: Politics after Individualism*. London: Allen Lane 2020.

- Collins, Chuck. *The Wealth Hoarders: How Billionaires Pay Millions to Hide Trillions*. Cambridge, UK: Polity, 2021.

- Commission on the Practice of Democratic Citizenship. *Our Common Purpose: Reinventing American Democracy for the 21st Century*. Cambridge, MA: American Academy of Arts and Sciences, 2020.

- Conference Board. "Total Economy Database," 2021. https://www.conference-board.org/data/economydatabase/total-economy-database-productivity. Consensus Economics. https://www.consensuseconomics.com/.

- Congressional Budget Office. *The 2021 Long-term Budget Outlook*. March 2021. https://www.cbo.gov/system/files/2021-03/56977-LTBO-2021.pdf.

- Congressional Budget Office. "Monthly Budget Review: Summary for Fiscal Year 2019." November 7, 2019. https://www.cbo.gov/.

- Cooper, Andrew F., and Colin I. Bradford Jr. *The G20 and the Post-Crisis Economic Order*. Center for international Governance Innovation G20 Papers No. 3, June 2020. https://www.cigionline.org/sites/default/files/g20_no_3_0.pdf.

- Corak, Miles. "Income Inequality, Equality of Opportunity, and Intergenerational Mobility." IZA Discussion Paper No. 7520. July 2013. http://ftp.iza.org/dp7520.pdf.

- Coughlan, Sean. "The Symbolic Target of 50% at University Reached." BBC News. September 26, 2019. https://www.bbc.com/news/education-49841620.

- Courtois, Stéphane, Nicolas Werth, Jean-Louis Panné, Andrzej Paczkowski, Karel Bartosek, and Jean-Louise Margolin. *The Black Book of Communism: Crimes, Terror, Repression*. Translated by Jonathan Murphy and Mark Kramer. Cambridge, MA: Harvard University Press, 1999.

- Cowen, Tyler. *The Great Stagnation: How America Ate All the Low-Hanging Fruit of Modern History, Got Sick, and Will (Eventually) Feel Better*. New York: Dutton, 2011.

- Coyle, Diane. "Building Back Better Requires Systemic Shifts." *Financial*

Times, July 30, 2020. https://www.ft.com/content/72b1fbd7-6059-4cb9-835d-c608acc3e603.

- Crafts, Nicholas. *Globalization and Growth in the Twentieth Century*. IMF Working Paper WP/00/44. washington, DC, International Monetary Fund, 2000. https://www.imf.org/external/pubs/ft/wp/2000/wp0044.pdf.
- Crivelli, Ernesto, Ruud De Mooij, and Michael Keen. "Base Erosion, Profit Shifting and Developing Countries." IMF Working Paper WP/15/118. May 2015. https://www.imf.org/en/Publications/WP/Issues/2016/12/31/Base-Erosion-Profit-Shifting-and-Developing-Countries-42973.
- Croft, Jane. "Ex-Barclays Libor Traders Receive Jail Sentences." *Financial Times*, July 7, 2016. https://www.ft.com/content/16215d97-3971f-209-87da-55d0a1f08c5f.
- Crowley, Michael. "Trump Won't Commit to 'Peaceful' Post-Election Transfer of Power." *New York times*, September 23, 2020. https://www.nytimes.com/2020/09/23/us/politics/trump-power-transfer-2020-election.html.
- Curtis, Polly. "Gordon Brown Calls Labor Supporter a 'Bigoted Woman.' " *Guardian*, April 28, 2010. https://www.theguardian.com/politics/2010/apr/28/gordon-brown-bigoted-woman.
- Dal Bó, Ernesto, Federico Finan, Olle Folke, Torsten Persson, and Johanna Rickne. "Economic Losers and Political Winners: Sweden's Radical Right." February 2019. http://perseus.iies.su.se/~tpers/papers/CompleteDraft190301.pdf.
- Dalio, Ray, Jordan Nick, Steven Kryger, and Bill Longfield. "Wealth Taxes." March 22, 2021. Bridgewater, unpublished.
- DARPA. "Innovation at DARPA." July 2016. https://www.darpa.mil/attachments/DARPA_Innovation_2016.pdf.
- Dasgupta, Partha. *The Economics of Biodiversity: The Dasgupta Review—Full Report*. April 23, 2021. https:// www.gov.uk/government/publications/final-report-the-economics-of-biodiversity-the-dasgupta-review.
- Day, Chris. *The Beveridge Report and the Foundations of the Welfare State*. National Archives, blog, December 7, 2017. https://blog.nationalarchives.gov.uk/beveridge-report-foundations-welfare-state/.
- De Vries, Jan. "The Industrial Revolution and the Industrious Revolution." *Journal of Economic History* 54, no. 2 (1994): 249-70. http://www.jstor.org/stable/2123912.
- Dervis, Kemal, and Caroline Conroy. "Nationalists of the World, Unite?" Brookings, November 26, 2018. https://www.brookings.edu/opinions/nationalists-of-the-world-unite/.

- Detter, Dag, and Stefan Fölster. *The Public Wealth of Nations: How Management of Public Assets Can Boost or Bust Economic Growth*. Basingstoke: Palgrave Macmillan, 2015.
- Diamond, Jared M. *Guns, Germs and Steel: A Short History of Everybody for the Last 13,000 Years*. London: Vintage, 1998.
- Diamond, Jared M. "Jared Diamond: Lessons from a Pandemic." *Financial Times*, May 28, 2020. https://www.ft.com/content/71ed9f88-9f5b-11ea-b65d-489c67b0d85d.
- Diamond, Larry. "Facing Up to the Democratic Recession." *Journal of Democracy* 26, no. 1 (January 2015). http://www.journalofdemocracy.org/sites/default/files/Diamond-26-1_0.pdf.
- Diamond, Larry. *Ill Winds: Saving Democracy from Russian Rage, Chinese Ambition, and American Complacency*. New York: Penguin Press, 2019.
- Diamond, Larry. *The Spirit of Democracy: The Struggle to Build Free Societies throughout the World*. New York: Henry Holt, 2009.
- Diewert, W. Erwin. "Decompositions of Productivity Growth into Sectoral Effects." Paper Prepared for the IARIW-UNSW Conference on Productivity: Measurement, Drivers and Trends, November 2013. http://www.iariw.org/papers/2013/Diewert_Paper2.pdf.
- Diris, Ron, and Erwin Ooghe. "The Economics of Financing Higher Education." *Economic Policy*, April 2018. https://ideas.repec.org/a/oup/ecpoli/v33y2018i94p265-314.html.
- Doerr, Sebastian, Stefan Gissler, José-Luis Peydró, and Hans-Joachim Voth. "Financial Crises and Political Radicalization: How Failing Banks Paved Hitler's Path to Power." BIS World Papers, No. 978. November 22, 2021. https://www.bis.org/publ/work978.htm.
- Domar, Evsey. "On the Measurement of Technological Change," *Economic Journal* 71, no. 284 (December 1961): 709-29.
- Draghi, Mario. "Verbatim of the Remarks Made by Mario Draghi." July 26, 2012. European Central
- Bank. https://www.ecb.europa.eu/press/key/date/2012/html/sp120726.en.html.
- Dube, Arindrajit. "Guest Post: Minimum Wage Laws and the Labor Market: What Have We Learned Since Card and Krueger's Book *Myth and Measurement?*" September 1, 2011. https://rortybomb.wordpress.com/2011/09/01/guest-post-minimum-wage-laws-and-the-labor-market-what-have-we-learned-since-card-and-krueger%E2%80%99s-book-myth-and-measurement/.
- Dumas, Charles. *Populism and Economics*. London: Profile Books, 2018.

- Durand, Cédric. *Fictitious Capital: How Finance Is Appropriating Our Future*. London and New York: Verso, 2017.
- Durkheim, Émile. *Le Suicide: Etude de Sociologie*. Bar-le-Duc, France: Imprimerie Contant-Laguerre, 1897.
- Dustmann, Christian, Baerry Eichengreen, Sebastian Otten, André Sapir, Guido Tabellini, and Gylfi Zoega. "Populism and Trust in Europe." *VoxEu*, August 2017. https://voxeu.org/article/populism-and-trust-europe.
- Earthworks. "FACT SHEET: Battery Minerals for the Clean Energy Transition," April 17, 2019. https://earthworks.org/fact-sheet-battery-minerals-for-the-clean-energy-transition/.
- "Economists Are Rethinking the Numbers on Inequality." *Economist*, November 28, 2019. https://www.economist.com/briefing/2019/11/28/economists-are-rethinking-the-numbers-on-inequality.
- "Economists' Statement on Carbon Dividends." Climate Leadership Council, January 17, 2019. https://clcouncil.org/economists-statement/.
- Editorial Board. "New Issuance of SDRs Is Vital to Help Poorer Countries." *Financial Times*, April 12, 2020. https://com/content/2691bfa2-799e-11ea-af44-daa3def9ae03.
- Edsall, Thomas B. "Trump Says Jump. His Supporters Ask How High?" *New York Times*, September 14, 2017. https://www.nytimes.com/2017/09/14/opinion/trump-republicans.html?action=click&pgtype=Homepage&clickSource=story-heading&module=opinion-c-col-right-region&region=opinion-c-col-right-region&WT.nav=opinion-c-col-right-region&_r=0.
- Edsall, Thomas B. "We Aren't Seeing White Support for Trump for What It Is." *New York Times*, August 28, 2019. https://www.nytimes.com/2019/08/28/opinion/trump-white-voters.html?action =click&module=Opinion&pgtype=Homepage.
- Edwards, Sebastian. "Modern Monetary Disasters." *Project Syndicate*, May 16, 2019. https://www.project-syndicate.org/commentary/modern-monetary-theory-latin-america-by-sebastian-edwards-2019-05.
- Edwards, Sebastian. "On Latin American Populism, and Its Echoes around the World." National Bureau of Economic Research Working Paper No. 26333. October 2019. https://www.nber.org/papers/w26333.
- Eichengreen, Barry. *The Populist Temptation: Economic Grievance and Political Reaction in the Modern Era*. New York: Oxford University Press, 2018.
- Electoral Reform Society. "Single Transferable Vote," 2017. https://www.electoral-reform.org.uk/voting-systems/types-of-voting-system/single-transferable-vote/.

- Electronic Frontier Foundation. "Patent Trolls." https://www.eff.org/issues/resources-patent-troll-victims.
- Ellis, Howard S. "Bilateralism and the Future of International Trade." *Essays in International Finance* No. 5, Summer 1945. International Finance Section, Department of Economics and Social Institutions, Princeton University, Princeton, New Jersey. https://ies.princeton.edu/pdf/E5.pdf.
- Ellyatt, Holly. "Who Are 'Davos Man' and 'Davos Woman'?" CNBC, January 19, 2018. https://www.cnbc.com/2018/01/19/who-are-davos-man-and-davos-woman.html.
- *Encyclopedia Britannica*, https://www.britannica.com.
- Energy Transitions Commission. *Keeping 1.5°C Alive: Closing the Gap in the 2020s*. September 2021. https://www.energy-transitions.org/publications/keeping-1-5-alive/.
- Energy Transitions Commission. *Making Mission Possible: Delivering a Net-Zero Economy*. September 2020. https://www.energy-transitions.org/publications/making-mission-possible/.
- "Enoch Powell's 'Rivers of Blood' speech." https://anth1001.files.wordpress.com/2014/04/enoch-powell_speech.pdf.
- Estevadeordal, Antoni, Brian Ftrantz, and Alan M. Taylor. "The Rise and Fall of World Trade, 1870-1939." National Bureau of Economic Research Paper No. 9318. November 2002. http://www.nber.org/papers/w9318.
- European Council on Foreign Relations. *Crisis and Cohesion in the EU: A Ten-Year Review*. February 5, 2018. https://www.ecfr.eu/page/-/ECFR-_245_-_Crisis_and_Cohesion_-_A_10_Year_Review_Janning_WEB.pdf.
- EurWORK: European Observatory of Working Life. "Flexicurity." May 7, 2013. https://www.eurofound.europa.eu/observatories/eurwork/industrial-relations-dictionary/flexicurity.
- Evans, Geoff, and Florian Schaffner. "Brexit Identities: How Leave Versus Remain Replaced Conservative Versus Labor Affiliations of British Voters." January 23, 2019. https://ukandeu.ac.uk/brexit-identities-how-leave-versus-remain-replaced-conservative-versus-labor-affiliations-of-british-voters/.
- Facebook Investor Relations. "Facebook Reports Fourth Quarter and Full Year 2018 Results." https://investor.fb.com/investor-news/press-release-details/2019/Facebook-Reports-Fourth-Quarter-and-Full-Year-2018-Results/default.aspx.
- Federal Reserve. "Federal Reserve Announces the Establishment of Temporary U.S. Dollar Liquidity Arrangements with Other Central Banks." March 19, 2020. https://www.federalreserve.gov/New sevents/pressreleases/monetary20200319b.htm.

- Ferguson, Thomas, and Joel Rogers. *Right Turn: The Decline of the Democrats and the Future of American Politics*. New York: Farrar, Straus and Giroux, 1987.
- Fetzer, Thiemo. "Austerity Caused Brexit." *VoxEU*, April 8, 2019. https://voxeu.org/article/austerity-caused-brexit.
- Fetzer, Thiemo. "Did Austerity Cause Brexit?" Warwick University Working Paper Series No. 381. Revised June 2019. https://warwick.ac.uk/fac/soc/economics/research/centers/cage/manage/publications/381-2018_fetzer.pdf.
- *Financial Times*. "Coronavirus Tracked: See How Your Country Compares." https://www.ft.com/con tent/a2901ce8-5eb7-4633-b89c-cbdf5b386938.
- Findlay, Ronald, and Kevin H. O'Rourke. "Commodity Market Integration, 1500-2000." In Michael D. Bordo, Alan M. Taylor, and Jeffrey G. Williamson, eds. *Globalization in Historical Perspective*. Chicago: University of Chicago Press, 2003. http://www.nber.org/chapters/c9585.pdf.
- Findlay, Ronald, and Kevin H. O'Rourke. *Power and Plenty: Trade, War, and the World Economy in the Second Millennium*. Princeton, NJ: Princeton University Press, 2009.
- Finer, S. E. *The History of Government: Ancient Monarchies and Empires, Vol. 1, Ancient Monarchies and Empires*. Oxford: Oxford University Press, 1997 and 1999.
- Finer, S. E. *The Man on Horseback: The Role of the Military in Politics*. Abingdon and New York: Routledge, 1962 and 2017.
- Fleming, Sam, Miles Johnson, and Ian Mount. "EU Rescue Package: Borrowing to Prevent a North-South Split." *Financial Times*, July 24, 2020. https://www.ft.com/content/1fd5785b-5f6f-4175-bae4-214b43a55804.
- Fleming, Sam, Mehreen Khan, and Jim Brunsden. "EU Leaders Strike Deal on €750bn Recovery Fund after Marathon Summit." *Financial Times*, July 21, 2020. https://www.ft.com/content/713be467-ed19-4663-95ff-66f775af55cc.
- Foa, R. S., A. Klassen, M. Slade, A. Rand, and R. Collins. "The Global Satisfaction with Democracy Report 2020." Cambridge, UK: Centre for the Future of Democracy, 2020. https://www.cam.ac.uk/system/files/report2020_003.pdf.
- Foa, Roberto S., Xavier Romero-Vidal, Andrew J. Klassen, Joaquin Fuenzalida Concha, Marian Quednau, and Lisa Sophie Fenner. *The Great Reset: Public Opinion, Populism, and the Pandemic*. Centre for the Future of Democracy, University of Cambridge, January 14, 2022.
- Foa, Roberto Stefan, and Yascha Mounk. "The Danger of Deconsolidation: The Democratic Disconnect." *Journal of Democracy* 27, no. 3 (July 2016): 5-17.
- Foundation for Economic Education. "H. L. Mencken Quotes on Government,

Democracy, and Politicians." https://fee.org/articles/12-hl-mencken-quotes-on-government-democracy-and-politicians/.

- Fowler, Mayhill. "Obama: No Surprise That Hard-Pressed Pennsylvanians Turn Bitter." *Huffington Post*, November 17, 2008, updated May 25, 2011. https://www.huffingtonpost.com/mayhill-fowler/obama-no-surprise-that-ha_b_96188.html.
- Frank, Robert H., and Philip J. Cook. *The Winner-Take-All Society: Why the Few at the Top Get So Much More Than the Rest of Us*. New York and London: Penguin, 1996.
- Frankopan, Peter. *The Silk Roads: A New History of the World*. London: Bloomsbury, 2015. Especially chapter 1.
- Frantz, Erica. *Authoritarianism: What Everyone Needs to Know*. Oxford: Oxford University Press, 2018.
- Freedom House. "Democracy in Crisis." *Freedom in the World 2018*. https://freedomhouse.org/sites/default/files/2020-02/FH_FIW_Report_2018_Final.pdf .
- Freedom House. "Democracy under Siege." *Freedom in the World 2021*. https://freedomhouse.org/sites/default/files/2021-02/FIW2021_World_02252021_FINAL-web-upload.pdf.
- Frey, Carl Benedikt. *The Technology Trap: Capital, Labor, and Power in the Age of Automation*. Princeton, NJ, and Oxford: Princeton University Press, 2019.
- Frey, William H. "The US Will Become 'Minority White' in 2045, Census Projects: Youthful Minorities are the Engine of Future Growth." Brookings, March 14, 2018. https://www.brookings.edu/blog/the-avenue/2018/03/14/the-us-will-become-minority-white-in-2045-census-projects/.
- Friedman, Benjamin. *The Moral Consequences of Economic Growth*. New York: First Vintage Books Edition, 2006.
- Friedman, Milton. "The Social Responsibility of Business Is to Increase Its Profits." *New York Times Magazine*, September 13, 1970. https://web.archive.org/web/20060207060807/https://www.colorado.edu/studentgroups/libertarians/issues/friedman-soc-resp-business.html.
- Friedman, Thomas L. *The World Is Flat: The Globalized World in the Twenty-first Century*. London and New York: Penguin, 2005.
- Fukuyama, Francis. "The End of History?" *National Interest* 16 (Summer 1989): 3-18. https://www.jstor.org/stable/24027184.
- Fukuyama, Francis. *Identity: The Demand for Dignity and the Politics of Resentment*. New York: Farrar, Straus and Giroux, 2018.
- Fukuyama, Francis. *The Origins of Political Order: From Prehuman Times to the French Revolution*. London: Profile Books, 2011.

- Fukuyama, Francis. *Political Order and Political Decay: From the Industrial Revolution to the Globalization of Democracy*. London: Profile Books, 2014.
- Full Fact. "Everything You Might Want to Know about the UK's Trade with the EU." November 22, 2017. https://fullfact.org/europe/uk-eu-trade/.
- Funke, Manuel, Moritz Schularik, and Christoph Trebesch. "Going to Extremes: Politics after Financial Crises, 1870-2014." *European Economic Review* 88 (2016): 227-60. http://www.macrohistory.net/wp-content/uploads/2015/10/Going-to-extremes.pdf.
- Furman, Jason. "Beyond Antitrust: The Role of Competition Policy in Promoting Inclusive Growth." Searle Center Conference on Antitrust Economics and Competition Policy. September 16, 2016. https://obamawhitehouse.archives.gov/sites/default/files/page/files/20160916_searle_conference_competition_furman_cea.pdf.
- Furman, Jason, and Lawrence H. Summers. "A Reconsideration of Fiscal Policy in the Era of Low Interest Rates." Brookings, November 30, 2020. https://www.brookings.edu/wp-content/uploads/2020/11/furman-summers-fiscal-reconsideration-discussion-draft.pdf.
- Furman, Jason, et al. *Unlocking Digital Competition: Report on the Digital Competition Expert Panel*. March 2019. https://assets.publishing.service.gov.uk/government/uploads/system/uploads/attachment_data/file/785547/unlocking_digital_competition_furman_review_web.pdf.
- Galbraith, John Kenneth. *American Capitalism: The Concept of Countervailing Power*. New York: Houghton Mifflin, 1952.
- Galofré-Vila, Gregori, Martin McKee, María Gómez-León, and David Stuckler. "The 1918 Influenza Pandemic and the Rise of Italian Fascism: A Cross-City Quantitative and Historical Text Qualitative Analysis." *American Journal of Public Health* 112, no. 2 (February 2022): 242-47.
- Galston, William A. *Anti-Pluralism: The Populist Threat to Liberal Democracy*. New Haven and London: Yale University Press, 2018.
- Gamble, Andrew, and Tony Wright, eds. *Rethinking Democracy*. Chichester: John Wiley for Political Quarterly Publishing, 2019.
- Gardbaum, Stephen, and Richard H. Pildes. "Populism and Institutional Design: Methods of Selecting Candidates for Chief Executive." *New York University Law Review* 93 (2018): 647-708. https://www.nyulawreview.org/wp-content/uploads/2018/10/NYULawReview-93-4-Gardbaum-Pildes.pdf.
- Gardels, Nathan, and Nicholas Berggruen. *Renovating Democracy: Governing in the Age of Globalization and Digital Capitalism*. Oakland, CA: University of

California Press for the Berggruen Institute, 2019.

- Garside, M. "Major Countries in Worldwide Cobalt Mine Production from 2010 to 2020." Statista. https://www.statista.com/statistics/264928/cobalt-mine-production-by-country/.

- Gates, Bill. *How to Avoid a Climate Disaster: The Solutions We Have and the Breakthroughs We Need.* London: Allen Lane, 2021.

- GDPR.EU. "What Is GDPR, the EU's New Data Protection Law?" https://gdpr.eu/what-is-gdpr/#:~:text=The%20General%20Data%20Protection%20Regulation,to%20people%20in%20the%20EU.

- Geary, Dick. "Who Voted for the Nazis?" *History Today* 48, no. 10 (October 1948). https://www.historytoday.com/archive/who-voted-nazis.https://www.historytoday.com/archive/who-voted-nazis.

- Gellner, Ernest. *Nations and Nationalism.* Oxford: Blackwell Press, 1983 and 2006.

- George, Henry. *Progress and Poverty: An Inquiry into the Cause of Industrial Depressions and of Increase of Want with Increase of Wealth*: The Remedy. Vega Publishing, 2019. First published 1879.

- Gessen, Masha. *Surviving Autocracy.* London: Granta, 2020.

- Gethin, Amory, Clara Martínez-Toledano, and Thomas Piketty. "Brahmin Left Versus Merchant Right: Changing Political Cleavages in 21 Western Democracies 1948-2020." *Quarterly Journal of Economics* 137, no. 1 (2022).

- Gidron, Noam, and Peter A. Hall. "The Politics of Social Status: Economic and Cultural Roots of the Populist Right." *British Journal of Sociology* 68, no. S1 (November 2017). https://onlinelibrary.wiley.com/doi/epdf/10.1111/1468-4446.12319.

- Gilens, Martin, and Benjamin I. Page. "Critics Argued with Our Analysis of U.S. Political Inequality. here Are 5 Ways They're Wrong." *Washington Post*, May 23, 2016. https://www.washingtonpost.com/news/monkey-cage/wp/2016/05/23/critics-challenge-our-portrait-of-americas-political-inequality-heres-5-ways-they-are-wrong/.

- Gilens, Martin, and Benjamin I. Page. "Testing Theories of American Politics: Elites, Interest Groups, and Average Citizens." *Perspectives on Politics* 12, no. 3 (September 18, 2014): 564-81. https://www.cambridge.org/core/journals/perspectives-on-politics/issue/32534CA34A6B58E6E4420B56764850E1.

- Giles, Chris. "Brexit Is an Example of Deglobalisation, Says Carney." *Financial Times*, September 18, 2017. https://www.ft.com/content/9b37cf6e-9c82-11e7-9a86-4d5a475ba4c5.

- Giles, Chris, Emma Agyemang, and Aime Williams. "136 Nations Agree to Biggest

Corporate Tax Deal in a Century." *Financial Times*, October 8, 2021. https://www.ft.com/content/5dc4e2d5-d7bd-4000-bf94-088f17e21936.

- Global Security.org. "'Führerprinzip' Leader Principle." https://www.globalsecurity.org/military/world/europe/de-fuhrerprinzip.htm.

- Global Trade Alert. *Going Spare: Steel, Excess Capacity, and Protectionism*. 22nd Global Trade Alert Report. London: Center for Economic Policy Research, 2018. https://www.globaltradealert.org/.

- Global Trade Alert. *Will Awe Trump Rules?* 21st Global Trade Alert Report. London: Center for Economic Policy Research, 2017. https://www.globaltradealert.org/.

- Goebbels, Joseph. "On National-Socialist Germany and Her Contribution toward Peace." Speech to the representatives of the international press at Geneva on September 28, 1933. German League of Nations Union News Service, PRO, FO 371/16728. Included within *Völkerbund: Journal for international Politics*, Ausgaben 1-103 (1933): 16. https://en.wikiquote.org/wiki/Joseph_Goebbels.

- Goldberg, Michelle. "Trumpism Is a Racket, and Steve Bannon Knew It." *New York Times*, August 20, 2020. https://www.nytimes.com/2020/08/20/opinion/sunday/trump-steve-bannon-fraud.html.

- Golden, Sean. "A 'China Model' for the 'New Era.' " Barcelona Center for International Affairs. 2017. https:// www.cidob.org/en/publications/publication_series/opinion/asia/a_china_model_for_the _new_era.

- Goldin, Ian, Pantelis Koutroumpis, François Lafond, Nils Rochowicz, and Julian Winkler. *The Productivity Paradox: Reconciling Rapid Technological Change and Stagnating Productivity*. Oxford Martin School, April 2019. https://www.oxfordmartin.ox.ac.uk/downloads/reports/Productivity_Para dox.pdf.

- Goldthorpe, John H. "Social Class Mobility in Modern Britain: Changing Structure, Constant Process." Lecture in Sociology. The British Academy, read March 15, 2016. *Journal of the British Academy* 4 (July 18, 2016): 89-111. https://www.thebritishacademy.ac.uk/sites/default/files/05%20Goldthorpe%201825.pdf.

- Goodhart, Charles, and Manoj Pradhan. *The Great Demographic Reversal: Aging Societies, Waning Inequality, and an Inflation Reversal*. London: Palgrave Macmillan, 2020.

- Goodhart, David. *Head Hand Heart: The Struggle for Dignity and Status in the 21st Century*. London: Penguin, 2021.

- Goodhart, David. *The Road to Somewhere: The Populist Revolt and the Future of Politics*. London: C. Hurst & Co, 2017.

- Gordon, Robert J. *The Rise and Fall of American Growth: The U.S. Standard of*

Living Since the Civil War. Princeton, NJ, and Woodstock, England: Princeton University Press, 2016.

- Gourinchas, Pierre-Olivier, and Hélene Rey. "From World Banker to World Venture Capitalist: U.S. External Adjustment and the Exorbitant Privilege." In Richard H. Clarida, ed. *Current Account Imbalances: Sustainability and Adjustment*. Chicago: University of Chicago Press, 2007, 11-66. https://www.nber.org/chapters/c0121. pdf.
- Groningen Growth and Development Centre, University of Groningen. Maddison Project. http://www.ggdc.net/maddison/maddison-project/data.htm.
- Gruen, Nicholas. "Beyond Vox Pop Democracy: Democratic Deliberation and Leadership in the Age of the Internet." *More or Less: Democracy and the New Media*, 2012. http://www.futureleaders.com.au/book_chapters/pdf/More-or-Less/Nicholas_Gruen.pdf#zoom=80.
- Gruen, Nicholas. "The Evaluator General." Club Troppo, May 29, 2020. https://clubtroppo.com.au/2020/05/29/the-evaluator-general/.
- Gruen, Nicholas. "Government as Impresario." NESTA, October 20, 2014. https://www.nesta.org.uk/report/government-as-impresario/.
- Gruen, Nicholas. "Superannuation Again." Club Troppo, May 31, 2005. https://clubtroppo.com.au/2005/05/31/superannuation-again/.
- Gruen, Nicholas. "An Unpublished Column on Sortition and Brexit." *Equality by Lot*, April 17, 2019. https://equalitybylot.com/2019/04/17/an-unpublished-column-on-sortition-and-brexit/.
- Guriev, Sergei, and Daniel Treisman. *Spin Dictators: The Changing Face of Tyranny in the 21st Century*. Princeton, NJ, and Oxford: Princeton University Press, 2022.
- Gurri, Martin. *The Revolt of the Public and the Crisis of Authority in the New Millennium*. San Francisco: Stripe Press, 2018.
- Guyton, John, Patrick Langetieg, Daniel Reck, Max Risch, and Gabriel Zucman. "Tax Evasion at the to p of the Income Distribution: Theory and Evidence." National Bureau of Economic Research working Paper 28542. March 2021. http://www.nber.org/papers/w28542 .
- Gwartney, James, Joshua Hall, and Robert Lawson. *Economic Freedom of the World 2016 Annual Report*. washington, DC: Cato Institute. https://store.cato.org/book/economic-freedom-world-2016-annual-report.
- Haass, Richard. "A Cold War with China Would Be a Mistake." Council on Foreign Relations, May 11, 2020. https://www.cfr.org/article/cold-war-china-would-be-mistake.

- Haidt, Jonathan, and Tobias Rose-Stockwell. "The Dark Psychology of Social Networks: Why It Feels Like Everything Is Going Haywire." *Atlantic*, December 2019. https://www.theatlantic.com/magazine/archive/2019/12/social-media-democracy/600763/.
- Haldane, Andrew G. "The $100 Billion Question." Speech delivered March 30, 2010. Bank for International Settlements. https://www.bis.org/review/r100406d.pdf.
- Haldane, Andrew G. "The Costs of Short-termism." In Michael Jacobs and Mariana Mazzucato, eds. *Rethinking Capitalism: Economics and Policy for Sustainable and Inclusive Growth*. Chichester: Wiley-Blackwell, 2016. Chapter 4, 66-76.
- Hamilton, Alexander. "The Mode of Electing the President." *Federalist Papers* No. 68. March 14, 1788. https://avalon.law.yale.edu/18th_century/fed68.asp.
- Hamilton, Alexander. *Report on the Subject of Manufactures*. December 1791.
- Hansen, Alvin H. "Economic Progress and Declining Population Growth." *American Economic Review* 29, no.1, part 1 (March 1939). http://digamo.free.fr/hansen39.pdf.
- Hansen, Kiese, and Time Shaw. "Solving the Student Debt Crisis." February 2020. Aspen Institute Financial Security Program. https://assets.aspeninstitute.org/wp-content/uploads/2020/03/Solv ingStudentDebtCrisis.pdf.
- Harari, Yuval. *Sapiens: A Brief History of Humankind*. London: Vintage Books, 2014.
- Harding, Robin, Amy Kazmin, and Christian Shepherd. "Asian Trade Deal Set to Be Signed after Years of Negotiations." *Financial Times*, November 11, 2020. https://www.ft.com/content/ddaa403a-099c-423c-a273-6a2ed6ef45f2.
- Harding, Robin, and John Reed. "Asia-Pacific Countries Sign One of the Largest Free Trade Deals in History." *Financial Times*, November 15, 2020. https://www.ft.com/content/2dff91bd-ceeb-4567-9f9f-c50b7876adce.
- Hargreaves, Deborah. *Are Chief Executives Overpaid?* Cambridge: Polity, 2019.
- Hartmann, Thom. *Unequal Protection: How Corporations Became "People"—nd How You Can Fight Back*. San Francisco: Berrett-Koehler, 2010.
- Haskell, Jonathan, and Stian Westlake. *Capitalism without Capital: The Rise of the Intangible Economy*. Oxford, England, and Princeton, NJ: Princeton University Press, 2018.
- Haughton, Tim. "It's the Slogan, Stupid: The Brexit Referendum." University of Birmingham, no date. https://www.birmingham.ac.uk/research/perspective/eu-ref-haughton.aspx.
- Hausmann, Ricardo, César A. Hidalgo, Sebastián Bustos, Michele Coscia,

Alexander Simoes, and Muhammed A. Yildrim. *The Atlas of Economic Complexity: Mapping Paths to Prosperity*. Cambridge, MA: MIT Press, 2014.

- Hayek, Friedrich A. *The Road to Serfdom*. London: Routledge, 1944.
- Hayek, Friedrich A. "Scientism and the Study of Society, Part I." *Economica* 9, no. 35 (August 1942): 267-91. https://www.jstor.org/stable/2549540?origin=crossref.
- Helliwell, John F., Richard Layard, Jeffrey D. Sachs, Jan-Emmanuel De Neve, Lara B. Akin, and Shun Wang. *World Happiness Report 2021*. https://happiness-report.s3.amazonaws.com/2021/WHR+21.pdf.
- Hellwig, Martin. "'Capitalism: What Has Gone Wrong?': Who Went Wrong? Capitalism? The Market Economy? Governments? 'Neoliberal' Economics?" In Paul Collier, Diane Coyle, Colin Mayer, and Martin Wolf, eds. "Capitalism: What Has Gone Wrong, What Needs to Change, and How It Can be Fixed." *Oxford Review of Economic Policy* 37, no. 4 (Winter 2021): 664-77.
- Helpman, Elhanan. *Globalization and Inequality*. Cambridge, MA, and London: Harvard University Press, 2018.
- Henderson, Richard, and Eric Platt. "'K-shaped' Stock Recovery Widens Gap between Winners and Losers." *Financial Times*, August 21, 2020. https://www.com/content/680d9605-f112-4ea5-a5af-3b9138b5bf07.
- Hickel, Jason. *Less Is More: How Degrowth Will Save the World*. London: William Heinemann, 2020.
- Hirsch, Fred. *The Social Limits to Growth*. London: Routledge, 1995.
- Hirschman, Albert O. *Exit, Voice, and Loyalty: Responses to Decline in Firms, Organizations, and States*. Cambridge, MA: Harvard University Press, 1972.
- Hirst, Paul, and Grahame Thompson. *Globalization in Question: The International Economy and the Possibilities of Governance*. 2nd ed. Cambridge: Polity Press, 1999.
- Hiscox, Michael. "The Job Guarantee—Weakening Worker Power?" *Challenge Magazine*, August 22, 2020. https://www.challengemag.org/post/the-job-guarantee-weakening-worker-power.
- Hop, Johanna. "The Hartz Employment Reforms in Germany." Center for Public Impact. September 2, 2019. https://www.centreforpublicimpact.org/case-study/hartz-employment-reforms-germany/.
- Horn, Sebastian, Carmen M. Reinhart, and Christoph Trebesch. "China's Overseas Lending." NBER working Paper No. 26050. July 2019. Revised May 2020. National Bureau of Economic Research. http://papers.nber.org/tmp/36603-w26050.pdf.
- House of Lords Economic Affairs Committee. *Central Bank Digital Currencies: A Solution in Search of a Problem?* HL Paper 131. January 13, 2022.

- Hudson, Michael. *And Forgive Them Their Debts: Lending, Foreclosure and Redemption from Bronze Age Finance to the Jubilee Year*. Dresden: Islet-Verlag, 2018.

- Hufbauer, Gary Clyde, and Euijin Jung. *Why Has Trade Stopped Growing? Not Much Liberalization and Lots of Micro-protection*. Peterson Institute for International Economics, March 23, 2016. https://piie.com/blogs/trade-investment-policy-watch/why-has-trade-stopped-growing-not-much-liberalization-and-lots.

- Hughes, Ian. *Disordered Minds: How Dangerous Personalities Are Destroying Democracy*. Hampshire: Zero Books, 2018.

- Hume, David. *A Treatise of Human Nature*. Book III. Part III. Section III. "Of the Influencing Motives of the Will." https://www.pitt.edu/~mthompso/readings/hume.influencing.pdf.

- Hurley, John, Scott Morris, and Gailyn Portelance. "Examining the Debt Implications of the Belt and Road Initiative from a Policy Perspective." CGD Policy Paper 121. March 2018, Center for Global Development. https://www.cgdev.org/sites/default/files/examining-debt-implications-belt-and-road-initiative-policy-perspective.pdf.

- Imperial College COVID-19 Response Team. "Report 9: Impact of Non-pharmaceutical (NPIs) to Reduced COVID-19 Mortality and Healthcare Demand." March 16, 2020. https://www.imperial.ac.uk/media/imperial-college/medicine/sph/ide/gida-fellowships/Imperial-College-COVID19-NPI-modelling-16-03-2020.pdf.

- Independent Commission on Banking. Chair: Sir John Vickers. *Final Report: Recommendations*. September 2011. https://bankingcommission.s3.amazonaws.com/wp-content/uploads/2010/07/ICB-Final-Report.pdf.

- Inglehart, Ronald F., and Pippa Norris. "Trump, Brexit, and the Rise of Populism: Economic Have-Nots and Cultural Backlash." RWP16-026, August 2016. https://www.hks.harvard.edu/publications/trump-brexit-and-rise-populism-economic-have-nots-and-cultural-backlash.

- Institut National d'Études Démographiques. "Migration Worldwide." https://www.ined.fr/en/everything_about_population/demographic-facts-sheets/focus-on/migration-worldwide/. international Civil Aviation Organization. "The World of Air Transport in 2018." https://www.icao.int/annual-report-2018/Pages/the-world-of-air-transport-in-2018.aspx.

- International Energy Agency. *Net Zero by 2050: A Roadmap for the Global Energy Sector*. October 2021. https:// iea.blob.core.windows.net/assets/deebef5d-0c34-

4539-9d0c-10b13d840027/NetZeroby2050-ARoadmapfortheGlobalEnergySector_CORR.pdf.

- International Federation of Accountants. Public Sector Committee. *Implementing Accrual Accounting in Government: The New Zealand Experience*. October 1994. https://www.ifac.org/system/files/publications/files/no-1-implementation-accr.pdf.
- International Monetary Fund. *Global Financial Stability Report, April 2020*. https://www.imf.org/en/Publications/GFSR/Issues/2020/04/14/global-financial-stability-report-april-2020.
- International Monetary Fund. "IMF Datamapper: Population." https://www.imf.org/external/datamapper/LP@WEO/OEMDC/ADVEC/WEOWORLD.
- International Monetary Fund. "IMF Members' Quotas and Voting Power, and IMF Board of Governors." May 23, 2021. https://www.imf.org/external/np/sec/memdir/members.aspx.
- International Monetary Fund. "The IMF's Response to COVID-19." June 29, 2020. https://www.imf.org/en/About/FAQ/imf-response-to-covid-19#Q1.
- International Monetary Fund. "Where the IMF Gets Its Money." March 31, 2020. https://www.imf.org/en/About/Factsheets/Where-the-IMF-Gets-Its-Money.
- International Monetary Fund. *World Economic Outlook, April 2020: The Great Lockdown*. Washington, DC: International Monetary Fund, 2020.
- International Monetary Fund. *World Economic OUtlook Database*. October 2020. https://www.imf.org/en/Publications/WEO/weo-database/2020/October.
- International Monetary Fund. *World Economic Outlook Databases*. https://www.imf.org/en/Publications/SPROLLs/world-economic-outlook-databases#sort=%40imfdate%20descending.
- International Monetary Fund. *World Economic Outlook, October 2016: Subdued Demand: Symptoms and Remedies*. Chapter 2, "Global Trade: What's behind the Slowdown."
- International Monetary Fund. *World Economic Outlook, October 2020: A Long and Difficult Assent*. Chapter 3, "Mitigating Climate Change." https://www.imf.org/en/Publications/WEO/Issues/2020/09/30/world-economic-outlook-october-2020#Chapter%203.
- Irwin, Douglas. "Multilateral and Bilateral Trade Policies in the World Trading System: An Historical Perspective." In Jaime de Melo and Arvind Panagariya, eds. *New Dimensions in Regional Integration*. Cambridge: Cambridge University Press, 1993.
- Iversen, Torben, and David Soskice. *Democracy and Prosperity: Reinventing*

Capitalism through a Turbulent Century. Princeton, NJ, and Oxford: Princeton University Press, 2019.

- Jacobs, Jane. *The Economy of Cities*. New York: Vintage Books, 1969.
- Jacobs, Jane. *Systems of Survival: A Dialogue on the Moral Foundations of Commerce and Politics*. New York: Random House, 1994.
- Jacobs, Michael, and Mariana Mazzucato, eds. *Rethinking Capitalism: Economics and Policy for Sustainable and Inclusive Growth*. Chichester: Wiley-Blackwell, 2016.
- Jacques, Martin. *When China Rules the World: The End of the Western World and the Birth of a New Global Order*. London: Penguin, 2009.
- Janeway, William H. *Doing Capitalism in the Innovation Economy*. Cambridge: Cambridge University Press, 2012 and 2018.
- Jaspers, Karl. *The Origin and Goal of History*. New Haven, CT, and London: Yale University Press, 1953. http://www.collegiumphaenomenologicum.org/wp-content/uploads/2010/06/Jaspers-The-Origin-and-Goal-of-History.pdf.
- Jeffries, Stuart. "Britain's Most Racist Election: The Story of Smethwick, 50 Years On." *Guardian*, October 15, 2014. https://www.theguardian.com/world/2014/oct/15/britains-most-racist-election-smethwick-50-years-on.
- Jensen, Michael C. "Value Maximization, Stakeholder Theory, and the Corporate Objective Function." *European Financial Management* 7, no. 3 (2001): 297-317. https://efmaefm.org/bharat/jensen_efm2001.pdf.
- Johnston, Matthew. "Carried Interest: A Loophole in America's Tax Code." *Investopedia*, March 31, 2021. https://www.investopedia.com/articles/investing/102515/carried-interest-loophole-americas-tax-code.asp.
- Judis, John B. *The Populist Explosion: How the Great Recession Transformed American and European Politics*. New York: Columbia Global Reports, 2016.
- Kagan, Robert. *The Jungle Grows Back*. New York: Alfred A. Knopf, 2018.
- Kagan, Robert. "The World America Made—and Trump Wants to Unmake." Brookings, September 28, 2018. https://www.brookings.edu/opinions/the-world-america-made-and-trump-wants-to-unmake/.
- Kaiser Family Foundation. "State Health Facts: Medicare Spending per Enrollee 2018." https://www.kff.org/medicare/state-indicator/per-enrollee-spending-by-residence.
- Kaufmann, Eric. *Whiteshift: Populism, Immigration, and the Future of White Majorities*. London and New York: Allen Lane, 2018.
- Kay, John. "The Basics of Basic Income." https://www.johnkay.com/2017/04/05/basics-basic-income/.

- Kay, John. *Culture and Prosperity: The Truth about Markets: Why Some Nations Are Rich and Most Remain Poor*. New York: Harper Business, 2004.
- Kay, John. "*Mission Economy* by Mariana Mazzucato—Could Moonshot Thinking Help Fix the Planet?" Financial Times, January 13, 2021. https://www.ft.com/content/86475b94-3636-49ec-9b3f-7d7756350b30.
- Kay, John. *Other People's Money: The Real Business of Finance*. London: Profile Books, 2016.
- Kay, John, and Mervyn King. *Radical Uncertainty: Decision-Making for an Unknowable Future*. London: Bridge Street Press, 2020.
- Keefe, Patrick Radden. *Empire of Pain: The Secret History of the Sackler Dynasty*. New York: Doubleday, 2021.
- Keefe, Patrick Radden. "How Did the Sacklers Pull This Off?" *New York Times*, July 14, 2021. https://www.nytimes.com/2021/07/14/opinion/sackler-family-opioids-settlement.html.
- Kelton, Stephanie. *The Deficit Myth: Modern Monetary Theory and How to Build a Better Economy*. London: John Murray, 2020.
- Kessler, Glenn, Salvador Rizzo, and Meg Kelly. "President Trump Has Made 15,413 False or Misleading Claims over 1,055 Days." *Washington Post*, December 16, 2019. https://www.washingtonpost.com/politics/2019/12/16/president-trump-has-made-false-or-misleading-claims-over-days/.
- Kessler, Sarah. *Gigged: The Gig Economy, the End of the Job and the Future of Work*. New York: Random House Business, 2019.
- Khan, Lina M. "Amazon's Antitrust Paradox." *Yale Law Journal* 126, no. 3 (January 2017). https://www.yalelawjournal.org/note/amazons-antitrust-paradox.
- Kierzkowski, Henryk, ed. *from Europeanization of the Globe to the Globalization of Europe*. London: Palgrave, 2002.
- King, Stephen D. *Grave New World: The End of Globalization and the Return of History*. London and New Haven: Yale University Press, 2017.
- Kirshner, Jonathan. "Gone but Not Forgotten: Trump's Long Shadow and the End of American Credibility." *foreign Affairs*, March/April 2021. https://www.foreignaffairs.com/articles/united-states/2021-01-29/trump-gone-not-forgotten.
- Klasing, Mariko J., and Petros Milionis. "Quantifying the Evolution of World Trade, 1870-1949." March 29, 2014. https://papers.ssrn.com/sol3/papers.cfm?abstract_id=2087678.
- Klein, Matthew, and Michael Pettis. *Trade Wars Are Class Wars*. New Haven, CT: Yale University Press, 2020.
- Kochhar, Rakesh. "Hispanic Women, Immigrants, Young Adults, Those with Less

Education Hit Hardest by COVID-19 Job Losses." Pew Research Center, June 9, 2020. https://www.pewresearch.org/.

- Krastev, Ivan, and Stephen Holmes. *The Light That Failed: A Reckoning*. New York and London: Penguin, 2019.

- Krueger, Alan. "The Rise and Consequences of Inequality in the United States of America." Center for American Progress, January 12, 2012. https://cdn.americanprogress.org/wp-content/uploads/events/2012/01/pdf/krueger.pdf.

- Krueger, Anne O. *International Trade: What Everyone Needs to Know*. New York: Oxford University Press, 2020.

- Kuttner, Robert. *Can Democracy Survive Global Capitalism?* New York: W. W. Norton, 2018.

- Lack, Simon. *The Hedge Fund Mirage: The Illusion of Big Money and Why It's Too Good to Be True*. Hoboken, NJ: John Wiley & Sons, 2012.

- Lakner, Christoph, and Branko Milanovic. "Global Income Distribution from the Fall of the Berlin Wall to the Great Recession." World Bank Policy Research Working Paper 6719. December 2013. http://documents.worldbank.org/curated/en/914431468162277879/pdf/WPS6719.pdf.

- Lal, Deepak. *Unintended Consequences: The Impact of Endowments, Culture, and Politics on Long-Run Economic Performance*. Cambridge, MA, and London: MIT Press, 2001.

- Lane, Philip R., and Gian M. Milesi-Ferretti. "The External Wealth of Nations Mark II: Revised and Extended Estimates of Foreign Assets and Liabilities, 1970-2004." *Journal of International Economics* 73, no. 2 (2007).

- Lardy, Nicholas. *The State Strikes Back: The End of Economic Reform in China?* Washington, DC: Peterson institute for International Economics, 2019.

- Layard, Richard. *Can We Be Happier? Evidence and Ethics*. London: Pelican Books, 2020.

- Lazonick, William. "Profits without Prosperity." *Harvard Business Review*, September 2014. https://hbr.org/2014/09/profits-without-prosperity.

- Lazonick, William, Mustafa Erdem Sakinç, and Matt Hopkins. "Why Stock Buybacks Are Dangerous for the Economy." *Harvard Business Review*, January 2020. https://hbr.org/2020/01/why-stock-buybacks-are-dangerous-for-the-economy.

- Leakey, Richard, and Roger Lewin. *The Sixth Extinction: Biodiversity and Its Survival*. London: Weidenfeld and Nicolson, 1996.

- Leibfritz, Willi, John Thornton, and Alexandra Bibbee. "Taxation and Economic Performance." OECD, Economics Department Working Papers no. 176.

OCDE/GD(97)107. OECD. Paris, 1997. https://econpapers.repec.org/paper/oececoaaa/176-en.htm.

- Leonhardt, David, and Prasad Philbrick. "Donald Trump's Racism: The Definitive List, Updated." *New York Times*, January 15, 2018. https://www.nytimes.com/interactive/2018/01/15/opinion/leon hardt-trump-racist.html.

- LePan, Nicholas. "History of Pandemics." March 14, 2020. https://www.visualcapitalist.com/history-of-pandemics-deadliest/.

- Lerner, Abba. "Money as a Creature of the State." *Paper and Proceedings of the Fifty-ninth Annual Meeting of the American Economic Association. American Economic Review* 37, no. 2 (May 1947): 312-17.

- Levell, Peter, Barra Roantree, and Jonathan Shaw. "Redistribution from a Lifetime Perspective." Institute for Fiscal Studies, September 22, 2015. https://www.ifs.org.uk/publications/7986.

- Levitsky, Steven, and Daniel Ziblatt. *How Democracies Die: What History Reveals about Our Future.* New York: Crown, 2018.

- Levitsky, Steven, and Daniel Ziblatt, Republicans Play Dirty." *New York Times*, September 20, 2019. https://www.nytimes.com/2019/09/20/opinion/republicans-democracy-play-dirty.html?action=click&module=Opinion&pgtype=Homepage.

- Lewis, Michael. Flash Boys: *Cracking the Money Code.* London: Penguin, 2014.

- Lightfoot, Liz. "The Student Experience—Then and Now." *Guardian*, June 24, 2016. https://www.theguardian.com/education/2016/jun/24/has-university-life-changed-student-experience-past-present-parents-vox-pops#:~:text=In%20the%20early%201960s%2C%20only,back%20over%20their%20working%20lives.

- Lindert, Peter H., and Jeffrey G. Williamson. "American Incomes 1774-1860." National Bureau of Economic Research Working Paper No. 18396. September 15, 2012. https://www.nber.org/papers/w18396.

- Lindert, Peter H., and Jeffrey G. Williamson. "Globalization and Inequality: A Long History," Paper prepared for the World Bank Annual Conference on Development Economics—Europe, Barcelona, June 25-27, 2001.

- Lindsay, James M. "The 2020 Election by the Numbers." Council on Foreign Relations, December 15, 2020. https://www.cfr.org/blog/2020-election-numbers.

- Liptak, Adam. "Supreme Court Invalidates Key Part of Voting Rights Act." *New York Times*, June 25, 2013. https://www.nytimes.com/2013/06/26/us/supreme-court-ruling.html.

- List, Friedrich. *Das nationale System der politischen Oekonomie.* 1841.

- Little, I. M. D., Tibor Scitovsky, and Maurice Scott. *Industry and Trade in Some Developing Countries.* Paris: Development Center of the Organization for

Economic Co-operation and Development, 1970.

- Liu, Nicolle, Yuan Yang, Demetri Sevastopulo, Jamie Smyth, and Michael Peel. "China Draws Condemnation for New Hong Kong Security Law." *Financial Times*, July 1, 2020. https://www.ft.com/content/052989fc-2748-4f8e-a2b0-539c32e1ad72.
- Lonergan, Eric. "Reply to Larry Summers." August 26, 2019. https://www.philosophyofmoney.net/a-reply-to-larry-summers/.
- Lonergan, Eric, and Mark Blyth. *Angrynomics*. New York: Columbia University Press, 2020.
- Loween, James W. "5 Myths about Why the South Seceded." *Washington Post* January 11, 2011. https://www.washingtonpost.com/wp-dyn/content/article/2011/01/07/AR20110706547.html.
- Lubin, David. "IMF Needs New Thinking to Deal with Coronavirus." Chatham House, April 27, 2020. https://www.chathamhouse.org/expert/comment/imf-needs-new-thinking-deal-coronavirus.
- Luce, Edward. "A Sea of Troubles Surrounds the Question of Whether to Prosecute Trump." *Financial times*, July 29, 2022. https://www.ft.com/content/8263e5c9-d886-4c81-807b-f9eb0d92508f.
- Lührmann, Anna, and Staffan I. Lindberg. "A Third Wave of Autocratization Is Here: What Is New about It?" *Democratization* 26, no. 7 (2019): 1095-1113. https://www.tandfonline.com/doi/full/10.1080/13510347.2019.1582029.
- Lund, Susan, et al. *The New Dynamics of Financial Globalization*. McKinsey Global Institute, August 2017. https://www.mckinsey.com/industries/financial-services/our-insights/the-new-dynamics-of-financial-globalization.
- Luohan Academy. "Understanding Big Data: Data Calculus in the Digital Era 2021." February 5, 2021. https://www.luohanacademy.com/research/reports/2bcc5a5e3074df15.
- Luyendijk, Joris. *Swimming with Sharks: My Journey into the World of the Bankers*. London: Guardian Faber Publishing, 2015.
- Maddison, Angus. Database. http://www.ggdc.net/maddison/oriindex.htm.
- "Maddison Project." http://www.ggdc.net/maddison/maddison-project/home.
- Mahbubani, Kishore. "Biden and China: Friends or Foes." *Alumnus*, issue 124, January-March 2021. National University of Singapore. https://www.nus.edu.sg/alumnet/thealumnus/issue-124/perspectives/panorama/biden-and-china-friends-or-foes.
- Mahbubani, Kishore. *Has the West Lost It? A Provocation*. London: Allen Lane, 2018.

- Mahler, Daniel Gerszon, Christoph Lakner, R. Andres Castaneda Aguilar, and Haoyu Wu. "Updated Estimates of the Impact of COVID-19 on Global Poverty." June 8, 2020. https://blogs.worldbank.org/opendata/updated-estimates-impact-covid-19-global-poverty.
- Mallet, Victor, and David Keohane. "Year of 'Gilets Jaunes' Leaves Angry Mark on France." *Financial times*, November 14, 2019. https://www.ft.com/content/9627c8be-0623-11ea-9afa-d9e2401fa7ca.
- Malthus, Thomas. *An Essay on the Principle Population*. 1798. http://www.esp.org/books/malthus/population/malthus.pdf.
- Mann, Thomas E., and Norman J. Ornstein. *Its Even Worse Than It Looks: How the American Constitutional System Collided with the New Politics of Extremism*. New York: Basic Books, 2012.
- Mann, Thomas E., and Norman J. Ornstein. "Let's Just Say It: The Republicans Are the Problem." *Washington Post*, April 27, 2012. https://www.washingtonpost.com/opinions/lets-just-say-it-the-republicans-are-the-problem/2012/04/27/gIQAxCVUlT_story.html.
- Mark, Joshua J. "Silk Road." Ancient History Encyclopedia. http://www.ancient.eu/Silk_Road/.
- Martin, Katie. "Fearful Consumers Power an Uneven Rally." *Financial Times*, August 25, 2020. https://www.ft.com/content/9678c481-52e0-45e0-8610-a49b33aeec45.
- "Martin Wolf Accepts the Gerald Loeb Lifetime Achievement Award." *Financial Times*, July 3, 2019, https://www.ft.com/content/5e828d50-9d86-11e9-b8ce-8b459ed04726.
- Massing, Michael. "Does Democracy Avert Famine?" *New York Times*, March 1, 2003. https://www.nytimes.com/2003/03/01/arts/does-democracy-avert-famine.html.
- Mayell, Hillary. "Human 'Footprint' Seen on 83 Percent of Earth's Land." *National Geographic News*, October 25, 2002. http://news.nationalgeographic.com/news/2002/10/1025_021025_HumanFootprint.html.
- Mayer, Colin. *Firm Commitment: Why the Corporation Is Failing Us and How to Restore Trust in It*. Oxford: Oxford University Press, 2013.
- Mayer, Colin. *Prosperity: Better Business Makes the Greater Good*. Oxford: Oxford University Press, 2018.
- Mayer, Jane. *Dark Money: The Hidden History of the Billionaires behind the Rise of the Radical Right*. New York: Anchor Books, 2017 and 2018.
- Mazzucato, Mariana. *The Entrepreneurial State: Debunking Public vs Private*

Myths. London: Penguin, 2018.

- Mazzucato, Mariana. *Mission Economy: A Moonshot Guide to Changing Capitalism*. London: Allen Lane, 2021.
- McAfee, Andrew, and Erik Brynjolfsson. *Machine, Platform, Crowd: Harnessing the Digital Revolution*. New York: W. W. Norton, 2017.
- McCloskey, Dierdre. *Bourgeois Equality: How Ideas, Not Capital or Institutions, Enriched the World*. Chicago: University of Chicago Press, 2016.
- McCloskey, Dierdre. "Life's Primary Colors: How Humanity Forgot the Seven Principal Virtues." July 2, 2019. https://www.abc.net.au/religion/primary-colors-how-humanity-forgot-the-seven-principal-virtues/11272726.
- McKinnon, Ronald. *Money and Capital in Economic Development*. Washington, DC: Brookings Institution, 1973.
- McLeay, Michael, Amar Radia, and Ryland Thomas. "Money Creation in the Modern Economy." *Bank of England Quarterly Bulletin*, 2014, First Quarter, 14-27. https://www.bankofengland.co.uk/-/media/boe/files/quarterly-bulletin/2014/money-creation-in-the-modern-economy.
- McLuhan, Marshall. *Understanding Media: The Extensions of Man*. Cambridge, MA: MIT Press, 1964 and 1994.
- McTernan, John. "The Left Must Decide Which Green New Deal They Want." *Financial Times*, February 15, 2020. https://www.ft.com/content/63c78642-4e8b-11ea-95a0-43d18ec715f5.
- Medical Research Council (MRC). https://www.ukri.org/councils/mrc/.
- Menon, Anand, ed. *Brexit and Public Opinion 2019: The UK in a Changing Europe*. https://ukandeu.ac.uk/wp-content/uploads/2019/01/Public-Opinion-2019-report.pdf.
- Meyer, Brett. "Pandemic Populism: An Analysis of Populist Leaders' Responses to COVID-19." Tony Blair Institute for Global Change, August 17, 2020. https://institute.global/policy/pandemic-populism-analysis-populist-leaders-responses-covid-19.
- Mian, Atif, Ludwig Straub, and Amir Sufi. "Indebted Demand." March 26, 2020. https://scholar.harvard.edu/files/straub/files/mss_indebteddemand.pdf.
- Mian, Atif, Ludwig Straub, and Amir Sufi. "The Saving Glut of the Rich and the Rise in Household Debt." March 2020. https://scholar.harvard.edu/files/straub/files/mss_richsavingglut.pdf.
- Michels, Robert. *Political Parties: A Sociological Study of the Oligarchical Tendencies of Modern Democracy*. Translated by Eden Paul and Cedar Paul. New York: Free Press, 1915.

- Micklethwait, John, and Adrian Wooldridge. *The Company: A Short History of a Revolutionary Idea*. London: Phoenix, 2003.
- Mikkelson, David. "Rush Limbaugh 'Racist Quotes' List." https://www.snopes.com/fact-check/bone-voyage/.
- Milanovic, Branko. *Capitalism Alone: The Future of the System That Rules the World*. Cambridge, MA, and London: Belknap Press of Harvard University Press, 2019.
- Milanovic, Branko. *Global Inequality: A New Approach for the Age of Globalization*. Cambridge, MA: Harvard University Press, 2016.
- Milanovic, Branko, Peter H. Lindert, and Jeffrey G. Williamson. "Measuring Ancient Inequality." National Bureau of Economic Research. Working Paper 13550. October 2007. http://www.nber.org/papers/w13550.pdf.
- Mill, John Stuart. *Considerations Representative Government*. 1861. Project Gutenberg. https://www.gutenberg.org/files/5669/5669-h/5669-h.htm.
- Mill, John Stuart. *Principles of Political Economy*. 9th ed. London: Longmans, Green and Co., 1885.
- Millennium Challenge Corporation. "Our Impact." https://www.mcc.gov/our-impact.
- Minsky, Hyman. *Stabilizing an Unstable Economy*. New York: McGraw Hill, 2008.
- Miroudot, Sébastien. "Resilience Versus Robustness in Global Value Chains: Some Policy Implications." VoxEU. June 18, 2020. https://voxeu.org/article/resilience-versus-robustness-global-value-chains#:~:text=Resilience%20can%20be%20defined%20as,2014).
- Mishel, Lawrence, and Josh Bivens. "The Pay of Corporate Executives and Financial Professionals as Evidence of Rents in Top 1 Percent Incomes." Working Paper No. 296. June 20, 2013. Economic Policy Institute. https://www.epi.org/publication/pay-corporate-executives-financial-professionals/.
- Mitchell, Tom. "Business Worries Intensify over China's Tightening Grip on Hong Kong." *Financial times*, March 16, 2021. https://www.ft.com/content/098017c2-1c83-4da3-ac2a-53e7ed7fac81.
- Moggridge, D. E. *Maynard Keynes: An Economist's Biography*. London and New York: Routledge, 1992.
- Mokyr, Joel. *The Enlightened Economy: An Economic History of Britain 1700-1850*. New Haven, CT, and London: Yale University Press, 2009.
- Money Advice Service. "Repaying Your Undergraduate Student Loan." https://www.moneyadviceservice.org.uk/en/articles/repaying-student-loans.
- Montanaro, Domenico. "6 Strongmen Trump Has Praised—and the Conflicts It

were%20sentenced,the%20financial%20sector's%20catastrophic%20failures.

- Norris, Pippa. "It's Not Just Trump. Authoritarian Populism Is Rising across the West. Here's Why." *Washington Post*, March 11, 2016. https://www.washingtonpost.com/news/monkey-cage/wp/2016/03/11/its-not-just-trump-authoritarian-populism-is-rising-across-the-west-heres-why/.

- Nove, Alec. *An Economic History of the USSR, 1917-1991.* London: Penguin Economics, 1993.

- Obstfeld, Maurice. "The Global Capital Market Reconsidered." In Paul Collier, Diane Coyle, Colin Mayer, and Martin Wolf, eds. "Capitalism: What Has Gone Wrong, What Needs to Change, and How It Can Be Fixed." *Oxford Review of Economic Policy* 37, no. 4 (Winter 2021): 690-706.

- Obstfeld, Maurice, and Alan M. Taylor. "Globalization and Capital Markets." In Michael D. Bordo, Alan M. Taylor, and Jeffrey G. Williamson, eds. *Globalization in Historical Perspective.* Chicago: University of Chicago Press, 2003. http://www.nber.org/chapters/c9587.

- Office for Budget Responsibility. *Fiscal Sustainability Report.* July 2020. https://cdn.obr.uk/OBR_FSR_July_2020.pdf.

- Office of Health Economics. "Infant and Child Health." December 1975. https://www.ohe.org/publica tions/infant-and-child-health.

- Office for National Statistics. "Deaths Involving COVID-19, England and Wales: Deaths Occurring in June 2020." July 17, 2020. https://www.ons.gov.uk.

- Office of the United States Trade Representative. Executive Office of the President. Findings of the Investigation into China's Acts, Policies, and Practices Related to Technology Transfer, Intellectual Property, and Innovation under Sector 301 of the Trade Act of 1974. March 22, 2018. https://ustr.gov/sites/default/files/Section%20301%20FINAL.PDF.

- Olson, Mancur. *The Logic of Collective Action: Public Goods and the Theory of Groups.* Cambridge, MA: Harvard University Press, 1965 and 1971.

- Olson, Mancur. *Power and Prosperity: Outgrowing Communist and Capitalist Dictatorships.* New York: Basic Books, 2000.

- Oremus, Will. "Are You Really the Product? The History of a Dangerous Idea." *Slate*, April 27, 2018. https:// slate.com/ technology/2018/04/are-you-really-facebooks-product-the-history-of-a-dangerous-idea.html.

- O'Rourke, Kevin H. "Europe and the Causes of Globalization, 1790 to 2000." In Henryk Kierzkowski, ed. *From Europeanization of the Globe to the Globalization of Europe.* London: Palgrave, 2002. http://www.tcd.ie/Economics/TEP/2002_papers/TEPNo1KO22.pdf.

- Orwell, George. "Notes on Nationalism." *Polemic*, October 1945. Penguin Modern, 2018.
- Opportunity Insights. Economic Tracker. "Percent Change in Employment." https://tracktherecovery.org/.
- Organization for Economic Co-operation and Development. "BEPS: Inclusive Framework on Base Erosion and Profit Shifting." https://www.oecd.org/tax/beps/.
- Organization for Economic Co-operation and Development. "COVID-19 and Global Capital Flows." *OECD Policy Responses to Coronavirus (COVID-19)*. July 3, 2020. http://www.oecd.org/coronavirus/policy-responses/covid-19-and-global-capital-flows-2dc69002/.
- Organization for Economic Co-operation and Development. "COVID-19 and International Trade: Issues and Actions." *OECD Policy Responses to Coronavirus (COVID-19)*. June 12, 2020. http://www.oecd.org/coronavirus/policy-responses/covid-19-and-international-trade-issues-and-actions-494da2fa/.
- Organization for Economic Co-operation and Development. "Inequality." https://www.oecd.org/social/inequality.htm.
- Organization for Economic Co-operation and Development. "New Approaches to Economic Challenges." https://www.oecd.org/naec/.
- Organization for Economic Co-operation and Development. *OECD Regional Outlook 2016: Productive Regions for Inclusive Societies*. Paris: OECD, 2016.
- Organization for Economic Co-operation and Development. *An Overview of Growing Income Inequalities in OECD Countries: Main Findings*. Paris: OECD, 2011.
- Organization for Economic Co-operation and Development. "Social Spending." https://data.oecd.org/socialexp/social-spending.htm.
- Organization for Economic Co-operation and Development. "Tackling Coronavirus (COVID-19): Contributing to a Global Effort." 2020. https://www.oecd.org/coronavirus/country-policy-tracker/.
- Ostry, Jonathan D., Andrew Berg, and Charalambos G. Tsangarides. "Redistribution, Inequality and Growth." IMF Staff Discussion Note SDN/14/02, February 2014. https://www.imf.org/external/pubs/ft/sdn/2014/sdn1402.pdf.
- O'Sullivan, John. "Democracies End When They Become Too Democratic." *New York*, May 1, 2016. http://nymag.com/daily/intelligencer/2016/04/america-tyranny-donald-trump.html.
- Our Documents: The Second New Deal. "Franklin Delano Roosevelt's Address Announcing the Second New Deal." October 31, 1936. http://docs.fdrlibrary.

marist.edu/od2ndst.html.

- Our World in Data. "Life Expectancy." https://ourworldindata.org/life-expectancy.
- Our World in Data. "Self-Reported Life Satisfaction vs GDP per Capita, 2020." https://ourworldindata.org/grapher/gdp-vs-happiness.
- *Oxford Essential Quotations 2022*. https://www.oxfordreference.com/ view/10.1093/acref/9780191843730.001.0001/oro-ed5-00006834.
- *Oxford Reference*. https://www.oxfordreference.com.
- Palese, Michela. "The Irish Abortion Referendum: How a Citizens' Assembly Helped to Break Years of Political Deadlock." Electoral Reform Society, May 29, 2018. https://www.electoral-reform.org.uk/the-irish-abortion-referendum-how-a-citizens-assembly-helped-to-break-years-of-political-deadlock/.
- Peel, Michael, Anna Gross, and Clive Cookson. "WHO Struggles to Prove Itself in the Face of COVID-19." *Financial Times*, July 12, 2012. https://www.ft.com/ content/c2809c99-594f-4649-968a-0560966c11e0.
- Peel, Michael, Sam Fleming, and Guy Chazan. "EU Clamps Down on Covid Vaccine Exports." *Financial times*, January 29, 2021. https://www.ft.com/ content/24867d39-4507-4c48-be27-c34b581220b0.
- Pei, Minxin. *China's Crony Capitalism: The Dynamics of Regime Decay*. Cambridge, MA: Harvard University Press, 2016.
- Pellegrini, Bruno, and Luigi Zingales. "Diagnosing the Italian Disease." September 2014. http://faculty.chicagobooth.edu/luigi.zingales/papers/research/Diagnosing. pdf.
- Penn World Tables 8.1. https://rdrr.io/cran/pwt8/man/pwt8.1.html.
- Pension Protection Fund. *The Purple Book 2020: DB Pensions Universe Risk Profile*. https://www.ppf.co.uk/sites/default/files/2020-12/PPF_Purple_Book_20. pdf.
- Personal Finance Data. "Net Worth Percentile Comparison Calculator by Age." https://personalfinancedata.com/networth-percentile-calculator/.
- Peterson-KFF. "Health System Tracker." https://www.healthsystemtracker.org/.
- Pettinger, Tejvan. "Definition of Public Goods." *Economics Help*, July 28, 2019. https://www.economicshelp.org/micro-economic-essays/marketfailure/public-goods/.
- Pettinger, Tejvan. "Phillips Curve." *Economics Help*, March 1, 2019. https://www. economicshelp.org/blog/1364/economics/phillips-curve-explained/
- Philippon, Thomas. *The Great Reversal: How America Gave Up on Free Markets*. Cambridge, MA: Belknap Press of Harvard University Press, 2019.
- Philippon, Thomas, and Ariell Reshef. "Wages and Human Capital in the U.S.

Financial Industry 1909-2006." National Bureau of Economic Research Working Paper 14644. January 2009. https://www.nber.org/papers/w14644.

- Piketty, Thomas. "Brahmin Left vs Merchant Right: Rising Inequality & the Changing Structure of Political Conflict (Evidence from France, Britain and the US, 1948-2017)." WID.world Working Paper Series No. 2018/7. March 2018. http://piketty.pse.ens.fr/files/Piketty2018.pdf.

- Piketty, Thomas. *Capital and Ideology*. Cambridge, MA, and London: Belknap Press of Harvard University Press, 2020.

- Piketty, Thomas. *Capital in the Twenty-First Century*. Translated by Arthur Goldhammer. Cambridge, MA: Harvard University Press, 2013.

- Plato. *The Republic*. Translated by Benjamin Jowett. http://classics.mit.edu/Plato/republic.html.

- Polanyi, Karl. *The Great Transformation: The Political and Economic Origins of Our Time*. Boston: Beacon Press, 1957. First published 1944.

- Politi, James. "Migration Opens the Door to Italy's Populists." *Financial Times*, August 1, 2017. https://www.ft.com/content/b964453a-72b1-11e7-aca6-c6bd07df1a3c.

- Politi, James, Aime Williams, and Chris Giles. "US Offers New Plan in Global Corporate Tax Talks." *Financial Times*, April 8, 2021. https://www.ft.com/content/847c5f77-f0af-4787-8c8e-070ac6a7c74f.

- Politi, James, Colby Smith, and Brendan Greeley. "Donald Trump Raises Tariffs on Chinese Goods after Stocks Tumble." *Financial Times*, August 24, 2019. https://www.ft.com/content/2db9c1ec-c5b9-11e9-a8e9-296ca66511c9.

- Pomeranz, Kenneth. *The Great Divergence: China, Europe, and the Making of the Modern World Economy*. Princeton, NJ: Princeton University Press, 2000.

- Popper, Karl. *The Open Society and Its Enemies*. Vol. 1, *The Age of Plato*. London: Routledge, 1945.

- Portes, Jonathan. "The Economics of Migration." June 2019. https://journals.sagepub.com/doi/pdf/10.1177/1536504219854712.

- Posen, Adam. "The Price of Nostalgia: America's Self-Defeating Economic Retreat." *Foreign Affairs*, May/June 2021. https://www.foreignaffairs.com/articles/united-states/2021-04-20/america-price-nostalgia.

- Powell, Jerome H. "New Economic Challenges and the Fed's Monetary Policy Review." Federal Reserve, August 27, 2020. https://www.federalreserve.gov/newsevents/speech/powell20200827a.htm.

- Prestowitz, Clyde. *The World Turned Upside Down: America, China, and the Struggle for Global Leadership*. New Haven, CT: Yale University Press, 2021.

- Przeworski, Adam. "Conquered or Granted? A History of Suffrage Extensions." *British Journal of Political Science* 39, no. 2 (April 2009): 291-321.
- Putnam, Robert D. *Bowling Alone: The Collapse and Revival of American Community.* New York and London: Simon & Schuster, 2000.
- Rachel, Lukasz, and Lawrence H. Summers. "On Falling Neutral Real Rates, Fiscal Policy, and the Risk of Secular Stagnation." BPEA Conference Drafts. *Brookings Papers on Economic Activity*, March 7 and 8, 2019. https://www.brookings.edu/wp-content/uploads/2019/03/On-Falling-Neutral-Real-Rates-Fiscal-Policy-and-the-Risk-of-Secular-Stagnation.pdf.
- Rachman, Gideon. "Atlantic Era under Threat with Donald Trump in White House." *Financial Times*, January 19, 2017. https://www.ft.com/content/73cc16e8-de36-11e6-86ac-f253db7791c6.
- Rachman, Gideon. "The US and China's Dangerous Blame Game Will Do No Good." *Financial Times*, May 4, 2020. https://www.ft.com/content/ffc6ac00-8de0-11ea-9e12-0d4655dbd44f.
- Rajan, Raghuram G. "A Fair and Simple Way to Tax Carbon Emissions." *Financial Times*, December 17, 2019. https://www.ft.com/content/96782e84-2028-11ea-b8a1-584213ee7b2b.
- Rajan, Raghuram G. *Fault Lines: How Hidden Fractures Still Threaten the World Economy.* Princeton, NJ, and Oxford: Princeton University Press, 2011.
- Rajan, Raghuram G. *Third Pillar: The Revival of Community in a Polarized World.* London: William Collins, 2019.
- Ratcliffe, Susan, ed. *Oxford Essential Quotations.* Oxford: Oxford University Press, 2016.
- Reilly, Katie. "Read Hillary Clinton's 'Basket of Deplorables' Remarks about Donald Trump Supporters." *Time*, September 10, 2016. https://time.com/4486502/hillary-clinton-basket-of-deplorables-transcript/.
- Rhea, Gordon. "Why Non-Slaveholding Southerners Fought." American Battlefield Trust, January 25, 2011. https://www.battlefields.org/learn/articles/why-non-slaveholding-southerners-fought.
- Richardson, Heather Cox. *How the South Won the Civil War: Oligarchy, Democracy, and the Continuing Fight for the Soul of America.* New York: Oxford University Press, 2020.
- Riley, Jon, and Robert Chote. "Crisis and Consolidation in the Public Finances." Office for Budget Responsibility Working Paper No. 7. September 2014. https://obr.uk/docs/dlm_uploads/WorkingPaper7a.pdf.
- Riordan, Primrose, and Sue-Lin Wong. "WHO Expert Says China Too Slow to

Report Coronavirus Cases." *Financial Times*, February 5, 2020. https://www.ft.com/content/8ede7e92-4749-11ea-aeb3-955839e06441.

- Robb, Greg. "Nobel Prize Winner Likens Trump 'Bullying' of Companies to Fascist Italy, Germany." *Market Watch*, January 6, 2017. http://www.marketwatch.com/story/nobel-prize-winner-likens-trump-bullying-of-companies-to-fascist-italy-germany-2017-01-06?mg=prod/accounts-mw.

- Rodan, Garry. "Consultative Authoritarianism and Regime Change Analysis: Implications of the Singapore Case." In Richard Robison, ed. *Routledge Handbook of Southeast Asian Politics*. London and New York: Routledge, 2012, 120-34.

- Rodriguez-Pose, Andrés. "The Revenge of the Places That Don't Matter (and What to Do about It)." *Cambridge Journal of Regions, Economy and Society* 11, no. 1 (March 2018): 189-209. https://eprints.lse.ac.uk/85888/1/Rodriguez-Pose_Revenge%20of%20Places.pdf.

- Rodrik, Dani. *The Globalization Paradox: Democracy and the Future of the World Economy* New York and London: W. W. Norton, 2011.

- Rodrik, Dani. "The Inescapable Trilemma of the World Economy." Dani Rodrik's blog, June 27, 2007. https://rodrik.typepad.com/dani_rodriks_weblog/2007/06/the-inescapable.html.

- Rodrik, Dani. *Straight Talk on Trade: Ideas for a Sane World Economy*. Princeton, NJ: Princeton University Press, 2017.

- Rodrik, Dani, and Stefanie Stantcheva. "Fixing Capitalism's Good Jobs Problem." In Paul Collier, Diane Coyle, Colin Mayer, and Martin Wolf, eds. "Capitalism: What Has Gone Wrong, What Needs to Change, and How It Can Be Fixed." *Oxford Review of Economic Policy* 37, no. 4 (Winter 2021): 824-37.

- Ronald Reagan Presidential Foundation & Institute. "Reagan Quotes and Speeches." https://www.reaganfoundation.org/ronald-regan-reagan-quotes-speeches/news-conference-1/.

- Roosevelt, Franklin Delano. "The Four Freedoms." January 6, 1941. https://www.americanrhetoric.com/speeches/fdrthefourfreedoms.htm.

- Rudowitz, Robin, Rachel Garfield, and Elizabeth Hinton. "10 Things to Know about Medicaid: Setting the Facts Straight." Kaiser Family Foundation, March 6, 2019. https://www.kff.org/medicaid/issue-brief/10-things-to-know-about-medicaid-setting-the-facts-straight/.

- Saez, Emmanuel. "Striking it Richer: The Evolution of Top Incomes in the United States (Updated with 2015 Preliminary Estimates)." June 30, 2016. https://eml.berkeley.edu/~saez/saez-UStopin comes-2015.pdf.

- Saez, Emmanuel, and Gabriel Zucman. *The Triumph of Injustice: How the Rich*

Dodge Taxes and How to Make Them Pay. New York: W. W. Norton, 2019.

- Sainsbury, David. *Windows of Opportunity: How Nations Create Wealth*. London: Profile Books, 2020.

- Sandbu, Martin. "The Case for the Affordability of Universal Basic Income." *Financial Times*, December 23, 2021. https://www.ft.com/content/3788b99e-7b8c-4641-8250-6f6823f1a7f6.

- Sandbu, Martin. *The Economics of Belonging: A Radical Plan to Win Back the Left Behind and Achieve Prosperity for All*. Princeton, NJ, and Oxford: Princeton University Press, 2020.

- Sandbu, Martin. "Is Culture or Economics at the Root of Our Strange Politics?" *Financial Times*, September 11, 2017. https://www.ft.com/content/c841a8d4-96d5-11e7-a652-cde3f882dd7b.

- Sandbu, Martin. "Populists and Kleptocrats Are a Perfect Match." *Financial Times*, September 22, 2020. https://www.ft.com/content/ef4111a6-8ac8-419e-8747-8ce1b887cb61.

- Sandbu, Martin. "Restructuring after COVID Will Matter Even More Than Recovery." *Financial Times*, October 15, 2020. https://www.ft.com/free-lunch.

- Sandbu, Martin. "Sweden's Far-Right and the Left-Behind." *Financial Times*, July 4, 2019. https://www.ft.com/content/ec4adebc-99bc-11e9-8cfb-30c211dcd229.

- Sandel, Michael J. *The Tyranny of Merit: What's Become of the Common Good?* London: Penguin, 2020.

- Sandom, Christopher, Soren Faurby, Brody Sandel, and Jens-Christian Svenning. "Global Late Quaternary Megafauna Extinctions Linked to Humans, Not Climate Change." *Proceedings of the Royal Society, Biological Sciences*, July 22, 2014. https://royalsocietypublishing.org/doi/10.1098/rspb.2013.3254.

- Sassoon, Donald. *The Anxious Triumph: A Global History of Capitalism 1860-1914*. London and New York: Allen Lane, 2019.

- Sawyer, Wendy, and Peter Wagner. "Mass Incarceration: The Whole Pie 2020." Prison Policy Initiative, March 24, 2020. https://www.prisonpolicy.org/reports/pie2020.html.

- Schaake, Marietje. "Greater Online Transparency Is the Key to Defending Democracy." *Financial Times*, January 10, 2022. https://www.ft.com/content/0e1d1cd8-73af-4a63-b426-e0ee5a7bf834.

- Schama, Simon. "Who Speaks for the People? Liberal Institutions Are Under Attack from Leaders Who Claim to Embody the Popular Will." *Financial Times*, October 4, 2019. https://www.ft.com/con tent/9e8f70b8-e5eb-11e9-b112-9624ec9edc59.

- Schechter, Asher. "Raghuram Rajan: Populist Nationalism Is 'the First Step toward

Crony Capitalism.'" *ProMarket*, August 30, 2017. Stigler Center at the University of Chicago Booth School of Business. https://promarket.org/raghuram-rajan-populist-outcry-cry-help/.

- Scheidel, Walter. *Escape from Rome: The Failure of Empire and the Road to Prosperity*. Princeton, NJ: Princeton University Press, 2019.

- Scheidel, Walter. *The Great Leveler: Violence and the History of Inequality from the Stone Age to the Twenty-first Century*. Princeton, NJ, and Oxford: Princeton University Press, 2017.

- Schlesinger, Arthur. *The Imperial Presidency*. Boston and New York: Mariner Books, Houghton Mifflin, 1973 and 2004.

- Schrimpf, Andreas, Hyun Song Shin, and Vladyslav Sushko. "Leverage and Margin Spirals in Fixed income Markets during the COVID-19 Crisis." *BIS Bulletin* NO. 2, April 2, 2020. Bank for International Settlements. https://www.bis.org/publ/bisbull02.pdf

- Schumpeter, Joseph A. *Capitalism, Socialism and Democracy*. London: George Allen & Unwin, 1994. First published in the UK in 1943.

- Schwadel, Philip, and Gregory A. Smith. "Evangelical Approval of Trump Remains High, but Other Religious Groups Are Less Supportive." Pew Research Center, March 18, 2019. https://www.pewresearch.org/fact-tank/2019/03/18/evangelical-approval-of-trump-remains-high-but-other-religious-groups-are-less-supportive/.

- Scott, Peter. *Triumph of the South: A Regional Economic History of Early Twentieth Century Britain*. London and New York: Routledge, 2007 and 2018.

- Seabright, Paul. *The Company of Strangers: A Natural History of Economic Life*. Princeton, NJ: Princeton University Press, 2010.

- Sen, Amartya. *Development as Freedom*. Oxford: Oxford University Press, 1999.

- Sevastopulo, Demetri. "Trump Sees Clearer Path to Republican Nomination." *Financial Times*, February 24, 2016. https://www.ft.com/content/8bf2aeb0-db1e-11e5-a72f-1e7744c66818.

- Sevastopulo, Demetri. "US Accuses China of Operating 'Open-Air Prison' in Xinjiang." *Financial times*, May 12, 2021. https://www.ft.com/content/1f9f5f30-dc6e-4228-8b43-5faf522f223a.

- Sevastopulo, Demetri, and Kathrin Hille. "US Fears China Is Flirting with Seizing Control of Taiwan." *Financial Times*, March 27, 2021. https://www.ft.com/content/3ed169b8-3f47-4f66-a914-58b6e2215f7d.

- Sevastopulo, Demetri, and Katrina Manson. "Trump Says He Is Confident COVID-19 Came from Wuhan Lab." *Financial Times*, May 1, 2020. https://www.ft.com/content/84935e17-b50e-4a66-9c37-e2799365b783.

- Shafik, Minouche. "In Experts We Trust?" Bank of England, February 22, 2017. https://www.bankofengland.co.uk/-/media/boe/files/speech/2017/in-experts-we-trust.pdf?la=en&hash=51801143 be9C2BAA60EF3F56F04D7A2E2C694952.
- Shaw, Edward S. *Financial Deepening in Economic Development*. New York: Oxford University Press, 1973.
- Shearmur, Jeremy, and Piers Norris Turner, eds. "Ideal and Reality in Society." In *Popper: After the Open Society: Selected Social and Political Writings*. London and New York: Routledge, 2008.
- Shepherd, Christian. "Fear and Oppression in Xinjiang: China's War on Uighur Culture." *Financial Times*, September 12, 2019. https://www.ft.com/content/48508182-d426-11e9-8367-807ebd53ab77.
- Shimer, David. *Rigged: America, Russia, and One Hundred Years of Covert Electoral Interference*. New York: Alfred A. Knopf, 2020.
- Shrimsley, Robert. "Boris Johnson's Brexit Explosion Ruins Tory Business Credentials." *Financial Times*, June 25, 2018. https://www.ft.com/content/8075e68c-7857-11e8-8e67-1e1a0846c475.
- Siedentop, Larry. *Inventing the Individual: The Origins of Western Liberalism*. London: Allen Lane, 2014.
- Sierakowski, Slawomir. "The Five Lessons of Populist Rule." *Project Syndicate*, January 2, 2017. https://www.project-syndicate.org/commentary/ lesson-of-populist-rule-in-poland-by-slawomir-sierakowski-2017-01?barrier=accesspaylog.
- Skocpol, Theda. *Diminished Democracy: From Membership to Management in American Civic Life*. Norman: University of Oklahoma Press, 2003.
- Slack, James. "Enemies of the People: Fury over 'Out of Touch' Judges Who 'Declared War on Democracy' by Defying 17.4M Brexit Voters and Who Could Trigger Constitutional Crisis." *Daily Mail*, November 4, 2016. https://www.dailymail.co.uk/news/article-3903436/Enemies-people-Fury-touch-judges-defied-17-4m-Brexit-voters-trigger-constitutional-crisis.html.
- Smith, Adam. *An Inquiry into the Nature and Causes of the Wealth of Nations*. 5th ed. London: Methuen, 1904. First published 1776. http://www.econlib.org/library/Smith/smWN.html.
- Smith, Robert, and Jim Pickard. "Greensill Capital Paid Cameron Salary of More Than $1M a Year." *Financial Times*, July 12, 2021. https://www.ft.com/content/536867f4-2dd3-42a1-9b29-54ed92693635.
- Smithers, Andrew. *Productivity and the Bonus Culture*. Oxford: Oxford University Press, 2019.
- Smyth, Jamie. "Chinese Tensions Put Australian Businesses under Pressure."

Financial Times, November 11, 2020. https://www.ft.com/content/b764e4c9-cc38-43b6-848c-dba0cbc6475a.

- Social Capital Project. "The Class Divide in Marriage." SCP brief, November 2017. https://www.jec.senate.gov/public/_cache/files/aba9b359-7457-4704-b0f1-93232f54b650/class-divide-in-marriage.pdf.
- Soros, George. "The EU Should Issue Perpetual Bonds." *Project Syndicate*, April 20, 2020. https://www.project-syndicate.org/commentary/finance-european-union-recovery-with-perpetual-bonds-by-george-soros-2020-04.
- Soutphommasane, Tim. *The Virtuous Citizen: Patriotism in a Multicultural Society*. Cambridge: Cambridge University Press, 2012.
- Sperling, Gene. *Economic Dignity*. New York: Penguin, 2020.
- Standing, Guy. *The Precariat: The New Dangerous Class*. London: Bloomsbury, 2011 and 2014.
- Stanford Encyclopedia of Philosophy. "Plato on Rhetoric and Poetry." February 12, 2020. https://plato.stanford.edu/entries/plato-rhetoric/.
- Stasavage, David. *The Decline and Rise of Democracy: A Global History from Antiquity to Today*. Princeton, NJ, and Oxford: Princeton University Press, 2020.
- The Statutes Project. "1723: 9 George 1 c.22: The Black Act." https://statutes.org.uk/site/the-statutes/eighteenth-century/9-geo-i-c-22-the-black-act-1723/.
- Steil, Benn. *The Battle of Bretton Woods: John Maynard Keynes, Harry Dexter White, and the Making of a New World Order*. Princeton, NJ: Princeton University Press, 2013.
- Stevens, Stuart. "Wake Up, Republicans. Your Party Stands for All the Wrong Things Now." *Washington Post*, January 1, 2020. https://www.washingtonpost.com/opinions/wake-up-republicans-your-party-stands-for-all-the-wrong-things-now/2019/12/31/c8347b32-2be8-11ea-9b60-817cc18cf173_story.html?utm_campaign=opinions&utm_medium=E-mail&utm_source=Newsletter&wpisrc=nl_opinions&wpmm=1.
- Stewart, Katherine. Why Trump Reigns as King Cyrus." *New York Times*, December 31, 2018. https://www.nytimes.com/2018/12/31/opinion/trump-evangelicals-cyrus-king.html?action=click&module=MoreInSection&pgtype=Article&region=Footer&contentCollection=Opinion.
- Stiglitz, Joseph. "Inequality and Economic Growth." In Michael Jacobs and Mariana Mazzucato, eds. *Rethinking Capitalism: Economics and Policy for Sustainable and Inclusive Growth*. Chichester: Wiley-Blackwell, 2016. Chapter 8: 134-55.
- Stiglitz, Joseph. *The Price of Inequality: How Today's Divided Society Endangers Our Future*. New York: W. W. Norton, 2012. https://www8.gsb.columbia.edu/

faculty/jstiglitz/sites/jstiglitz/files/Inequal ity%20and%20Economic%20Growth. pdf.

- Stiglitz, Joseph. "Prizes, Not Patents." *Project Syndicate*, March 6, 2007. https://www.project-syndicate.org/commentary/prizes—not-patents.
- Stiglitz, Joseph, Amartya Sen, and Jean-Paul Fitoussi. *Report by the Commission on the Measurement of Economic Performance and Social Progress*. 2009. https://web.archive.org/web/20160806043140/. http:// www.communityindicators.net/system/publication_pdfs/9/original/Stiglitz_Sen_Fitoussi_2009.pdf?1323961027.
- Stiglitz, Joseph E., and Hamid Rashid. "How to Prevent the Looming Sovereign-Debt Crisis." *Project Syndicate*, July 31, 2020. https://www.project-syndicate.org/commentary/how-to-prevent-looming-debt-crisis-developing-countries-by-joseph-e-stiglitz-and-hamid-rashid-2020-07.
- Streeck, Wolfgang. *Buying Time: The Delayed Crisis of Democratic Capitalism*. Translated by Patrick Camiller. London and New York: Verso, 2013.
- Streeck, Wolfgang. *How Will Capitalism End? Essays on a Failing System*. London and New York: Verso, 2016.
- Summers, Lawrence H. "The Biden Stimulus Is Admirably Bold and Ambitious. But It Brings Some Big Risks, Too." *Washington Post*, February 4, 2021. https://www.washingtonpost.com/opinions/2021/02/04/larry-summers-biden-covid-stimulus/.
- Summers, Lawrence H. "The Threat of Secular Stagnation Has Not Gone Away." *Financial Times*, May 6, 2018. https://www.ft.com/content/aa76e2a8-4ef2-11e8-9471-a083af05aea7.
- Summers, Lawrence H., and Anna Stansbury. "The End of the Golden Age of Central Banking?: Secular Stagnation Is about More Than the Zero Lower Bound." November 2020. Preliminary and incomplete.
- Susskind, Daniel. *A World without Work: Technology, Automation, and How We Should Respond*. London: Allen Lane, 2020.
- Taleb, Nicholas. *The Black Swan: The Impact of the Highly Improbable*. London and New York: Penguin, 2007.
- Task Force on Climate-Related Financial Disclosures. "Climate Change Presents Financial Risk to the Global Economy." https://www.fsb-tcfd.org.
- Tax Justice Network. "Corporate Tax Haven Index 2019." Citing *New York Times*. https://corporatetaxhavenindex.org/.
- "Tax Policy Center's Briefing Book." https://www.taxpolicycenter.org/briefing-book/what-carried-interest-and-should-it-be-taxed-capital-gain.
- Taylor, Alan M. "International Capital Mobility in History: The Saving-Investment

Relationship." National Bureau of Economic Research Working Paper Number 5743. September 1996. http://www.nber.org/papers/w5743.pdf.

- Temin, Peter. *The Vanishing Middle Class: Prejudice and Power in a Dual Economy*. Cambridge, MA: MIT Press, 2017.

- "Ten Important Supreme Court Decisions in Black History." Infoplease, February 28, 2017 (updated January 11, 2021). https://www.infoplease.com/us/government/judicial-branch/ten-important-supreme-court-decisions-in-black-history.

- Tepper, Jonathan, with Denise Hearn. *The Myth of Capitalism: Monopolies and the Death of Competition*. Hoboken, NJ: Wiley, 2018.

- Thomas, Mark E. *99%: Mass Impoverishment and How We Can End It*. London: Apollo: 2019.

- Thurley, Djuna, and James Mirza Davies. Collective Defined Contribution Schemes." House of Commons Briefing Paper Number CBP 8674. July 2, 2020. file: https://researchbriefings.files.parliament.uk/documents/CBP-8674/CBP-8674.pdf.

- Tocqueville, Alexis de. *Democracy in America*. Parts I and II. 1835 and 1840.

- Toly, Noah J., and Sam Tabory. "100 Top Economies: Urban Influence and the Position of Cities in an Evolving World Order." October 13, 2016. Chicago Council on Global Affairs. https://www.thechicagocouncil.org/publication/100-top-economies-urban-inf luence-and-position-cities-evolving-world-order,

- Tooze, Adam. *Crashed: How a Decade of Financial Crises Changed the World*. London: Allen Lane, 2018.

- Tooze, Adam. *Shutdown: How Covid Shook the World's Economy*. London: Penguin, 2021.

- Transparency International. *Corruption Perceptions Index*. https://www.transparency.org/en/cpi.

- Trentmann, Frank. *Free Trade Nation: Commerce, Consumption, and Civil Society in Modern Britain*. Oxford: Oxford University Press, 2009.

- Trinity College Cambridge. "Letter from J. M. Keynes to F. W. Pethick-Lawrence." https://archives.trin.cam.ac.uk/index.php/letter-from-j-m-keynes-to-f-w-pethick-lawrence-23.

- Trotsky, Leon. "Revolutionary and Socialist Art." *Literature and Revolution*. https://www.marxists.org/archive/trotsky/1924/lit_revo/ch08.htm.

- Trump, Donald. "Inaugural Address." January 20, 2017. https://www.whitehouse.gov/inaugural-address.

- Trump, Donald. "Remarks by President Trump in a Meeting with Republican

Members of Congress on the United States Reciprocal Trade Act." January 24, 2019. https://www.whitehouse.gov/briefings-statements/remarks-president-trump-meeting-republican-members-congress-united-states-reciprocal-trade-act/.

- Tucker, Paul. *Unelected Power: The Quest for Legitimacy in Central Banking and the Regulatory State*. Princeton, NJ, and Oxford: Princeton University Press, 2018.
- Turner, Adair. *Between Debt and the Devil: Money, Credit, and Fixing Global Finance*. Princeton, NJ, and Oxford: Princeton University Press, 2016.
- UK Parliament. "Simon de Montfort's Parliament." https://www.parliament.uk/about/living-heritage/evolutionofparliament/originsofparliament/birthofparliament/overview/simondemontfort/.
- "UK Treaties." https://www.gov.uk/guidance/uk-treaties.
- UNHCR. *Central Mediterranean Route Situation, Supplementary Appeal*, January-December 2018. http://www.unhcr.org/5aa78775c.pdf.
- United Nations. Department of Economic and Social Affairs, Population Dynamics. *World Population Prospects 2019*. https://population.un.org/wpp/Download/.
- United Nations Development Program. "Human Development Index." http://hdr.undp.org/en/content/human-development-index-hdi.
- United Nations Population Division. *Replacement Migration: Is It a Solution to Declining and Aging Populations?* 2000. https://www.un.org/en/development/desa/population/publications/aging/replacement-migration.asp.
- US Department of Labor. "Trade Act Programs." https://www.dol.gov/general/topic/training/tradeact#:~:text=The%20Trade%20Adjustment%20Assistance%20(TAA,a%20result%20of%20increased%20imports.
- US Department of State. "Law of the Sea Convention." https://www.state.gov/law-of-the-sea-convention/.
- US Department of State. "The Montreal Protocol on Substances That Deplete the Ozone Layer." https:// www.state.gov/key-topics-office-of-environmental-quality-and-transboundary-issues/the-montreal-protocol-on-substances-that-deplete-the-ozone-layer/.
- "U.S. Voting Rights Timeline." https://a.s.kqed.net/pdf/education/digitalmedia/us-voting-rights-timeline.pdf.
- Vague, Richard. *A Brief History of Doom: Two Hundred Years of Financial Crises*. Philadelphia: University of Pennsylvania Press, 2019.
- Van Parijs, Philippe, and Yannick Vanderborght. *Basic Income: A Radical Proposal for a Free Society and a Sane Economy*. Cambridge, MA, and London: Harvard University Press, 2017.

- Vogl, Frank. *The Enablers: How the West Supports Kleptocrats and Corruption—Endangering Our Democracy*. Lanham, MD: Rowman & Littlefield, 2021.

- Vollrath, Dietrich. *Fully Grown: Why a Stagnant Economy Is a Sign of Success*. Chicago: University of Chicago Press, 2020.

- Wallace-Stevens, Fabian, and Emma Morgante. *Who Is at Risk? Work and Automation in the Time of Covid-19*. Royal Society of Arts, October 2020. https://www.thersa.org/globalassets/_foundation/new-site-blocks-and-images/reports/2020/10/work_and_automation_in_time_of_covid_report.pdf.

- Washington, George. "Farewell Address." https://www.ourdocuments.gov/doc.php?flash=false&doc=15&page=transcript.

- Webb, Dominic, and Matt Ward. *The Comprehensive and Progressive Agreement for Trans-Pacific Partnership*. House of Commons Library, June 22, 2021. https://researchbriefings.files.parliament.uk/documents/CBP-9121/CBP-9121.pdf.

- Wei-Haas, Maya. "Controversial New Study Pinpoints Where All Modern Humans Arose." *National Geographic*, October 28, 2019. https://www.nationalgeographic.com/.

- White House. "Remarks by President Trump, Vice President Pence, and Members of the Coronavirus Task Force in Press Briefing." April 2, 2020. https://www.whitehouse.gov/briefings-statements/remarks-president-trump-vice-president-pence-members-coronavirus-task-force-press-briefing-17/.

- Wiener Holocaust Library. "How Did the Nazis Consolidate Their Power?" The Holocaust Explained. https://www.theholocaustexplained.org/the-nazi-rise-to-power/how-did-the-nazi-gain-power/1933-elections/.

- Wilkerson, Isabel. *Caste: The Origins of Our Discontents*. New York: Random House, 2020.

- Wilkinson, Richard, and Kate Pickett. *The Inner Level: How More Equal Societies Reduce Stress, Restore Sanity and Improve Well-Being*. London: Penguin, 2019.

- Wilkinson, Richard, and Kate Pickett. *The Spirit Level: Why Greater Equality Makes Societies Stronger*. New York: Bloomsbury, 2009.

- Williams, Aime. "Persistence of Donald Trump's China Tariffs Frustrates US Business." *Financial Times*, June 3, 2021. https://www.ft.com/content/fb775a22-eaa5-44b4-8643-16c3f40a5d02.

- Williamson, Jeffrey G. "The Evolution of Global Labor Markets Since 1830: Background Evidence and Hypotheses." *Explorations in Economic History* 32, no. 2 (April 1995): 141-96.

- Williamson, John. "The Washington Consensus as Policy Prescription for Development." January 2004. https://www.piie.com/publications/papers/

williamson0204.pdf.

- Wills, Matthew. "How Antebellum Christians Justified Slavery." *JSTOR Daily*, June 27, 2018. https://daily.jstor.org/how-antebellum-christians-justified-slavery/.
- Wolf, Martin. *Fixing Global Finance*. Baltimore and London: Johns Hopkins University Press and Yale University Press, 2008 and 2010.
- Wolf, Martin. *India's Exports*. Washington, DC: Oxford University Press for the World Bank, 1982.
- Wolf, Martin. *The Shifts and the Shocks: What We've Learned—nd Have Still to Learn—rom the Financial Crisis*. London and New York: Penguin, 2014 and 2015.
- Wolf, Martin. *Why Globalization Works*. London and New Haven, CT: Yale University Press, 2004.
- Wolf, Martin. "When Multiculturalism Is a Nonsense." *Financial Times*, August 30, 2005. https://www.ft.com/content/ff41a586-197f-11da-804e-00000e2511c8.
- Wolf, Martin. "Disputed Fruit of Unskilled Immigration." *Financial Times*, April 4, 2006. https://www.ft.com/content/ba686d9a-c407-11da-bc52-0000779e2340.
- Wolf, Martin. "Why Today's Hedge Fund Industry May Not Survive." *Financial Times*, March 18, 2008. https://www.ft.com/content/c8941ad4-f503-11dc-a21b-000077b07658.
- Wolf, Martin. "Is Unlimited Growth a Thing of the Past?" *Financial Times*, October 2, 2012. https://www.ft.com/content/78e883fa-0bef-11e2-8032-00144feabdc0.
- Wolf, Martin. "Why China Will Not Buy the World." *Financial Times*, July 9, 2013. https://www.ft.com/content/28d1a4a8-e7ba-11e2-babb-00144feabdc0.
- Wolf, Martin. "A Much-Maligned Engine of Innovation." *Financial Times*, August 4, 2013. https://www.ft.com/content/32ba9b92-efd4-11e2-a237-00144feabdc0.
- Wolf, Martin. "Opportunist Shareholders Must Embrace Commitment." *Financial Times*, August 26, 2014. https://www.ft.com/content/6aa87b9a-2d05-11e4-911b-00144feabdc0.
- Wolf, Martin. "Donald Trump Embodies How Great Republics Meet Their End." *Financial Times*, March 1, 2016. https://www.ft.com/content/743d91b8-df8d-11e5-b67f-a61732c1d025.
- Wolf, Martin. "The Welfare State Is a Piggy Bank for Life." *Financial Times*, March 31, 2016. https://www.ft.com/content/b7ae7e52-f69a-11e5-96db-fc683b5e52db.
- Wolf, Martin. "Brexit: Sovereignty Is Not the Same as Power." *Financial Times*, May 3, 2016. https://www.ft.com/content/fece7238-1071-11e6-91da-096d89bd2173.
- Wolf, Martin. "The Tide of Globalization Is Turning." *Financial Times*, September 6, 2016. https://www.ft.com/content/87bb0eda-7364-11e6-bf48-b372cdb1043a.
- Wolf, Martin. "Sluggish Global Trade Growth Is Here to Stay." *Financial Times*,

October 25, 2016. https://www.ft.com/content/4efcd174-99d3-11e6-b8c6-568a43813464.

- Wolf, Martin. "The Case against the Collapse of Capitalism." *Financial Times*, November 2, 2016. https://www.ft.com/content/7496e08a-11e6-891e-abe238dee8e2.

- Wolf, Martin. "Donald Trump Faces the Reality World Trade." *Financial Times*, November 22, 2016. https://www.ft.com/content/064d51b0-aff4-11e6-9c37-5787335499a0.

- Wolf, Martin. "Too Big, Too Leninist—Chain Crisis Is a Matter of Time." *Financial Times*, December 13, 2016. https://www.ft.com/content/6a1b4010-be4c-11e6-8b45-b8b81dd5d080.

- Wolf, Martin. "Democrats, Demagogues and Despots," *Financial Times*, December 21, 2016. https://www.ft.com/content/9310dcea-c5d2-11e6-8f29-9445cac8966f.

- Wolf, Martin. "The Long and Painful Journey to World Disorder." *Financial Times*, January 5, 2017. https://www.ft.com/content/ef13e61a-ccec-11e6-b8ce-b9c03770f8b1.

- Wolf, Martin. "The Folly of Donald Trump's Bilateralism in Global Trade." *Financial Times*, March 14, 2017. https://www.ft.com/content/ce92ae28-058e-11e7-ace0-1ce02ef0def9.

- Wolf, Martin. "Dealing with America's Trade Follies." *Financial Times*, April 18, 2017. https://www.ft.com/content/fca7e9a4-2366-11e7-a34a-538b4cb30025.

- Wolf, Martin. "Cities Must Be Open to the World When Nations Are Not." *Financial Times*, June 7, 2017. https://www.ft.com/content/fea537f8-34d6-11e7-99bd-13beb0903fa3.

- Wolf, Martin. "Taming the Masters of the Tech Universe." *Financial Times*, November 14, 2017. https://www.ft.com/content/45092c5c-c872-11e7-aa33-c63fdc9b8c6c.

- Wolf, Martin. "A Republican Tax Plan Built for Plutocrats." *Financial Times*, November 21, 2017. https://www.ft.com/content/e494f47e-ce1a-11e7-9dbb-291a884dd8c6.

- Wolf, Martin. "Counter-Revolution by Jan Zielonka—Project Backlash." *Financial Times*, February 1, 2018. https://www.ft.com/content/e4290c10-069f-11e8-9650-9c0ad2d7c5b5

- Wolf, Martin. "Donald Trump Declares Trade War on China." *Financial Times*, May 8, 2018. https://www.ft.com/content/dd2af6b0-4fc1-11e8-9471-a083af05aea7.

- Wolf, Martin. "Italy's New Rulers Could Shake the Euro." *Financial Times*, May 22, 2018. https://www.ft.com/content/eb82fdfe-5ce4-11e8-9334-2218e7146b04.

- Wolf, Martin. "Donald Trump Creates Chaos with His Tariffs Trade War." *Financial Times*, July 10, 2018. https://www.ft.com/content/ba65ac98-8364-11e8-a29d-73e3d454535d.
- Wolf, Martin. "How We Lost America to Greed and Envy." *Financial Times*, July 17, 2018. https://www.ft.com/content/3aea8668-88e2-11e8-bf9e-8771d5404543.
- Wolf, Martin. "The Price of Populism." *Financial Times*, October 24, 2018. https://www.ft.com/content/06181c56-d13b-11e8-a9f2-7574db66bcd5.
- Wolf, Martin. "We Must Rethink the Purpose of the Corporation." *Financial Times*, December 11, 2018. https://www.ft.com/content/786144bc-fc93-11e8-ac00-57a2a826423e.
- Wolf, Martin. "The Rise of the Populist Authoritarians." *Financial Times*, January 22, 2019. https://www.ft.com/content/4faf6c4e-1d84-11e9-b2f7-97e4dbd3580d.
- Wolf, Martin. "The World Needs to Change the Way It Taxes Companies." *Financial Times*, March 7, 2019. https://www.ft.com/content/9a22b722-40c0-11e9-b896-fe36ec32aece.
- Wolf, Martin. "Monetary Policy Has Run Its Course." *Financial Times*, March 12, 2019. https://www.ft.com/content/08c4eb8c-442c-11e9-a965-23d669740bfb.
- Wolf, Martin. "How Economists Failed as 'Experts'—and How to Make Them Matter Again." March 12, 2019. Institute for New Economic Thinking. https://www.ineteconomics.org/perspectives/blog/why-economists-failed-as-experts-and-how-to-make-them-matter-again.
- Wolf, Martin. "Why Further Financial Crises Are Inevitable." *Financial Times*, March 19, 2019. https://www.ft.com/content/d9d94f4a-4884-11e9-bbc9-6917dce3dc62.
- Wolf, Martin. "The Case for Capitalism." *Financial Times*, March 28, 2019. https://www.ft.com/content/d8b903d0-4bfe-11e9-bbc9-6917dce3dc62.
- Wolf, Martin. "The Age of the Elected Despot Is Here." *Financial Times*, April 23, 2019. https://www.ft.com/content/9198533e-6521-11e9-a79d-04f350474d62.
- Wolf, Martin. "Hypocrisy and Confusion Distort the Debate on Social Mobility." *Financial Times*, May 2, 2019. https://www.ft.com/content/577a0abe-6c04-11e9-a9a5-351eeaef6d84.
- Wolf, Martin. "Greek Economy Shows Promising Signs of Growth." *Financial Times*, May 20, 2019. https://www.ft.com/content/b42ee1ac-4a27-11e9-bde6-79eaea5acb64.
- Wolf, Martin. "The US-China Conflict Challenges the World." *Financial Times*, May 21, 2019. https://www.ft.com/content/870c895c-7b11-11e9-81d2-f785092ab560.
- Wolf, Martin. "States Create Useful Money, but Abuse It." *Financial Times*, May 28,

2019. https://www.ft.com/content/fcc1274a-8073-11e9-9935-ad75bb96c849.

- Wolf, Martin. "The Case for Making Wellbeing the Goal of Public Policy." *Financial Times*, May 30, 2019. https://www.ft.com/content/d4bb3e42-823b-11e9-9935-ad75bb96c849.

- Wolf, Martin. "Martin Wolf: Why Rigged Capitalism Is Damaging Liberal Democracy." *Financial Times*, September 18, 2019. https://www.ft.com/content/5a8ab27e-d470-11e9-8367-807ebd53ab77.

- Wolf, Martin. "The Narrow Corridor—the Fine Line between Despotism and Anarchy." *Financial Times*, September 26, 2019. https://www.ft.com/content/d8eaaaba-deee-11e9-b112-9624ec9edc59.

- Wolf, Martin. "The Threat and the Promise of Digital Money." *Financial Times*, October 22, 2019. https://www.ft.com/content/fc079a6a-f4ad-11e9-a79c-bc9acae3b654.

- Wolf, Martin. "The Fight to Halt the Theft of Ideas Is Hopeless." *Financial Times*, November 12, 2019. https://www.ft.com/content/d592af00-0a29-11ea-b2d6-9bf4d1957a67.

- Wolf, Martin. "Why the US Economy Isn't as Competitive or Free as You Think." *Financial Times*, November 14, 2019. https://www.ft.com/content/97be3f2c-00b1-11ea-b7bc-f3fa4e77dd47.

- Wolf, Martin. "How to Reform Today's Rigged Capitalism." *Financial Times*, December 3, 2019. https://www.ft.com/content/4cf2d6ee-14f5-11ea-8d73-6303645ac406.

- Wolf, Martin. "A Partial and Ineffective US-China Trade Truce." *Financial Times*, January 21, 2020. https://www.ft.com/content/65557ec4-3851-11ea-a6d3-9a26f8c3cba4.

- Wolf, Martin. "Last Chance for the Climate Transition." *Financial Times*, February 18, 2020. https://www.ft.com/content/3090b1fe-51a6-11ea-8841-482eed0038b1.

- Wolf, Martin. "Britain Needs to Be Crystal Clear about Belated Virus Strategy." *Financial Times*, March 27, 2020. https://www.ft.com/content/f1871f34-6f46-11ea-89df-41bea055720b.

- Wolf, Martin. "Coronavirus Crisis Lays Bare the Risks of Financial Leverage, Again." *Financial Times*, April 28, 2020. https://www.ft.com/content/098dcd60-8880-11ea-a01c-a28a3e3fbd33.

- Wolf, Martin. "How to Escape the Trap of Excessive Debt." *Financial Times*, May 5, 2020. https://www.ft.com/content/2c5ddbd0-8e09-11ea-9e12-0d4655dbd44f.

- Wolf, Martin. "Covid-19 Will Hit Developing Countries Hard." *Financial Times*, June 9, 2020. https://www.ft.com/content/31eb2686-a982-11ea-a766-

7c300513fe47.

- Wolf, Martin. "What Trade Wars Tell Us." *Financial Times*, June 18, 2020. https://www.ft.com/content/f3ee37e0-b086-11ea-a4b6-31f1eedf762e.
- Wolf, Martin. "The Dangerous War on Supply Chains." *Financial Times*, June 23, 2020. https://www.ft.com/content/e27b0c0c-1893-479b-9ea3-27a81c2506c9.
- Wolf, Martin. "Democracy Will Fail If We Don't Think as Citizens." *Financial Times*, July 6, 2020. https://www.ft.com/content/36abf9a6-b838-4ca2-ba35-2836bd0b62e2.
- Wolf, Martin. "Covid-19 Aggravates Adverse Underlying Trends." *Financial Times*, July 16, 2020. https://www.ft.com/content/d9c02dd2-81d8-4ee9-9552-034a599e1c79.
- Wolf, Martin. "Alarm Signals of Our Authoritarian Age." *Financial Times*, July 21, 2020. https://www.ft.com/content/5eb5d26d-0abe-434e-be12-5068bd6d7f06.
- Wolf, Martin. "Martin Wolf—Will Covid-19 Kill Off Populism?" *Financial Times*, August 13, 2020. https://www.ft.com/video/1d5916ab-66b9-44ef-8528-804f518837f0.
- Wolf, Martin. "There Is a Direct Line from Milton Friedman to Donald Trump's Assault on Democracy." *ProMarket*, October 4, 2020. https://promarket.org/2020/10/04/milton-friedman-donald-trump-assault-on-democracy-corporations/.
- Wolf, Martin. "Ten Ways Coronavirus Will Shape World in Long Term." *Financial Times*, November 3, 2020. https://www.ft.com/content/9b0318d3-8e5b-4293-ad50-c5250e894b07.
- Wolf, Martin. "Why Inflation Could Be on the Way Back." *Financial Times*, November 17, 2020. https://www.ft.com/content/dea66630-d054-401a-ad1c-65ebd0d10b38.
- Wolf, Martin. "What the World Can Learn from the Covid-19 Pandemic." *Financial Times*, November 24, 2020. https://www.ft.com/content/7fb55fa2-4aea-41a0-b4ea-ad1a51cb415f.
- Wolf, Martin. "Restoring UK Growth Is More Urgent Than Cutting Public Debt." *Financial Times*, December 13, 2020. https://www.ft.com/content/50394d54-1b2e-417b-ba6d-2204a4b05f24.
- Wolf, Martin. "The American Republic's Near-Death Experience." *Financial Times*, January 19, 2021. https://www.ft.com/content/c085e962-f27c-4c34-a0f1-5cf2bd813fbc.
- Wolf, Martin. "Containing China Is Not a Feasible Option." *Financial Times*, February 2, 2021. https://www.ft.com/content/83a521c0-6abb-4efa-be48-

89ecb52c8d1.

- Wolf, Martin. "Why Once Successful Countries Like the US Fall Behind." *Financial Times*, February 21, 2021. https://www.ft.com/content/217f6d28-5a3e-48e0-bf6e-c2618da8f34b.

- Wolf, Martin. "What Central Banks Ought to Target." F*Financial Times*, March 2, 2021. https://www.ft.com/content/160db526-5e8d-4152-b711-21501a7fbd01.

- Wolf, Martin. "Humanity Is a Cuckoo in the Planetary Nest." *Financial Times*, March 9, 2021. https://www.ft.com/content/a3285adf-6c5f-4ce4-b055-e85f39ff2988.

- Wolf, Martin. "Martin Wolf Looks Back at the Pandemic One Year Later." *Financial Times*, March 11, 2021. https://www.ft.com/content/e02ec5cb-f08b-4bc9-a5ba-2978b680103c.

- Wolf, Martin. "The Return of the Inflation Specter." *Financial Times*, March 26, 2021. https://www.ft.com/content/6cfb36ca-d3ce-4dd3-b70d-eecc332ba1df.

- Wolf, Martin. "Larry Summers: I'm Concerned That What Is Being Done Is Substantially Excessive." *Financial Times*, April 12, 2021. https://www.ft.com/content/380ea811-e927-4fe1-aa5b-d213816e9073.

- Wolf, Martin. "Economic Recovery Masks the Dangers of a Divided World." *Financial Times*, April 20, 2021. https://www.ft.com/content/0be32ec5-8a75-48f2-99f3-eb5bcd055287.

- Wolf, Martin. "Action Must Replace Talk on Climate Change." Financial Times, May 4, 2021. https://www.ft.com/content/3fa154f3-84e7-4964-9a21-d3dbd41e1470 https://www.ft.com/content/3fa 154f3-84e7-4964-9a21-d3dbd41e1470, Wolf, Martin. "The Struggle for the Survival of US Democracy." *Financial Times*, May 11, 2021. https://www.ft.com/content/aebe3b15-0d55-4d99-b415-cd7b109e64f8.

- Wolf, Martin. "We Can End the Covid Pandemic in the Next Year." *Financial Times*, May 25, 2021. https://www.ft.com/content/12fc9f47-7fd3-4690-93c5-f641688fca36.

- Wolf, Martin. "How 'Creative Destruction' Drives Innovation and Prosperity." *Financial Times*, June 11, 2021. https://www.ft.com/content/3a0aa7cb-d10e-4352-b845-a50df70272b8.

- Wolf, Martin. "Radical Reform of British Pension Provision Is Urgent." *Financial Times*, June 13, 2021. https://www.ft.com/content/791876ae-7ce2-4c0b-9f7a-c12b4f39f6d5.

- Wolf, Martin. "The US Should Spurn the False Promise of Protectionism." *Financial Times*, June 15, 2021. https://www.ft.com/content/4edc2c5a-298f-4edd-81b7-5b94b7b23b93.

- Wolf, Martin. "It Is Folly to Make Pensions Safe by Making Them Unaffordable." *Financial Times*, June 27, 2021. https://www.ft.com/content/138974df-5dc0-47e4-acb8-e2eb048fe8bd.
- Wolf, Martin. "Equities Are the Only Sensible Foundation for Private Pensions." *Financial Times*, July 11, 2021. https://www.ft.com/content/e3a621d3-5cfc-4410-bd3c-0fde3535582b.
- Wolf, Martin. "The G20 Has Failed to Meet Its Challenges." *Financial Times*, July 13, 2021. https://www.ft.com/content/c9448d15-8410-47d3-8f41-cd7ed41d8116.
- Wolf, Martin. "COP26 Is the Real Thing and Not a Drill." *Financial Times*, October 19, 2021. https://www.ft.com/content/799b7b93-9ec5-4318-9ac1-1c82cb81f96d.
- Wolf, Martin. "What Is the Least We Need from COP26?" *Financial Times*, October 26, 2021. https://www.ft.com/content/f859d515-f1d0-405f-9aee-c609951f4254.
- Wolf, Martin. "How We Can Share Our Divided World." *Financial Times*, November 2, 2021. https://www.ft.com/content/b371e181-eac3-41ef-88c5-ca2bb20edd99.
- Wolf, Martin. "Dancing on the Edge of Climate Disaster." *Financial Times*, November 23, 2021. https://www.ft.com/content/6e2b366f-e139-4d69-bd4f-9254333bf316.
- Wolf, Martin. "We Must Accept Higher Taxes to Fund Health and Social Care." *Financial Times*, November 29, 2021. https://www.ft.com/content/efc67bb9-cff4-49e5-9101-67d2382ece09.
- Wolf, Martin. "Lessons in 'Leveling Up' from the Basque Country." *Financial Times*, November 30, 2021. https://www.ft.com/content/bb2c627f-1baa-4230-9cb8-3876c216b8f7.
- Wolf, Martin. "A Call to Arms for Diverse Democracies and Their 'Decent Middle.'" *Financial Times*, May 5, 2022. https://www.ft.com/content/83ba0474-70ea-4759-81f1-e14f6ea269fa.
- Wolf, Martin. "The Big Mistakes of the Anti-globalisers." *Financial Times*, June 21, 2022. https://www.ft.com/content/fa1f3a82-99c5-4fb2-8bff-a7e8d3f65849.
- Wolf, Martin "In an Era of Disorder, Open Trade Is at Risk." *Financial Times*, June 28, 2022. https://www.ft.com/content/df62d58c-e864-4e3b-9aa6-5587e8ef1667.
- Wolf, Martin. "A Matter of Interest—the Battle Over Monetary Policy." *Financial Times*, July 27, 2022. https://www.ft.com/content/e7cc3c01-08e3-47fc-9442-d45378b34bb8.
- Wolff, Alan. "Trade, Global Cooperation Can Best Deliver Adequate Medical Supplies." September 4, 2020. World Trade Organization. https://www.wto.org/english/news_news20_e/ddgaw_04sep20_e.htm.

- Woodhouse, Alice, and James Politi. "Populist Five Star Movement Secures 32 Percent of Vote in Italian Election. *Financial Times*, March 5, 2018. https://www.com/content/ecd89a82-2045-11e8-a895-1ba1f72c2c11.
- Wooldridge, Adrian. *The Aristocracy of Talent: How Meritocracy Made the Modern World*. London: Allen Lane, 2021.
- *World Atlas*. https://www.worldatlas.com.
- World Bank. "COVID-19: Debt Service Suspension Initiative." June 19, 2020. https://www.worldbank.org/en/topic/debt/brief/covid-19-debt-service-suspension-initiative.
- World Bank. *Global Economic Prospects June 2020*. Washington, DC: World Bank, 2020.
- World Bank. "International Migrant Stock, Total." http://data.worldbank.org/indicator/SM.POP.TOTL.
- World Bank. *World Development Indicators*. http://data.worldbank.org/data-catalog/world-development-indicators.
- *World Inequality Report 2018*. https://wir2018.wid.world/.
- World Trade Organization. "Trade Falls Steeply in First Half of 2020." June 22, 2020. https://www.wto.org/english/news_pres20_e/pr858_e.htm.
- World Trade Organization. *World Trade Statistical Review 2017*. https://www.wto.org/english/res_e/statis_e/wts2017_wts17_toc_e.htm.
- Wray, L. Randall. *Modern Money Theory: A Primer on Macroeconomics for Sovereign Monetary Systems*. New York: Palgrave Macmillan, 2012.
- Wren Lewis, Simon. *The Lies We Were Told: Politics, Economics, Austerity and Brexit*. Bristol: Bristol University Press, 2018.
- Wright, Thomas, and Gabriel Zucman. "The Exorbitant Tax Privilege." National Bureau of Economic Research Working Paper 24983. September 2018. https://www.nber.org/papers/w24983.
- Wu, Tim. *The Curse of Bigness: Antitrust in the New Gilded Age*. New York: Columbia Global Reports. 2018.
- Yglesias, Matthew. "Fox News's Propaganda Isn't Just Unethical—Research Shows It's Enormously influential: Without the 'Fox Effect,' Neither Bush Nor Trump Could Have Won." Vox, March 4, 2019. https://www.vox.com/2019/3/4/18249847/fox-news-effect-swing-elections.
- Yglesias, Matthew. "Justin Trudeau, Unlike Trump, Is Taking NAFTA Renegotiation Really Seriously." Vox, August 23, 2017. https://www.vox.com/policy-and-politics/2017/8/23/16178914/trump-nafta-trudeau.
- Zakaria, Fareed. *The Future of Freedom: Illiberal Democracy at Home and*

Abroad. London and New York: W. W. Norton, 2007.

- Ziblatt, Daniel. *Conservative Parties and the Birth of Democracy*. Cambridge: Cambridge University Press, 2017.
- Zielonka, Jan. *Counter-Revolution: Liberal Europe in Retreat*. Oxford: Oxford University Press, 2018.
- Zingales, Luigi, Jana Kasperkevic, and Asher Schechter. *Milton Friedman 50 Years Later*. ProMarket, 2020. Stigler Center for the Study of the Economy and the State. https://promarket.org/wp-content/uploads/2020/11/Milton-Friedman-50-years-later-ebook.pdf/.
- Zoellick, Robert. "Whither China: From Membership to Responsibility?" September 21, 2015. US Department of State Archive. https://2001-2009.state.gov/s/d/former/zoellick/rem/53682.htm.
- Zuboff, Shoshana. *The Age of Surveillance Capitalism: The Fight for a Human Future and the New Frontier of Power*. New York: Public Affairs, 2019.

민주주의적 자본주의의 위기

초판 1쇄 발행 2024년 4월 15일
초판 2쇄 발행 2024년 5월 14일

지은이 마틴 울프
옮긴이 고한석
펴낸이 김선준

편집이사 서선행
책임편집 송병규 **편집4팀** 이희산
디자인 김세민
마케팅팀 권두리, 이진규, 신동빈
홍보팀 조아란, 장태수, 이은정, 권희, 유준상, 박미정, 박지훈
경영관리팀 송현주, 권송이

펴낸곳 페이지2북스 **출판등록** 2019년 4월 25일 제 2019-000129호
주소 서울시 영등포구 여의대로 108 파크원타워1 28층
전화 070)4203-7755 **팩스** 070)4170-4865
이메일 page2books@naver.com
종이 ㈜월드페이퍼 **인쇄·제본** 한영문화사

ISBN 979-11-6985-071-1(03320)